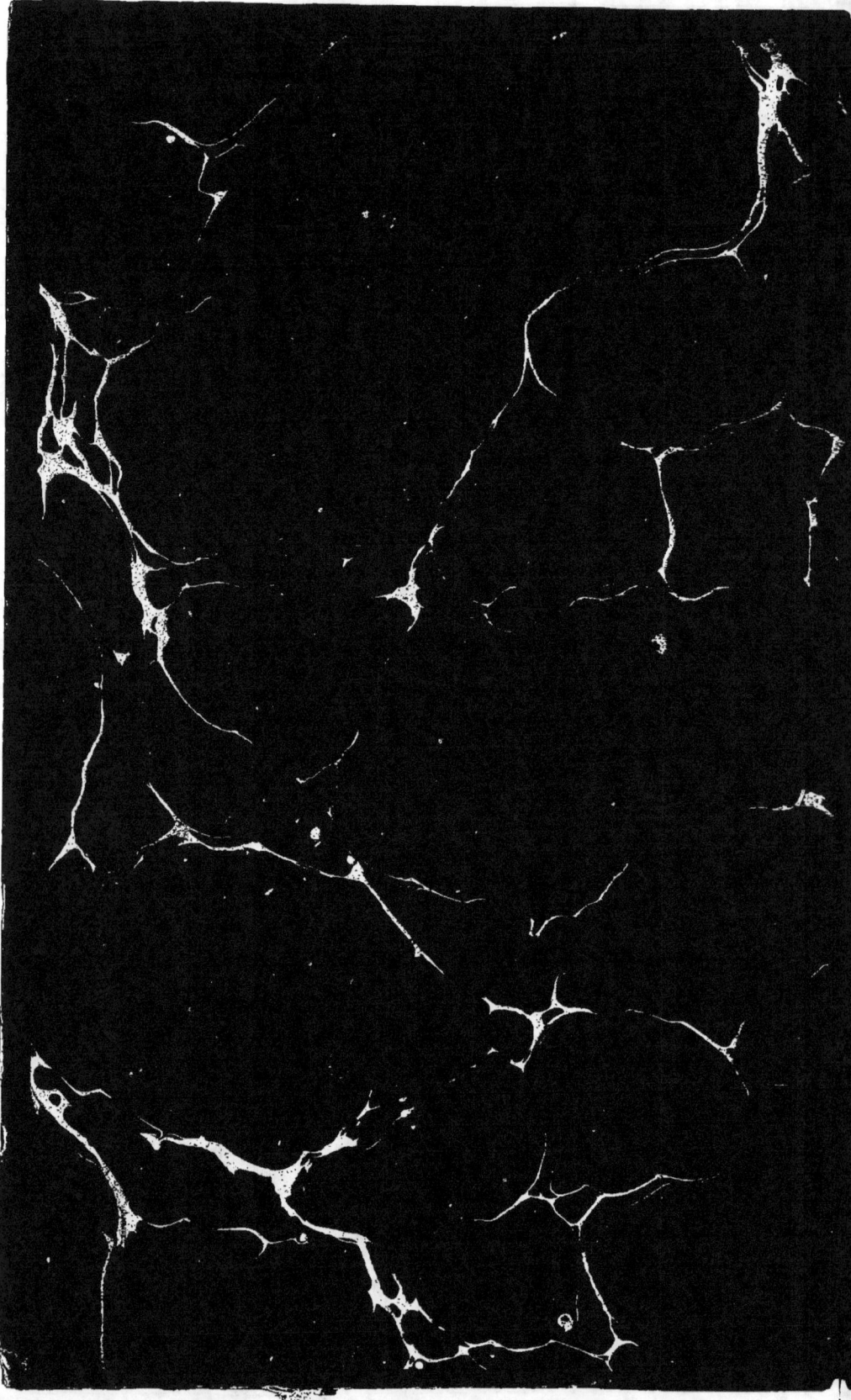

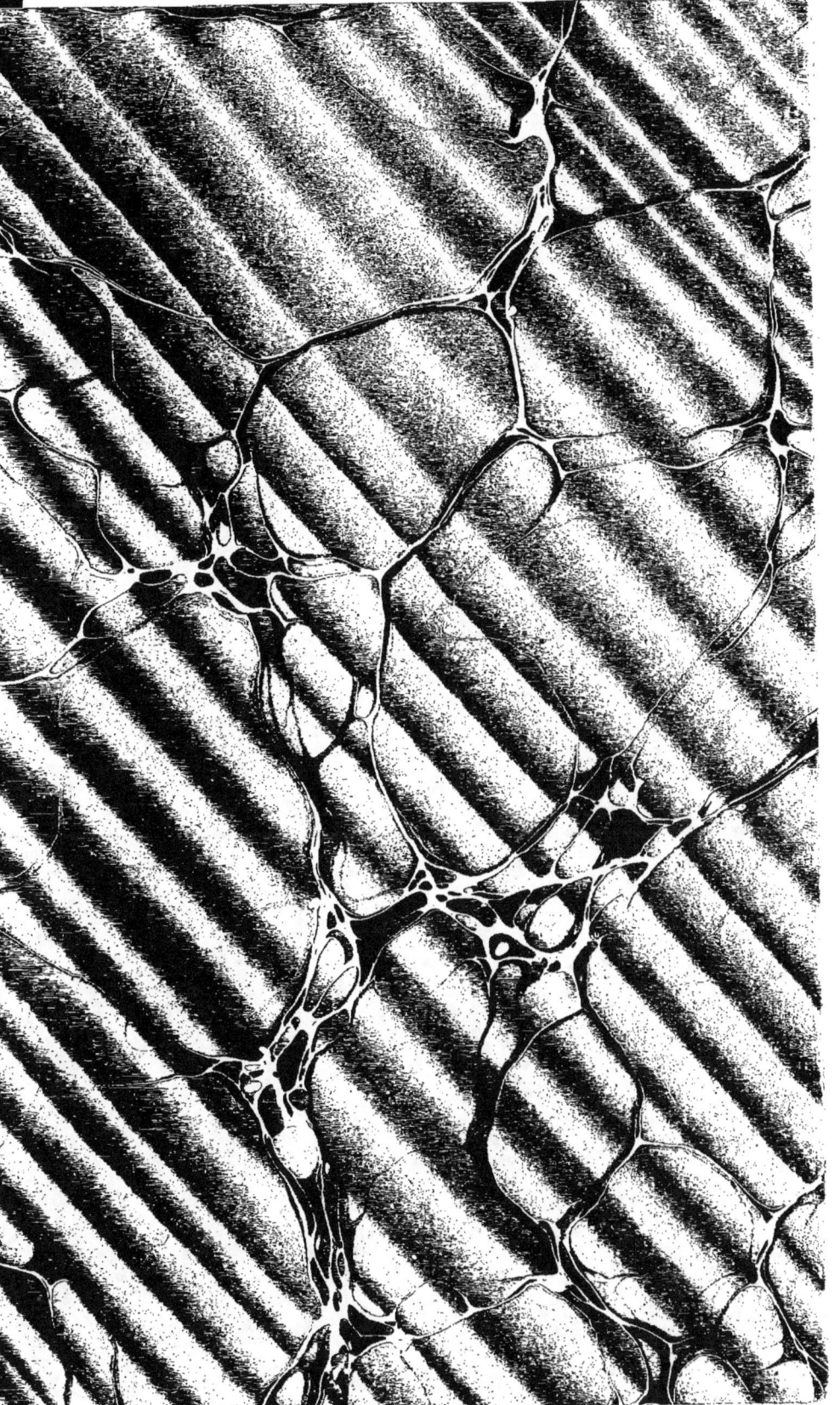

LES TRENTE
DERNIÈRES ANNÉES

(1848-1878

L'auteur et les éditeurs se réservent le droit de reproduction.

Paris. — Typographie de Firmin-Didot et Cie, 56, rue Jacob. — 9064.

LES TRENTE
DERNIÈRES ANNÉES

(1848-1878)

PAR

CÉSAR CANTU

Auteur de l'*Histoire universelle*

ÉDITION FRANÇAISE

REVUE PAR L'AUTEUR

PRÉCÉDÉE D'UN ESSAI BIOGRAPHIQUE ET LITTÉRAIRE

SUR CÉSAR CANTU

ET SUIVIE DE LA

VIE DE L'ARCHIDUC MAXIMILIEN D'AUTRICHE

EMPEREUR DU MEXIQUE

PARIS

LIBRAIRIE FIRMIN-DIDOT ET Cie

56, RUE JACOB, 56

1880

AVANT-PROPOS.

L'auteur de l'*Histoire des trente dernières années* est bien connu du public. Depuis plus de cinquante ans, il soumet à son jugement des travaux nombreux, variés, importants et, depuis quarante ans, il écrit pour lui l'Histoire universelle, son œuvre capitale.

Il en avait détaché en 1850 les *Cento anni*, histoire des générations qu'il avait pu connaître, interroger, et dont il avait partagé les dernières épreuves.

Il donne aujourd'hui une continuation absolument neuve pour la France, conçue sur le même plan et dans le même esprit. C'est une histoire universelle contemporaine dans toute la force du terme. On peut dire qu'elle est brûlante.

La compétence, l'expérience, l'autorité de l'écrivain à qui nous la devons, ne peuvent être contestées par personne; mais il nous a semblé, à en juger par ce que nous éprouvons nous-mêmes, que la connaissance de l'homme peut et doit donner plus de crédit à ses affirmations, accroître la valeur de ses jugements et ajouter comme un sceau durable à sa signature.

M. Cantù n'a point, que nous sachions, écrit ses

mémoires ; mais il a donné en 1875, dans son pays, et pour son pays plus spécialement, ce que nous appellerions volontiers ses *commentaires*, dans un ouvrage en trois volumes, intitulé *Della Independenza Italiana Cronistoria...* Cette histoire chronique de sa patrie, divisée en trois périodes : la française, l'autrichienne, la nationale, et caractérisée nettement, par ces épithètes, embrasse le temps écoulé de 1789 à la date de la publication, 1875. Elle n'a point été traduite. M. Cantù y paraît quelquefois dans le texte même à la troisième personne, et plus souvent dans les notes nombreuses dont l'intérêt a été pour nous très vif.

Ces passages, encore inédits pour la France, relevés avec soin, et les comptes rendus officiels de la Chambre des députés d'Italie, où M. Cantù a joué un rôle important, peu connu en France et trop vite interrompu, étaient des sources sûres où nous avons puisé pour reconstituer sa vie politique et parlementaire, et pour prouver que l'historien ne s'est jamais désintéressé de l'action.

Sa vie privée est celle d'un écrivain fécond, opiniâtre, infatigable. Par tempérament et par choix, il en a fait une vie cachée. Heureusement les relations nécessaires et prolongées d'un auteur avec ses traducteurs et ses éditeurs et la sympathie profonde que M. Ambroise Firmin-Didot nous a transmise comme un précieux héritage, ont amené des confidences, des réponses à des questions qui naissaient d'elles-mêmes...; peut-être, venant d'ailleurs, ces questions eussent été mal accueillies par un homme qui a l'horreur d'une indiscrète curiosité; mais son cœur qui palpite en maint endroit de ses œuvres, s'ouvre plus facilement à l'amitié que sa porte ne s'ouvrirait aux *reporters*. Quand on voit M. Cantù sous un tel jour, comment ne serait-on pas tenté de le peindre d'après nature?

Au reste, la tâche telle que nous la comprenons se limite d'elle-même. Pour un homme vivant, les faits dans leur simplicité et les paroles textuelles sont les seuls documents à soumettre au contrôle du lecteur, qui achevera lui-même le portrait.

Puisse cet essai biographique rapproché de la photographie que M. Cantù nous avait donnée, se recommander à tous comme l'image, par le cachet d'une rigoureuse fidélité!

Les Éditeurs.

CÉSAR CANTÙ

ESSAI BIOGRAPHIQUE ET LITTÉRAIRE.

I

M. César Cantù est né le 5 septembre 1807, à Brivio, petite bourgade du Milanais, située sur l'Adda. Il est l'aîné des dix enfants de Celso Cantù et de Rachel Gallavresi. Sa famille était dans une condition très médiocre sous le rapport de la fortune, et César fut trop heureux, pour faire ses études, de profiter d'un bénéfice ecclésiastique que ses ancêtres avaient fondé.

Il dut chercher vite à gagner le pain du jour. A 17 ans, il entra comme professeur de grammaire au gymnase de Sondrio, chef-lieu de la Valteline. A 22 ans, par la mort de son père, il devenait chef et soutien d'une famille nombreuse. Heureusement, à cette époque même, il fut nommé à une chaire plus lucrative au gymnase de Milan, et, avec sa bien-aimée mère, il put mener la tâche à bonne fin. Aujourd'hui, quand l'auteur de l'*Histoire universelle*, qui ne s'est point marié, laisse pénétrer dans sa retraite, il s'y montre le dimanche, dans son petit jardin, entouré des représentants de sa famille collatérale, dont les uns l'appellent *il caro*, les autres, *il zio papa*, l'oncle-papa.

Quand il fut tranquille sur la possibilité d'accomplir des devoirs impérieux pour son cœur, M. Cantù céda à la passion des jeunes gens lettrés, surtout en Italie : il courtisa la Muse. Ses premiers vers imprimés furent une œuvre patriotique, poème ou plutôt *novelle* en quatre chants, intitulé *Algiso, o la Lega Lombarda*.

Brivio, patrie de M. Cantù, est située en face de Pontida, où les hommes des communes et les seigneurs partisans de la papauté jurèrent dans un couvent, ainsi qu'il le rappelait lui-même naguère à la tribune, cette fédération des Guelfes qui sauva l'Italie du joug de Frédéric Barberousse.

Cette grande image historique, qui semble avoir présidé comme une fée au berceau de M. Cantù, fut aussi la muse de sa jeunesse; et on pourrait dire qu'il lui emprunta l'inspiration de toute sa vie qu'on peut résumer en trois mots : *Foi, Liberté, Patrie*.

C'était alors en Italie la devise d'hommes qui furent à la révolution italienne ce que les hommes de 89 furent à la nôtre, des précurseurs et des constituants; mais qui, plus heureux que leurs devanciers de France, surent se défendre contre l'antagonisme, tant déploré par de Tocqueville, entre les deux grandes forces morales qui doivent régir l'homme en ce monde, la croyance religieuse et la conviction politique. Dans leurs aspirations vers la liberté civile et l'indépendance nationale, les Balbo et les Rosmini, les Silvio Pellico et les Ventura, et le roi Charles-Albert lui-même, pour ne parler que des morts qui ne se sont pas démentis plus tard, payaient une dette de reconnaissance à la Rome pontificale, qui avait conservé au sol italien les traditions de la gloire et le prestige de la nationalité, en même temps que, là comme ailleurs, elle avait maintenu dans les individus la notion de la liberté et de la dignité humaines. Manzoni, le maître glorieux, introduisit dans la pléiade qui représentait à Milan cette grande école, le jeune auteur de l'*Algiso*. Il en fit l'ami de son gendre, le marquis d'Azeglio, poète, romancier et peintre, qui devait être un vaillant soldat de l'indépendance, et qui paraissait alors bien différent du catholique qu'on a voulu nous montrer dans des lettres posthumes. Le sentiment de l'indépendance politique et de la liberté religieuse à conquérir était la passion dominante de tous ces nobles cœurs.

Ne pouvant mieux faire sous la domination autrichienne, les patriotes milanais entretenaient par leurs préceptes et par leurs exemples un mouvement scientifique, littéraire et artistique, qui relevait les âmes en y faisant courir la sève et la flamme. Manzoni avait publié en 1828 les *Fiancés (I promessi Sposi)*, l'une des meilleures productions de l'école romantique, dont les tendances religieuses sont dignes de l'écrivain qui avait répondu au protestant Sismondi par le livre de la *Morale cattolica*. Dans les *Fiancés* éclate la couleur italienne, même sous le voile d'une traduction. Son but était de montrer, au xviie siècle, sous la domination espagnole, le Milanais qui, après son autonomie perdue, protestait encore par ses mœurs et ses sentiments vivaces contre le joug étranger. Les lecteurs saisirent dans ce tableau une allusion à la Lombardie du xixe siècle; aussi son apparition prit-elle à Milan les proportions d'un véritable évènement. Pour M. Cantù, ce fut une sorte d'étincelle électrique qui vint le surprendre au milieu de ses calmes études, en lui révélant sa véritable vocation : *l'application de l'histoire et des lettres à la politique.*

Il avait déjà gagné ses éperons dans un cercle restreint par l'histoire du *Diocèse de Côme,* dans laquelle on a surtout remarqué l'épisode du *saint massacre* de la Valteline : réaction sanglante contre l'introduction violente de la prétendue réforme religieuse.

Mais, au sujet de son début sur un plus vaste théâtre, laissons parler le néophyte lui-même (1). « J'envoyai, en 1833, à l'un des meilleurs journaux de Milan, le *Commentaire sur les Fiancés,* puis un discours sur Victor Hugo et le Romantisme en France. On les refusa, sous le prétexte que dans le premier je parlais d'un livre déjà mort et dans le second d'un auteur tout à fait inconnu. »

---

(1) *Cronistoria,* t. II, ch. i, p. 532.

Une fois de plus, on peut dire que les journalistes ne sont pas toujours bien informés et ne peuvent prétendre à l'infaillibilité.

Heureusement l'éditeur d'une revue de Milan (*l'Indicateur*) y vit plus clair et consentit à publier sous ce titre, *la Lombardia nel secolo XVI*, le Commentaire des *Fiancés*.

M. Cantù y donnait les preuves à l'appui de la thèse voilée par la fiction romanesque, soulignant en quelque sorte les allusions et accentuant les conclusions. Qu'on en juge plutôt par un extrait de la dernière page de ce livre, qui n'a point été traduit en français :

« Quand donc le sophisme et les baïonnettes ont-ils
« vaincu la vérité, la plus irrésistible des forces? Jeunes
« gens, laissez mûrir les fruits de notre âge; restez fidèles
« à la morale, à la vérité, en mesurant la distance entre
« ce qui a été accompli et ce qui reste à accomplir.
« Quel progrès ne peut-on pas rêver, si la religion et la
« liberté, la morale publique et la morale privée, le droit
« et la politique, conspirant ensemble et délivrés de toute
« entrave, passent de la sphère de l'intelligence dans
« le domaine des faits ! Et si, impatients des retards,
« vous me citez de nouveaux dommages, de nouveaux
« torts, de nouveaux outrages faits à la civilisation par
« ceux qui ferment les yeux aux pas que fait le siècle dans
« sa voie, je vous rappellerai ce que *Renzo le fiancé*, de-
« venu l'heureux époux, *aimait à raconter, l'histoire des an-
« nées tristes où l'espérance s'évanouissait, où tout semblait
« perdu, afin de ramener sur le présent un regard consolé,
« et vers l'avenir une pensée ferme et confiante* (1). »

M. Cantù se servait de l'allusion comme d'une arme, la seule possible. La passion patriotique n'y faisait pas la

---

(1) *La Lombardia nel secolo XVI* fut comprise et dévorée par ceux à qui elle s'adressait. Elle devint en Italie la compagne ordinaire des *Promessi Sposi*; elle a été publiée plusieurs fois à part, et ceux de nos lecteurs à qui la langue italienne est familière, pourront la lire dans le second des deux volumes des *Storie Minori* de notre auteur, imprimées en 1865 à Turin, chez Pomba, ou dans la réimpression spéciale de Giacomo Agnelli (Milan, 1874, in-12).

part trop grande à la prudence, non plus qu'à l'impartialité. Plus tard, dans la maturité, parlant de l'état de la Lombardie en 1837, M. Cantù refait le tableau avec des couleurs plus vraies :

« Le royaume Lombard-Vénitien aurait encore pu servir de modèle aux autres États de l'Italie pour sa sage et forte administration. Pourquoi n'atteignit-on point le résultat si désirable de ne pas affaiblir le pouvoir des gouvernants et de donner cependant aux sujets la satisfaction de se sentir citoyens dans le libre développement de leur activité?

« Mais ces bonnes institutions étaient gâtées par d'autres détestables, et surtout elles avaient le tort de *venir des étrangers*. On ne cessa jamais de regarder le pays comme une conquête, comme une terre où les maîtres avaient tous les droits ; ils prenaient peu de souci de gouverner à la satisfaction de leurs administrés. (1) »

M. Cantù, en rendant justice au gouvernement dont il n'avait pas eu à se louer, conclut, en 1872, par cette réflexion : *Le devoir d'être sincère augmente le jour où l'on est devenu libre.*

Quoi qu'il en soit, en 1832, le jeune professeur faisait, on le voit, sur Manzoni ce qu'au moyen âge on avait fait sur Dante, *une lecture*, et il s'essayait, ne pouvant le tenter dans sa chaire, à faire entendre dans une enceinte réservée, la seule qui lui fût ouverte, un écho de ces grands cours que MM. Guizot, Villemain et Cousin avaient inaugurés dans notre pays devant une jeunesse frémissante.

La passion patriotique qui l'animait contribua au succès et mit l'écrivain en communication non seulement avec les lettrés, mais avec le grand public. Le gouvernement dut en prendre d'autant plus d'ombrage. Un Tyrolien se piquant de littérature, Zajotti, qui présidait à

---

(1) D'AZEGLIO, lui aussi, dans ses *Souvenirs* (*Ricordi,* chap. XXXIII), a dit : « L'administration autrichienne est relativement bonne, ce n'est malheureusement que trop vrai. »

Milan la *commission spéciale* de surveillance et de justice politique, ne se méprit point sur la portée de ce livre. « *Si M. César Cantù*, dit-il, *fait un pas vers la gloire, il en fait deux vers les galères* (sic) », et il se chargea bientôt de vérifier l'horoscope (1).

Milan protestait contre la domination autrichienne par un état permanent de conspiration, et le legs le plus douloureux peut-être de cette époque est l'influence des sociétés secrètes, fléau devenu chronique, à ce point qu'il subsiste encore aujourd'hui que l'indépendance obtenue et la liberté reconquise leur ôtent toute raison d'être et tout prétexte. M. César Cantù, en sa qualité de *libéral* (entendez *ami de la liberté*) sincère et conséquent, refusa toujours de s'affilier à une organisation mystérieuse qui demandait à ses membres l'abdication de la liberté individuelle, et qui exigeait sous le poignard l'obéissance absolue, sans faire connaître ses motifs, ses chefs et son but (2). Mais il avait beaucoup d'amis parmi les affiliés; il avait avec tous ce point commun qu'il voulait, lui aussi, le réveil de la patrie, et pour être juste envers la police autrichienne, il fut bientôt, disons-le, plus directement compromis. L'illustre jurisconsulte Romagnosi, qu'une regrettable indiscrétion avait en 1823 fait languir dans une dure captivité, avait déclaré qu'il ne voulait plus exposer sa vieillesse à pareille épreuve, et qu'il ne consentirait à entretenir des relations avec la partie militante que par l'entremise d'une personne de son choix. Il avait désigné M. Cantù, qui, sans être affilié, dut accepter ce rôle d'intermédiaire. Or la non-révélation seule était un crime

(1) Mazzini dans ses *Scritti*, t. V, p. 129, a dit :
« On jeta pour plusieurs mois Cantù dans une prison, parce que, dans sa vanité d'écrivailleur, un espion tyrolien, un employé de police, Zajotti, s'était trouvé offensé des applaudissements que la jeunesse lombarde avait prodigués à cet historien. »

(2) « Étranger, grâce à notre dévouement pour la liberté, aux sociétés secrètes qui condamnent leurs adeptes à une obéissance aveugle, *nous avons été en situation, comme le savent les contemporains, de les connaître en Italie et au dehors, dans les prisons comme dans les triomphes.* » *Cronistoria*, t. II, p. 156.

capital en Lombardie, et la police, toujours bien informée, rassembla assez d'indices pour que Zajotti fît comprendre l'auteur de la *Lombardia nel secolo XVI* dans une poursuite judiciaire. M. Cantù fut arrêté avec une centaine de Lombards. Par un caprice de la fortune, les pièces relatives à cette arrestation et celles de l'enquête judiciaire qui la suivit, sont aujourd'hui sous la main de l'accusé de 1833, devenu conservateur des archives d'État de Milan.

Il donne l'indication, l'analyse et quelquefois des passages textuels de son dossier dans la *Cronistoria*, et dans un autre livre : *Il Conciliatore dei carbonari*. On y voit signalée, la tendance libérale de ses écrits à partir des vers qu'il avait, à vingt ans, adressés à la Pasta, et jusque dans les pages que la censure, obligatoire alors, avait autorisées.

Son testament, daté de 1831, fut saisi et ouvert : il contenait une recommandation, adressée à son frère Ignace Cantù, « *di curare singularamente si mai trovasse non distrutta alcuna lettera di politiche intelligenze* : de veiller avec le plus grand soin aux lettres non détruites qui offriraient trace d'intelligences politiques. » C'était, suivant l'accusation, un indice grave ; mais on ne trouva pas de lettres et les preuves manquaient.

M. Cantù avait été arrêté au commencement de septembre. A la veille de Pâques, le juge d'instruction lui dit qu'il ne trouvait rien de positif contre lui ; il ajouta qu'il serait bientôt mis en liberté. Cependant *l'accusé* fut encore retenu jusqu'au mois d'octobre. Il subit donc treize mois de prison préventive.

Il faut connaître la nature nerveuse de M. Cantù pour comprendre ce que furent pour lui des interrogatoires poursuivis pendant de longues heures, où il devait craindre de compromettre non seulement sa liberté et son avenir, mais encore des intérêts sacrés et des personnes chères. Il y était sans cesse fait allusion, et certaines paroles de Zajotti n'étaient rien moins que rassurantes.

Il avait dit à M. Cantù : « *Non si sgomenti, l'imperatore non lasciò mai andare nessuno al patibolo, fara la grazia anchè questa volta, ma....* Ne vous effrayez pas, l'empereur n'a jamais laissé personne aller à la potence, il fera grâce encore cette fois, mais... » Il fallait imposer silence à sa bouche et à son cœur, et conserver toute sa présence d'esprit. Dieu aidant, M. Cantù y parvint.

Un jour on saisit sur lui deux billets qu'il avait préparés. Dans le premier, il renseignait sa famille sur les démarches à faire pour obtenir sa liberté; dans le second, il demandait, par une allusion vague, mais significative, « qui avait pu prendre la fuite? » et disait « de rassurer ses amis, qu'on n'avait rien à craindre ni par lui ni pour lui (1) ».

A peine avait-on intercepté ces billets, que son frère, Ignace Cantù, se présentait à la prison avec quelques livres, demandant qu'on les remît à son frère, et l'un d'eux, *le Istorie fiorentine* de Machiavel, avait une reliure disposée de façon qu'on pût y cacher des billets. On inquiéta, à cette occasion, Ignace, ce frère suspect lui-même de libéralisme, et on priva M. César Cantù de plumes et de papier.

Alors derrière les grilles et dans la solitude, le prisonnier d'État eut l'industrie de ses devanciers et de ses compagnons d'infortune. On lui avait refusé même des livres. Il tailla les meilleurs fétus de sa paillasse, fit de l'encre avec le noir de sa chandelle, et écrivit sur des papiers informes, obtenus pour tout autre usage, des vers comme ceux-ci :

> O mie carte, o libri amati,
> Dolce causa de miei guai,
> Quanto mai non v'ho bramati
> Fra l'inerzia che passò!
> . . . .

---

(1) « Chi fosse fugito e di rassicurare suoi amici. che non temessero ne di lui, ne per lui. » *Cronistoria*, t. II, p. 356.

> E a fratelli, anzi miei figli
> Che più il pan dividera (1).

Ceci ne rappelle-t-il pas la plainte de Silvio Pellico, cette plainte religieuse qui avait retenti dans le monde entier, et qui, plus que tout autre appel, rendit populaire et sympathique la cause de l'Italie? Il y a des heures où la plainte trouve un écho dans le cœur des hommes, et quand elle devient une prière, elle monte jusqu'à Dieu. M. Cantù, en bon chrétien, faisait, lui aussi, effort pour se résigner; mais il était plus encore dans sa nature de se recueillir et de ramasser en quelque sorte toutes les forces de son âme, pour se préparer à de nouvelles luttes. C'est dans sa prison qu'il écrivit les *Inni sacri* et plusieurs contes, et que, repassant les études de sa vie, il conçut l'idée et traça le plan de l'*Histoire universelle*. Quand, après ces treize mois de solitude forcée, il rentra dans sa patrie parmi les siens, il leur apportait, lui aussi, *Ses Prisons*, c'est-à-dire l'histoire de son âme pendant l'épreuve. C'était le roman de *Margherita Pusterla;* l'épigraphe de ce livre suffisait pour en soulever le voile :

« Lecteur, as-tu souffert? — Non. — Ce livre n'est pas fait pour toi. »

En effet, dans cette fiction historique dont les héros sont une femme vertueuse et un moine dévoué, la scène reportée, pour plus de prudence, plus haut que l'époque des *Fiancés* de Manzoni et plus près de l'époque dantesque, au XIIIe siècle, emprunte au temps où elle se déroule, et plus encore aux impressions personnelles toutes fraî-

---

(1)   O mes livres, mes chers écrits,
        Douce cause de mes ennuis,
        Comme après vous mon cœur soupire !
        Plus de travail, oh ! quel martyre !
        Frères légués à mon amour,
        Mes vrais fils, quelqu'un à son tour
        Vous donne-t-il le pain du jour ?

(Le texte italien a été publié en Angleterre sous le titre de *Select Poems by Cesar Cantù*. London, 1848.)

ches de l'auteur, une véritable couleur de deuil. Il faut moins y chercher la variété et l'agrément, qu'y voir la protestation d'un esprit viril, et la palpitation d'un cœur indigné. Trente-six éditions faites en Italie en égalent presque le succès à celui des *Fiancés* (1). Ce qui prouve que l'auteur atteignit son but, c'est que la prière suivante, mise dans la bouche de l'enfant que Margherita berce sur ses genoux, est devenue populaire en Italie.

« Bon Jésus, qui vous aussi fûtes un enfant, et qui dès lors commençâtes à souffrir, croissant en âge et en sagesse, soumis à vos parents, surabondant chaque jour de plus en plus de grâces devant Dieu et devant les hommes, ah! veuillez garder mon enfance; faites que je ne souille jamais la robe de mon innocence, et que j'agisse toujours conformément à votre volonté pour rester l'espérance de mes parents et de mes concitoyens.

« Bon Jésus, qui aimiez tant vos parents, je vous recommande les miens; bénissez-les, donnez-leur la patience dans les épreuves, la force dans l'obéissance, et la consolation de me voir croître suivant leurs désirs dans votre crainte.

« *Bon Jésus, qui aimiez tant votre patrie malgré son ingratitude, qui avez fondu en larmes en voyant dans l'avenir les malheurs qui la menaçaient, inspirez-moi un grand amour pour la mienne; soulagez-la dans l'infortune, convertissez le cœur de ceux qui lui font du mal par la fourberie ou par la violence: augmentez la confiance de l'homme vertueux, et faites que je devienne un jour un citoyen généreux, honorable et dévoué.* »

A côté de cette prière on trouve des pensées fortes, des scènes dramatiques et de bons avis.

« Connaissant parfaitement tous les vices de la cité,

(1) Quelques-unes de ces éditions sont récentes. On compte de ce livre plusieurs traductions françaises, notamment celle de la bibliothèque Castermann. Le livre avait donc d'autres mérites que celui de l'actualité.

ayant pénétré dans les salons des grands comme dans les ateliers des artisans et sous la tente du soldat, le moine (*Buonvicino*) savait trouver le remède. Ami de la liberté du pays, perdue non pas tant à cause du triomphe des tyrans qu'à cause de la corruption des sujets asservis, il ne trouvait rien de mieux à faire que de prêcher l'Évangile, école de la vraie liberté, vrai bouclier contre la tyrannie et frein contre la révolte des sujets, qui contient la vraie solution du plus important des problèmes sociaux, de celui qui consiste à rendre contents ceux qui ne possèdent point et à assurer le repos de ceux qui possèdent (1). »

Et à propos des questions religieuses :

« Toutes les fois qu'on voulait lui (*à Buonvicino*) faire prendre parti entre le docteur Angélique, le docteur Subtil et le docteur Singulier, il répondait « *que notre Dieu n'était pas un Dieu de contestation, que l'on doit étudier la religion pour lui prêter une obéissance raisonnable, non pour introduire l'orgueil de l'humanité, de la science, là où le sage vénère en se taisant.* »

A l'une des premières pages, on lit : « Le tyran n'avait pas recours seulement aux moyens de violence, et il semble que les Milanais, en se laissant aller aux jouissances, ne s'apercevaient point qu'il les voulait conduire à la servitude par la corruption. »

Enfin, la dernière page contient une allusion et une leçon sanglante aux juges prévaricateurs que le monde voit mourir en paix :

« C'est sous cette pierre qu'a été enterré Lucio le juge; c'est là qu'il attend le jugement dernier ! »

Celui qui écrivait ces pages, il y a plus de quarante ans, au sortir de la prison, perdit sa place et le droit d'enseigner en public. Il était averti qu'il ne lui fallait pas écrire un nouveau roman de ce goût, s'il ne voulait pas être contraint à prendre le chemin de l'exil. Or, M. Cantù savait

---

(1) P. 56 de *Margherita Pusterla*, Turin, 34º édition.

combien est dur l'escalier de l'étranger, et combien est amer le pain d'autrui (1).

Il resta dans sa ville où les témoignages d'une vive sympathie l'accueillirent. Manzoni, l'embrassant avec larmes, lui dit :

« Vous renouvelez pour moi les joies que j'éprouvai en 1824 lorsque je vis mes amis revenir de la prison du Spielberg. »

Le jurisconsulte Romagnosi, le serrant à son tour dans ses bras : « Je n'ai jamais un instant craint tes dépositions. Mais je n'aurais pas cru que mes derniers jours pussent être troublés par les angoisses que je viens de traverser en pensant à ton sort (2). »

II

Mais comment vivre alors de sa plume à Milan? L'inspiration, qui avait dicté la prière que nous venons de citer, le sauva. Il fit ce qu'avait fait Fénelon à son début : il écrivit, pour l'enfance et la jeunesse de son pays, *Il buon Fanciullo*, *Il Giovinetto*, comme Silvio Pellico avait écrit les *Devoirs des hommes*. Ces opuscules ont été traduits ou plutôt imités en France par Mme Amable Tastu, une mère digne de servir d'interprète à l'*oncle-papa*. Des deux volumes que cette dame a publiés, le premier est épuisé, et, après avoir lu la réimpression du second dont les exemplaires sont devenus rares, nous ne pouvons trop dire : Lecteur sérieux, aimable lectrice, êtes-vous sollicités par de petites voix qui vous demandent une histoire? êtes-vous doucement tourmentés par de petites mains qui vous demandent un livre amusant? Donnez-leur les *Récits*

---

(1)   Tu proverai si come sa di sale
    Lo pane altrui, e com' è duro calle
    La scendere, e il salir per l'altrui scale.
        (Dante, *Paradis*, chant XVII, v. 56 à 60.)

(2) *Cronistoria*, t. II, p. 353.

du Maître d'école, et nous osons vous assurer, en ayant fait l'épreuve nous-mêmes, que, depuis la petite fille jusqu'au lycéen, tous seront contents. Ce ne sont pas des berquinades, jugez-en par le morceau que voici, intitulé *De la Patrie :*

« La maison où nous sommes nés, le pays où nous avons été élevés, les lieux où nous avons joué enfants, l'arbre que nous avons vu croître, le pré où nous avons pour la première fois cueilli la marguerite et la violette, que tout cela est doux à revoir quand on en a été longtemps éloigné! Oh! la patrie! Là sont nos premiers souvenirs, souvenirs si pleins de charmes : cette terre nourrit ou recouvre dans leur dernier sommeil nos parents, les compagnons de nos premiers jeux, nos amis. Là se parle la langue dans laquelle notre mère a consolé nos premiers chagrins et nous a appris à nommer notre père, et cet autre Père qui est dans les cieux.

. . . .

« L'amour de la patrie ne se fait jamais mieux sentir qu'alors qu'on l'a quittée. Mon jeune ami, t'est-il arrivé de passer jamais quelque temps hors du pays natal, et de plus d'être séparé de tes parents? Au retour, comme le cœur t'a battu, comme tu jetais en avant ton regard avide pour découvrir la croix sur le clocher de ton village ou la flèche de ta ville natale! Or pense à qui en est séparé par des monts, par des mers, par des années et encore par des années. Ne jamais voir des visages que l'on connaisse; ne rencontrer jamais ni amis, ni parents, ni le curé à qui l'on a tant de fois demandé un conseil; ne plus accourir au son de la cloche connue pour entrer dans l'église, chanter et prier Dieu! Comme alors le regard s'attache sur les monts ou sur le ciel du côté de la patrie! Quel prix acquiert l'objet le plus insignifiant qui rappelle l'idée de cette patrie! J'ai éprouvé ces amertumes, et, quand j'entendais quelqu'un me parler la langue de mon pays, le cœur me battait comme si j'eusse entendu mon père. Et lorsque, sous un rude climat, il m'arriva un jour de rencontrer dans un jardin un mûrier, avec quel attendrissement j'embrassai, je baisai l'arbre de mon pays, l'arbre dont les interminables rangées font la beauté et la richesse des campagnes où je suis né! »

Le petit livre d'où l'on a traduit cette page est arrivé à Milan à sa trente-cinquième édition; il a été plus d'une fois contrefait et il est traduit dans toutes les langues. En présence de ce succès inattendu, l'auteur se sentit une ambition non moins digne d'une plume exercée et d'un cœur de patriote. Il écrivit pour le peuple *Il Galantuomo*, ou Droits et devoirs, cours de morale populaire. Nous en traduisons ce passage :

« *La liberté!* ce mot ne veut pas dire : Faites tout ce qui vous passe par la tête, mais faites tout ce que vous devez. Personne n'a le droit de nous empêcher de diriger nos facultés vers leur but, et un homme ne peut interdire à un autre que les actes qui blessent l'égalité. »

Plus loin on y trouve les définitions de la monarchie et de la démocratie, celles de l'aristocratie, du gouvernement constitutionnel et des devoirs du citoyen, de ses droits véritables comme des abus auxquels on donne ce nom. Après des conseils sur le choix d'un état et un chapitre sur la civilité, vient un portrait résumé du *Galantuomo*, qui peut donner à penser à tout le monde, au roi, aux grands et aux petits, et qui se termine par les paroles qu'on lit en Italie au-dessus de la porte de quelques cimetières, du *Campo Santo* :

> Io fui come sei tu;
> Tu sarai come son io :
> Pensa a questo, e va con Dio (1).

M. Cantù s'est montré plus pratique encore, s'il est possible, dans un autre petit livre *Il Carlambrogio di Montevecchio*, sorte de *Bonhomme Richard* lombard. La

---

(1)   Je fus ce que tu es,
            Tu seras ce que je suis.
            Penses-y, et va avec Dieu.

première édition est de 1838, et dans la quinzième de 1861, nécessairement revue (on va le voir), je traduis ce qui suit :

« Là où les constitutions ont succédé au despotisme, il n'y a plus un roi qui fait ce qu'il veut : les lois sont discutées dans les Chambres; elles sont exécutées par des ministres qui doivent en rendre compte à la nation, et nous-mêmes, pauvres gens, nous sommes appelés à une portion de la souveraineté. Mais cette part ne consiste pas à faire du bruit et des démonstrations dans la rue, à porter bannières et cocardes, à passer nos soirées à bavarder sur la politique ou à lire des journaux qui offensent la raison et altèrent le bon sens. Nous devons d'autant mieux connaître nos droits et mériter qu'on les respecte, en remplissant nos devoirs; nous devons d'autant plus aimer notre gouvernement qu'en définitive il est l'élu du peuple, et qu'il doit compte au peuple de ses actes. »

Au milieu de l'enseignement qu'il s'était créé, M. Cantù se livrait avec amour à ce qui devait être le travail de toute sa vie, son *Histoire universelle*.

Nous avons dit qu'il l'avait en quelque sorte *pensée* en prison : du moins, c'était là qu'il avait longuement médité et fortement conçu le plan le plus vaste qu'ait pu rêver un historien. Le lecteur ne nous demandera pas une appréciation de ce livre, superflue pour celui qui l'a lu ou doit le lire, et qui serait suspecte sous notre plume. Bornons-nous à quelques détails bibliographiques peu connus et significatifs. La maison de M. Pomba, le fidèle et heureux éditeur du texte italien, a terminé la onzième édition, et, dans l'avis préliminaire, on déclare avoir vendu 18,000 exemplaires des dix premières, soit environ 600,000 volumes, en Italie seulement (1); suivant un calcul

---

(1) La première édition italienne, outre les 18 volumes de récit (*Racconto*), contient 17 volumes d'annexes sur la chronologie, la religion, la philosophie, l'art de la guerre, l'archéologie, les beaux-arts, la législation, l'histoire littéraire et artistique, qui font de cet ouvrage une véritable encyclopédie historique.

fort simple, il circule en Europe plus d'un million de volumes de cette *Histoire,* puisqu'il en a été fait des traductions multiples en anglais, en allemand, en espagnol, en hongrois, en russe, en polonais. En France, notre maison a donné une traduction de cet ouvrage, parvenue aujourd'hui à sa quatrième édition, et les noms des littérateurs et des savants, qui ont uni leurs efforts pour faire apprécier à notre pays ce travail de M. Cantù, suffiraient pour en démontrer l'importance désormais consacrée. Deux autres éditions furent publiées en Belgique, alors que la loi internationale n'interdisait pas la contrefaçon. Voici comment l'auteur exprime sa sympathie pour la France dans son dernier avant-propos :

« Rien ne peut être plus flatteur pour l'auteur et le mieux récompenser de sa persévérance, que de voir son ouvrage agréé par la nation qui est la seconde patrie de tout le monde. »

Chaque édition a été améliorée par un travail incessant ; l'auteur guette tout ce qui se publie chaque jour dans les divers pays, dont il sait les langues, pour suivre le progrès des sciences historiques, et il a mis à profit les observations de tous ceux qui par leurs études spéciales ont contribué à développer l'une des branches des connaissances humaines dont il offre le faisceau dans son *Histoire universelle.*

Heureux les auteurs, heureux les ouvrages qui ont pu sans cesse être améliorés au moyen de nouvelles éditions !

En présence du succès matériellement constaté d'une œuvre aussi sérieuse, ceux qui partagent les convictions de M. César Cantù peuvent se réjouir et calculer l'heureuse influence qu'il a dû exercer sur notre génération. Ils en pourront tirer encore un autre enseignement, quand ils sauront les difficultés du début.

Le gouvernement autrichien avait rendu la publication de l'œuvre difficile, pour ne pas dire impossible, à Milan, où résidait l'auteur. En face d'une opération commerciale de cette importance, M. Pomba, l'éditeur de Turin, avait stipulé que la publication se ferait, comme c'est l'usage en Italie, par fascicules ou livraisons, et qu'il pourrait s'arrêter après la quarantième, soit le premier volume achevé, si le public n'avait pas alors rendu pleine justice à cette œuvre. L'auteur n'aurait eu à réclamer aucune indemnité.

Or dès les premiers fascicules, les journalistes et les écrivains de *revues* en Italie, par toute sorte de motifs inutiles à relever aujourd'hui, s'élevèrent contre l'historien néo-guelfe. On fit des satires, des brochures contre lui, et on alla jusqu'à répandre le bruit qu'il était le prête-nom des écrivains *de la Compagnie de Jésus*. Bientôt après, un écrivain mort en 1863, et qui a rappelé au delà des Alpes le révolutionnaire français la Vicomterie, Bianchi Giovini, commença, avec des encouragements de tout genre, une réfutation qui suivait l'ouvrage pas à pas.

Malgré cette coalition de tous ceux qui s'appellent eux-mêmes *les libres penseurs,* le défilé de la 40ᵉ livraison fut heureusement traversé; le premier volume à peine achevé fut traduit en plusieurs langues étrangères; l'éditeur vit s'épuiser rapidement une deuxième édition, et bientôt une troisième. Mais, un peu plus tard, M. Cantù, à qui son travail laissait peu de loisirs et qui n'a guère le goût de répondre aux critiques, reçut un avertissement qui aurait suffi pour le préserver de l'orgueil du triomphe, un *avis de la Congrégation de l'Index.*

Historien, il ne raconte pas seulement les faits; il expose et juge aussi les doctrines, et comme il donne aux questions religieuses l'importance qui leur appartient, comme il a des principes fixes et des convictions profondes, il aborde ces questions avec respect, mais avec franchise; il donne des solutions nettes, accentuées. Cette méthode, qui à nos yeux fait le principal mérite et l'originalité de ses livres, l'expose tout naturellement à méconnaître les nuances et à tomber dans les erreurs inséparables de toute œuvre humaine. Or, comme catholique, il a accepté par un acte libre de sa volonté une juridiction dont sa conscience relève, et qui a le droit comme le devoir de l'éclairer quand sa pensée s'obscurcit ou s'égare. L'avis de la congrégation de l'Index lui fut donné directement, sans aucune publicité et avec les égards affectueux consacrés par l'usage, et spécialement par la bulle de Benoît XIV, quand il s'agit d'un auteur renommé comme enfant fidèle de l'Église. M. Cantù répondit immédiatement par la déclaration, non suspecte dans sa bouche, qu'il se soumettait d'avance à ce qui serait décidé. Un long examen s'ensuivit, et le résultat fut que l'*Histoire universelle*, qui était dès lors répandue à un grand nombre d'exemplaires, pouvait circuler librement sans être frappée *d'une note quelconque*. Mais en même temps la Congrégation signalait à l'auteur certaines propositions à éclaircir, certains passages à amender pour les prochaines éditions. On lui laissait d'ailleurs le temps et la faculté de se corriger lui-même (1).

III

Comme compensation de cette épreuve, M. Cantù obtint ses entrées dans le monde savant et littéraire.

Voici ce qu'on lit dans une lettre de cette époque, publiée plus tard (*Correspondance Bullier*, 7 août 1848) : « Je me trouvais à Naples en 1840, alors que l'historien Cantù y vint précisément pour s'aboucher avec Troya (2), et discuter avec lui un point capital de l'histoire d'Italie. Ces deux écrivains étaient faits pour s'entendre, désireux qu'ils étaient de mettre en lumière la vérité. Il était beau de voir ces deux travailleurs sérieux, assis à une table sur laquelle étaient ouverts les ouvrages de Mura-

---

(1) Les *critiques* de la Congrégation de l'Index portaient surtout sur des appréciations relatives aux règles de l'exégèse et à la portée historique de la Bible.

(2) Charles Troya, historien érudit, qui a publié entre autres, en cinq volumes, le *Codice Diplomatico Lombardo*, fut un moment ministre constitutionnel du roi Ferdinand de Naples en 1848.

tori, de Canciani, de Brunetti discutant, posant nettement les objections, les éclairant, les appuyant, les réfutant, et toujours fidèles à une loyauté qu'on rencontre rarement dans les discussions scientifiques comme dans les discussions politiques. Une belle signora, une femme poète d'un grand talent, enlevée trop tôt à l'amour de tous ceux qui l'ont connue, la signora Guacci, recevait souvent à ses réunions ces deux historiens consciencieux et se faisait un plaisir d'assister à ces tournois de l'intelligence. Elle leur appliquait les vers si connus du Tasse :

> È di corpo Tancredi agile e sicolto
> E di man velocissimo e di piede.
> Sovrasta a lui con l'alto corpo e molto
> Di grozzeza di membra Argante eccede.
> Cosi pugna naval
> Fra due legni ineguali egual si mira
> Che un d'altezza preval, l'altro di moto (1).

Que vous semble, lecteur, de ce tournoi de bénédictins dans un salon mondain, sous les auspices d'une femme poète, au bord du golfe de Naples et en face du Vésuve ?

M. Cantù, vers la fin de la publication de sa grande Histoire, profita des ressources qu'elle lui assurait pour visiter la Suisse, l'Allemagne, l'Angleterre et la France, où il reçut une hospitalité dont il a gardé le souvenir, et où M. Guizot, alors ministre et bon juge en fait d'histoire, lui donna la croix d'honneur.

C'était alors le temps des congrès scientifiques. M. Cantù, en 1846, assista à celui de Marseille, où il lut un mémoire sur le poète Salvien, dont le livre sur la Providence, rempli, on le sait, de lamentations sur les malheurs de l'Italie opprimée par les Césars et ravagée

(1) « Tancrède a le corps agile et souple, la main légère, le pied rapide ; Argante le domine par sa haute taille, ses membres robustes, sa large carrure. C'est ainsi que, dans un combat naval, de deux vaisseaux aux prises et qui sont de force inégale, l'un l'emporte par sa masse, l'autre par la vivacité de ses évolutions. » (Cité dans la *Cronistoria*, t. I, p. 518 en note.)

par les Barbares, se prêtait à des allusions que l'orateur rendit saisissantes; il termina son discours par un appel à la fraternité de la France et de l'Italie.

En voici un des principaux passages, où il fait allusion à la parole, *L'Italie est la terre des morts :* « Non, elle n'est pas morte, la nation qui se montre encore une, réfléchie, laborieuse, généreuse, et qui, plus que jamais, ayant retrempé la fraternité dans les souffrances, dépose le stérile orgueil du passé pour tendre à un progrès qui sera, nous l'espérons, meilleur, au moins différent du progrès antique.

« Je vois d'ici cette Méditerranée où votre cité gigantesque va devenir le grand port de toute l'Europe. C'est dans cette mer que s'allonge notre Italie; elle en était la souveraine quand la mer Rouge et le golfe Arabique étaient les grandes voies du commerce. Tout fait espérer aujourd'hui que le commerce va reprendre son antique chemin, et, plein de cette pensée, je tourne mes regards vers cette belle et grande France, espérant lui tendre un jour aussi la main. »

Du congrès de Marseille il alla à celui de Gênes, l'année même de l'avènement de Pie IX. Il y figurait comme membre de la section de géographie et de géologie, matières qui se prêtent peu, ce semble, aux digressions politiques; mais, chargé de faire un rapport sur la direction à donner aux chemins de fer d'Italie alors en projet, il représenta ces voies nouvelles comme un instrument providentiel d'union et de progrès, et fit jaillir dans cette assemblée sympathique les étincelles du feu nouveau qui enflammait alors le cœur des catholiques d'Italie. Les solutions qu'il proposait furent adoptées, et, pour lui donner autant qu'il dépendait d'elle une portée pratique, l'assemblée vota la formation d'une commission permanente dont il fut nommé secrétaire et le prince Charles Bonaparte président. Mais, à peine rentré à Milan, l'heureux orateur fut mandé à la police pour rendre compte de ses deux discours, et aussi des dernières pages de son *His-*

toire universelle, celles-là même qu'il devait publier à part sous le titre d'*Histoire de cent ans*.

Malgré cet avertissement, il n'en continua pas moins son rôle d'agitateur pacifique à ciel ouvert, dans une circonstance plus solennelle encore que les précédentes, au congrès de Venise en septembre 1847. Laissons parler un témoin, le baron de Fiquelmont, diplomate autrichien, dans son livre sur *lord Palmerston et la politique autrichienne*, t. II, p. 235 et 236 :

« On avait eu occasion, pendant le cours des séances,
« de remarquer que M. Cantù, Milanais, l'historien
« connu par des ouvrages à juste titre estimés du public,
« avait été le seul qui eût donné lieu à l'agitation dans
« sa section. Le public attendait avec impatience le dis-
« cours qu'il devait prononcer : soit intention, soit que
« sa section, qui était celle de la géologie et de l'histoire,
« dût être la dernière, il parla le dernier. Il plaça dans
« son discours des phrases adressées aux Italiens du
« mouvement... Ses paroles furent accueillies par des
« applaudissements frénétiques, qui se répétaient à cha-
« que nouvelle phrase qui les excitait. Ce mouvement fut
« un évènement; de ce jour, Venise entra pleinement et
« ouvertement dans les voies de la révolution moderne
« qui se préparait pour l'Italie tout entière. »

Le baron de Fiquelmont, qui a écrit ces lignes, était venu en Lombardo-Vénétie avec une mission officielle pour faire une enquête sur l'état du pays, et son appréciation sur les hommes et les choses devait avoir une influence directe et immédiate dans les conseils du gouvernement à une heure de crise où le régime militaire s'exerçait dans toute sa rigueur... Il dénonça M. Cantù.

Or celui-ci, dans son *Histoire des Italiens* (1), à une époque où il aurait pu se vanter et tirer avantage de l'accusation, a dit à propos du passage précité :

« ..... Le rôle principal qu'on lui assigne donne le droit

---

(1) T. XII, p. 182 (en note).

à Cantù d'affirmer que le congrès de Venise *n'eut aucune sorte d'intelligence avec les partis; qu'il n'y avait rien de préparé dans ces applaudissements ou ces silences, et que l'unique accord fait avec Manin et Tommaseo* tendait à demander, non la liberté de la presse, mais l'exécution des règlements sur la presse, violés par l'arbitraire des censeurs qui nuisent aux gouvernements plus que de loyaux adversaires. Il n'est pas vrai non plus que des sociétés secrètes ou des comités directeurs provoquassent les démonstrations qui, dès ce temps, se multiplièrent dans toutes les villes. La plus significative fut de s'abstenir de fumer : cette mauvaise habitude est venue d'au delà des Alpes et son abandon pouvait signifier qu'on revenait à l'urbanité ou que la jeunesse avait une volonté unanime et connaissait la force de l'abnégation, deux qualités indispensables à la résurrection nationale. »

Quoi qu'il en soit, la police, cette fois, ne se contenta pas de deux avertissements : elle délivra à M. Cantù un passeport *pour visiter les côtes de l'Istrie et de la Dalmatie*, où il fut accueilli avec enthousiasme, pendant que M. Sedlinski, directeur général de la haute police autrichienne, écrivait au directeur général de la police en Lombardie qu'il fallait faire une perquisition à son domicile de Milan pour saisir tous ses papiers. Cet ordre nous est connu par la réponse datée du 26 décembre 1847 (n° 2336 des Archives secrètes), et que voici dans toute son étendue :

« M. Cantù (disait Toresani en réponse au directeur
« général de Vienne) est trop *furbo e scaltro* (fourbe et
« madré) pour laisser à notre portée des papiers qui puissent le compromettre, surtout depuis nos précédentes
« visites domiciliaires. Lors même qu'on trouverait chez
« lui des brouillons de correspondances qu'il envoie aux
« journaux étrangers, il s'excuserait avec l'impudence
« qu'il a montrée pour son discours au congrès de Marseille, en disant qu'on l'a imprimé à son insu. Mais
« j'ai déjà eu l'honneur de proposer à Votre Excellence
« le meilleur des expédients pour perdre M. Cantù et

« mortifier son immense orgueil. Il faudrait le faire pas-
« ser *pour un émissaire politique de l'Autriche tendant des
« pièges aux personnes pour les vendre*. Il faudrait le met-
« tre ainsi au pilori, en faisant une première insinuation
« sous forme d'article à insérer dans la *Gazette universelle
« d'Augsbourg*. Telle est ma réponse à votre dépêche du
« 22 décembre (1). »

Les chefs de la police commencèrent à exécuter cette machination en janvier 1848. Mais on vint bientôt à des mesures plus directes, et, le 11 de ce mois, M. Cantù, rentrant chez lui, vit de loin à sa porte une voiture et des gendarmes (2).

M. Cantù, réfugié chez un voisin, apprit qu'il ne lui restait qu'à fuir; il passa la frontière du Piémont où l'attendaient, lui proscrit, ces vagues soupçons *semés par la calomnie officielle des Autrichiens* jusque dans les journaux de Turin. Il ne pouvait alors ni les saisir, ni les réfuter, ni les comprendre. Heureusement, il eut à Turin même un illustre garant, César Balbo. D'ailleurs, comme il a pu le rappeler lui-même (3), pendant les cinq journées révolutionnaires du 18 au 22 mars, au bureau de la police de Milan, les pièces des archives secrètes entre autres la lettre précitée ainsi que l'ordre de l'archiduc, vice-roi, furent trouvées et publiées par les vainqueurs au moment même où M. Cantù accourait en toute hâte de la terre d'exil (4).

(1) *Protocoli secreti*, n° 1515 dans les *Archives de la guerre sainte*, édition de Capolago, 1849-1858. Comme le directeur Toresani déclarait n'avoir point écrit une telle infamie, cette lettre a été reproduite au *Journal officiel* du gouvernement provisoire de Lombardie en 1848.

(2) On venait sur l'ordre suivant de l'archiduc Rénier, qui a été reproduit dans le texte trouvé aux archives secrètes (*la Cronistoria*, t. II, p. 783, en note) :

« Milano, 21 gennaio 1848. — Gli individui da deportare sono Gasparo Resales, Achille Bataglia, Cesare Stampa Soncino, *Cesare Cantù*, dottor Belcredi.

« *Signé :* Rénier. »

(3) *Histoire des Italiens*, t. XII.

(4) Un *Lombard* échappé aux sbires arrivait à Turin au milieu du plus grand fracas du mouvement préparatoire (1847, oct., t. XII, p. 151, note 2.

Cependant Milan s'était délivrée du joug par son propre effort (*da se*); elle était maîtresse d'elle-même, et M. Cantù, partageant son ivresse, l'exprima dans cinq lettres sur ses journées.

Mais, le lendemain d'une révolution, on doit surtout aux victorieux des conseils d'ordre et de modération. M. Cantù les donna dans des feuilles volantes qu'il répandit dans le peuple. Il se rangeait parmi les citoyens qui songeaient à essayer en Lombardie ce qu'on voyait alors en France, le gouvernement républicain.

« La république, a dit M. Cantù, paraissait convenir à un pays qui s'était rebaptisé dans son propre sang, où l'on ne trouvait ni dynasties à respecter, ni noblesse de cour à gager; comme chacun avait concouru à l'affranchissement, chacun devait conserver la plus grande part de souveraineté. Les beaux souvenirs de la Lombardie n'étaient-ils pas républicains? »

« D'autre part, les adversaires les plus résolus de cette forme faisaient remarquer que la différence entre la république et le gouvernement constitutionnel était petite ou nulle (1). »

Dans l'État Vénitien, le gouvernement républicain parut d'abord prévaloir. M. Cantù cite une proclamation lancée par les Padouans (26 mars) quand ils eurent chassé les Autrichiens; elle donne à ce mouvement son vrai caractère :

« Le peuple, qui nous a constitués aujourd'hui, n'a qu'un seul désir, l'union italienne. Arrière le municipalisme! *La république des villes d'Italie*, quelle que soit son extension, doit s'intituler Italienne. Unissez-vous avec Venise et les autres cités italiennes qui se sont déclarées ou sont prêtes à se déclarer, afin d'agir avec elles

---

Parmi les réfugiés...); l'un des plus ardents orateurs de Lanquets lui dit : « Et vous, n'avez-vous rien écrit sur la crise actuelle ? » César Balbo répondit pour Cantù : « Eh quoi? n'a-t-il pas écrit l'*Histoire universelle*. »

(1) *Histoire des Ital.*, t. XII, p. 205. Gioberti écrivait : « Un prince constitutionnel n'est qu'un chef héréditaire de république, et un président de république qu'un prince électif. » (Lettre du 16 fév. 1848.)

dans un accord fraternel. *Vive la République italienne!* »

M. Cantù n'était pas seul alors à croire la république désirable et possible en Italie.

Manin, aux premiers jours de la délivrance de Venise, et Tommaseo le croyaient aussi. Ils étaient ses amis, et tous les trois en 1847, lors du congrès scientifique à Saint-Marc avaient, en échangeant leurs vues, leurs espérances et leurs vœux, prêté comme un nouveau serment du Grütli.

Tommaseo écrivait le 30 mars 1848, *Gouvernement provisoire* : « Cher Cantù, nous avons des principes plus élevés que ceux de la Savoie, lesquels ne pouvant contenter ni les Lombards, ni les Vénitiens, ni même les Génois, ni même les Sardes, ouvriront un abîme de révolutions nouvelles. La république me paraît inévitable si l'on ne veut retomber sous la monarchie absolue. Je ne crois pas que ce nom guérisse nos anciennes blessures, mais du moins il nous en fera sentir la douleur, ce qui est un signe de vie. Il importe que la Vénétie s'unisse à la Lombardie le plus vite possible. Il importe de diriger tous les désirs comme tous les efforts dans le sens de cette union, et Dieu fera le reste.

« Je suis brisé de la fatigue, non d'avoir trop fait, mais de ne pouvoir faire, comme je voudrais, le peu qui dépend de moi...

« Adieu, de tout cœur! »

Du reste, les sentiments dont l'âme de M. Cantù était alors remplie, se firent jour dans ce qu'on appela la fête de Pontida (1), à l'organisation de laquelle on peut dire qu'il prit une large part (2).

Il y prononça un discours dont voici quelques passages :

---

(1) Ce fut une démonstration des néo-guelfes. Mais bientôt Tommaseo et Manin prirent l'initiative d'un mouvement fusionniste; M. Cantù, plus tenace, *s'abstint* même le jour du vote, et quand il tint la plume de l'historien, il n'hésita pas à dire que l'annexion fut le résultat d'une intrigue.

(2) On peut en voir les détails reproduits, d'après les journaux du temps, dans la *Cronistoria*, t. II, p. 875 (dans la note).

« De la terre où je naquis et de la maison paternelle, je vois sur votre clocher l'image tournante de saint Jacques, chère à mon enfance. Longtemps, pèlerin de la liberté et de l'espérance, j'ai cherché dans l'histoire les souvenirs qui pouvaient nous donner du courage. Je m'inspirai des mêmes sentiments que vous... » Et après avoir rappelé la ligue lombarde du moyen âge, invoquant le nom de Pie IX, il proposa « d'écrire sur la bannière nationale, union de l'Église et de l'État, avec la devise : *Concorde, Religion, Liberté.* »

Quand le suffrage populaire à Milan se fut prononcé pour l'annexion au Piémont, M. Cantù ne se montra pas, bien s'en faut, parmi les courtisans improvisés de Charles-Albert. Au jour des revers, quand celui qu'on appelait *l'épée de l'Italie* parut croire *tout perdu* fors l'honneur, M. Cantù, répondant à l'appel de ses amis à tendance républicaine, le général Fanti, l'abbé Agnelli et le comte Pompeo Litta, accepta de faire partie à Milan d'une sorte de représentation municipale, improvisée à la dernière heure, et il était, le 5 avril 1848, avec Charles-Albert au palais Greppi. Mais laissons l'historien raconter des faits où il fut mêlé comme acteur, et qu'il apprécie en témoin oculaire :

« Cette scène, digne de la tragédie grecque, ne sortira jamais de ma mémoire. Le peuple criait qu'il voulait voir *le roi, le roi!* Il fallut bien insister près du chambellan de service pour qu'il lui demandât de venir. Depuis plusieurs jours Charles-Albert était malade de la fièvre, et de pareilles scènes n'étaient pas faites pour calmer son mal. Il s'était donc jeté sur son lit, et l'on dut le troubler dans ce court repos. Un soupir, et non une marque d'impatience, nous laissa deviner combien il souffrait; il passa sa tunique militaire, boucla son ceinturon et s'avança en chancelant sur le balcon; j'étais à son côté. Il s'efforça de parler, mais la voix lui manquait. Je le priais de me dire, à moi, ce qu'il voulait dire, mais les hurlements du peuple m'empêchèrent d'entendre, surtout si l'on tient compte de la distance entre sa haute personne et ma petite personne (1).

« A ce moment une balle de fusil siffla entre nous deux, et lui, levant sa longue main en signe de compassion, retourna en chancelant dans sa chambre.

« Je l'y suivis : il resta quelque temps muet, puis il me rappela notre dernière entrevue à Turin et ses hésitations, en paraissant vouloir m'expliquer les raisons de sa conduite. Arrivant à la crise présente, il ajoutait : « Si
« le maréchal voulait envahir mon cher Piémont, qui
« pourrait l'en empêcher? Je vois ici des dispositions tout
« autres que celles d'un peuple résolu à combattre en
« désespéré pour repousser l'étranger! Quant aux Fran-
« çais, nous en avons toujours redouté et décliné l'in-
« tervention, avertis par une expérience séculaire que
« maudit est le jour où l'on invoque l'étranger pour se
« délivrer de l'étranger... Aujourd'hui la nécessité nous
« force à vaincre notre répugnance, et nous deman-
« dons le secours de cinquante mille Français. Mais
« quand arriveront-ils? Tout au plus pourra-t-on de
« ce côté mettre en mouvement vingt-cinq mille hommes;
« et que sera-ce pour une armée vaincue, en face de
« désastres inouïs? Il est vrai que la France a une autre
« armée, les moyens révolutionnaires. Mais qui peut dé-
« sirer que cette armée-là l'emporte? »

« Il voulait continuer, mais sa grande faiblesse l'emporta, et il se jeta de nouveau sur son lit. Je vis alors que les yeux des rois peuvent se gonfler de larmes, que la désolation peut envahir leur cœur, et, profondément attendri, je sortis, regrettant de ne pouvoir trouver d'autres paroles de consolation que celle-ci : « Vous avez le
« témoignage de votre conscience. »

« J'espérais que la fusillade dirigée contre nous n'avait été qu'un accident; mais rien n'est plus contagieux qu'un

---

(1) On sait que Charles-Albert était de haute taille, tandis que celle de M. Cantù est au-dessous de la moyenne.

pareil exemple... La fusillade continua et la foule monta dans la maison d'en face pour tirer à coups sûrs... elle se préparait à mettre le feu au palais Greppi... Il était urgent de prendre une résolution. Le podestat (maire) se montra sur le balcon entre deux d'entre nous qui tenaient une lanterne pour qu'on le vît mieux. Il commença à dire qu'il était le podestat, le podestat de Milan, leur podestat... Mais il ne put rien ajouter qui valût quelque chose, et, en vérité, il n'était pas facile de rien trouver. La foule s'impatientait; comme le podestat ajoutait que la capitulation devenait une nécessité insurmontable, un *Non! non!* éclatant comme un tonnerre, lui coupa la parole, et les hurlements, les cris, le tumulte, recommencèrent.

« Le duc de Gênes vint à son tour lui parler bravement; moi-même et d'autres nous essayâmes de la haranguer, de lui répondre ; mais rien de plus difficile qu'un dialogue avec une multitude qui n'a choisi personne pour parler en son nom, d'où vous arrive une demande, un démenti, une allusion à des faits anciens, à des assertions déjà réfutées : la logique ne règne pas sur les places publiques...

« Cependant, comme la première fois, ces efforts nous valurent une sorte de répit pendant lequel Alphonse La Marmora, chef d'état-major du duc de Gênes, parvint à se glisser par la porte entre-bâillée et courut jusqu'à l'hôtel de la Monnaie où se trouvait sa division. Il y prit la seconde compagnie du premier bataillon des bersaglieri, un bataillon d'infanterie, quelques carabiniers à cheval et deux canons; en s'avançant lentement, ils arrivèrent jusqu'au palais Greppi. La foule ne fit ni ne tenta aucune résistance. Le roi put donc descendre, il sortit entre un de ses aumôniers et un capucin qu'on avait arrêté le jour même, bien à tort, comme espion.

. . . .

« Charles-Albert, derrière lui ses fils et son état-major, se dirigèrent vers le rempart, et après avoir fait, soit par ignorance du vrai chemin, soit par défiance, le tour de la cité, ils sortirent enfin. »

M. Cantù, resté à Milan, signa avec le comte Litta, l'abbé Agnelli et le général Fanti une dernière proclamation pour faire connaître la *capitulation* qui contenait, article 2, la promesse un peu vague que le maréchal Radetzky gouverneur *aurait pour les faits passés les ménagements que demande l'équité.*

Art. 3. Que le mouvement de l'armée sarde se ferait en deux journées d'étapes.

Art. 4. Que la libre sortie par la route de Magenta était accordée à tous ceux qui voudraient en profiter jusqu'au lendemain soir.

La proclamation ajoutait : « Vous qui pouvez encore tenir un fusil et supporter une marche... suivez-nous avec vos armes... sur la terre d'exil pour en revenir un jour avec la bannière que nous avons naguère plantée sur les barricades. *Vive l'Italie libre et indépendante!* »

IV

M. Cantù n'alla pas à Turin; on sait qu'il est de ceux qui, lorsque la patrie est opprimée, partagent ses douleurs; et plus il la voit malheureuse, plus il éprouve le besoin de se rapprocher d'elle. Il se tenait à la frontière, avide du passage et désespéré de l'attente, quand un mouvement provoqué par Mazzini éclata dans le *val d'Intelvi*, sur le lac de Côme. Il s'y laissa entraîner sans hésitation comme sans illusion, et c'en fut assez pour le faire exclure nominativement de l'amnistie. Cependant on répandit le bruit à Milan même qu'au 6 août, il avait donné aux Piémontais un million de livres en argent qui étaient alors déposés à la Monnaie. M. Cantù rentra *quand même :* la police l'arrêta et le reconduisit à la frontière, *comme coupable d'avoir voulu rentrer.* Il était à Genève, quand fut publiée, au mois d'août 1849, une amnistie générale, et cette fois il put gagner sa campagne près de Brescia. Il espérait y trouver le calme dans les travaux agricoles auxquels il voulait consacrer ses gains d'auteur relativement considérables, quand on sait le peu que rapportent en Italie, comme partout, les travaux littéraires sérieux. La faillite du négociant chez lequel il avait placé ses économies vint lui enlever cette espérance et les loisirs du penseur. Il fallait trouver un travail lucratif, faire un livre qui pût paraître en Lombardie pendant l'état de siège. Heureusement, parmi ses manuscrits, fouillés, saisis plusieurs fois par la police et recouvrés lors de la dernière révolution, se trouvait celui qui avait pour sujet : *l'abbé Parini et son siècle.* Le spirituel abbé avait publié, sur la fin du siècle dernier, une satire délicate contre la noblesse. De ce poème intitulé le Jour (*Il giorno*), M. Cantù donna une nouvelle édition plus complète que les précédentes, accompagnée de notes. Le plus bel éloge qu'on puisse faire de la satire est l'anecdote citée au bas de la première page de cette édition.

Un grand seigneur d'alors, qui s'était cru désigné dans le portrait d'un *Sardanapale milanais* que fustigeait le poète, lui aurait fait dire : « *Vous avez parlé de moi au matin ; si vous en parlez encore à midi, vous n'irez pas jusqu'au soir.* » Le fouet avait frappé juste ; mais Parini ne nous en semble pas moins surfait, quand on le représente comme un moderne Juvénal.

Du reste, en publiant ce livre, M. Cantù avait encore une intention de propagande politique et religieuse. Ce commentaire d'un poème didactique, étude sur les mœurs et les lettres en Italie à une époque où le patriotisme avait semblé dormir, était écrit de façon à rappeler le commentaire sur les *Fiancés* de Manzoni, *la Lombardie au* xvi° *siècle,* dont les allusions, toujours opportunes, ne pouvaient sans péril être renouvelées. C'était aussi, en un certain sens, un chapitre ajouté à la grande histoire littéraire de Tiraboschi conçu, sinon sur le mode grave du modèle, du moins dans un esprit tout autre que celui des abrégés et des continuations où les Ginguéné, les Sismondi et les Salfi ont montré tant d'hostilité pour le catholicisme. Enfin, parmi les appendices figuraient les *Instructions de Marie-Thérèse à son fils Joseph II sur les matières ecclésiastiques.* La publication de ce monument fort curieux était significative ; c'était une pièce à l'appui du concordat autrichien, ce traité de paix entre le pape et l'empereur, qui malheureusement ne devait avoir qu'une durée éphémère.

Vers ce temps M. Brofferio, avocat piémontais, l'un des orateurs les plus éloquents de la Chambre des députés mort en 1866, et le plus avancé par ses opinions dans les voies révolutionnaires, indigné des insinuations qu'on répandait alors à Turin sur M. Cantù, à qui on ne pardonnait point de rester à Milan, écrivit un article de journal où on lisait cette phrase :

« Entre ces écrivassiers qui barbouillent chez nous tant
« de papier pour dire au public tant de pauvretés, et
« M. Cantù qui, sous le sabre autrichien, écrit si noble-
« ment et dit bien haut des vérités si italiennes dans un
« style si italien, mon choix est fait. »

Quand l'état de siège fut levé, M. Cantù publia *Ezelino da Romano, storia d'un Ghibellino esumata da un Guelfo. Ezelino,* imprimé à Turin, fut prohibé à la frontière lombarde, et quand on essaya de le réimprimer à Milan, l'édition fut saisie (1) par ordre supérieur du 27 juin 1853.

---

(1) Extrait du rapport de la police autrichienne :
« Tout l'ouvrage n'est que l'éloge exagéré du guelfisme (*una exagerata adulazione al sentimento guelfo a detrimento dell' autorità imperiale in Italia*), au grand détriment de l'autorité impériale en Italie. On pourrait le tolérer, si l'auteur ne tirait sans cesse argument de l'antagonisme qui se manifesta au moyen âge entre Rome et l'Empire pour prouver que les empereurs ont toujours ruiné (*recarono nocumento*) l'indépendance et le bonheur de l'Italie, et cela non seulement en vertu de leur situation particulière, mais aussi et plus encore en leur qualité d'Allemands (*e perchè tali et più ancora perchè Tedeschi*). Il ne sert de rien, pour la justification de l'auteur, de dire que le sujet est historique et que l'auteur se reporte aux temps qu'il raconte. Les allusions au présent sont continuelles, et l'auteur prend occasion des causes qui firent échouer alors les élans vers l'indépendance pour donner des conseils sur ce qu'on pourrait tenter encore (*per dare ammonimenti a ritentare riscosse.* » — Le rapport cite des passages qu'il estime très injurieux à la domination autrichienne en Italie, et qui sont, dit-il, des provocations directes à l'émancipation.

M. Cantù reprit avec opiniâtreté un travail de longue haleine, son *Histoire des Italiens*. Jeune professeur à Côme et à Milan, il s'y était préparé par les monographies de ces deux villes (*Storie Minori*) et plus tard par celle de Venise; dans son exil, il avait achevé l'épisode du *Sacro Macello in Valtellina*, où il flétrit de toutes les forces de son âme le massacre des adhérents du protestantisme dans ce pays en 1629. Si, en publiant l'*Histoire universelle*, mieux que ses devanciers, il a pu se défendre contre la tendance de prendre pour pivot l'histoire de sa patrie, c'est qu'il lui réservait un travail particulier et plus étendu, dans cette *Histoire des Italiens* qui forme dans l'original six forts volumes, et dans notre traduction française douze; elle est à l'œuvre qui a valu à M. Cantù sa célébrité ce que l'*Histoire romaine* de Rollin est à son *Histoire ancienne*, ce que l'histoire de la *Civilisation en France* de Guizot est à l'*Histoire de la civilisation en Europe*; enfin, pour exprimer notre pensée par une dernière comparaison, ce que l'*Histoire de l'Empire* de Thiers est à l'*Histoire de la Révolution*. C'est le travail de prédilection, l'œuvre de la maturité de notre auteur, celle enfin où, catholique, patriote et ami de la liberté, il a concentré tout l'effort de sa plume et toute la chaleur de son âme sur l'histoire de sa propre race, qu'il y considère, au point de vue de Pascal, comme un être collectif qui souffre ou jouit, qui croit, se relève ou s'incline, mais ne meurt jamais. Cette œuvre aimée lui valut de nouvelles épreuves.

La première lui vint du gouvernement de Vienne, et de ceux qui faisaient du zèle à son service. Cette sévérité n'avait pour l'auteur rien d'inattendu, même pendant l'éclaircie qu'on put entrevoir sous le gouvernement de l'archiduc Maximilien. L'*Histoire des Italiens* était, pour plus de sûreté, imprimée à Turin chez Pomba; les derniers volumes furent prohibés à la frontière, et suggérèrent à la police milanaise contre l'auteur une dénonciation formelle au procureur général d'État.

La seconde épreuve fut une nouvelle calomnie répandue à Turin et ardemment recueillie.

L'*Histoire des Italiens*, comme l'*Histoire universelle*, était écrite par un *néo-guelfe*. Elle souleva les colères des néo-gibelins du Piémont. Elle était de plus, dans ses derniers volumes, une histoire contemporaine, et, bien que M. Cantù ne s'y mette jamais en scène et qu'il n'accole aucune épithète au nom des vivants ou des morts de la veille, il dut lui arriver ce qui arrive à ceux pour qui a été écrite la parole : « *Amicus Plato, sed magis amica veritas.* »

Nulle réclamation ne vint contester les faits qu'il raconte ; mais ceux qu'avaient blessés ses appréciations cherchèrent une revanche à propos de son attitude indépendante dans les derniers évènements. Tel fut le premier grief.

En 1855 était intervenu entre le gouvernement autrichien et le pape ce concordat dont une des conséquences était le retrait *des lois Joséphines*, contre lesquelles toute sa vie, avec le clergé jaloux de sa liberté et les patriotes catholiques, M. Cantù avait protesté. Il se réjouit tout haut de ce résultat. Ce fut le second grief.

L'archiduc Maximilien, empressé de se faire pardonner sa qualité d'Autrichien, était venu en Lombardie pour faire succéder l'administration civile au régime militaire, ayant à son bras sa jeune épouse, fille du roi le plus constitutionnel qui fût alors, et il se donnait partout comme un ami des réformes et du progrès, presque de l'indépendance. Il avait été précédé par un mémoire qu'avait rédigé le comte Archinto, Milanais, celui-là même qui l'avait représenté à la cour de Bruxelles comme son *alter ego diplomatique* à l'occasion de son mariage. Ce mémoire demandait la décentralisation administrative pour le royaume lombard-vénitien et laissait entrevoir plus encore.

M. Cantù était, par l'élection de ses collègues, secrétaire de l'Institut des sciences, des lettres et des arts, fondé à Milan sous la domination de Napoléon Ier à l'instar de l'Institut de France. Quand l'archiduc vint pour la première fois visiter cette réunion littéraire, le secrétaire lui en fit les honneurs. Dans les relations fugitives qui suivirent, le prince demanda à M. Cantù un mémoire sur la réforme de cette académie et sur la réorganisation de l'instruction publique en Lombardie. M. Cantù, dans sa réponse, demandait la réunion du Milanais à la Vénétie sous le bénéfice d'une loi de liberté d'enseignement, se reliant au nouveau concordat, et non sans analogie avec *cette autre loi de liberté d'enseignement que ses amis sous la République venaient d'obtenir en France;* il voulait assurer un semblable progrès à son pays. Pour développer et appliquer sa pensée, il proposait au prince la nomination d'une sorte d'assemblée de notables sous l'apparence d'une consulte littéraire. Ce ne fut qu'un rêve, que le conseil aulique de Vienne dissipa bientôt par un désaveu presque brutal des ouvertures du jeune archiduc, et en encourageant les dénonciations contre M. Cantù.

Il semblait difficile de faire de ceci un troisième grief, même à Turin ; on y parvint cependant, en greffant sur ce fait une calomnie qu'on pouvait croire moins maladroite que les précédentes.

On prétendit que M. Cantù avait rédigé et colportait une pétition qui demandait la nomination de Maximilien comme roi du Lombard-Vénitien, ce qui, disait-on, était un crime de lèse-nation commis par un Italien. Personne ne vit et ne montra cette pétition, qui n'exista jamais. Au débordement d'outrages qui lui vint de Turin, M. Cantù répondit par un démenti formel, et il demanda un tribunal d'honneur composé d'honnêtes gens, fussent-ils ses adversaires politiques. Sa raison était ferme, sa conscience était sereine ; mais son cœur était déchiré. Et la mesure était comble.

Heureusement le canon de Magenta, en rouvrant les portes de Milan à ses livres, ouvrit de nouveau les Archives secrètes de la police autrichienne, et on y trouva une dénonciation au procureur général d'État, datée du

7 octobre 1858, à l'heure même où, à Turin et à Milan, on calomniait le patriote. On y lisait que M. Cantù manifestait *un spirito pertinacemente intento a svegliare il disgusto della dominazione austriaca e a far desiderare l'indipendenza italiana non solamente nel Lombardo-Veneto, ma in tutta la Penisola* (1).

La pièce fut publiée dans les journaux du gouvernement nouveau (*Gazette de Milan* du 6 mars 1860), et pourtant la calomnie resta; on la répète encore à toute occasion.

Les dégoûts qu'elle pouvait causer à M. Cantù ne l'empêchèrent pas de rendre plus tard justice à l'infortuné Maximilien et même de montrer la sympathie que ce prince lui avait inspirée en écrivant sa biographie qu'il a donnée en appendice à la *Cronistoria* (nous la donnons traduite, à l'appui de l'*Histoire de trente ans*). On va juger du reste de l'indépendance que M. Cantù sait garder vis-à-vis des puissants de ce monde.

Dans la campagne d'Italie de 1859, M. Cantù eut avec Napoléon III une entrevue après Solférino, qu'il a lui-même racontée (2) : « L'empereur me fit exprimer par un ami commun son désir de me voir. Sur cette invitation, j'allai à son camp à Valeggio. Il me montra qu'il connaissait ma vie et mon peu de sympathie pour Napoléon Ier. Il en prit occasion de me dire que le temps seul avait manqué à son oncle pour constituer l'Italie. Naturellement, je l'exhortai à réaliser les *idées napoléoniennes*. Et il me raconta en détail ce qu'il avait déjà fait et comptait faire encore : « Son cousin Jérôme (qui venait d'arriver) assié« gerait Mantoue, le roi de Sardaigne Peschiera, lui-même « se dirigerait sur Vérone, *os bien dur à ronger* (disait-il). « 40,000 hommes allaient débarquer à Venise! »

---

(1) « ... Un esprit obstinément appliqué à provoquer le dégoût de la domination autrichienne et à faire désirer l'indépendance italienne non seulement dans le royaume Lombard-Vénitien, mais encore dans toute la Péninsule. »

(2) *Cronistoria*, t. III, p. 265.

« Ce jour-là, il avait fait appeler Kossuth et s'était entretenu avec lui pour savoir s'il pouvait compter sur un mouvement en Hongrie. Comme font toujours les émigrés, celui-ci fit de grandes promesses; mais l'empereur se tint en garde. Peut-être son seul but était-il de lui tirer ses secrets, et son dernier mot fut : « *Si l'Autriche continue « la lutte, j'aurai besoin de votre concours*; tenez-vous prêt. »

« Au cours de la conversation, M. Piétri, le préfet de police, qui arrivait de Paris, entra. L'empereur et lui échangèrent quelques paroles; il semblait en résulter que la France n'était pas alors absolument tranquille, que peut-être la présence de l'empereur deviendrait nécessaire. Je crus pouvoir dire quelques mots à ce sujet, mais l'empereur protesta qu'il ne quitterait pas l'Italie avant que sa tâche ne fût achevée.

« Nous causâmes ensuite sur l'avenir de ce cher pays...
« L'Italie sera, dit-il, une fédération avec le pontife à
« sa tête. » Et, à ce propos, il développa la thèse de la brochure de la Guéronnière. Je lui objectais les mouvements qui avaient éclaté en sens contraire. « C'est là,
« reprit-il, ce qui me déplaît », et comme je faisais allusion aux vents qui avaient été déchaînés pendant qu'Éole dormait, il éleva la voix et répliqua avec un sourire...
« Je prononcerai le *quos ego*. » Je lui répartis : « Vous ne
« le pourrez plus. » Cet entretien donna depuis de l'ombrage à ceux qui, comme Napoléon me le dit, me jugeaient plus Italien que Piémontais. »

On sait que, au lendemain de cet entretien, Napoléon coupait court à son entreprise, concluait un armistice, en laissant la Vénétie à l'Autriche, et revenait en France.

V

Après le traité de Zurich où la Lombardie fut rendue, par l'entremise de la France, à l'Italie, M. Cantù, qui toute sa vie avait aspiré à ce résultat, crut pouvoir servir sa patrie dans la carrière parlementaire, comme il l'avait servie dans la littérature et dans l'histoire. Mais l'accès n'en était pas facile pour lui. Nommé par le petit collège de Pontida, voisin de sa terre natale, il vit son élection annulée trois fois. On n'insistait guère sur de prétendus vices de formes... mais on objectait qu'il avait été décoré par l'Autriche et qu'il était catholique. « Nous en avons déjà trois à la Chambre, disait textuellement un député ; c'est bien assez. » Au premier reproche, M. Cantù répondait simplement qu'il n'avait jamais eu ni faveur, ni emploi, ni décoration par l'Autriche, mais bien des persécutions, l'exil, la captivité. Quant à la qualité de catholique, M. Cantù s'en faisait honneur. Après avoir forcé la porte, il alla s'asseoir à côté de M. d'Ondes Reggio, Sicilien, professeur à Gênes, de même nuance que lui. Quelque temps après ils eurent avec eux une vingtaine de députés pour défendre ouvertement les intérêts catholiques ; on vit ce que peut faire même une minorité pareille en face d'une Chambre qui n'a pas cessé d'être une *assemblée révolutionnaire*.

Se faire écouter était déjà un succès. L'historien se révéla alors comme orateur et même comme tacticien parlementaire.

Ses opinions libérales lui permettaient d'aborder les questions sur le terrain même où les avaient portées les adversaires, en même temps qu'avec sa foi il réveillait le sentiment religieux que l'esprit de parti peut endormir ou refouler, mais qui se retrouve toujours, Dieu merci, dans les consciences droites et, particulièrement, dans les âmes italiennes. Il dut au maniement de ce double levier un succès véritablement inattendu et qu'il faut citer.

En mai 1864, on dénonça au parlement de Turin le *Denier de saint Pierre*. On sait qu'un seul journal, *l'Unità Cattolica* de l'abbé Margotti, en ouvrant ses colonnes à des souscripteurs qui pour la plupart signaient de leur nom leur offrande, a réalisé chaque année des sommes considérables : il a dépassé un million.

A propos de cet acte de persécution, M. Cantù prononça un discours qui caractérise bien son rôle :

« La Chambre, en m'accordant la parole, démontre véritablement que la tolérance est la garantie de la liberté, car personne n'ignore, Messieurs, que je viens soutenir une cause qui n'a pas les sympathies de la majorité. Mais ce n'est ni le nombre ni le succès qui décident de la bonté d'une cause et si la *cause vaincue* a plu aux Dieux, la postérité n'a pas décidé que Caton eût tort. . . . . . .

« Je confesse que je n'ai pas entendu sans étonnement le ministre de la justice qui venait d'exposer contre les poursuites demandées les argumeuts les plus décisifs, conclure qu'après tout, si le parlement l'y poussait, il aviserait. Je ne voudrais pas que M. le Ministre me crût capable de manquer au respect que je dois à sa situation et à ses qualités personnelles, et cependant je lui rappellerai ce préteur romain devant qui on avait conduit un accusé divin. Il disait : « Je ne trouve rien « pour le condamner. » Et pourtant il demandait au peuple s'il le voulait condamner, à quoi le peuple répondit : « Crucifiez-le. »

Après cette vive apostrophe, M. Cantù fit vibrer d'autres cordes...

« N'oubliez pas que c'est Pie IX qui a donné le signal du réveil de l'Italie, que vous lui avez prodigué des applaudissements tels que personne n'en obtint jamais de semblables. Ne lit-on pas au préambule du nouveau Statut : « Que Dieu soit béni pour avoir donné à l'Italie Pie IX, au « nom de qui on peut associer la liberté civile et l'organi- « sation religieuse ! » Ce préambule nous donne raison, à nous autres, qui avons toujours soutenu que l'italianisme et le catholicisme étaient loin d'être deux termes contradictoires...

« La reconnaissance vous pèserait-elle? On va bien vite et bien facilement du Capitole à la roche Tarpéienne. Si toute l'histoire n'était pas là pour le rappeler, je vous le dirais avec les paroles prononcées il y a quelques jours dans cette enceinte. « Le grenadier du Trocadéro (Charles-Albert) est devenu le martyr d'Oporto ; le vainqueur de Magenta est devenu le signataire du traité de partage de Villafranca, et les lauriers de Marsala et de Varèse se sont entrelacés aux myrtes d'Aspromonte (1).

« Vous ne voulez pas qu'on donne parce que le pape est un prince et parce que les évêques ont des biens. Mais quand celui-là ne sera plus prince et quand ceux-ci auront perdu leurs biens, de quoi devront-ils vivre? De l'obole de la charité. Ah! je vous comprends, vous voudriez que l'aumône leur fût faite par les rois ; mais les démocrates peuvent penser autrement, ils peuvent ne pas désirer que celui qui dirige les consciences de tant de croyants soit proposé par un ministère et nommé par un roi. Je puis parler du pape franchement, puisque je n'ai rien à attendre de lui, sinon qu'à mon dernier jour il m'envoie sa bénédiction...

« Vous vous heurtez à la question romaine. Elle est double. On y trouve l'indépendance spirituelle du pontife. Vous ne pourrez la trancher, celle-là, ni par les armes ni par la diplomatie. C'est une de ces questions qu'un siècle pose et que le siècle suivant seul peut résoudre.

« Quant à la solution de l'autre question, personne ne désire la voir plus que moi... J'appelle de tous mes vœux et de tous mes efforts le jour où la tradition pourra être réconciliée avec les besoins nouveaux, où l'autorité sera rétablie sur des bases solides et pourra se développer au souffle de la liberté, où le roi et le pape se concilieront dans ce qui est inévitable, et où Pie IX, élevant de nouveau les mains pour bénir l'Italie, s'écriera : « Seigneur, je « puis partir en paix, parce que le rêve de toute ma vie « est accompli. »

« Mais on n'arrive pas à un tel but par les colères, par les persécutions mesquines, par les soupçons qui enve-

---

(1) Allusion à la vie de Garibaldi.

niment les inimitiés, en saisissant les deniers que le troupeau et les pasteurs envoient à celui dont vous-mêmes vous reconnaissez la pauvreté...

« Les souscripteurs vous donnent un salutaire exemple.

« Confessons-le, Messieurs, la *vertu* qui nous manque surtout aujourd'hui est le courage civil : le courage d'avoir une opinion, une conviction ; le courage de la professer, non seulement quand on est réuni à deux ou trois personnes, mais devant le grand nombre, dans les journaux, dans les assemblées, dans le parlement.

« Si ce courage civil est nécessaire, comme vous le dites, vous qui déplorez l'abaissement des caractères, les évolutions trop faciles, les brusques palinodies ou la lâche indifférence entre l'erreur et la vérité... ne contribuez pas à augmenter le mal. Aujourd'hui ceux qui font des offrandes au pape les font en plein jour, on imprime les listes avec les noms et les chiffres : voulez-vous obliger désormais les donateurs à se cacher, à chercher le secret, à faire une sorte de conspiration? Je vous le dis, vous êtes impuissants à empêcher cela : les décrets ne suffisent pas pour supprimer une chose, pour empêcher un acte qu'on peut accomplir, en invoquant la raison et le droit; on ne peut rien contre la nature des choses.

« ..... Ne faites pas, Messieurs, qu'on puisse croire qu'il y ait déloyauté non plus qu'intrépidité à dire du ton fier qu'aime ce siècle... à répéter : « Je suis chrétien, « catholique et romain », à rappeler le préambule de statut : « Le roi se fait gloire d'être le protecteur de l'Église « et de faire observer ses lois... »

On cria à l'orateur : « .... O cynisme catholique ! Pour la première fois depuis 1848 dans cette chambre on ose louer Pie IX. » Mais la Chambre passa à l'ordre du jour, la quête ne fut pas entravée... et le million italien donné spontanément au Saint-Père a pu rejoindre les millions que la conscience religieuse du monde entier apporte en tribut à son suprême arbitre.

Plus tard des professeurs de l'université de Naples furent destitués pour refus de serment au nouveau gouvernement. M. Cantù interpella le ministère au nom de la liberté de la science. Il lui rappela que déjà, à l'université de Bologne, trente-cinq professeurs avaient refusé le serment contre vingt et un qui l'avaient prêté. Était-il politique de se constituer ainsi en minorité dans les corps savants? Ce résultat rappelait les prêtres assermentés de la Révolution française. N'était-il pas plus patriotique de rapprocher les esprits divisés, d'opérer une légitime et féconde conciliation entre les intérêts et les devoirs comme entre les âmes?...

M. Cantù sema son discours d'anecdotes, de faits historiques bons à rappeler.

« A la fin du siècle dernier, quand la République Cisalpine fut créée en Italie, on exigea le serment de haine aux rois des astronomes Oriani et Cesari en leur qualité d'employés de l'observatoire. Ils répondirent par une lettre fort digne où ils demandaient ce que l'astronomie avait à voir dans la politique. Et le général Bonaparte les dispensa immédiatement.

« A la même époque encore, à l'université de Pavie, Scarpa, Spallanzani, Volta, avaient été destitués pour refus du même serment. Napoléon ordonna de les rétablir dans leur poste en déclarant que la science n'était d'aucun parti. En France même, quand fut organisée l'instruction publique, il laissa, sans manifester son déplaisir, Fontanes lui dire : « Laissez-nous au moins la république des lettres. »

« Il est vrai que plus tard, quand Rome eut été réunie à l'empire, le même Napoléon, irrité de ce que la plupart des avocats à la Cour suprême de cette ville avaient refusé le serment, déclara dans la séance du conseil d'État du 24 août 1812 qu'il fallait non seulement les repousser de la barre, mais encore les arrêter et confisquer leurs biens, parce qu'en général les fils tiennent pour l'opinion de leur père... » Un pareil courroux n'empêcha pas quelques conseillers de faire remarquer qu'un serment prêté par force n'avait aucune valeur. Ils demandaient qu'on laissât un délai de cinq ans, et enfin on inséra dans la formule des modifications de nature à lever certains scrupules, mais qui ne furent pas, il est vrai, insérées au Bulletin des lois.

« En Italie, sous les gouvernements qu'on a appelés absolus, les académiciens de Turin, de Milan, devaient être confirmés par le souverain. Il arriva que quelques élus furent d'abord écartés comme désagréables, mais les doctes compagnies persistèrent dans leur choix et le gouvernement céda. »

Il termina ainsi :

« Puisqu'il y a encore des hommes qui se montrent dignes de la liberté et qui voudraient accorder l'exercice de leur droit avec la tranquillité de leur conscience, je désirerais que le ministère de grâce et de justice nous proposât l'abolition du serment politique pour les employés. »

Bien entendu, la Chambre passa à l'ordre du jour sur l'interpellation, mais le pays tout entier put la lire. Il y eut un député qui s'écria : « La proposition de M. Cantù est libérale, mais nous l'accepterons quand nous serons au Capitole. » Et Cantù de riposter : « C'est-à-dire jamais. » C'était, hélas! une anticipation du *jamais* de Rouher.

VI

Après les escarmouches venaient les grandes batailles où il n'était pas facile à un parlementaire de l'opposition de lever son drapeau. En février 1865, le gouvernement présenta à la Chambre trois projets de code et cinq lois importantes. Il demandait qu'on les votât sans discussion, pour compléter l'unification législative et administrative du royaume avant la translation de la capitale de Turin à

Florence. La dictature parlementaire, une fois de plus, s'appropriait les procédés sommaires de tout despotisme. Elle voulait des adhésions sans phrases.

M. Cantù se leva :

« On sait qu'il y a dans la vie des peuples comme dans celle des individus des *nécessités fatales* d'où dépend inexorablement leur avenir. La nécessité pour l'Italie d'unifier sa législation a tout à fait ce caractère.

« Je demande qu'on écrive au frontispice de cette Chambre la parole que nous avons tous lue dans Notre-Dame de Paris : Ἀνάγκη.... car, depuis quelque temps, je n'entends que répéter ici ce mot de *nécessité*. »

L'orateur partit de cet exorde ironique qui avait fait sourire, pour développer, à propos du projet de code civil, l'exposé le plus complet des raisons qu'on peut invoquer pour le mariage religieux contre le mariage purement civil.

Il examina : 1° si un État a le droit de faire une pareille loi contre les inspirations du droit naturel ;

2° Si la loi proposée violait la liberté civile et la liberté de conscience ;

3° Si elle était conforme à l'histoire ;

4° Si elle était conforme aux autres institutions de la patrie. (A ce propos, il disait :

« Dans les cours criminelles, vous faites jurer au témoin, devant Dieu et la main sur l'Évangile, qu'il dira la vérité et vous ne croyez pas nécessaire de mettre sous la protection d'un semblable serment le plus grand, le plus inviolable des engagements ! »)

5° Si elle était désirée par les populations ; si elle était nécessaire, opportune, prudente ;

6° Si son principe avait, dans le passé, reçu la sanction de l'expérience ;

7° Si elle se conciliait avec le Statut qui déclarait expressément la religion catholique, apostolique et romaine, seule religion de l'État.

On voit que l'orateur avait choisi le terrain le plus favorable, un terrain purement politique, et la conclusion correspondait bien à ses prémisses.

« Vous me demanderez ce que je propose, et vous avez raison, car je ne connais pas d'opposition sérieuse, sans un programme bien net et sans le courage de le soutenir.

« Je suis conservateur à la façon des torys d'Angleterre, qui n'admettent de changements qu'au cas d'inconvénients graves, reconnus, démontrés par de longues discussions. Je vous dirai avec Walpole : « *Nolite quieta movere*. Je vous dirai, avec un ancien, qu'on ne doit changer les lois que dans le cas d'une extrême nécessité. Laissez aller ce qui va, et ne va pas mal, depuis non moins de trois siècles. Conservez son efficacité à la formule du concile de Trente qui a réuni le contrat et le sacrement et prévenu la clandestinité. S'il y a quelques inconvénients, en ma qualité de député libéral, je vous suggérerai mon remède ordinaire... la liberté. »

Et il proposait l'ordre du jour suivant :

« Sont reconnus valables les mariages célébrés suivant la religion des contractants. Pour obtenir les effets civils, ils doivent être enregistrés immédiatement par l'officier de l'état civil. »

Dans les années 1864 et 1865 commença la campagne politique du gouvernement italien pour la destruction des congrégations religieuses et pour la confiscation des biens ecclésiastiques. M. Cantù, dès le premier jour (12 avril 1865), se porta vivement à la défense. Son discours fut un traité complet sur la matière.

« Veut-on porter atteinte à la propriété, cette extension de la personnalité, cette première ligne de démarcation entre l'homme sauvage et l'homme civilisé, qui est avec la famille la pierre angulaire de l'édifice social ?....

« Le fonds ecclésiastique est un patrimoine qui directement ou indirectement sert au culte et à l'exercice de la religion de l'État. Culte, sacerdoce, lois, associations, sont nécessaires à l'Église pour accomplir sa fin...

« L'Église demande seulement la liberté pour son passage de la patrie terrestre à la vraie patrie, mais encore a-t-elle besoin pour son voyage de la *ration* et du *viatique*. Elle en a d'autant plus besoin qu'elle passe en faisant le bien.

« Le patrimoine que vous menacez, lui est venu de trois sources : par dons, par acquisition, par défrichement... Ce dernier mode a été son titre principal ; et quant aux dons, ils ont été faits conformément aux lois, après l'examen et sur l'autorisation expresse des magistrats.

« La terre qu'elle a conquise en l'arrosant de ses sueurs, comment pourriez-vous y toucher ? Ce ne sont, dites-vous, que des biens de mainmorte, les biens d'un être moral que l'État a créé et qu'il peut détruire. Il y a d'autres êtres moraux formés d'individus qui s'associent pour un but, moral, industriel ou même politique, sans perdre apparemment leur capacité et leur liberté... Alors détruisez-les aussi. Seulement vous aurez commis un évident attentat à la liberté d'association ! Quant à l'intervention de l'État, j'admets qu'il soit le tuteur de ces êtres moraux, mais ce n'est pas office de tuteur de dépouiller son pupille. Montesquieu a dit : « Rendez sacré « et inviolable l'antique et nécessaire patrimoine du « clergé : qu'il soit sacré pour l'éternité comme le clergé « l'est lui-même. »

« Je ne vois pas que vous en usiez avec nos frères protestants ou juifs comme vous en usez avec les catholiques, ni que le gouvernement s'immisce dans la circoncision, le Kypurim ou la Srénopigie. Vous ne vous ingérez pas non plus dans la question des biens des universités israélites, si ce n'est pour déclarer dans la loi du 4 juillet 1857, au moment où vous allez l'étendre aux provinces toscanes, lombardes, napolitaines, siciliennes, que les universités israélites sont constituées en corps moraux dans le sens et pour les effets de l'article 25 du code civil, c'est-à-dire qu'elles sont légitimes propriétaires pour pourvoir à l'exercice du culte et à l'instruction religieuse...

« ..... L'Église catholique aura donc le privilège de la persécution, du dépouillement et de l'affront. Que ne dit-on pas contre elle ?

« Concluons : l'Église sera libre, mais elle n'aura pas les droits de l'homme libre. Elle possèdera, mais seulement à la façon que nous décréterons. On donnera à d'autres l'administration de ses biens, elle n'en aura pas même la surveillance qui appartiendra à des sénateurs, à des députés, à des congrégations laïques.

« Vive Dieu! si elle est libre, l'État n'est plus son tuteur; il peut lui prescrire ce qui est juste, non ce qu'il croit lui être utile, encore moins peut-il la spolier sous le prétexte que c'est pour son bien.

« La formule déjà banale de l'Église libre dans l'État libre a été mise en avant comme un stratagème ; on a voulu faire croire que, même au cas *où Rome serait donnée,* cette Église, comme l'exige la catholicité tout entière, n'en resterait pas moins indépendante.

« On a entendu un ministre dire au sénat qu'aujourd'hui l'Église est mise à la place qui lui convient, et que l'État marche en avant sans l'Église, comme l'Église sans l'État.

« Absurdité! C'est comme si l'on disait que les jambes vont sans la tête, que le mouvement alternatif du sang au cœur, ou celui de la respiration, peut changer. Pour démontrer l'erreur, il suffit de rappeler qu'il ne se passe pas de semaine que vous ne publiiez des lois, des ordonnances, des propositions jusque sur les détails les plus intimes de la vie de l'Église... Vous enlevez les subsides à la charité, vous soumettez à la conscription les théologiens ; non seulement vous permettez d'attaquer les dogmes, mais après avoir consacré cette liberté, ou plutôt cette licence, vous la préparez, vous payez des professeurs et des journaux pour faire cette besogne et vous faites de vos universités des succursales des chapelles évangéliques. Vous transformez en délit, pour le prêtre, ce qui pour nous tous est un droit, et jusqu'à l'accomplissement de ses devoirs, dont le premier est l'obéissance à ses supérieurs. Vous ôtez la consécration aux cimetières que vous voulez rendre communs entre les catholiques et les dissidents; vous ôtez la bénédiction au mariage. »

Après cette rapide discussion, il développa la thèse au point de vue historique : ici il ne faut plus extraire, il faut traduire :

« Au temps des Romains, dans les Pandectes, comme dans les Institutes de Gaïus, il est permis à tous les citoyens de se réunir comme ils le veulent, sous les règles qui leur plaisent, pourvu qu'elles ne soient pas contraires à l'ordre public, et pour toute espèce de but, fût-ce pour s'assurer une sépulture. L'acquisition des biens est permise et, au cas où l'association se dissoudrait, les biens sont consacrés au service de ceux à qui ils ont été destinés lors de la fondation.

« Le christianisme accomplit sa mission sociale. Le succès de celle-ci était la garantie du succès de sa mission morale. On arrive au moyen âge; quelqu'un (l'honorable Ugdulena) a dit que je voulais retourner en plein moyen âge. Il me permettra de rappeler que j'ai, peut-être le premier en Italie, proclamé la nécessité d'étudier le moyen âge : au lieu de le décrier, je l'ai considéré comme un grand progrès sur l'antiquité, comme un champ de bataille entre le passé qui s'affaissait et un avenir qui n'était pas encore édifié. Mais celui-là seul qui sait se dégager de l'esprit étroit et sectaire de notre temps, peut entrer en communication avec l'immense humanité.

« Je le répète, nous avons beaucoup à apprendre du moyen âge et peut-être aussi beaucoup à lui emprunter. Comment ne pas désirer que la société de nos jours soit encore fondée sur les croyances, sur le respect de l'autorité; qu'un pontife désarmé puisse encore citer du fond de l'Allemagne un empereur à venir rendre compte de la violation de la loi constitutionnelle; que les caractères forts, fiers et saints reparaissent; que les conditions diverses présentent encore cette autonomie qui maintenait l'organisation républicaine sous le sceptre d'un roi, toutes choses bien éloignées des habitudes de notre temps où tout est absorbé par l'État, par le monarque? Un ministre (Pianelli) m'accusa de faire rebrousser le monde au moyen âge parce que je parlais de conscience, et de confondre le délit avec le péché.

« Le moyen âge, lui et moi nous l'avons étudié sous des faces probablement bien différentes, mais assez pour ne pas grossir cette foule vulgaire qui se paye de figures de rhétorique et s'effraye de fantômes que la lumière fait disparaître. Je vois aussi bien que lui l'immense distance qu'il y a entre les temps où la chrétienté était le nom général et unique de la civilisation et aussi de la moralité; où on avait sauvé le fonds commun de tous les peuples policés, Dieu, la foi, les lois, le droit ecclésiastique, la langue latine, et ces temps où l'unité est brisée et où nous apparaissent bien différentes les voies que suivent et la pensée et l'ordre social. Un des champions de la Révolution française, Sieyès, disait : « La nation, en invoquant la « qualité de législateur, ne peut m'enlever ni mon bien « ni mon opinion. La garantie de la propriété se re- « trouve dans l'œuvre de tout législateur. Aurait-il pu « la créer, lui qui n'existe que pour la protéger? Les biens « ecclésiastiques, comme tous les autres, appartiennent « à ceux à qui les donateurs ont voulu qu'ils appartins- « sent. Ils étaient libres d'en faire un autre usage légi- « time, mais, en fait et avec les formes légales, ils les « ont donnés à l'Église, non à la nation. »

« On dit, il est vrai : Les prêtres vivront des aumônes des croyants; et, prenant un air dévot, on ajoute qu'à l'origine, l'Église était pauvre ; c'est par zèle pour sa pureté qu'on veut la ramener à la barque de Pierre.

« Je demande alors au roi d'Italie de redevenir comte de Maurienne! Aux filles des rois d'aller laver le linge à la fontaine comme Nausicaa, et à nos excellents ministres de venir à nous comme ceux de nos anciennes républiques, ayant sous le bras la *Bolgetta*, cette mince liasse de papier dont vient le nom de budget... nom qui aujourd'hui est la terreur des peuples.

« Un temps qui plaisante sur les stigmates de saint François et consulte les somnambules et les esprits frappeurs, peut bien méconnaître les grands cœurs qui furent aussi les grandes intelligences dans l'âge le plus glorieux pour l'Italie. Mais ceux que la sévérité de leur esprit préserve des brouillards du paradoxe savent vénérer ces Docteurs à qui Dante consacrait ses chants les plus sublimes : c'étaient des moines.

« Ce fut un temps de liberté immense pour les corporations, les individualités robustes et, par conséquent, pour l'Église. Quand la décadence commença, quand de Farinata on passa au roi Robert, de Boniface VIII à messire Gianni Caracciolo, alors l'écrivain qui à la céleste Béatrice substitua la lubrique Fiammetta, répandit sur les moines les bouffonneries qu'aujourd'hui encore les écrivailleurs vont ramasser dans le vieux bourbier (1).

« L'esprit démocratique et républicain fut étouffé sous les embrassements des petits despotes. Artistes, poètes, philosophes, nouveaux païens de la Renaissance, réduisirent l'Europe en monarchie et alors on donna la chasse aux institutions pour lesquelles Paolo Sarpi avait tant de dégoût (parce qu'elles *sentaient le peuple*). Alors Stapparole et Masuccio et les autres faiseurs des *novelles* préparèrent la matière.

« Les facéties d'Érasme et les *Epistolæ obscurorum virorum* amusèrent nos pères pendant que les Français *libérateurs* et les Allemands conquérants égorgeaient leur indépendance. Peut-être cependant eussent-ils fait moins de cas des lieux communs que tous répètent aujourd'hui et qui, outre leur vulgarité, devraient répugner à tout homme de goût et de foi.

« De plus en plus la monarchie absorbe la liberté et pendant que l'Église voit augmenter ses épreuves, le des-

---

(1) Boccace, l'auteur de *Fiammetta* et du *Décameron*.

potisme prévaut dans la même proportion. Le temps marche et le siècle de Léon X tend à raffermir l'Église, à raviver l'esprit ecclésiastique par l'institution des Barnabites, des Théatins, des Trinitaires qui rachètent les captifs, des Joannites qui servent dans les hôpitaux, des Jésuites, des Sclopites qui enseignent dans les écoles : ce sont là des institutions que Machiavel lui-même a louées !

« Mais dans ce moyen âge quel fut l'ennemi le plus résolu des institutions monastiques ? L'empereur Frédéric II, cet Allemand qui a publié les lois les plus atroces contre les hérétiques, l'ami de ce tyran Ezzelin qui disait redouter davantage le pauvre frère Antoine de Lisbonne qu'une armée de guelfes. Toutes les libertés se tiennent comme toutes les tyrannies.

« Au siècle passé, quels furent vos prédécesseurs ? Deux Autrichiens. Je crois lire les édits de Joseph II d'Autriche, quand j'entends prohiber la sortie des processions, l'érection des reposoirs... les quêtes... le son des cloches à certaines heures, et l'ouverture des églises dans la soirée ; vous ne voulez plus de confesseurs dans les hôpitaux, vous n'accordez plus aux documents paroissiaux l'exemption du timbre ; on ne peut plus nommer même un vicaire sans le placet du ministre ; il n'y a plus de liberté d'enseignement dans les séminaires ; enfin tout cet ensemble de mesures qui faisait appeler l'Autrichien par le roi philosophe de la Prusse, *Mon frère sacristain*, devrait vous faire qualifier vous-mêmes de *Parlement sacristain*.

« Mirabeau disait de Joseph II : « Ses panégyristes de« vraient bien nous dire ce qu'il y a de juste à chasser « un citoyen de la profession qu'il a embrassée sous la « sanction des lois. » Je le dirai franchement, je vois autant d'injustice à chasser un frère ou une religieuse de sa retraite qu'à chasser un particulier de sa maison.

« Je puis bien parler de ce monarque devant un Parlement italien comme j'en ai parlé en face de la censure autrichienne et du gouvernement qui m'a destitué, et si comme historien je déplore qu'en chassant les Bollandistes, il ait fait vendre aux enchères leur bibliothèque et leurs manuscrits, je dois rappeler que ce réformateur, imprévoyant et certes impopulaire, à son lit de mort, disait : « Je n'ai réussi dans aucune de mes entreprises. » . .

. . . .

« La Révolution française éclata. Oh! elle n'y alla pas de main morte, non; pour ne pas paraître vulgaire, elle sortit du sens commun : elle abolit non seulement les religieux et les prêtres, mais Dieu lui-même, non pas seulement par prétérition, comme vous faites, vous, dans vos codes, mais par décret.

« Après avoir posé un faux principe, elle fut logique dans les conséquences, jusqu'à la guillotine. Alors le clergé formait un état; on voulait l'égalité, il fallait bien le détruire, disait-on, comme on détruisait la noblesse, comme on avait détruit le roi. On voulait mettre en commun les femmes et les enfants. Et comme on faisait la guerre aux châteaux, on la fit aux monastères. C'était le faible devenu fort qui s'attaquait au propriétaire, et la spoliation s'accomplissait au nom de l'égalité et par haine pour la richesse : spartiates en théorie, voleurs en pratique.

« Mais qu'y faire? C'était un gouvernement tout-puissant, ayant autant de guillotines qu'il avait de communes et en même temps un million de soldats. Et cependant les nouveaux possesseurs de ces biens ne se crurent en sécurité que le jour où un concordat avec le pape reconnut leur propriété à l'égard des ecclésiastiques, et à l'égard des émigrés quand ceux-ci eurent reçu un milliard d'indemnité : tant a de puissance le droit de propriété !

« Du reste, que de crimes commis alors ! La France se partageait en bourreaux et en victimes. Quelles excuses imagine aujourd'hui la philosophie de l'histoire? Elle dit que la liberté était comme un vin nouveau mis dans de vieilles bouteilles qui les fit éclater. Elle ajoute qu'on lui ménagea de nouveaux vases où elle put être contenue et mûrir. Il ne s'agit plus que de régler le débit, et là est le point difficile.

« Et d'abord il se rencontra un grand homme... titre qu'on ne peut donner qu'à ceux qui, venus après une révolution, lui mettent un frein sans la renier, et la ramènent de la fureur du combat et de la démolition à la sagesse qui pacifie et organise. Tels furent Auguste, Charlemagne, Henri IV, Guillaume d'Orange, Washington, Napoléon, à ses débuts.

« Celui-ci avait beaucoup *sacrifié* à la Révolution dont il était le fils; mais un de ses premiers soins fut de conclure un concordat avec le pape où il fut convenu qu'on ne supprimerait aucune fondation ecclésiastique sans l'intervention du saint-siège, et même dans les articles additionnels la faculté de recevoir des novices fut reconnue, limitée, il est vrai, aux ordres qui se consacrent à l'enseignement du peuple, à l'éducation, aux hôpitaux, ou à d'autres offices d'utilité publique.

« Au corps législatif d'Italie, en 1805, la seule fois qu'il s'assembla, Napoléon disait : « J'ai pris des mesures pour
« rendre au clergé, dans la mesure convenable, sa dota-
« tion... il en est privé depuis dix ans, et si j'ai diminué
« par voie de fusion quelques monastères et couvents,
« mon intention formelle est de protéger ceux qui se
« dévouent à des services d'utilité publique, qui, se con-
« stituant en compagnies, peuvent suppléer le clergé
« séculier. »

« C'était le principe de l'utilité substitué à celui de la liberté et, suivant sa nature, ce principe n'avait pas de limites. Aussi Napoléon le transgressa plus tard et abolit toutes les corporations. On épargna cependant à Milan les *Fate-bene Fratelli* et les visitandines.

« Joseph, roi de Naples, marcha sur les brisées de son impérial frère; il supprima les couvents en donnant pour motif le progrès du siècle, leur prétendue inutilité à l'avenir et d'autres raisons identiques aux vôtres.

« Savez-vous ce que Napoléon lui écrivait le 14 août 1807 :

« ... Je n'ai pas été extrêmement content du préambule

« de la suppression des couvents. Pour ce qui regarde la
« religion, il faut que le langage soit pris dans l'esprit
« de la religion et non dans celui de la philosophie. C'est
« le grand art de celui qui gouverne, et que n'a pas un
« homme de lettres ou un écrivain. Pourquoi parler des
« services rendus aux arts et aux sciences par les reli-
« gieux? Ce n'est pas ce qui les a rendus recommanda-
« bles, c'est l'administration des secours de la religion.
« Ce préambule est tout philosophique et je crois que ce
« n'est pas là le cas ; je trouve que c'est insulter les hom-
« mes que l'on chasse. . . . .
. . . .
« Il fallait dire que le grand nombre des moines ren-
« dait leur existence difficile, que la dignité de l'État veut
« qu'ils aient de quoi vivre ; de là la nécessité d'une ré-
« forme, qu'il est une partie qu'il faut conserver, parce
« qu'elle est nécessaire pour l'administration des sacre-
« ments ; qu'il est une partie à réformer. Je vous dis
« cela comme principe général. Je conçois une mauvaise
« opinion d'un gouvernement dont les édits sont dirigés
« par le bel esprit. L'art est que chaque idée ait le style
« et le caractère de l'homme du métier. Or, un moine
« instruit qui aurait partagé l'opinion de la suppression
« des moines ne se serait pas expliqué de cette manière.
« Les hommes supportent le mal lorsqu'on n'y joint pas
« l'insulte et lorsque les ennemis de l'État ne se mon-
« trent (*sic*) pas avoir porté le coup. Or les ennemis de
« l'état des moines sont les hommes de lettres et les phi-
« losophes, vous savez que je ne les aime pas plus, puis-
« que je les ai détruits partout. »

« Le cours des révolutions remit la Lombardie au pouvoir des Autrichiens, successeurs de Joseph II et de Pierre
Léopold, vos modèles. Les Autrichiens s'autorisèrent de
leur exemple et, voulant anéantir les libertés apportées
par la révolution, ils mirent l'Église dans les chaînes for-
gées par Joseph II. Dans les Universités, on expliquait
l'*Enchiridion juris ecclesiastici Austriaci* de Rechberger qui

attribuait l'inspection supérieure au gouvernement, et qui par conséquent arrivait à imposer le *placet* pour les nominations, l'*exequatur* pour les rescrits de Rome.

« Quelque secrétaire de l'administration devait revoir les pastorales des évêques. Ceux-ci ne pouvaient plus communiquer avec Rome que par l'intermédiaire du gouvernement. Ajoutez tous les autres actes tyranniques dont frémissaient les libéraux. En 1848, un Lombard (Cantù même) que vous connaissez, publia une lettre au Père Ventura où il énuméra toutes les entraves que les Autrichiens avaient mises à l'action de l'Église. Je viens de la relire et il me semble qu'il parlait d'aujourd'hui : c'était comme une allusion anticipée. Et Plezza, dans cette année, ministre du gouvernement national, exhortait les curés de la Lombardie à rappeler aux populations, afin d'augmenter leur aversion pour les Autrichiens, que ceux-ci étaient les ennemis du saint-siège, donnant force et vigueur à des maximes, à des règles de discipline contraires à l'autorité suprême de l'Église (circulaire d'août 1848), et M. Rendu, en 1859, faisait cette réflexion que l'Autriche ne laisserait jamais appliquer en Lombardie le concordat, parce qu'il serait périlleux pour elle de donner tant de liberté à un pays où le clergé était on ne peut plus libéral (1).

« De fait, en Lombardie, nous n'avions plus de moines. Notre enfance ne fut pas consolée par les cadeaux d'images et de bonbons, pas plus qu'elle n'eut à s'effrayer de la barbe des religieux; nous n'avons pas été instruits par des moines. Ils avaient été exclus de toutes les chaires, et si quelque capucin venait à passer dans la rue, nous accourions pour le regarder comme pour un Turc ou un Bohême. »

« Peut-être, à cause de cela même, nous n'avons pas eu de ces aversions que vous affichez et qui semblent comme les idées premières nées avec nous parce que nous ne

---

(1) *L'Autriche dans la Confédération italienne.*

savons comment nous les avons acquises. On savait que nos pères avaient été élevés par des moines, et nous n'avions pas assez de présomption pour considérer comme des brutes les Pini, les Parini, les Amoretti, les Fontana, les Oriani, les Boscowich, les Ferrari, les Lechi, les Verri, les Beccaria, les Frisi qui étaient cependant les uns des *frati,* les autres des élèves de *frati.*

« Sans doute, ce fut parce que le terrain était libre ainsi, que notre pays vit germer les néo-guelfes! Nous, enfants d'une cité qui avait été détruite par le chef des gibelins, nous aimions le pape Alexandre III qui avait mis le pied sur le col de l'Allemand, nous allions en pèlerinage au couvent de Pontida, où fut conclue la ligue lombarde, dans ce pays qui déjà par trois fois vous a joué le tour de vous envoyer un député catholique?

« Ces hommes, dans un temps malheureux, contents de la silencieuse estime des bons, s'étaient consacrés tout entiers à la méditation, à l'étude, à la préparation, à la poursuite amoureuse de la liberté, quand on n'en avait pas fait encore une spéculation... Ils la poursuivaient de leur amour, non seulement en haine de ceux qui l'opprimaient, mais pour ses propres mérites, par le désir de penser, de parler, d'agir, de vénérer, de prier sans entraves, sans autre joug que celui de Dieu et de la loi.

« Quel fut notre étonnement quand, visitant le Piémont, nous vîmes l'aversion contre les jésuites qu'on considérait comme les Polyphèmes de la civilisation! Et cependant je me souviens que Charles-Albert, dans un entretien avec moi, applaudissait au réveil des idées guelfes et à la *Vie de Dante* de Balbo. Je me souviens qu'à Bruxelles, Gioberti exaltait devant moi le mérite du clergé piémontais, pendant qu'il écrivait *Il Primato d'Italia.* Et cette troupe d'élite qui ne vivait que pour désirer énergiquement la liberté, la vouloir et la conserver, avait été élevée par des moines, et ces germes que nous avions développés dans des mémoires républicaines furent greffés plus tard sur le trône royal... Ils lui rendirent une vie robuste... Cette assistance porta ses fruits, et désormais la liberté politique nous est assurée. Grâce à elle, il y a place pour tout le monde, pour le roi comme pour le prêtre, pour le prolétaire comme pour le millionnaire, pour les adeptes de Rothschild comme pour les confrères de saint Vincent de Paul. Autrefois tout était exclusion, aujourd'hui la voie s'élargit pour tous. Désormais il y a non seulement liberté de croyance, mais liberté de culte. Juifs, catholiques, francs-maçons, nous siégeons côte à côte, nous nous saluons dans la rue avec politesse, nous respectons le sabbat des uns, le dimanche des autres, nous votons ensemble à la Chambre, nous pratiquons ensemble la bienfaisance. »

De l'examen historique, l'orateur passa au tableau de l'état actuel des moines dans les autres pays du monde :

« Un seigneur piémontais (1), renommé par son franc parler dans les cours, qui vivait comme émigré en Angleterre en 1827, au moment de l'émancipation des catholiques d'Irlande, crut devoir avertir le gouvernement de ce pays de ne pas se montrer trop large envers eux, et il recommandait les mesures restrictives dont l'Autriche ne voulait pas se départir. Les Anglais ne furent pas de cet avis.

« Quoi qu'il en soit, on sait que plus l'Angleterre et l'Amérique sa fille avancent dans la voie de la liberté, plus elles se montrent tolérantes pour les associations religieuses ; on peut s'y faire frère morave, mormonnien ou barnabite à volonté. Et même, comme le quaker a l'horreur de la guerre, on le dispense du service militaire. On montre, vous le voyez, plus de respect pour cette minorité infime de la nation que nous n'en montrons en Italie pour les catholiques...

« L'histoire, quand elle est revenue à la vérité, a considéré comme un immense désastre l'abolition des cou-

---

(1) Le comte Ferdinand dal Pozzo.

vents accomplie sous Henri VIII et Élisabeth. Cette abolition remplit le pays de mendiants et amena l'État aux absurdes expédients des maisons de travail et aux ruineuses distributions de la charité légale... Plus tard sont venues les précautions pour ne plus avoir trop d'enfants et pour organiser l'émigration.

« L'illustre Burke désapprouvait la révolution française d'avoir attaqué la propriété des couvents et du clergé. Il assurait que personne ne trouvait d'inconvénient en Angleterre à ce que l'évêque de Durham ou de Wincester possédât 10,000 livres sterling de rente. En cela, il est précisément en opposition avec notre ministre qui trouve « conforme aux intérêts de la religion catholique et aux « exigences de la morale publique de mettre une limite à « l'opulence de certains ministres du culte qui vivent dans « l'abondance, ce qui est en contradiction avec les maxi- « mes qu'ils professent ».

« Il est inutile d'ajouter que personne en Angleterre, au temps de Burke, ne pensa à abolir les corporations, à spolier les églises ou autres établissements de mainmorte ; pas même Pitt, qui peut cependant servir de modèle à nos gouvernants pour la tendance à mettre des impôts sur toute chose.

« Peel, en janvier 1835, appelé au ministère, déclarait : « Quant aux réformes ecclésiastiques, je n'ai à faire au- « cune profession de foi. Je ne puis consentir qu'on dé- « tourne de sa destination la propriété de l'Église dans « quelque partie du royaume que ce soit. »

« A la fin de l'année 1849, l'Université anglicane de Cambridge, dans une conférence d'ecclésiastiques et de docteurs, déclara « que la suppression des monastères « par Henri VIII fut pour la nation une épouvantable ca- « lamité et que les circonstances actuelles exigeaient im- « périeusement que des institutions analogues fussent « rétablies dans le pays ».

« En 1851, un membre du parlement anglais laissa échapper des paroles injurieuses contre les religieuses. Mᵐᵉ Pauline Craven, née de la Ferronays, publia (comme fait aujourd'hui la princesse d'Albano) un opuscule où elle défendait la vie du cloître pour les femmes. Elle manifesta son étonnement de ce que le parlement anglais, en tolérant ces paroles de colère, se fît le complice de ceux qui outragent des dames anglaises et des institutions chères à neuf millions de citoyens des Iles Britanniques. Les principaux membres du parlement, entre autres Russell et Gladstone, protestèrent publiquement contre cette prétendue connivence. La liberté *du parlement avait seule empêché de faire des suppressions dans ce discours injurieux.* D'ailleurs Jean Graham avait revendiqué l'honneur immaculé de la religion, et cela aux applaudissements du parlement. Quant à nous, ajoutaient-ils; » ce serait nous faire injure que de nous croire indifférents en face de pareilles manifestations. »

« Vous pouvez, sans doute, apporter facilement dans le débat d'autres opinions, des déclarations contraires à celle-ci; mais je veux seulement montrer qu'il ne faut pas d'héroïsme pour professer au sein de cette grande nation les opinions que vous déclarez rétrogrades, obscurantistes, indignes du siècle et auxquelles vous opposez des vulgarités et des lieux communs, en dénonçant leurs partisans comme des ennemis du progrès civil et de la cause nationale.

« Vous parlerai-je de la Belgique, ce pays unique où la révolution a réussi à fonder une paix qui a duré trente-quatre ans avec la liberté politique la plus complète et la liberté religieuse la plus illimitée? En 1864, on y comptait 1,700 couvents tandis qu'on en comptait à peine 251 lors de l'insurrection de 1830. Comment ne pas reconnaître là un besoin de la société en voyant la multiplication actuelle quand l'oppression ennemie vient à peine de cesser?

« En Amérique, l'Église est absolument détachée de l'État. Chacun pourvoit aux dépenses de son propre culte. Chaque délit est passible des tribunaux ordinaires. Aurez-vous le courage d'adopter cette liberté entière? Le chef de l'État dans ce pays-là a 500,000 livres de liste civile, après avoir tenu peut-être une hache de bûcheron (1). Mais, dans les grandes calamités, il prie, et tous se prosternent avec lui devant Dieu.

« Allez, au contraire, chez les peuples qui ne connaissent pas le progrès, mais la révolution, et vous les verrez commencer par la suppression des couvents et la confiscation des biens ecclésiastiques. En Grèce, dans les Principautés Danubiennes, à Mexico, aujourd'hui en Russie, on chasse les religieuses parce qu'elles prient Dieu en latin et pleurent en secret sur la patrie opprimée.

« Notre gouvernement fait imprimer des documents choisis avec art pour déshonorer Charles III de Parme, et, entre autres griefs, il lui reproche d'avoir expulsé de Parme les bénédictins, et de Plaisance les lazaristes. »

. . . .

La spoliation fut consommée, mais, sans se lasser, le 22 novembre 1864, M. Cantù prit de nouveau la parole à la Chambre qui tenait encore ses séances à Turin contre l'occupation des couvents, surtout des sanctuaires de l'art religieux à Florence :

« ..... Je suis un homme du peuple, disait-il, je mange le pain du peuple, j'ai les instincts du peuple ; le peuple en Italie est artiste, et je viens protester contre les sacrilèges artistiques...

« A Florence les couvents et les monastères sont autant de galeries, je n'emploie pas ce mot dans son sens le plus usité..... Il ne s'agit pas de galeries où l'on accumule une quantité de statues et de tableaux qu'on enlève à la place, à l'air, au voisinage qui leur donnait une signification pour les ranger suivant les dimensions des murailles et la recherche d'une lumière favorable. Je dis que, à Florence, les monastères sont des galeries de chefs-d'œuvre qui sont restés à la place où l'art les créa,

---

(1) Allusion à Lincoln, président des États-Unis qui avait commencé par être bûcheron.

à l'ombre et sous l'aile de la religion. Ce sont, en outre, des monuments « *de la pieuse folie* » de ceux qui croient que l'homme descend d'Adam et non de l'orang-outan, et qu'il a des espérances au delà de la tombe.

« Et c'est là que vous logez des soldats ou des prisonniers! La commission elle-même craint les dégâts, puisqu'elle recommande « la plus sévère vigilance » pour pourvoir, avec *plus de scrupule* qu'on ne l'a fait jusqu'ici, à la conservation des objets d'art, et qu'elle ordonne, à cet effet, un rigoureux inventaire.

« L'inventaire! Il attestera à la postérité ce que nous allons perdre.

« ..... Interdirez-vous les allumettes, les cheminées, la fumée des pipes *citoyennes?* On a fait du palais du *Bargello* un tribunal. Je ne sais quel employé de bureau, sentant le besoin de pendre son chapeau, a mis un clou dans l'œil du portrait unique du Dante.

« Florence pleure encore comme une perte de famille les quelques églises, les chapelles qu'il a sacrifiées aux nécessités de la défense, lors du fameux siège que subit la cité au XVIe siècle. Et vous mettez des soldats dans les corridors, dans les réfectoires, pour qu'ils insultent aux œuvres d'André del Sarte, du Pérugin, de Pollajuolo!

« ..... Je demande à mon honorable collègue le ministre des travaux publics de faire en sorte qu'on ne puisse pas dire un jour : Ce que les barbares n'ont pas fait à l'Italie, ses *régénérateurs* l'ont fait; qu'une telle profanation de l'art ne soit pas le dernier décret que Turin envoie à la noble épouse de l'Arno, au moment où elle dépose en ses mains guelfes, non sans quelque émotion, cette couronne gibeline qu'elle avait enrichie peu à peu de merveilleux diamants, diamants dont l'ancienne capitale restera le plus solidement attaché. »

VII

On voit ce qu'avait été la campagne parlementaire de M. Cantù.

Il avait fait entendre la protestation de la minorité à la tribune et, par là, au pays tout entier. Il avait, dans un temps de violence révolutionnaire et anti-religieuse, exposé dans un fier langage les conditions fondamentales d'un régime vraiment libéral et les droits de la liberté de conscience pour l'exposition, le service et la propagande de la vérité catholique. Dans toutes les occasions il a patronné la liberté : liberté de l'enseignement dans son premier discours, où il réduisait les lois scolaires à un seul paragraphe, pleine liberté d'enseignement, grande rigueur des examens ; liberté de vocation pour ne pas obliger les séminaristes au service militaire ; liberté de pétition, liberté de serment ; liberté des institutions de charité, d'assistance, des hôpitaux. Il n'était pas possible de faire davantage dans le présent, mais le passé avait été défendu et la réparation était montrée dans l'avenir. Un tel résultat suffisait pour soulever les colères des adversaires. Il ne suffisait pas pour inspirer la patience aux amis. L'ordre du jour, pour la grande majorité des catholiques d'Italie, se résuma dans la formule *nè eletti nè elettori*. N'allons plus au scrutin, n'envoyons plus de représentants au parlement.

Cette parole avait été déjà prononcée, même à Turin, avant les annexions, par un publiciste distingué, un serviteur dévoué de l'Église, le premier des journalistes d'Italie, l'abbé Margotti, qui avait fondé successivement l'*Armonia* et l'*Unità cattolica*. Éloigné du parlement par l'intrigue d'une coterie parlementaire dont Cantù avait fait trois fois l'épreuve, par une annulation brutale, par l'intolérance d'une majorité qui avait voulu chasser à tout prix un député gênant de la minorité, Margotti ne s'était pas représenté devant les électeurs, et avait cru devoir avertir le pays que, les franchises électorales n'existant plus, aller au scrutin était une duperie. D'un autre côté, dans les Chambres elles-mêmes, le courant qui poussait aux mesures dictatoriales était tel que la protestation, difficile dès le début, paraissait devenue absolument impossible et on se demandait s'il ne valait pas mieux laisser faire et laisser dire que de donner par la présence de quelques reprśentants de la minorité opprimée, l'apparence d'un débat sérieux et la couleur d'un régime régulier à des violences révolutionnaires.

Depuis les annexions, les scrupules des serviteurs des gouvernements déchus étaient venus se joindre à ces considérations politiques. Et devant la nécessité de prêter serment à un gouvernement qui avait entamé déjà dans la Romagne les Marches et l'Ombrie le domaine temporel des papes et qui déclarait ouvertement que Rome capitale était pour lui le but, la conscience catholique reculait.

M. Cantù resta ferme entre ces deux courants des adversaires et des amis. Une consultation théologique, délibérée sous l'inspiration de Mgr Charvaz, archevêque de Gênes et ancien précepteur de Victor-Emmanuel, vint à son aide sur la question du serment. La consultation ne fut point blâmée à Rome, mais une décision fut rendue par la Pénitencerie romaine dans un sens différent, et M. Cantù, qui avait porté ses raisons jusque devant Pie IX dans des audiences particulières, se convainquit que la réponse du père commun était : *Non expedit*.

Il se retira de la lutte parlementaire.

Voici comment M. Cantù a raconté cette crise :

« Après la convention de septembre avec la France et au moment du transfert du gouvernement à Florence, le ministère fut changé et il fit procéder à de nouvelles élections pour la Chambre, à la fin d'octobre. Ceux qui avaient donné aux catholiques la malheureuse formule : *Nè eletti, nè elettori,* continuaient à soutenir qu'il n'était pas permis de faire partie d'une assemblée qui oubliait jusqu'au premier article du statut organique. Cependant un certain nombre d'électeurs allèrent aux urnes et il y eut dans presque tous les collèges un candidat catholique. Le ministère, effrayé à la pensée de voir apparaître des députés qui auraient pu empêcher les suppressions et les incamérations que voulaient les violents et les financiers, mit tout en œuvre pour écarter ces candidats. Dès lors, le champ resta libre pour le parti d'action et, secondé par la maçonnerie, il put (comme on l'écrivit) montrer son hostilité non seulement pour les hommes d'ordre, mais encore pour les esprits distingués et les caractères fermes (1). »

Dans sa retraite, Cantù, par ses travaux, s'associa au mouvement pour l'unification de la monnaie ; il publia plusieurs mémoires dans les actes de l'Institut lombard et dans des journaux différents ; un livre sur Beccaria et le droit pénal (Florence, Barbera, 1862) ; un recueil d'histoires et de mémoires originaux ou traduits sur l'histoire contemporaine.

Il fit précéder ce dernier travail (excellente préparation, on le comprend, pour celui des *Trent' anni* qu'il donne aujourd'hui au public) par une sorte d'introduction qu'il intitula *Du Droit dans l'histoire*, et nous lisons aux premières lignes :

« L'histoire enseigne à reconnaître les causes et à pressentir les conséquences, à s'épargner les étonnements puérils quand arrive ce qui devait arriver et les amers désenchantements qui succèdent aux espérances exagérées ; elle habitue à juger les évènements et les hommes, non avec les passions du jour, mais suivant les règles imprescriptibles du vrai et du bien. Écrite posément, elle exige encore les conditions qu'on méconnaît trop souvent dans les travaux éphémères, les proportions, la forme, en résumé le beau comme manifestation du vrai et du bien.

« Mais dans le mouvement vertigineux qui emporte

---

(1) *Cronistoria*, t. III, p. 617.

notre vie, et avec notre habitude de changer incessamment de ton et de sujet, bien peu de personnes ont le temps, très peu ont la patience de parcourir dans son entier le vaste champ de l'histoire ; aussi, désireux que nous sommes de concilier l'utilité de l'entreprise avec l'impatience des lecteurs d'aujourd'hui, nous avons pensé à publier une collection d'histoires et de mémoires contemporains. »

Et M. Cantù développe en cent pages les devoirs et les aspirations de ceux qui écrivent de semblables annales. C'est dans ce recueil qu'il donna les mémoires du prince Eugène Beauharnais, vice-roi d'Italie, et une galerie des *contemporains italiens*, où figure une notice sur le poète Vincenzo Monti, dont il loue les vers quant à la forme, mais à propos desquels, en appréciant le fond, il montre ce que la versatilité politique ôte à la valeur littéraire autant qu'à la valeur morale des œuvres d'un écrivain.

Il donna des soins particuliers à l'histoire de sa ville de Milan. A l'occasion du congrès scientifique, en 1844, il publia deux élégants volumes, *Milano e suo territorio*, qui reste la statistique la plus complète du Milanais à la veille des grands changements. Après, il publia *Milano, storia del popolo e pel popolo*. Le titre même annonce une œuvre différente des histoires municipales ordinaires. Aujourd'hui il préside à la publication des documents qui regardent la fabrique du Dôme de Milan, et qui est arrivée au troisième volume in-4°. Il publie d'autres documents et des monographies dans les actes de la Société historique lombarde, fondée par lui en 1871.

Si M. Cantù a salué avec bonheur l'affranchissement de sa patrie, il n'est point de ceux qui se montrèrent ingrats envers la France. Dès les premiers mois de 1859, il écrivait dans la préface de la traduction de l'*Histoire des Italiens :*

« Quant à la manière différente de concevoir et d'exposer ma pensée, quant aux locutions locales, aux types étrangers à la langue française, j'en demande pardon à l'avance ; mais, loin de prétendre démentir ou déguiser l'origine italienne de mon ouvrage, je la proclame en l'abritant sous le droit de l'hospitalité. La France l'accorde toujours. Du reste, ce n'est ni moi, ni mon livre qui sommes en cause, et si j'ambitionne les sympathies françaises, c'est pour les intéresser au sort d'un peuple dont les destinées et les espérances furent toujours et sont aujourd'hui plus que jamais associées à celles de la France. »

Ce que M. Cantù dit de sa manière littéraire en parlant notre langue comme il la sait parler, nous le pourrions dire aussi de sa manière de considérer les évènements, et de son point de vue en histoire, où il est toujours profondément Italien. Aussi aurions-nous, au point de vue français, des réserves à faire sur les jugements et les conseils qu'il formule, notamment pour les *Trente dernières années,* à propos des rapports politiques entre nos deux pays et à propos de l'attitude à garder par les catholiques dans les questions qui les divisent en pratique. L'impartialité que M. Cantù cherche loyalement n'est pas telle, qu'elle fasse taire la passion chez l'écrivain comme chez le lecteur; mais il est impossible de méconnaître la fermeté de ses croyances religieuses, sa franchise envers son Italie bien-aimée et sa sympathie marquée pour notre France. Cela suffit pour que tous les gens de cœur se rencontrent avec lui sous la devise déjà citée : *Foi, liberté, patrie.*

M. Cantù ne néglige aucune occasion de servir les principes que résume cette devise. L'Académie des sciences, lettres et arts de Modène ayant mis au concours pour 1863 : « La liberté d'enseignement est-elle un droit suivant la raison? et en cas d'affirmative, dans quelles limites doit-elle être renfermée? » à l'ouverture des billets cachetés, on lut, comme nom du lauréat, celui de César Cantù. Dans la lettre de remercîment que celui-ci adressa à l'Académie, il la pria d'appliquer la somme par lui gagnée à un nouveau concours sur la question de savoir « quels sont les moyens, outre les moyens religieux, à employer pour restaurer le *sentiment de l'autorité*, qui devient d'autant plus nécessaire *qu'un peuple manifeste plus énergiquement la volonté d'être libre.* »

On voit que M. Cantù a l'esprit éveillé et tendu vers les questions qui préoccupent aujourd'hui les politiques et les penseurs. Il avait dès longtemps échangé ses sentiments et ses idées avec ceux de ses amis de France qui soutenaient comme lui le bon combat. M. de Montalembert disait à ce propos : « J'ai en Italie deux âmes sœurs de la mienne : Mgr de Mérode et César Cantù. »

Et tout dernièrement, au milieu de nos vifs débats sur l'enseignement, M. Cantù écrivit en français à M. de Parieu, son collègue à l'Institut (1), la lettre que voici (2) :

« Monsieur,

« Plus que la question de l'unité de la monnaie, sur laquelle j'ai consulté votre haute compétence, il y a une question brûlante qui intéresse votre patrie et la mienne, et toute la civilisation ; vous comprenez que je veux parler de la liberté d'enseignement.

« Il y a longtemps que sur ce terrain on poursuit la grande lutte : elle sera bientôt portée au Sénat français, où sans doute vous vous montrerez, comme toujours, dévoué à la cause de cette liberté.

« Nous ne nous serions jamais doutés qu'une République dût empêcher la libre concurrence des écoles, déchirer le pacte d'une autre République, celle de 1848, et enlever à la France sa conquête de 1850.

« Chez nous, en Lombardie, au temps qu'on a appelé de la tyrannie, sous le gouvernement autrichien, nous n'avions pas cette liberté et on surveillait surtout l'enseignement ecclésiastique ; cela se conçoit chez les successeurs de Joseph II ! Et j'écrivis sur la question un

---

(1) M. Cantù est correspondant de l'Institut (Académie des sciences morales).
(2) Reproduite par le journal *le Français,* n° du 27 juin 1879.

mémoire, couronné alors par l'Académie de Modène.

« Aussitôt après la constitution du royaume d'Italie, la loi Casati inaugura la liberté d'enseignement en consacrant le droit des pères de famille.

« Mais, plus tard, les continuateurs de Cavour firent tout pour la restreindre ; ils avaient un motif unique et trop clair, la peur du clergé, qu'ils présentèrent comme l'ennemi le plus fatal de l'Italie.

« Aujourd'hui la grande majorité des Italiens, attachée à la grande cause de l'enseignement chrétien, voudrait opposer une digue au torrent des idées matérialistes et égoïstes, qui attaquent l'âme de la jeunesse ; mais ceux qui aiment cette dépravation calculée font la guerre à outrance aux écoles dont l'enseignement unit l'amour de Dieu et de la famille à l'amour de la science et de la patrie...

« On prend par la faim les écoles ecclésiastiques ; on a confisqué les revenus des séminaires et les propriétés des évêques. Le Saint-Père (dans une récente audience qu'il a daigné m'accorder) se plaignait avec moi qu'au moment où il sent le besoin de mettre l'éducation du clergé à la hauteur de la critique et de l'apologétique moderne, on lui en ôtait les moyens. C'est la persécution de Julien.

« Est-ce sur ce modèle que veut se façonner votre République? Si les écoles laïques ont peur de la concurrence des écoles et des universités ecclésiastiques, ou plutôt catholiques, cela veut dire que l'enseignement de celles-ci est reconnu meilleur et qu'il a le suffrage de la plus grande partie de la nation.

« Quel puissant encouragement pour ceux qui, comme vous, s'opposent à l'invasion du mal, que l'adhésion de tant de familles françaises, que cette croisade de pères de famille contre cette œuvre de haine !

« Quel admirable spectacle que l'activité des évêques contre le trouble porté à la paix religieuse, dont votre patrie comme la mienne ont un si grand besoin !

« Leur courage, leur accord seront un grand exemple,

seront une leçon contre le système d'abstention auquel s'est condamné le parti catholique en Italie...

« Nous avions crié : « Que la lumière se fasse et périssons... » Aujourd'hui nous tournons nos regards vers votre République, où vous et vos amis, Monsieur, vous donnerez l'exemple de la liberté qui conserve en progressant, et qui se propose un but, dominant de bien haut les rois et les républiques.

« Agréez, Monsieur et cher collègue, l'expression de mes sentiments d'estime et d'amitié.

« Milan, 21 mai 1879.

« César Cantu. »

VIII

En 1867, M. Cantù avait mis la dernière main à un travail auquel il a consacré bien des années ; nous voulons parler de son *Histoire des hérétiques d'Italie*, travail original, de nature à moins attirer la foule, mais où les délicats en fait d'érudition de bon aloi, de théologie polémique, d'impartialité philosophique et aussi les champions de l'Église, considérée comme gardienne des vérités éternelles, ont de quoi se satisfaire.

Les tentatives des protestants en Italie n'ayant pas eu de résultat sérieux, par un accord tacite, les écrivains catholiques et les protestants, les premiers pour n'en pas renouveler le scandale, les seconds pour n'en pas rappeler l'avortement, ne leur avaient point fait dans leurs ouvrages la place qu'elles méritaient.

Elies Dupin, dans sa *Bibliothèque ecclésiastique*, consacre à peine quelques pages des quatre volumes des *Auteurs séparés de la communion romaine* aux hérétiques d'Italie. Parmi les protestants, Daniel Gerdès, auteur d'une histoire latine des réformateurs (1) au XVIe siècle, n'a-

(1) *Introductio in historiam evangelii sæculi XVI passim per Europam renovati*, etc.; Groningue, 1744.

vait pas eu le temps de terminer cette partie de son sujet; et le volume posthume publié à Londres en 1765, bien que fort curieux, n'est qu'un recueil de notes pour un livre à faire. Du reste, ces deux recueils sont devenus si rares qu'on en regrette l'absence dans nos grandes bibliothèques publiques.

En 1827, M. Ch. Maccrie, sans même puiser aux documents précités, publia un abrégé fait à la hâte, bon tout au plus à éclairer la route des missionnaires protestants dans la Péninsule, mais qui, bien que traduit en français (1), n'a, de l'aveu de l'auteur lui-même, que la valeur d'une ébauche. M. Merle d'Aubigné, dans son *Histoire de la Réformation* où il a multiplié les volumes, n'a cependant fait qu'une part restreinte aux hérétiques d'Italie.

M. Cantù a traité ce sujet avec tous les développements qu'il comporte. Il a profité des documents signalés par Elies Dupin et Daniel Gerdès, mais il a pu fouiller aussi des arcanes où nul écrivain n'avait pénétré avant lui : je veux dire, outre les archives du Vatican, celles de Florence où étaient tenus sous clef comme papiers d'État certains documents relatifs au concile janséniste de Pistoie, et surtout le dépôt spécial de l'Inquisition romaine où est conservé l'exemplaire (quelquefois devenu unique au monde à cause de la destruction ou de la perte de tous les autres) qui est resté comme document justificatif de la condamnation.

Nous savons que M. Guizot, après avoir lu le premier volume, disait de la traduction : « *C'est un livre sérieux et fait de bonne foi* », et feu Mgr Dupanloup, qui avait tenu à lire les volumes au fur et à mesure de leur publication, lors de son achèvement, a caractérisé l'ouvrage. « *Voici*, disait-il, *une lacune de l'histoire de l'Église, comblée. Désormais personne ne pourra écrire cette histoire sans puiser à la source ouverte par M. Cantù.* » A Rome, on se

---

(1) Paris et Genève, Cherbuliez, 1834.

montra plus réservé, mais nous savons qu'on apprécia ce livre à sa juste valeur. On le trouvait très hardi, favorable aux idées de liberté, mais en même temps conforme à l'orthodoxie et très utile pour la défense, auprès du grand public, des principes sociaux, des idées conservatrices, et des vérités religieuses (1).

En 1867, M. Cantù vint à Paris à propos de l'Exposition universelle.

Il y revit de chers amis, MM. de Montalembert, hélas ! mourant, Thiers, Guizot, Amédée Thierry, Villemain, Cochin, Michel Chevalier, Ambroise Firmin-Didot, dont il pleure aujourd'hui la perte.

Il en fit de nouveaux que nous pourrions nommer avec les anciens qui vivent encore. Nous nous bornerons à rapporter certains détails de ce voyage.

Il prononça au cercle catholique de Paris, devant les étudiants qui le fréquentent, un discours qui fut fort applaudi pour les mâles conseils qu'il contenait.

On lui fit connaître M. Loyson, qui était encore le Père Hyacinthe des conférences de Notre-Dame, et M. Cantù, dans la conversation, signala franchement sur les *questions italiennes* ce qui, dans les opinions du religieux, lui paraissait dès lors, à lui, laïque et Italien, excessif et dangereux. Le Père laissa voir un peu d'étonnement ; cependant il exprima le désir (les conférences de Notre-Dame étaient alors terminées) d'avoir M. Cantù pour auditeur d'un sermon qu'il allait prononcer à Saint-Eustache devant une réunion d'ouvriers... M. Cantù y alla, en effet. Le Père ayant voulu savoir son impression, il obtint, par un intermédiaire, cette parole textuelle de l'historien : « *Ce n'est pas un sermon, c'est un discours de club.* »

Ce franc parler se manifesta plus directement encore dans un dîner chez un vieil ami académicien, et auquel assistaient plusieurs fonctionnaires de l'Empire, notam-

---

(1) Cet ouvrage a été traduit en français, Putois-Cretté, 1869, 5 vol. in-8°.

ment des conseillers d'État. L'un d'eux ayant exprimé l'*indignation douloureuse* qu'il éprouvait de la confiscation des biens du clergé en Italie, M. Cantù, lui qui avait prononcé au parlement le discours que nous avons analysé, répliqua : « C'est vrai. Mais que pensez-vous de la confiscation des biens de la famille d'Orléans ? » On répondit par le silence, et quelqu'un ayant dit, en sortant du logis, au convive italien : « ... Vous avez été vif à la riposte. » — Qui leur dira cela, si je ne le leur'rappelle ? » répondit M. Cantù. L'historien ne se démentait pas, on le voit, même entre amis et dans ses propos de table.

IX

De retour dans son pays, M. Cantù, devenu depuis 1873 conservateur des archives d'État à Milan, l'un des plus riches dépôts de l'Italie, fonda la *Società Storica Lombarda* dont le recueil, publié mensuellement, mérite l'attention du monde savant.

Dès sa première jeunesse il s'était occupé, nous l'avons dit, de l'éducation et il n'a point cessé de publier des livres populaires, qui sont loin de manquer d'actualité malgré tant de révolutions radicales. Il obtint naguère un grand succès avec *Buon Senso e Buon Cuore*, code de morale, expliqué par des contes, des dialogues, des poésies, qui fut suivi d'un autre livre du même genre, intitulé *Attention!* Celui-ci répondait au programme d'une Société qui avait demandé un livre populaire sans allusion à une forme spéciale de gouvernement ou même de religion. L'auteur allait chercher ses lecteurs sur le terrain du monde physique et du monde moral, pour les conduire jusqu'au vestibule de l'église, où il les confiait à une science plus élevée. Naturellement le livre ne parut pas assez athée; pourtant il fallut bien lui décerner un prix, et M. Cantù employa la somme en distributions gratuites des exemplaires de l'ouvrage, donnés à titre de récompense.

Dans le *Portefeuille d'un ouvrier*, il traite et dramatise les questions les plus palpitantes du quatrième état, les mille aventures d'un Jérôme Paturot napolitain, d'un travailleur italien, à la recherche d'une position sociale et du meilleur des métiers. L'auteur y passe en revue les conditions et les métiers avec une science pratique des plus variées, et avec une sympathie d'autant plus communicative qu'elle se révèle sous une forme plus familière. Là sont discutés les plus vifs problèmes de notre temps : le travail, la production, la maxime *Un pour tous et tous pour un*, la propriété, l'égalité, Richesse et pauvreté, les salaires, les machines, l'industrie, les chômages, les besoins de l'agriculture.

En même temps, l'auteur expose tous les devoirs de famille et ceux du citoyen; il signale les crimes qui y portent les plus cruelles atteintes, la calomnie, le blasphème, le suicide, le duel; il montre ce que peut produire l'union d'un bon patron avec de bons ouvriers; il dévoile les dangers de la franc-maçonnerie, et caractérise les corporations ouvrières, en exposant ce qu'elles étaient dans le passé, ce qu'elles peuvent être dans le présent.

Quant au patriotisme, il recommande d'ajouter au cri de *Vive l'Italie!... Seigneur, sauvez ma patrie, sauvez mon âme*. Il résume les devoirs des ouvriers. *Respectez les lois et l'autorité qui les applique; travaillez; soyez fidèles. Songez-y bien : quand le patron n'est pas là, il y a au ciel un œil toujours ouvert sur vous.*

M. Cantù, qui dès ses débuts avait eu l'ambition d'écrire pour l'enfance et pour la jeunesse, sent plus que jamais, on le voit, dans son cœur l'amour des petits et des humbles; il les suit partout où les vents nouveaux, trop souvent orageux, hélas! les poussent... non pour les flatter, mais pour les avertir.

L'historien au langage sévère a continué le rêve de sa vie; il espère se faire comprendre du peuple, en exprimant les sentiments les plus élevés sous une forme paternelle..... N'est-ce pas encore servir *Dieu et la patrie?*

Son dernier ouvrage, avant celui que nous donnons aujourd'hui, fut son *Histoire chronique de l'indépendance italienne* (*Cronistoria*, titre neuf et difficile à traduire). Le mot d'histoire chronique n'exprime qu'imparfaitement ce que nous croyons pouvoir mieux nommer les *Commentaires de l'auteur* sur l'histoire de son pays dans nos temps de révolution. Il ne croit pas trop à ce principe des nationalités, qui de nos jours a bouleversé le monde. Mais cette idée est ancienne en Italie, et depuis Dante la littérature et la politique ont toujours visé à l'indépendance. Cette idée a prévalu depuis la Révolution française. L'auteur avait pu s'éclairer, pour la première partie, par la bouche des témoins ou des acteurs, ses devanciers ; pour la dernière, il avait vu, suivi et pu apprécier les faits par lui-même. Les détails personnels donnent à ce livre un piquant particulier.

Mais les jugements qu'il formule suivant sa conscience ne plurent ni aux amis ni aux ennemis. C'est le sort de ceux qui marchent droit devant eux. Surtout ses jugements sur les deux derniers rois de Naples et sur le grand-duc de Toscane lui attirèrent les attaques des *journaux italiens*, qui allèrent jusqu'à lui reprocher d'avoir puisé indiscrètement, dans les archives dont il était le gardien, des documents dont la publication était inopportune et même abusive.

Cette polémique eut un double effet. Un ministère relativement conservateur avait, disait-on, placé sur une liste de candidats au Sénat celui qui, de l'aveu de tous, est aujourd'hui le premier des historiens vivants et l'un des écrivains les plus autorisés de son pays. Son nom en fut rayé.

L'archiviste de Milan envoya sa démission, mais elle ne fut pas acceptée.

Et ce qu'il avait dit dans la *Cronistoria,* il le répète

aujourd'hui, sous une forme plus serrée, dans les *Trente années* (1).

Fidèle au souvenir et à l'amitié, M. Cantù prépare une biographie de son maître Manzoni, et la publication de documents précieux pour l'histoire des néo-guefes.

Dernièrement, un ami nous a envoyé d'Italie la revue *la Roma* (2) (avril 1879) qui rend compte d'une séance solennelle de l'académie des Arcades, où M. Cantù a lu, le jeudi-saint, une hymne à la Croix. Nous désespérons de faire passer dans notre langue l'accent et le rythme des vers italiens ; mais nous avons essayé une imitation libre des premières et des dernières strophes, pour en indiquer le sens.

A LA CROIX

« Les païens avaient pour idole
« Le veau d'or ou la volupté ;
« Le juif qu'un faux Messie affole
« Contre le vrai s'est révolté ;
« Mais le monde entend la parole
« De l'Homme-Dieu mort sur la croix.
« Courbons nos fronts devant ce bois.

« O croix, rayonnant au Calvaire,
« Tu sanctifias la vertu.
« En silence la foi vénère
« La chaste humilité... Vas-tu
« Verser à tous cette lumière
« Qui, laissant la clémence au roi,
« Érige le pardon en loi ? »

Pour Judas objet de scandale
Et folie aux yeux du gentil,
O mystère que rien n'égale,
L'homme aujourd'hui t'accepte-t-il ?
Je crains l'influence fatale
De l'orgueil..... Un simple et bon cœur
Peut seul mesurer ta grandeur.

. . . .

---

(1) Ce dernier ouvrage parut à Milan, en décembre 1879, et il est déjà arrivé à sa quatrième édition. Nous avons, au cours de notre traduction, noté les additions faites par l'auteur et nous les donnons à part.

(2) 30 avril 1879.

. . . .
Au jour... de l'épreuve dernière
Mon corps brisé s'affaissera ;
Quand l'ombre atteindra ma paupière,
Quand mon souffle s'affaiblira,
Mon âme, montant vers sa sphère,
Loin de ce monde, prompt à fuir,
Verra l'Éternité s'ouvrir.

Si les compagnons de ma vie
Laissent sans espoir le pécheur,
Douce croix que j'aurai suivie,
Je te presserai sur mon cœur !
Ton Christ à souffrir nous convie,
Mais ce consolateur divin
Nous montre sa gloire pour fin.

On te plantera sur la tombe
Où je serai glacé, sans voix.
Si quelque ami, pleurant, y tombe,
Murmure à son oreille, ô croix !
L'*in pace* de la catacombe,
L'espoir du bonheur éternel,
Le rendez-vous de l'âme au ciel.

Tels sont les délassements de M. César Cantù à l'heure même où il achève de buriner le tableau des évènements qui suivent leur cours dans le monde entier, le portrait des hommes qui vivent et luttent sous ses yeux.

En donnant cet aperçu de sa vie, comme en publiant les pages qu'il vient d'écrire, nous laissons au lecteur le soin de chercher comme le droit de dire si l'auteur est resté fidèle au but qu'il s'est toujours proposé, et qu'il a défini lui-même : *l'unité qui fait le mérite d'un livre comme d'une vie* (1).

(1) Voir la préface des *Trente dernières années*.

Lecteurs,

J'ai commencé à publier l'*Histoire universelle* en 1838 et je l'ai terminée en 1847 ; j'ai pu dès lors faire entendre aux puissants « ce souffle précurseur de la colère de Dieu, qui condamne à la peur les tyrans, même au milieu de leurs armées ». Sans parler de diverses contrefaçons italiennes, où mes jugements ont été étrangement défigurés, j'ai concouru à de nouvelles éditions de cette Histoire, faites à Turin, et à quelques traductions, — par exemple à la française, plusieurs fois rééditée par la maison Didot, et à l'espagnole publiée chez Garnier frères, — joignant toujours des additions et des variantes, bien nécessaires dans un temps de bouleversements si rapides et de si éclatantes découvertes. J'ai esquissé le récit des unes et des autres dans l'*Histoire de cent ans,* dans le *Recueil d'histoires et de mémoires contemporains* que je dirigeais (Milan, 1863-66, 40 volumes), surtout dans l'*Histoire des Italiens* (Turin, 1854-57 et 1874-77), et enfin dans l'*Histoire-chronique de l'Indépendance italienne* (Turin, 1872-76).

Je remercie ceux qui, dans de nombreuses traductions, ont voulu compléter ou continuer mon récit. Mais, — du moins dans le nombre de celles que j'ai pu me procurer argent comptant, — aucun ne montre qu'il connaisse mes travaux successifs; aucun ne suit ma méthode, où je me suis efforcé d'unir l'art de s'arrêter aux détails caractéristiques, à la science des vues d'ensemble, et de faire marcher ensemble toutes les manifestations de l'activité humaine, en fixant toujours l'attention sur le progrès de l'humanité, considérée comme une seule famille.

La continuation faite par Joseph Fahr, à qui je dois faire l'honneur d'une citation, a pris, avec plus de raison, le sous-titre de *Allgemeine Geschichte des neunzehnter Iahrhunderts;* car l'auteur expose l'un après l'autre les évènements arrivés dans les différents pays. L'histoire de l'Allemagne remplit bien quatre cents pages de ces deux gros volumes où manque encore l'histoire de l'Angleterre, de la Russie, de la Turquie, et le récit ne va que jusqu'en 1866.

Les additions faites aux traductions espagnoles et portugaises, publiées soit en Europe soit en Amérique, sont trop peu de chose pour pouvoir m'aider dans mon nouveau travail.

Il en est qui ont entrepris non seulement de continuer mon Histoire, mais encore de modifier mes jugements sur les questions de politique, d'esthétique, de religion, — par exemple, et principalement la *Verdenshistorie frit bearbeijdet* (Copenhague, 1872 et années suivantes), et la *Historia universal reformada, accrescentada e ampliada* (Lisbonne, 1879).

J'ai cru devoir protester contre cette invasion fort peu libérale dans une propriété morale, surtout lorsqu'il s'agit d'un auteur encore vivant; et cet abus m'a déterminé à assumer moi-même, dans la maturité de l'âge, à cette heure où les fumées de la vanité se dissipant, laissent voir les vraies grandeurs, la tâche de continuer l'œuvre qui a été la grande affaire et le souci constant, le martyre et le réconfort de mon âge viril, en même temps que le fonds exploité en de nouveaux livres par moi — et par d'autres.

Aujourd'hui que les distractions et les préoccupations publiques détournent des travaux de longue haleine, je me propose d'être bref, laissant de côté les détails pour relever seulement les faits d'une réelle importance civile et sociale, ceux qui modifient le sentiment public et fournissent de nouveaux éléments à la politique et à la civilisation ; et de les présenter de façon qu'ils puissent donner la connaissance générale du présent, aider à des conclusions politiques, économiques et morales, et enfin contribuer, sinon à dévoiler l'avenir, du moins à l'expliquer.

L'esprit d'équité et de conciliation tient également éloigné et de ceux qui se vantent d'être *progressistes*, quand ils ne sont que révolutionnaires, ennemis de toute autorité divine et humaine, — et de ceux qui s'intitulent *modérés* parce qu'ils s'engourdissent dans l'inertie. — Me fera-t-on un reproche de m'occuper spécialement de l'Italie ? Je l'ai toujours assez loyalement aimée pour ne point flatter ses vices, ne pas applaudir à ses erreurs, et ne pas ressembler à un fils qui, reniant l'héritage paternel, déprécie le passé pour glorifier le présent.

Trop vieux et trop ignorant pour me convertir, je persévérerai dans ce libéralisme, qui veut le respect de l'homme dans sa dignité, dans ses convictions religieuses, dans ses opinions politiques, dans ses besoins intellectuels et moraux. Étranger aux rancunes du jour, parce que je n'en éprouve pas les ambitions, j'ai payé de ma personne entre le désir de courir et la crainte de tomber, entre la justice et l'opportunité, entre des éloges et des reproches aussi déraisonnables les uns que les autres, entre l'audace de tout oser et la préoccupation des bavardages qui va presque jusqu'à nous faire rougir de notre propre vertu, des sentiments tendres et des pensées généreuses.

Un critique bienveillant m'a loué de savoir signaler les mérites même dans des adversaires. Un autre, malveillant, me reproche de juger les grands personnages avec autant d'arrogance que si je me croyais un des leurs. Pour la présomption, mes concitoyens ont eu soin de m'en garantir; mais j'ai une tête et un cœur, et j'ai le droit de juger avec ma tête et mon cœur les actes des hommes de droite comme des hommes de gauche, des monarchistes aussi bien que des républicains, des socialistes comme des cléricaux. Dans cette persuasion, si la patrie ne m'a jamais appelé à parler à la jeunesse, « seul, avec mon courage et mes espérances », j'ai préparé des écrits qui, dussent-ils être oubliés au bout d'une semaine, — huit jours, voilà à notre époque la vie d'un livre, — n'en demeurent pas moins de ceux que plus tard pourra consulter quiconque voudra séparer la vérité des panégyriques et des injures des contemporains, des flatteries des Académiciens ou des railleries des Thersites.

Mais, dans ce livre, je raconte un passé qui est d'hier : le désir d'être bref me contraint à avancer des assertions sans preuves et des jugements personnels. Dans un temps où tous sont mécontents de tout, pourrais-je jamais me flatter de ne déplaire à personne? Devant la sévérité, je m'inclinerai; et l'injustice me sera moins douloureuse depuis qu'on m'y a accoutumé; en tout cas, celui qui a su se former des convictions propres et qui a eu le courage de les professer franchement, ne serait-ce que pour le contraste qu'il offre avec l'idolâtrie de l'heure présente, ne peut être déchiré que par les lâches.

En assistant étonnés aux graves leçons que la Providence donne aux princes et aux peuples, marchons vers le point où convergent et la conscience de la foule et le raisonnement des penseurs; élevons-nous à ces hauteurs où sont les sources de la prospérité d'une société, je veux dire au droit, à la liberté, à l'honneur; n'ayons qu'une envie, celle de suivre la voix mystérieuse dont la multitude ne perçoit qu'un écho vague et lointain, pour vivifier et assurer cette unité qui est le mérite d'un livre comme d'une vie.

Milan, novembre 1879.

HISTOIRE
UNIVERSELLE

LES TRENTE DERNIÈRES ANNÉES

CHAPITRE PREMIER.

AGITATIONS. — RÉFORMES. — RÉVOLUTIONS.

En terminant notre *Histoire universelle*, nous faisions pressentir les agitations prochaines et nous indiquions les tendances, les espérances et les craintes qui allaient s'en dégager, mais il était impossible de prévoir qu'elles aboutiraient à un total renversement des pouvoirs, de l'équilibre général, des doctrines, des sentiments, et qu'à la théorie des traités, fondements de cette paix qui, quelle qu'elle fût d'ailleurs, a duré trente années, serait substitué un principe qui remplirait trente autres années de guerres terribles et de luttes les plus vives. Ces luttes sont bien loin d'avoir cessé; mais déjà nous pouvons affirmer que la liberté et la dignité, à travers les périls d'un naufrage, ont été portées par les vagues vers une rive plus avancée; les générations se sont réveillées, bien des entraves ont disparu, l'industrie, le bien-être physique sont en progrès, les intelligences ont paru s'élargir et un plus grand nombre de personnes ont été appelées à prendre non seulement part au banquet social, mais encore aux intérêts publics et à l'amélioration commune. La question des nationalités.

Commençant par l'Italie, qui a toujours eu la première place dans nos pensées, nous rappellerons que, constituée comme elle l'avait été par les traités de 1815, elle jouit d'une longue paix, en dehors des deux mouvements de 1821 et de 1831, sans peine réprimés par la force de l'Autriche. Aussi cette Autriche était-elle dénoncée comme le despote de toute la péninsule, où l'on répétait qu'elle empêchait les peuples d'ob- Les néo-guelfes en Italie.

tenir, et les princes d'accorder ce que l'on considérait alors comme le suprême avantage politique, une constitution.

Ainsi parlait le parti libéral à la française : à côté de lui s'était formé le parti néo-guelfe qui, se souvenant des libertés historiques et respectueux pour l'autorité pontificale à laquelle l'Italie devait sa primauté sur les nations, caressait l'idée d'une ligue entre les États italiens. « Si l'Autriche entrait dans cette ligue, elle devrait en accepter les conditions d'indépendance; si elle refusait, elle trouverait contre elle tout le reste de la nation qui avait les sympathies de l'Europe et, en particulier, de la France. »

<small>Élection de Pie IX.</small>

<small>16 juin. 1848.</small>

Ces conceptions, proclamées franchement et à haute voix par Vincent Gioberti et César Balbo, n'excitaient que les railleries des autoritaires et la compassion des libéraux, quand l'élection de Pie IX parut les réaliser. Une amnistie politique partielle que le pontife accorda sembla le prélude de concessions immenses et on en crut voir la suite dans quelques réformes administratives, la création d'un ministère, une *consulte* d'État. Les citoyens, las de maudire, commencèrent à applaudir; il y eut une admiration universelle et tapageuse; *Vive Pie IX!* devint le cri à la mode, l'abrégé de tous les éloges, le résumé de toutes les espérances ; il se répandit de l'Italie dans toute l'Europe et jusqu'au-delà de l'Atlantique : protestants, catholiques, turcs, juifs, répétaient *Vive Pie IX!* et les fils de Voltaire voyaient résumées dans le nom d'un pape toutes les améliorations que les peuples pouvaient réclamer ou les princes accomplir.

A l'ouverture des Chambres en France, Louis-Philippe n'ayant pas dit un mot de Pie IX, on lui reprocha ce silence, et l'adresse voulut y suppléer : « Comme vous, sire, y disait-on, comme vous nous espérons que les progrès de la civilisation et de la liberté s'accompliront sans altérer ni l'ordre intérieur, ni l'indépendance, ni les bonnes relations des États. Nos sympathies et nos vœux accompagnent les souverains et les peuples chrétiens qui s'avancent de concert dans cette nouvelle voie avec une sagesse prévoyante dont l'auguste chef de la chrétienté leur donne le puissant et magnanime exemple. »

Le pontife, entraîné par la plus chère des séductions, celle de la faveur publique, croyait y trouver un point d'appui à ses saintes intentions. A Rome, c'était un carnaval : chaque jour, des réunions, des applaudissements, des hymnes, des sérénades : — c'était fête quand le pape sortait, quand il allait en villégiature, quand il rentrait ; — acclamations aussi à quiconque se disait son ami, son serviteur, au cabaretier Cicervacchio, et à d'autres entrepreneurs de popularité.

Comme pour tout enthousiasme, il était difficile d'assigner les causes de celui-ci. Dans le plus grand nombre, c'était affaire de mode ; chez beaucoup, c'était sincère, mais irréfléchi ; ceux qui s'apercevaient que c'était une sorte d'éblouissement espéraient bien voir sortir de cette conspiration de louanges un mouvement, auquel le nom d'un pontife donnerait une apparence de modération et un caractère sacré auprès du peuple ; par-dessus tout, ce gouvernement semblait un gage des plus douces espérances à ces Italiens qui attendaient la régénération d'une sainte liberté et d'une forte modération plutôt que des colères des déclamateurs, des calomnies des folliculaires et du despotisme révolutionnaire.

Les autres souverains sentirent l'obligation d'améliorer la condition de leurs sujets, sinon en les faisant participer au pouvoir, du moins en ennoblissant l'obéissance ; et cette occasion parut d'autant plus favorable qu'elle consolidait l'autorité en faisant émaner d'elle les améliorations.

Charles-Albert de Savoie, qui avait besoin de réparer par de nobles actions ses premières défaillances, avait cherché à développer la prospérité du Piémont en multipliant les institutions de bienfaisance et de prévoyance, les maisons pénitentiaires, les établissements d'instruction ; des routes nouvelles étaient construites à grands frais dans un pays de montagnes et de torrents, et des chemins de fer étaient entrepris aux frais de l'État, qui évitait ainsi un honteux agiotage ; on améliorait les codes de lois, et on organisait une bonne armée. De la sorte, Charles-Albert attirait l'attention et encourageait les espérances d'un grand nombre d'Italiens qui se souvenaient que l'ancienne ambition de sa maison était de succéder à l'Autriche dans la possession de la Lombardie et dans l'hégémonie italienne.

Mais les années s'écoulaient, et l'occasion ne surgissait pas ; en attendant, les jeunes gens apprenaient à maudire le roi dans les chansons des vieillards, surtout après qu'il eut marié le prince héréditaire à une fille du vice-roi autrichien de la Lombardie. Toutefois, à la fin, il se brouilla avec l'Autriche à l'occasion des impôts sur le vin et le sel ; et comme la patrie, pas plus que la religion, ne connaît pas de faute inexpiable,

Charles-Albert, l'épée de l'Italie.

30 octobre. 1847.

cela suffit pour que l'imagination populaire vît en Charles-Albert l'épée de l'Italie dont Pie IX serait la tête. Aux premières acclamations de ce genre, le roi opposa les baïonnettes ; mais bientôt il fut conduit à accorder quelques réformes ; et les applaudissements redoublèrent, bien que ces réformes fussent purement administratives (30 octobre 1847).

Réformes en Toscane.

24 juillet. 1848.

Dans la Toscane, l'autorité était douce, l'obéissance tranquille ; mais là nul mouvement vers des améliorations : on y suivait la maxime du ministre, *Le monde va tout seul.* Cependant, au premier bruit des réformes de Pie IX, le grand-duc en accorda de semblables (24 juillet 1847).

L'Italie, se croyant tranquillement acheminée vers le bonheur par les princes en harmonie avec les peuples, était dans un délire de réjouissances et de banquets ; les démonstrations et les triomphes, en l'honneur de quiconque voulait se les attirer par des paroles sympathiques, réunissaient les partis opposés. L'initiative des audacieux, la condescendance de quelques vieillards, rappelaient les enfants qui se fatiguent à battre une eau savonneuse pour en tirer des bulles légères. Ce spectacle donna l'éveil à l'Autriche ; car la haine de l'Autriche était le thème obligé des toasts, des discours, des articles de journaux, et peut-être le seul sentiment commun à tous les lyriques italiens.

Memorandum de Metternich. Août 1847.

Metternich s'en aperçut : il adressa aux cours amies un *memorandum*, présageant une révolte universelle et réclamant l'entente pour étouffer les premières étincelles ; — il essaya de détourner du pape les peuples en leur faisant croire que Pie IX était d'accord avec lui ; et, comme cette politique astucieuse échoua, il chercha à effrayer le pontife en occupant Ferrare. Les protestations du pape, efficaces comme toute parole ferme et appuyée sur le bon droit, le contraignirent à reculer et lui prouvèrent que l'empire de la force finissait.

Mais déjà s'élevait la domination des places publiques et des cafés, usurpant le nom sacré du peuple ; aux acclamations de mode s'ajouta la mode des exécrations non plus seulement contre l'ennemi commun, mais même contre des compatriotes : on n'acclamait plus les réformateurs Pie IX, Charles-Albert, Léopold, Gioberti et d'autres *Italianissimes,* ainsi que l'on disait dans ce temps de superlatifs, sans accabler de malédictions le *sanguinaire* roi de Naples et les jésuites ; — et les diatribes des écrivailleurs de journaux se traduisaient en hurlements et en tumultes. Charles-Albert, qui avait formellement promis aux jésuites de les garantir de tout outrage, devait le lendemain les laisser chasser; Charles-Albert, après avoir déclarée inutile la garde nationale dans un pays qui a une bonne armée, devait laisser s'armer la garde nationale; à Rome, comme il semblait que Pie IX avançait plus lentement qu'on ne le désirait, on parla d'une conspiration contre la vie du pontife, et, en conséquence, on voulut armer le peuple pour le défendre : après le spectacle des trépignements, on voulait avoir le spectacle de la peur.

Le pape publia un ordre du jour pour calmer ces terreurs perfidement excitées, et continua ses réformes; il traita avec le Piémont et la Toscane pour une ligue douanière qui devait faciliter une alliance politique. — Après s'être enivré de cette popularité sans exemple, déjà le pontife s'effrayait de l'agitation croissante. Mais ceux qui se promettaient de faire des bénédictions de Pie IX une charge de canon ne reculaient pas devant ses déclarations, et répétaient que c'étaient des sacrifices faits par lui aux exigences des étrangers. Essai d'une ligue douanière en Italie. 5 novembre. 1847.

Et voici que le roi des Deux-Siciles, après une émeute violente dans l'île et une démonstration de la capitale, et malgré les protestations des États du nord, accorde non plus seulement des réformes, mais une constitution et une pleine amnistie. Son nom, jusqu'alors maudit, est désormais exalté sur un tel ton, que les princes ne peuvent se refuser à suivre cet exemple. Charles-Albert, après s'être confessé et avoir communié, promet une constitution, qu'il voile sous le nom de Statut. Le grand-duc l'imite. Autant en fait le duc de Lucques qui, à la mort de Marie-Louise (5 octobre 1847), lui avait succédé dans le duché de Parme. Quant à Pie IX, il déclarait : « Pourvu que la religion soit sauve, nous ne nous refuserons à aucune innovation nécessaire. » Constitution à Naples.
25 janvier 1847.
A Turin. 8 février.
A Lucques. 14 février

Les constitutions étaient toutes calquées sur la constitution française : deux Chambres, des ministres responsables, des sénateurs nommés par le roi, des députés choisis par des électeurs censitaires, la liberté de la presse et le droit de pétition. Seule, Rome conservait comme troisième Chambre le consistoire des cardinaux, qui devait statuer en secret sur les résolutions du parlement, et se réservait les affaires relatives aux canons et à la discipline ecclésiastique.

L'ivresse éclate dans la foule; ceux qui ne voulaient pas en faire partie discutaient sur la liberté, comparaient entre elles les constitutions, exprimaient publiquement des désirs jusqu'alors étouffés, demandaient et obtenaient des ministres nouveaux, non plus choisis arbitrairement par le prince, mais désignés par la confiance des citoyens, et chantaient sur un ton pindarique l'accord divin des peuples et des princes, de la force et de la pensée, pour la conquête de la liberté et de l'indépendance.

Chute de Louis-Philippe. 24 février 1848.

Cette marche bienheureuse fut entravée par une nouvelle révolution en France. Louis-Philippe, placé sur le trône en 1830 comme une barrière contre la république, réussit à l'arrêter pendant dix-huit ans. Dans cet intervalle, il avait guéri les blessures que fait toute révolution, restauré les finances, ranimé le commerce, fortifié l'autorité, accru la prospérité matérielle en favorisant l'aristocratie industrielle qui se substituait à la noblesse; encouragé les lettres, les arts, les sciences jusqu'à en faire une véritable puissance; en même temps, il avait maintenu la paix à travers des occasions brûlantes de guerre, rétabli la marine, laissé aux ordres constitutionnels une grande liberté de parler et d'écrire.

Et cependant son gouvernement ne se consolidait pas par la marche du temps, car il n'avait d'autre raison d'être et d'autre fondement que la révolution : ceux à qui la révolution n'avait donné aucun poste, visaient à en faire une nouvelle, et les déshérités de cette dernière en préparèrent une troisième. Réduit à chercher des adhésions de tout côté, le roi devait flatter les intérêts privés, et en faisant des concessions vaciller, au lieu d'avancer en résistant.

Un beau génie, un style limpide, la couleur des descriptions, voilà ce que Thiers, Lamartine et Louis Blanc employèrent à diviniser la force, soit glorieuse avec Napoléon, soit sanguinaire avec Robespierre et Marat. Lamennais retournait sa puissante logique et son style incomparable contre cette autorité sur laquelle il avait établi auparavant l'édifice de la société et de la connaissance. Victor Hugo professait « que le poète peut croire à Dieu ou aux Dieux, à Pluton, à Satan, ou à rien ». On sifflait la chaire pour ses enseignements positifs, et, en montrant les prêtres comme les mauvais génies de la société et de la morale, on attisait les vieilles haines contre le pape et les siens. D'autres en plus grand nombre, spéculant sur l'imagination, fomentaient l'épicurisme, en favorisant l'envie démesurée de s'enrichir et de jouir, et en plaçant le paradis dans ce monde sans aucune idée d'abnégation. Les romans qui, pour se faire lire au milieu du dégoût général, se débitaient en feuilletons dans un journal, portaient chaque jour leur dose de poison dans les familles, les boutiques, les campagnes ; ils flattaient une insatiable lubricité par des laideurs fardées, la haine du prolétaire en exagérant la corruption de la classe jouissante, les sens en montrant les femmes condamnées à succomber fatalement à la tentation, et les hommes n'agissant que par intérêt ou passion. Ils cherchaient l'idéal dans les désordres exceptionnels de la nature ou de la société ; ils initiaient les cœurs vierges à des hontes dont l'ignorance est une sauvegarde, et la connaissance un aiguillon funeste. — A cette allure, la nature pervertie de ces écrivains corrompait le bon naturel du peuple, flattait la foule en fomentant les appétits matériels, en canonisant Camille Desmoulins, Danton et les autres héros partisans de l'assassinat, en raillant le clergé, ruinant les espérances fortifiantes, et détournant les âmes de l'aspiration à l'immortalité.

La foule puisait là des sentiments de haine et la fébrile attente d'une explosion où les prolétaires devaient succéder aux propriétaires, prétendus usurpateurs du patrimoine commun, et où chacun acquerrait une plus forte part, non point de raison et de morale, mais de jouissances. On rejetait l'odieux de cette immoralité sur le gouvernement : on y puisait des arguments pour fomenter l'opposition des Chambres et celle des journaux, ces conducteurs de l'électricité révolutionnaire. Comme si s'agiter eût été avancer, on passait d'un ministère à un autre, et toujours en se lamentant que les nouveaux venus fussent pires que les précédents. Aussi Thiers, nommé en 1840, avait dit : « Nous jouerons le même air, mais nous le jouerons mieux. »

Le dernier ministère fut celui de l'historien Guizot, homme plus rigide que ne l'auraient voulu les passions ardentes, et plus intègre que ses compétiteurs ; il n'acceptait point les exagérations des analyses et la divinisation de l'homme ; il était obstiné à conserver la paix, et, pour conserver la paix, à consolider la nouvelle dynastie. Ministre fidèle au roi, mais agissant constitutionnellement et avec la majorité de la Chambre. — On était agacé qu'un ministère durât cinq ans dans un pays qui abhorrait la stabilité, et avec une constitution où le roi ne doit avoir ni volonté ni système, mais changer de ministre à chaque changement du vent populaire : aussi s'in-

Proclamation de la république à Paris.

génia-t-on à renverser ce ministère. Comme il avait été de mode en Italie, l'agitation grandissait avec les banquets où le rapprochement des invités et la chaleur du vin animaient les discours : on y prêchait le socialisme ; ces toasts improvisés étaient reproduits par les journaux, et donnaient au pays une représentation et une parole autres que la représentation et la parole légales. On proposa à Paris un banquet de cent mille personnes : l'autorité s'y opposa ; ce fut le signal d'une insurrection à main armée et avec barricades. Déjà le sang coulait. Louis-Philippe, résolu à n'en pas laisser verser une goutte pour se maintenir, abdique et s'enfuit au milieu des rugissements de l'insurrection ; une poignée d'individus fait irruption dans le parlement en hurlant la république, et tandis que dehors on tue, on saccage, on détruit pour obtenir des réformes partielles, on braille qu'on ne veut plus de roi. La nouveauté plaît d'autant plus qu'elle est moins attendue : on proclame la république et un gouvernement provisoire (1).

Les anciennes institutions étaient détruites, les nouvelles ne fonctionnaient pas encore ; une plèbe en délire et déchaînée demeurait maîtresse de Paris.

Si donc le monde à ce nom de république s'était rasséréné comme à l'approche d'une brillante aurore, il s'épouvanta en voyant cette république, loin de régénérer la dignité humaine, renverser la société ; et au lieu d'une conciliation universelle, on craignit un ouragan pour la France et le reste de l'Europe. De fait, les conséquences de la révolution de 1830 se reproduisirent, et chaque pays en sentit le contre-coup ; jusque-là on n'avait aspiré qu'à acquérir ou à réaliser le gouvernement constitutionnel, désormais on tenta de le renverser ; de défensive la révolution devenait agressive, à mesure qu'elle rencontrait plus de mollesse dans la répression et d'insuffisance dans ses guides.

<small>Lamartine et sa déclaration à l'Europe. 2 mars 1848.</small> Comment la France républicaine entendrait-elle ses devoirs politiques ? Lamartine, qui avait accepté tout d'abord l'acclamation de la république et l'avait fait agréer par sa poétique parole, se trouva vite exposé à la fureur de la plèbe. Il l'affronta avec une intrépidité héroïque, infatigable à parler, à répondre, à recevoir, à réprimer la soif du meurtre et du vol ; du reste, plein de condescendance pour tous, flatteur comme

---

(1) Que de fois ces scènes se sont renouvelées dans les révolutions de notre temps !

l'est un pouvoir nouveau ; n'ayant pas d'autre idée que l'idée d'opposition, il était incapable d'organiser. En annonçant à l'Europe la nouvelle forme de gouvernement adoptée par la France, il déclara que, « à la différence de celle de 92, la République de 1848 ne menaçait aucun gouvernement, quel qu'il fût ; elle savait que la guerre est trop périlleuse pour la liberté ; elle regardait les traités de 1815 comme n'existant plus, mais respecterait les circonscriptions territoriales établies par eux ; si pourtant quelque nation opprimée se réveillait, si les Etats *indépendants* d'Italie étaient envahis ou si l'on entravait leurs transformations intérieures, la France protégerait les progrès légitimes ».

Cette ambiguïté de langage, peu digne d'une grande nation, trompa les Italiens, qui crurent voir arrivées à maturité les franchises après lesquelles ils soupiraient. La virile et puissante inquiétude d'un peuple qu'a visité la liberté, si elle s'exprimait dans le reste de l'Italie par des applaudissements donnés aux souverains, se concentrait en frémissements dans la Lombardo-Vénétie, province encore sous le joug étranger. Depuis longtemps ce pays, grâce à ses anciennes traditions municipales, était en possession des réformes administratives qu'on venait d'accorder aux États voisins ; alors il s'enflamma pour un but très déterminé, l'acquisition de cette nationalité sans laquelle ne semblent possibles ni une liberté solide ni une forte dignité, ni un complet développement.

<small>Contre-coup de la révolution de France dans l'empire d'Autriche.</small>

Le vice-roi, pendant qu'avec des promesses trompeuses il tentait d'endormir les sujets sur les demandes faites par les voies légales, faisait déclarer par l'empereur qu'il n'était pas disposé à des concessions, et qu'il se confiait dans ses troupes ; on arrêtait des citoyens mal vus ; par là l'autorité irritait, mais n'effrayait pas un peuple qui répondait par la menace du silence et de l'abstention, et chez lequel la joie elle-même avait quelque chose de menaçant. Et déjà on disait l'insurrection préparée, lorsque l'étincelle jaillit, puissante et inattendue, du côté où on l'attendait le moins.

L'Autriche, fidèle à l'absolutisme patriarcal, s'était constituée l'adversaire franche et implacable des prétentions libérales, et ne souffrait de changements dans aucun de ses États. Dans un mélange de populations différentes d'origine, de culture, de traditions, comment pouvait-elle introduire cette unité qui fait la force des autres pays ? Touchant par ses frontières à dix-huit États, elle avait des relations extérieures très compliquées : une armée nombreuse lui était nécessaire. En beaucoup de provinces allemandes, bohêmes, galiciennes, persistait la juridiction seigneuriale, sans parler de la Hongrie et de la Transylvanie qui avaient des institutions distinctes ; et bien que ces pays ne contribuassent pas au Trésor public, les droits d'entrée qui, au commencement du règne de François Ier, rendaient 198 millions, s'élevaient à 302 à sa mort. Par les dernières acquisitions, l'Autriche s'étendait vers la mer ; mais, à cause de sa longue alliance avec l'Angleterre, elle n'osait point poursuivre des agrandissements dont celle-ci était jalouse. Il y avait dans le célèbre arsenal de Venise une inaction qui faisait pitié ; l'établissement d'un grand port de guerre à Pola resta à l'état de projet ; Cattaro et Raguse succombaient devant Trieste qu'on préférait. Le système protecteur des douanes fut modifié ; on abaissa les tarifs ; des édifices d'utilité publique ou même de luxe s'élevaient partout, et le gouvernement consentait à des améliorations, pourvu qu'elles vinssent de son initiative : pour lui, gouverner et comprimer étaient synonymes ; il classait les hommes d'après ce que ceux-ci payaient ; le gouvernement se réduisait à des douaniers, à des bureaucrates, à des espions, à des soldats. François Ier, qui rêvait la centralisation administrative de Joseph II, avait plutôt souhaité qu'essayé de ramener à l'uniformité tant de différences ; il se bornait à *conserver ;* que le monde marchât, lui se tenait ferme ; ce qui avait été bon autrefois devait rester bon maintenant ; les peuples devaient se persuader que l'empereur voulait leur bien, et le laisser faire. Avec cette politique simple, il gouverna en refusant tout changement jusqu'en 1835 ; vainement, surtout en Hongrie, on élevait chaque jour davantage les prétentions à une vie plus indépendante ; vainement, les pays autrichiens qui ont des assemblées d'État (1), réclamaient, avec une insistance croissante, la publicité, une part plus grande dans la

---

(1) Dans la haute et basse Autriche, dans la Styrie, la Carinthie, la Bohême, la Moravie, la Galicie, et la Lodomérie, il y avait des diètes composées de quatre états : le clergé, la noblesse, les gentilshommes (*Ritterstand*) et les bourgeois ; ces derniers avaient pour représentants les magistrats des villes royales. Dans le Tyrol, depuis le 24 mars 1816, les états, disposés de la même manière, avaient le droit de faire des remontrances à l'empereur au nom du pays, mais sans vote législatif et en dehors des questions d'impôts. — En Silésie, les états se composaient de ducs, de princes et de seigneurs (*Standsherren*), de gentilshommes (*Ritterschaft*) dépendants immédiatement de l'empereur.

délibération de leurs propres intérêts. L'empereur devait se confier dans son armée; toutes les fautes étaient attribuées à son ministre, le prince de Metternich, d'une intelligence facile et universelle, mais, en politique, attaché aux faits accomplis, manquant de tout courage d'initiative, quand même son maître lui aurait laissé le chemin libre.

Ferdinand Ier, qui succéda à l'empire, fut bon et rien de plus; mais Vienne, la cité que l'on croyait toute matérialisée par les jouissances et servilement dévouée à une dynastie qui faisait d'elle la tête d'un vaste empire, s'était prise de dégoût pour l'étrange absolutisme d'un ministre qui, en refusant tout mouvement en avant, avait usurpé le nom d'habile et de fort. Quelques intrigues de cour et des ambitions de cabinet favorisèrent les aspirations libérales, déjà échauffées par les diatribes que l'Allemagne lançait contre l'Autriche, et dont la révolution française détermina l'explosion. Se voyant unis, les États de la basse Autriche, la société politique et la société industrielle formulèrent quelques demandes. Déjà la Bohême et la Galicie avaient fait réclamer la liberté de la presse, celle de l'enseignement et d'autres encore. Une proclamation du Hongrois Kossuth, où l'on demandait que l'empire se réformât et qu'on laissât les nationalités se gouverner par elles-mêmes, en les réunissant en fédération, fixa un but plus précis aux réclamations. Les étudiants, animés par l'exemple de ceux de Bavière, commencèrent à s'agiter. Le peuple viennois, comme secoué d'un sommeil dont il avait honte, éleva sa grande voix; il montra contre la petite garnison un courage inattendu, obtint le renvoi de Metternich que remplaça le libéral Pillersdorf, et pour tout l'empire la liberté de la presse et la garde nationale; une assemblée générale devait établir la constitution.

La Hongrie et Kossuth.

Insurrection à Vienne.

Le télégraphe annonça à la Lombardie les concessions faites à Vienne; leur contradiction avec les menaces et les refus des jours précédents montrait que l'Autriche voilait du nom de concession ce qui était pour elle une inévitable nécessité; et puisqu'on ne pouvait compter sur sa bonne foi, il fallait s'en assurer par la force. L'exultation se changea en fureur, l'espérance alla jusqu'à l'indépendance; on arbora les trois couleurs, on cria *Vive Pie IX!* et *Mort aux Allemands!* Enivrés de désirs magnanimes et confiant tout aux risques de l'audace, les Milanais commencèrent une bataille mémorable où, avec des barricades et quelques fusils de chasse, pendant cinq jours,

Insurrection à Milan.

18 mars.

ils tinrent tête à des troupes disciplinées. Ni les armes qu'on disait toutes prêtes, ni les bannis, ni les Piémontais, ni les gens de la campagne qui, affirmait-on, n'attendaient qu'un signe, ne parurent; mais l'ennemi n'était pas en mesure de se défendre : le manque de munitions, la crainte de voir l'insurrection s'étendre, l'incertitude de ce qui se passait à Vienne, poussèrent le maréchal Radetzky à ordonner la retraite. Et Milan se trouva libre : Côme, Brescia, Bergame, Lodi, Crémone, Pavie chassèrent les garnisons ou les firent prisonnières; partout on évita de répandre en vain le sang, et contre la domination étrangère on protesta seulement par la joie de s'en affranchir.

L'annonce des libertés promises eut un effet semblable à Venise, où le commandant Zichy capitula, à la condition d'emmener ses troupes, mais de laisser la caisse, les armes et les soldats italiens. Les cités de la terre ferme ne tardèrent point à imiter Venise.

L'insurrection de Milan excita dans le Piémont tout l'intérêt que font naître la communauté de nationalité et le voisinage; et puisque l'unité italienne était en tête de toutes les espérances, on demandait à tirer l'épée pour l'assurer. N'était-ce pas là depuis longtemps le désir de Charles-Albert? Mais son organisation militaire tant préconisée fut reconnue peu propre à un passage soudain de l'état de paix à l'état de guerre active, si bien qu'à peine 12 ou 15,000 hommes pouvaient se mettre en campagne. On ignorait le désarroi de l'Autriche; on ne pouvait guère compter sur le reste de l'Italie, à cause de son inexpérience des armes; les secours de la France faisaient peur, car ils pouvaient devenir mortels pour le royaume à fonder; l'Angleterre déclarait que la Lombardie était garantie à l'Autriche par les traités mêmes qui assuraient Gênes au Piémont : toucher à l'une, c'était compromettre l'autre.

Au bruit de l'insurrection lombarde, la jeunesse eut un frémissement guerrier; mais le roi et les ministres comprenaient que c'est perdre l'autorité que de l'asservir au caprice populaire. Cependant, apprenant que Milan est libre, que les Allemands battus et chassés sont en déroute, Charles-Albert fait pencher du poids de son épée la balance dans les conseils de ses ministres : il annonce qu'avec ses fils il se met à la tête de l'armée, pour porter à la Lombardie *le secours qu'un frère doit à des frères*, et sans parler de dédommage-

<small>Charles-Albert tire l'épée.</small>

ment : une fois seulement la guerre finie, on déciderait du sort de ce beau pays.

Les autres gouvernements d'Italie répondirent à ce cri. Saint accord des princes et des peuples, qui, armés par le souvenir de longues souffrances, aspirent à la joie virile des combats pour que l'Italie soit non point conquise par la victoire des étrangers, mais rachetée par l'épée de ses propres enfants!

Toutefois la victoire était bien moins facile que le triomphe. Sur les traces de l'ennemi qui fuyait se lancèrent quelques jeunes gens lombards, d'un courage ardent et intelligent; mais les campagnes ne secondèrent pas l'impulsion donnée par la ville, si bien que Radetzky, sans même être attaqué, put atteindre le Mincio, et dans ce formidable quadrilatère composé des forteresses de Peschiera, Mantoue, Legnano et Vérone, rendre courage à ses troupes, en attendre de nouvelles et se disposer à un retour offensif. L'armée piémontaise n'était pas prête : elle arriva tard, s'étendit le long de l'Adige sur une ligne de 36 milles, commença une guerre lente de positions où l'incapacité stratégique rendait inutile la valeur qui se montrait avec éclat chaque fois qu'on pouvait en venir aux mains. Les jalousies, les brigues, la peur, obscurcirent les couleurs roses et éphémères qui embellissent l'aube de toute révolution. Pour centraliser la résistance et les ordres, le gouvernement provisoire de Milan travaillait à vaincre les jalousies, à faire que chaque province lui envoyât un député. Mais tandis que tous se croyaient capables d'ouvrir des avis, personne ne voulait assumer la responsabilité d'une décision; le peuple obéissait mal à un gouvernement qu'on lui dépeignait comme méprisable; les troupes montraient plus d'esprit de parti que d'esprit de corps, et, au milieu des chansons et des proclamations de fraternité, personne n'avait confiance en personne.

Venise et Manin.

Venise, délivrée par une capitulation régulière, n'avait qu'à consulter ses anciens souvenirs : elle proclama la république de Saint-Marc, et les cités de la terre ferme y adhérèrent. Pour la Lombardie elle-même, les beaux temps de l'histoire n'étaient-ils pas les temps de la république? Pourquoi cette forme de gouvernement, inaugurée par la France, ne se répandrait-elle point par tout le monde? Pourquoi ne verrait-on point par là écartées les jalousies des anciens princes, et les ambitions des souverains nouveaux?

Cependant, reconnaissant pour objectif suprême la délivrance, la secte républicaine *la Jeune Italie* s'était engagée, déjà avant l'insurrection, à voiler son drapeau, pour ne pas troubler le sommeil des princes favorables à la régénération. Mais, bien que le roi de Piémont et le gouvernement provisoire eussent promis qu'on ne parlerait de la forme du gouvernement que lorsque la cause aurait triomphé, ils changèrent de langage et sollicitèrent le pays de se réunir au Piémont. Demandée par le plébiscite où chacun écrivait son vote sur les registres, la fusion immédiate fut obtenue : fusion qui, faite dès le premier instant sans autre condition que de vaincre, aurait réuni toutes les forces pour le but commun, et qui, au contraire, maintenant les éparpilla, au grand avantage de l'ennemi.

Au milieu de ces manèges, la situation de l'Italie était allée en empirant chaque jour. A la victoire des Milanais, toute la péninsule avait tressailli de liberté et d'espérance. A Modène et à Parme les ducs partirent, laissant un délégué pour donner un statut : on établit des gouvernements provisoires, qui bientôt demandèrent, eux aussi, la fusion avec le Piémont. Le grand-duc de Toscane devait renoncer à ses titres autrichiens, accepter des ministres qui lui agréaient peu, car le mouvement croissant, loin de se laisser régler par les princes, se retournait contre eux. Au pape on imposait des ministres, des généraux et une guerre, et l'Allemagne protestait jusqu'à menacer d'un schisme. De sa voix aimée et respectée, Pie IX avait béni les espérances italiennes ; il envoya un prélat, qui lui était très cher, comme son représentant au camp italien ; il plaça ses troupes sous le commandement de capitaines piémontais, en leur ordonnant de s'entendre avec Charles-Albert. Il sollicita les princes d'envoyer à Rome des députés pour conclure une alliance politique. Prêtre désarmé, entouré d'un consistoire emprunté à toutes les nations, comme la barque que Dieu lui avait confiée lui semblait en danger, il rejeta toute participation aux révolutions ; il n'avait fait que ce que les souverains eux-mêmes avaient autrefois suggéré à Pie VII et à Grégoire XVI, et ce qu'il croyait avantageux à son peuple ; il regrettait que celui-ci n'eût pas su se maintenir dans la fidélité, l'obéissance et la concorde ; mais on ne devait point lui imputer à lui-même les agitations de l'Italie, à lui, qui avait horreur de la guerre et reniait ceux qui parlaient d'une république italienne présidée par le pape (1).

Attitude de Pie IX.

---

(1) « Notre nom a été béni par toute la terre pour les premières paroles

AGITATIONS. — RÉFORMES. — RÉVOLUTIONS.

Rome, qui obéissait au pape à condition que le pape lui obéît à elle-même, s'agita à ces paroles, et, maudissant comme on sait maudire dans ce pays-là, menaça de noyer dans le sang ce qu'on appelait le règne exécré de la prêtraille. Ainsi la force populaire abandonnait la papauté, alors qu'il importait tant de la secourir et de la soutenir.

Et déjà le démon de la défiance obsédait les esprits; on soupçonnait le Piémont de réduire la cause italienne à un intérêt dynastique; Naples, qui voulait se garantir par l'occupation d'Ancône, était soupçonnée d'ambition conquérante; on soupçonnait le gouvernement romain de vouloir recouvrer la Polésine et d'autres droits anciens sur le Parmesan et le duché de Modène; on soupçonnait le prélat que le pape envoyait à l'empereur; on soupçonnait la flotte que le roi Ferdinand expédiait dans l'Adriatique pour renforcer la flotte sarde, et les Siciliens la canonnèrent au passage; on soupçonnait le ministère romain quand il confiait à Charles-Albert toutes les forces pontificales, et, au milieu des oscillations de l'action gouvernementale, l'agitation subversive s'échauffait dans les cercles, dans les journaux, dans les cafés. Le nouveau ministère romain, présidé par le philosophe Mamiani, déclara nettement que Pie IX n'avait qu'à prier, à bénir, à pardonner, mais devait laisser les affaires à l'assemblée : cela équivalait à le destituer de tout pouvoir temporel. *La révolution à Rome. 1er mai.*

Les choses allaient encore plus mal dans le royaume des Deux-Siciles. La Sicile montrait toujours de la haine contre Naples, se plaignait d'être laissée de côté et craignait d'être enfin absorbée; le peuple et l'aristocratie, le plus grand nombre des écrivains considéraient les Napolitains comme des étrangers. De là, un mécontentement inquiet, et puis des insurrections, spécialement en 1837 à l'occasion du choléra. Maintenant, devançant les agitations de la Lombardie, Messine d'abord, puis Palerme, se soulevèrent; les vainqueurs des barricades se formèrent en *compagnies d'armes*, réclamèrent *Soulèvement particulariste en Sicile. 9 et 18 janvier.*

de paix qui tombèrent de nos lèvres; il ne serait certainement pas béni si nous parlions de guerre... L'union entre les princes, la bonne harmonie entre les peuples de la Péninsule, peuvent seules amener le bonheur tant désiré. Cette concorde fait donc que nous devons ouvrir les bras également à tous les princes d'Italie, parce que de cet accueil paternel peut naître l'harmonie qui conduit à la réalisation des vœux publics. » — (Réponse à l'adresse des députés.)

un gouvernement à part pour la Sicile, et la constitution de 1812. Le roi y consentit; les Siciliens n'acceptèrent pas comme un présent ce qu'ils tenaient par droit de conquête. En attendant, les libéraux napolitains, ayant obtenu la constitution, paraissaient satisfaits; mais la Sicile protesta, exigeant pour elle sa constitution particulière de 1812, et, bien que le roi eût accueilli la proposition qui lui en était faite, elle déclara les Bourbons déchus. Au moment où toutes les forces étaient nécessaires sur l'Adige, le roi de Naples fut contraint de détourner une partie de ses troupes pour dompter les révoltés de l'île. Le reste fut envoyé en Lombardie.

Révolte étouffée à Naples. — Afin d'établir le Statut, les Chambres furent convoquées à Naples. Dans la réunion préparatoire, quelques députés prétendirent qu'ils devaient être une Assemblée constituante et non une Assemblée constitutive : le débat passa de l'intérieur à l'extérieur, il y eut du tumulte, les lazzaroni prirent parti pour le roi; on incendia, on égorgea. Les baïonnettes et les cachots apaisèrent la révolte, et comme le premier instinct de tout être est de veiller à sa propre conservation, le roi rappela son armée qui déjà arrivait sur le Pô. Ainsi à la cause de l'indépendance italienne allait manquer ce secours bien organisé. On flattait Charles-Albert en le proclamant roi d'Italie, et en conséquence les princes crurent qu'ils combattaient non plus pour la cause nationale seule, mais pour réunir sur ses épaules leurs propres manteaux de rois; de là reparut la vieille et capricieuse obstination à vouloir plutôt tous être asservis que de voir un Italien dominer.

Défaite de Charles-Albert et des Croisés en Lombardie. — Déjà ce roi qui, s'arrêtant à la stratégie routinière, rejetait la puissante alliance de l'insurrection populaire et, poussé par l'ambition d'être le seul héros de la rédemption de l'Italie, n'acceptait pas le secours d'autres épées mieux préparées que la sienne à une guerre qui n'était point une guerre de rois, sentait cette épée trembler dans sa main. La valeur des soldats ne servait de rien contre les terribles fortifications élevées et par la nature et par l'art; les vivres étaient mal distribués, et il y eut famine au milieu de l'abondance; les bandes des Croisés (comme ils se nommaient bizarrement) montrèrent de la bonne volonté au Stelvio, à Tonale, à Curtatone, mais rarement l'union, la discipline, la persévérance nécessaires pour vaincre. Bientôt l'Autriche put reprendre l'avantage; une armée nouvelle, descendue par les Alpes Carniques, occupa la Vénétie. Radetzky, débouchant de Vérone, dispersa la petite armée royale et à Charles-Albert battu accorda un armistice, à condition qu'il abandonnerait toutes les forteresses et se retirerait derrière l'Adda. L'armée en déroute gagna Milan, puis l'abandonna aussitôt pour repasser le Tessin; ainsi toute la Lombardo-Vénétie se trouva reconquise, à l'exception de Venise.

Les Autrichiens s'étaient arrêtés au Tessin; mais bientôt ils passèrent dans les duchés, prétextant la parenté des souverains, et même en Romagne; et aux nouvelles et solennelles protestations de Pie IX, ils répondirent qu'ils faisaient la guerre non au pape, mais aux bandes qui, malgré lui, les avaient attaqués. Et une fois encore l'Italie fut à la merci des Autrichiens.

Dans ce désastre, les esprits s'exaspérèrent; les conseils furent confondus. Pellegrino Rossi, de Carrare, banni depuis 1815, avait acquis un nom en associant les sciences économiques à la science du droit; il avait rédigé une constitution pour la Suisse; en France, il était devenu professeur de droit constitutionnel et avait été élevé à la pairie. Quand Pie IX inaugura le progrès, Louis-Philippe chargea Rossi de guider par son expérience pratique les pas du pontife, tandis que comme banni il inspirerait confiance aux libéraux. Le pape s'abandonna tellement à lui que, dans ces derniers désastres, il l'appela à la direction de son propre ministère. Acceptant cette lourde charge, Rossi s'appliqua à restaurer les finances, à développer les travaux publics, à commencer une statistique, à préparer la ligue italienne que Pie IX avait spontanément inaugurée et dont il restait le fidèle promoteur, et en même temps il veillait à réprimer les factions tumultueuses de la place publique, non moins que les astucieuses réactions des palais. En tout cela, Rossi montrait la résolution et la force, si rare alors, de la résistance; nécessairement il était détesté et désigné à la fureur de la plèbe qui avait besoin de montrer sa haine à grand spectacle, depuis qu'elle avait cessé d'exprimer ainsi son amour. Les Chambres s'ouvrent; mais, pendant qu'il s'y rend, Rossi est égorgé, et les triomphes du pontife réformateur aboutissent aux triomphes d'un assassinat, célébré non seulement à Rome, mais dans une grande partie de l'Italie.

Assassinat de Rossi et retraite de Pie IX.

15 mars et 15 décembre 1848.

Entre l'épouvante de ce crime et la proclamation de la Constituante italienne, le pape est lui-même assailli dans son palais; se voyant abandonné de cette populace qu'il avait crue être le vrai peuple, il se jette dans les bras des princes et s'enfuit dans le royaume de Naples. Une Assemblée constituante déclara le pontife déchu, proclama le gouvernement républicain et déclara les biens ecclésiastiques biens nationaux. Mazzini se transporta à Rome et fut déclaré triumvir de la nouvelle république avec Armellini et Saffi.

La Constituante républicaine à Rome.
9 février 1849.

Le grand-duc, n'ayant pas la force de résister et ne voulant donner aucun motif à la réaction, se retira du pays : les Chambres élurent un gouvernement provisoire qui délia les sujets du serment de fidélité.

Dans la chute du pontife on sembla voir un acte de la grande conjuration européenne tournée au renversement de tout ordre et de toute subordination. Ce qui contribua à le faire croire, c'est que le même jour il y eut du bruit à Paris, à Vienne, à Berlin, à Cracovie. De même, à l'insurrection de Milan avaient correspondu des soulèvements à Stockholm, à Berlin, à Munich, et en d'autres pays de l'Allemagne. La France et l'Espagne voulurent rétablir le pape dans ses États; ainsi la fortune de l'Italie devait encore se décider par un bras et des conseils étrangers.

15 décembre et 23 mars 1849.

Une faction, qui en Piémont s'appelait démocratique et soutenait à grand fracas la nécessité de déchaîner une guerre nouvelle, terrible, immédiate, porta au ministère Gioberti; mais comme celui-ci proposait d'empêcher l'intervention étrangère en envoyant des troupes italiennes pour recouvrer l'Italie centrale, il fut désapprouvé et obligé de déposer son portefeuille. Chiodo lui succéda; il promit aussitôt la guerre avec l'Autriche; et, prêt ou non, le Piémont dénonça l'armistice. Du mont Cenis à Syracuse les cœurs palpitèrent, comme l'année précédente, d'une magnanime espérance; mais avant que les secours fussent arrivés, — et ils ne furent même point préparés, — une bataille dans les plaines de Novare suffit pour assurer aux Autrichiens un complet triomphe. Charles-Albert, voyant les siens en déroute, abdiqua et s'enfuit à l'extrémité de l'Europe; bientôt, à Oporto, il succomba sous le poids de ses souvenirs et de ses chagrins.

Novare et la fin de Charles-Albert.

A son fils Victor-Emmanuel, qui acheta la paix 70 millions, passait la tâche de guérir les blessures du pays, d'en consolider les institutions. La Lombardo-Vénétie demeurait sous le gouvernement militaire. Seule, Venise, rejetant la fusion avec le Piémont, décréta *de résister à tout prix,* au nom de saint

22 août 1849.

AGITATIONS. — RÉFORMES. — RÉVOLUTIONS.

Marc, sous la direction de l'avocat Manin ; et bien qu'abandonnée de la flotte sarde et de tout secours fraternel, bien que bloquée étroitement, dans cette extrémité, elle trouva le courage de discuter les franchises constitutionnelles promises au royaume lombardo-vénitien ; quand elle n'eut plus une bouchée de pain, elle capitula.

Les républicains du reste de l'Italie s'étaient réunis à Rome, tandis que les princes dépouillés se réfugiaient à Naples. De Naples, une vigoureuse expédition alla soumettre la Sicile ; par la prison, les procès, les exécutions, l'île fut replacée sous le joug, comme la terre ferme. Les Chambres, rouvertes à Naples le 1er juillet, furent bientôt dissoutes, et l'on revint au gouvernement personnel. <small>Soumission de la Sicile.</small> <small>Avril 1849.</small>

Les Florentins, marchant contre une bande de Livourne, et vengeant par des assassinats les assassinats qui n'avaient que trop souillé la très douce Toscane, rétablirent le grand-duc. Plus heureux que les autres princes, puisqu'il était rappelé par ses propres sujets, il eut à son retour un accueil bruyant et même enthousiaste. Il frappa une médaille avec la devise : *Honneur et fidélité*, pour en gratifier ceux qui l'avaient rétabli et le municipe. Mais il se courbait devant les prétentions de l'Autriche, comprenant qu'après tout on ne l'avait rappelé que contraint par les désordres intérieurs et la défaite de Novare et que les Allemands étaient inévitablement les maîtres. Dès lors, il n'y eut plus de confiance entre lui et ceux qui l'avaient restauré ; il ne se confiait plus lui-même qu'aux Allemands, et nullement au peuple. La convention du 22 avril 1850 établissait pour un temps indéterminé l'occupation du grand-duché par une partie de l'armée impériale : les franchises constitutionnelles furent déclarées suspendues indéfiniment. <small>Rentrée du grand-duc à Florence. 14 avril.</small>

Les Français, débarqués à Civita-Vecchia, en déclarant qu'ils voulaient rétablir le gouvernement pontifical sans les abus dont il s'était délivré, attaquèrent Rome, étonnés que les Italiens se défendissent. Sans armée régulière, sans capitaines expérimentés, quelques-uns en *héros improvisés,* comme disaient alors les Italiens, les assiégés vendirent chèrement la conquête de la ville éternelle qui ne se rendit qu'après vingt-six jours de tranchée ouverte. Le pape rentra tardivement ; il trouvait le pays en ruine, des bandes armées un peu hautaines, l'obéissance oubliée, les assassinats politiques multipliés, le bruit compromettant de prétendus miracles en face <small>Expédition française et prise de Rome.</small>

de révoltes qui éclataient de toute part, des insurrections qui pullulaient, l'autorité spirituelle enveloppée elle-même dans l'horreur qu'on avait de l'autorité temporelle.

Donc, partout réformes, révolutions, anarchie, réactions; après le délire des peuples vint le délire des princes qui ne voulaient plus, ou du moins qui ne pouvaient plus, réconcilier la subordination avec la liberté, l'ordre avec le progrès, et tiraient de l'excès même des exigences un prétexte pour refuser jusqu'à ce qui était juste et promis. Toute initiative était oubliée, plus d'action modérée des hommes de bonnes pensées et de bon vouloir; le progrès était abandonné à une opposition sans logique et sans efficacité, qui ne sait pas prévenir les malheurs et ne veut point les supporter.

Ce fut cependant la première fois que l'Italie soulevée tint tête à l'Autriche dans une guerre véritable. Ce n'étaient pas seulement des troupes disciplinées, mais une jeunesse novice sous les armes, des populations pacifiques, des cités ouvertes, Milan, Venise, Vicence, Trévise, Brescia, Bologne, Ancône, Livourne, Rome, qui avaient affronté les armées, et leur avaient opposé non point seulement la force d'un instant, mais une ténacité rare, même après avoir perdu tout espoir de vaincre.

Au milieu de dissensions déplorables, le besoin d'une nationalité fut compris de tous et se traduisit d'abord par des larmes, puis par des transports de joie, enfin par des protestations.

CHAPITRE II.

LA NATIONALITÉ. — ALLEMANDS ET SLAVES.

Caractères de la révolution de 1848. Si l'on fait abstraction de ce que les individus et les nations eurent à en souffrir, la révolution de 1848 restera mémorable parce qu'au principe de la légalité artificielle, des traditions, du droit des gens, elle substitua celui de la nationalité, voulant que les territoires fussent distribués d'après ce principe et non d'après les conventions; que la nation, et non plus l'État, devînt le fondement juridique des agrégations humaines; que la fin suprême du droit des gens fût de garantir le respect et l'indépendance de chacune des nationalités et leur coexistence, établie sur l'égalité et l'indépendance juridique de toutes.

Le mot de nationalité, comme toutes les formules qui ont la prétention de résumer un système entier, est diversement interprété : — les uns l'appliquent à l'origine, les autres à la langue ; ceux-ci à la contiguïté géographique ; ceux-là, à l'histoire ; — quelques-uns entendent plutôt par là la libre association des peuples qui ont une vie commune sur un territoire déterminé, avec la communauté des mœurs, des institutions et de la civilisation. Cette diversité prouve que ce système manque d'une base scientifique, et qu'il ne saurait être le principe de la vie juridique des peuples, ni la raison des droits et des devoirs publics. Selon le besoin, on pourra démontrer que Nice et la Savoie étaient italiennes ou qu'elles étaient françaises ; l'Alsace et la Lorraine, françaises ou allemandes. Il n'y a, pour ainsi dire, en Europe, aucune nation de race pure et à laquelle convienne entièrement un seul de ces caractères qui font complètement défaut si l'on regarde l'Asie et l'Amérique. — A côté des nationalités qui ont triomphé, on trouve des nationalités encore militantes, comme la Hongrie, l'Arménie, l'Épire ; des nationalités souffrantes, comme l'Italie, la Pologne et les pays des Turcs. Avec ce principe, on anéantit l'action du génie et l'initiative individuelle dans les plus grands évènements de l'histoire ; on annule ce qui a été établi spontanément ou par une volonté que les circonstances de temps et de lieux ont déterminée. On ne peut pas ainsi mutiler l'homme en le réduisant au raisonnement pur : une parole s'adresse à l'imagination, une autre au cœur, une troisième à l'esprit, et il faut l'ensemble de toutes les facultés humaines pour comprendre l'univers.

Ainsi chaque peuple est destiné, — par qui ? comment ? voilà ce que nous ignorons, — est destiné, dis-je, à un office particulier, à mettre en lumière telle ou telle face de la vérité, ou une portion de cette vérité, en employant une littérature, une langue particulières ; et de la sorte, chacun, par une voie qui lui est propre, arrive à cette grande fin du perfectionnement universel.

Et cependant cette conception de la nationalité, sentimentale et académique plutôt que juridique, a, dans ces trente dernières années, changé la face de l'Europe, et le bouleversement s'étend aujourd'hui jusqu'aux frontières orientales.

L'Europe septentrionale en ressentit vivement l'effet.

L'Allemagne. Le saint-empire romain avait, au moyen âge, réalisé l'union de l'État et de l'Église, de façon à conserver ce qui se trouvait de commun chez les peuples de l'Europe : Dieu, la foi, la loi, le droit ecclésiastique, la langue latine; et ses rapports avec l'Europe méridionale, s'ils étaient une cause de conflits, alimentaient une vie active et vigoureuse.

Ce caractère, qui tenait de la politique et de la religion, disparut dans la Réforme et la guerre de Trente ans : par là le Nord, soustrait au frein modérateur du Midi, tomba sous des ingérences princières qui le dégradèrent. La paix de Westphalie organisa l'Allemagne, en rendant héréditaires beaucoup de principautés ecclésiastiques jusqu'alors électives, en grossissant certaines autres, et surtout en séparant les catholiques des protestants. L'empereur était le chef des catholiques. Comme on le choisissait d'habitude dans la maison d'Autriche, l'empereur et l'Empire se trouvèrent avoir des intérêts distincts. A l'intérieur, c'étaient des rivaux jaloux; à l'extérieur, chaque État agissait avec indépendance jusqu'à faire la paix, la guerre, des alliances; certain prince était plus puissant que tout l'Empire ensemble; — l'armée fédérale était petite, mal formée, mal préparée; — l'autorité centrale était si relâchée qu'on faisait des ligues séparées, par exemple, dans les temps anciens, celle de Souabe, la ligue hanséatique, celle de Smalkade, et plus tard les ligues formées pour la guerre du Nord, pour combattre Louis XIV et pour la succession d'Espagne. L'empereur ne publiait pas d'actes généraux, et lorsqu'à la mort de Charles VI la couronne passa un instant dans la maison de Bavière, les archives de l'Empire se trouvèrent tellement confondues avec celles de l'Autriche qu'on ne sut en faire la séparation.

Ainsi l'Allemagne, sous la dépendance nominale d'une famille, mais en réalité morcelée entre de petits princes, oublieuse de son antique fédération et du temps où elle marchait à la tête de la civilisation chrétienne, alliée avec des étrangers, dépourvue de sentiment patriotique, languissait au milieu de l'Europe qui au nom d'Allemand associait l'idée de paresse et d'une bonhomie grossière.

Napoléon dépouilla les princes à son caprice, et voulut qu'on les indemnisât avec les biens de l'Empire : de là, de nouvelles injustices, des violences, des rapines, la funeste fureur de s'agrandir chacun aux dépens de son voisin. A la paix de

1815, on aurait pu reconstituer vigoureusement la nationalité allemande; mais après tant d'usurpations, alors que des 350 États germaniques, 38 seulement survivaient, on affecta le respect de la légitimité et des traditions; si bien que, dans la confédération, on comprit seulement les anciens territoires impériaux, en excluant ceux qui avaient été postérieurement ajoutés, comme les territoires garantis à la Prusse et à l'Autriche. Les exemples du despotisme de Napoléon avaient désaccoutumé les princes des libertés historiques; les petits prenaient ombrage de l'autorité directrice; et, de fait, la diète se posait en arbitre, mais le lien fédéral demeurait affaibli, quoique les règles en eussent été mieux établies et l'exercice mieux déterminé. Il y avait une étrange variété de lois, de statuts, de coutumes; en beaucoup d'endroits on trouvait encore la juridiction patrimoniale, les fonds nobles et le vasselage; — les tributs et les impôts étaient inégalement répartis; même, en certains pays, le Mecklembourg et le Hanovre par exemple, la noblesse et le clergé en étaient exempts.

La Prusse, avec ses éléments hétérogènes et des frontières artificielles, se crut destinée à unifier l'Allemagne : elle y employa cette audace qui fait des erreurs même une occasion de triomphe; elle se fit le centre des souvenirs et des espérances de l'Allemagne. Dans ses universités, elle assemblait l'élite des intelligences; visant à fondre en une seule église les sectes protestantes, elle étendait jusque sur les consciences l'omnipotence administrative; par une association douanière (1), elle liait à elle la plus grande partie de l'Allemagne où des foires sans rivales, des fabriques, des imprimeries, des Universités, des chemins de fer, réunissaient ceux que séparait la politique.

<small>La Prusse.</small>

---

(1) En 1854, le *Zollverein* comprenait 8,307 lieues allemandes, avec 30 millions et demi d'habitants; les importations étaient de 24 millions et demi de thalers; les exportations s'élevaient à 22. En 1861, il comprenait 33 millions et demi d'habitants; les droits d'entrée, de sortie et de transit donnaient 25 millions de thalers.

Pour le thé, on payait 36 %; pour le sucre, 50 %; c'est pour cela que la fabrication du sucre de betterave s'accrut considérablement; — pour le riz, on payait 25 %; pour les tabacs, 60 %, etc. N'aurait-il pas été plus opportun de faire une convention avec l'Amérique, d'autant plus que l'Allemagne n'a pas de colonies, et, par conséquent, pas de monopole à protéger? Elle aurait pu obtenir à bas prix ces denrées pour les revendre ensuite dans toute l'Europe.

Pendant ce temps les esprits fermentaient; et cette philosophie allemande qui, entièrement appuyée sur la raison pure, divinise l'homme, poussait à répudier toute tradition pour édifier la société sur des idées absolues. L'esprit démocratique, qui naissait de là, s'échauffait encore par les réunions des étudiants dans les universités, par les sociétés secrètes, par des écrits qui détruisaient l'autorité en flagellant ces princes faibles avec les forts, tyranniques avec les peuples. Les disputes religieuses, que les rois n'avaient pas redoutées dans un siècle mécréant et positif, reparurent avec une vivacité inattendue; mais si quelques hommes apportaient dans ces luttes des convictions sincères et le droit de l'examen individuel, le plus grand nombre, sous ce prétexte, réclamaient des libertés sociales, des institutions légales, ou appliquaient le rationalisme aux problèmes vitaux de l'homme et de la société.

En France, Saint-Simon et Fourier avaient, d'une manière différente, proclamé des doctrines subversives de la société; Pierre Leroux continua cet apostolat. Alors Herzen s'écriait : « Nous voulons détruire et non édifier; vive la démolition! vive le chaos! vive la mort! » Et Bakounine († 1876), sorti des mines de la Sibérie, disait : « Il faut renverser toutes les institutions modernes : État, Église, magistrature, banque, universités, administrations, armée, police, toutes ces forteresses que le privilège élève contre le prolétariat. » Proudhon et Feuerbach prêchaient l'anarchie; Louis Blanc la réalisait en créant les ateliers nationaux pour les ouvriers.

Aussi beaucoup vantaient une révolution qui renverserait non seulement la religion, mais encore la morale; une guerre de Trente ans qui se poursuivrait par les armes après s'être continuée pendant vingt ans dans les chaires, dans la presse, dans les chansons, et auprès de laquelle la révolution de France ne serait qu'une *idylle*, comme disait Heine qui, de Paris même, fomentait cette guerre.

La nouvelle école, inspirée de théories absolues et reposant sur la souveraineté du peuple, offrait un contraste frappant avec l'école historique. Cette dernière rejetait les Chambres bavardes et les représentations académiques; elle préférait les états provinciaux qui, dérivant de l'ancien droit germanique et des franchises dont jouissaient au moyen âge la noblesse, la bourgeoisie et le clergé, représentaient ainsi non des opinions changeantes, mais des franchises positives : leur réorganisation pourrait seule, disait-elle, empêcher l'absolutisme administratif et militaire, et le dépérissement complet de la nationalité.

L'Autriche surtout paraissait opposée aux nouvelles doctrines; c'était un empire formé de royaumes, fédération de plusieurs peuples assujettis à des époques et à des conditions différentes, si bien qu'on y voyait encore les plus frappantes diversités entre les races qui, pour la plupart, avaient des constitutions historiques. L'Autriche ne pouvait entrer dans l'association douanière avec ses possessions de Hongrie et d'Italie; et elle ne voulait pas y entrer sans elles. L'aspiration à la nationalité tendait à séparer les Slaves des Allemands, et un véritable déluge d'écrits hostiles à l'Autriche révélait une conspiration dans laquelle les libéraux se glorifiaient d'être acteurs, tandis qu'ils n'étaient que des marionnettes. *L'Autriche.*

Ces libéraux, regardant l'Autriche ou son ministre comme l'épouvantail de tout progrès légitime, se portaient vers la Prusse, la croyant résolue à marcher avec eux, ou voulant l'y contraindre par cette adhésion affectée.

Pendant ce temps, la marée populaire montait toujours; partout les états provinciaux ou généraux des différents pays élevaient leurs demandes, et au temps des concessions succédait celui des prétentions.

Les peuples slaves, malgré les diverses dominations étrangères qu'ils avaient dû subir, conservaient les qualités et les défauts de leur nature originelle; ils préféraient au développement de la pensée la profondeur des croyances, et ne voyaient les sciences et le progrès que sous le côté religieux; — ils vénéraient la famille avec la prééminence morale du père; ils y puisaient l'amour de la patrie commune et le respect de l'autorité. Ce système patriarcal continuait chez eux le servage des terres et des personnes, mais modéré par la simplicité des mœurs; et leur respect du passé, en les rendant tenaces dans leurs coutumes, les attachait aussi à leur nationalité représentée par leur langue. *Les Slaves.*

La Russie, après la révolution de 1831, abolit le royaume de Pologne, c'est-à-dire de la partie de la Pologne qui lui avait été assurée par les traités de 1815. D'autres portions avaient été données à l'Autriche et à la Prusse; et comme il arrive pour les acquisitions injustes, ce fut pour toutes deux une occasion de troubles et de violences. L'Autriche ne promit rien, et laissa pendant un demi-siècle un gouvernement provisoire en Galicie et en Lodomérie. Frédéric-Guillaume de Prusse avait bien parlé de nationalité et de constitution ; mais il fit tout ce qui était en son pouvoir pour germaniser les Polonais, par des règlements sur les emplois, les mariages et le culte. De là, des dissensions et des oppressions. Le gouvernement avait réglé la condition des paysans, leur accordant en propriété définitive les terres qu'ils tenaient à titre précaire ; aussi les paysans rachetés et bientôt enrichis gardaient de la reconnaissance à ce gouvernement et rêvaient le renversement de la noblesse nationale, ignorante et inactive, par une révolution non pas politique, mais sociale. Déjà les diètes de Posen et de Breslau avaient demandé la liberté de la presse et le respect de la nationalité : réclamations dont de nombreux écrits publiés par les Slaves, répandus à travers l'Europe, devinrent comme les échos. Ceux-ci entretenaient des intelligences secrètes dans la Posnanie, la Silésie, la Galicie, la Pologne ; le centre de leurs manœuvres était Cracovie, cité restée libre au milieu des possessions des trois États qui s'étaient partagé la Pologne. En février 1846, ils s'insurgèrent, proclamant la résurrection de la race slave.

Massacre en Galicie. La Galicie avait pris part aux préparatifs, et bientôt, sortant des voies légales, elle essaya une révolution. Mais le peuple, au moment où les nobles s'efforçaient de le pousser à la révolte, se précipite sur eux et les égorge avec la férocité de gens qui vengent en un moment des siècles d'humiliation. L'humanité en frémit ; et comme l'Autriche était décidément le bouc émissaire pour tous les méfaits commis en Allemagne non moins qu'en Italie, on prétendit qu'elle avait excité cette populace et payé tant par tête cet horrible massacre. Elle se justifia, réduisit le pays par la loi martiale, et, pour calmer les agitations renaissantes, abolit les corvées de charroi et les journées de travail obligatoires pour faucher les foins et battre le grain ; enfin elle accorda aux serfs la faculté de déférer directement leurs querelles au gouverneur du cercle. Ainsi l'Autriche continuait sa mission providentielle de l'émancipation des classes inférieures, en abaissant la noblesse au profit du trône ; elle préparait par là le triomphe du peuple et de la liberté.

13 avril 1846.

La Prusse put réprimer par les armes la Posnanie qui

avait ressenti le contre-coup de ces ébranlements. Puis les trois puissances protectrices déclarèrent annexée à l'Autriche la république de Cracovie, dernier reste indépendant de la nation polonaise, en disant que, comme elles l'avaient maintenue libre, de même elles pouvaient bien la réduire à l'état de sujette : tant elles se croyaient encore omnipotentes, et regardaient comme un droit leur bon plaisir. Mais la passion de la nationalité grandit chez les peuples slaves : ce n'était pas une inspiration puisée dans des théories académiques, mais bien le développement de leurs sentiments domestiques.

Toutefois ce *panslavisme*, prêché par les penseurs de la nation, pouvait tourner au profit exclusif de la Russie, en centralisant chez elle soixante-dix-huit millions de Slaves, distribués entre la Turquie, l'Autriche, la Prusse ; car la Russie en a dans son sein la plus grande partie, et elle les unit par le lien de la famille et celui de la religion.

Les Tchèques de Bohême, puissants par le génie, l'industrie, par une littérature rajeunie, aspiraient à reconstruire la nationalité slave ; mais, pour se défendre de la Russie, ils auraient voulu rattacher à eux-mêmes les diverses familles de cette race, et rendre slave l'Autriche qui aurait cessé d'être allemande. A la tête de ce progrès légal marchaient Palasky et Safarik, et ils le favorisaient par l'action comme par la pensée ; des améliorations partielles se réalisaient ; et en 1844, ayant obtenu de faire parvenir au trône l'expression de leurs désirs, les Bohêmes demandèrent l'emploi officiel de leur langue, l'abolition des loteries et la présidence de la diète par un magnat du pays et non plus par un seigneur autrichien. L'Autriche fit quelques concessions, refusa le reste, et mit en prison ceux qui réclamaient avec trop d'audace.

<small>Les Tchèques de Bohême.</small>

Le triomphe, en Suisse, des démocrates sur le Sunderbund encouragea à des tentatives contre le duché de Bade et le Würtenberg ; puis la révolution de Paris enfiévra les esprits, au point que le roi de Prusse fut amené à promettre le retour périodique des États. De toutes les concessions que ce roi faisait, on tirait un reproche contre l'Autriche, et voici que la révolution éclate à Vienne et qu'on y promet la Constitution. Aussitôt l'Allemagne est en feu ; on déploie les couleurs rouge, jaune et noire ; les pétitions se changent en exigences ; les discours, en soulèvements ;

<small>Le mouvement révolutionnaire sur le Rhin et en Bavière.</small>

<small>Février 1848.</small>

17 mars — à Munich, les étudiants chassent la maîtresse du roi, Lola Montès, qui avait fait expulser les jésuites, et le roi abdique; — dans une émeute à Berlin, beaucoup de victimes succombent; on oblige le roi Frédéric-Guillaume à venir contempler leurs deux cents cadavres, puis à accorder l'amnistie; pour se soustraire aux vainqueurs des barricades, qui s'étaient théâtralement parés de plumets, d'écharpes, et qui chantent le renouveau des peuples, il se proclame roi d'Allemagne; comme les autres princes, il convoque une assemblée constituante, et, comme les autres, quand il voit cette assemblée entamer les droits souverains, ou plutôt quand il a retrouvé la force, il renvoie l'assemblée en promettant une constitution basée sur les règles proclamées par elle, et, en attendant, il réforme les tribunaux et la procédure. — De fait, le roi appelle les Chambres; mais comme elles se mettent en opposition ouverte avec son

Avril 1849. ministère Brandebourg-Manteuffel dont il ne veut pas se séparer, il les dissout.

12 février 1850. Plus tard, le roi sanctionna une constitution semblable à celle de la Belgique. Outre qu'elle proclamait l'égalité en abolissant les privilèges, les fidéicommis, le servage; qu'elle garantissait les libertés habituelles et assurait la nomination aux emplois par un arbitrage supérieur, cette constitution accordait la liberté de conscience, celle des cultes, de l'instruction, des associations; les Églises, toutes égales entre elles, n'avaient aucun lien avec l'État et correspondaient directement avec leur propre chef.

Pendant que les questions d'intérieur étaient ainsi vivement agitées, la Prusse ne négligeait pas les occasions de remédier aux défauts de sa configuration géographique par des additions territoriales, et elle adjoignait à la Confédération germanique des États slaves.

Les différents pays de l'Allemagne, jusqu'avant la révolution de 1848, étaient animés d'un vif esprit de libéralisme; et presque tous obtinrent l'abolition de la censure, la participation au gouvernement d'un tiers état avec des réformes électorales et judiciaires. Puisqu'on parlait tant de nationalité, le moment sembla venu de recueillir les fruits de si longues espérances, en unissant plus solidement entre eux les différents membres de l'Allemagne, pour en faire, au lieu d'une Confédération d'États, un seul État fédératif avec une constitution unique, une seule bannière, une seule diplomatie, un droit unique et commun de nationalité allemande, et sous un chef qui serait le vrai supérieur de trente-sept princes et de qui émaneraient toutes les libertés politiques. Ce projet enlevait leur indépendance à divers pays ; quelques-uns étant des puissances de premier ordre, comme l'Autriche et la Prusse, pouvait-on croire que ces puissances se résigneraient à se placer sous un chef électif?

Ce plan paraissait donc plus spéculatif que pratique : mais les savants allemands, le théorème une fois posé, l'appliquent sérieusement et avec opiniâtreté. C'étaient alors des jours couleur de rose, dans lesquels on croyait à la toute-puissance de l'opinion, aux révolutions pacifiques, à la prépondérance des volontés éclairées sur les armes des princes et les fureurs du parterre : aussi cinquante savants, réunis à Francfort, commencèrent à discuter les intérêts de la patrie, et, se sentant appuyés du public, ils allèrent jusqu'à proclamer la diète constituante. L'Allemagne populaire applaudit avec enthousiasme à ce nouveau pouvoir, tout moral; les princes eux-mêmes obéirent à la sommation ; et les députés de toute l'Allemagne se rassemblèrent dans l'église de Saint-Paul à Francfort, sous la présidence du courageux Hessois Gagern. _{18 mai.}

Le premier pas à faire devait être de constituer un pouvoir central; mais qui le choisirait, les princes ou le peuple? Dans cette discussion, les républicains levèrent la visière ; et Blume et d'autres tribuns obtinrent les plus vifs applaudissements en criant contre de Wincke et tous ceux qui préféraient le droit historique à la souveraineté populaire. — Puisqu'il était urgent d'avoir un pouvoir central, Gagern proposait que l'assemblée créât un vicaire impérial irresponsable, pris dans une maison souveraine. Le choix tomba sur l'archiduc Jean d'Autriche, qui passait pour libéral; autour de lui se forma un ministère, et aussitôt fut dissoute la diète antique qui ne représentait plus que les princes.

L'assemblée nationale avait obtenu beaucoup en obligeant l'Autriche et la Prusse elles-mêmes à s'incliner devant le dogme de l'unité allemande et à reconnaître une hégémonie ; mais il restait à organiser la nation, en soudant entre elles ses diverses parties, en éliminant celles qui étaient étrangères, en recouvrant celles qui avaient été détachées. Pour cela il fallait refondre la moitié de l'Europe : quel accouplement? Cette assemblée, avec la prétention de représenter les peuples, osait tout; et, comme il arrive aux corps délibérants, elle croyait qu'il suffisait de décider et de décréter.

La dispute commença sur les droits fondamentaux : dans des discussions interminables, on déploya beaucoup de logique et de poésie, de science et d'enthousiasme : le droit de parler étant acquis, tous voulurent faire montre d'études et d'éloquence; tous voulurent avoir les applaudissements de l'auditoire et des journaux, et les ovations de la jeunesse; tous voulurent se révéler au monde comme des chefs de parti. Dès lors, on divagua dans les abstractions, jusqu'à en perdre le bon sens élémentaire; on rêva l'idéal plutôt que le possible; on se renvoyait mutuellement d'irréconciliables contradictions. Ruge proposait d'exclure toute religion, tandis que Döllinger se tournait vers le pape; les uns se bornaient à la patrie, pendant que d'autres embrassaient toutes les nations; ceux-ci refusaient de se mêler des intérêts d'autrui, ceux-là demandaient une ardente propagande; on proclamait la nationalité, et, en même temps, on maltraitait, on maudissait la Lombardie, qui à ce moment s'insurgeait pour recouvrer la sienne; on exaltait le sentiment allemand, et on vilipendait l'armée de Radetzky.

On comprenait que la question de la nationalité, qui semblait si évidente, était très compliquée. Quelques parties du Danemark sont déclarées allemandes, et la Prusse est chargée de les reprendre par les armes : de là, guerre à l'extérieur, discussion à l'intérieur, tumulte à Francfort avec l'assassinat du prince Lichnowski, du général Auerswald et de beaucoup d'autres personnes. Le calme rétabli, le parlement se mettait à bavarder sur des questions abstruses au lieu de se hâter vers le réel; surtout il en voulait à l'Autriche, jusqu'à prétendre qu'elle ne pouvait appartenir à la Confédération germanique puisqu'elle avait dans son sein des peuples non allemands. Il en résultait que l'Autriche en toute manière faisait de l'opposition; d'autant plus qu'elle pouvait montrer les libertés accordées par elle à ses peuples; elle rejetait résolument cette idée de l'Allemagne unitaire; elle voulait bien qu'on refondît l'Allemagne, oui, mais de façon à lui donner de la force à l'extérieur, et à la laisser libre dans chacun de ses membres. La Prusse, non plus, n'était pas satisfaite que le Parlement décidât de son sort à elle-même; d'autres princes protestaient contre un pouvoir central qui restreignait le leur. On emprunta à l'histoire l'idée de nommer un empereur pour six ans; et le roi de Prusse fut salué sous ce nom; mais l'ambition de l'hégémonie ne l'aveuglait pas au point de l'empêcher de voir que cet honneur nominal était la perte d'un pouvoir réel, puisqu'il faisait de son royaume un royaume vassal du pouvoir central.

Cependant la Constituante avait servi à faire échec aux gouvernements particuliers; et le radicalisme levait la tête, voulant une solution par la force. Frédéric Hecker et Gustave Struve excitaient les peuples; partout les capitales se soulèvent contre les princes, et les Chambres contre les gouvernements; dans l'assemblée populaire de Lauterbach, sur les frontières de la Hesse électorale, on assassine le conseiller Prinz; Struve, Brentano, le Polonais Mieroslawski, accourent partout où il y a une émeute à préparer ou à soutenir; la Prusse vient pour réprimer, elle voit clairement que l'unité rêvée conviendrait mal aux besoins et aux désirs de l'Allemagne. Vingt-neuf États acceptent la Constitution de Francfort, mais ce sont les petits États; tandis que la Prusse, le Hanovre, la Saxe forment une alliance à part contre les ennemis de l'intérieur et de l'extérieur, et pour se donner un lien fédératif plus efficace que celui de la Constituante, beaucoup de princes adhèrent à cette alliance. La Constituante, qui s'était réunie sous les auspices les plus heureux, finit mesquinement : elle proclama les principes de l'éternelle justice et poussa à des guerres injustes; elle visa à la légalité et aboutit à des bouleversements; elle laissa plus divisé qu'auparavant le pays qu'elle prétendait unir.

Tentatives des radicaux.

En Autriche, les Bohêmes avaient convoqué au Wenzelsbad de Prague une assemblée où ils réclamèrent l'égalité des différentes nations et des confessions religieuses; la fusion de la Bohême avec la Moravie et la Silésie dans une assemblée représentative commune, la responsabilité de l'administration centrale vis-à-vis du pays; l'armement de la garde civique, l'abolition de toute féodalité.

Assemblée des Bohêmes au Wenzelsbad 12 mars.

Ces vœux satisfaits, les Tchèques, sans penser à se détacher de l'Autriche, firent appel aux diverses nations soulevées pour qu'elles soutinssent l'empire croulant, et que de l'unité sortît la force. Un congrès slave est réuni; les trois partis, polonais-ruthène, serbe-illyrique-croate, et bohême-morave, rejetant la fusion des races slaves avec les races allemandes, déclarèrent que les communautés et nations slaves de l'Autriche et de la Hongrie formaient une race unique, dans le but de défendre leur propre nationalité et de conquérir les droits annexés à cette nationalité.

Ce n'était pas chose facile de réduire la théorie en pratique, c'est-à-dire d'obtenir l'égalité des races, soit de la part des Hongrois qui en tiennent une si grande partie en servage, soit des Polonais parmi lesquels les Ruthènes et les peuples de la petite Russie sont implantés depuis si longtemps, différents par la langue et soumis à une insultante féodalité dont on n'avait point voulu s'écarter d'un seul pas même dans la révolution de 1831. Force fut donc de se borner à une alliance de toutes les races slaves sous la suprématie de l'Autriche.

<small>Révolte à Prague.</small>

Comme il arrive dans les compromis, personne ne fut content : les intrigues des cabinets de Vienne et de Pétersbourg aidèrent aux impatiences des démagogues et aux ambitions des aristocrates, si bien que Prague se révolta sous le prétexte que la nationalité était en danger si l'Autriche se fondait dans l'Allemagne. L'Autriche dut réprimer le soulèvement par les armes; et Windischgrätz y réussit, non sans verser beaucoup de sang. Puis, quand la constitution autrichienne proclama l'égalité des races, les Bohêmes comprirent tout l'avantage qu'en retireraient les Slaves, et alors ils se retournèrent vers l'empereur, protestèrent contre l'insurrection de Vienne et s'offrirent à réprimer les révoltés.

<small>Juin 1848.</small>

<small>La Hongrie politique, sociale et ethnographique.</small>

La secousse se fit sentir plus profondément en Hongrie. Sa constitution si originale s'expliquait par ce fait qu'il y a chez elle un grand nombre de nations qui sont superposées les unes aux autres ou du moins juxtaposées, sans pour cela se fondre entre elles, pas même quand les Magyars, la nation dominatrice, se soumirent à la maison d'Autriche. Des magnats très riches et dignitaires, de nobles propriétaires, des gentilshommes qui même dans la ruine conservent leurs privilèges, s'unissent au haut clergé, aux cités libres royales, aux bourgs privilégiés, et aux tribus des Koumans et des Iasiges, pour former le peuple hongrois qui a le droit d'élire le souverain, de faire avec lui des lois, de s'imposer les taxes dans une diète triennale ou ils se présentent l'épée au côté, l'éperon au talon, et où ils parlent latin : le reste de la population paye les impôts et n'a aucun vrai droit politique. Le roi fait la guerre et la paix, jure de respecter la constitution et les privilèges; s'il viole la constitution, les Hongrois peuvent se soulever. Le noble dépend directement du roi; il ne doit aucune prestation ni pour lui-même ni pour ses biens ; à lui seul les magistratures suprêmes, à lui les emplois et les tribunaux ; il juge les paysans et ses serfs. Mais la couronne est l'unique propriétaire des immeubles, et ils lui reviennent à défaut de succession. Celui qui en a la jouissance peut les hypothéquer en consignant les fonds ; dans certains cas, il peut les aliéner ; mais le premier possesseur conserve le droit de les recouvrer, même après des siècles.

Les paysans de chaque village choisissent leur propre juge pour la conciliation des débats et la surveillance ; du reste, eux, qui supportent toutes les charges, sont gouvernés et jugés par la classe privilégiée, sans avoir la moindre part au gouvernement, ni même le droit de parler dans les assemblées du village, où l'on fixe l'impôt et les corvées ; ils ne peuvent en leur propre nom intenter un procès au seigneur ou à un noble. Tous les nobles qui ont atteint leur majorité et le clergé se réunissent quatre fois par an dans des assemblées du *comitat* qui jugent les manquements publics des fonctionnaires ou des simples particuliers, et, comme corps administratif, reçoivent les ordres de la chancellerie aulique et du conseil de lieutenance : elles les renvoient avec leurs observations ou les font exécuter par les magistrats ; elles révisent les comptes et traitent les affaires municipales. Communiquant entres elles et veillant sur le pouvoir exécutif, elles étaient de fait une véritable Assemblée nationale, d'un genre unique en Europe. Les magnats âgés au moins de vingt-quatre ans, les prélats, les douze grands dignitaires, les évêques, les chefs des députés, forment à la diète la première *table*, présidée par le palatin, qui représente le roi. Comme les décisions s'y prennent non d'après le nombre des voix, mais d'après la dignité des votants, le palatin garde une grande autorité. La *table basse*, nommée par élection, exécute les ordres des nobles, mais la souveraineté reste aux diètes qui se tiennent dans chaque *comitat ;* et les députés ne peuvent s'écarter des instructions, parfois très minutieuses, qu'ils reçoivent des *comitats*.

Le clergé jouit des mêmes privilèges que la noblesse, et, de plus, il en a quelques-uns qui lui sont propres. Les cités conservent une administration municipale, et le gouvernement royal en favorise constamment l'émancipation.

En recouvrant les pays qui appartenaient à la Porte, l'Autriche se trouva posséder la plus grande partie des terres, et les concéda à prix d'argent; ainsi il se forma une classe de propriétaires de biens allodiaux, et dont les droits ne venaient pas de la conquête. L'Autriche visait à augmenter le nombre des terres non nobles, c'est-à-dire qui lui payent un tribut; à établir des pactes entre le laboureur et le *patron*, à modérer les exigences de ce dernier : avec de la patience elle y réussit et en fut bénie. Mais l'ancienne race, jalouse de cette autorité croissante et attachée à ses privilèges, se faisait de ces privilèges eux-mêmes une arme contre l'Autriche.

Sur le même territoire vivent donc des Hongrois, des Slaves, des Allemands, des Valaques, des Grecs, des Albanais, des Arméniens, des Juifs, des Zingari. Le Magyar est pasteur et cultivateur; l'Allemand s'occupe du commerce et des mines; les Valaques sont aubergistes; les Esclavons et les Croates sont cultivateurs et commerçants; les Juifs et les Arméniens, trafiquants et fermiers; les Zingari sont forgerons et musiciens et aussi entremetteurs; les Slovaques sont bateliers, chasseurs, usuriers; les coutumes ou les privilèges de ces différents peuples leur sont garantis même quand ils sont mêlés entre eux, ils ont des magistrats spéciaux, et chacun est jugé par ses pairs.

La Transylvanie a une administration semblable, mais qui est distincte cependant de celle de la Hongrie; en 1774, elle accepta la pragmatique sanction de l'Autriche, en renonçant à élire elle-même son prince.

Si nous avons donné ces détails, ce n'est point pour nous arrêter inutilement à une constitution qui hier encore nous retraçait au vif le moyen âge, et qui aujourd'hui n'est plus qu'un souvenir (1).

---

(1) Voici quelle est aujourd'hui la proportion des différents peuples dans la Hongrie proprement dite :

Magyars.................... 43,26 pour 100.
Slaves..................... 27,70 —
Allemands.................. 13,08 —
Roumains................... 12,34 —

Il faut y ajouter les Zingari et les Juifs. Dans la Galicie et la Lodomérie, il y a 2 millions de Ruthènes, un peu moins de Polonais, 115,000 Allemands, un demi-million de Juifs. L'enseignement polonais prévaut dans l'université de Cracovie, l'allemand dans celle de Lemberg.

A la *table* des magnats appartiennent les archiducs qui ont des biens en Hongrie; 21 princes, archevêques et évêques; 12 bannerets du royaume; 58 palatins supérieurs; 4 capitaines supérieurs; 8 chevaliers supérieurs;

L'Autriche n'avait pas visé à ramener des races aussi diverses à l'unité des intérêts et à l'uniformité dans l'administration, jusqu'au moment où Joseph II s'enthousiasma des idées philosophiques de la France avec lesquelles il mécontenta tout le monde. François Ier, suivant le courant de la révolution qu'il détestait, prétexta le besoin de centralisation; dans le traité de Prague (23 août 1806) et dans la diète de Pesth, on fixa la position de ce royaume, mais l'empereur chercha toujours à en rogner les privilèges. Tandis que la diète hongroise devait être convoquée tous les trois ans, elle resta de 1812 à 1825 sans l'être, et, dans cet intervalle, le roi perçut les taxes et fit des levées d'hommes à son bon plaisir; il ne songeait pourtant pas à exécuter ce que Napoléon lui avait suggéré : faire de la Hongrie un pays conquis. Quand, le 18 novembre 1825, il convoqua la diète et la remercia de sa fidélité et des secours qu'elle lui avait accordés, les seigneurs profitèrent de cette occasion pour réclamer le statut qu'on avait ainsi négligé, se plaindre des commissions royales qui troublaient leur inviolabilité en leur appliquant les règlements des provinces héréditaires; le roi promit de ne pas lever d'impôts sans le consentement de la diète et, tout en gémissant de ce que le monde devenu fou (*totus mundus stultizat*) poursuivait des constitutions imaginaires, il fit l'éloge de la constitution hongroise qu'il aimait beaucoup, disait-il. Mais les seigneurs prirent une attitude hostile vis-à-vis du roi : ils prétendaient que le roi demeurât dans leur pays, parlât leur langue, ne pût conduire leurs troupes hors du territoire, sinon en cas d'invasion; les nobles eux-mêmes favorisaient la formation d'une assemblée moyenne, la construction de routes, le développement de la culture, les améliorations sociales, l'extension de la langue magyare; ils voulaient se soumettre, eux aussi, aux contributions; bien plus, par excès de sentiment national, on proposait de ne plus accepter de marchandises de l'Autriche, et, pour cela, de modifier le régime des douanes. La ville de Pesth fut embellie et réunie à Bude par un pont merveilleux': on donna de l'élan à la publicité et à l'éducation; on améliora la procédure, on

---

un comte saxon; le gouverneur de Fiume; 439 comtes; 192 barons; 3 régalistes de Transylvanie; 2 députés de la diète de Croatie.
La *table* des députés comprend 444 députés des *comitats*, districts et cités; 334 représentent la Hongrie, 1 la ville de Fiume, 35 la Transylvanie, 34 la Croatie et l'Esclavonie.

prépara un code pénal, on introduisit une loi sur le change, on maintint les traités entre les paysans et les seigneurs pour le rachat des dîmes et du servage.

La LXIV° diète abolit les lois *urbariales*, oppressives pour les agriculteurs, à qui elle accorda le droit d'acquérir des terres *nobles;* elle établit une banque pour prêter sur hypothèques aux cultivateurs qui purent ainsi se racheter et devenir propriétaires et citoyens. Dans le choix des juges, on tenait compte du mérite, et non plus seulement de la naissance; en somme, le droit personnel marchait vers une organisation plus sage et plus humaine, en substituant aux privilèges l'utilité commune; mais c'étaient des efforts lents et incomplets, auxquels l'Autriche s'opposait en s'ingéniant à agrandir le pouvoir royal; elle obtenait que les troupes dépendissent du conseil aulique, et, par conséquent aussi, que les colons des confins militaires en relevassent; ce pays était donc soustrait à la Hongrie.

L'Autriche tirait un grand parti de la jalousie des races, et elle la fomentait en se faisant la protectrice des plus faibles. On crut que c'était une démarche libérale de demander que le roi parlât le magyar au lieu du latin; mais les peuples d'une autre langue virent là une prétendue prééminence des Magyars; Esclavons et Croates protestèrent. Ces derniers, en particulier, cherchaient, dans l'Illyrie, à se relever par l'industrie et les dignités; ils étaient affectionnés à l'Autriche, parce que l'Autriche était leur appui contre la tyrannie des Magyars. Deux millions de Valaques, éparpillés dans la Hongrie et la Transylvanie, n'avaient pas de patrie à laquelle vouer leur fidélité; mais ils croyaient à leurs popes: ils portaient leurs regards et tendaient les mains vers le czar comme vers leur chef, non point national, mais religieux.

Les Illyriens et Jellachich. 1846.

L'Autriche, après avoir favorisé la résurrection des races ses sujettes, s'épouvanta quand elle les vit aller trop loin, et surtout lorsque les Illyriens se donnèrent le titre de *nation;* elle défendit aux Dalmates et aux Esclavons d'élever la même prétention. — Par une de ces rencontres trop habituelles d'ailleurs quand la mine est prête à éclater, il y eut à Agram une émeute où le sang coula; le peuple se souleva en furie; cette agitation nationale s'étendait à tous les Slaves, et l'homme qui se fit leur représentant fut Joseph Jellachich.

Né à Buzim le 16 octobre 1801, élevé à l'Académie thérésienne, il s'était bientôt distingué par sa valeur dans les confins militaires, et par ses poésies où il en décrivait la vie extraordinaire et prophétisait la résurrection des peuples slaves.

Sa politique consistait à se rattacher à l'Autriche pour ruiner les Magyars ; mais les Slaves de la Pologne et ceux de la Bohême ne comprirent ni n'appuyèrent les projets de Jellachich qui, en relevant la Croatie, méditait peut-être l'établissement d'un grand empire slave.

Cette protestation des *nationalistes* contre l'administration unitaire, croissant encore lorsque l'Autriche fut secouée par la révolution, menaçait de désorganiser la Hongrie dont elle détachait les peuples ses sujets. Alors le parti du progrès légal hâta les améliorations désirées depuis longtemps ; il abolit le servage, de telle sorte que cinq cents familles nouvelles se trouvèrent propriétaires ; tous purent aspirer à tous les emplois ; quiconque possédait 750 francs, ou avait un diplôme, ou exerçait un métier en ayant un apprenti, devenait électeur ; la Hongrie et la Transylvanie étaient réunies. Les Hongrois, habiles dans les artifices parlementaires, reconnurent comment les privilèges de chacun des peuples de l'Autriche seraient en péril avec un ministère unique, puisque ce ministère pourrait, dans les diètes d'un pays, obtenir des hommes et de l'argent pour en opprimer un autre. Ils réclamèrent donc un ministère hongrois, distinct et responsable : l'Autriche ne put le refuser ; elle proscrivit Jellachich comme rebelle ; il céda, se réconcilia avec la cour, en professant toujours son dessein de régénérer l'Autriche par l'égalité des nationalités, et mena ses Croates combattre les Hongrois. Szechenyi, Batthyâni, Deak et les autres vétérans du progrès pacifique étaient dépassés par les nouveaux venus, à la tête desquels se plaçait Kossuth, avocat slovène, disposant de 200,000 soldats et de forteresses.

A Vienne aussi, la révolution, des mains de ceux qui l'avaient provoquée dans la confiance de pouvoir la dominer, passait aux démagogues. — La légion universitaire, sous le prétexte habituel que la cour essayait une réaction, ameute le peuple, et la cité proclame la république. L'agitation s'étend aux provinces, dont chacune réclame la restauration de sa nationalité. Dans une Assemblée constituante, étrange dans sa façon d'agir et dans ses idées, les rusés et les intrigants eurent le dessus, si bien qu'on dut tourner l'armée contre le peuple ; le peuple furieux égorge

Révolution de Vienne.

26 mai.

Latour, le ministre de la guerre, s'empare de l'arsenal, ferme les portes de la cité : l'empereur dut s'enfuir à Olmütz ; Bem et le prêtre défroqué Messenhauser encouragent la foule et préparent Vienne à se défendre, avec l'aide de la Hongrie, contre l'armée impériale. Mais la ville fut prise d'assaut par Windischgrätz, qui avait déjà bombardé Prague et réprimé avec rigueur le soulèvement de la Bohême, en vengeant sa femme et son fils massacrés. On vit toutes les horreurs de la guerre civile : Blum et Messenhauser furent fusillés ; la Constituante se transporta à Kremsier ; et le nouveau ministère, présidé par Schwarzenberg, réprima les idées fédéralistes en déclarant qu'il voulait loyalement la Constitution, mais la Constitution unitaire. Le vieil empereur Ferdinand, reconnaissant que, pour reconstruire, il fallait des forces jeunes, abdiquait, et son jeune neveu François-Joseph, dans sa proclamation, professait la nécessité d'institutions libérales adaptées aux temps. La Constituante bavarde écartée, on donna une Constitution représentative, basée sur l'unité de l'empire, mais en promettant toutefois que dans les statuts communaux et provinciaux, qui seraient publiés pendant l'année, cette unité s'harmoniserait avec l'indépendance des différentes parties de l'empire : de sorte que la force centrale n'empêcherait pas la libre action et le développement particulier des individus et des communautés.

On proclama un empire compact, constitutionnel, avec un Reichsrath, chambre unique élue par les diètes provinciales ; et une Constitution égale à celle des pays les plus libéraux. Mais la Lombardie refusa obstinément ces concessions. La Hongrie résista aussi. Dans la nouvelle Constitution elle ne voyait qu'un accroissement des prérogatives autrichiennes, aux dépens des privilèges nationaux. Elle refuse donc de reconnaître le nouveau roi parce qu'il n'est pas élu par la diète ; à toute concession faite, elle oppose de plus larges demandes ; elle égorge Lemberg, pend Zichy, enfin déclare qu'elle se détache de l'Autriche et proclame le gouvernement républicain. L'habitude des armes, la nature du pays, l'héroïsme de Klapka, de Görgey, de Bem, de Perczell, de Mezzaros, de Dembinski, la fermeté et la popularité de Kossuth vinrent en aide à la résistance. L'audacieux Kossuth avait tourné à la révolution les habitudes conservatrices de la Hongrie ; mais plus tard prévalut l'influence de

Deak (1), honnête bourgeois qui voulait la légalité, en refusant pour lui les charges et les dignités. Mais la Hongrie, qui s'insurgeait contre l'Autriche, vit s'insurger contre elle-même les peuples ses sujets. Jellachich fut l'âme de cette résistance. Il était adoré des siens pour son énergie et sa douceur, si bien qu'en 1848, lorsque la révolution éclata, il avait été nommé *Ban* de la Croatie. Il refusa de se soumettre au gouvernement hongrois, il offrit au contraire ses services à l'empereur Ferdinand, alors réfugié à Innspruck; et, bien que ce même empereur l'eût déclaré rebelle et traître, il lui porta le secours de ses Croates. Les Hongrois, animés par Kossuth, avaient été vainqueurs à Albe-Royale; Jellachich courut sauver Vienne avec ses bandes déguenillées et bizarrement accoutrées, mais qui, pleines de courage, protestaient qu'elles le conduiraient à Bude pour lui mettre sur le front la couronne de saint Étienne. La valeur hongroise et l'habileté de Kossuth et de Bem ne suffirent pas pour sauver la Hongrie contre Windischgrätz, Jellachich et les Russes. Car l'Autriche, après des pertes incalculables, se vit forcée d'invoquer, au nom d'une alliance de trente ans, cette même Russie dont elle se défiait tant. Et la Russie, considérant moins ses propres ambitions que la nécessité d'éteindre un incendie qui pouvait se communiquer à son territoire, se répand en Transylvanie et en Hongrie, avec une armée commandée par Paschewitch. A la fin, la Hongrie se soumet et Windischgrätz entre à Pesth. D'horribles supplices firent frémir l'Europe, dont la compassion fut aussi excitée par tant d'exilés, fugitifs de ces pays replacés sous le joug et dépouillés de tous leurs privilèges, hors ceux qui leur étaient communs avec les autres peuples. — Après la journée de Villagos, le Russe Paschewitch écrivit au czar : « La Hongrie est aux pieds de Votre Majesté. » De là, une explosion de colère implacable contre la Russie. Mais le czar Nicolas dit : « La déchirure est réparée : jusqu'à quand cela durera-t-il ? »

Ce n'est pas en Hongrie seulement qu'il y eut des troubles; l'Italie eut les siens; presque toutes les capitales autrichiennes furent bombardées, presque toutes furent mises en état de siège; c'était là le même cri de : « Mort aux

Les Russes en Transylvanie. Août.

3 janvier 1849.

---

(1) François Deak (1803-1875), nommé l'*illustre patriote*, fut toujours le modérateur de l'opposition légale, et il s'en retira lorsqu'il la vit aller aux excès. Après 1860, il continua à lutter jusqu'à ce qu'il eût conquis l'indépendance pour la Hongrie, refusant toujours les honneurs et le pouvoir; il chercha aussi à régulariser les rapports entre l'Église et l'État.

Allemands! », qui à Vienne, comme à Pesth, soulevait les étudiants et les juifs, et toujours la force régulière eut le dessus, comme en Pologne contre Mierolawski, à Berlin contre Struve, et comme dans le Würtemberg, le grand-duché de Bade, le Palatinat. Radetzky pouvait dire : « J'ai donné à l'Europe une grande leçon en lui montrant qu'un brave général peut toujours étouffer une révolution lorsqu'il commande une bonne armée. — La tribune a beau s'élever bien haut, elle n'arrivera jamais à la hauteur d'un brave capitaine à cheval, qui élève l'épée au-dessus de sa tête ; il n'y a pas de voix assez forte pour l'emporter sur le roulement d'un tambour (1). » Mais ce n'est pas éteindre l'incendie que de le couvrir.

Restait le débat politique entre les deux puissances principales, la Prusse et l'Autriche : la première se considérait comme éminemment allemande et par là voulait s'assurer la prédominance ; la seconde, à contre-cœur, se retirait de la place d'honneur occupée par elle pendant des siècles, et renonçait difficilement à se sentir nécessaire à l'équilibre européen. Elles furent sur le point d'en venir aux mains ; mais la prudence réussit à différer le choc. Ce fut le salut de l'Autriche de n'avoir pas centralisé toute l'autorité à Vienne : de la sorte, elle pouvait résister en cédant, et lorsque l'empereur fuyant se trouvait réduit à Olmütz ou à Innspruck, rien n'était encore désespéré. La vie de l'empire était son armée, inébranlable dans la discipline, capable non seulement de résister à l'épreuve des plus chaudes batailles, mais aussi de se retirer sans désordre, et de se rétablir assez pour harceler et épuiser les ennemis ; — ainsi l'Autriche triompha même quand toute la machine administrative était désorganisée.

---

(1) Radetzky est resté populaire chez les Autrichiens dans une foule d'anecdotes et de chansons ; les chants guerriers de Zedlitz sont pleins de lui ; le plus grand poète de l'Autriche, Grillparzer, a fait un poème intitulé : *Radetzky* ; en 1859 même, c'était son nom qui excitait le courage de l'armée. Il était arrivé déjà à un grand âge sans porter de moustaches, malgré les épigrammes que cela lui attirait depuis que cet ornement se montrait jusque sur les visages les moins belliqueux ; mais, à l'assaut de Vicence, il se promit à lui-même que, s'il était vainqueur, il donnerait satisfaction au peuple en laissant pousser ses moustaches ; il le fit ; et ses moustaches grises ont été chantées par un pacifique Bavarois, savant latiniste et helléniste, dans une pièce insérée parmi les *Discours publics* de L. Döderlein (Francfort, 1860). — Charles-Albert laissa, lui aussi, pousser ses moustaches en 1846.

Il est vrai cependant qu'il fallait, pour cela, accorder à l'élément militaire plus d'autorité que n'en comporte un régime civil. De là, deux graves difficultés. La première était de se reconstituer en introduisant le gouvernement représentatif dans un empire habitué au silence de l'absolutisme, et d'opérer cette reconstitution au milieu des agitations des diverses races, sous le canon ou du moins sous la menace du canon qui apparaissait désormais comme l'unique moyen de maintenir les sujets dans l'obéissance. L'autre difficulté était la dette publique. Elle était déjà énorme auparavant; pour la guerre de Hongrie, on devait aux seuls Russes une compensation de 15 millions de florins; le ministère de la guerre dépensait à lui seul 158 millions de florins. Était-il possible de désarmer tant que les populations ne seraient pas tranquilles? et pouvait-on les ramener à la tranquillité tant que dureraient ces gouvernements exceptionnels? Cercle fatal, dans lequel le mal empirait; et les améliorations, d'ailleurs loyalement voulues, devenaient difficiles.

L'Allemagne calmait les agitations des peuples en ne s'apercevant pas encore de l'ambition des rois; mais ce peuple allemand aurait pu se proposer pour un modèle de constance dans les desseins politiques, d'énergie dans les réclamations contre les constitutions aristocratiques qui se relevaient de nouveau sur les ruines de la démagogie.

Les gouvernements durent, bon gré mal gré, se transformer, et après qu'ils eurent en vain tenté de restaurer le passé, ils condescendirent à un grand nombre des besoins du temps : la censure préventive cessa à peu près partout; la publicité devint plus grande, plus grand le respect de la nationalité; ce n'était pas encore le jour, mais ce n'étaient plus les ténèbres; partout, sous l'Europe légale, s'agitait une Europe cachée; mais entre les deux il y avait des réactions, des caprices, des incohérences, l'impossibilité de s'entendre. *Situation nouvelle des souverains et des peuples.*

La haine seule avait fait l'unité de la révolution; on comprit que cela ne suffisait point pour réussir; la révolution pourtant survécut; et de la haine des gouvernants on passa à la haine des faits, à l'horreur du vrai, au mépris de ce qui est saint, à l'apothéose de la révolte; on désespéra de la vie morale et du progrès pour se lancer dans des tentatives forcenées.

On avait désappris à se contenter de sa position, parce

que personne ne croyait sa position imposée par le devoir, mais par un fait qui pourrait changer le lendemain; en effet, si les hostilités étaient suspendues, c'est qu'on se heurtait à un plus fort; dans ces exagérations nuageuses, le sens commun et la notion de ce qui est honnête se pervertissaient.

Tant de bannissements, tant de détentions ou de vexations provoquées par la police renaissante, tant d'exécutions par la corde ou par les fusillades; les impôts démesurés, une tyrannie systématique ou capricieuse, que ne peut éviter un pouvoir réduit à veiller à sa propre conservation, tout cela causait dans les peuples une sorte d'éréthisme convulsif; la morale allait encore plus mal que l'économie politique, car les idées exceptionnelles trouvent vite une application générale, quelque absurdes ou injustes qu'elles soient. — Contre la pétulance de la plèbe, une certaine exubérance cléricale et soldatesque paraissait légitime; et, pour avoir subi des exigences, on se laissait aller à refuser même ce qui était juste et avait été promis, à ne pas essayer, près des vaincus, de la conciliation par un peu de condescendance, à ne pas écouter les demandes raisonnables pour donner tort aux réclamations inopportunes, à ne pas réunir en un parti compact tous ceux, — et le nombre en est grand, — qui à l'anarchie préfèrent encore l'absolutisme; à ne pas se persuader que pour bien gouverner il faut s'associer aux intérêts, aux idées, aux sentiments du peuple; que les pouvoirs, en renonçant à toute initiative, se privent de la coopération de tous les hommes bien pensants et de bonne volonté, et que le progrès, inévitable d'ailleurs, demeure abandonné à cette opposition, sans logique et sans efficacité, où l'on désapprend la science d'être content de son partage, où l'on ne veut ni ne sait repousser les souffrances inutiles. L'alliance des princes et des prêtres fit naître l'idée que la religion est une école de servilité et la complice de l'oppression; le peuple, si souvent trompé, ne croyait plus à personne, et, poussé à des excès dont il subissait les funestes conséquences, il reniait la devise sainte dont on avait voilé ces excès à ses yeux.

Les conspirations et les meurtres épuisent les peuples non civilisés au lieu de leur rendre cette force qu'ils ne peuvent tirer que de l'accord dans le but : aussi, même des personnes qui avaient d'ailleurs la flamme du ressentiment national, reconnurent comme inévitables les répressions exceptionnelles dont on use contre le déchaînement des passions brutales : d'Azeglio n'hésite pas à déclarer, dans un discours aux électeurs, que l'Europe avait été sauvée par les armées et par les cours martiales. En vérité, ce triomphe brutal des baïonnettes est peut-être moins odieux que les haines et les réactions qui se cachent ou éclatent sous les noms d'amour et de progrès. Devant la charlatanerie de furibonds prédicateurs de fraternité; devant l'infatuation pour les fadaises de la tribune et des journaux, où l'on remet tout en discussion, où l'on croit que tous ont l'éloquence et l'habileté; devant le mensonge ouvertement proclamé et tyranniquement imposé pour soutenir des opinions extrêmes, acceptables seulement pour des intelligences bornées et des cœurs pervertis, l'homme se décourage et se demande : « Est-il donc vraiment impossible de résoudre scientifiquement et pratiquement le problème politique et le problème social? L'homme est-il réduit à cette espérance sans fin qui équivaut au désespoir? »

Il est clair que les révolutions, là même où elles réussissent, ne diminuent pas l'oppression du pouvoir; elles en changent seulement le caractère, lui enlèvent la dignité et la stabilité; elles ne diminuent point l'obéissance, elles en détruisent le mérite et la beauté. Toutefois il restera de la révolution de 1848 ce très grand résultat, qu'elle aura amené l'émancipation des races de serfs en Allemagne, en abolissant toute vassalité des paysans, toute différence entre les biens ordinaires et les biens seigneuriaux, toute servitude de pâturage et les servitudes forestières; elle aura affranchi les propriétés foncières, fait disparaître, sans indemnité, tous les droits qui provenaient d'une sujétion personnelle ou de *patronage;* elle aura égalisé toutes les confessions. Un gouvernement purement bureaucratique, tiré de sa torpeur et rappelé au sentiment du devoir, a plus fait ou essayé en quelques mois qu'en plusieurs siècles, et, s'il avait su résister à la tentation des vengeances et de la réaction, il aurait eu devant lui une carrière où il pouvait se faire bénir de toutes les races qui se croyaient avilies et mortes, et qui avaient encore le souffle puissant d'une seconde vie.

CHAPITRE III.

FRANCE. — NAPOLÉON III.

<small>État de la France.</small> La France semblait absolument en dehors des questions de nationalité. Quand elle n'aurait pas gagné autre chose à sa grande révolution, elle en était sortie du moins plus *une*, plus compacte que n'importe quelle autre nation de l'Europe, et pure de la grande iniquité des conquêtes qui, dans les autres États, arrêtent le progrès et bouleversent la justice. Devenue le vaste laboratoire des plus grandes expériences, l'affaire importante pour elle n'était pas de changer de ministère, pas même de changer de dynastie ou de forme de gouvernement ; ce n'était pas d'acquérir une frontière meilleure aux Alpes ou sur le Rhin ; ce n'était pas l'alliance de la Russie ou de l'Angleterre ; — c'était cette exaltation des sentiments généreux qui se produisit souvent chez elle, cette fureur de plaire, cette vanité pleine d'imagination, qui lui attirent de toutes parts les colères, les sympathies, l'imitation. Nation réglée par la fantaisie plus que par les calculs, puisque l'initiative y appartient toujours aux hommes de cœur, elle s'est plus d'une fois immolée pour la cause de la liberté. Elle envoya des combattants partout où brillait un espoir de régénération ; par son or et par son sang elle rendit à l'Europe la sécurité sur la Méditerranée, et fonda une nouvelle France sur ce lambeau de l'Afrique que l'Atlas sépare du désert, en suivant les traces de saint Cyprien, de saint Louis, du roi Sébastien. Sa littérature est la littérature de l'Europe entière ; sa langue est le véhicule universel de toutes les idées ; les systèmes et les essais en morale, en politique, en législation, quelque incomplets ou précipités qu'ils soient, s'étudient plus volontiers chez la nation française parce qu'elle les veut formulés plus clairement, déduits plus logiquement, et immédiatement applicables : sa tribune semble la tribune des peuples qui n'en ont point chez eux, et le mot de Jefferson devient toujours plus vrai : Tout homme a deux patries, la sienne et puis la France.

Malheureusement un indomptable besoin de mouvement

lui enlève la fermeté, la jette dans de continuelles expériences ; à peine échappée à un naufrage, « elle prend la tempête pour pilote ». Punie par les alliés pour les gloires de l'Empire, elle accepta comme une humiliation la charte de 1815, et, au lieu de la développer, elle la chiffonna ; puis, comme il lui sembla que les Bourbons entamaient la charte, elle les chassa, renversa ce qu'elle avait édifié pendant quinze ans et, en versant de nouveau le sang, en accumulant d'autres ruines, elle fit de la charte une édition corrigée. En vain Louis-Philippe lui assura le repos et le progrès ; quand il pensa que la couronne d'Espagne ne devait pas sortir de la maison des Bourbons et que, pour cela, il prépara le mariage de la reine avec le duc de Cadix, infant d'Espagne, et celui de l'infante avec son propre fils, le duc de Montpensier, l'Angleterre se mit à la traverse ; Louis-Philippe fut bientôt chassé comme Charles X, et on proclama la république.

Le programme même du nouveau gouvernement apparaissait comme une excitation aux révolutions : et en réalité, au commencement, la république attisa dans toute l'Europe le feu qui couvait, mais sous terre, comme une société secrète ; elle était prompte à se dédire dès qu'elle venait à être démasquée, et à faire des excuses, manquant ainsi à la fois de sincérité et de dignité. Grâce à ces détours, elle cessa de peser dans la balance des politiques, elle perdit la sympathie des peuples, et surtout des vrais amis du gouvernement républicain qui attendaient d'elle un noble exemple, et n'eurent qu'une désolante mortification ; — à l'intérieur, elle se trouva exposée non pas tant aux excès de la plèbe qu'aux aberrations des hommes de parlement et à l'aveuglement des partis, qui restaient irréconciliables même en face du péril commun, négligeant les faits positifs pour s'amuser à de vaines déclarations de principes, à un socialisme spéculatif, à des utopies théoriques. La démagogie prétendait que tous, capables ou non, prissent part aux affaires ; la philanthropie voulait que tous, qu'ils travaillassent ou non, eussent une égale portion de jouissances ; Louis Blanc qui se fit le missionnaire de cette théorie, proclamait que le gouvernement était tenu de fournir du travail à tous ; chacun devait être payé, non d'après ses capacités, mais selon ses besoins ; car les droits étaient proportionnés aux besoins et les devoirs aux facultés. En conséquence, les ouvriers parisiens cessèrent de se fatiguer et prétendirent à être entretenus gratuitement; on ouvrit des ateliers où tout ouvrier sans occupation recevait de l'État, non du travail, mais une paye. Cent mille personnes accourues de toute la France se trouvèrent à la charge du gouvernement. Réunis dans ces ateliers, ils n'y travaillaient point, mais y discutaient l'arme au bras, et malheur à l'artisan honnête qui aurait continué de demander à son travail libre ses moyens de subsistance! Ils voulaient, eux les rois du moment, vivre des deniers publics comme en avaient vécu les rois d'autrefois; ils faisaient du bruit ou une émeute pour peu qu'ils y fussent poussés par l'argent, par les déclamations ou par l'exemple.

La démagogie et les journées de juin. Cette situation produisit le ralentissement du commerce, la défiance, des faillites, et la Banque de France elle-même dut demander le cours forcé de ses billets. Après avoir dissipé tout l'argent que pouvaient donner les caisses et les impôts ordinaires, on dut ajouter 45 centimes au principal de toutes les contributions directes, c'est-à-dire grever les propriétaires plus que ne ferait un conquérant; il fallait maintenir ce peuple d'oisifs. Beaucoup d'entre eux furent organisés en garde du gouvernement provisoire : ils devenaient ainsi des prédicateurs armés de leurs doctrines, et, à l'occasion, ils s'en faisaient les soldats. C'était la domination des classes inférieures sur les classes supérieures. L'anarchie de Paris s'étendait aux départements : chaque Français se vit contraint de s'armer pour défendre sa propre maison. Ces larrons doctrinaires, irrités de ce qu'après avoir chassé les tyrans on empêchait encore le pillage, saisirent leurs armes et au nombre de 100,000 prolétaires, sous la conduite de Barbès, de Blanqui et de Cabet, allèrent réclamer du gouvernement provisoire la république démocratique et l'organisation du travail. Il fallut la force pour les réprimer; mais de nouveaux troubles accompagnèrent sur tous les points l'élection des membres de l'Assemblée constituante : on voulait même par la contrainte y faire envoyer des députés qui décrétassent l'omnipotence de quiconque n'a rien et ne fait rien. Quand on proposa à ces travailleurs de défricher des campagnes incultes, ils éclatèrent en fureur et remplirent Paris de barricades et de sang; en trois jours, plus de 5,000 personnes furent tuées et avec elles sept généraux; cinq autres généraux furent blessés. Il en tombe moins dans une bataille rangée; l'archevêque lui-même, Mgr Affre, venu pour calmer ces *frères*, est frappé mortellement. L'armée, commandée avec une calme intrépidité par le général Cavaignac, tenait encore ferme contre cette tyrannie; elle put prouver que les héros des barricades n'étaient pas invincibles. Dix mille insurgés furent condamnés à la déportation ; les ateliers nationaux furent fermés ; on confia au général Cavaignac des pouvoirs illimités, parce qu'on croyait la dictature nécessaire pour faire rentrer dans les conditions sociales un peuple auquel la veille semblait trop lourde la grande liberté constitutionnelle.

Alors la république une et indivisible s'établit sur l'égalité, la liberté, la fraternité. La vieille devise revivait ; mais il y avait de continuels conflits entre le pouvoir législatif et le pouvoir exécutif. Les brigues ne cessaient pas, d'autant plus que tout était remis, grâce au suffrage universel, au vote immédiat des multitudes, c'est-à-dire à l'intrigue, à l'argent, au hasard : et on en vit bientôt les effets dans l'élection du président. On croyait que le général Cavaignac l'emporterait, c'était un grand soldat et un bon citoyen, esclave de la loi et de sa parole. Il avait bien mérité de la république en la sauvant du pillage et du carnage. Mais, dans les révolutions, quiconque a eu une part de pouvoir devient fatalement odieux. La France montrait une soif immodérée de personnes nouvelles, de choses inconnues ; le vote universel ne favorisa que trop cette tendance.

La France qui avait aboli toute distinction de naissance, qui avait effacé le souvenir des rois, qui reniait les conquêtes, la France rassembla ses suffrages sur un homme dont elle ne connaissait que son titre de prince, son nom de Bonaparte, et trois tentatives d'insurrection armée : sur 7,327,345 votants, 6,048,872 se prononcèrent pour Louis Bonaparte, « symbole d'ordre et de sécurité ». Il fut pendant longtemps la personnification de la politique européenne : il est donc temps de le faire connaître.

Élection de Louis Bonaparte. 10 décembre. 1848.

Né de Louis Bonaparte, roi de Hollande et frère de Napoléon le Grand, il fut perdu de vue à la chute de celui-ci. Il reçut l'hospitalité en Italie avec les autres membres de sa famille, et il témoigna sa reconnaissance en conspirant et en se liguant avec les sociétés révolutionnaires qui ourdissaient leurs trames dans l'ombre ; il flatta même la secte de « la Jeune Italie », bien qu'il fût éloigné de ses idées républicaines. Avec l'irrémédiable ambition de sa race, il croyait qu'on avait usurpé sur lui le trône de France : il se proposait de punir les alliés des outrages infligés au premier Empire et de déchirer les traités de 1815. Inclinant aux idées mystiques, il avait foi dans la mission providentielle de certaines grandes familles, dans sa propre étoile et dans le nom qu'il portait. L'agitation des partis sous la Restauration, puis, pendant le règne de Louis-Philippe, les violentes déclamations des journaux et du parlement excitèrent ses espérances : il essaya de surprendre les Français par un acte de témérité en s'emparant de Strasbourg. Le peuple resta indifférent à son apparition théâtrale et à ses retentissantes proclamations ; il fut pris et envoyé en Amérique sur la promesse de n'en pas revenir. Il en revint, et tenta un débarquement à Boulogne ; il fut arrêté et enfermé dans le fort de Ham. Il adoucit sa prison par de fortes études et en même temps par des projets fantastiques ; il avouait depuis que tout ce qu'il savait, tout ce qu'il valait, il l'avait acquis à l'université de Ham. Il parvint à s'échapper au milieu d'incidents romanesques, et plus que jamais se confia en *son étoile*. A la chute de Louis-Philippe, il obtint que la république rapportât le décret de proscription contre les descendants de Napoléon ; il se fit élire député, et bientôt président. Aussitôt il déploya un grand luxe et prodigua l'argent ; il déclara que le peuple est supérieur à l'Assemblée, et que tout Français âgé de vingt et un ans devait avoir droit de vote pour reconstituer la patrie. Il flattait le *parti de l'ordre;* en réalité, ce parti était une poignée d'intrigants qui, dans l'intérêt de leur ambition, répétaient qu'il fallait en finir avec les factieux et se garder de l'anarchie.

Agonie de la république. De fait, toutes les passions mauvaises semblaient s'être réunies dans la république, et contre elle conspiraient ceux qui l'acclamaient le plus. La défiance et la terreur étaient universelles. Au sein même de l'Assemblée, le parti socialiste était en faveur ; il aurait voulu qu'on fît participer tout le monde non seulement au vote politique, à la justice, à l'instruction, mais encore au droit au travail ; il demandait qu'on abolît les impôts indirects, en faisant peser toutes les charges sur les propriétés immobilières, qu'on proportionnât les taxes à la richesse. Dans ces théories et d'autres semblables, les hommes pratiques voyaient la ruine de l'industrie ; une récompense donnée à la fainéantise aux dépens du travail et de la prévoyance ; l'amoindrissement du capital social, que les efforts privés ne tendraient plus à augmenter; la perpétuité de l'anarchie et l'abolition de la liberté, quand ce tyran indomptable, qu'on appelle l'État, allait tout faire, penser à tout, pourvoir à tout, disposer de tous les moyens. On abrutissait l'homme en lui enlevant la responsabilité de ses propres actes et le déclarant incapable de choix et impropre aux grands devoirs; on invoquait l'autorité pour le mouvoir comme un automate.

Ces questions, bonnes à discuter entre philosophes et hommes d'État, étaient accueillies avec ardeur par la foule des citoyens très désireux d'en venir à l'application immédiate, d'exproprier les riches au profit des pauvres, et de chasser, pour se mettre à leur place, ceux qui ont acquis une position. Les socialistes parlementaires donnèrent une preuve de leur hardiesse et de leurs ramifications étendues, lorsque reprochant au gouvernement d'avoir abusé, en renversant la république romaine, de l'autorité que lui avait confiée l'Assemblée, ils se proclamèrent, à la suite de Ledru-Rollin, « prêts à défendre la Constitution, même à main armée ». De l'Assemblée ces paroles retentirent dans les rues et provoquèrent une nouvelle insurrection. On se vantait cependant que le suffrage universel préviendrait les soulèvements, puisqu'il n'y aurait plus besoin de recourir aux armes quand chacun pourrait, par une voie légale, manifester sa volonté. Cette fois encore l'émeute fut réprimée par les armes, les prisons et l'exil; mais elle continua à gronder et à s'agiter sous terre : et le président dut déclarer « implacables ennemis de la république ceux qui, perpétuant le désordre, l'obligeaient à transformer la France en un camp, et à changer les plans de progrès en préparatifs de défense ».

Pour opposer une digue au torrent, les différents partis s'accordèrent dans le sentiment commun de la nécessité de l'ordre, et mirent de côté leurs souvenirs et leurs espérances particulières. Mais le parti des modérés est toujours faible contre le tumulte des places publiques appuyé par les mauvais instincts et par la fureur; il est inhabile dans le choix des précautions politiques quand elles sont réduites à être des expédients du moment; il est maladroit dans ses écrits, où, par respect humain, il mutile la vérité; et, pendant ce temps, les audacieux flattent les passions, fascinent les intelligences, ramènent leurs adversaires, soit par d'enivrantes déclamations et brochures expédiées par milliers jusque dans les coins les plus reculés, soit par les sophismes des publicistes et des rhéteurs qui cherchent les applaudissements et non la vérité, et excitent encore les rancunes politiques : cependant seul l'amour peut faire sortir du chaos l'harmonie.

Les départements étaient fatigués de se sentir à la merci de toutes les folies de la capitale; grâce à une inexorable centralisation, ils recevaient par le télégraphe l'annonce que les gouvernements étaient changés par une poignée de gens sans mission, et qu'un nouveau régime était imposé au bon sens du plus grand nombre et à leur amour de la paix. Moins affamés des jouissances et des ambitions de cour, ils comprenaient en quoi consiste la liberté; ils voyaient combien, pour l'acquérir, est utile le système républicain; ils s'y affectionnaient donc, mais qui pouvait les assurer que demain l'anarchie ne triompherait point à Paris et ne se répandrait pas de là dans toute la France?

Sous l'impression de ces frayeurs, on recourait à des résolutions qui attestaient les craintes plutôt qu'elles ne portaient remède à leurs causes. On corrigea la loi du suffrage universel, toujours incertain, aveugle, immoral, dangereux, et qui, exercé par le scrutin de liste, devient un instrument entre les mains de quelques intrigants, à l'exclusion des citoyens honnêtes. A toutes les autres tyrannies une seule succéda, plus meurtrière parce qu'elle s'attaque non seulement à la fortune, mais à l'honneur; plus étendue, parce qu'elle outrage quiconque n'est ni assez obscur ni assez nul pour n'avoir pas un rival, un ennemi; plus honteuse, parce qu'elle asservit un peuple entier à quelques fabricateurs d'articles de journaux, à quelques coryphées de conciliabules, forts de leur impudence, et affranchis de l'obligation de professer aujourd'hui leur foi politique d'hier, parce qu'ils n'ont pas d'autre foi que l'intérêt et la passion du moment. Cependant on musela les journalistes plus que n'avait osé le faire la monarchie. Mais de telles mesures, en définitive, retombent sur les honnêtes gens, et non sur ceux qui n'ont rien à perdre, pas même la honte.

Le prince Napoléon puisait une force immense dans les millions de suffrages qu'il avait obtenus; en même temps l'Assemblée composée de 700 députés, qui touchaient 25 francs par jour, perdait de son crédit. Ledru-Rollin, à la tête du parti des violents, alla jusqu'à l'insurrection, pendant que le prince disait dans une proclamation : « Le seul nom de Napoléon est un programme. Il signifie, à l'intérieur, ordre, autorité, religion, bien-être du peuple; à l'extérieur, dignité nationale. »

Au milieu des convulsions démagogiques, on éprouvait le besoin de calme, jusqu'à sacrifier la liberté pour l'obtenir. Le prince qui connaissait cet état des esprits, après une bonne loi sur l'instruction, une sur les réunions tumultueuses, une sur les habitations insalubres, sur les sociétés de secours mutuels, pendant que les orléanistes, les légitimistes, les socialistes, se disputaient, se décida à tout tenter (2 décembre 1851) : en une nuit, il fait arrêter les opposants et les personnages qui ont le plus d'autorité et d'indépendance : parmi eux, Thiers, Changarnier, Bedeau, Cavaignac, Lamartine, Charras et trente-quatre députés; cinq cent soixante-quinze citoyens sont déportés à Cayenne; le prince s'attribue de pleins pouvoirs. 7,439,216 votes approuvèrent le coup d'État, la présidence décennale et la nouvelle Constitution : c'était la critique du système parlementaire. Le dictateur réorganisa tous les services publics : la presse, la garde nationale, la justice, l'instruction, le crédit. On pouvait dire dès lors l'empire fondé, quand l'enthousiasme pour le prince et le cri de « Vive l'empereur! » poussèrent à un sénatus-consulte (2 décembre 1852) qui le proclama empereur, et qui fut confirmé par 8,157,752 voix. Cet acte fut jugé opportun par le très grand nombre : les puissances le reconnurent, et la foule, qui applaudit toujours aux coups de force, y vit son propre triomphe sur la classe riche et cultivée : nouvel exemple du passage trop souvent répété de l'anarchie au despotisme. Ce plébiscite disait au fond : « Nous vous donnons, pour votre vie entière, le droit de disposer de nos biens et de tout. »

La Constitution du 14 janvier 1852 se fondait sur le suffrage universel : le suffrage universel nommait aussi l'Assemblée qui devait voter l'impôt et les lois, mais non les discuter : un sénat silencieux les approuvait. Napoléon acceptait la responsabilité personnelle, déclarant suivre son propre mouvement; les ministres étaient les exécuteurs de sa pensée, ils étaient choisis à son gré, et ne représentaient plus une politique émanée de la Chambre; l'empereur pouvait être éclairé, mais il voulait rester libre et sans entraves dans ses mouvements. Il garantissait l'État contre les violences et la démagogie, grâce à un pouvoir sans limites parce qu'il était sans responsabilité; les grands corps de l'État n'en con-

_{Coup d'État du 2 décembre}

_{Proclamation de l'empire. 2 décembre. 1852.}

tre-balançaient point l'omnipotence, ils ne faisaient que la masquer. Napoléon se maintint ainsi plus longtemps qu'aucun de ceux qui eurent le pouvoir après la grande Révolution. Il disait : « Que les bons se rassurent et que les méchants tremblent; je veux faire tant de bien au peuple que je le forcerai à la reconnaissance. L'Empire, c'est la paix. »

De telles promesses devaient leurrer l'Europe, lasse des révolutions, et la France qui avait besoin d'ordre, plus encore que de liberté, et qui, toujours passionnée pour l'autorité de fait, baise la main à laquelle elle-même a donné la force de lui mettre le frein : elle reste soumise à cette autorité, jusqu'au jour où elle la renverse. Révolutionnaires et conservateurs s'inclinèrent devant le nouveau pouvoir, devinrent ses courtisans, acceptèrent ses faveurs; l'intérêt et la vanité séduisirent ceux que la force n'avait pu briser. Gouverner la démocratie par ses vices; étouffer l'intelligence sous le sensualisme, la liberté sous l'égalité; pourvoir aux besoins des classes inférieures par l'instruction, par des secours, par des institutions charitables, fondées notamment pour les enfants pauvres et les invalides du travail; par des caisses d'épargne et de retraite pour la vieillesse, par des sociétés de secours mutuels; par des concours et des comices agricoles, par la création du crédit foncier et mobilier; par la caisse de la boulangerie; par des traités de commerce à tendances libérales : tels étaient les prestiges qui pouvaient faire concentrer en une seule main toutes les forces vives. Comme Louis XIV et Napoléon Ier, Napoléon III protégea les bourgeois qui sont toujours pour César; mais il sentait venir le quatrième état, et flattait la classe inférieure, les ouvriers surtout; malheureusement, en leur accordant ses bienfaits, il ne se faisait pas scrupule de les corrompre.

Portrait de Napoléon III.

Ame bienveillante, esprit éclairé mais faux, sceptique pour toute vérité, crédule à l'erreur et aux illusions, il ignorait des choses que tout le monde sait. Il possédait l'art de la parole; il avait le talent des phrases qui semblent précises, mais restent vagues et ne découragent aucune espérance, et de ces proclamations destinées à l'imagination des soldats et des journalistes. Affable et même modeste quoique théâtral, il signait le traité de Paris avec une plume d'aigle; il écrivait d'enthousiasme la proclamation de Magenta; il s'enivrait des applaudissements dans les réunions et au théâtre. Il faisait couronner son effigie sur les monnaies; il recherchait la gloire d'auteur par sa *Vie de César*, pour le succès de laquelle il prit autant de soin que nous en prenons nous-mêmes, nous autres pauvres écrivains. Il recevait avec cette amabilité froide qui caresse et pourtant éloigne; il ne repoussait jamais une demande, ne rejetait jamais une proposition, mais il n'en faisait pas moins à sa guise; il enchantait par ses promesses ceux qu'on menaçait et, dans le même temps, par ses assurances, il grisait ceux dont venait la menace; il était bon pour tous ceux qui l'environnaient et pour les malheureux en général; après la bataille de Solférino, je le vis étonné du sang qu'avait coûté sa victoire; et le grand nombre des morts et des blessés ne contribua pas peu à lui faire proposer la paix, et cependant il n'hésitait pas à mettre l'Europe en feu.

Le César est essentiellement personnel: il s'accommode mal des personnes indépendantes, comme le sont les hommes supérieurs, et, pour ce motif, s'entoure plutôt d'intrigants, de méchants, de gens qui se dévouent sans conditions; il ne laisse parler que ceux qui sont de son avis. Napoléon estimait les hommes honnêtes, mais il les tenait à distance, il savait tirer profit de tous, et connaissait le tarif de chacun. Tandis que dans les conversations il montrait jusqu'à de l'abandon, on disait qu'en parlant il mentait, qu'en se taisant il conspirait. Et, de fait, il conspira toujours, même après son élection; il feignait d'aller à droite quand il inclinait vers la gauche; il faisait croire qu'on lui arrachait une résolution déjà prise par lui et une concession déjà décidée. Il n'agissait pas avec suite, mais par soubresauts, par des coups de théâtre sans réflexion; il prenait des partis très inattendus, puis, dans l'exécution, il les modifiait complètement pour suivre un moyen terme; de la sorte il devait paraître plein de contradictions. Audacieux à la fois et flegmatique, résolu dans certains desseins qui parfois n'étaient que des utopies, hésitant sur les moyens, il savait attendre longtemps, en ayant toujours l'œil au but; quand il voyait les précipices, il reculait; il passait par-dessus les difficultés les plus graves; lorsqu'il se croyait sûr de réussir, se confiant à la fortune qui le servait si bien, il se laissait conduire par les évènements plutôt qu'il ne savait les diriger lui-même; toujours il promettait d'élargir la Constitution: quand il y consentit enfin, il prononça cette parole: « Je vous assure l'ordre, vous, aidez-moi à maintenir la liberté. »

Lorsqu'on porte le nom de Napoléon, il faut imiter Napoléon. Il faisait donc consister tout son libéralisme dans le développement des institutions à l'intérieur, et dans l'influence à l'extérieur. Il voulait reprendre l'œuvre de son oncle, sans excès ni violences, avec tous les progrès de la civilisation et le prestige de l'art : suffrage universel, traités de commerce, libre-échange, nationalité. « L'état maladif de l'Europe, disait-il, appelle comme remède un congrès où les amours-propres et les oppositions disparaîtront devant un arbitrage suprême; il faut à des devoirs sans règle, à des droits sans titre, à des prétentions sans frein, dérivant des infractions successives qui ont été faites au pacte fondamental de l'édifice politique en Europe et l'ont ruiné de tout côté, substituer un ordre de choses fondé sur les intérêts bien compris des souverains et des peuples. » Mais il disait aussi qu'il représentait un principe, la Révolution; un fait, l'Empire; et qu'il avait un Waterloo à réparer.

L'Europe se tenait en garde, en voyant son sort dépendre des desseins ou des caprices de ce sphinx qui déconcertait les plus prudents et échappait aux plus avisés.

CHAPITRE IV.

GUERRE DE CRIMÉE.

La question des Lieux-Saints et Menzikoff.

Quand on reproche aux diplomates d'avoir tant à cœur la conservation de la Turquie, ils répondent que ce n'est pas du tout par amour de la Turquie elle-même, mais par crainte de la Russie dont la tradition est d'aspirer à Constantinople; et la Russie sur le Bosphore, ce serait l'Europe aux pieds du czar.

Tandis que les autres puissances étaient occupées à guérir les blessures faites par la révolution et à s'organiser à l'intérieur, la Russie, demeurée à l'abri des bouleversements, après avoir aidé l'Autriche à vaincre la Hongrie dans la crainte que le concours des populations turque et polonaise n'augmentât l'incendie, restait la principale protectrice de la légitimité monarchique et voyait ses forces s'accroître. A chaque ébranlement de l'Europe, à chaque soulèvement des races en Autriche ou en Turquie, elle gagnait des territoires et de l'influence, menaçait l'Allemagne et aspirait à dominer sur la Méditerranée, pendant qu'un siècle auparavant elle bornait son ambition à la mer Blanche. Durant la Révolution, au moment où la diplomatie n'était pas en état d'empêcher l'invasion de pays d'une si grande importance, elle avait, avec 75,000 hommes, occupé les principautés du bas Danube. Elle avait donc la prépondérance dans le Levant par son protectorat sur les principautés, par la possession des bouches du Danube, par le domaine exclusif sur la mer Noire, par son ingérence parmi les populations chrétiennes de la Turquie.

Jérusalem est un lieu saint pour les musulmans non moins que pour les chrétiens, dont toutes les sectes accourent pour y prier, chacune ayant ses églises. Les Grecs schismatiques y étaient sensiblement plus nombreux que les catholiques romains : ces derniers qui, en 1740, y possédaient dix-neuf chapelles, n'en avaient plus que neuf en 1850; même, les Grecs s'étaient emparés des sanctuaires les plus vénérés et avaient détruit les tombeaux de Godefroy de Bouillon, de Baudouin, des autres croisés, les considérant comme des envahisseurs étrangers. Les catholiques recoururent à la France qui se plaignit à la Porte : celle-ci fit droit à ces demandes et proposa un accord; mais la Russie se mit à la traverse, et envoya à Constantinople le prince Menzikoff : l'envoyé soutint les droits du rit grec, se plaignit qu'on les eût lésés, et, dans un message menaçant et discourtois, appuyé d'armements dans la Bessarabie, affirma que le protectorat des chrétiens orthodoxes dans tout l'Orient regardait la Russie. La Porte, toujours faible et hésitante, accéda à cette déclaration en signant un firman; et comme dix ou douze millions de Grecs vivent dans l'empire turc, ce firman reconnaissait au czar une vraie supériorité et constituait un nouvel État dans l'État. Les Grecs qui, au lieu de s'en tenir aux limites reconnues au royaume hellénique, attendaient toujours une circonstance favorable pour recouvrer les limites naturelles, avaient constamment vu un ami dans tout ennemi de la Turquie. On vit de suite, dans les provinces encore soumises aux Ottomans, commencer ce mélange d'intrigues et d'efforts généreux, ces agitations de trompeurs et de trompés, de victimes et de sacrificateurs d'où naissent les révolutions. L'étoile polaire des Grecs était la Russie; leur Messie, Menzikoff, qui fut fêté à Constantinople, exalté dans les journaux, chanté dans la Thessalie et la Macédoine; tous comprenaient que, grâce à ce firman, la Russie se mettait, en réalité, à leur tête; ils regardèrent leurs droits et leurs privilèges comme transférés à cet envoyé du czar, l'empire turc ne devait plus être qu'un fief de la Russie.

Les puissances européennes s'en effrayèrent et engagèrent la Turquie à se dédire. De là un échange de notes diplomatiques aussi compliquées qu'en 1821. Avec cette hypocrisie, qui est une turpitude nouvelle ajoutée à toutes les turpitudes anciennes de la diplomatie, tous protestèrent vouloir la paix; et en définitive éclata une des plus rudes guerres dont l'histoire ait conservé le souvenir. Sous des prétextes, qui ne manquent jamais en pareil cas, l'armée russe passa le Pruth, occupa les provinces danubiennes, et la flotte russe bombarda la flotte turque dans les eaux de Sinope.

Alliance de la France et de l'Angleterre. 1855.

Napoléon, toujours désireux de rompre les traités de 1815, intima à la Russie l'ordre de se retirer; sur le refus de celle-ci, il fit alliance avec l'Angleterre et la Porte, excitant les autres puissances à prendre part à une guerre juste et morale. Les flottes française et anglaise entrèrent dans la mer Noire et bombardèrent Odessa, marché du commerce russe, en même temps qu'elles bloquaient Cronstadt, port de Saint-Pétersbourg. L'Autriche aurait dû, par reconnaissance, s'allier à la Russie; mais cela l'aurait exposée à une attaque dans ses provinces occidentales et à une révolte en Italie et en Hongrie: elle demeura fidèle à ses traditions conservatrices, et se borna à s'entendre avec la Prusse pour assurer la franchise des droits civils et religieux des chrétiens soumis aux Turcs: par l'occupation de la Moldo-Valachie elle éloigna la guerre de la Hongrie et, par conséquent, le danger d'un soulèvement: pendant qu'elle garantissait ainsi la Russie contre une attaque de ce côté et en même temps contre une insurrection de la Pologne, elle sauvait l'Europe d'une guerre intérieure, si bien que les alliés se virent contraints de changer leur plan.

Quand les guerres sont longues, personne ne sait où elles aboutissent: les peuples, et surtout les Grecs et les Piémontais, sentirent leurs espérances se réveiller; ils voyaient se briser cette alliance des puissances du Nord, qui était l'éternel effroi des révolutions; la France et l'Angleterre, pensaient-ils, marchaient unies temporairement, mais leur inimitié nationale ne tarderait pas à reparaître; la conflagration devenue universelle mettrait de nouveau en question le sort du monde, et alors sonnerait l'heure des peuples qu'on avait en vain voulu hâter par les conspirations et par l'insurrection.

Napoléon fit, par le *Moniteur*, déclarer « loyalement à ceux qui croiraient pouvoir profiter des circonstances pour troubler l'ordre, en Grèce ou en Italie, qu'ils nuiraient aux intérêts de la France; celle-ci défendait l'intégrité de l'empire ottoman à Constantinople, mais elle ne souffrirait point les attaques de la Grèce, et ne permettrait pas qu'on essayât de séparer, sur les Alpes, les drapeaux de la France et de l'Autriche, unis, comme elle l'espérait, en Orient. »

Les Grecs se calmèrent; mais l'Autriche demeura ferme dans sa neutralité : ainsi elle sauva l'Europe d'une guerre générale, mais se ruina elle-même, mécontentant et son ancienne alliée qui la trouvait ingrate, et les ennemis de la Russie qui jurèrent de la punir.

L'Alma et Sébastopol.

Les alliés occidentaux, après avoir en vain essayé de forcer la Baltique, se tournèrent vers l'Orient, et le 24 septembre débarquèrent en Crimée 23,000 Français, 25,000 Anglais, 8,000 Turcs, 15,000 Piémontais. Ils eurent à faire d'immenses efforts et à endurer d'horribles souffrances dans une campagne qui dura même plus qu'on l'eut supposé; il fallut envoyer de nouvelles troupes pour combler les vides faits par le canon, les tempêtes, les pluies, le choléra. Bien des chefs de l'armée (Raglan, La Marmora, Saint-Arnaud) succombèrent; il y eut un demi-million de morts; le czar Nicolas en mourut, brisé peut-être par le chagrin, et il laissa une succession difficile à son fils Alexandre II.

Les Russes vaincus à la bataille de l'Alma, les Occidentaux occupèrent Balaclava, campèrent devant Sébastopol, une forteresse de premier ordre, et en commencèrent le bombardement. Les Russes l'abandonnèrent après y avoir perdu 17,000 hommes. L'Autriche mit fin à cette guerre d'extermination en faisant préciser par les alliés quelques points sur lesquels on traiterait de la paix, et en imposant à la Russie de les accepter, par la menace de s'unir aux puissances occidentales. La Russie dut se résigner; la paix fut proclamée, et ainsi se termina une guerre entreprise sans but précis, menée sans vigueur, finie sans prévoyance.

CHAPITRE V.

PAIX DE PARIS. — GUERRE D'ITALIE. — UNITÉ ITALIENNE.

Conditions de la paix. Pour discuter les conventions de la paix, un congrès se réunit à Paris. La France ne retirait aucun avantage de tant de sacrifices, mais elle avait le grand rôle. La Porte fut admise à jouir des avantages du droit public européen, et elle confirma la liberté religieuse. La Russie lui rendait la ville de Kars, recouvrant sur les alliés Balaclava, Sébastopol et les autres ports de la mer Noire qui était déclarée mer neutre, fermée à tous les vaisseaux de guerre, ouverte aux navires marchands. Les principautés danubiennes restaient sous la suprématie turque : tout protectorat de la Russie cessait, et le cours du Danube devenait libre. Les conditions de liberté sociale et politique n'étaient pas modifiées : on établit seulement la franchise du pavillon neutre en temps de guerre; on abolit le droit de *course,* les États seuls pouvant faire la guerre. Mais les Américains, à qui l'on doit cependant l'application la plus étendue des lois maritimes en temps de guerre, repoussèrent cette abolition des lettres de marque, afin de ne pas se trouver, en cas d'hostilités, inférieurs aux nations qui entretiennent d'immenses flottes même en temps de paix (1). Les principautés danubiennes furent l'occasion de longues négociations en 1858; seulement les grandes puissances stipulèrent que la Moldavie et la Valachie formeraient deux États distincts, avec des institutions et des lois égales, avec deux hospodars, mais un seul grand conseil et sous la suprématie de la Porte. Le prince Couza prépara l'union des deux pays sous le nom de Roumanie.

Le Piémont et Cavour au congrès. Lorsque les alliés cherchaient des aides pour la guerre

---

(1) Napoléon III, suivant en cela ses idées humanitaires, déclarait, le 9 mars 1854, renoncer momentanément à ses droits, et ne pas vouloir s'emparer des marchandises ennemies qui seraient sur des bâtiments neutres. Cela fut très utile à la Russie, mais, dans la suite, nuisit à l'Angleterre et encore plus à la France qui, dans la guerre de 1870, ne put employer ses vaisseaux à ruiner le commerce allemand et dut se borner à la défensive.

contre la Russie, ils demandèrent au Piémont des soldats auxiliaires. Le Piémont répondit qu'il n'en donnerait pas à prix d'argent, mais qu'il fournirait un corps de troupes alliées sous le commandement d'un général sarde. Quoiqu'il répugnât aux patriotes d'envoyer une armée contre une puissance qui ne leur avait occasionné aucune perte, ni causé aucun tort, et de laisser le pays exposé à l'éventualité d'une attaque de la part des Autrichiens, on voulut se relever des précédentes humiliations en marchant de pair avec les grandes puissances, et l'on décida de donner 15,000 hommes, en recevant de l'Angleterre un prêt d'un million de livres sterling à 3 pour 100. Dans le traité de paix, il sembla naturel que l'Autriche, qui avait détourné de l'Europe le fléau de cette guerre formidable, obtînt quelque agrandissement vers le Danube. Le gouvernement piémontais s'en effraya et envoya des circulaires très vives, montrant que cet agrandissement de l'Autriche deviendrait préjudiciable à la liberté européenne; qu'à la prédominance russe, qu'on venait de renverser, on substituait celle de l'Autriche; que l'Autriche bientôt agirait en maîtresse sur tout le parcours du Danube, comme elle le faisait en Italie; qu'en Italie on allait consolider l'union avec l'Empire autrichien, en ruinant l'influence de la France et de l'Angleterre et en réduisant le Piémont à l'impossibilité de se soustraire à la domination de l'Autriche. Ainsi, on allait récompenser la puissance qui avait refusé d'unir ses armes à celles des Occidentaux; ainsi on punissait la puissance qui n'avait pas hésité à les favoriser.

Cavour obtint de siéger avec les autres plénipotentiaires (1), et, sur l'invitation de Napoléon qui disait vouloir faire quelque chose pour l'Italie, il parla de la condition de l'Italie;

---

(1) D'après la bulle de Jules II, datée de 1504, voici dans quel ordre les représentants des États prenaient place : d'abord l'empereur d'Allemagne; le roi des Romains, héritier désigné de l'Empire; les rois de France, d'Espagne, d'Aragon, de Portugal, d'Angleterre, de Sicile, de Suède, de Hongrie, de Navarre, de Chypre, de Bohême, de Pologne, de Danemark. Venaient ensuite les républiques de Venise et de Gênes, la Confédération germanique, le duc de Bretagne, l'électeur palatin, celui de Saxe, de Brandebourg, l'archiduc d'Autriche, le duc de Savoie, le grand-duc de Toscane, les ducs de Milan, de Bavière, de Lorraine. La Russie ne comptait pas encore parmi les puissances européennes.

Les plénipotentiaires étaient pour la France Walewski et Bourqueney; pour l'Angleterre, Clarendon et Cowley; pour la Russie, Brunow et Orloff; pour l'Autriche, Buol et Hübner; pour la Turquie, Ali-Pacha et Mehemet-Gemel-Bey; pour le Piémont, Cavour et Villamarina.

on n'épargnait pas les attaques au gouvernement autrichien et aux autres États, principalement à Naples et à Rome; il déclara qu'il était nécessaire de refondre l'Italie si on voulait qu'elle ne troublât pas continuellement l'Europe; il ajouta qu'en cela l'ambition de la maison de Savoie se confondait avec les intérêts de toute l'Italie, et même de tout l'Occident, et que l'équilibre ne pourrait s'établir tant que l'Autriche opprimerait la péninsule. Il concluait en attestant que, « quel que fût le sort réservé aux Italiens par la Providence, tout homme de cœur se rappellerait toujours que Napoléon fut le premier à demander : « *Que pourrions-nous faire pour l'Italie?* »

La question italienne introduite.

Il était contre toutes les convenances d'accuser des puissances indépendantes et qui n'étaient pas présentes au Congrès; c'était un outrage à ce principe de non-intervention en vertu duquel on avait fait la guerre de Crimée; mais, pour la première fois, la question italienne était discutée dans un congrès européen avec l'intention d'y apporter des améliorations; et la cause libérale se trouvait confiée, non plus seulement aux mains des conspirateurs et des sociétés secrètes, mais à un gouvernement.

A partir de ce moment éclata l'inimitié entre l'Autriche, puissante, mais mal vue de l'opinion publique, et le Piémont, petit, faible, mais soutenu par les forts, infatigable à susciter des embarras à son vainqueur, à le dénoncer dans ses journaux, à se donner des airs de persécuté, de royaume menacé. A partir de ce moment, Piémont fut synonyme de Révolution. Cavour, qui voulait montrer que l'Italie ne pouvait agir par elle-même, obtint que toute l'Italie l'applaudît : les émigrés de la Romagne firent frapper une médaille en son honneur avec cette devise : « Que font ici tant d'épées étrangères? »

Après la campagne de Lombardie, il était resté en Piémont de la désunion et de la malveillance entre les civils et les militaires; ceux-là avaient peur d'un coup d'État soldatesque; ceux-ci étaient mécontents des critiques qu'on faisait de leur habileté. Aussi cherchait-on à relever le mérite de l'armée, et le ministre de la guerre faisait exécuter et répandre des dessins de tous les faits honorables de la campagne de Crimée, où les Italiens avaient combattu à côté des Anglais et des Français; la Tchernaïa avait racheté la honte de Novare, et fait disparaître le découragement qui était né des défaites. De Naples on envoya à la Marmora une épée avec ces mots : « L'antique valeur n'est pas encore morte dans les cœurs italiens. » Les Milanais votaient un monument à élever à Turin en l'honneur de l'armée. Des témoignages semblables furent donnés par les autres contrées de la péninsule au pays « qui seul défendait ouvertement l'Italie » : il y eut des souscriptions d'argent pour donner cent canons à la forteresse d'Alexandrie, et dix mille fusils à la contrée italienne qui se lèverait la première.

Ainsi, la guerre entreprise en faveur des Turcs tournait, en réalité, contre l'Autriche; la paix pour ainsi dire « semait les dents du dragon », et pendant qu'elle garantissait la conservation de la Turquie, elle préparait la destruction des principautés italiennes. Lamartine la dépeint très bien : « Une déclaration de guerre sous forme de paix, la pierre d'attente du chaos européen, la fin du droit public en Europe. »

En effet, les anciennes alliances étaient dissoutes; de nouvelles n'avaient encore pu se former : de là, un désordre général, de l'hésitation chez ceux qui étaient bien affermis, des espérances démesurées chez ceux qui voulaient se consolider, la dure nécessité des sévérités et les exécutions, et l'état de siège et les séquestres chez ceux qui avaient à se défendre; tandis que le Piémont, protestant contre ces rigueurs, grandissait en importance.

Dans ces redoutables circonstances montait sur le trône d'Autriche un jeune homme de dix-huit ans, François-Joseph. Élevé avec soin, mais avec simplicité, par une mère habile et impérieuse comme l'était Sophie de Bavière, lorsqu'il arriva au trône, bien plus tôt qu'il ne pouvait l'espérer, il sut demeurer envers elle respectueux, mais indépendant; sans aucun calcul politique, par pure inclination de cœur, il épousa la belle Élisabeth-Amélie des ducs de Bavière, et quand il alla à sa rencontre à Linz, il la serra entre ses bras et la baisa; le peuple l'applaudit d'avoir mis de côté le cérémonial prescrit.

Avènement de l'empereur François-Joseph et réformes en Autriche.

Avec l'Italie et la Hongrie révoltées, la Croatie qui se remuait, l'Allemagne rassemblée pour proclamer l'unité et élever la Prusse; ayant contre lui l'Europe à l'exception de Palmerston qui, tour à tour soulevant ou réprimant, lui conseillait de retrancher de son empire ces anciennes provinces pour en acquérir de nouvelles, François-Joseph devait être conduit à devenir cruel, lui si chevaleresque. Tout en déplorant la situation, il déclarait possible de régénérer l'Autriche en la ramenant à l'union des pays et des races (*viribus unitis*), pourvu que les peuples consentissent à attendre leur progrès non plus des discussions de leurs représentants, mais du bon plaisir royal; — il leur donnait une Constitution unitaire de la monarchie héréditaire, libre, indépendante, indissoluble, avec Vienne pour capitale; — toutes les races avaient des droits égaux, surtout le droit de conserver leur langue et leur nationalité; il y avait un seul système douanier et commercial; une seule bourgeoisie, un seul code civil et pénal; la justice s'administrait au nom de l'empereur; toute servitude personnelle était abolie; les communes étaient constituées et garanties, les affaires des provinces et les affaires de l'empire nettement déterminées; le pouvoir législatif était partagé entre l'empereur, le parlement et les diètes provinciales selon leur ressort. Dans chacune des diètes, l'empereur nommait des lieutenants responsables. Il y eut désormais un conseil de l'empire formé des membres des diverses provinces. Le pouvoir judiciaire devenait indépendant; les juges, inamovibles; la procédure, publique; les impôts et les tributs devaient être fixés par la loi, et la dette publique garantie. La force publique ne pouvait délibérer en commun. On établissait la garde civique; on déterminait la manière de modifier la Constitution.

Ministère centralisateur de Schwarzenberg. Quelque bien combiné que fût ce système, il était une contradiction à la diversité qui est le caractère historique de l'Autriche; et Félix Schwarzenberg, auteur de ce nivellement universel, de cette réaction violente contre la violence révolutionnaire, reniait les nationalités particulières; au lieu de se servir des forces vives et historiques, il démocratisait le pays, sans avoir les larges vues qui sont nécessaires pour accoutumer les hommes à se gouverner par eux-mêmes.

Schwarzenberg demanda aux gouvernements rétablis en Italie s'ils étaient d'accord entre eux pour restaurer les Constitutions données en 1848; et tous convinrent que ces Constitutions n'étaient pas compatibles avec l'ordre et la paix, et qu'on n'aurait que l'anarchie au dedans, l'agression au dehors, tant qu'on verrait le dogme de l'autorité exposé incessamment à de violentes attaques; tant que les doctrines les plus antisociales seraient propagées par la presse avec une activité infatigable; tant que, par l'apathie des conservateurs, les élections ne tomberaient que sur les intrigants et les démagogues. Le peuple a le droit sacré d'être guidé et protégé par un gouvernement fort et éclairé qui puisse développer une activité intelligente et infatigable, qui prenne hardiment et résolument l'initiative des lois justes et sages et des réformes opportunes, et qui, pénétré de son immense responsabilité, sache se faire obéir et faire respecter les lois partout et par tous.

De fait donc, la Constitution fut abolie, par des décrets formels, dans la Lombardo-Vénétie, la Toscane, la Romagne, dans les duchés; elle tomba en désuétude à Naples.

Mais la Révolution n'était rien moins qu'étouffée. Sortie du triste et pourtant cher rêve de son insurrection, la Lombardie se trouva livrée à l'arbitraire de l'armée sous l'état de siège. Le sentiment de l'indépendance s'accrut; c'est à l'indépendance que visaient les sociétés secrètes et les insurrections qu'elles provoquaient; les brigands et les assassins prétextaient le patriotisme. Toutes les tentatives étaient marquées au nom de Mazzini dont l'activité égalait l'impuissance, parce qu'il n'y avait nul lien entre ses pensées et ses actions. Ses adeptes, mêlés à toutes les sociétés secrètes, engagés dans des tentatives encore plus déplorables, rendirent suspect le nom de républicain.

Victor-Emmanuel II était allié à toutes les maisons régnantes de l'Italie. Le nouveau roi ne s'était pas compromis par des illusions. A la tête d'une armée dégoûtée d'innovations qui lui avaient coûté si cher, avec un pays occupé par les Autrichiens, avec un parlement discrédité et des ministres qui se succédaient à tour de rôle pour montrer l'impuissance de tous, il pouvait facilement retirer le Statut donné, je ne dirai pas spontanément, mais librement par son père, et obtenir pour cet acte les applaudissements que Charles-Albert avait provoqués en l'accordant. Au contraire, après avoir reconnu avec une triste fermeté les malheurs qui avaient hâté son élévation au trône, il assurait que les franchises du pays ne couraient aucun risque; il rappelait la nécessité des trois suprêmes bienfaits, du repos, du progrès, de l'épargne. C'était une bonne fortune d'avoir un roi qui, s'étant formé lui-même et toujours au milieu des soldats, ne se laissa pas corrompre par la noblesse de la cour. Il était chasseur passionné; simple dans ses vêtements et sa nourriture; non pas absolu, mais résolu; il ne rêvait pas de popularité ni de fêtes : sans être un ami des belles-lettres, il les comprenait facilement; il restait plutôt étranger aux parti

Le roi Victor-Emmanuel Ier*.*

qu'il ne leur était supérieur; observant fidèlement le Statut, il s'embarrassait le moins possible dans les affaires, et se déchargeait des actions les moins justifiables par l'irresponsabilité constitutionnelle.

<small>Le Statut piémontais et les politiques.</small> Le Statut, qui, dans les idées de ce temps, représentait la vraie liberté, était une copie de ce mélange hétérogène de despotisme impérial et des libertés anglaises, qu'en ce moment même la France rejetait. Vingt-trois ans d'expérience avaient démontré son peu de valeur à affermir la liberté et à assurer la paix. Malgré de trop nombreux défauts, il pouvait suffire cependant à un peuple élevé dans la morale et trempé dans la civilisation; c'en était assez pour apparaître comme un reproche aux princes qui y avaient renoncé, et pour servir de but aux désirs de tous les autres peuples de l'Italie.

Mais le conserver, alors que le passé était détruit et l'avenir à peine ébauché; unir le stimulant qui fait les hommes libres au frein qui fait les hommes forts; mettre d'accord la tradition conservatrice et les innovations qui s'imposaient, de sorte que l'autorité n'empêchât point la liberté, et que la liberté ne renversât pas l'autorité; ne vouloir pas reculer, et ne point renier sa propre entreprise, c'était chose bien difficile au milieu des passions surexcitées; avec un parlement qui mettait sa gloire à attaquer la couronne et sa dignité à refuser un accord inévitable; avec ce changement de ministres impuissants en face des partis qui, en Piémont, tendaient à se heurter et non à se fondre, et qui tous avaient du sang et des larmes à venger; avec l'insubordination des réfugiés et des journalistes qui, par de continuelles accusations et des interprétations systématiquement fausses des faits, faisaient entrer chez le peuple tranquille ce qui le corrompt le plus, la haine et le mépris. Les élections se faisaient au hasard ou par brigue. Tout aventurier, devenu un moment l'idole de la caste électorale, s'érigeait en législateur dans des matières qu'il ignorait complètement; à grand renfort de phrases et de poumons, il faisait applaudir tout ce qu'il y avait de plus exagéré et de moins raisonnable, se contentant d'acquérir passagèrement une popularité malsaine. On ne voyait aucune individualité puissante, mais une médiocrité générale d'hommes, non d'action, mais de parole; et, dans cette foule, un homme sans valeur, s'estimant capable, se croyait assez d'esprit pour être dispensé de s'instruire : pauvre esprit, qui sert de voile à l'inertie, et consiste en un peu d'imagination sans sûreté de jugement, dans une conception rapide mais irréfléchie, dans la facilité à aller de l'avant sur une première pensée, sans attendre un second mouvement qui donne la maturité et la perfection. Et ces hommes se préparèrent à proscrire toute indépendance morale, à blâmer les personnes et les choses qui s'élevaient au-dessus de leur propre bassesse, à prétendre à la domination de la laideur sur la beauté, de la négligence sur l'étude, du manque d'éducation sur l'instruction ; et avec le secours de l'espionnage et des calomnies, qui furent si nuisibles à l'avenir de l'Italie, ils firent des héros et des martyrs, ils détruisirent l'autorité et la grandeur des caractères, et se donnèrent le plaisir d'avilir ceux à qui ils auraient dû obéir.

Ce n'est pas dans de semblables circonstances que l'on peut obtenir une vraie connaissance de la liberté et consolider les doctrines politiques et sociales, logiquement liées entre elles. Le libéralisme s'était presque borné à combattre le système-policier des anciens gouvernements ; si bien que, ces gouvernements une fois disparus, il ne comprenait rien au delà ; on se trouvait heureux de l'acquisition de quelques droits politiques ; on appelait peuple le vulgaire, et lâcheté la modération. Les vrais libéraux désapprouvaient qu'on se laissât ainsi mener par des paroles, et qu'on fît de l'individu un esclave pour rendre libre la multitude ; mais ils se taisaient pour ne pas se faire des affaires avec les meneurs des places publiques, ou bien ils n'étaient pas écoutés. Effrayés de ces excès et des dommages que les soulèvements politiques causent aux mœurs et aux intelligences, beaucoup s'empressèrent d'abjurer comme des erreurs les vérités qui succombaient ; ils étaient honteux d'avoir trop espéré.

Mais ces discussions, cette publicité donnée à tous les actes, cette ébullition de la classe la plus intrigante et la plus bavarde, réussissaient à faire considérer le parlement comme le symbole de la nation et le noyau de l'Italie future. La liberté qui, partout ailleurs, s'appliquait à dénigrer et à renverser, se plaisait ici à seconder les vues du gouvernement. Dans le Piémont s'était retirée la plus grande partie des émigrés des autres pays : gens d'esprit et d'activité, comme le sont d'ordinaire les hommes de cette classe ; attentifs à se procurer du pain et des honneurs, et à se faire un mérite de ce qu'ils ont souffert. Beaucoup d'entre eux étaient des nobles, Lombards pour la plupart ; ils apportaient des richesses, un souffle de vengeance, et une action incessante sur le pays que convoitaient depuis longtemps les princes de Savoie. Mais avec eux était venue une tourbe parasite, riche seulement en colère et en jalousie, qui vivait du métier de martyr, d'écrivain, de mendiant, flattant l'opinion du jour, et voulant que la queue menât la tête.

Le désordre des finances était grand, et les impôts énormes mais nécessaires pour payer les désastres de deux campagnes et les 75 millions dus à l'Autriche ; pourtant l'administration se montrait active, et le Piémont fut doté d'institutions nouvelles ; l'industrie développait l'exportation de la soie et l'importation du coton ; on répandait des machines agricoles, des engrais artificiels ; les salaires s'élevaient ; les spéculations commerciales se multipliaient ; on osait aborder des entreprises gigantesques comme l'agrandissement du port de Gênes, le canal Cavour (1) ; et surtout la construction soit de routes, soit de chemins de fer pour unir les diverses contrées entre elles et avec les pays voisins.

Cavour et Rattazzi. Le comte Camille Cavour, né d'une famille riche, étudia à l'étranger et y écrivit sur l'économie politique : dans sa patrie, il était moins bien vu parce qu'on le regardait comme trop dévoué aux idées anglaises, et peut-être aussi à cause des bons mots et du rire sardonique qu'il n'épargnait ni aux discours ni aux actes de ses compatriotes. Lorsque commencèrent les agitations de 1847, il se jeta dans le journalisme, où il soutenait les innovations ; mais sa modération au milieu des exagérations croissantes, sa richesse, ses entreprises, ses amitiés le rendaient suspect aux démocrates qui l'appelaient clérical. Il réussit à pénétrer dans le ministère d'Azeglio, et en opposant à l'inertie systématique de celui-ci l'art de s'agiter toujours et de faire parler de lui-même, il demeura maître du terrain, déserta le parti modéré et religieux, et s'allia à la gauche. Le chef de la gauche était Urbain Rattazzi (1810-73), avocat d'Alexandrie, argumentateur subtil avec une

(1) Le canal Cavour, partant de la rive gauche du Pô, au-dessous de Chivasso, traverse la Dora-Baltea par un pont-canal de 192 mètres et un aqueduc de 2,151 mètres, l'Elvo par un siphon de 177^m,50, le Cervo par un pont-canal de 150^m et un aqueduc de 2,622^m, la Sesia par une galerie souterraine de 265^m ; des travaux de moindre importance lui font franchir la Roasenda, Marchiana, l'Agogna, le Terdoppio, et, après un parcours de 80 kilomètres, il débouche dans le Tessin près de Turbigo ; il joint les eaux du Pô à celles de la Dora-Baltea et arrose plus de 200,000 hectares des pays de Verceil, de Novare, de la Lomellina et de Casalasco.

faconde qui venait toute de la tête et non du cœur; à la chute de Gioberti, il avait été chargé de composer un ministère; il en était le chef à l'époque de la bataille de Novare; et on eut beau lui imputer ce désastre, il ne perdit pas la faveur populaire, malgré même les insultes de Gioberti; il réprima assez ce qu'il y avait d'exubérant dans son caractère pour s'entendre avec Cavour.

Le ministère de Cavour, qui dura six ans, remplaça la politique réparatrice par une politique d'agression contre l'Autriche. Il avait plus d'intelligence que de foi et d'idéal, une raison froide et sans élan, un esprit pratique, des idées peu élevées : aussi ne conçut-il aucun dessein nouveau, mais sut se servir des desseins d'autrui. Il était sans expérience dans les sciences, les lettres, les arts; tous ses calculs étaient des calculs d'intérêt; il osait dire ce que les autres taisaient; il affirmait résolument, bien persuadé que la plupart des hommes, superficiels ou distraits, se laissent entraîner par de franches assertions. Au milieu d'une foule qui s'enivrait de phrases, il reconnut que la politique ne vit pas de théories, mais du possible. Il poussait avec une prodigieuse activité les travaux publics, les canaux, les chemins de fer; il veillait aux prisons, à l'égale répartition des impôts, faisait avec la France un traité de commerce, négociait un emprunt avec la maison Rothschild, et répétait sur tous les tons qu'il fallait payer, payer encore.

Tour à tour il élevait ou abaissait les hommes; facilement il se prenait à aimer quelque personne, mais lui devenait-elle inutile, il l'abandonnait, parfois avec cruauté; il allait même jusqu'à l'insulter, sauf à se dédire et à demander pardon. S'agiter sans cesse, crier, affirmer, accumuler les espérances, ne permettre jamais que, ni au dedans ni au dehors, on oubliât le Piémont et son ministre, telle fut sa tactique. Il n'avait aucun scrupule dans le choix des moyens : il en changeait selon le vent, c'est-à-dire d'après les criailleries des journaux. Il savait comment diriger ces feuilles parce qu'il savait à quel prix se vendraient leurs Brutus; mais pour se servir, comme il le faisait, de l'immoralité, il fallait une conscience large.

Son meilleur expédient pour détourner les esprits des libertés politiques était d'attaquer les libertés de l'Église : « Quand je veux faire accepter une proposition, disait-il, je mange un moine. » En 1841, Charles-Albert avait conclu un concordat avec le souverain pontife : comme il arrive en de telles transactions, le pape cédait sur certains droits ou privilèges pour en consolider d'autres. Mais parce que la forme du gouvernement était changée, on prétendait que cette convention elle-même devait cesser. Le premier article du Statut, l'article auquel Charles-Albert tenait le plus, avait été la domination de la religion catholique ; il y ajoutait le respect de toute propriété ; mais les tapageurs, qui ne savent faire preuve de liberté qu'en ravissant celle des autres, voulurent qu'on mît la main sur les biens du clergé, et qu'on supprimât les congrégations religieuses, en confisquant leurs propriétés ; qu'on abolît le concordat et les franchises ecclésiastiques ; et, pour les punir de leur résistance, on chassa ou l'on emprisonna les évêques de Turin, d'Asti, de Sassari, de Cagliari. Dès lors, les consciences sont violentées : d'un côté, on refuse les sacrements aux députés et aux ministres qui ont encouru les censures de l'Église ; de l'autre, on excite les prêtres contre les évêques ; de part et d'autre, on glorifiait comme un vrai martyre ce qui n'était souvent qu'une ostentation d'amour-propre.

De tels conflits, où le sentiment de la majorité était sacrifié aux clabaudages des gazetiers, inspirait de la hardiesse au parti qui tendait à détacher l'Italie de la foi des aïeux et du peuple, on voyait se multiplier les livres, les journaux, les prêches, les écoles de la secte vaudoise. Et comme, pour rendre complice la conscience publique, il fallait d'abord la corrompre, le peuple paisible et religieux de Turin était chaque dimanche empoisonné par des journaux où un Bianchi-Giovini insultait le Christ, la Trinité, la Vierge mère ; la papauté était représentée comme une peste non seulement pour l'Italie, mais aussi pour la foi elle-même ; à tout progrès de la patrie on donnait pour fondement la ruine du catholicisme, la haine de l'ordre surnaturel qui est pourtant la base de l'ordre dans ce monde, et la nécessité de choisir entre une Église sans tolérance et une démocratie sans Dieu.

Menées secrètes en Italie. Pendant ce temps les journaux répétaient des menaces contre l'Autriche ; et l'effet s'en révéla par la tentative du 6 février 1853, à Milan, où au milieu des fêtes du carnaval quelques séditieux s'aventurèrent à tuer des soldats allemands. Des secours devaient accourir de la Suisse et du Piémont ; mais, avant leur arrivée, le soulèvement fut réprimé avec la plus grande facilité et cruellement vengé. L'Autriche ayant séquestré les biens des Lombards émigrés qu'elle regardait comme complices des assassins de Milan, Cavour adressa à toutes les puissances un *memorandum*, où il mettait en avant les droits internationaux; un État, disait-il, ne peut pas, pour sa propre sécurité, adopter des précautions illégales; ce serait mettre en pratique les doctrines révolutionnaires que tout gouvernement bien réglé doit au contraire combattre, puisqu'elles sapent toute la société civile; il demanda aussi 400,000 livres pour secourir les émigrés dépouillés. Par là, il amenait la diplomatie à conspirer avec la Révolution; il faisait accepter l'idée que l'Italie ne pouvait rien d'elle-même, et que, par conséquent, il n'y avait plus qu'à attendre des circonstances favorables pour s'en prendre à la grande ennemie. Il fortifiait Casal et Alexandrie, réunissait à la Spezzia toutes les forces navales; il opposait des déclarations et des démentis formels à l'Autriche qui se plaignait de se voir attaquer chaque jour; et, démontrant que le Piémont seul opposait une digue à la Révolution, il donnait de l'importance à son pays et le faisait appeler comme un sauveur par toute l'Italie.

L'Italie, qu'on a bien mal nommée *une terre des morts* (1), continuait à rester dans une paix douloureuse; elle ne pouvait supporter le présent, était avide d'un avenir indéterminé, agitée par la presse piémontaise et par les bannis qui travestissaient et raillaient toutes les tentatives des princes pour l'amélioration de leurs pays (2). L'État pontifical et le

(1) Le mot *terre des morts*, pour lequel Lamartine dut se battre en duel, se trouve dans Sismondi, historien si partial pour nous. Au chapitre 126º de son livre *Républiques italiennes*, il écrit : « Soit qu'on observe l'Italie entière et la nature de son sol, ou les œuvres de l'homme et l'homme luimême, on croit toujours être sur la terre des morts, en voyant la faiblesse des générations actuelles et la puissance de celles qui les ont précédées. »
Leopardi en dit autant, et, avec lui, tous ceux qui ne savent voir maintenant qu'une *résurrection* de l'Italie. Pour nous, nous cherchons toujours à montrer quelle vie il y avait dans ces cadavres,
(2) Voici, d'après l'*Annuaire* de Duprat et Gicca, les chiffres pour les États italiens en 1859 :

	Recettes.	Dépenses.
État pontifical	78,483,392	77,506,340
Royaume de Naples	128,072,426	126,377,010
Grand-duché de Toscane	39,866,400	39,131,300
Duché de Parme	8,702,225	8,585,064
Duché de Modène	10,940,196	10,935,272
Royaume sarde	157,574,252	159,637,314
Lombardie	86,600,000	67,392,000
Totaux généraux	509,128,891	490,214,300

royaume de Naples étaient infestés de brigands. Ceux qui avaient rêvé académiquement la prédominance de notre nation sur tous les peuples, demeuraient mortifiés comme des comédiens qui voient sifflé au cinquième acte un drame applaudi dans les actes précédents. Plusieurs, las de tant de convulsions, se seraient étendus sur un lit, fût-il d'épines, s'irritant contre qui viendrait les réveiller; et ne voyant de moyen de restauration que dans le repos, ils condamnaient jusqu'aux libertés honnêtes et aux garanties prudentes.

On n'entendait plus la foule frémissante, tour à tour joyeuse ou éplorée, qui avait crié : « Vivent les Piémontais! vivent les rois constitutionnels! vive la république! vive la fusion! » qui aurait crié aussi : Vivent les Français! vivent les Allemands! vive la fraternité! » à condition qu'on ne lui enlevât pas sa paix et son bien. Un trop grand nombre d'hommes, parce qu'ils avaient écrit et bavardé, ou parce que dans les guerres de la patrie ils avaient fait leur devoir, se croyaient en droit d'exiger des emplois, des dédommagements, de la considération. Un trop grand nombre, au lieu de se former à la sagesse par la souffrance, ne savaient que s'arracher les cheveux, maudire les évènements et les hommes, désespérer des uns et des autres; accuser de lâcheté ceux qui ne s'opiniâtraient pas dans leurs erreurs, et acceptaient la sainte impopularité de la vérité.

Des chevaliers errants du désordre, associant honteusement la charlatanerie aux nobles sentiments de patrie et de nationalité, avec un mélange d'arrogance et d'ignorance, cherchaient de nouvelles occasions; de défenseurs maladroits ils étaient devenus des vengeurs furieux, ils voulaient construire avec des ruines et sur des ruines, et, sans s'en apercevoir, ils aidaient ces brouillons qui sont disposés à tous les crimes pour lesquels il ne faut pas de courage.

Ainsi, au lieu d'une réconciliation dans le pieux sentiment de la patrie vaincue et dans le dessein d'en rétablir la grandeur et la félicité, on eut pendant quelque temps le triste spectacle d'un peuple qui, refusant de s'avouer vaincu, cherchait dans la douleur même de sa défaite un nouvel élément de désordre : tels ces joueurs malheureux qui recourent à des expédients nouveaux, changent la table de jeu, veulent un autre tapis. Cependant, avec le seul courage de se plaindre, avec la seule force de s'indigner on n'acquérait point cette trempe robuste que donnent les malheurs; on gaspillait ce trésor de sentiments qu'on avait vu dans les premières agitations de l'Italie; la société polie se désaccoutumait de l'idéal et de tout ce qui révèle le culte de la science et de la foi; les idées de subordination et d'économie disparaissaient; on voyait s'introduire des manières de bravache : on portait de grandes moustaches, on fumait, on affectait la grossièreté, on rêvait une catastrophe dramatique plutôt que le progrès qui marche lentement.

Dans ces bouleversements, d'immenses réserves avaient été dissipées, les finances étaient épuisées, la dette accrue, le papier-monnaie mis en circulation, les communes grevées; la tâche de gouverner devenait plus coûteuse parce qu'elle était par là même plus difficile : de là, la nécessité d'impôts nouveaux, de contributions, de l'emploi de la force; et, par conséquent, de là, des mécontentements et de nouveaux troubles. Les gouvernements rétablis, ne pouvant étouffer les souvenirs et les espérances, cherchaient leur force dans les troupes étrangères, dans des armées nombreuses, dans un peuple de sbires, et dans l'état de siège prolongé : moyens qui répugnent aux conditions normales d'une société civilisée; puisqu'ils substituent à la marche régulière des tribunaux et de l'administration l'arbitraire absolu de l'autorité militaire et des cours martiales, affranchies des formalités qui protègent la vie et la sécurité du citoyen.

Les Autrichiens ne purent se faire tolérer même en accordant un grand nombre de libertés, même en envoyant comme gouverneur l'archiduc Maximilien, frère de l'empereur. Maximilien, jeune homme cultivé et plein d'excellentes intentions, conçut la noble illusion de réconcilier la Lombardo-Vénétie, d'en développer la prospérité, de rétablir les traditions de joie et de confiance entre le peuple et les souverains, entre la noblesse et la cour, telles qu'elles étaient au siècle précédent; il favorisait les entreprises particulières, et en suggérait lui-même quelques-unes; il demandait des conseils à ceux qui étaient capables d'en donner; il nommait des commissions pour assimiler le cens de la Vénétie à celui de la Lombardie, pour régler le cours du torrent du Ledro, dessécher les vallées du pays véronais, porter secours à l'extrême misère de la Valteline, imposer à toutes les communes d'avoir des pompes à incendie, réformer les académies des beaux-arts et des sciences, introduire des méthodes d'éducaion appropriées au pays, promouvoir les travaux de génie.

L'archiduc Maximilien vice-roi de la Lombardo-Vénétie.

Une foule de journaux répandaient les nouvelles, distribuaient l'éloge, le blâme, colportaient des mensonges évidents ; on croyait ces mensonges, parce qu'ils étaient prohibés, et ils étaient répétés à satiété dans les feuilles : personne n'eût osé contredire. Ainsi le « *Parti national de l'Italie indépendante et une* » créait une opinion puissante et suggérait les moyens de la développer. Son chef était Daniel Manin, autrefois dictateur de la république de Venise, maintenant converti à la monarchie ; son bras était le Sicilien La Farina ; Cavour les favorisait grandement, mais en cachette. Mazzini en était peu satisfait ; avec la *Société nationale* il prêchait l'unité de l'Italie, mais de l'Italie républicaine : aussi il n'avait pas d'appui officiel. Divers soulèvements furent tentés dans la Romagne, dans les Deux-Siciles, et enfin à Gênes.

<small>Attentats sur les souverains. Assassinat du duc de Parme. 30 juin. 1857.</small>

On ne reculait devant aucun moyen : il y eut de nombreux assassinats de simples citoyens, le duc de Parme fut tué ; on fit des tentatives contre la personne de l'empereur d'Autriche (*Libéri*), et du roi des Deux-Siciles (*Milano*).

Napoléon III, le représentant de cette omnipotence de l'État où le libéralisme confine au socialisme, aurait dû plaire aux sectaires du milieu desquels il était sorti ; pourtant les conspirations se renouvelèrent, et les Italiens, en particulier, lui en voulaient d'avoir rétabli le pouvoir du pape. Déjà en 1855 un Pianori de Faenza avait attenté à la vie de cet empereur ; puis, en 1857, le Piémontais Tibaldi ; Gridi, un chapelier de Cesena ; Bartolotti, un cordonnier de Bologne, essayèrent aussi ; ils furent découverts et condamnés ; Mazzini, Massarenti, Campanella furent aussi condamnés par contumace, comme leurs complices ou leurs inspirateurs.

Félix Orsini, de la Romagne, avait pour devise que, tant qu'un étranger armé a pied en Italie, il faut continuer une guerre et une conspiration sourdes, constantes, furieuses, par toutes sortes de moyens. Il conspirait sans cesse avec Mazzini, échappé de la prison de Mantoue ; il exposait en Angleterre la déplorable condition de l'Italie : avec Pieri de Lucques, Rodio de Bellune et le Napolitain Gomez, il prépara

<small>Les bombes Orsini. 4 janvier. 1858.</small>

des bombes homicides, et, à Paris, les lança sur la voiture de l'empereur qui allait au théâtre ; cent cinquante-six personnes et vingt-quatre chevaux furent tués ou blessés ; l'empereur échappa miraculeusement à un tel péril. Orsini, arrêté et jugé, déclara avoir agi par amour de l'Italie dont il espérait voir sortir la délivrance d'un désordre universel. Des tableaux, des médailles, des images, qui représentaient son supplice, apparurent en tous lieux; aux pendants d'oreilles et et aux bracelets on ajouta de petites bombes qui imitaient les siennes; on publia et on commenta ses *Mémoires*.

Cet attentat fit une grande impression sur l'empereur qui, se voyant exposé à être assassiné comme infidèle à son serment maçonnique, se jeta du côté de la révolution dans le dessein de changer la condition politique de l'Italie. Il conspira donc de nouveau avec Cavour, n'ayant d'autres confidents que son cousin le prince Jérôme, le ministre des affaires étrangères Walewski, le préfet de police Pietri et Villamarina, ambassadeur sarde à Paris. Dans l'été de 1858, il invita Cavour à venir aux eaux de Plombières, se concerta avec lui pour chasser les Autrichiens de la Lombardo-Vénétie qui serait annexée au royaume sarde ainsi que les duchés; on céderait à la France Nice et la Savoie; on mettrait à Naples un membre de la famille de Napoléon; on en placerait un autre dans la Toscane, agrandie des Légations; le second fils du roi de Piémont irait en Sicile; tous seraient unis en une fédération dont le chef serait le pape qui réformerait son gouvernement sur l'exemple de la France (1).

Entrevue de Plombières.

Un opuscule fameux intitulé, *Napoléon III et l'Italie*, proposait toutes ces combinaisons, et parlait sans ambages de chasser les Autrichiens. On y lisait : « L'histoire et la nature même démontrent qu'on ne peut faire de l'Italie un seul royaume. Qui donc pourrait ramasser la couronne de fer tombée de la tête de Napoléon Ier? Elle serait aussi lourde à porter que difficile à conquérir. Les fédérations en Italie paraissent une production spontanée du sol. » On énumérait les différentes tentatives essayées, jusqu'à l'école libérale née après 1831, qui, répudiant les conspirations et les sociétés secrètes, invoquait l'union des princes et des peuples, l'alliance de la religion et de la liberté, et montrait Pie IX et Charles-Albert unis pour la même cause avant la révolution de 1848. « L'idée fondamentale de cette école est la fé-

La brochure *Napoléon III et l'Italie*.

---

(1) Ce fut Napoléon même qui dicta le fameux discours de Victor-Emmanuel à l'ouverture de la Chambre de janvier 1859, qui fut la déclaration de guerre. Comme on lui envoya la copie de ce discours, il y ajouta de sa main les phrases les plus significatives, et spécialement celles qui sont devenues historiques : « Tout en respectant les traités, nous ne pouvons pas rester impassibles aux cris de douleur qui viennent jusqu'à nous de tant de points de l'Italie. »

dération sous un chef; et qui pouvait être ce chef, sinon celui qui personnifiait l'idée la plus universelle et la plus puissante, qui s'attirait l'enthousiasme et le respect, qui donnait les beaux-arts à l'Italie? La suprématie du pape agréait à tous : ce qui ne pouvait se faire en 1848 est mûr maintenant. La cause de la nationalité d'un peuple, de l'équilibre européen, de l'indépendance du pape, a toujours été défendue par la France. La France n'a pas besoin de gloire: elle désire seulement que la diplomatie, à la veille d'un conflit, fasse ce qu'elle ferait au lendemain d'une victoire. » Avec ce programme précis du premier acte de cette guerre, Napoléon, sincère ou non, donnait un thème aux discussions qui s'agitaient, comme il arrive toujours à la veille d'une prise d'armes. Dans la réception du commencement de l'année, en témoignant à l'ambassadeur d'Autriche qu'il était peu content de son gouvernement, il troubla l'Europe et consola l'Italie; le Piémont redoubla ses préparatifs; Giuseppe Garibaldi, qui était venu d'Amérique en 1848 se mettre à la tête de quelques bandes, et qui y était retourné dans l'intervalle, demandait des armes, de l'argent, des volontaires. L'Autriche dut se prémunir, et le Piémont cria à l'Europe qu'il était menacé; il arma la garde nationale; il accueillait les jeunes conscrits qui fuyaient de la Lombardie, toujours parlant de paix et protestant qu'il ne faisait que se défendre.

La guerre avec l'Autriche. Avril. 1859.

L'Autriche ne pouvait céder la Lombardo-Vénétie, sous peine de voir les autres États invoquer ce précédent à leur profit : elle réclama l'intervention de toute l'Europe qui s'effrayait à l'approche d'un choc universel (1) : poussée à bout, l'Autriche déclara la guerre et passa le Tessin.

Elle aurait dû le faire plus tôt, ou du moins marcher alors sur Turin et sur Gênes; au lieu de cela, par ses retards elle laissa le temps d'arriver à Napoléon qui déclara venir en aide au Piémont, son allié, attaqué par l'Autriche; cet aide consistait en une armée de 180,000 hommes, avec tous les services militaires et les engins les plus perfectionnés (2).

(1) Dans la *Vie du prince Consort,* on a publié récemment une belle lettre de la reine Victoria, du 4 février 1859, pour détourner Napoléon de la guerre, au nom de l'humanité et de la justice.

(2) Les 280 postes militaires de la France sont unis entre eux par 8,559 kilomètres de voies ferrées, sur lesquelles circulent 3,000 locomotives, 7,000 wagons de voyageurs, 53,000 wagons de marchandises; ce matériel aurait suffi pour 250,000 hommes et 50.000 chevaux avec l'équipage

Par les journées de Palestro et de San Martino, par la bataille très sanglante de Magenta livrée entre 58,000 Autrichiens et 54,000 alliés, les Autrichiens furent repoussés au delà du Mincio (1). La bataille de Solferino, où l'on déploya peu de tactique, mais beaucoup de valeur, s'engagea entre 150,000 Autrichiens et autant d'alliés, avec des armes plus terribles et des moyens d'attaque plus puissants; elle coûta la vie à 3 maréchaux, à 9 généraux, à 1,566 officiers et 40,000 soldats. Palestro.
1er juin.

Solferino.
23 juin.

L'Europe s'alarma de la prépondérance que la France recouvrait dans la péninsule. L'Anglais Palmerston désirait ardemment la destruction du pouvoir du pape; cependant il envoya sa flotte dans les eaux d'Alexandrie, prête à profiter des agitations pour occuper l'Égypte et la Sicile. La Confé-

---

correspondant. Cette fois on transporta du 20 avril au 15 juillet (date de l'armistice de Villafranca), de leurs différentes garnisons à leur lieu de destination, 225,000 hommes et 36,000 chevaux. Pendant les derniers jours d'avril, sur le réseau de la Méditerranée, voyageaient chaque jour, par le chemin de fer, 9,600 hommes et 450 chevaux. En peu de temps, une armée entière avec l'immense charge de ses bagages put arriver à une distance de 800 kilomètres. Deux mois d'étapes ordinaires auraient à peine suffi. De la sorte, l'armée ne laissait derrière elle ni malades, ni traînards, ni éclopés; les vêtements et les chaussures ne s'usaient pas par la marche.

(1) Le 4 juin 1872 on inaugura le caveau funéraire des soldats morts dans la bataille de Magenta. Les discours prononcés furent les déclamations habituelles. Les murailles de l'ossuaire sont garnies d'environ 4,000 crânes; des tables de bronze portent gravés les noms de 1,500 Français, parmi lesquels est celui du général Espinasse. Un monument plus grandiose est élevé à Solférino.

L'institution de la Croix rouge nous a un peu consolés des atrocités de cette guerre. Puisque les tentatives pour amener une paix universelle sont reconnues absolument inutiles à cause de nos mœurs barbares, il ne reste qu'à en adoucir les effets, c'est-à-dire à soigner les blessés et les malades. Plus d'une fois on y avait pensé, et jamais la charité chrétienne ne manqua à ce devoir. Alors le docteur Dunant, se servant de la Société d'utilité publique de Genève, formula quelques règles sur le service des blessés, sur les franchises des hôpitaux, des médecins et des infirmiers, sur les comités de secours. Une convention fut stipulée à Genève en août 1864 avec l'intervention des représentants de seize puissances : elle portait que les belligérants respecteraient les hôpitaux, les services de santé, les transports des malades, de quelque nation que ce fût; on adopta pour cela un étendard qui serait joint au drapeau national, et pour signe un brassard avec une croix rouge sur fond blanc. En 1868, la convention fut étendue à d'autres États et à la marine; elle fut perfectionnée en 1874; et dans tous les pays, il y a des comités pour préparer des bandages, de la charpie et des emplâtres. Voy. LUEDER, *la Convention de Genève au point de vue historique, critique et dogmatique.*

dération germanique avait déclaré, en 1848, que la ligne du Mincio lui était un rempart nécessaire et qu'elle emploierait toutes ses forces pour y maintenir l'Autriche. Mais lorsque François-Joseph envoya réclamer un appui, on chicana, et à grand'peine on proposa une médiation d'accord avec la Russie et l'Angleterre, pour conserver les possessions autrichiennes en Italie.

Napoléon avait affirmé que la guerre n'atteindrait que l'Autriche et ne se changerait jamais en une révolution; et voilà qu'au contraire toute la Péninsule est en ébullition; la Toscane chasse le grand-duc; Parme et Modène en font autant; et le Piémont, contrairement à l'idée que caressait l'empereur d'une Italie divisée en trois royaumes avec le pape pour chef, demande l'unité italienne; ce résultat allait aliéner à Napoléon son clergé et les puissances, et faire tort à la prédominance qu'il espérait pour la France en Italie, au moment même où l'on craignait, sur le Rhin, une attaque de l'Allemagne, que l'armée restée en France n'aurait pas suffi à repousser.

Villafranca et Zurich. 11 juillet 1859. Pour tous ces motifs, Napoléon offrit à l'empereur d'Autriche un armistice bientôt suivi d'une entrevue et de la paix de Villafranca. Celle-ci, ratifiée à Zurich, proclamait la paix entre l'Autriche, la France et le Piémont; l'Autriche cédait la Lombardie à l'empereur des Français qui la remettait au roi de Sardaigne; elle conservait la Vénétie qui entrerait dans la fédération italienne présidée par le pape; on n'empêcherait point la restauration des princes; on agrandirait les possessions du grand-duc de Toscane; le Piémont payerait à la France une indemnité de 60 millions pour les dépenses de l'armée.

Ainsi se terminait une guerre qui, outre des flots de sang, avait coûté 612 millions à l'Autriche, 360 à la France, 177 à l'Italie, 184 à l'Allemagne; en tout 1 milliard 333 millions : la guerre de Crimée avait coûté 7 milliards. Les Autrichiens gardaient avec eux la couronne de fer, conservaient le nom de royaume lombardo-vénitien; ils maintenaient intact le quadrilatère que depuis cinquante ans ils avaient travaillé à rendre inexpugnable; ils gardaient le passage libre du Pô à Borgoforte, des routes ouvertes qui par le Brenner, le Sömmering et toutes les vallées de l'Adige, de la Piave, du Tagliamento, de l'Isonzo, mettaient l'armée d'Italie en communication avec l'Empire; contre l'Italie, ils avaient Mantoue, Borgoforte, Rovigo et les forts des lagunes de l'Adriatique et du lac de Garda ; entre Legnago et Pastrengo, ils avaient la formidable forteresse de Vérone. Mais les démonstrations hostiles de ses voisins devaient forcer l'Autriche à se tenir sur pied de guerre dans la Vénétie, justifier les plaintes de cette province et exciter les espérances d'émancipation.

Ce n'est donc point sans raison que les Italiens, après avoir déifié Napoléon, le maudirent alors comme un traître. Le roi, qui n'avait pas même été consulté, était hors de lui : il *jeta son bonnet*, comme Cavour jeta son portefeuille ; mais tout aussitôt on se remit à conspirer. La paix de Villafranca était à peine ratifiée, et déjà tout était disposé pour la violer. Le droit nouveau excluait l'intervention armée, mais non pas la pression par le moyen de la diplomatie, de l'agitation, de la presse, des discours parlementaires officiels ou de clubs. Les duchés, la Toscane, les Légations, refusèrent toute restauration ; le suffrage du peuple proscrivit les anciens souverains ; Victor-Emmanuel fut acclamé comme protecteur, et on nomma des dictateurs. En mars 1860, la Toscane, le Parmesan, le Modenais (1), étaient déclarés parties intégrantes *du royaume d'Italie*.

Les puissances protestaient contre ces violations du droit public, mais ne les empêchaient point. Napoléon les désapprouvait tant qu'elles n'étaient pas achevées ; alors il s'inclinait devant la théorie des faits accomplis et du suffrage universel auquel il devait lui-même le trône. Cependant, à la séance d'ouverture du Corps législatif, il déclarait que, le royaume de la haute Italie possédant maintenant neuf millions d'habitants, la France devait demander des garanties pour sa sécurité ; et pour cela, il revendiquait le versant septentrional des Alpes, Nice et la Savoie. Le suffrage universel sanctionna cet échange ; le Piémont perdait ainsi le

---

(1) Parmi les fautes attribuées à François IV dans les *Documents relatifs au gouvernement Austro-Este à Modène*, publiés en 1859 par ordre du dictateur des provinces modenaises, est le décret qui, le 12 février 1845, établissait un grenier d'abondance perpétuel. Une expérience ayant démontré qu'on pourrait les conserver, il ordonnait d'acheter 18,000 sacs de froment, 2,000 de gros blé, 8,000 de riz, 12,000 de farine de châtaignes, et 1,000 sacs de haricots ; en cas de hausse, on vendrait ces provisions au-dessus de leur prix d'achat, mais au-dessous du cours de la place ; le bénéfice serait employé à maintenir dans le grenier la même quantité et la même qualité des dépôts. De nouveau, le gain serait employé à des dépenses de conservation : et ainsi de suite perpétuellement.

berceau de la dynastie régnante et un boulevard contre des voisins remuants. On fit échec à la Suisse en faisant entrer la France au cœur de ce pays. Débouchant de Nice, la France peut séparer Milan et Turin du reste de l'Italie, et les Alpes des Apennins ; elle peut couper une armée italienne étendue sur une longue ligne de Gênes à Marsala. Ce n'est pas seulement *une Irlande* que la France acquérait dans les 9,250 kilomètres de la Savoie et les 4,200 du pays de Nice ; elle gagnait une population morale, des soldats très fidèles et courageux, des citoyens intelligents, des paysans laborieux.

Garibaldi, qui était de Nice, continuait ses entreprises où il réussissait grâce à ses bandes de jeunes gens qui, dans leur enthousiasme, s'attachaient à ses pas ; il menaça plusieurs fois les pays demeurés au pape, et visait même le royaume des Deux-Siciles. Ferdinand II eut toujours pour politique l'indépendance de son royaume, et chaque jour il déplorait davantage que ses ancêtres eussent négligé cette indépendance (1). Pendant les premières années, il se maintint dans une modération élevée : les conseils d'État et la correspon-

<small>Ferdinand roi de Naples. 22 avril 1859.</small>

(1) Vincenzo de Giovanni, Vito la Mantia, Salvatore del Bartolo, Giuseppe Meli, Pietro Platania, se sont chargés de prouver l'activité de la Sicile dans la philosophie, le droit, les études sacrées, l'archéologie, les beaux-arts et la musique. L'avocat Francesco Maggiore Perni publiait en 1875 une dissertation intitulée : « *l'Économie politique en Sicile au XIXe siècle* » ; il y montrait le réel mérite des économistes de cette île, et faisait voir combien les doctrines libérales de Paolo Balsamo, de Scrofani, de Sanfilippo, de Palmeri, de Busacca, d'Emerico Amari, de Francesco Ferrara, de Giovanni Bruno, de Placido Deluca, de Vito Dondes, de Majorana Calatabiano, de Filippo Cordova et d'autres encore, contribuaient aux réformes sociales, aux bons règlements établis dans ce pays et dans le royaume de Naples. Robert Peel citait solennellement, à la Chambre des communes, une profession de foi d'économie libérale, qui lui avait été envoyée par Ferdinand II. Après la grande réforme douanière de 1841, qui consacrait les libertés économiques et poussait au développement de l'industrie, le progrès continua jusqu'au moment où la révolution de 1848 éclata. Quand « la plus sacrée des révolutions » fut calmée, on créa une dette publique sicilienne qui donna un bon emploi aux capitaux ; une banque autonome richement dotée, deux caisses d'escompte, des caisses d'épargne ; un port franc à Messine ; on donna de l'extension aux entrepôts en matière de douane ; le cabotage fut libre entre Naples et l'île ; puis vint la réforme postale en 1858 ; on créa un génie civil qui, dans l'espace de dix ans, construisit 370 milles de routes, et, en deux ans. établit 700 milles de fils télégraphiques ; les ports furent nettoyés, les phares renouvelés ; on établit le rachat du cens pour les corps moraux ; on corrigea le rôle des impôts fonciers ; l'irrigation et la conduite de l'eau furent libres comme en Lombardie, et les provinces de Syracuse et de Catane surtout en pro-

dance avec les ambassadeurs procédaient régulièrement. Lorsque les inimitiés de Palmerston, des Bonapartes, des révolutionnaires rendirent sa position dangereuse, il parut s'en irriter et agit avec passion; il restait sans alliés au dehors; à l'intérieur, il concentrait dans ses mains toute l'action. On montrait bien le même esprit d'indépendance, mais exagéré et hors de propos, quand on faisait consister l'indépendance à obéir à l'empereur des Français et aux intrigants du Piémont. Les gouvernements anglais et français auraient voulu l'entraîner dans la guerre d'Orient, mais il se renferma dans la neutralité; et plus tard, au congrès de Paris, autant la diplomatie sarde se montra rusée, autant celle de Naples fut naïvement loyale. Alors se multiplièrent les conspirations, les agitations, les attentats; Ferdinand, déjà atteint de sa dernière maladie quand il reçut la nouvelle des révolutions italiennes, se prononça pour l'absolue neutralité. Il mourut le 22 avril 1859 après une vie de quarante-cinq ans et un règne de vingt-neuf.

Les journaux montrèrent une joie indécente, et parlèrent de « cruautés dignes de Tibère ». — A Ferdinand II succéda son jeune fils François, né de Christine de Savoie que les Napolitains appellent la Sainte. Il avait été élevé avec soin; mais peut-être faut-il reconnaître qu'au milieu des ingérences des cours et des intrigues de ses oncles et de sa belle-mère, il manquait de cette résolution qui choisit un parti et en veut le succès à tout prix; mais comment contenter les conservateurs et gagner les progressistes, lorsque tout était embûche et corruption, lorsque la France et la Russie, et ses parents eux-mêmes, l'exhortaient à tendre la main à ce Piémont où s'agitaient les plus inexorables conspirateurs, où l'on préparait des armes sans dissimuler qu'on visait à Rome, à Venise et à Naples? Garibaldi proposait une souscription volontaire pour acheter un million de fusils, et en donner dix mille à tout pays qui se soulèverait; on achetait

François II de Naples.

---

fitèrent; il fut défendu aux communes d'augmenter les impôts sur les objets de consommation.

Maggiore pense qu'on eut de grandes preuves des progrès économiques « pendant cette courte période de la dictature, durant laquelle ce fut l'élément local qui gouverna, et qui fit les actes les plus efficaces pour le développement économique du pays ». Il n'a d'ailleurs que des critiques pour les hommes qui sont venus ensuite; il loue l'école indigène qui s'opposa constamment aux erreurs du gouvernement et à sa tendance à reculer vers le système des entraves et de l'ignorance.

des bateaux à vapeur; partout des comités s'établissaient; et pendant ce temps les journaux représentaient le royaume de Naples comme un centre où l'on conspirait avec les ducs de Modène et de Parme et avec tous les évêques, pour renverser Victor-Emmanuel.

<small>Garibaldi et les Mille. 5 mai 1859.</small>

Un millier de jeunes gens se préparèrent à Gênes pour une course aventureuse; et à qui lui objectait les conventions, le droit des gens, Garibaldi répondait : « Je n'entends rien aux traités ni à la diplomatie; je ne m'entends qu'en canons. » Aux vives remontrances de la diplomatie, Cavour répliquait qu'il était impossible d'arrêter l'entreprise : contrarier ce mouvement national de tant de jeunes gens détruirait son prestige, et amènerait l'anarchie et la confusion dans l'Europe entière. Il envoya publiquement à l'amiral Persano l'ordre d'arrêter la flottille de Garibaldi, mais il lui écrivait confidentiellement : « Naviguez entre les garibaldiens et les croiseurs napolitains. »

<small>11 mai.</small>

Garibaldi, régulièrement pourvu de lettres patentes pour Malte, débarque à Marsala; les vaisseaux anglais, sous prétexte de protéger leurs nationaux qui étaient dans la ville, se rangent en bataille de manière à empêcher le feu de la flotte des Bourbons. Proclamé dictateur, Garibaldi s'avance au milieu des applaudissements, disperse l'armée royale et occupe Palerme.

<small>27 mai.</small>

Le roi s'étant plaint de ce débarquement, Cavour lui répondait : « Je ne vois pas pourquoi nous aurions dû l'empêcher mieux que vos croiseurs; ni que mon roi doive défendre le vôtre contre ce que veulent ses sujets. »

Ce succès anima les audacieux; l'armée s'accrut considérablement : Garibaldi eut 17,000 vrais soldats, 35 canons; de l'argent qui lui venait des emprunts, des souscriptions ouvertes en France, en Angleterre, en Italie, et même du trésor de la Sicile (1). Tout déserteur de l'armée royale de-

---

(1) En 1873, le *Virginius* portait à Cuba une cargaison d'armes et de chevaux avec des fugitifs de cette île et les chefs de l'insurrection qui y retournaient pour recommencer. L'Espagne était alors en république : un de ses navires, le *Tornado*, donna la chasse au *Virginius*: celui-ci eut beau jeter sa cargaison à la mer, il fut rejoint; l'équipage fut déclaré pirate, et 48 des 135 hommes faits prisonniers furent fusillés le 7 septembre. — Voilà ce que nous avons vu depuis.

Mais le 14 juillet 1860 Antonini, l'ambassadeur de Naples à Paris, écrivit à Thouvenel : « Les troupes de Garibaldi sont composées de Hongrois, de Polonais, de Français, d'Anglais, de Grecs. Peut-on voir une interven-

vait recevoir trente ducats, et quarante s'il apportait son fusil; ceux qui ne voudraient pas suivre Garibaldi auraient une indemnité et le voyage gratis jusqu'à Marseille. Quiconque combattait *pour la patrie* recevrait, sur les biens communaux ou sur ceux de l'État, un lot de terrain comme en possèdent les familles pauvres.

Napoléon, à qui le roi François demandait quelles concessions il convenait de faire au peuple, avait répondu : « Beaucoup de concessions, promptement et de bonne foi »; et il déclarait alors que son désir était que l'Italie fût pacifiée n'importe comment, pourvu que ce fût sans l'intervention étrangère.

Le roi de Naples se trouvait donc seul en face de la rébellion qui avait les rois pour complices et auxiliaires; il demandait la médiation de la France pour arrêter l'effusion du sang; il donnait une Constitution sur des bases nationales et italiennes, avec une amnistie générale pour les délits politiques; la Sicile aurait eu des institutions distinctes et conformes à ses besoins, et pour vice-roi un prince de la maison royale; il promettait encore de s'entendre avec le roi de Sardaigne pour les intérêts communs aux deux couronnes; mais Cavour exigeait des conditions qui l'offensaient dans sa dignité de roi et sa conscience de catholique.

25 juin.

A peine la Constitution fut-elle proclamée à Naples que les bannis y affluèrent; généraux et ministres entraient dans l'antichambre royale uniquement pour l'ouvrir à Garibaldi; on n'épargnait pas l'argent, et on connaît les sommes dépensées pour démoraliser les agents de la police, l'armée, la magistrature, la flotte et endommager les machines et les gouvernails des vaisseaux.

Garibaldi, ayant attiré à lui les forces qui s'étaient préparées contre l'État pontifical, traversa toute la Sicile sans obstacles; à travers les flottes française et anglaise il vient débarquer à Reggio, occupe Pizzo, Monteleone, Potenza; voit dix mille Napolitains se rendre sans coup férir, et, se faisant acclamer dictateur des Deux Siciles, il s'avance vers

tion plus manifeste? Mon gouvernement en appelle à toutes les puissances de l'Europe, et, en particulier, à la France qui a proclamé et soutient la non-intervention en Italie. Une attaque de Garibaldi sur les provinces continentales, maintenant dotées d'une constitution populaire, doit être considérée comme une invasion étrangère; et la marine de Garibaldi est soumise aux lois contre la piraterie. »

Salerne sans rencontrer d'obstacles. Le roi, avec les 60,000 hommes de troupes régulières qui lui restaient, se laisse persuader de sortir de Naples; il se retire dans les forteresses de Capoue et de Gaëte; mais quand il ordonne à la flotte de le suivre, un seul capitaine obéit.

Le roi parti de Naples, le ministre Don Liborio Romano écrivait : « Au très invincible général Garibaldi, dictateur des Deux-Siciles : Naples désire avec une grande impatience votre arrivée pour vous saluer libérateur de l'Italie, et remettre en vos mains les pouvoirs de l'État et ses propres destinées. » Dans cette attente, il recevrait, ajoutait-il, ses ordres avec un respect sans bornes.

Quelque puissance faisait-elle des observations, Garibaldi répondait que « son but était l'occupation de Rome, que là il offrirait la couronne de l'Italie *une* à Victor Emmanuel à qui reviendrait ensuite la tâche de délivrer la Vénétie par des traités ou par la force, et le roi ne pourrait s'y refuser sans perdre sa popularité ».

Victor-Emmanuel entre en campagne. 22 septembre 1860.

Restait cependant à vaincre l'armée du roi de Naples, et ces forces indisciplinées réussirent mal contre des troupes régulières. D'un autre côté, recevoir l'Italie des mains d'un *condottiere* d'aventure plaisait peu à Cavour : tandis que Garibaldi se riait des traités et des puissances, le ministre piémontais savait que la non-intervention pourrait bien cesser devant le danger d'une conflagration universelle causé par ces aventuriers. Aussi le roi de Piémont ordonna à son armée qui avait, au détriment du pape, occupé les Marches et l'Ombrie, de passer l'Ofanto. Cavour qui déclamait sur la liberté avec les partisans de Mazzini, sur l'Italie une avec Garibaldi, disait aux puissances : « Si nous n'arrivons pas au Volturno avant que Garibaldi franchisse la Cattolica, la monarchie est perdue, l'Italie reste à la merci de la Révolution. » Et Victor-Emmanuel marcha en personne contre le royaume de Naples; un roi s'avançait contre un roi son cousin, et son allié, mais c'était, disait-on, pour rétablir l'ordre, sauver le monde de la république et établir la paix à jamais. L'armée napolitaine fut donc prise entre deux feux, bombardée par la flotte; elle se débanda après le combat sur le Garigliano, et la conquête put s'achever. Dans sa noble résistance, le roi François, à Gaëte, « défendait mieux que sa couronne, l'indépendance de la patrie commune »; quand l'escadre française qui avait promis de le garantir se retira, il dut céder et s'exila.

Prise de Gaëte et ses suites. 13 février 1861.

Bien que Garibaldi s'opposât à l'annexion immédiate et sans conditions de la Sicile, on demanda le plébiscite qui, selon sa coutume, approuva la fusion. Cavour n'avait pas prévu une victoire si facile; maintenant il mettait tout en œuvre pour l'arracher des mains du héros qui s'attribuait les résultats dus aux défaillances des autres et à la trahison. Le désordre fut tel qu'on peut l'attendre dans ces terribles interrègnes du droit où aux gens de bien, à qui suffit le frein de leur propre honnêteté, succèdent les brigands que la force seule peut arrêter; et alors la force a disparu. Le désordre fut indicible dans l'île et à Naples : en voulant introduire la corruption politique, on introduisait la corruption morale, comme si le nouvel ordre de choses apportait avec lui l'oubli de tout devoir religieux et social, le mépris de toute autorité; l'assassinat sévissait; la presse confondait toute idée de justice, créant à sa fantaisie des héros et des démons.

On fit venir Victor-Emmanuel : il entra à Naples à côté de Garibaldi et y fit la proclamation suivante : « En Europe, ma politique servira à réconcilier le progrès des peuples avec la stabilité de la monarchie. En Italie, je ferme l'ère de la Révolution. » Bientôt ennuyé, il partit pour Turin où, à l'ouverture du parlement, il annonçait que « à Gaëte se terminait pour toujours la série de nos conflits politiques, et que l'Italie libre et unie devenait pour l'Europe un gage d'ordre et de paix, un instrument pour la civilisation universelle ».

Il paraissait plus scabreux d'envahir les États pontificaux que les grandes puissances avaient, peu auparavant, déclarés nécessaires à l'indépendance du pouvoir spirituel.

La question romaine.

On a dit qu'au fond de toutes les révolutions il y a la question religieuse : on peut dire que, pour la révolution italienne, c'est la question capitale. On avait commencé par exalter l'Église, en proclamant le pape le régénérateur de la civilisation corrompue, et, spécialement, le rédempteur de l'Italie, même son roi (1). Mais bientôt était venue la réaction,

---

(1) Mais Pie IX ne se faisait pas illusion, et, le 13 mai 1848, il écrivait à Charles-Albert :

« Majesté, les affaires d'Italie vont se compliquant, et je crois de mon devoir de m'en entretenir avec Votre Majesté. Il y a un parti qui travaille sans relâche à rendre l'Italie *une*, c'est-à-dire qui tend à la totale destruction de la Péninsule. On parle beaucoup de joindre la Toscane au nouveau royaume *un*. Les tentatives d'anarchie à Naples pouraient bien avoir le même but. Peut-être à Bologne même répand-on les mêmes principes. Un royaume d'Italie *un* est chose impossible à réaliser; d'un autre côté,

et Pie IX fut qualifié de traître à la cause nationale. — Le parlement subalpin se plaisait à entraver l'autorité ecclésiastique jusque dans l'administration des sacrements, et dans le droit et le devoir suprême de diriger les consciences et d'instruire. Depuis qu'on voyait la possibilité d'unir toute l'Italie sous le seul roi de Piémont, on refusait au pape le droit de tenir sous son autorité un peuple qui n'en voulait point.

Aux premiers bruits de la guerre, les catholiques de France comprirent que le pouvoir pontifical était menacé, et Napoléon jugea nécessaire de les apaiser par des assurances formelles que ce n'était pas la révolution qui passerait les Alpes, mais bien l'étendard de saint Louis; une circulaire du ministre Rouland aux évêques disait : « L'empereur y a pensé devant Dieu; sa sagesse et sa loyauté bien connues ne feront défaut ni à la religion ni au pays; il est le plus solide soutien de l'unité catholique, et veut que le chef de l'Église soit respecté dans tous ses droits de souverain temporel. » Mais il n'y avait plus d'illusion que pour qui en voulait avoir. Incessamment le Piémont excitait les Légations par des ordres de ne pas payer les impôts, par des lettres, par des menaces. Bientôt Bologne se souleva, renversant les armoiries du pape, et invoquant la dictature de Victor-Emmanuel; ce fut ensuite le tour de Forli, de Ravenne, de Ferrare, mais sans grands troubles ni vengeances.

Napoléon répétait qu'il « ne ferait pas obstacle à la libre manifestation des vœux du peuple », et, en même temps, il protestait qu'il était le gardien de l'État resté au pouvoir du pape; mais une brochure française, *le Pape et le Congrès*, proposait de conserver au pape la souveraineté en la réduisant à la ville de Rome et à un petit espace alentour. Les

<small>La brochure *le Pape et le Congrès* et Castelfidardo. 18 septembre. 1860.</small>

les essais tentés pour amener une telle unité servent admirablement à aplanir la voie aux visées républicaines; il est aussi, je crois, contre les desseins de la Providence.

« Après cela, il est facile de voir quels dommages on pourrait causer aux domaines du Saint-Siège : nous sommes disposés à en soutenir les droits par tous les moyens que nous suggère la justice.

« Dans ce triste état de choses, je m'adresse à la religion bien connue de Votre Majesté, afin qu'elle veuille employer l'influence, que sa haute position lui donne le droit d'avoir, pour épargner à l'Italie les maux si graves que produiraient les tentatives d'un système absolument inapplicable. Votre Majesté, avec sa grande perspicacité, ne saurait ne point les déplorer. — PIE PP. IX. »

journaux applaudissaient et soutenaient que restaurer le pape à Bologne était aussi impossible que de ramener les princes à Parme, à Modène, à Florence; qu'il fallait donc accepter l'annexion de l'Émilie comme celle de la Toscane.

Les Français se sont toujours montrés disposés à soutenir ceux qu'on menace, et surtout les souverains pontifes, même quand leurs rois ne leur étaient pas favorables. Des volontaires s'enrôlèrent donc, en grand nombre, pour cette défense; à leur tête, Lamoricière, héros des campagnes d'Afrique, ministre sous la république, puis banni par Napoléon, venait maintenant braver l'impopularité, convaincu qu'il était de combattre pour la religion et la civilisation. Caractère héroïque, esprit aimable et positif, sévère pour la discipline, plein d'affabilité même pour les simples soldats, il suggérait au pontife d'accepter la fédération italienne stipulée à Villafranca, et de satisfaire ainsi aux aspirations nationales sans blesser les traditions.

Les fils des premières familles de la France et de Rome étaient accourus à lui; aussi les nouveaux États italiens, bien qu'ils les sussent armés uniquement pour la défense, résolurent de se débarrasser d'eux. Le roi sarde, « touché des maux de ces populations », envoya son armée sur les frontières pontificales; les généraux Fanti et Cialdini excitaient leurs soldats à marcher contre ce qu'ils appelaient ces hordes d'ivrognes faisant pire encore que les bandes de Giulay et d'Urban. A Castelfidardo, la victoire resta aux envahisseurs; Ancône capitula, et en dix-huit jours fut achevée cette campagne qui coûta la vie à 1,000 pontificaux et à 579 soldats du roi. Les Marches et l'Ombrie, dans leurs comices, s'annexèrent au Piémont.

Bien que l'épouvante de la révolution eût affaibli le sens moral, la diplomatie européenne ne pouvait se dispenser de faire au moins semblant de protester contre la violation du droit des gens; l'empereur des Français qualifia ces actes de félonie et de violation d'un accord mutuel, après les avoir laissé accomplir; il plaça des troupes sur les frontières du territoire resté au pape pour empêcher les Piémontais d'avancer; il rappela son ambassadeur de Turin, et renforça le corps d'observation établi à Rome.

En dépit de cela, on proclama le royaume d'Italie avec Rome pour capitale, réalisant ainsi cette unité dont Cavour, d'Azeglio et les meilleurs s'étaient raillés comme d'une folie, et que seuls les partisans de Mazzini avaient rêvée parce qu'elle était républicaine. Mais, l'épopée finie, commençait le travail prosaïque de fondre entre eux tant de pays divers, de contenter tant d'ambitions, de rassasier tant d'avidité; de faire disparaître, pour en tirer une grande nation, les individualités qui la composaient; de faire sortir l'ordre d'un immense désordre. A ce moment, mourut Camille Cavour.

<small>Mort de Cavour 12 juin. 1861.</small>

Il était toute finesse dans ses paroles et dans sa conduite diplomatique, méprisait les hommes autant qu'il faut pour se servir de leur immoralité; il avait passé du parti conservateur religieux à la révolution, sans trop y avoir foi; obéissait à la voix de la populace tout en paraissant y résister; ennemi de la démagogie, il la fomenta quand elle lui parut un instrument utile à ses desseins, se mit à sa remorque sans partager ses passions, et orna de cela la cocarde de Charles-Albert et Victor-Emmanuel. Arbitre de la Chambre, il eut à la fois jusqu'à trois portefeuilles, agissant seul à la place de tous ses collègues : il congédia ou fit congédier plus de cinquante de ceux qui entrèrent avec lui au ministère, les rejetant comme on rejette des oranges dont on a exprimé le suc. Le public s'agitait et la Chambre pâlissait toutes les fois que Cavour menaçait de laisser là son portefeuille si on mettait quelque borne à l'absolue confiance qu'il demandait. Tandis que ses successeurs tremblaient et changeaient de desseins devant les journaux ou comiques ou enragés, lui les accaparait, sachant combien coûte la conscience de chacun. Toujours gai, souriant, semant l'épigramme, gagnant les cœurs vulgaires et intéressés, il introduisait ainsi la corruption qui a entaché la régénération de l'Italie. Il était le nœud de ces vastes intrigues qui enveloppaient le monde politique, parce qu'il possédait le secret de mener Napoléon, et parce que les meneurs du peuple se confiaient dans sa prévoyance, dans sa discrétion, dans son obstination. Suffisamment riche, mais non pas voleur, il laissait voler; par le libre échange, il sacrifia à l'Angleterre toutes les manufactures italiennes et frappa les spéculateurs les plus actifs. C'est à lui qu'on doit la cession de Nice et de la Savoie. Il indiqua Rome pour la capitale du royaume, uniquement afin de détourner de Turin la concurrence de Milan et de Naples. La formule « *l'Église libre dans l'État libre* », qu'il emprunta aux Français, eut bientôt une explication dans chaque tête; on arrive d'ailleurs à la déclarer une baliverne pour gagner du temps, une niaiserie bonne pour ceux qui aiment à se créer des attitudes ambiguës afin d'en tirer profit. Cavour se servit, pour démolir, des patriotes qui étaient vendus à lui, au lieu de se servir des gens de bien pour construire ; il ne songea pas à réformer le Statut, mais à le désagréger par des interprétations ; il n'usa pas de la dictature morale pour abattre les vrais ennemis, républicains et socialistes, satisfait d'avoir agrandi le Piémont et humilié l'Autriche qu'il haïssait plus encore qu'il n'aimait l'Italie. Pour la première partie du drame, qui consiste à détruire, les insensés et les furieux suffisent ; mais pour rebâtir il faut des hommes de sens, de caractère, des consciences intègres, des esprits cultivés, des politiques expérimentés, sachant l'histoire et connaissant la tradition, respectant l'homme dans ses croyances et ses habitudes. L'Italie avait-elle de ces hommes ?

L'empereur des Français, comme en dédommagement de la perte de Cavour, consentit à reconnaître le titre de roi d'Italie pris par Victor-Emmanuel II, mais tout en protestant pour le salut de Rome et du pape et en déclinant toute solidarité dans des entreprises qui pourraient troubler la paix de l'Europe. Le royaume d'Italie fut reconnu non seulement par la Prusse, mais encore par la Russie (1), la tutrice des idées conservatrices et de la légitimité monarchique, et l'amie du roi de Naples ; mais l'une et l'autre sentirent le besoin de s'en excuser devant l'Europe, en expliquant comment elles n'acceptaient que le royaume de fait et non les conquêtes comme déjà consommées, afin de ne pas exclure le droit des tiers intéressés ; puis en faisant des réserves expresses au sujet des occupations qui pourraient se faire plus tard ; par quoi elles entendaient assurer les possessions restées encore au pape et à l'Autriche. Le roi d'Italie reconnu par les puissances

La France assura que ce triomphe de la Révolution sur les traités était dû à ses bons offices ; qu'elle voulait arranger les choses pour l'Italie, comme pour la Pologne et l'Orient, et, au besoin, rassembler un congrès pour essayer s'il serait possible d'unir toutes les puissances de l'Europe, afin d'étouffer l'incendie qui menaçait le monde, en amenant l'Autriche et le pape à reconnaître les faits accomplis.

(1) Déjà l'Angleterre l'avait reconnu le 30 mars 1861 ; la Suisse, le 2 avril ; les Principautés Danubiennes, le 6 ; la Grèce, le 11 ; les États-Unis, le 13 ; le Mexique, le 15 ; le Portugal, la Turquie, le Brésil, vinrent en dernier lieu.

Mais la situation du nouveau royaume n'était rien moins que bonne. Les premiers temps de toute révolution sont toujours malheureux, avec la tyrannie de la lie du peuple et l'arbitraire de quiconque a un devoir à transgresser et un droit à fouler aux pieds; avec la violation des traditions, qui pourtant sont un droit, l'insuffisance des gouvernements, le désordre des finances. Dans le pays de Naples se formaient des bandes terribles, contre lesquelles il fallut employer une telle cruauté de lois, de supplices, d'incendie, de carnage qu'on dépassait les époques les plus sauvages.

Garibaldi et Mazzini.

En face de l'autorité ministérielle, encore mal assurée, se dressaient deux épouvantails. Garibaldi, formé parmi le peuple aux ruses grossières, s'était élevé au diapason des idées tribunitiennes de Mazzini, qui était l'homme des principes, comme il était lui-même l'homme de l'action. Les partisans de Mazzini, le désignèrent comme capable de diriger l'insurrection italienne; et leur dépit fut grand, lorsque, à son premier débarquement à Gênes en 1848, il offrit son épée à Charles-Albert; mais bientôt il se mit à la tête des républicains de Rome. Lorsqu'ils furent vaincus, Garibaldi s'exila; rappelé ensuite comme nécessaire pour révolutionner les peuples, il mit en poche le bonnet phrygien. Il était fait pour être le bras et non la tête d'un parti; son caractère est le besoin d'action; il se laissait aller aux intempérances des assemblées populaires, ses amis en souffraient, ses détracteurs en riaient. Même une tête solide résisterait difficilement aux témoignages d'une gloire aussi bruyante que celle que lui accordait le monde entier. Son amour-propre l'emportait encore plus haut; comme jamais on ne le contredisait, jamais il ne discutait, persuadé que ce qu'il pensait, tous devaient le penser avec lui; fort parce qu'il était sincère, il charmait les étudiants et les ouvriers qui accouraient à tous ses appels (1) : dans ses discours et ses écrits, il se répond à lui-même; il n'organise ni comices ni meetings; il ne connaît que l'insurrection armée et la démolition; apôtre de toutes les révolutions à exciter, de toutes les nationalités à constituer, ce soldat d'aventure a fait l'Italie et serait capable de la défaire. On s'émerveillait alors

(1) Garibaldi, dans les *Mille*, écrivait des bourgeois : « Cette classe robuste et laborieuse ne nous appartient pas à nous, mais elle est attachée aux prêtres par le lien de l'ignorance. Il n'y a pas d'exemple qu'on en ait vu un seul parmi les volontaires. »

de voir cet homme ne chercher ni emplois, ni décorations, ni salaires.

Il exécrait Cavour qui avait vendu Nice, sa patrie ; il exécrait les prêtres et le plus dangereux ennemi, suivant lui, de l'Italie, c'est-à-dire la papauté ; il appelait Pie IX « un vampire, un mètre cube de fumier » ; il attribuait à l'Église tout ce qui arrivait de nuisible et d'odieux, la honteuse discorde de l'Italie, le désarroi des finances, et jusqu'aux désastres naturels. Dans un parlement tumultueux, il demanda un million de soldats, avec lesquels il chasserait non seulement le pape, mais l'Autriche, pénétrant, grâce à ses intelligences, par le Monténégro jusqu'en Hongrie, prenant à revers le quadrilatère, et réformant l'Europe sur un système nouveau. En attendant, il fondait des comités, parcourait l'Italie en criant : « Rome ou la mort ! » prêchait la dévotion de la sainte carabine, et tentait d'envahir le Tyrol. Repoussé de ce côté, il aspire à Rome, maudissant Napoléon ; il court en Sicile, la traverse triomphalement, débarque à Reggio, mais l'armée italienne lui barrant le chemin l'arrête à Aspromonte ; il y est blessé, fait prisonnier et renvoyé dans l'île de Caprera.

Cependant les partisans de Mazzini s'agitaient dans leurs journaux, dans des réunions et des tentatives impuissantes, tandis qu'en cachette la franc-maçonnerie exerçait sa puissante action en renversant les traditions et les croyances ; et, multipliant les loges, elle visait surtout à détruire le pouvoir temporel du pape, comme à un moyen d'arriver à abattre le pouvoir spirituel.

La Russie, l'Angleterre, la Prusse étaient favorables à ce travail, non par amour pour l'Italie, mais par haine religieuse. La France y était contraire plus que toute autre puissance ; avec l'incapacité ou la témérité des gouvernants, elle voyait en Italie une presse éhontée, une indiscipline universelle, un désordre immense des finances, un brigandage que rien ne pouvait arrêter et elle comprenait l'impossibilité d'empêcher que d'un moment à l'autre la paix de l'Europe n'en fût troublée. Aux difficultés inhérentes à la transformation d'un royaume, d'autres venaient s'ajouter. Pour maintenir l'unité, il fallait donner à toute l'Italie le Statut, les lois, l'armée, les employés du Piémont. Après avoir fait face aux premières nécessités, ceux même qui avaient le plus secondé l'entreprise s'en affligèrent ; on sentait le besoin de se détacher

<small>Florence capitale et convention du 2 septembre 1864.</small>

de Turin, ville trop voisine des Français et des Autrichiens ; et la capitale la plus digne paraissait Naples.

Qui oserait faire cette proposition aux Piémontais et au roi ? Mais Napoléon, sous les yeux duquel s'ourdissait la trame, promit que, dans cette hypothèse, il retirerait de Rome sa garnison. C'était compléter l'œuvre de l'indépendance ; et par là on put arracher le consentement du roi. Toutefois les militaires montrèrent le peu de convenance stratégique de Naples, et firent préférer Florence, dans une convention par laquelle cette ville devenait la capitale du royaume ; l'on promettait de ne pas toucher à Rome. A cette nouvelle inattendue et considérée comme un leurre, Turin se souleva ; la troupe fit un carnage des citoyens désarmés, on devine quelle fut l'indignation !

La monarchie était donc *déportée ;* la ville de Turin était non seulement cruellement, mais honteusement outragée ; elle devenait une ville de province comme du temps du roi Hardouin ; elle éprouvait, comme Parme, Modène et Naples, les douleurs d'un découronnement, mais elle était capable de se relever par l'activité et la considération.

CHAPITRE VI.

EXPÉDITION DU MEXIQUE. — AUTRICHE ET PRUSSE.

La guerre d'Italie ajoutait à la gloire de la France qui avait créé une nation et acquis Nice et la Savoie, humilié la Russie, et racheté par la victoire de l'Alma les désastres de la Bérésina ; Napoléon, persuadé que de telles grandeurs consolideraient sa dynastie, se proposait d'endiguer et les torrents et les révolutions. Mais la Loire, le Rhône, la Garonne, eurent des inondations meurtrières ; à l'intérieur, les hommes d'ordre s'éloignaient du gouvernement à propos de la question romaine ; à l'extérieur, le spectacle de l'Italie effrayait tout le monde, car on ne pouvait prévoir de quel côté le sphinx allait se tourner, pour arriver à défaire les traités de 1815 et à se venger de Waterloo. Aussi la Belgique et la Suisse prirent des précautions, bien que légalement reconnues pays neutres ; les princes d'Allemagne en firent autant ; on ne voulait ni retirer les troupes ni les désarmer ; on disait que l'Autriche désirait se dédommager de ses pertes par l'acquisition de tout le Danube; que l'Angleterre songeait à faire de la Sicile une Malte plus grande; et en même temps qu'à Spithead elle avait montré un déploiement extraordinaire de forces navales, elle agissait sur le monde entier au moyen de ses banques. Napoléon sentit donc le besoin de détourner l'attention par de nouvelles guerres.

Au Mexique, au temps où l'Espagne était occupée par Napoléon Ier, la noblesse et les prêtres avaient levé en 1810 la bannière des anciens monarques aztèques, l'étendard blanc et bleu avec la Madone de la Guadeloupe, et s'étaient séparés de la mère-patrie. Mais, au moment où il semblait que le Mexique devait marcher dans les voies prospères de l'indépendance, il tomba dans l'anarchie; tour à tour république et empire, de 1821 à 1863, il subit 240 insurrections militaires.

Anarchie au Mexique

Les États-Unis convoitaient ce pays riche, qui possède les positions les plus importantes pour le commerce, tant extérieur qu'intérieur; ils lui enlevèrent la moitié de son territoire et fomentèrent les dissensions qui finirent toujours par de violentes annexions. De là, des conflits continuels; l'Europe s'en mêla et conçut l'idée de ramener au repos les anciennes colonies en y établissant la monarchie, à commencer par le Mexique. Sans s'effrayer ni de l'exemple d'Iturbide qui, fait empereur, avait été fusillé, ni de la dictature malheureuse de Santa-Anna, l'Espagne essaya d'y placer sur le trône un infant; mais l'expédition échoua.

La France y avait déjà envoyé une flotte pour venger l'assassinat d'un consul; pour contraindre le Mexique à payer de grosses dettes, contractées envers des banques françaises et anglaises, elle combina une expédition avec l'Espagne et l'Angleterre. Les flottes de ces deux dernières puissances se retirèrent bientôt, et Napoléon III continua seul une guerre désapprouvée de toute la France, mais qui favorisait la maison de banque Jecker. Dans la pensée philanthropique de guérir un pays grand comme la moitié de l'Europe, peuplé de sept millions d'habitants, bouleversé par quelques milliers d'aventuriers, il voulut établir là un autre élément de cette fédération latine qu'il rêvait, et offrit d'y mettre pour empereur l'archiduc Maximilien, comme s'il eût voulu donner à l'Autriche une compensation pour la perte de la Lombardie.

L'Autriche s'était proposé de réparer ses pertes sur le continent en se fortifiant sur mer. C'était l'unique moyen de défendre la Vénétie et de conserver l'empire sur l'Adriatique. Maximilien travaillait à ce but; dans son ambition poétique, il s'était fait construire un délicieux palais à Miramare, au-dessus de Trieste; de là il voyait encore l'Italie et secondait le développement de la marine, champ nouveau ouvert à l'Autriche.

C'est là que lui arriva l'invitation des Mexicains, ou plutôt de cette portion qui toujours parle au nom de la nation; et Napoléon lui répétait avec insistance qu'il ne pouvait refuser cette couronne. « C'est votre devoir de vous rendre aux vœux des populations qui vous attendent comme leur sauveur. Votre refus serait regardé par l'Europe comme un acte de faiblesse, et vous seriez aussi coupable que je serais moi-même méprisable si je ne vous soutenais jusqu'à la fin avec toutes les forces de la France. »

La tragédie de Maximilien empereur du Mexique. 19 juin.

Maximilien, malgré ses vrais amis, accepta et Napoléon en le quittant lui disait très affectueusement : « Vous m'avez rendu le plus grand service, et je vous en serai toujours reconnaissant. »

Maximilien débarqua au Mexique, appelé par les vœux des autorités, avec la bénédiction du souverain pontife et avec les meilleures intentions; mais les partis se ranimèrent, surtout celui de Juarez, autrefois président et représentant le parti national contre l'étranger. Rien ne réussit : Napoléon retira indignement son armée; les États-Unis firent valoir là aussi la doctrine de Monroë qui refuse aux Européens le droit de s'immiscer dans les affaires de l'Amérique; des difficultés s'élevèrent avec la cour pontificale à laquelle pourtant l'archiduc se montrait dévoué; en somme, la réaction nationale prévalut; l'argent et la fidélité firent défaut; Maximilien fut vaincu et fusillé à Queretaro; sa femme devint folle.

La réputation de Napoléon en demeura atteinte, parce que la France s'était déclarée très opposée à cette expédition, et d'autant plus qu'il courait des bruits de guerre et que, dès le commencement de 1866, tous les États s'armaient.

La guerre du Sleswig. Août 1865.

L'union du Sleswig et du Holstein au royaume de Danemarck mit celui-ci en contact avec la Confédération germanique. Pour passer sous silence les prétentions des prélats et des chevaliers, il n'y avait pas moins de dix princes invoquant des droits à la succession. Parmi les prétendants était la Russie, qui de la sorte aurait pu prendre une place en Allemagne; si, au contraire, le Danemarck se fortifiait par l'union scandinave qu'on projetait, la Russie se trouverait enfermée dans la Baltique, comme elle l'est dans la mer Noire. Cela donnait une grande importance aux deux duchés, et au milieu des agitations de 1848 éclata le débat entre les Danois et les Allemands, qui, avec l'idée de la nationalité germanique, aspiraient à s'annexer le Sleswig, prenant l'Eider pour frontière de l'Allemagne. Le roi Frédéric III élargit la Constitution dans un sens libéral, mais le Holstein crut être lésé, et il se souleva, excité par le duc d'Augustenbourg, l'un des prétendants : la Prusse le favorisa, et alors commença un conflit de la plus grande complication, comme il arrive lorsqu'à la justice et aux traités on veut substituer le principe très incertain de la nationalité.

Dans le choc entre la Constitution danoise, donnée par le nouveau roi Christian IX de Glücksburg, et les privilèges fédéraux, on donna et on retira des statuts et des lois fondamentales; on songeait à faire du Holstein un État indépendant, tandis que le Sleswig resterait annexé au Danemarck; on multiplia les conférences, les protocoles, les protestations contre ce morcellement d'un royaume, qu'on voulait traiter comme on avait traité la Pologne, contre cette manière de disposer des peuples ainsi que d'un troupeau; mais il n'y avait pas d'autorité morale pour empêcher cette iniquité.

La Prusse désirait vivement devenir une puissance maritime; et la diète germanique, opposée aux Danois par principe de nationalité, la chargea d'exécuter sa décision à main armée. L'Autriche, par jalousie, prit part à l'expédition, voulant que les deux duchés et celui de Lauenburg ou restassent au duc d'Augustenburg, ou fussent annexés à l'Allemagne.

Pendant que Palmerston, avec son ambiguïté ordinaire, protestait que l'Angleterre interviendrait, si les Allemands « attaquaient et saccageaient Copenhague et emprisonnaient le roi », 60,000 Allemands s'avançaient contre 40,000 Danois et, malgré une valeureuse résistance, ce roi dut renoncer aux duchés; les Prussiens les occupèrent, et, dans la convention de Gastein, on déclara qu'ils appartiendraient en commun à l'Autriche et à la Prusse. Mais cette dernière acquérait le Lauenburg, Friedriksfort et le port de Kiel, le meilleur de l'Allemagne ; l'Autriche perdait son titre à être considérée comme la protectrice des petits princes qui, se sentant menacés, lui en voulurent de s'être faite la complice de cet abus évident de la force. Trop tard l'Autriche s'aperçut de l'arrogance de la Prusse qui voulait de ces pays se faire une province, pour dominer sur la mer du Nord et avoir en main toutes les forces fédérales, et qui cependant criait que l'Autriche menaçait d'envahir les duchés ; prétendait même que les petits princes de l'Allemagne eussent à se déclarer pour elle ou pour l'Autriche ; et disait que la Confédération germanique était une forme de gouvernement vieillie, qu'il fallait en trouver une autre, produit du suffrage universel. Les princes allemands protestèrent ; la discorde éclata.

Entre tous ces princes, la maison d'Autriche dominait ; elle possédait son archiduché, l'Autriche inférieure, c'est-à-dire la Styrie, la Carinthie, la Carniole, le Frioul, le littoral de l'Istrie ; l'Autriche supérieure, c'est-à-dire le Tyrol avec le Trentin et le Vorarlberg ; la Souabe et la Silésie autrichienne ; les royaumes de Bohême, de Galicie, de Lodomérie, de Hongrie ; la Dalmatie, la Lombardo-Vénétie. Les sympathies du plus grand nombre des États allemands étaient pour elle ; et quand, au théâtre, on entendait déclamer : « Mon bras est consacré au service de l'empereur : avec l'Autriche combattons pour les affaires allemandes, pour le peuple allemand, pour la patrie allemande », on répondait par des applaudissements enthousiastes.

En face d'elle, la Prusse avait rapidement grandi ; elle s'était érigée en royaume et comprenait l'ancien duché ou Prusse orientale ; la Prusse royale, qui lui était venue par le démembrement de la Pologne ; le duché de Stettin ; les quatre marches du Brandebourg ; le duché de Silésie qu'elle avait enlevé à l'Autriche ; une partie de la basse Lusace enlevée à la Saxe ; le duché de Magdebourg et différentes fractions de territoire, éparses à travers les pays allemands. Les domaines de la Bavière, qui pourtant avait grandi depuis qu'en 1777 l'électorat de la maison Palatine fut réuni à celui de Bavière, manquaient aussi de cohésion.

La Prusse ruine l'ancienne Confédération germanique.

Dans ses anciennes aspirations la Prusse tendait à l'unité ; et cependant elle était divisée aussi bien par la configuration géographique, dont nous avons parlé, que par la religion : elle comptait beaucoup de catholiques, et pourtant elle est l'œuvre du luthéranisme, son œuvre préférée. Deux écoles s'y posaient en rivales : l'une, fidèle aux traditions, conservant les indépendances locales, les États provinciaux, les franchises de l'aristocratie, de la bourgeoisie et de l'Église; l'autre, radicale, demandait des Constitutions démocratiques, une armée nombreuse, et croyait l'unité allemande nécessaire pour résister à la Russie qui aspirait à l'Oder, et à la France qui prétendait au Rhin. Le parti féodal se maintenait vigoureux et serré autour du roi, qui, même lorsqu'il fut obligé de donner une Constitution à la façon moderne, garda toujours l'absolutisme dans sa manière de faire, parla du haut du trône d'après ses propres inspirations, et déclara tenir la couronne de Dieu et de ses ancêtres.

L'ambition de la Prusse, moins dissimulée depuis la mort de François Ier, troubla entre elle et l'Autriche cette harmonie que la Sainte-Alliance avait créée et conservée. Tandis que l'Autriche, embarrassée par les mesquines jalousies du joséphisme, ne savait pas se mettre franchement à la tête des catholiques et laissait cette source d'influence à une puissance de second ordre comme la Bavière, la Prusse cherchait à grouper tous les protestants en une seule confession de foi, autour de la cathédrale de Cologne. L'Autriche avait des sujets de toute langue, parmi lesquels les Slaves l'emportaient sur les Allemands; la Prusse, avec des sujets dont un sixième à peine n'était pas allemand, caressait les penseurs, favorisait les savants; en contact avec les petits États, elle était habile à se les concilier et à rejeter sur d'autres l'odieux de ses propres rigueurs. L'Autriche, se complaisant dans son système patriarcal, cachait jusqu'au bien qu'elle faisait; la Prusse avait soin de proclamer bien haut par les dispensateurs de la renommée le peu qu'elle faisait. Enrichie moins par de grands profits que par des épargnes réalisées sur les douanes et l'armée, la Prusse appelait dans ses Universités des grands hommes et les introduisait même dans le conseil des rois; par le moyen de la Lippe elle joignait l'Ems au Rhin et, par conséquent, à la mer Noire; elle hâtait la libération des propriétés et des majorats; — et par l'affranchissement des serfs, poursuivi selon le dessein de Stein et de Hardenberg, elle augmentait le nombre des citoyens actifs. On aurait désiré une bonne organisation des États, pour ramener ainsi à un corps politique ce qui n'était qu'une agrégation de provinces;

mais le roi n'avait jamais consenti à réaliser les promesses, faites en 1813, de donner une Constitution; il accorda seulement des diètes provinciales où devaient être représentés les différents états et les corporations civiques avec le droit d'être consultés sur les impôts, mais sans pouvoir faire des propositions au gouvernement; même le roi se fâcha lorsque les provinces rhénanes demandèrent à conserver les jugements par jury, comme sous l'Empire français.

Au couronnement de Frédéric-Guillaume IV, les députés des provinces rappelèrent au roi les promesses de son père, et le désir qu'on avait d'une Constitution uniforme : il leur accorda seulement que les états publieraient leurs débats; et, par là ils purent exprimer leurs vœux et réclamer d'autres garanties; on obtint la libre communication entre le clergé et Rome, l'égale répartition des fonctions publiques, sans exclusion de catholiques ni de juifs; enfin on arriva au point qu'il fallut réunir ces États généraux si longtemps promis et toujours différés.

Le roi, homme d'étude et de conscience, partisan de l'école historique, protesta, à l'ouverture de l'assemblée, contre les constitutions écrites, déclarant qu'il fallait plutôt s'appuyer sur les précédents du pays et sur l'accord entre le roi et les sujets. Ce ton et la restriction apportée aux attributions des États généraux déplurent tellement que les États se séparèrent en colère, et le roi perdit l'envie de les réunir de nouveau.

Pendant la guerre de Crimée, la Prusse était restée dans la neutralité; pendant celle d'Italie, elle déclara que le Mincio était une barrière nécessaire à l'Allemagne, et mobilisa son armée pour s'opposer à la France qui troublait l'état défini par les traités de 1815; mais, en réalité, elle ne fit rien pour l'Autriche, si ce n'est que dans une entrevue à Tœplitz les deux souverains s'assurèrent réciproquement leurs possessions. Guillaume IV (1795-1861), l'homme de la Sainte Alliance, avait en 1848 dominé la révolution, et il lui répugnait de violer les conventions; mais, atteint d'une maladie mentale après 1856, il établit la régence de son frère qui, ensuite, lui succéda.

Frédéric-Guillaume de Prusse couronné. 18 octobre 1861.

Ce dernier avait combattu dans la guerre des nations; il se plaisait à l'armée et dans les batailles; les idées de nationalité lui souriaient, mais il penchait pourtant vers les doctrines conservatrices, et quand il fut couronné à Kœnigsberg, il professa « que les souverains de la Prusse reçoivent la couronne de Dieu seul, et que, par sa grâce, le pouvoir royal est rendu saint et inviolable ». En conséquence, il avait protesté contre les usurpations du Piémont; et, même en reconnaissant le nouveau royaume d'Italie, il insista pour qu'on ne vînt pas compromettre la paix de l'Europe en faisant revivre la question de la Vénétie, regardée toujours comme essentielle pour la Confédération germanique; à l'intérieur, il réprimait la liberté de la presse et des réunions.

La politique de 1815 était donc peu modifiée, lorsque Schleinitz et Bernsdorff furent remplacés au ministère par Bismark. Celui-ci avait pris place à la diète parmi les conservateurs appelés *parti de la Gazette de la Croix* : il déplorait que le roi fît des concessions aux révolutionnaires en donnant la Constitution et en soutenant le Sleswig révolté contre le Danemark; il se moquait de ces visionnaires qui parlaient d'unité germanique, pendant qu'il importait de se grouper autour de l'Autriche, ancienne puissance allemande, qui avait souvent avec gloire manié l'épée de l'Allemagne. Toutefois Bismark ne tarda pas à changer d'avis, et, dans ses missions à Pétersbourg et à Paris, il semait la haine et la peur de l'Autriche : la constitution fédérale de l'Allemagne, suivant lui, ne suffisait plus; il fallait l'unité nationale au lieu de toutes ces autonomies rachitiques. Persuadé de la puissance illimitée de l'État, et convaincu que la mission historique de la Prusse était de grandir l'Allemagne et d'abattre le papisme, pour atteindre ce but il ne se souciait ni de la justice ni de la parole donnée, professant que la force prime le droit (*Macht vor Recht*).

<small>Commencements de Bismark. Septembre. 1862.</small>

Au milieu des désordres de 1848, on avait déjà obtenu, en Prusse, l'abolition des corvées personnelles et de la distinction entre les biens nobles et les biens ordinaires; puis l'église luthérienne s'était émancipée de la bureaucratie. La Prusse, qui s'était fortifiée en se constituant comme un centre pour la science, avait grandi encore par l'union douanière (*Zollverein*) et par son organisation militaire, elle visa plus haut après 1849 : elle donna plus d'attention à l'armée; elle avait d'excellents généraux comme de Moltke et Roon, et si le budget de la guerre paraissait excessif au parlement, Bismark le raillait et le congédiait; il ne fallait pas, disait-il, s'inquiéter des libertés, mais de la force; le libéralisme est un hochet qui convient aux petits États, comme la Bavière ou le grand-duché de Bade; mais la Prusse devait réunir toutes ses forces afin d'accomplir, par le fer et le sang, la grande œuvre dont on avait laissé échapper l'occasion en 1848.

Dans cette ardeur générale pour les innovations, l'Autriche avait, en 1862, essayé d'arriver à l'hégémonie, en annexant à la Confédération germanique même ses États non allemands : de la sorte, l'Allemagne se serait étendue de Trieste à Kiel, avec 75 millions d'habitants, et aurait acquis la suprématie sur la Baltique et l'Adriatique; elle serait devenue le centre de l'Europe, comme elle l'était au moyen âge, et elle s'attachait indissolublement les possessions italiennes. Mais les deux puissances ne s'accordèrent pas; et même Bismark dénonça ce projet comme une menace pour l'Europe, et surtout pour la France; par là il flattait Napoléon III. Lorsque tous s'effrayaient de ces bruits de guerre, celui-ci espérait trouver l'occasion d'acquérir les provinces rhénanes; l'Angleterre, s'apercevant que l'unité allemande tournerait au désavantage de la France, se réjouissait secrètement.

Guerre entre l'Autriche et la Prusse. L'Autriche se sentait menacée : cependant ni elle ni personne ne doutait de sa supériorité dans les armes : d'après les traités, les différends entre les membres de la Confédération germanique devaient être réglés par la diète; ou, si la diète ne le faisait pas, tous les petits princes de l'Allemagne devaient appuyer l'Autriche qui était leur tutrice. Dans le fait, on ne pensa pas à des accommodements; et l'Autriche ne vit se déclarer ouvertement pour elle que le Hanovre, la Saxe et le Wurtemberg.

Les premiers électeurs de Brandebourg, à l'exemple des autres princes de l'Allemagne, n'avaient de troupes permanentes que pour leur garde personnelle. Jean-Sigismond enrôla 1,400 hommes quand il eut à s'assurer la succession de Berg et Juliers; dans la guerre de Trente ans, il n'opposa aux Impériaux et aux Suédois que 8,000 fantassins et 3,000 cavaliers. Après la paix de Westphalie, Frédéric-Guillaume fut des premiers à s'apercevoir que le monde appartiendrait désormais aux soldats, et, en 1653, il porta son armée à 26,000 hommes, choisis parmi les petits propriétaires et les industriels; avec eux il fit les campagnes qui lui valurent le titre de Grand Électeur.

Quand la Prusse devint un royaume, Frédéric Ier n'avait pas une organisation militaire stable, mais ses soldats acquirent de la pratique dans la guerre de Flandre. Au siège de

Tournai, les soldats anglais s'étant moqués des siens, Frédéric-Guillaume Ier s'appliqua à les transformer; tout tendit de sa part à avoir de bonnes troupes; soins, dépenses, mariages même servaient à former ou à acheter des grenadiers. Sous Frédéric II, que sa philosophie n'empêchait pas d'avoir la fureur de conquérir, l'armée se rendit fameuse par ses victoires sur l'Autriche et sur la France. A partir de ce moment, la réputation militaire de la Prusse resta établie en Europe. Et cependant, à la bataille d'Iéna, l'armée prussienne fut, en un seul jour, détruite par l'armée française. Alors le ministre Stein et le général Scharnorst s'appliquèrent à lui donner une organisation nouvelle qui permettait, en 1819, de mettre en campagne 260,000 hommes.

Tous les Prussiens non infirmes sont soldats à vingt ans, et doivent servir pendant trois années, formant la première catégorie de la *landwehr*, qui comprend les citoyens de 20 à 32 ans; deux fois par an ces soldats se réunissent pendant trois semaines pour faire les exercices, et, en temps de guerre, ils constituent l'armée active. Les hommes de 32 à 40 ans sont dans la seconde catégorie qui, en temps de guerre, est chargée de la défense des places et des garnisons. En cas d'invasion du territoire, on convoque la *landsturm* comprenant tous les citoyens âgés de moins de 50 ans. On ne fait aucune distinction de naissance; il n'y a pas d'exemption, pas de remplacement; tout citoyen est soldat, et quand il a cessé de l'être, il conserve encore pendant neuf ans les habitudes militaires.

Les derniers rois de Prusse ne se montrèrent pas trop partisans de la guerre; pendant ce temps toutefois ils augmentèrent leurs forces, et, les fusils à aiguille ayant été inventés, ils en pourvurent toute leur armée, avec laquelle maintenant on allait combattre *entre frères* (1).

(1) Voici, d'après Kolb, l'effectif des différentes armées, en 1869 :

Grande-Bretagne, les Indes comprises....	230,000	Report....	3,240,000
France...............	570,000	Danemark..........	40,000
Russie..............	750,000	Suède	95,000
Autriche	550,000	Norvège...........	14,000
Prusse..............	400,000	Espagne	120,000
Le reste de l'Allemagne	230,000	Portugal..........	33,000
États italiens	350,000	Grèce.............	10,000
Belgique	80,000	Turquie............	150,000
Hollande, l'Inde comprise.............	80,000	Marins des diverses puissances.........	200,000
A *reporter*.....	3,240,000	Total......	3,912,000

C'est ici qu'il faut placer un épisode italien. Quand Napoléon posa en programme l'Italie libre jusqu'à l'Adriatique, les Vénitiens sentirent grandir leurs espérances d'indépendance; mais par la paix de Zurich ils se trouvèrent de nouveau enchaînés à l'Autriche. Celle-ci chercha inutilement à se les concilier par des concessions et des constitutions, d'autant plus qu'ils étaient excités par le royaume d'Italie qui regardait comme une obligation pour lui de se compléter par cette acquisition; mais les tentatives répétées de révoltes et de conspirations ne firent que multiplier les victimes.

Bismark profita de cette aspiration, et proposa à l'Italie d'attaquer l'Autriche sur le Mincio, pendant qu'il l'attaquerait lui-même en Allemagne. Et comme l'Autriche protestait qu'elle voulait la paix, on lui répondait de le prouver par la cession de la Vénétie, cet éternel foyer de troubles. Mais ni sa dignité, ni ses engagements avec la Confédération germanique ne lui permettaient de faire cette cession : elle s'y montrait du reste disposée, pourvu qu'elle acquît en échange un territoire équivalent.

Bien qu'il répugnât à des Allemands de combattre contre des Allemands et au roi Guillaume de s'allier avec un roi usurpateur, comme il l'appelait, et avec un chef de bandes, poussé cependant par ce démon qui veut des ruines et par ces ruines d'autres ruines encore, il laissa ses ministres stipuler un accord avec l'Italie à laquelle on avança 120 millions. Celle-ci redoubla donc ses menées contre la Vénétie, secondée en cela par l'ardeur nationale; on excita la Hongrie à se soulever; et des bandes garibaldiennes se préparèrent à envahir la Dalmatie et le Trentin.

Bataille de Sadowa. 3 juillet 1866.

L'Autriche, ayant eu vent de ces intrigues avec la Prusse, fut contrainte d'envoyer en Italie une armée qui s'éleva jusqu'à 200,000 hommes; cependant à Napoléon et aux autres puissances qui s'interposaient, elle promettait de désarmer, à condition que l'Italie et la Prusse en feraient autant. Tout fut inutile : les hostilités ne tardèrent pas à commencer. L'armée autrichienne avait pour général en chef Benedek; l'armée prussienne commandée par le prince Frédéric, par Herwarth, Steinmetz, avec une rapidité merveilleuse, occupa le Holstein, entra en Saxe et à Leipzig, puis en Bohême; à la bataille de Sadowa, une des plus meurtrières du siècle, l'Autriche perdit 16,000 prisonniers, 40 drapeaux, 180 canons; en un mois fut finie une guerre que l'on prévoyait devoir durer aussi longtemps que la guerre de Trente ans.

En même temps, l'Italie de son côté commençait les hostilités, franchissait le Mincio ; mais, à Custozza, l'armée italienne, mise en déroute, dut se retirer devant les Autrichiens commandés par l'archiduc Albert ; et la flotte, qu'on avait tant vantée, était battue à Lizza par la flotte autrichienne sous les ordres de Tegetoff. Pour cela, il avait fallu tirer de l'Allemagne 200,000 hommes qui auraient pu disputer la victoire, même après la défaite de Sadowa. Alors François-Joseph céda la Vénétie à Napoléon qui en fit présent à l'Italie ; et les petits États ne pouvant plus subsister désormais, l'empereur des Français espérait partager l'Europe avec Bismark. Quant au roi d'Italie, la paix faite avec l'Autriche, il put dire : « La patrie est libre de toute domination étrangère. »

Custozza. 24 juin.

Lizza. 20 juillet.

D'après les préliminaires de Nicolsburg, suivis de la paix de Prague le 23 août, l'Autriche renonçait à la Lombardo-Vénétie et à tout droit sur le Sleswig et le Holstein ; elle reconnaissait que la Confédération germanique était dissoute, et acceptait sur ce point la nouvelle organisation et les institutions qu'il plairait à la Prusse d'y introduire, l'Autriche demeurant exclue. La Prusse, à un territoire de 280,000 kilomètres carrés avec 19 millions d'habitants, unissait le royaume de Hanovre, la Hesse électorale, une partie de la Hesse grand-ducale et de la Bavière, le duché de Nassau, les duchés du Sleswig et du Holstein, la ville de Francfort, arrivant ainsi à une superficie de 352,000 kilomètres carrés et à une population de 23 millions et demi de sujets. La Bavière, le Wurtemberg, le grand-duché de Bade, la Hesse, la principauté de Lichtenstein survécurent et demeurèrent isolés. Le Limbourg et le Luxembourg, détachés de l'Allemagne, restaient à la Hollande. La Saxe obtint difficilement d'être conservée comme un membre de la nouvelle fédération.

Paix de Prague. 23 août 1866.

Le 24 février 1867, le parlement allemand rassemblé à Berlin discutait la nouvelle Constitution, et le roi déclarait : « Je remercie la Providence de ce qu'il m'est permis, de concert avec une assemblée telle qu'aucun prince allemand n'en a vu, depuis des siècles, une semblable autour de lui, d'exprimer de grandes espérances ; j'en remercie la Providence qui conduit l'Allemagne au but désiré par son peuple, par des chemins que nous n'avons ni choisis ni préparés. »

Tant que des intérêts et des aspirations contraires subsistent, la paix ne peut être qu'une trêve; et bien souvent la guerre est nécessaire pour remédier à des maux que la lenteur ne ferait qu'envenimer. Car, entre les déclarations patriarcales du roi de Prusse et le langage soldatesque de l'Autriche, le socialisme allait s'échauffant et chez les philosophes, qui proclamaient toujours plus absolue l'indépendance de l'individu, et dans les journaux, dont quelques-uns prêchaient ouvertement la communauté des biens, des femmes et des enfants.

CHAPITRE VII.

FRANCE ET PRUSSE. — LE COMMUNISME.

Napoléon III à l'apogée de sa fortune.

Napoléon, démentant les principes conservateurs au nom desquels il avait été élu, pour s'égarer dans les labyrinthes de la révolution, montra qu'il n'était pas un de ces génies qui surgissent pour mettre fin aux bouleversements et en retirer les fruits, mais un parvenu audacieux gâté par la fortune. Conspirateur incorrigible (1), il innovait trop pour s'attacher les conservateurs, et pas assez pour contenter les démocrates; il improvisait les solutions et les changements, mais le talent ou la force d'âme lui manquait pour persévérer dans ses idées et les mettre à exécution. Il écrivait sa lettre à Ney sur les réformes à introduire dans le gouvernement pontifical; puis à peine de Falloux l'en eut-il blâmé, qu'il la retirait, bien que tous y eussent vu un vrai programme. Il souleva la guerre de Crimée, et la termina sans rien conclure. Il coupa court à la guerre d'Italie, et y gagna un voisin qui, disait-il, lui causait de grands maux de tête. Dans l'expédition du Mexique, entreprise avec imprévoyance et pour des motifs peu nobles, il se déshonora en abandonnant sa créature. Il avait séduit la France sous prétexte de la sauver de la révolution; sous le même prétexte, il occupait

---

(1) Le prince Albert disait de Napoléon : « Il est né conspirateur, il a vécu en conspirateur, et, à l'âge où il est, il ne pourrait changer son caractère; il a toujours comploté, et s'est toujours défié. Pour réussir, il avait besoin d'un allié. L'Angleterre était le seul allié qui lui convînt; mais parce que l'alliance anglaise implique l'observation des traités et le progrès de la civilisation, elle lui a causé plus d'un ennui. »

Rome; mais tandis qu'il entretenait l'effroi parmi les conservateurs en leur montrant les attentats de l'anarchie, par ses guerres il alléchait les révolutionnaires. Il voulait l'unité italienne, et il la contraria; il se donnait des airs de dictateur à l'égard du Piémont, et il se laissait traîner par lui à la remorque; il voulait l'autorité du pape, et il en prépara la ruine avec des fleurs et des caresses. Il rêvait une alliance latine, dans laquelle entreraient l'Espagne, le Mexique, les Principautés Danubiennes, la Confédération italienne; même, son idéal était une grande fédération européenne, avec le libre échange, une capitale unique, des expositions universelles, et un congrès où on aurait obtenu le désarmement général et l'apaisement de toutes les querelles. En prêchant la paix, il semait partout la discorde. Instruit par l'exemple de son oncle (1), il ne souhaitait ni conquêtes ni guerres : pourtant il y était poussé par ceux des siens qui croient la France toujours destinée à primer sur ses faibles voisins. Ainsi il fut l'ami de tous, et l'ennemi de tous. Détestant la Sainte Alliance, il voulait punir d'abord la Russie, puis les Bourbons, puis l'Autriche; il aurait voulu punir même la Prusse : et comme Bismark l'invitait à démembrer l'Autriche, en lui promettant la Belgique et le Luxembourg, il refusa, mais le laissa diriger toutes ses forces contre cette même Autriche. Quand il le vit grandir extraordinairement, il demanda des compensations et se résigna à ne pas les obtenir.

Il fit des expéditions heureuses en Syrie, en Chine, en Cochinchine, à Madagascar. Il eut des moments véritablement glorieux, à la tête de l'alliance occidentale avec l'Angleterre et l'Autriche : les puissances, sachant qu'il représentait la révolution, ce cauchemar de tous, n'osaient lui résister; et lui, il laissait tout supposer, feignant d'hésiter, et ainsi gagnait du temps : à la fin, il ne décidait rien, mais laissait

(1) Napoléon Ier lui-même, après la bataille de Marengo, écrivait à l'empereur François II : « Au milieu de ces blessés, et entouré de quinze mille cadavres, je conjure Votre Majesté d'écouter la voix de l'humanité et de ne point permettre que les soldats de deux valeureuses et puissantes nations s'égorgent pour des intérêts qui leur sont étrangers. »
Napoléon III se glorifiait toujours d'accomplir les idées de son oncle, surtout en ce qui regarde la libération de l'Italie. Et comme je lui objectais que Napoléon Ier aurait bien pu achever cette délivrance et qu'il avait fait le contraire, il me répondit qu'il en avait été empêché par les continuelles inimitiés de l'Autriche et de l'Angleterre.

les autres glisser sur la pente où il les avait conduits. Il parut se révéler dans plus d'un discours, mais il n'en permettait pas la discussion ; il renvoyait de jour en jour le couronnement de l'édifice qu'il avait promis à une nation jalouse de ses droits, mais pouvant se résigner à les laisser de côté pour un certain temps.

Avec la confiance illimitée qu'il obtenait, il put disposer d'immenses ressources : par la réduction des intérêts dans trois emprunts nationaux, parmi lesquels celui de 1868 fut plus de trente fois couvert, il réalisa presque deux milliards. La prospérité du commerce et de l'industrie suffisait au reste, et déjà en 1866 étaient dépensés 31 milliards, dont 7 milliards 200 millions pour le seul ministère de la guerre. Beaucoup de ces dépenses étaient réellement utiles et productives : il fit cultiver 15,000 hectares de terres en friche ; il établit 42 cités ouvrières, 39 fermes dans des contrées désertes ; il en renouvela un nombre pareil ; il éleva un village agricole ; à Vincennes, il avait une ferme pour faire des expériences sur les engrais de Georges Ville : il faisait élever du bétail qui s'expédiait ensuite jusqu'aux extrémités de la terre, et se vendait parfois 10 ou 12,000 francs par tête ; il répandait les instruments, les machines, les plantations et les ensemencements des meilleurs produits ; il fit dessécher des marais, reboiser et gazonner les pentes dénudées ; des digues et des écluses prévenaient les inondations.

Paris fut transformé au prix d'environ un milliard ; 184 millions furent dépensés à construire des rues, en abattant 18,000 maisons ; Napoléon était secondé dans cette œuvre par le préfet Haussmann qui avait des appointements de 75,000 francs, sans parler de 240,000 francs dont il ne rendait pas compte. La dette de la ville qui, en 1820, était de 714 millions, s'élevait en 1866 à 1 milliard 825 millions, mais Paris était la métropole de la richesse, du goût, de l'industrie, et par là on tenait occupée une population remuante ; il est vrai, d'un autre côté, qu'on attirait ainsi à Paris des troupes d'ouvriers, et qu'avec les salaires et le luxe grandissaient le déréglement et l'avidité des jouissances matérielles.

La merveilleuse Exposition de 1867 attira à Paris tous les mérites et tous les vices : cinquante-huit souverains et, parmi eux, ceux de Russie et de Turquie, accoururent pour payer un tribut d'admiration à cet aventurier heureux.

Napoléon voulait être tout, même auteur : il aimait plus la pompe que les résultats positifs. Il avait épousé une Espagnole, la comtesse de Montijo ; bientôt il en eut un fils, dont le pape fut le parrain : quatre-vingt-six évêques prirent part au banquet donné, en cette occasion, à l'Hôtel de Ville ; une souscription populaire, de 5 à 25 centimes, produisit 60,000 francs.

<small>16 mars 1856.</small>

L'empereur flattait les catholiques, mais il leur déplaisait par ses hésitations à émanciper l'instruction publique, par sa peur des associations religieuses et charitables, et pour avoir laissé dépouiller le pape (1). Il flattait les libéraux, mais il se les aliénait par des coups d'État ; des intrigues de cour éloignaient ses vrais amis. Il payait les journaux, voulant par eux créer une opinion publique artificielle, et pourtant ils aboyèrent contre lui. Les légitimistes ne marchaient pas d'accord entre eux ; le parti orléaniste se bornait à une opposition académique ; les républicains étaient réduits au silence. On attenta plus d'une fois à sa vie, comme on avait attenté à celle de Louis-Philippe. Ses agents s'enrichissaient ; il se laissait voler ; il changea cinquante ministres, mais l'amabilité de Morny, le dévouement mystique de Persigny, le zèle de Billault, de Fould, de Drouyn de Lhuys, de Thouvenel, de Baroche, de Rouher, n'étaient pour lui que des instruments ; il appelait ou renvoyait ces hommes à son caprice, sans que la nation sût même pourquoi. Les élections, qui firent sa préoccupation constante en tant que manifestation du sentiment public, étaient toujours accompagnées de corruption ; une presse corruptrice et des exemples, qui venaient de haut, étendaient l'immoralité ; le niveau intellectuel baissait. Il restait l'influence des esprits et des caractères élevés de Thiers, Guizot, Montalembert, de Broglie, Nettement, et d'un grand nombre de militaires, parmi lesquels Cavaignac. Dans les derniers temps moururent des hommes remarquables : Montalembert, Berryer, Lacordaire, de Broglie, Troplong, Lamartine (2), Villemain, Lanjuinais, Jomini, Sainte-Beuve, etc.

Mais bien plus encore que les oppositions académiques ou

<small>Doctrines socialistes.</small>

(1) Nous avons entendu Napoléon répondre à quelqu'un qui lui demandait de laisser les Italiens occuper Rome : « Rome, vous l'aurez ; mais vous ne pouvez cependant pas prétendre que nous vous la donnions nous-mêmes. »

(2) Peu avant la mort de Lamartine, on lui avait alloué la rente d'un capital de 500,000 francs.

que les partis dynastiques, il fallait craindre l'agitation souterraine des communards, représentés par les élèves ou héritiers de quelques utopistes, comme Fourier, Saint-Simon, Pierre Leroux, qui sacrifiaient la justice et le droit au Moloch du progrès collectif; ou comme Proudhon qui disait : « La propriété, c'est le vol »; et par une armée d'ouvriers associés au nom de la justice et de la fraternité, mais qui, l'écume à la bouche, avec la plus grande précision dans les formules, avec audace dans l'attitude, poussaient à la haine et à la révolte, détruisaient la société sous prétexte de la réorganiser, et l'Église en la qualifiant complice de l'injustice et des abus (1); ils rejetaient toute supériorité, même celle du talent, et proclamaient toutefois des systèmes autocratiques et autoritaires. Si le libéralisme disait : « L'État est le maître absolu; l'Église et la Famille n'ont d'autres droits que ceux qui leur sont accordés par les organes législatifs, mais la propriété doit rester inviolable »; le socialisme niait cette restriction illogique. Pour lui, l'État est l'unique régulateur de la propriété, comme du reste; au lieu de concentrer les richesses entre les mains d'un petit nombre, il faut de nouvelles règles sur la propriété, sur l'hérédité, sur le commerce, sur le salaire; le propriétaire n'est qu'un usufruitier; plus de droit d'héritage; plus de mariages, ni religieux ni civils; la femme est dispensée de devenir mère; les enfants doivent être élevés, non par les parents, mais par l'État et en commun; c'est à

---

(1) Proudhon rejetait les maux de notre société sur la morale chrétienne devenue corruptrice parce qu'elle s'appuie sur la Providence, la rédemption, le jugement. Que penser de la Providence ? Il y a des pauvres et des riches; le péché originel montre l'homme déchu et méprisable, et, par conséquent, les pouvoirs humains nécessaires pour le réprimer et perpétuer la misère; le dogme de la rédemption fait consister la régénération dans une théurgie, comme sont les sacrements; la religion dessèche l'activité humaine, affaiblit la volonté et laisse l'homme au pouvoir de l'homme. Dieu, image de la nature humaine, est une abstraction, une idole de la pensée philosophique, la sanction d'une morale débilitante. Guerre donc aux anges, aux archanges, aux Dominations, aux Principautés, à l'Église, aux conciles, au parlement, à la chaire, à la personnalité, et jusqu'au chef même de cette incommensurable anarchie, à l'absolu des absolus, à Dieu. Ainsi s'épurent les idées; ainsi s'établit le règne du beau, du bon, du vrai, où l'homme seul est le principe de toute morale et de toute justice, parce qu'il porte la morale et la justice dans sa raison et dans sa conscience; ainsi l'égalité est restaurée, la misère disparaît, le salariat est aboli et l'homme élevé à la dignité de participant. (*De la Justice dans la révolution et dans l'Église*.)

l'Etat à les nourrir, c'est à l'Etat à les employer ; l'ouvrier ne doit pas recevoir un salaire proportionné à son travail, mais le salaire fixé par l'État ; l'État organise et distribue toutes choses. Mais l'État, ce n'est ni Napoléon III ni Guillaume IV ; c'est la majorité, maîtresse, caissière, institutrice, exerçant le despotisme jusque sur les consciences ; l'individu et la famille sont réduits à néant ; on efface le nom de Dieu, imprimé dans les cœurs avec les baisers d'une mère ; comme si c'était élever un peuple que de le faire descendre au niveau de la brute ; comme si l'incrédulité n'était pas l'auxiliaire des tyrans, le chemin qui mène à la servitude.

Ne connaissant, comme un trop grand nombre a coutume de nous le montrer, d'autre liberté que celle de penser comme eux, ils ne souffrent ni la contradiction, ni même la controverse ; si, à leurs affirmations antisociales, quelqu'un oppose ou les institutions législatives ou les règles de la morale, on lui signifie que cela est de la politique et de la religion : il n'a donc qu'à se taire.

L'*Association internationale des travailleurs* qui, de l'Angleterre, s'était répandue en France, en Belgique, en Suisse, en Allemagne, promulguait des décrets sans appel, fixait les tarifs et les salaires, organisait les grèves, payant ceux qui restaient sans travailler. Non contents d'éliminer absolument les chefs d'industrie et leurs employés, non contents de se coaliser pour obtenir une augmentation de salaire, ils voulurent forcer les membres de l'Association à se conformer aux décisions d'un comité directeur. Pour cela, ils recouraient même à la violence, jetaient de l'acide sulfurique à la figure de ceux qui résistaient ; on mêlait aux pièces d'étoffes des épingles, aux machines de la poudre fulminante, on tuait les bêtes de somme, on brisait les instruments, on assassinait : et de tels actes étaient considérés par eux comme de droit naturel.

On le vit surtout dans les épouvantables procès des émouleurs de Scheffield (*saw grinders*). Ils prétendaient que la société repose sur l'injustice, la violence, la fraude ; donc le contraire est juste, loyal et bon. C'est ainsi que les Peaux-Rouges d'Amérique regardent comme des représailles légitimes le meurtre des *Faces pâles* qui envahissent leurs terres pour les défricher.

Puisque donc non seulement la puissance, mais l'autorité doivent résulter du nombre, c'est par les ouvriers et avec les ouvriers qu'il faudra résoudre et les problèmes économiques, et les problèmes politiques et sociaux, avec les ouvriers exaltés contre la société actuelle. Et le torrent grossissait; d'autant plus que de perfides déclamateurs obscurcissaient les questions par les sophismes et par les passions, et que les gouvernants aveugles ne voulaient point voir l'orage qui s'avançait, persuadés que ces songes se dissiperaient en face du sens commun, et que les tentatives échoueraient, grâce à la force dont ils disposaient. Mais qui donc, au mois de janvier 1848, aurait jamais soupçonné que dans la multitude couvaient les idées et les aspirations que révélèrent les journées de Juin contre lesquelles n'étaient plus une barrière suffisante ni les paroles des sages, ni les écrits des savants; il fallut leur opposer le fusil dont chaque bourgeois dut s'armer pour défendre sa demeure et sa femme. Or, le peuple, quand il est tranquille et qu'il voit les bêtes sauvages déchaînées contre lui, préfère encore le pouvoir absolu qui les réprime. D'ailleurs les gouvernements ont naturellement peur d'être entraînés plus loin qu'ils ne voudraient, et de ne pouvoir résister au mouvement lorsqu'il commencera. Sentant l'obligation d'assurer la tranquillité publique, de sauver le plus grand nombre de leurs sujets, les idées d'ordre, les principes conservateurs, ils portent souvent atteinte à la liberté et à l'égalité, sous prétexte de les organiser.

Ainsi Napoléon crut de son devoir de serrer les freins. Après chacune de ses guerres, il avait promis d'élargir la Constitution. Après l'expédition d'Italie, il permit aux Chambres de discuter la politique générale et de proposer des amendements aux lois. Le 29 janvier 1867, il écrivait à Rouher qu'il voulait « donner aux institutions de l'Empire tout le développement dont elles sont capables, et mettre le couronnement à l'édifice élevé par la volonté nationale »; mais cela se réduisit à permettre aux députés de faire des interpellations et à accorder le droit de réunion. La France demandait davantage; aussi, à la fin, il changea le gouvernement autocratique en un gouvernement représentatif, accordant l'initiative au parlement, avec des ministres responsables, à la tête desquels il mit l'avocat Émile Ollivier.

Plébiscite du 8 mai 1870.

C'était la neuvième constitution depuis 89, et la première qui se fût introduite sans secousse par le triomphe de l'opinion de la nation, je veux dire des journaux. L'empereur voulut alors demander à la France si elle était contente de lui ; 7,160,000 votes répondirent affirmativement, confirmés par des applaudissements, universels comme le suffrage, et surtout dans l'armée. Et on disait : « Plus de révolution, plus de réaction ! » et l'on était à la veille de la débâcle.

Napoléon n'avait pas compris à quel péril il exposait la France en laissant à côté d'elle se former deux puissants États, l'Italie et la Prusse. En 1866 il était resté simple spectateur, permettant à la Prusse d'écraser l'Autriche à Sadowa. Alors on lui avait dit à l'oreille : « Du Rhin à Berlin, il n'y a pas quinze mille soldats. Si vous vous présentez avec cent mille hommes sur les bords du grand fleuve, tous les princes allemands, indignés du fratricide commis par la Prusse, se joindront à vous ; c'est la seule fois que les Allemands verront volontiers les Français. Vous devenez l'arbitre de la situation ; la Prusse devra arrêter ses triomphes sur l'Autriche, abaisser ses prétentions, conserver l'équilibre en Europe. » Il n'écouta pas. La Prusse, profitant de sa longanimité, se lançait dans des invasions, excitait la défiance chez tous ses voisins, et obligeait partout à de grands armements dans l'incertitude du lendemain.

Sur ces entrefaites, l'Espagne, au milieu de ses troubles incessants, demandait un roi, et la Prusse voulait y mettre sur le trône un Hohenzollern de sa maison royale. Ainsi, la France allait être menacée du côté de Perpignan comme du côté de Strasbourg. Lorsque les hommes prudents avaient conseillé de s'unir à l'Autriche pour maintenir l'équilibre européen, on ne croyait pas pouvoir, en moins de quatre mois, mettre l'armée française en état d'affronter les Prussiens prêts depuis longtemps. Maintenant que ces mêmes Prussiens étaient enhardis par leurs succès, on déclarait que c'était un crime de douter seulement de la supériorité d'une nation qui prend facilement feu dès qu'on parle de guerre ; et d'une extrémité à l'autre de la France on criait : « A Berlin ! »

Guerre avec la Prusse.

En voyant deux nations, comptant chacune environ quarante millions d'habitants, se préparer à un choc, l'Europe fut effrayée comme à l'approche d'un désastre universel. Le pape offrit sa médiation et ne fut pas écouté. On espérait que l'Autriche profiterait de ce moment pour se venger de la Prusse, que les petits princes de l'Allemagne prendraient leur revanche, que l'Italie montrerait sa reconnaissance pour le peuple et pour l'homme à qui elle devait son indépendance.

Napoléon rejetait sur la Prusse la faute de l'invasion, et proclamait : « Le glorieux drapeau que nous déployons de nouveau contre ceux qui nous provoquent, est le même qui a porté, à travers l'Europe, les idées civilisatrices de notre grande révolution ; il représente les mêmes principes et inspirera les mêmes sentiments. Je me place moi-même à la tête de cette valeureuse armée qu'animent l'honneur et le devoir envers la patrie ; je sais ce qu'elle vaut, puisque dans les quatre parties du monde j'ai vu la victoire s'attacher à ses pas. »

De son côté, la Prusse déclarait faire la guerre, non à la France, mais à Napoléon ; et Wagner disait : « Combattons pour le principe de la nationalité, le plus juste, le plus durable, le plus bienfaisant pour la constitution des États et la délimitation de leur territoire. »

Le 26 juillet, sept jours après la déclaration de guerre, de cinq à six cent mille Prussiens étaient prêts à entrer en campagne ; cinq lignes ferrées, qui conduisent à la frontière, avaient transporté par jour quarante-deux mille hommes, et une quantité énorme de canons, de voitures, de munitions, de chevaux ; tandis que la France, toute à sa hardiesse provocatrice, ne pouvait mettre en ligne que 180,000 combattants, prodigieux dans l'attaque, mais inhabiles dans la résistance. Cette rapidité, qui empêchait l'armée prussienne de se fatiguer, fit que les Français n'eurent pas le temps de s'aguerrir, ni d'armer la garde nationale dans un pays nullement préparé à l'invasion. Grâce à cette merveilleuse mobilisation, les Prussiens eurent l'avantage dans une campagne où, comme dans les anciennes guerres, on ruina les contrées, on extermina les hommes, non pour revendiquer quelque droit légitime ou pour un but généreux, mais pour humilier un peuple et un souverain. La guerre, ainsi prévue et pourtant aussi mal préparée, déclarée si imprudemment, si déplorablement menée, dura très peu de temps. Vaincues à Saarbrück, à Wissenbourg, à Wœrth, à Forbach, les troupes françaises durent se retirer sur Metz ; à Sedan 240,000 Allemands, dans une bataille de quinze heures, défirent complètement les Français ; Napoléon lui-même se constitua prisonnier.

1er septembre 1870.

La République proclamée.

Paris, en tumulte à l'annonce des désastres, déclara déchu

cet empereur que, peu de mois auparavant, il avait divinisé ; il acclama la république et, dans son obstination à vouloir résister, nomma un gouvernement de la défense nationale qui, manquant d'unité, surtout après la chute de Metz, défendit mal Tours et Orléans. Les débris de l'armée tentaient des efforts de différents côtés, en particulier sur la Loire ; battus, ils se formaient de nouveau ; mais les Prussiens accouraient partout, employant à leur service l'artillerie prise dans les forteresses conquises. Tandis que, dans la guerre des peuples en 1813, toute l'Allemagne et la Russie ensemble ne pouvaient ranger en bataille à Leipsig que 400,000 soldats, maintenant, même après les pertes éprouvées à Sedan, la seule Prusse tenait encore 800,000 hommes sur le territoire français. En 180 jours son armée livra 150 combats, fut victorieuse en 17 batailles rangées, s'empara de 26 places fortes, de 120 drapeaux, de 6,700 canons, fit prisonniers, 11,650 officiers, 363,000 soldats. Enfin elle vint assiéger la capitale.

Autour de la ville règne une enceinte de 45 kilomètres établie au temps de Louis-Philippe, avec des forts détachés. On improvisa d'autres ouvrages ; mais il est difficile de défendre une ville d'une énorme superficie et très peuplée, lors même qu'on emploierait les plus ingénieux moyens pour assurer sa subsistance et ses communications. Les sorties ne réussissaient pas ; le bombardement était furieux ; la famine croissait. La cité de la richesse, du luxe, de la délicatesse, des arts, avec ses deux millions d'habitants, fut réduite à se nourrir de ce qu'il y a de plus grossier et de plus malpropre ; elle était entourée des ruines de ses villas, réduites à l'état de palissades ; ses plantations d'arbres étaient transformées en barricades ; les bibliothèques et les musées étaient couverts de sacs de sable destinés à les préserver ; l'éclairage, la nuit, était rare ; il fallut mesurer le combustible durant un hiver rigoureux ; pendant cinq mois de siège, on attendait avec anxiété que quelque pigeon apportât des nouvelles du dehors, où l'on en envoyait par ballons ou par des flotteurs sur le fleuve. Après 130 jours de siège et 22 sorties, on capitula, et une seconde fois, chassant les Bonapartes, les Prussiens entraient dans Paris.

Siège de Paris.

12 juin 1871.

L'Assemblée constituante réunie à Bordeaux nomma Thiers chef du pouvoir exécutif ; il négocia la paix avec le roi de Prusse et ses généraux. Les conditions furent la cession de l'Alsace et d'une grande partie de la Lorraine, avec

Assemblée de Bordeaux.

les forteresses que Louis XIV avait fait élever comme une barrière infranchissable; le payement de 5 milliards en trois ans, pour que le territoire fût évacué et que les 360,000 soldats et officiers prisonniers en Allemagne fussent rendus à la liberté. 80,000 Prussiens restaient à Paris, 20,000 à Dijon, d'autres détachements stationnaient en divers lieux.

La Commune. Il était facile d'envenimer le peuple contre ces douloureuses mais inévitables conditions; de toutes parts se montrèrent des démagogues, animés par Hugo, par Gambetta, Flourens, Delescluze, Pyat. Paris élut une autre Assemblée en opposition à celle de Versailles, et dans cette ville, à peine délivrée des Prussiens, commencèrent les pillages et les assassinats; ce parti de communards, que nous avons esquissé plus haut, se déchaînait; dès qu'il cessa d'être retenu par le frein, il proclama la Commune, avec des barricades, des canons, des mitrailleuses, et parmi des horreurs qui surpassèrent tout ce qu'on a pu voir de plus barbare en ces quatre-vingt dernières années (1). Des portiers transformés en dragons, des apothicaires devenus colonels, cherchaient des occasions de montrer leur héroïsme; tandis que les savants parmi eux se promettaient des merveilles de leurs inventions en physique et en chimie, du picrate, de la dynamite, du sulfure de carbone, de l'azoture de brome, et inventaient des bombes asphyxiantes, qui auraient tué d'un seul coup 200,000 *Versaillais*. Résolus à ne laisser derrière eux que des cadavres et des décombres, ils avaient accumulé des barils de poudre sous des pâtés entiers de maisons, préparé des détonations électriques, des bombes chargées de pétrole qui propageaient l'incendie; on empêchait les habitants de sortir de leurs maisons embrasées; les ministères, l'hôtel de ville, la maison artistique de Thiers, les marchés, les greniers, la colonne de la place Vendôme, tout cela fut démoli ou brûlé; dans les derniers jours, le magnifique palais des Tuileries fut incendié.

Dans l'ivresse du sang, les prisonniers furent égorgés; quatre-vingts personnages, pris comme otages par les communards, furent fusillés, entre autres l'archevêque de Paris

---

(1) Voyez, entre autres, Maxime du Camp, *les Convulsions de Paris; les Otages pendant la Commune;* Ernest Daudet, *Agonie de la Commune;* Veron, *la troisième Invasion*. M. Vachon décrit toutes les œuvres d'art qui furent détruites pendant la Commune; entre toutes, on regrette surtout la Bibliothèque du Louvre, incendiée dans la nuit du 24 mai 1871 : elle contenait plus de 100,000 volumes, tous de choix.

et des ecclésiastiques. On inventa des anneaux renfermant un poison très subtil, avec une pointe perçante ; les femmes feignant d'accueillir les Versaillais et de leur serrer la main, devaient ainsi leur faire une blessure qui se gangrénait. Ce mépris de sa propre vie et de la vie d'autrui s'appelait un acte patriotique.

Ces exemples furent suivis dans d'autres villes, et toute la France fut en proie à des inquiétudes aussi grandes que du temps des Prussiens. Enfin la troupe régulière put, au prix de beaucoup de sang, dompter la Commune dans Paris : l'armée de Versailles avait perdu 3,000 hommes ; les communards, des milliers ; parmi ces derniers beaucoup furent passés par les armes, ainsi que des femmes qui avaient été les mégères de cette furie de désastres et de démolition. On a calculé que chaque journée de cette guerre civile a coûté 35 millions (1). *28 mai.*

La paix, stipulée le 10 mai 1871, fut ratifiée le 12 octobre, dans des conditions plus défavorables à cause de cette révolution ; mais l'Assemblée dut l'approuver, et elle ordonna des prières publiques « pour supplier Dieu, disait-elle, d'apaiser nos discordes civiles et de mettre un terme aux maux qui nous affligent ». Par cette paix, la France perdait 14,508 kilomètres carrés de terrain et un million et demi d'habitants. En 1815, on avait dû donner 700 millions pour indemnité de guerre ; aujourd'hui, il fallait payer 5 milliards. L'avidité de l'étranger reçut promptement cette rançon ; mais d'immenses dégâts restaient à réparer à l'intérieur, partout la dévastation et la ruine ; les pertes agricoles s'évaluèrent à 4,200 millions ; 140 millions furent assignés comme indemnité à Paris, 130 aux départements. On peut donc faire monter à 14 milliards les charges de cette guerre, sans parler des souffrances morales, des pertes commerciales et des *16 mai.*

---

(1) *Recueil des traités, conventions, lois, décrets et autres actes relatifs à la paix avec l'Allemagne*, par M. VILLEFORT, en 5 gros volumes. Ouvrage précieux parce qu'il fait connaître non seulement les conséquences de ces désastres et de ces monstruosités, mais encore la reconstitution du pays, la conservation des anciens traités envers les divers États allemands. Les dépenses des tribunaux contre l'insurrection de mai 1871, jugements, exécutions, s'élevèrent à 13 millions ; les indemnités de la guerre et de la Commune, à 856 millions. Le chiffre des emprunts fut de 631 millions ; la perte des rentes capitalisées sur les territoires cédés représente plus d'un milliard ; la reconstitution du matériel de l'armée de terre et de la marine représente 2 milliards ; en tout, 14 milliards.

morts : et la France se trouvait sans armée, sans argent, sans gouvernement, sans amis.

On mit un impôt sur les matières premières ; on établit une monnaie de confiance ; on ouvrit un emprunt national de 3,500 millions, hypothéqués sur les chemins de fer qui doivent, en 1945, revenir à l'État et valent 12 milliards ; l'emprunt fut couvert pour 4,100 millions.

Napoléon, tombé comme tombe un arbre sans racines, se retira en Angleterre ; il supporta dignement son malheur, sans maudire ni les vainqueurs ni les traîtres ; il mourut à Chislehurst en 1873. Son fils, qu'il avait salué à sa naissance « comme l'espoir de l'avenir, destiné à perpétuer un système national » (1), alla, après sept ans d'exil, combattre des tribus sauvages de l'Afrique ; il y fut tué en juin 1879 ; avec lui tomba le parti bonapartiste (2).

Quelques-uns avaient cru qu'à un souverain tombé ils pourraient en substituer un autre ; mais voilà qu'il s'éleva des prétendants légitimistes, orléanistes, impérialistes. Un moment Henri V sembla devoir l'emporter comme représentant la pacification et l'ordre ; mais, fidèle à son programme, il déclara ne recevoir la couronne que comme un droit légitime, et refuser le drapeau tricolore, symbole de la révolution. Il fut mis de côté, et on vota la république.

Thiers, président de la République. Adolphe Thiers (1797-1877), historien national, d'une facilité inépuisable de parole, et d'une mémoire très tenace, se déclarant du parti populaire par son origine, bonapartiste par éducation, aristocrate par ses goûts et ses habitudes, avait combattu les Bourbons avec les libéraux, sans pouvoir souffrir le despotisme, mais sans croire à la république ; il servit les d'Orléans toujours avec fidélité, pas toujours d'une manière utile, car sa nature ardente le mettait en opposition avec le calme et la prudence de Guizot : il ne faisait pas de la politique suivant des théories, mais l'adaptait aux circonstances, sachant les moyens de répandre la crainte ou d'exciter

(1) L'amour de Napoléon pour son fils était extrême. Le voyant malade, il disait : « S'il meurt, je ne serai pas le dernier à proclamer la république. » Ce fut une scène émouvante, à la distribution des récompenses à l'Exposition de 1867, lorsque, Napoléon ne voulant pas se présenter lui-même comme les autres, pour recevoir une grande médaille qui lui avait été décernée pour ses cités ouvrières, il se la fit apporter par le prince impérial, qu'il baisa au milieu d'applaudissements indescriptibles.

(2) On avait dit la même phrase lorsque Napoléon II mourut à Vienne, le 22 juillet 1832.

les espérances. Comme historien, il est plutôt dessinateur que coloriste; par beaucoup de mouvement, il excite moins l'émotion que l'attention; il avait disculpé la révolution, puis divinisé la force en Napoléon, et, par le retour de ses cendres de Sainte-Hélène, il en avait ravivé le culte. Mais quand Napoléon III fit le coup d'État, Thiers fut arrêté. Aussi, pendant tout le second Empire, il en garda rancune; il fut flatté lorsque l'empereur, dans une de ses proclamations, s'arrêta à le réfuter. Visant en tout à l'utilité de la France, il fut toujours opposé à l'unité italienne; il défendit très chaudement la souveraineté du pape. Les désastres ayant commencé, Thiers, malgré son âge, parcourut l'Europe, cherchant quelque alliance pour sa nation, surtout du côté de l'Italie qui, en envoyant une armée aux Alpes, pouvait faire une diversion très opportune. Lorsque les illusions s'évanouirent, il ne désespéra pas encore de la patrie; l'élection de vingt-six départements, et vingt ans de sa vie consacrés à la défense de l'ordre le désignaient au choix de l'Assemblée de Bordeaux qui le prit pour président. Et lui, ayant employé le reste de ses forces à arracher la capitale à l'anarchie et le territoire à l'occupation ennemie, à organiser les départements démembrés, à rétablir les routes et les canaux interceptés, il accepta la charge de chef de l'État.

L'Assemblée qui, pour la première fois, avait librement choisi ses représentants, était très forte, bien que divisée en partis; honnête, mais sans cohésion. Elle établit un gouvernement républicain avec une Chambre élective de députés et de sénateurs, qui devaient confier le pouvoir exécutif à un président irresponsable, nommé pour sept ans, avec des ministres responsables. Mais ceux qui avaient souffert ou avaient fait souffrir, ceux qui voulaient jouir ou se venger, agitaient le pays entre le radicalisme et l'impérialisme; la presse continuait son office d'être mécontente de tout, dans un pays qui, à peine échappé à la tempête, appelle à lui les vents et les orages. Il ne faut donc pas s'étonner si Thiers, avec un grand sens pratique, mais sans esprit de gouvernement, et flatté comme on flatte les rois, fut bientôt renversé. On le remplaça par le maréchal de Mac-Mahon qui avait heureusement conduit la guerre d'Italie, mais malheureusement celle de France (1). Avec la majorité républicaine, Mac-Mahon

<small>Mac-Mahon. Mai 1873.</small>

(1) Mac-Mahon, né à Sully en 1808, élève de Saint-Cyr, combattit long-

gouverna loyalement; mais, en butte aux soupçons, miné par les contradictions entre des ministres qui agissaient en sens différents, il ne put achever le septennat. Sans qu'il y eût de secousse, on lui donna pour successeur Grévy, profondément et honnêtement républicain. Mais il faut toujours se demander : « Où allons-nous ? »

La France se relève de ses ruines. Cependant la France, loin de succomber à de si grands désastres, retrouva vite toute l'apparence d'une prospérité admirable, grâce à sa vitalité financière, à l'activité et à l'esprit de sa population et à l'affluence des étrangers qui apportent le numéraire et en rapportent des marchandises ; aussi la richesse en valeurs courantes dépasse la richesse immobilière. On en eut une magnifique démonstration en 1878, dans une troisième Exposition universelle, où l'on voulut prouver que la pompe de l'Empire n'éclipsait point celle de la République. Les dimensions des bâtiments, la variété des objets exposés, l'affluence des exposants et des étrangers, les fêtes somptueuses, la courtoisie des hôtes, la cordialité universelle, resteront comme autant de merveilles pour qui les a vues, et comme une leçon pour les peuples, dans la prospérité comme dans les désastres. Car, à la manière dont elle les supporte, on connaît la valeur d'une nation. Ce qui étonnait plus encore que la grandeur de cette enceinte de 73 hectares, c'était de voir Paris, comme un phénix, renaître de ses cendres avec son hôtel de ville, ses ministères, l'hôpital qui a coûté 35 millions (1), le Grand Opéra pour lequel on en a dépensé 26, des hospices, des églises, des palais, des magasins, des marchés ; la distribution des eaux, l'éclairage au gaz et à l'électricité, toutes les industries se perfectionnaient et se développaient ; les écoles et les arts étaient en faveur.

Maintenant la France a une population de 36 millions d'habitants ; les armées de terre et de mer comptent 575,000 hommes et 120,000 chevaux ; sur le pied de guerre, il y a 1,750,000 combattants ; les revenus sont de 2 milliards

temps en Afrique, et, en particulier, au siège de Constantine en 1837 ; il fut nommé général de brigade en 1848, général de division en 1852. Au siège de Sébastopol, en s'emparant de la tour Malakoff, il décida de la bataille et de la campagne. Il fut fait sénateur, puis envoyé pour soumettre la grande Kabylie. Dans l'expédition d'Italie, il gagna le titre de maréchal et celui de duc de Magenta ; puis il gouverna l'Algérie ; dans la guerre de 1870, il fut blessé et fait prisonnier à Sedan. Il rentra en France à temps pour dompter l'insurrection de Paris et la Commune.

(1) Mais le nombre des lits pour les malades y a été réduit de 800 à 400.

737 millions; les dépenses, de 3 milliards; la dette, de 23 milliards.

Dans l'Algérie, justement admirée pour sa beauté et sa fertilité, et peuplée de deux millions et demi d'habitants, il est très difficile, sans parler des agitations fréquentes, surtout pendant la Commune, de s'assimiler des races distinctes par l'origine, les coutumes, la religion; il faudrait savoir s'attacher, récompenser, intéresser les colons, et ne pas considérer ce pays seulement comme un appendice, un pays dont la France n'est qu'usufruitière, comme un champ de bataille où, parmi les souffrances et les difficultés, se forment les meilleurs officiers.

La France possède, en Océanie, les îles Marquises, la Nouvelle-Calédonie, avec un ensemble de 72,000 habitants. En Afrique, elle en a un demi-million, dans la grande île de Madagascar, au Sénégal, dans les belles îles de la Réunion dont la capitale est Saint-Louis; en Amérique, elle en compte 350,000 à la Martinique, à la Guadeloupe, à la Guyane; enfin elle possède la Cochinchine occidentale, avec 1,500,000 habitants, et la ville de Saïgon. Mais, comme l'Italie, la France a essentiellement besoin de ne pas se faire d'ennemis, d'expier ses prétentions en bornant ses espérances, de recouvrer ses forces vitales par la paix de l'âme.

Son ennemie victorieuse est moins prospère; elle manque d'argent après en avoir tant reçu (1). Lorsque Guillaume eut établi son quartier dans le palais de Versailles, sa nation voulut le féliciter en lui donnant le titre d'empereur héréditaire de l'Allemagne; c'était le 18 janvier, le jour même où, en 1701, Frédéric Ier avait été nommé roi de Prusse. Ainsi, ce saint-empire romain catholique, par lequel l'Allemagne avait eu la prééminence en Europe, arrivait aux mains d'une puissance, née du luthéranisme, développée par lui, et pour lequel le roi, Guillaume, avait voulu que dans toutes les églises, le 10 novembre 1870, on célébrât l'anniversaire de Luther.

Il était naturel que les catholiques y eussent à souffrir; ils forment cependant un tiers de la population (2). La peur de se

---

(1) Après le partage des milliards entre les différents États allemands pour les indemniser de leurs dépenses, il en resta encore plus de la moitié comme gain réel.

(2) Il y a en Prusse 25 millions et demi de protestants; 15 millions de catholiques romains; et 2,600 grecs.

voir détesté par eux amena le gouvernement à se faire détester en les poursuivant, surtout en s'en prenant aux évêques polonais et aux jésuites, que les gouvernements prennent pour perpétuel plastron ; on se vanta qu'on n'irait jamais à Canossa comme y avait été l'empereur Henri V. Bismark, le ministre omnipotent, touche à peine 45,000 francs de traitement ; mais, après avoir dit à l'Assemblée de Francfort : « J'espère vivre assez pour voir la barque des fous se briser contre le rocher de l'Église », il faisait maintenant profession de croire à un Dieu révélateur, mais de haïr les prêtres et le pape, autant qu'il idolâtrait la science (*Kulturkampf*). Aussi on vit imposer l'enseignement laïque et donné par l'État ; on punit les abus du clergé, et, sous ce nom, souvent on dénonça le zèle des prêtres ; on défendit les excommunications, même pour des fautes ecclésiastiques ; on déclara que la résistance des évêques ne *pouvait se justifier* : ceux-ci, persécutés, se réunirent à Fulda pour se défendre. Des rigueurs semblables atteignirent les protestants eux-mêmes, puisque ce qu'on veut, c'est que l'Église soit soumise à l'État. Plus tard, ou fatigué de la pire des monotonies, qui est celle de la violence, ou comprenant que la lutte, quelque formidable qu'elle fût, ne réussissait ni à détruire ni à déshonorer l'Église, Bismark inclina vers la tolérance et jusqu'à la réparation des injustices. Son but était de donner la force à l'État ; il avait émancipé le parlement de la puissance militaire, puis de l'autorité financière ; maintenant il en restreignait les attributions, et déclarait : « Si j'avais cru l'absolutisme utile pour consolider l'unité de l'Allemagne, je n'aurais pas hésité à le conseiller à l'empereur. » C'est à cela qu'il employa les hommes et les choses ; il s'allia aux conservateurs et aux républicains, aux philosophes et aux cléricaux ; il concilia les actes les plus contradictoires et les plus violents.

L'empire d'Allemagne. La Constitution de la Confédération des États allemands commença à fonctionner le 4 mai 1871. A la tête est l'empereur héréditaire. L'exercice des pouvoirs est confié à l'empereur et à un conseil de représentants des États. Le parlement, formé des députés élus par le peuple, modère le pouvoir impérial qui, en certains cas, doit procéder d'accord avec les États fédérés, mais en gardant toujours la prédominance. Les membres du Reichstag jouissent de l'irresponsabilité pour tout ce qu'ils disent dans le parlement. Le pouvoir exécutif est confié au gouvernement impérial pour les ffaires du dehors aussi bien que pour celles de l'intérieur : la diplomatie agit au nom de l'Empire ; au nom de l'Empire, on déclare la guerre et l'on fait la paix ; l'Empire a la juridiction suprême dans les cas de conflit entre les États fédérés et de haute trahison. L'Alsace et la Lorraine ont un gouvernement à part.

Tout citoyen est soldat de 20 à 28 ans ; pendant cinq autres années, il fait partie de la landwehr ; on a ainsi un soldat sur cent habitants ; la durée du service est abrégée en proportion de l'instruction. Mais l'instruction elle-même se donne toujours en allemand ; c'est un grand moyen d'unification, comme, du reste, le service militaire où, dans le serment du drapeau, tous promettent fidélité à l'empereur. Outre les réserves, dix-sept corps d'armée forment un effectif de 957,000 hommes pour l'infanterie et de 106,000 pour la cavalerie, sur le pied de guerre ; en temps de paix, il y a 640,000 hommes ; il faut ajouter 146,000 artilleurs, 50,000 ouvriers pour les travaux du génie ; 56 bâtiments à vapeur jaugeant 81,000 tonneaux. Les inexpugnables forteresses de Metz et de Strasbourg font face à la France ; 700 kilomètres de côtes, vis-à-vis de l'Angleterre, ne laissent pas d'effrayer celle-ci ; et la force exubérante de la Prusse la fait craindre de la Suisse, de la Belgique, du Danemark, de la Hollande, de l'Autriche et même de l'Espagne. Si la Prusse n'a pas demandé la flotte de la France, c'est qu'elle n'avait pas de ports pour l'y retirer, ni de mer pour l'utiliser, fermée, comme elle l'est, par les deux Belt et par les glaces de la mer du Nord. Aussi convoite-t-elle la Hollande : elle a besoin de l'Elbe, du Weser, de l'Ems, qui débouchent dans la mer du Nord ; et en attendant elle tente des accommodements avec la Suède pour s'en faciliter l'accès.

Jean, roi de Saxe (mort en 1873), célèbre traducteur de Dante et qui, avec son ministre Beust, avait toujours cherché à maintenir la concorde entre l'Autriche et la Prusse, se mit avec l'Autriche, en 1866, et par là exposa son royaume ; mais ensuite il se réconcilia avec la Prusse et avec elle combattit la France. Les autres États sont aussi à la discrétion de la Prusse depuis qu'elle commande leurs armées, et ils jettent des regards inquiets vers leur avenir.

Fichte, avant la bataille d'Iéna, s'emportait contre « les mesquines prétentions du sentiment national ». Maintenant cet empire a 3,240,000 sujets qui ne parlent point l'allemand :

c'est un douzième de la population; dans ce nombre, il y a 1,500,000 Polonais, 230,000 Français, 150,000 Lithuaniens, 150,000 Danois. Ce qui les tient unis, c'est l'hallucination produite par le succès, la force du gouvernement, le souci des améliorations en tête desquelles il faut mettre l'égalisation des fonds nobles et non nobles, les caisses de retraite pour les professeurs, les sociétés de secours pour les blessés à la guerre. On favorise les études, mais on cherche en vain à rétablir l'ordre au milieu d'une immoralité qu'on ne dissimule pas (1); d'innombrables sociétés fomentent un honteux agiotage, mais multiplient les routes, développent le commerce, l'industrie, les institutions.

Hegel, dans la *Philosophie du droit*, soutient que le monde se développe en trois époques : la dernière, la plus grande, sera l'époque allemande. Alors un seul peuple représentera l'esprit du monde, et, comblé d'honneurs et de prospérité, il

---

(1) Le député Lasker ayant, dans le parlement de Berlin, découvert à tous les yeux l'abîme de corruption où s'enfonçait la Prusse, son collègue Knebel-Dœberitz qui, dans une lettre, l'avait félicité de son courage et de son vrai patriotisme, lui répondit : « L'année 1848, que les générations à venir voudront effacer de l'histoire de l'Europe avec toutes les larmes de leurs yeux, s'est ouverte par une totale confusion des idées sur le droit. Les coupables tentatives faites pour établir une monarchie par la grâce du peuple, et assujettir les monarques à la changeante majorité d'une représentation populaire, avec des ministres responsables, n'ont pu être arrêtées qu'à grand'peine et avec le secours de la force armée. En 1849, en mettant en avant une liberté plus étendue, on a inauguré l'État légal moderne avec son absolutisme souverain, destiné à paralyser et à absorber toutes les autres puissances sociales, sous le prétexte d'une fausse humanité, à genoux devant la liberté illimitée de l'individu. Avec l'État légal a paru le droit du suffrage universel qui exprime la volonté du peuple : volonté mensongère, parce qu'elle repose non sur la valeur du vote, mais sur le nombre des votants, c'est-à-dire sur une multitude sans autre volonté que celle qu'on lui impose.

« Plus tard, au nom de la liberté, on a vu s'établir le droit de l'usure qui, dans ses conséquences pratiques, n'est autre chose que la spoliation des faibles par les forts ; l'empire de l'astuce et de l'agiotage sur les honnêtes gens ; une provocation au culte de Mammon, dont le drapeau porte écrit : « *Vie de luxe sans travail, Asservissement du travail à la brutalité du capital.* » Et c'est ainsi qu'on déchaîne cette bête féroce qui est le lion du communisme. Les masses qui ont la vue courte et sont excitées par de fausses espérances, crient : « *Liberté illimitée au capital! Association colossale de la richesse! Nous voulons notre part des biens de la terre! A bas les obstacles! plus d'exclusion!* » Ainsi, dans le court espace de vingt-cinq ans, on a laissé se creuser un immense abîme sur le bord duquel toute l'Europe aujourd'hui chancelle. »

dominera sur les autres nations par l'irrésistible puissance de l'intelligence. En face de lui, les autres peuples ne conserveront plus aucun droit.

CHAPITRE VIII.

AFFAIRES RELIGIEUSES. — CHUTE DU POUVOIR TEMPOREL.

Après la réforme religieuse et la révolution anglaise, deux partis coexistent, mélangés de vérité et d'erreur : les libéraux, qui cherchent le vrai ; les théosophes, qui cherchent le bien ; ceux-là avec l'expérience, ceux-ci avec la révélation. Ils ne peuvent ni se détruire, ni se concilier : séparément, la raison humaine d'un côté, le sentiment religieux de l'autre, sont insuffisants. Désunis, ils privent la société d'un de ses éléments et de cette direction suprême à laquelle doivent converger ces deux forces.

La société, appliquée aux intérêts matériels et aux plaisirs, et enivrée de la science, devient de plus en plus sceptique : elle insulte les saints avec la même légèreté qu'elle traite la patrie, la science et l'honneur ; elle imagine des utopies et la morale indépendante. Dieu, l'âme, les corps sont de purs concepts, qui n'existent que parce que nous les avons dans l'esprit. Et cependant les idées et les questions religieuses se mêlent à tous les bouleversements politiques, pour aboutir à des pratiques du culte ou à des institutions ecclésiastiques, comme en Amérique et en Angleterre, ou, au contraire, pour les combattre, comme dans la philosophie allemande, les romans français, le gouvernement italien.

<small>Doctrines religieuses.</small>

Le protestantisme orthodoxe est dans une telle décadence qu'on ne s'attarde plus aux confessions de foi classiques, et qu'on ne se dispute plus pour leur sincérité. Des critiques téméraires attaquent la Bible et jusqu'à la divinité du Christ, comme l'école de Tubingue, qui, à la suite de Baur, refait l'histoire du premier siècle, et entend d'une autre façon l'évangile de saint Jean ; comme aussi, les écoles d'Oxford et de Cambridge avec les Revues et les Essais de Colenso, Pellison, Temple, William, Powell, Jowell. La théologie allemande, suivant l'impulsion donnée par Schleiermacher, cherche à réparer les dégâts que le criticisme fait au christianisme, et à conserver la personnalité du Christ. Une communion mystique avec le Christ, sans commentaires historiques ou religieux, devait tenir lieu des dogmes et des pratiques traditionnelles dont on démontrait le vide et l'insuffisance. Lechler à son tour réfutait Baur.

Ces doctrines furent popularisées par les Vies du Christ, d'ailleurs si différentes, de Strauss (1) et de Renan. Elles réveillaient l'arianisme. Jamais on ne déclara la guerre au christianisme avec un tel accord de propos et une telle persévérance d'action. Avec le cruel courage de ravir au peuple les convictions qui fortifient et consolent, les apôtres du doute attaquent toute croyance, jusqu'à la foi en Dieu qui ne peut pas ne pas être; citons en ce sens les *Annales de l'Université libre de Francfort;* ou bien, avec l'athéisme hégélien, ils versent l'ivresse à la liberté, comme le font Maximilien Stirner, Heine, Jullersleben, Freiligrath. D'autres veulent ensevelir la Bible sous des millions de siècles, en l'identifiant avec un système naturel, comme avaient fait les inquisiteurs de Galilée.

Décadence religieuse.

De même qu'en politique on met en avant le suffrage universel, ainsi en matière de doctrines et de pratiques sacrées on prétend à une compétence universelle, on oppose le mot de science à l'enseignement religieux. Dans l'homme on ne voit que l'intelligence, non le sentiment; la tête, non le cœur. Entre la cellule primitive et l'être pensant et libre on ne veut mettre que la force, agissant par des siècles qui n'ont point commencé et ne finiront pas. Les physiologistes prétendent tout expliquer par des lois physiques; ils renient la poésie, la philosophie, la religion, tout ce qui pour l'homme est objet de croyance et d'amour; il n'y a d'autre science que celle de la nature, et pour cela il faut s'affranchir de la métaphysique, c'est-à-dire de ces idées par lesquelles l'individu se met en rapport avec l'univers; de ces vérités primitives qui s'identifient avec les sentiments de chacun, et qui frap-

---

(1) David-Frédéric Strauss (1808-74) publia en 1835 son livre : *Das Leben Jesus kritisch bearbeitet;* il en modifia les doctrines dans l'édition nouvelle qu'il en donna en 1864 *pour le peuple allemand,* et où, tenant compte de tant d'études faites, dans cet intervalle, sur les origines du christianisme, il refait cette Vie à sa façon, rejetant les traditions les plus reçues, et voyant dans l'Évangile beaucoup d'imperfections sur les questions de politique, de science, de vie sociale. En 1872, il publia « la foi ancienne et la foi nouvelle »; là, il se demande : « Sommes-nous encore chrétiens? Avons-nous encore une religion? Comment comprenons-nous le monde? Comment gouvernons-nous notre vie? »

pent tout homme dès qu'il relève la tête en cessant de se courber sur son sillon ou son établi, son verre ou son encrier (1).

A mesure que la foi décline, la superstition grandit ; tandis que se développent le spiritisme (*Wallace, Hom, Allan Kardec, Crookes, Butlerow*), et la démonologie (*Canway*), on jette en proie au public des visions, des miracles, des prophéties ; on accepte la *clairvoyance,* c'est-à-dire une science intuitive, inconsciente d'elle-même, sans limite de temps et d'espace.

La maçonnerie prend des aspects divers selon les pays, mais partout elle se révèle plus franchement, et désormais c'est à découvert, du moins quant à l'organisation extérieure, qu'elle tend à débarrasser la société des liens de toute autorité héréditaire ou religieuse. Jules Ferry, depuis ministre de la République française, déclarait le 9 juillet 1876, dans la loge *la Clémente Amitié*, qu'il y a une intime affinité entre la maçonnerie et le positivisme, que la morale sociale peut maintenant vivre toute seule, et, laissant de côté les béquilles de la théologie, marcher librement à la conquête du monde.

Les Israélites ont acquis partout la plus grande puissance ; <small>Les Israélites.</small>

---

(1) Quelques théologiens se sont opposés au panthéisme avec la méthode du traditionalisme ; ils refusent toute valeur à la raison humaine : l'intellect n'a rien que ce qui lui a été communiqué ; pas d'évidence personnelle, si bien que l'homme doit toujours s'en référer à ce qui lui a été enseigné ; la raison n'est rien, la révélation est tout. Toute discussion se résout ainsi en une question de fait : Telle doctrine est-elle contenue dans la révélation ? Telle opinion est-elle conforme ou contraire à l'enseignement de l'Église ? Néant que la philosophie, inutile toute discussion sur la nature des choses, fi d'une preuve où le raisonnement vient au secours de la foi. C'est la plus absolue contradiction qu'on ait pu opposer à ce siècle qui, ivre d'orgueil et d'argumentations, avait fait de l'homme le maître absolu de la société : on lui prouvait que, sans la société, il n'y a pas même d'homme. La religion avait été appelée une invention humaine ; on prouvait que non seulement la religion, mais encore la pensée et la parole sont les produits d'une révélation extrinsèque et positive. L'homme s'arroge une autorité chimérique sur la vérité, et on lui prouve que la vérité est purement extérieure, et que l'homme n'a pas en soi la règle de son propre jugement et de sa propre certitude. Ainsi sont battues les plus grandes erreurs du siècle, l'individualisme, le déisme, le rationalisme. Tel fut l'ouvrage de Lamennais. On ressemblait ainsi à ceux qui, pour faire disparaître les troubles politiques, aboliraient la liberté. Séparer la foi de la raison, c'est séparer le catholicisme de la liberté.

Les vrais catholiques, d'après la méthode scolastique, opposent la science à la science, la raison à la raison, la liberté chrétienne à la fausse liberté. La vérité peut se défendre par elle-même, et c'est ce caractère qui la distingue de l'erreur, pourvu qu'on poursuive cette défense loin du trouble des passions, avec la réflexion et avec une impartiale sincérité.

ils sont une partie principale dans beaucoup de pays du Levant, et si la Roumélie s'oppose au traité de Berlin qui ordonne de naturaliser les juifs, c'est parce qu'ils prédomineraient sur les naturels. Disraëli (depuis lord Beaconsfield) exprimait la confiance que les juifs survivraient au gouvernement parlementaire, et se réjouissait que le monde adorât un grand banquier juif, Rothschild; une actrice juive, la Rachel; un compositeur juif, Meyerbeer. De fait, partout ils sont puissants, et en quelques lieux ils prédominent par l'argent, l'activité, l'habileté, la doctrine.

Les Israélites qui, il y a trente ans, étaient relégués dans un quartier spécial, même à Turin, se rendent maintenant respectables et redoutables par leurs mérites, par l'argent, par leur solidarité cosmopolite; ils ne font pas d'adeptes, mais leur nombre s'accroît. On en compte 7 millions, dont une moitié en Europe, à savoir : en Russie, 1,200,000; en Autriche, 853,700; en Prusse, 284,500; en France, 80,000; en Angleterre, 42,000, etc. Cinquante familles juives étaient venues des États-Unis, en 1867, pour coloniser la Palestine; mais l'essai ne réussit pas.

En Allemagne, on travailla beaucoup à rétablir les croyances juives, en les épurant des intrusions de la Cabale et des Arabes. A ce but s'appliquèrent Mendelssohn, Munck, Reggio de Goritz, et Luzzato de Trieste (1800-65) qui, outre des travaux philologiques, a laissé des leçons de théologie dogmatique et morale, soutenant que la religion mosaïque est l'expression de la philosophie la plus élevée, avec les grands principes de la providence et de la miséricorde, avec la pratique de l'humanité et de la justice.

Il y a les juifs traditionalistes, fermes contre les persécutions et intolérants; il y a les libéraux, qui, sous l'autorité de Dieu, cherchent l'harmonie entre la Providence et la société. Orthodoxes et progressistes s'accordent dans le monothéisme, et les rabbins font plus d'attention à la morale qu'aux croyances. Reste toujours la restauration de l'idée messianique et de la nationalité juive.

Boudha et Confucius ne font pas de prosélytes. L'islamisme a toujours pour dogme la haine contre les dissidents. Bien peu d'apostats quittent cette religion, tandis que, hors de l'Europe, elle fait encore, parmi les idolâtres et les boudhistes, des conversions plus nombreuses que le christianisme, parce qu'elle contrarie moins les instincts sensuels.

La théologie chrétienne, contrariée autrefois par les rois comme elle l'est maintenant par les démocrates, devient plus polémique qu'apologétique; elle touche aux questions biologiques, elle est patristique, pour montrer les rapports de la raison avec la foi. Tandis que, dans les églises protestantes, manque toute vigueur de cohésion, peu de fidèles quittent l'Église catholique pour les nouvelles ou les anciennes hérésies, et encore prétendent-ils ne pas renier l'unité, comme les Vieux-Catholiques. Pourvu que l'arbre soit sain, l'orage peut le briser; les racines pousseront des rejets.

Le problème capital est la relation de l'Église et de l'État, surtout en Italie, au Mexique, en Prusse, en Suisse, et en général partout où la royauté n'absorbe pas le sacerdoce. L'Église avait prévalu sur l'État tant qu'elle lui était restée associée dans l'unité organique du catholicisme. L'État, devenu plus vigoureux, s'employa à lui soustraire les attributions royales; mais il va trop loin quand il veut, non seulement la réduire aux simples lois de nature, mais la confisquer et se l'assujettir. Ce fut l'œuvre du siècle passé; ce fut une source d'injustices et la cause d'une anarchie qui durera tant que l'expérience n'aura pas amené l'équilibre entre deux pouvoirs de nature différente, mais tous deux autonomes.

L'Église et l'État.

Dans la révolution de 1848, l'Église recouvra quelques libertés, et les évêques espérèrent en conquérir de plus grandes par la puissance de l'union.

En Allemagne et en Suisse se répandaient les associations de Pie IX et de saint Charles Borromée; à Würtzbourg, une assemblée d'évêques allemands réclama les droits de l'Église, c'est-à-dire la liberté de parler, d'écrire, la liberté des associations, des pratiques du culte. Le luthéranisme orthodoxe, de son côté, repoussa la fusion prussienne de toutes les sectes et l'Église libre (*Harless Löhe, Sartory, Rudelbach*).

Divers concordats ont été conclus : le plus remarquable est celui que François-Joseph obtint en 1855. Joseph II avait amoindri la grandeur de l'Autriche en lui enlevant la force du catholicisme et de l'apostolat, par laquelle seule elle pouvait pénétrer en Asie et devenir une frontière morale contre la Russie. Après lui, l'Église fut tenue dans un assujettissement qui lui donnait l'odieux de la domination et les désavantages de l'oppression; la bureaucratie s'imposait au clergé, et le peuple s'indignait de voir ses pasteurs traités de haut par les employés. François-Joseph voulut que l'Église devînt libre dans tous ses actes de gouvernement intérieur; libre de publier des écrits, de choisir ses évêques et ses curés, d'établir ou de restreindre des ordres monastiques, de communiquer avec les fidèles et le souverain pontife, de régler tout ce qui concerne ses sacrements, sa discipline, ses biens. En somme, il restaurait la loi canonique à laquelle Joseph II avait substitué la volonté de l'empereur; par là, cependant, il n'aurait pas enlevé cette égalité des citoyens devant la loi, égalité regardée comme la meilleure conquête du siècle; ainsi, l'ecclésiastique serait resté passible des tribunaux ordinaires; mais, dans le cas de sentence capitale, on aurait dû communiquer le procès aux évêques. Aux évêques aussi on confiait l'inspection de la presse, avec le pouvoir de défendre ce qui blesserait la discipline ou le dogme (1). De la sorte s'établissait, non pas la séparation, mais la distinction des deux pouvoirs; non leur antagonisme, mais leur harmonie. Si cette mesure fut une consolation pour ceux qui sont capables de reconnaître que toutes les libertés s'enchaînent entre elles, il n'est pas d'injures que les libéraux lui aient ménagées, et les gouvernements postérieurs furent contraints de l'abolir.

Mais l'Église et l'État ne sont pas deux sociétés dont l'une doit régner, et l'autre disparaître; ce sont deux espèces de l'universelle société humaine, distinctes entre elles seulement par leur but prochain et par les moyens d'atteindre ce but. Que si le devoir indispensable de l'Église est la sanctification de l'esprit humain, elle a droit aux moyens intrinsèques et extrinsèques d'obtenir cette sanctification. Qu'elle ait été dominatrice, pendant un certain temps, ce n'est pas une raison pour la rabaisser; pas plus qu'un fils ne se révolte contre son père, parce que celui-ci le tient en tutelle. Si les coteries théosophistiques et exégétiques ruinent le sens religieux; si le vulgaire confond les crédules et les croyants; si des hommes passionnés, à qui l'on jette comme une injure le nom de cléricaux, injurient d'autres hommes comme ca-

---

(1) Il y avait alors en Autriche 55,370 ecclésiastiques, entre lesquels 1 patriarche, 4 primats, 11 archevêques, 58 évêques, 720 couvents avec 59 abbés, 45 provinciaux, 6,754 prêtres réguliers, 643 clercs, 240 novices, 1,917 frères lais, 188 jésuites; 298 monastères de femmes avec 5,198 religieuses dont 104 sœurs de la charité. Le revenu des bénéfices s'élevait à 8,772,984 florins. Les couvents avaient en rentes 4,288,117 florins; les églises, 6,083,281; les écoles, 329,252.

tholiques libéraux, et imposent des abstentions imprudentes, vilipendent tout ce qui vient à leur secours sans avoir la soutane et le bréviaire, et rapetissent ainsi l'Église universelle à des partis de journaux; ce n'est pas une raison pour s'attacher à eux avec une haine, toujours injuste quand elle atteint une classe entière, et pour voir une ennemie de la société civile dans cette société qui n'a d'autres armes que la persuasion et la parole, dans cette religion qui juge d'après la pureté des intentions et concilie la foi et le raisonnement (1).

Mais les hommes prudents trouvent toujours plus nécessaire de distinguer les deux pouvoirs sans les séparer. L'hostilité contre les personnes et les choses religieuses, que nous avons vue introduite en Piémont comme un moyen de succès, se répandit dans tout le nouveau royaume; la démocratie, après ses protestations de respect de 1848, en vient à imiter les anciens rois en reniant la liberté religieuse, et fait sa principale machine politique de déclarer la guerre aux prêtres et de braver leur chef suprême, non seulement dans les journaux, les caricatures, les théâtres, les livres, les discours, mais jusque dans les proclamations des généraux et les invectives des députés. Un d'eux déclarait que « la révo-« lution est la guerre contre le Christ et contre César; adore « qui voudra dans sa maison ses dieux pénates; la religion « de la révolution divinise l'homme, sa raison, ses droits, « foulés aux pieds par l'Église ». Un personnage excitait les rois à se venger des outrages que leur avait faits Grégoire VII, il y a huit cent cinquante ans (2). Une société de libres

Attaques
à la religion

---

(1) *Etsi fides sit super rationem, nulla tamen unquam inter rationem et fidem vera dissensio esse potest, quum idem Deus, qui mysteria revelat et fidem infundit, animo humano rationis lumen indiderit.* — Concile du Vatican.

Les objections de la critique hétérodoxe et de l'incrédulité scientifique contre l'Évangile, et les réponses que non seulement des catholiques, mais encore des hommes de croyance différente ont écrites pour la défense et l'explication de l'Évangile, peuvent se voir dans le travail de Carlo Maria Curci, *Il nuovo testamento volgarizzato ed esposto in note e segetiche e morali* (Naples, 1879), soit dans les préfaces, soit dans l'abondant commentaire que l'auteur joint à sa traduction. — Parmi les commentateurs de la Bible, signalons les deux Rosenmüller, W. Grimm, Godet, Vercellone...

(2) L'original Heine mettait en scène un Allemand classique, professant que sa nation devait venger sur la nation française le supplice de Conradin de Souabe.

penseurs avait pour mot d'ordre : « Plus de prêtres aux maria-« ges, à la mort, à la naissance de nos enfants. » Et le prince Jérôme, cousin de Napoléon, disait : « Quel est le programme « de la Révolution ? La guerre à outrance contre le catholi-« cisme. » On appelait cléricaux ceux qu'on voulait bafouer ; les mots de *politique nationale, aspirations nationales*, succédaient à la phrase : Mort à l'étranger ! On répétait que l'Italie n'était pas complète tant qu'elle n'avait pas Rome pour capitale ; alors l'abondance de toutes les béatitudes se répandrait sur l'Italie.

Spectacle étrange ! Le bon peuple se complaît aux moqueries et aux calomnies que les viveurs déversent sur les prêtres : ce sont les prêtres cependant qui lui expliquent l'auguste problème de sa pauvreté, et lui montrent quelle sera la récompense de ses obscures souffrances. Seule l'Église a l'explication des deux mystères de la vie humaine : la douleur et le péché ; elle est le seul être moral subsistant par lui-même. Sa résistance, juste à divers degrés, prouve aux gouvernements qu'il y a quelque chose en dehors d'eux ; qu'ils ne peuvent point tout ce qu'ils veulent, et qu'ils doivent peser ce qu'ils désirent faire.

Pie IX et l'Italie. Pie IX, sans être profond théologien, était très versé dans l'Écriture et les Pères. Parfait gentilhomme, beau, aux yeux pénétrants, à la voix forte, à la parole facile, passant avec souplesse du gracieux au pathétique, de la caresse au reproche, du populaire au sublime, plein de sympathie pour les infortunes et de générosité à les adoucir ou les consoler ; laissant les affaires à *ses docteurs*, mais dirigeant les plus importantes, avec confiance en son inspiration personnelle, et pour cela même avec fermeté dans les résolutions une fois prises, il avait su se faire respecter des princes et aimer des peuples.

Dans la durée d'un règne qui fut plus long que celui de tout autre pape, il fut témoin et partie dans les évènements éclatants qui changèrent la face de l'Europe et renversèrent quelques-unes des choses qu'on pouvait croire les fondements de l'ordre dans la religion, la politique, la société, la philosophie et l'art. Il était jaloux de l'intégrité de la foi, de la correction de la discipline, de la solidité de la hiérarchie ; et aux préjugés populaires, aux sophismes savants, aux ambitions royales, aux consciences égarées, il opposait l'exposition absolue des vérités cardinales.

On lui demanda de rétablir le Statut, il déclara qu'il en a fait une trop triste expérience en 1848; en conséquence, dans ses États subsistait encore la multiplicité des juridictions; la révolution l'avait contraint à des procès, à des condamnations, et à l'aggravation des impôts. C'en était assez pour que, ne pouvant sérieusement l'accuser de cruauté, on l'accusât de s'opposer au progrès moderne; et cependant, après le retour de Gaëte, il établit six ministères, un conseil d'État et une consulte pour les finances; organisa dans un esprit très libéral l'administration des provinces et des municipes, fit réviser le code pénal de 1832 et le code civil de 1834, favorisa l'industrie, multiplia les écoles pour les gens de la campagne, fonda un institut pour l'enseignement professionnel, une chaire d'agriculture et une société d'horticulture; augmenta les magasins de réserve pour les blés; encouragea les plantations sur le littoral et le dessèchement du lac Fucin, des marais Pontins, de ceux d'Ostie et de Ferrare (1). On entreprit des chemins de fer, des lignes télégraphiques, une correspondance météorologique; des asiles pour l'enfance, pour les orphelins, pour les sourds-muets sont ouverts; les hôpitaux améliorés; les prisons rendues moins tristes et accommodées au système pénitentiaire; on fonda des collèges, des séminaires, des chaires nouvelles dans sept universités. L'archéologie est encouragée par des fouilles et des restaurations nombreuses; l'étude de l'antiquité sacrée, par le musée de

---

(1) L'*agro romano*, d'une superficie de 200,000 hectares, est divisé en trois cent soixante grandes propriétés, dont quatre-vingt-une appartiennent à des corps ecclésiastiques; les autres sont des biens tenus en fidéicommis, en majorats, ou des réserves pour les fils aînés. Son état, déjà misérable au temps d'Horace, empira aux âges barbares, et au milieu de tant de ruines, les pontifes s'attachèrent à l'assainir et à le peupler. Au vIII^e siècle, le pape Zacharie établissait des villages (*domus cultæ*) dans la campagne. Sixte IV, en 1477, permit à chacun d'ensemencer un tiers des terres laissées incultes, même contre la volonté des possesseurs, mais en leur payant une rente, à dire d'experts. Jules II et Clément VII améliorèrent cette mesure, restreignirent la libre pâture, accordèrent des faveurs aux agriculteurs. Sixte V accéléra le progrès en émancipant le commerce des blés. Benoît XII fit à l'agriculture des avances de 15 millions. Paul V employa vingt millions de livres à accroître la production du blé et à prévenir le renchérissement du pain. Pie VI, outre les grands travaux des marais Pontins, avait fait, sur les conseils de l'abbé piémontais Cacherano de Bricherasio, un plan général pour la mise en culture de la campagne romaine, plan arrêté par la révolution. Pie VII, à son retour, promulgua une loi très opportune, qui pourtant n'eut pas d'effet.

Latran, et les travaux poursuivis aux Catacombes et dans les anciennes basiliques, par les publications des monuments et des inscriptions, par les œuvres des PP. Marchi et Garucci, et du commandeur de Rossi. L'astronomie eut d'illustres représentants (1). Les papes, avec des ressources si limitées, ont plus fait pour les beaux-arts que les rois leurs contemporains.

Cependant le pape avait une liste civile à peine de six cent mille écus, et sur laquelle pesaient l'entretien des palais apostoliques, le traitement du Sacré Collège, des congrégations, de la secrétairerie d'État et des nonciatures du monde entier, la conservation des musées et des bibliothèques, les réparations des églises, monuments d'art. Mais l'État, diminué de deux millions et demi d'habitants et réduit à 900,000 seulement, ne donnait plus qu'un revenu de cinq millions et demi, tandis que toutes les anciennes dépenses subsistaient ; les incessantes attaques du royaume nouveau obligeaient le pape à entretenir une armée de 25,000 soldats, avec des arsenaux, des casernes et des hôpitaux : de là une charge annuelle de 25 millions.

Parfois le pape s'écria : « Ils ont dit que je hais l'Italie. Ah ! si, je l'ai toujours aimée ! j'ai désiré son bonheur, et Dieu sait combien j'ai prié et je prie pour cette malheureuse

(1) Dans le but de montrer que la science est opposée à la foi, on a voulu soutenir que le grand savant Angelo Secchi se mentait à lui-même quand il professait (lui jésuite depuis l'âge de quinze ans jusqu'à sa mort) la plus stricte orthodoxie ; et que son catholicisme était une feinte, qui le montrait sans caractère. Le 28 août 1877, il écrivait au P. Capri, de Reggio :

« Ayant déjà lu les insanités de Mirabelli, qui prétendait savoir mieux que moi-même mes propres sentiments, je pensais que toute réponse était du temps perdu pour moi, puisque, quoi que j'eusse pu dire, la réplique était prête : « Je ne disais jamais ce que je pensais. » Et alors, comment savoir ce que je pensais ? C'était vraiment comique ! Il y avait une autre voie, celle des tribunaux ; mais comment prouver que je ne pense pas autre chose que ce que je dis, si l'on ne fait plus attention ni aux paroles, ni aux faits cependant assez éloquents ?

« Il y avait un troisième moyen : l'envoyer lui et toute sa compagnie *au médecin* et c'était, je crois, la seule voie à suivre, c'est-à-dire ne pas s'inquiéter de ces pauvres gens un peu malades d'intelligence. Je laissai donc courir les choses, et je me suis résolu à faire de même à l'avenir, *faire le bien et laisser dire.*

« Mais en même temps je ne puis m'empêcher de compatir à l'égarement de notre pauvre jeunesse, consumant ainsi tant de forces vives qui pourraient servir au bien de la patrie, au vrai progrès, et au bonheur dans cette vie et dans l'autre, et s'agitant dans un tourbillon où, s'il y a beaucoup de mouvement, il n'y a vraiment aucun avancement, peut-être même y a-t-il marche en arrière, et, hélas, le *peut-être* est-il encore de trop. »

nation. Ce n'est pas une unité que celle qui se fonde sur l'égoïsme. Elle n'est pas bénie, l'unité qui détruit la charité et la justice, qui foule aux pieds les droits des ministres de Dieu, des bons fidèles, de tous. »

Dépouillé par la violence, il ne voyait pas pourquoi il se croirait obligé à en venir à une conciliation avec un royaume qui avait déclaré Rome sa capitale nécessaire, mettant l'unité catholique en opposition avec l'unité nationale : à cause de cela, la spontanéité de la vie morale avait disparu, et on accusait l'Église de tout ce qu'il y avait d'impopulaire ; bientôt on proscrit les prêtres, on chasse les moines, on s'ingère dans les choses de l'âme, on trouble les œuvres de piété ; on prohibe et insulte les églises, les processions, les prédications ; on impose l'éducation athée à ceux qui se préoccupent de conserver la foi chez leurs enfants ; on fait bon accueil à des prêtres apostats, et on leur distribue décorations, chaires, secrétariats. La liberté des cultes ne profitait qu'aux hétérodoxes, qui multipliaient les écoles, les temples, les prédications, tandis qu'on enlevait au clergé catholique ses bénéfices, ses revenus (1), le droit de faire les actes de l'état civil, de s'occuper des œuvres de charité, et jusqu'à l'exemption du service militaire.

Pour souffler sur ce feu, il y avait les apôtres du protestantisme qui, sous le nom d'évangéliques, de vaudois, d'anglicans, ou d'autres, se mirent avec ardeur à répandre des bibles et des opuscules composés dans leur esprit, à prêcher

(1) La loi du 7 juillet 1867 abolissait les êtres moraux ecclésiastiques, excepté les paroisses, supprimait les corporations religieuses sans exception, faisant passer leurs biens au Domaine, refondant les évêchés, les canonicats, les bénéfices laïques et ceux de patronage domestique ; et sur le tout, on prélevait 30 % en faveur du Trésor. On supprima ainsi 4,254 corporations religieuses avec 50,252 individus et des biens d'un revenu de 24,618,678 fr.; plus 46,741 autres êtres moraux ecclésiastiques, dotés d'une rente de 21,503,813 fr. — 16,121 autres furent obligés de convertir leurs immeubles en rentes sur l'État ; et leur dotation rapportait 24,443,504 fr. — On avait donc un total de 70,655,997 pour les revenus des dotations. Les biens meubles, revenus au Domaine, selon les actes de prise de possession, valent 839,776,076 fr., auxquels il faut ajouter 22 millions et demi pour les emphytéoses de Sicile, et une augmentation de 117 millions sur les prix de vente aux enchères. — A Rome, il y avait 221 maisons religieuses ; le patrimoine de celles qui furent supprimées monte à 60 millions ; il y avait 323 églises. En 1877, les biens immeubles dont le Domaine avait pris possession furent en grande partie vendus pour la valeur de 1,122 millions ; il en restait à vendre pour 100 millions. — Voy. *Annales de Statistique,* 1879, série 2ᵉ, vol. I.

le renversement de l'idolâtrie catholique et la régénération évangélique. Ils ne travaillaient pas tant à insinuer de nouvelles doctrines qu'à détacher et à déshabituer de l'ancienne ; ils ouvrirent des chapelles et des écoles, prodiguant les livres hétérodoxes, mal mêlés à des livres obscènes et immoraux.

<small>Le parti catholique.</small> Quelques députés dans le parlement, avec le courage et la confiance dont on a perdu l'habitude, osèrent repousser la séparation si préconisée de l'Église d'avec l'État, et chercher au contraire l'accord de l'État avec l'Église, indépendants l'un et l'autre dans leur propre sphère d'action, dans l'exercice amical de leurs pouvoirs, dans le but commun de rendre prospère la société humaine. Les césaristes, qui sacrifiaient leur dieu à leur roi, sollicitèrent la suppression des ordres religieux ; et nous, minorité dans la Chambre, mais majorité dans le pays, nous défendions de toute notre puissance la liberté, déposant des milliers de pétitions envoyées de tous les points du royaume pour demander qu'on conservât au moins ceux qui s'appliquent à l'instruction et aux œuvres de charité. En fait, laissant de côté les raisons historiques et juridiques, et l'égalité de tous les citoyens, et la faculté qu'a chacun d'opérer son propre salut comme il croit devoir l'opérer, l'Église n'est pas seulement la directrice du culte, elle a l'éducation et l'apostolat ; au clergé, on peut demander qu'il ait une science égale à celle des laïques, qu'il ne s'enchaîne pas aux formes extérieures, qu'il ne s'arrête pas à maudire ce que font les autres, mais qu'il agisse lui-même, jouissant de la liberté et la réclamant pour tous, combattant pour elle et avec elle ; qu'il ne se perde pas en des controverses sur des doctrines philosophiques et sur des généralités en dehors de la pratique, ou en récriminations irritantes contre les personnes ; qu'il mette de côté les expédients pour n'entreprendre que des réformes durables, et ne se renferme pas dans un parti de minorité exclusive, étranger aux préoccupations du reste du pays.

Mais l'État obtint plus qu'il n'aurait osé demander, puisque les catholiques se retirèrent de la Chambre avec la malheureuse formule : « Ni élus, ni électeurs », comme si l'Italie, parce qu'elle est le siège du souverain pontife, était condamnée à ne pas s'occuper de ses intérêts les plus vitaux ; et avec cette abstention fut perdue l'influence qu'on pouvait exercer même sur les choses religieuses.

Combien cependant demeuraient fidèles au pape dans

toute l'Italie, on le vit lorsque la guerre fut déclarée à l'Autriche. Dans la crainte que le mécontentement ne provoquât des émeutes, on publia une honteuse loi des suspects, en vertu de laquelle, au gré des préfets, on incarcérait, on bannissait des prêtres surtout et les personnes réputées cléricales. Alors, le ministère étant armé de pleins pouvoirs, et les fidèles épouvantés de tant d'arrestations et de dénonciations dans les journaux et jusque dans le parlement, la suppression des corporations religieuses fut décrétée sans discussion, ainsi que le mariage civil.

Devant cette adoration de l'État disparaissaient et la sanction du temps, et les conventions solennelles, et les déclarations unanimes des puissances. Nous avons vu comment la convention de septembre 1864 paraissait faire de Florence la capitale, afin de sauver Rome. Mais ministère et parlement montraient qu'ils l'entendaient en un sens diamétralement opposé à celui de la France; et l'on se mit à dire que Florence était une capitale provisoire, une étape vers Rome Le ministère, tout en déclarant qu'on ne voulait point par là renoncer le moins du monde aux aspirations nationales, ni consentir à l'intervention d'autres puissances, répétait que la question romaine était une question morale, s'engageait à ne pas user de moyens violents : il ne se confiait que dans la force des progrès, « si bien que la politique du royaume à l'égard de Rome consisterait à observer et à faire observer le principe de non-intervention, et à employer tous les moyens de l'ordre moral pour atteindre à la conciliation entre l'Italie et la papauté, sur la base de l'Église libre dans l'État libre ».

Drouyn de Lhuys, ministre de Napoléon, déclarait : « Par la convention, nous avons garanti qu'il coexiste en Italie deux souverainetés très distinctes : celle du pape dans ses limites actuelles, et celle du royaume; par moyens moraux, nous entendons la persuasion, l'esprit de conciliation, l'influence des intérêts moraux et matériels, l'effet du temps qui, en calmant les passions, doit faire disparaître les obstacles à la réconciliation d'une puissance catholique avec le chef de la catholicité; pour les éventualités non prévues, la France se réserve une absolue liberté d'action (1). »

(1) Le 15 septembre, Nigra, ministre d'Italie à Paris, annonce qu'on a signé la convention par laquelle *l'Italie s'engage à ne pas attaquer le ter-*

Le parti qui identifiait les intérêts de la société avec ceux de l'Église, et voyait le salut de l'une dans l'émancipation de l'autre, avait en France contribué à l'avènement de Napoléon qui, pour ce motif, affichait des sentiments catholiques ; il voulut pour parrain de son fils le pape, qui l'appelait « très cher fils en Jésus-Christ » ; il reçut la sainte eucharistie dans un sanctuaire fameux de la Bretagne ; il demanda à genoux la bénédiction de l'archevêque de Paris. Il est vrai que dans le congrès de Paris il avait laissé attaquer et menacer un prince qui, dans cette assemblée, n'avait ni un représentant ni un défenseur ; et tandis qu'avec ses soldats il protégeait le trône pontifical (1), il laissait publier les

ritoire actuel du Saint-Père, et à empêcher, même par la force, toute attaque venant de l'extérieur.

Après les sanglantes journées de Turin (21 et 22 septembre), le général Lamarmora, chargé de former un nouveau ministère, publia le 27 septembre son programme « acceptant la convention stipulée par le gouvernement français », c'est-à-dire de ne pas aller à Rome par la force. Dans la suite, des doutes s'élevèrent sur l'interprétation de la convention, et, après une conférence entre Drouyn de Lhuys et Nigra, le 2 novembre, devant l'empereur, il demeura fixé, que par la convention l'Italie était obligée à ne pas occuper et à ne pas permettre qu'on occupât Rome par la force. Le 7 novembre, Lamarmora écrivit une dépêche déclarant que les ministres italiens « ont la volonté, et savent qu'ils ont la force d'exécuter scrupuleusement le traité dans son intégrité » et ils repoussent « jusqu'à la pensée des voies artificieuses. L'Italie se confie dans l'action de la civilisation et du progrès ». Le 17 mai 1864, Visconti-Venosta, ministre des affaires étrangères, écrivait à Nigra : « Volontiers nous acceptons l'obligation de ne pas attaquer et de ne pas laisser attaquer le territoire romain par des forces régulières ou irrégulières. » Le 12 septembre, Drouyn de Lhuys, ministre des affaires étrangères en France, écrivait à M. de Sartiges, ambassadeur français à Rome, que « le gouvernement italien avait renoncé à réaliser par des moyens violents son projet de s'établir dans la cité des pontifes ».

(1) Napoléon au duc de Grammont, juin 1859 : « Il importe beaucoup que les populations de l'État romain sachent bien qu'il n'y a pas et qu'il ne peut y avoir de contradiction entre les actes et les paroles du chef de la nation française. Il a exprimé son sentiment vif et profond quand il a dit avoir grandement à cœur l'indépendance de l'Italie ; mais il a aussi promis de maintenir inviolable la souveraineté temporelle du pape, regardée comme nécessaire par cent cinquante millions de consciences. Les Légations ont cru pouvoir s'attaquer à Rome : l'empereur apprécie le sentiment qui fait accourir sous les armes vingt mille volontaires dans les rangs de l'armée italienne ; mais il ne peut ni reconnaître ni sanctionner cet acte. Pourtant l'empereur ne croit pas avoir le droit ou le devoir de s'immiscer dans les affaires intérieures des Légations. Si cependant la révolution franchissait les Apennins et menaçait Rome, où sont des troupes françaises, celles-ci s'y opposeraient, etc... »

turpitudes d'About, de Renan, de Moquard, s'excusant sur les droits de la presse, dont d'ailleurs pourraient aussi se prévaloir les défenseurs du pape. En somme, tout était contradiction ; mais amis et ennemis étaient persuadés qu'au départ des troupes françaises Rome se soulèverait, d'accord avec les bandes révolutionnaires, et que le gouvernement italien, sous couleur de protéger la personne du pontife, occuperait Rome, puis ferait valoir le fait accompli pour n'en plus sortir, renversant ainsi cette autorité qui est le point traditionnel d'union entre le ciel et la terre.

Le souverain pontife souleva de nouvelles colères parce que, pendant qu'il était resserré entre des ennemis et chaque jour menacé d'invasion, il invita les évêques à venir à Rome solemniser le xviiie centenaire de la mort de saint Pierre et de saint Paul, martyrisés, à ce que l'on croit, sous Néron le 29 juin 67. Malgré la vieillesse, la pauvreté, les incommodités, plus de quatre cents évêques, même du centre de l'Asie, de l'Afrique, de l'Amérique, de l'Océanie, accoururent sur ce lambeau de terre qui restait encore au pape, comme pour attester, avec leur soumission à l'autorité suprême, le besoin d'avoir un pays indépendant de toute nationalité et de tout parti, où l'Église ne soit pas seulement tolérée comme une étrangère, mais où toutes les nations puissent se réunir comme dans un lieu qui leur appartient ; ils voulaient reconnaître aussi que tandis qu'en ces dix-huit siècles le monde tout entier avait changé, seule demeurait inébranlable cette pierre sur laquelle le Christ a bâti son Église. Pour les fêtes du 29 juin, la basilique vaticane parut trop petite ; le pontife avait une parole, un conseil, une consolation pour chaque évêque, pour les innombrables groupes de visiteurs ; dans toutes les langues on prêchait, on priait, on attestait que la foi n'est pas morte, que la société peut encore être sauvée par l'autorité.

Solennités catholiques.

Le pontife aux prélats réunis posa la question : Le pouvoir temporel est-il nécessaire dans *les circonstances présentes ?* Unanimement ils répondirent oui ; et des millions de signatures, accompagnées chacune d'une offrande, vinrent exprimer le consentement à cette affirmation. Il n'est pas de foi que le pouvoir temporel soit inséparable de la mission divine et indispensable à l'exercice de cette mission, bien qu'il semblât que, dans l'espèce, cette mission ne pût être exercée que par un chef indépendant. Aujourd'hui qu'on a détruit les divers degrés de souveraineté, qui n'est point roi est sujet.

Colères et menaces.

Un tel hommage devait déplaire au gouvernement italien : les sectaires cherchèrent à troubler les fêtes par quelque émeute à l'intérieur ou par l'invasion. L'idée fixe de Garibaldi était toujours d'occuper Rome, peut-être pour avoir le plaisir de l'offrir au roi : ouvertement il annonçait la destruction de la religion, excitait à donner le dernier coup de pied à cette canaille, à renverser dans la poussière ce sanctuaire d'idolâtrie et d'imposture, cette religion, ces prêtres qui divisent la famille humaine et en condamnent la plus grande partie à une perdition éternelle. Sorti de son repaire, il parcourait l'Italie et surtout la Vénétie, exécrant le « chancre de l'Italie, le ver rongeur, la plaie du royaume », baptisant des enfants ; derrière lui étaient ses prédicants qui poussaient le peuple non seulement à l'apostasie, mais à la violence, aux insultes contre les prêtres, les évêques, le pape, le Christ, et toute une classe de la société, sans que l'autorité eût ou la volonté ou la force de s'y opposer.

Septembre et octobre 1867.

Deux cents garibaldiens armés passèrent les frontières, dans l'espoir que le pays se soulèverait. Garibaldi, qui les rejoint à travers les lignes de l'armée italienne, s'écrie : « Rome ou la mort ! » Le gouvernement français se voit obligé, par les réclamations de tout l'Empire, d'envoyer des troupes pour l'arrêter : elles arrivèrent à temps pour aider les pontificaux à vaincre à Mentana (1).

3 novembre 1867.

Les échecs répétés ne décourageaient pas le comité révolutionnaire qui, dans Rome, préparait des mines sous les casernes et sous un grand nombre de palais ; une d'elles fit

---

(1) Au moment où les volontaires de la légion dite d'Antibes se préparent à partir pour Rome, le maréchal Randon, ministre de la guerre, écrivait à leur colonel : « Vous quittez la France, mais pour la servir encore sous une autre bannière. La légion que vous commandez est appelée à une haute mission ; les éléments qui la composent sont dignes d'avoir l'honneur de défendre la personne et l'autorité du Saint-Père, comme le fait la division d'occupation.

« Le décret qui accorde à cette légion une décoration et quatre médailles militaires, est l'adieu de l'empereur à ses braves soldats. Cet adieu leur rappelle que le regard bienveillant du souverain les suivra partout où ils se montreront de vrais Français, par leur tenue, leur respect de la discipline, le dévouement à leur devoir.

« Vous avez personnellement, cher colonel, une charge difficile : vous trouverez la force dont vous avez besoin, dans le souvenir de votre passé, dans la pensée que les plus vives sympathies de la France sont assurées à la cause que vous allez servir. Dans quelques jours, vous n'aurez plus d'ordres à recevoir que du gouvernement pontifical. »

sauter le quartier des zouaves, causant la mort de quantité de soldats et de passants.

Rome fut mise en état de siège : cependant toujours quelque incendie éclatait, quelque bombe était jetée ; on préparait des complots et des armes, mais la France continuait de protester que jamais le royaume d'Italie ne prendrait possession de Rome ; s'il marchait sur Rome, il trouverait de nouveau la France sur son chemin. Cependant, en toute rigueur de logique, le pape pouvait demander : « Pourquoi ne venez-vous me défendre qu'après m'avoir laissé dépouiller ? » et le gouvernement du roi pouvait dire : « Après avoir, par votre silence, consenti à mes opérations, pourquoi venez-vous maintenant me frapper moralement ? »

Mais il y a une chose plus importante qu'un territoire : c'est la foi. Pie IX avait grandement relevé l'autorité suprême en proclamant le dogme de l'Immaculée Conception. Après avoir entendu le vote de toutes les églises de l'univers, il convoqua à Rome un grand nombre d'évêques pour procéder à cette définition ; et ceux de France, comme en expiation des anciennes réticences gallicanes, protestèrent qu'ils ne voulaient pas même discuter sur les termes, déférant entièrement à la hiérarchie suprême. Le pape définit dogmatiquement que Marie est exempte du péché originel. Il y eut des fêtes dans toute la chrétienté ; cette soumission filiale ajouta beaucoup à l'autorité pontificale ; et il fut édifiant de voir reconnaître ainsi universellement la croyance fondamentale de la tache originelle.

<small>L'Immaculée Conception, le Syllabus.</small>

Cependant le pape voyait la négation universelle et radicale se répandre partout ; la religion attaquée dans ses vérités cardinales ; l'absolue souveraineté de la raison humaine proclamée, puisqu'on enlevait l'objectivité à la vérité et à l'erreur, au bien et au mal ; une entière irresponsabilité prêchée ; et, pour unique religion, l'absence de toute religion. Coup sur coup, il avait condamné les erreurs renaissantes ; en particulier dans la bulle *Quanta cura*, du 8 décembre 1864, il exposait comment lui et ses prédécesseurs avaient combattu les hérésies contraires à la foi et à la morale, et surtout la doctrine que le progrès de la société doit exclure la religion, et enlever toutes limites entre l'erreur et la vérité ; que la volonté du peuple est la loi suprême ; que les faits accomplis sont le droit ; que le but de la société est de se procurer richesses et plaisirs ; que la famille ne subsiste qu'en vertu de la loi civile ; que de cette loi dépendent les droits des pères sur les enfants, et spécialement le droit de les instruire ; que les lois ecclésiastiques n'obligent pas en conscience, et n'ont de valeur que selon le bon plaisir du pouvoir civil. Il déclarait inique la licence laissée à la presse, qui pouvait aller jusqu'à nier la divinité du Christ.

Il est vrai que la raison catholique n'explique ses formules, ses vérités à la raison humaine qu'autant qu'il y a une nécessité morale de les promulguer de nouveau ; mais quand un pouvoir sans frein se substitue un pouvoir corrupteur, qui détruit tout respect de l'autorité, provoque les passions intéressées et l'avidité des jouissances, appelle bon tout ce qui plaît, mal tout ce qui résiste ; l'Église devait-elle rester impassible devant cette lutte de la liberté contre l'autorité ? Pendant que les gouvernements prétendent suffire à eux seuls pour régir le monde en sécularisant la science, la politique, le travail, l'Église demande seulement à la raison humaine ne pas se révolter contre la raison divine ; elle ne veut pas se sentir contrainte à se réconcilier avec des progrès tant vantés, ces progrès eux-mêmes pussent-ils s'accorder avec l'Évangile ; ni à admettre que la fin justifie les moyens, ou que l'injustice heureuse abolisse la sainteté du droit.

Comme remède à ces maux, Pie IX demandait des prières ; il annonça un jubilé.

En même temps que cette encyclique parut un catalogue (*Syllabus*) des différentes lettres et allocutions du pape, où il plaçait l'autorité divine au-dessus des caprices humains, condamnant quatre-vingts erreurs, et formant ainsi comme un abrégé des doctrines sur l'Église, ses droits vis-à-vis de l'État, les limites du pouvoir civil, l'intégrité de la famille, la foi, la raison ; en somme, sur ce qu'il y a de plus vif et de plus actuel dans la société. Là étaient sans réticence condamnées l'hérésie intellectuelle du rationalisme et du panthéisme, l'hérésie sociale de la *statolâtrie*, l'hérésie religieuse du divorce prétendu entre la révélation et la civilisation ; celle qui fait consister toute règle des mœurs, toute honnêteté à augmenter ses richesses par n'importe quels moyens, à rechercher les plaisirs. On voulait faire revenir la civilisation à l'autorité ; remettre d'accord la science et la foi, la liberté et la loi, la patrie et l'Église.

Il n'est pas d'outrages que n'aient jetés à ce Syllabus les personnes les moins compétentes ; on le dénonçait comme un

CHUTE DU POUVOIR TEMPOREL.

défi au progrès, à la philosophie, à la religion ; tout au moins on le taxait d'être inopportun, car il valait mieux se taire et ne pas réveiller les anciens ennemis, ne pas en exciter de nouveaux. Cependant, interprété avec les règles de la logique, le Syllabus demande seulement à la raison humaine de ne pas se révolter contre la raison divine; il demande non pas que l'on refonde les Codes, mais qu'on n'entrave point la liberté du bien ; que les erreurs ne s'arrogent pas les privilèges qui conviennent à la seule vérité; que l'ingérence du gouvernement ne trouble pas la famille, dernier asile de la liberté et de la dignité morale.

S'il est des hommes qui, effrayés de cette fureur de changer, de renverser, de renier le passé, se renferment en une crainte méticuleuse de toute nouveauté, de bons catholiques acceptent loyalement les institutions modernes; résignés à la nécessité des scandales, ils se confient dans le progrès providentiel, parce qu'ils ont toujours vu l'Église marcher à la tête de la civilisation pour tout réaliser, tout sauver, tout unir. Immuable dans ses dogmes, elle avance avec la société quand celle-ci ne s'insurge pas contre les idées, immuables elles-mêmes, du droit et de la justice, de l'autorité et de l'obéissance, du vice et de la vertu.

Pendant qu'on grondait contre le pontife et qu'on menaçait sa dernière retraite, il voulut donner la plus grande preuve de sa puissance en réunissant un concile œcuménique au Vatican. *Concile du Vatican. L'Infaillibilité.*

Spectacle d'autant plus grandiose qu'il ne se reverra plus en Italie! Sur une simple invitation du pontife, des prélats de tous les points du monde accoururent dans la métropole du catholicisme. A côté des patriarches d'Orient brillants de pierreries, on voyait d'autres évêques qui avaient dû faire à pied des centaines de milles en raccommodant eux-mêmes leurs chaussures; mais tous se sentaient égaux par leur nom de catholiques, par leur dignité hiérarchique, et par leur vénération pour ce grand Pie IX.

A l'ouverture du concile, nous vîmes défiler, outre les cardinaux, 783 évêques sur les 921 qui sont dans l'univers; parmi eux, 134 étaient de pays anglais. Ils venaient chercher la lumière de la vérité et la force pour la répandre ensuite dans le monde. Les questions à discuter étaient distribuées aux prélats présents; les droits de la raison humaine furent énergiquement soutenus; l'on étudia mieux les relations de l'ordre naturel avec l'ordre surnaturel.

Seule, la définition de l'infaillibilité du pontife rencontra de l'opposition. Si le christianisme, comme fait dogmatique et social, doit remplir les siècles, il est besoin qu'il possède une autorité infaillible ; autrement nous serions exposés à perdre l'unité de doctrine, en conservant l'unité de forme. L'hypothèse d'une autorité infaillible est plus simple, plus naturelle, plus satisfaisante, que celle du hasard, de l'antithèse, de l'évolution, de la philosophie orientale, ou que je ne sais quelle autre hypothèse. L'Église, unique dépositaire de la foi, est infaillible en fait de dogmes ; jamais elle n'introduit de nouveaux dogmes, mais elle explique la révélation et définit en quel sens ils ont été entendus toujours, partout, et par tous.

Mais cette décision doit-elle être prononcée par toute l'Église réunie, ou peut-elle l'être par le pontife seul?

On supposa qu'on attribuait au pape un droit nouveau, celui de définir par lui seul les vérités de foi et de morale, ce qui réduirait l'Église et les évêques à n'être que ses instruments. Et cependant les termes de la définition étaient précis : « Nous enseignons et nous définissons que c'est un dogme divinement révélé que le pontife romain, lorsqu'il parle *ex cathedrá*, c'est-à-dire quand, exerçant les fonctions de pasteur et de docteur de tous les chrétiens, il définit avec l'autorité suprême et apostolique qu'une doctrine doit être regardée par l'Église comme un dogme de foi ou de morale, possède, par la divine assistance, l'autorité même que le Christ a voulu donner à son Église dans la définition de la doctrine en matière de foi ou de mœurs. »

Il demeurait donc établi :

1° Que l'Église est essentiellement infaillible ;

2° Que l'organe naturel et officiel de cette infaillibilité est le pape ;

3° Que ni l'Église comme Église, ni le pape comme pape, ne peuvent abuser de leur infaillibilité, soit en enseignant l'erreur, soit en imposant comme un dogme ce qui n'est pas contenu dans la révélation, soit en contredisant la raison, soit en nuisant aux peuples ou aux princes.

Tout d'abord quelques évêques hésitèrent à se soumettre à ce canon ; mais bientôt (grâce encore aux malheurs de la France) tout dissentiment disparut, et jamais peut-être définition conciliaire ne fut plus unanimement acceptée.

Quelques gouvernements en prirent ombrage ; ils craignaient que le pape n'aspirât à recouvrer son ancienne autorité à restaurer le droit canon, et, en matière politique, à intervenir jusqu'à déposer les rois. Absurdité! quand la papauté trouvait en face d'elle cette omnipotence des gouvernements, cet accord des carrefours et des cafés à calomnier, à railler, à entraver la liberté, cette docilité des savants et des journalistes à obéir et à se soumettre à César, cette insouciance des franchises personnelles.

On confondait donc toujours le *magistère* éternel de l'Église infaillible avec son *ministère,* variable selon les temps et les milieux, qui juge les actes particuliers des hommes et des États sans pouvoir les empêcher, et qui veut qu'on obéisse aux gouvernements même mauvais.

Restait encore à éclaircir la vraie position des évêques vis-à-vis du pape : si le pape est infaillible comme l'Église, il fallait définir les droits de l'Église ; mais une succession de désastres ayant interrompu le concile, ces points demeurent encore sans décision.

Il n'est pas dans le dessein de ce travail de montrer la grandeur de ce concile, qui eut tant de Paolo Sarpi et attend un Pallavicini ; mais nous ne pouvons passer sous silence cette définition *de fide catholica :* « Loin que l'Église soit contraire à l'étude des arts et des sciences humaines, elle les favorise et les étend en mille manières. Elle n'ignore ni ne dédaigne les avantages qu'on en peut tirer pour la vie des hommes ; même elle reconnaît que les sciences et les arts, venant de Dieu le maître des sciences, doivent, s'ils sont convenablement dirigés, conduire à Dieu avec l'aide de sa grâce : elle n'empêche nullement que chaque science, dans sa sphère, ne se serve de ses propres principes et de sa méthode particulière ; mais, tout en reconnaissant cette liberté, elle veille avec soin à ce qu'on ne se mette point en opposition avec la doctrine divine, en introduisant des erreurs, ou en dépassant les limites respectives pour envahir et troubler ce qui est du domaine de la foi. »

En somme, le christianisme suppose et conserve toutes les idées métaphysiques, morales, religieuses, auxquelles peut atteindre la raison ; il y ajoute les vérités révélées, en y joignant une sanction posthume ; on peut traiter toutes les questions, mais sans faire abstraction de la révélation ; son enseignement moral, précis et sûr, donne tous les fondements de la science sociale.

Pendant que cette majestueuse réunion d'évêques semblait <small>Rome envahie.</small>

attester de plus en plus que le pouvoir temporel est nécessaire pour le libre exercice de l'autorité spirituelle, ce pouvoir se trouvait toujours menacé, si bien que Napoléon maintenait à Civita-Vecchia une garnison pour le défendre des envahisseurs. Toutefois, quand il déclara la guerre à la Prusse, il rappela ces troupes, comprenant qu'en cas de désastre elles resteraient exposées à l'ennemi. Mais il exigea de la part du ministère italien la nouvelle assurance, qui fut donnée, et dans le parlement et à l'ambassadeur, que le « gouvernement du roi se conformera exactement à la convention du 15 septembre 1864 ». Et lorsque quelques législateurs parlèrent à la Chambre italienne d'envahir l'État pontifical, Venosta, ministre des affaires étrangères, déclara qu'on était lié par une responsabilité, dont pas même les États barbaresques ne se tiennent pour affranchis; et il reconnaissait l'obligation de ne pas attaquer et de ne pas permettre qu'on attaquât la frontière pontificale, et cela sous la sanction des règles ordinaires du droit des gens.

Et Lanza, le président du ministère, disait : « Croyez-vous, messieurs, qu'il soit prudent de venir à la Chambre exciter le gouvernement à occuper un État qui est reconnu par toutes les puissances européennes... et à l'occuper sans aucun des motifs qu'on regarde comme légitimes ? »

Mais quand les terribles défaites infligées à la France furent connues, quand le roi Victor-Emmanuel eut changé le képi français contre le casque prussien, on annonça que le ministère avait décidé « de marcher résolument à l'accomplissement des vœux nationaux en allant à Rome ».

La situation troublée de l'Europe enlevait tout espoir de secours; mais, voyant tous les inconvénients d'un transfert du Saint-Siège, le pape résolut de rester à Rome, de ne pas abdiquer une souveraineté dont il n'était que le dépositaire, et même d'appuyer par quelque résistance le *non possumus*.

Prise de Rome. 20 septembre 1870.

Cinq divisions royales, sur pied complet de guerre, s'avancèrent contre les 8,000 pontificaux; Rome fut assaillie, une brèche ouverte à coups de canon à la porte Pia; les soldats royaux parcoururent la ville en criant victoire et invitant tous les citoyens à se réjouir. Le plébiscite, employé pour réunir à la France, en 1799, le Piémont, et, en 1860, Nice et la Savoie, légalisa encore le fait accompli. Il y eut 40,835 votes favorables contre 46 contraires : ceux qui s'abstinrent furent supposés consentir.

Au 1ᵉʳ janvier 1871, la capitale fut transférée à Rome, la cour établie au palais du Quirinal, et le roi disait au Municipe : « Enfin nous sommes à Rome, et personne ne nous en fera sortir (1). »

Le 13 mai fut publiée la loi dite *des garanties*, divisée en deux titres. Dans le premier, relatif aux prérogatives du souverain pontife, on déclarait sa personne sacrée et inviolable ; on lui assurait même la liberté de remplir toutes les fonctions de son ministère spirituel, avec une dotation de 3,225,000 livres déjà fixée précédemment, et la jouissance des palais du Vatican et de Latran, et de la villa de Castel-Gandolfo.

<small>La loi des garanties.</small>

Le second titre, sur les rapports de l'État avec l'Église, porte, à l'article 15, que le gouvernement renonce au droit de légation apostolique en Sicile, et, dans tout le royaume, au droit de nomination ou de proposition dans la collation des bénéfices majeurs ; par l'article 16 est aboli l'*exequatur* ou *placet* royal, ainsi que toute autre forme de consentement gouvernemental pour la publication ou l'exécution des actes de l'autorité ecclésiastique. L'article 17 n'admet pas, en matière spirituelle et disciplinaire, l'appel comme d'abus contre les actes de l'autorité ecclésiastique. L'article 18 dit qu'il sera pourvu, par une loi postérieure, à la réorganisation, à la conservation et à l'administration des propriétés ecclésiastiques du royaume.

La Chambre restreignit ces garanties, et il en sortit une loi, bizarre alliage de privilèges entés sur le droit commun, du droit d'asile ancien sur des franchises modernes. Ce n'est pas la suprématie absolue de l'État, ce n'est pas même l'Église libre dans l'État libre : les garanties données par un ministère peuvent être retirées par le ministère suivant ; et dès le premier jour, on parla, dans le parlement, de les enlever ou de les modifier.

---

(1) En 1811, Napoléon Iᵉʳ disait au Corps législatif : « Les affaires de la religion ont été trop souvent mêlées et sacrifiées aux intérêts d'un État de troisième ordre. Si la moitié de l'Europe s'est séparée de l'Église de Rome, on peut l'attribuer spécialement à la contradiction qui n'a cessé d'exister entre les vérités et les principes de la religion, qui regardent l'univers entier, et des prétentions et des intérêts qui ne regardent qu'un très petit coin de l'Italie. J'ai mis fin à ces scandales pour toujours ; j'ai réuni Rome à l'Empire, j'ai accordé des palais aux papes à Rome et à Paris. S'ils ont à cœur les intérêts de la religion, ils voudront séjourner souvent au centre des affaires de la chrétienté. C'est ainsi que saint Pierre préféra Rome au séjour même de la Terre Sainte. »

Bien que de tels faits paraissent répugner au droit public, les puissances, qui ont à se défendre chez elles contre la révolution, ne peuvent penser à autrui, et elles cachent leur propre faiblesse sous le titre de non-intervention. Le ministre Venosta put donc dire : « Nous sommes venus à Rome, et on ne nous a opposé aucune protestation, aucune réserve, aucun de ces documents qui, sans être toujours suivis d'effets immédiats, restent cependant comme les germes d'une question qui peut être soulevée plus tard. »

Seule la France, protectrice du droit même au milieu de ses désastres, protesta contre la violation des conventions faites avec elle ; un grand nombre d'évêques présentèrent à l'Assemblée nationale une remontrance au nom « des catholiques qui réclamaient d'elle la liberté pour garantir la liberté de conscience de 200 millions d'âmes. C'est la gloire de la France de s'être toujours conservée catholique, et d'être considérée comme la protectrice naturelle de l'Église. La souveraineté temporelle est la sauvegarde des plus grands intérêts ; elle repose non seulement, comme toutes les autres souverainetés, sur la garantie du droit, des traités des lois internationales, mais elle touche aussi aux intérêts les plus élevés et les plus grands. Le pape n'est pas plus italien qu'il n'est autrichien ou espagnol. Le pouvoir temporel est un pouvoir légitime aussi bien que tout autre pouvoir ; bien plus, il est un gage de sécurité et de paix pour les autres États de l'Europe. La paix de Zurich, la convention de septembre, portaient la signature de la France ; on les a violées en profitant de nos malheurs. »

Le ministère et M. Thiers, alors président de la République (1), durent répondre que la France ne pouvait faire des réclamations qu'en les appuyant de la résolution de les faire prévaloir, et que, pour le moment, elle n'était point en état de le faire.

Effets de la spoliation du pouvoir temporel.

Le pape se retira au palais du Vatican, d'où il ne sortit plus.

Le 20 octobre, il déclara le concile suspendu ; en novembre, il adressa à tous les évêques une protestation contre les actes du gouvernement subalpin ; puis, dans l'allocution de mars 1877, il ne demanda autre chose « qu'une entière et

---

(1) Thiers a toujours défendu la souveraineté du pape. Pie IX, en reconnaissance, lui envoya un magnifique cadeau ; et l'évêque d'Orléans lui écrivit une lettre. (Voyez le *Correspondant*, 1879, 25 décembre, p. 1139.)

réelle indépendance dans l'exercice du ministère apostolique ». Et cependant un député dans le parlement subalpin lui reprochait « de se donner l'attitude d'un prétendant » ; un autre l'appelait calife et menteur.

Si, auparavant, tout tendait à dépouiller le pape, que restait-il à faire maintenant? On connaît l'affirmation, partie même de bouches catholiques, qu'une fois les soucis temporels enlevés et les menaces de l'ennemi disparues, le pape pourrait mieux donner son attention aux affaires spirituelles, et s'occuper à défendre non plus Bologne ou Spolète, mais le Christ et Dieu (1). Et voici, au contraire, qu'on poursuit

(1) A la séance du 25 mars 1861, Cavour disait que, le pape une fois dépouillé : « L'indépendance de la papauté sera sur un terrain bien plus solide que maintenant. Ce n'est pas tout; son autorité deviendra autrement efficace, puisqu'elle ne sera plus enchaînée à ces concordats multiples, à tous ces traités, qui étaient et sont une nécessité tant que le pontife réunit dans ses mains l'autorité spirituelle et l'autorité temporelle. Toutes ces armes, dont en Italie et à l'étranger devait se munir le pouvoir civil, deviendront inutiles quand le pontife se bornera au pouvoir spirituel. Par là son autorité, loin d'être amoindrie, grandira dans la sphère qui seule lui convient. Je crois que cela n'a pas besoin de démonstration, et je pense que tout catholique sincère, tout prêtre zélé pour la religion dont il est le ministre, doit préférer de beaucoup cette liberté d'action dans la sphère religieuse, à des privilèges et même au pouvoir souverain dans la sphère civile. Donc l'Italie, en dépouillant le pape de l'autorité temporelle, aura fait une chose grande et sublime, dont le résultat est incalculable; car elle aura réconcilié le pape avec l'autorité civile, elle aura signé la paix entre l'Église et l'État. Le peuple italien est éminemment catholique; le peuple italien n'a jamais voulu détruire l'Église, il veut seulement qu'on réforme le pouvoir temporel... Cette réforme est ardemment désirée par l'Italie; mais quand elle sera accomplie, j'ose affirmer qu'aucun peuple ne sera plus ferme à maintenir l'indépendance du pontife, l'absolue liberté de l'Église : ce principe de liberté est conforme au vrai caractère de notre nation, et j'ai pleine confiance que, lorsque nos conditions seront sérieusement examinées par les plus chauds partisans de l'indépendance de l'Église, ils seront obligés de reconnaître la vérité de tout ce que j'ai proclamé, et devront admettre que l'autorité du Pontife, l'indépendance de l'Église seront bien mieux assurées par le consentement libre de vingt-six millions d'Italiens. »

Par contre, Thiers en 1865 disait au Corps législatif : « Que fera-t-on quand sera consommée la révolution qui se prépare? On fera descendre le pape de son trône, et alors c'en sera fait du centre de l'autorité dans l'Église universelle. On répète que le pape, descendu de son trône, restera indépendant. Suivant moi, il ne sera plus libre. Aucune nation n'acceptera l'autorité romaine, devenue ou supposée dépendante; plus d'unité de commandement; les débris de cette autorité se transporteront à Tolède, pour l'Espagne; à Paris, pour la France; pour l'Autriche, à Prague, à Gratz ou peut-être à Vienne. Ce serait pour les amis de la liberté une singulière

avec plus d'acharnement que jamais la guerre contre la foi et le culte.

Dans le paroxysme d'irréligion, qui travestit les désastres politiques en questions d'Église, on voit se multiplier les sociétés bibliques, évangéliques, homilétiques; les chapelles qui s'érigent en face du Vatican; les missions hétérodoxes qui, par des collectes, des loteries, des récompenses, des salaires, travaillent à arracher du peuple la *superstition;* des conflits continuels renaissent; on abat les images sacrées; on envahit les églises, on disperse les saintes hosties, on insulte les prélats, on frappe les élèves des écoles ecclésiastiques, on jette des pierres aux bureaux des journaux cléricaux, on déclame et on imprime des absurdités trempées dans le fiel contre le pape, les choses sacrées, la sainte poésie de la miséricorde; on absout les assassins des anciens gendarmes pontificaux ou des moines, et on répète dans les journaux que tous ces crimes sont des inventions de cléricaux (1).

Que de fois le pape éleva sa plainte contre ces attentats, et aussi contre la démoralisation croissante qui s'étale effrontément à Rome! Puis ce Priam de la cité fatale, après avoir vu sans déroger à sa dignité la mort de son spoliateur, fut appelé par Dieu à une couronne bien plus digne d'envie que celle qu'il avait perdue.

Léon XIII succède à Pie IX. Février 1878. Son successeur Léon XIII, lui aussi, gémit sur l'apostasie de la société moderne, infidèle au Christ et à son Église. A ceux qui tiennent entre leurs mains les rênes du gouvernement des peuples, il recommande de ne point dédaigner l'appui que seule l'Église peut leur offrir dans les dangers

solution de la question romaine, que de voir l'autorité religieuse transportée à Paris. J'ai eu l'honneur de connaître presque tous les prélats qui, de notre temps, ont occupé le siège archiépiscopal de Paris; j'ai connu aussi celui qui est mort sur les barricades en 1848; je professe pour eux tous, pour l'élévation de leur caractère, pour leurs vertus, pour leur talent, un grand respect, et cependant il n'en est aucun que j'eusse voulu voir à la tête de l'Église catholique en France : et savez-vous pourquoi? Parce que Notre-Dame est trop proche des Tuileries. »

(1) Prochet, ministre et président du comité d'évangélisation de l'Église vaudoise, s'écria dans une assemblée solennelle : « Hélas! le fléau du protestantisme n'a pas été épargné à l'Italie. » *Revue chrétienne*, p. 379.

En 1859 le P. Theiner écrivait sa brochure : « *Della introduzione del protestantesimo in Italia, tentata per le mane dei novelli banditori di errore nelle recenti congiunture di Roma, ossia la chiesa cattolica difesa testimonianze dei protestanti.* »

qui les menacent ; il proteste contre les entraves que le gouvernement italien apporte à l'indépendance du pouvoir spirituel ; il espère le retour à la vie pour les Églises d'Orient, et la fin des persécutions en Allemagne et en Russie ; il aspire à rétablir l'accord et la tranquillité dans les rapports entre l'Église et l'État (1). Savant, conciliant, mais ferme, il vise à renouer les relations avec les puissances sans abdiquer aucun droit, sans justifier l'injustice, sans faire des concessions à l'erreur ; il travaille à relever la famille chrétienne, à restaurer les bonnes études philosophiques, qui ont tant de valeur pour soutenir une lutte intelligente et utile à la moralisation ; à montrer dans l'Église un édifice plus élevé que les palais des rois et les parlements, et où l'on n'entend point les bavardages de la politique ou les criailleries des révolutions, mais le silence de la prière et de la résignation.

L'interruption du règne visible de l'Église, — qu'elle paraisse un bien, qu'elle paraisse un mal, ou une preuve que l'unité de l'Église ne dérive pas de pouvoirs et de grandeurs mondaines, — est un fait ; il faudra bien s'y résigner (2),

(1) L'évêque de Tarentaise ayant adressé à Léon XIII un opuscule intitulé *Léon XIII et sa mission providentielle,* le pape lui répondit : « Le Christ par qui il a plu au Père éternel de réconcilier toutes choses, s'est proposé, en établissant l'Église sur la terre, de rappeler à Dieu tous les hommes devenus ennemis de Dieu, en les ramenant soit par les enseignements de la doctrine céleste, soit par les secours de la grâce surnaturelle. C'est pourquoi, selon la volonté de son Auteur, le caractère et la nature de l'Église catholique sont tels que plus elle voit qu'elle doit combattre énergiquement, quand il en est besoin, pour la foi et la justice, plus aussi elle est portée à la bénignité et à la miséricorde pour les hommes égarés. Et comme rien n'est plus propre à assurer aux hommes la tranquillité de la vie présente et la béatitude éternelle que l'accord affectueux de l'autorité religieuse et de l'autorité civile, l'Église n'a rien tant à cœur que d'inviter les princes à s'unir à elle par l'amitié et la concorde. Or, les Papes nos prédécesseurs ayant toujours visé à ce but, selon les exigences du temps et des lieux, nous avons jugé que nous-même nous ne devons pas nous écarter de cette ligne de conduite.

« Que s'il découle de là quelque avantage pour la société humaine, il faut tout rapporter uniquement à l'honneur et à la gloire de Celui qui a donné à son Église une telle vertu. »

(2) Dans un livre qui a fait du bruit dans ces derniers temps, et où l'Église est défendue par un homme qui n'a pas le bonheur d'y croire, nous lisons : « La révolution et le parti catholique sont en lutte. Bientôt les questions de gouvernement, de liberté, de nationalité disparaîtront devant ce conflit suprême : les anciennes préférences s'évanouiront, et chacun de nous sera obligé de prendre sa place dans un des deux camps qui s'at-

pour améliorer l'état de la société par le rétablissement de l'accord entre l'ordre civil et l'ordre religieux, entre l'unité italienne et l'unité catholique; et pour montrer que la foi sincère et la religion éclairée sont non seulement les compagnes, mais le fondement du vrai libéralisme, c'est-à-dire de l'égalité et de la fraternité.

CHAPITRE IX.

GRANDE-BRETAGNE.

Politique de la Grande-Bretagne. Comme dans toute échauffourée on trouve quelque malveillant qui, s'il n'est pas l'instigateur du désordre, l'attise cependant, le propage et y applaudit, de même, dans tout bouleversement et dans toute révolution, on rencontre l'Angleterre, soit officiellement, soit officieusement; même quand elle n'y voit pas pour elle un intérêt évident, elle cherche à vendre des armes ou à ruiner des manufactures rivales.

Sa révolution au milieu de longues alternatives sanglantes s'était accomplie il y a plus d'un siècle; elle put donc traverser les révolutions modernes sans trop en souffrir, et souvent même en les dirigeant ou les comprimant. Seule, en Europe, elle sut échapper au malheur d'un mauvais gouvernement sans sortir des voies légales, se confiant à l'avenir, et montrant que ce n'est point la servitude qui mûrit les hommes pour la liberté, mais que par l'usage même de la liberté on apprend à se gouverner.

L'Angleterre compte 34 millions d'habitants; elle a une armée de terre de 128,000 hommes, et 81,000 marins; sa dette est de 705 millions de livres sterling.

Londres, sur une superficie de plus de 709 milles carrés, contient 4 millions d'habitants : parmi eux, il y a plus de juifs que dans toute la Palestine, plus de catholiques qu'à Rome, plus d'Irlandais qu'à Dublin, plus d'Écossais qu'à Edimbourg. On compte 300 naissances par jour, c'est-à-dire une toutes les cinq minutes; il y a une mort toutes les

---

taqueront avec vigueur. Si ce choc provenait de dissensions irréconciliables, il faudrait gémir, se résigner et prendre un parti. Mais entre la révolution et l'Église il y a des passions, des mésintelligences, mais pas de désaccord fondamental. » ÉMILE OLLIVIER, *l'Église et l'État.*

huit minutes. Les rues ouvertes à la circulation donnent une longueur totale de 28 milles ; chaque année, on construit 9,000 maisons nouvelles. Le port du Pont de Londres reçoit journellement 1,000 bâtiments et 9,000 marins. Dans les bureaux de la poste, on distribue par an 238 millions de lettres, sans compter les journaux (1). 120,000 délinquants habituels sont inscrits sur les registres de la police, 38,000 cas d'ivrognerie sont annuellement portés devant les tribunaux. Un million d'habitants environ vit sans aucune pratique de religion (2). Le strict droit légal se développe par le principe de l'équité, qui le corrige et le perfectionne ; et dans la conscience nationale et dans les évènements, qu'ils soient en accord ou en conflit, ils produisent ensemble la légalité et l'équité : l'une qui modère, l'autre qui détermine le progrès et, de ce qui précède, tire le développement de la marche successive.

Le gouvernement agit le moins possible, permettant que toute entité sociale soit représentée ; il n'étouffe point les aspirations libérales des torys ou des whigs, partis maintenant transformés. Le parlement laisse de côté les idées abstraites et s'attache aux positives ; il s'occupe moins de réformer les lois que d'établir des chemins de fer et des télégraphes, d'émettre des billets de banque, et de veiller à l'importation des céréales.

L'Angleterre accomplit donc une évolution pacifique au lieu d'une révolution, et toujours elle est assez patiente pour attendre et préparer ses réformes. Il fallut plus de trente ans de débats avant d'en venir à défendre la traite des noirs ; trente autres années pour l'abolition de l'esclavage dans les colonies et pour la liberté des blés (1846) ; cinquante, pour l'émancipation des catholiques ; trente, pour faire disparaître les privilèges de l'Église officielle légale, et un long temps pour la réforme électorale de 1866 qui annulait les restrictions du cens, évaluait les fermages des maisons et des propriétés, et en répartissait mieux les droits entre les bourgs et les comtés.

(1) Avant la réforme de Rowland Hill (mort en 1879), qui établit la taxe de 10 centimes par lettre, on comptait dans tout le royaume 4,028 boîtes aux lettres ; aujourd'hui, on en compte 25,767 : il y a 18,881 bureaux de poste avec 45,947 employés ; en 1878, on expédia un milliard et demi de lettres et de cartes postales, dont 371,000,000 pour la seule ville de Londres.
(2) *Church of England.* — *Temperance Chronicle.*

Le *Times*, journal dont l'influence est grande dans le monde entier, écrivait : « Espérons que dans cent ans l'Angleterre sera ce qu'elle est maintenant, un pays où chacun peut y parvenir jusqu'au poste le plus élevé, ou, s'il ne le veut point, il ne tient qu'à lui de rester bon, heureux, content de son propre sort. »

Que si un système politique doit être jugé d'après les hommes d'État qu'il produit, la supériorité est à l'Angleterre dont les ministres, parmi leurs nombreuses occupations, trouvent encore le temps d'expliquer Homère ou de déchiffrer les caractères cunéiformes. Peel, se détachant du parti conservateur des torys, se lança dans des réformes importantes : après avoir repoussé l'émancipation des catholiques pour des raisons d'État, il les favorisa par motif de justice ; il élargit le droit électoral, fit décréter la liberté du trafic des céréales, et sa mort presque subite fut un deuil national. Palmerston (1782-1865) faisait consister le mérite de l'homme d'État à ne pas résoudre les questions de l'intérieur, mais à les tourner par des complications extérieures ; et pour cela il excitait des troubles dans les autres pays. Plein de mépris pour les rois et les traités, il dénigrait tout le monde ; il bouleversa tout pour tromper Napoléon et renverser le pape. Tandis qu'à l'intérieur il affichait le libéralisme, au dehors il était pour la répression, provoquant des désordres de tous côtés, et ne raccommodant rien. L'opinion se prononça contre lui ; malgré la faveur de la reine, il tomba, et eut pour successeur lord Derby qui s'appliqua à relever son pays aux yeux des étrangers. Il suivit une ligne de conduite libérale, admit au parlement les juifs eux-mêmes, abolit l'obligation d'un cens pour l'éligibilité à la députation, et augmenta de 400,000 le nombre des électeurs ; d'un autre côté, il insistait pour qu'on observât les traités, si bien qu'il désapprouva le Piémont.

Palmerston reparut bientôt, mais il fut pourtant tenu en échec par Russell. On avait vu au ministère des hommes qui n'étaient pas sortis des rangs de la noblesse, tels que Pitt, Peel, Canning ; en 1866, on y vit d'Israeli avec le titre de lord Beaconsfield.

Pendant toute cette période régnait la reine Victoria (1837), affable et loyale ; elle était appuyée par le prince Albert, prompt à favoriser toute belle entreprise et qui mourut en 1862, âgé seulement de quarante-deux ans.

L'Angleterre, cependant, eut aussi ses souffrances à l'intérieur et à l'extérieur. Elle domine le monde entier par les admirables positions qu'elle occupe ; elle possède les seuls pays où il est encore possible de former de grandes nations : par exemple, l'extrémité de l'Afrique, la région tempérée de l'Australie, et l'Amérique septentrionale. 200 millions de sujets sont ainsi exploités par 40,000 Européens ; mais, en cas de lutte, ces derniers trouveraient là plus de danger que de secours. L'Angleterre laisse à ses colonies une liberté presque entière d'administration, et le Canada, qui a 4 millions d'habitants, vit son premier parlement se réunir en 1867. Elle s'efforce d'établir des colonies dans l'archipel de la Sonde, sur les côtes de l'île de Bornéo, malgré les droits de la Hollande stipulés en 1842, par cela seul qu'elle trouve cette position importante comme intermédiaire entre Singapoor et Hong-Kong. La colonie du cap de Bonne-Espérance est toujours attaquée par les Cafres.

Ce n'est donc plus le temps où l'Angleterre, inattaquable derrière les lignes de ses vaisseaux, pouvait défier le continent ; son immense accroissement même multiplie les points où l'on peut la blesser. Elle se trouve surtout en opposition avec la Russie qui, après avoir occupé Samarcande et Khokhand, a gagné, par le traité de Berlin, la forteresse de Kars et domine la route entre Constantinople et la Perse, grand chemin du commerce asiatique ; bientôt une voie ferrée mettra par là l'Occident en communication avec l'Orient. Ce qui sera utile à l'Angleterre plus encore que l'acquisition de l'île de Chypre, cependant si importante, ce sera de pouvoir rectifier ses frontières en Asie contre un adversaire qui s'avance vers elle, lent, mais irrésistible, comme la lave.

L'Inde l'oblige sans cesse à de nouvelles guerres. Napier soumit le Sindh qui fut organisé et civilisé. En 1849, une révolte ensanglanta le Pendjab ; puis, en 1857, l'armée indigène se souleva et il y eut de grands massacres. L'année suivante, la compagnie des Indes, qui s'obstinait à ne voir dans ces pays qu'un centre de production pour les matières premières dont elle avait besoin, et qui entravait l'industrie, vit tous ses droits transférés à la couronne ; plus tard encore, la reine prit le titre d'Impératrice des Indes (1). L'Angleterre

(1) D'après le bilan de l'Inde anglaise communiqué à la Chambre des communes, le revenu total était de 59 millions de livres sterling pour l'exercice 1877-78, et de 64, en 1878-79 ; les dépenses s'élevaient à 63 mil-

eut d'autres guerres à soutenir en Chine et au Japon, dans le Zanzibar contre les Ashantees, en Abyssinie contre le roi Théodore (mort en 1868); elle y gagna une partie de la mer Rouge du côté de l'Égypte. Maintenant même, elle a affaire aux Zoulous du cap de Bonne-Espérance; elle y perd ses soldats, et y dépense 12 millions par semaine. En toutes ces luttes, la force organisée finit par avoir le dessus, mais le plus fâcheux résultat de ces attaques est la nécessité de s'en venger.

L'Irlande et les Fenians. Lorsque l'Angleterre protestante s'empara de l'Irlande catholique, les terres furent confisquées au profit des lords anglais qui ne vivent pas dans le pays, et les propriétés des paroisses au profit des ministres anglicans qui jouissent ainsi d'un revenu de 11 millions. Et pourtant il y a six millions de catholiques, et seulement 700,000 dissidents de toutes sectes. Mais le peuple, poussé par la faim et par la tyrannie de ces grands propriétaires qui, pour les questions de religion et pour les élections, oppriment les fermiers jusque dans leurs propres demeures, se jette dans des révoltes que la force seule peut dompter.

Parmi les millions d'Irlandais émigrés en Amérique s'est formée la société des Fenians. Ils s'organisèrent dans le Canada, avec un sénat et une assemblée, et se vantaient de disposer de 200,000 soldats et de 300 canons pour obtenir l'indépendance absolue de l'Irlande. Le principe proclamé en 1848 par O'Brien et qui relia entre eux les émigrés irlandais d'Amérique sous le nom de Fenians, fut le communisme socialiste, et les membres qui entraient dans la société, faisaient ce serment : « En présence de Dieu, je jure de rejeter tout engagement de fidélité et de soumission envers la reine d'Angleterre, et de m'employer de toutes mes forces à établir en Irlande une république indépendante. Je suis prêt à prendre les armes et à combattre au premier signal. Je promets une obéissance entière à mes supérieurs, et un secret inviolable sur tout ce qui concerne notre société. »

En octobre et en novembre 1866, on vit certains étrangers, à l'air mystérieux, parcourir l'Irlande. On parlait d'armes, de bombes incendiaires, de provisions de feu grégeois

---

lions de livres. La famine de 1877 causa une perte de 9 millions et demi de livres, sans parler de 700,000 morts, ou peut-être même d'un million. 4,500,000 livres sterling furent consacrées aux travaux publics, outre les chemins de fer.

accumulées dans des souterrains où la police les découvrit. Les pâtres du sud de l'Irlande, devenus très réservés avec les Anglais, accueillaient à bras ouverts les émissaires fenians que des vaisseaux amenaient secrètement d'Amérique, et qui semaient l'or parmi les ouvriers et les manœuvres, achetaient les agents de la police, et faisaient des prosélytes jusque dans l'armée. Quelques serviteurs avertissaient leurs maîtres de se tenir sur leurs gardes, des fermiers exprimaient l'espérance de se partager bientôt entre eux les terres et les biens de leurs patrons. Ainsi l'Angleterre eut une insurrection chez elle, après en avoir tant provoqué dans le reste de l'Europe; mais, forte de ses triomphes dans les Indes, elle prépara une armée de 40,000 volontaires et réussit une fois encore à réprimer la sédition : toutefois restait le germe déposé par la vieille iniquité (1). Et pourtant les ministres et les journaux anglais déclamaient contre la tyrannie de Naples et de l'Autriche.

D'Israeli, juif d'origine, et Gladstone, très hostile au pouvoir du pape, appuyèrent la juste réclamation des Irlandais demandant l'abolition de l'inique confiscation, et une assemblée protestante, sur la proposition d'un fervent anglican, renversa la tyrannie du fanatisme protestant. On

Émancipation.

(1) Stuart Mill, le fameux économiste libéral, dans son opuscule *l'Angleterre et l'Irlande*, touche le fond même de la question : « Une fois au moins par génération se présente ce problème : *Que faire de l'Irlande?* et, chaque fois, il trouble le jugement et la conscience de la nation. Aujourd'hui la même question se soulève, plus redoutable et avec cette circonstance aggravante qu'elle est inattendue. Le mécontentement des Irlandais est habituel; quelques-uns l'attribuent à je ne sais quelle faiblesse originelle, propre au caractère irlandais. Mais les libéraux anglais l'ont toujours attribué à de lourdes injustices qui n'ont jamais été réparées. Depuis des siècles, l'Angleterre tient sous un joug pesant l'Irlande qui a été trois fois entièrement conquise : une première fois, pour enrichir quelques puissants anglais et leurs adhérents irlandais; la seconde fois, pour doter une hiérarchie hostile; la troisième fois, l'Irlande fut abandonnée à des colons anglais et écossais qui l'ont occupée comme une terre conquise pour opprimer les habitants. Si l'on excepte les fabriques de toiles, qui étaient dirigées par ces colons, les manufactures de l'Irlande furent détruites pour faire place aux manufactures anglaises.

La très grande majorité des Irlandais qui professait le culte catholique fut, au mépris de la capitulation de Limerick, dépouillée de ses droits politiques, et à peu près de tous ses droits civils, condamnée à travailler la terre et à en payer les revenus à ses maîtres. Une nation, qui traite ainsi ses sujets, peut-elle en attendre un retour d'amour? Il serait inutile de discuter les circonstances atténuantes pour excuser ces iniquités. »

n'y parla point, comme en Italie, de spolier quelques moines, d'empêcher quelques évêques de secourir les pauvres, de chasser des hôpitaux les sœurs de charité, et des écoles les barnabites ou les piaristes; mais de séculariser deux milliards de biens, propriété de l'Église anglicane, qui donnent une rente de 11 millions. Ce n'est pourtant pas un dépouillement absolu; d'après le bill de *disendowment* proposé par Gladstone, les propriétaires actuels devaient conserver la jouissance de ces biens pour toute leur vie, et, en mourant, laisser à la disposition de l'État les biens usurpés sur l'ancienne Église. Lorsqu'on proposa au clergé catholique de lui rendre cette grande quantité de biens, il refusa, déclarant qu'il n'accepterait du gouvernement aucune rétribution, et qu'il se contenterait de vivre pauvre parmi un peuple pauvre.

Cependant, en 1869, le clergé catholique irlandais fut mis, pour les dotations, sur le même rang que le clergé anglican. Le bill, qui défendait aux fonctionnaires publics d'assister aux cérémonies religieuses avec les insignes de leur charge, ayant été rapporté, le maire (*mayor*) de la ville de Clonmel assista à la messe célébrée avec la pompe habituelle à l'église de Saint-Pierre et de Saint-Paul; et le révérend Power prononça un discours sur le spectacle imposant « offert à ce peuple qui revoyait dans ce temple, pour la première fois depuis trois cents ans, le premier magistrat de la cité revêtu des insignes de ses fonctions. » Il y eut plus de magnificence encore à Dublin: le dimanche 5 janvier 1868, on y vit, pour la première fois depuis la révolution de 1688, le lord maire (*Lord Mayor*) catholique se rendre en grande pompe à la cathédrale, et y assister au saint sacrifice; le cardinal Cullen officia pontificalement, et dans un touchant discours se félicita de cet heureux évènement: ce triomphe de l'égalité religieuse, disait-il, n'était point dû à des sociétés secrètes, ni à la doctrine du poignard, ni à une résistance armée contre l'autorité; il fallait continuer à prier et à se servir des moyens reconnus par la loi.

L'Angleterre eut beaucoup à souffrir du paupérisme en opposition avec la richesse démesurée de certaines fortunes héréditaires, des grèves fréquentes des ouvriers, de la stagnation des affaires, du manque des cotons: de là, d'énormes faillites, et l'inactivité du numéraire qui se retirait de l'industrie pour aller s'entasser à la Banque, si bien qu'en 1867 les fonds tombèrent à 2 $_0/^{\circ}$. Il faut mentionner ici avec éloge l'association pour la réforme financière : elle se proposait d'introduire, par des moyens légaux, la plus grande économie dans les dépenses publiques, et de promouvoir un système équitable d'impôts directs sur la propriété et le revenu, pour remplacer le système compliqué et injuste des impôts indirects. Dans une des publications faites par cette société, nous voyons que 2,140 personnes possèdent à elles seules 37,875,522 acres de terrain, c'est-à-dire, la moitié de la superficie totale du Royaume-Uni (l'acre est de 100 mètres carrés).

Parmi ces complications des affaires et malgré une philosophie toute matérialiste, l'Angleterre conserve le sentiment religieux et c'est là une nouvelle source de vives discordes intestines. L'émancipation des catholiques une fois obtenue, il resta de nombreuses sectes dissidentes : dans l'Église légale elle-même, il y a la haute et la basse Église, les ritualistes, les anglo-catholiques, vers lesquels penchent les torys, pendant que les whigs sont protestants : en outre, nous trouvons les quakers et les méthodistes qui s'occupent moins de rits que d'œuvres de charité. Les puséistes, en se proposant de remonter aux premiers siècles du christianisme, se rapprochèrent forcément des croyances catholiques ; quelques-uns même les adoptèrent sans restriction. En 1859 s'établit l'union de l'Église anglaise. La question de la présence réelle donna naissance au ritualisme dont le but est d'attester la foi par des actes du culte extérieur. Puis on discuta si l'on admettrait la confession auriculaire, si l'on accepterait le symbole de saint Athanase ; et de là, des accusations, des persécutions, des procès, des pétitions, des conciles.

L'Église légale.

L'Église officielle s'effrayait encore plus des progrès du catholicisme qui, de fait, s'étend. La hiérarchie catholique, en Angleterre, avait été supprimée à la mort du docteur Thomas Watson, évêque de Lincoln, le 27 septembre 1584. Le royaume fut alors confié, pour l'administration ecclésiastique, à un vicaire apostolique (13 mars 1623), par le pape Grégoire XV ; le 30 janvier 1688, Innocent XI établit dans l'île quatre districts, dont le nombre a depuis été porté à huit. Pie IX, le 29 septembre 1850, rétablit la hiérarchie catholique et ordonna archevêque de Westminster le savant cardinal Wiseman à qui succéda le cardinal Manning, puséiste converti et profond penseur.

Gladstone, qui haïssait les pontifes romains comme il détestait les Bourbons, accusait les papistes de menacer la Constitution du pays et la couronne de la reine; il envenimait ainsi la peur officielle et les préjugés de la foule. Manning lui répondit :

« Une foi qu'on impose est une hypocrisie devant Dieu et devant les hommes. Si les catholiques anglais arrivaient demain au pouvoir, non-seulement ils ne promulgueraient aucune loi pénale pour contraindre à embrasser leur foi, mais ils n'enlèveraient même pas un seul privilège aux non-catholiques. Si les catholiques étaient demain les plus forts dans le royaume, ils n'useraient point de leur pouvoir politique pour inquiéter leurs compatriotes dans des croyances, par lesquelles ils diffèrent d'eux depuis des siècles, dans leurs églises, dans leurs collèges, dans leurs écoles. » Et récemment, dans un banquet, portant un toast au prince de Galles, il se réjouissait de voir la maison régnante et le peuple anglais se trouver si souvent en contact; on connaissait ainsi les besoins de l'un et les qualités de l'autre, on s'unissait par la communauté des intérêts et par de mutuelles sympathies.

L'instruction. L'instruction, en Angleterre, fut toujours indépendante de l'État, et il n'y avait pas de ministère correspondant à notre ministère de l'instruction publique; seulement en 1870 on inaugura un système nouveau (*Education act*), analogue à celui qu'en France, en Italie, en Allemagne et en Amérique, l'État a organisé au détriment des libertés de la famille. Jusqu'alors on avait admis que l'éducation se fonde sur le principe religieux : les différents clergés s'occupaient activement de l'instruction; ils y employèrent des millions de livres sterling : le clergé anglican, qui est très riche, se signala. Par la loi nouvelle on établit des *bureaux des écoles* (*boards of schools*), chargés de veiller à ce que les écoles de leur district soient suffisantes et bien tenues; en cas de négligence, ils infligent des amendes, destinées à subvenir aux frais de l'instruction primaire.

Ces bureaux ne tardèrent pas à dépasser leurs attributions, au lieu de se borner à combler les lacunes dans l'enseignement du peuple. Dans un pays où il y a au moins 130 sectes différentes, chacune doit établir ses propres écoles. Si le devoir de les fonder revenait à l'État, quelle religion faudrait-il y enseigner? On ne pouvait qu'en exclure toutes les religions, laissant aux parents à pourvoir à ce point, comme ils le font pour la danse et la musique : on interdit enfin tout catéchisme spécial (*Amendement Cowper Temple*).

C'était une attaque systématique des dissidents contre l'Église légale anglicane; mais elle n'aboutit qu'à déchristianiser l'éducation. On redoubla de zèle dans les écoles libres; mais la foule se portait plutôt vers les écoles officielles, qui ne limitaient plus leurs dépenses depuis qu'elles pouvaient les couvrir par des taxes. Chacune, en effet, peut obtenir de l'État une subvention allant jusqu'à 20 livres sterling par élève, à condition de se soumettre à l'inspection et aux examens du gouvernement. Et les *dénominationalistes*, c'est-à-dire ceux qui vont aux écoles libres, doivent payer une contribution et pour leurs écoles et pour celles de l'État. L'Église légale s'oppose à ce système de toutes ses forces. Mais bien que sur 14,500 écoles elle en ait encore 13,000, il est évident qu'elle perdra du terrain devant l'enseignement laïque, gratuit et obligatoire.

L'instruction secondaire et l'instruction supérieure étaient ecclésiastiques : c'était l'occupation du clergé anglican, de préférence même à la prédication et au soin des âmes. Les écoles laïques elles-mêmes gardent une teinte religieuse : elles ont quelque membre du clergé pour recteur ou préfet : et on comprend peu une éducation qui n'aurait point pour base la religion. Dans ces dernières années seulement on ouvrit des écoles et des collèges athées. Les six grandes écoles d'Eton, de Winchester, de Westminster, de Harrow, de Bughby et de Charterhouse appartiennent au clergé : il accorde des bourses pour les collèges d'Oxford et de Cambridge et pourvoit de bénéfices importants les professeurs et inspecteurs. Les merveilleuses Universités d'Oxford et de Cambridge, si richement dotées, et qui sont le centre de la vie intellectuelle, appartiennent absolument à l'Église légale; jusqu'à la fin de 1854, seuls les anglicans pouvaient y occuper des postes; c'est d'elles que sortent les membres du clergé qui veulent faire leur carrière. Beaucoup d'autres Universités indépendantes se sont établies depuis; pourtant, toutes subissent l'influence de l'Église anglicane et en répandent les idées parmi les jeunes gens de l'aristocratie qui y sont élevés avec des méthodes d'une grande largeur.

En conséquence, dans l'aristocratie, le clergé conserve son action; il choisit toujours d'excellents maîtres; il favorise les corporations religieuses : celles-ci ont beau paraître contraires aux croyances officielles, l'Église légale les propage cependant comme une défense contre des adversaires plus redoutables.

Quant à l'Irlande, en 1879 il fut permis aux étudiants catholiques de subir leurs examens à la nouvelle Université, substituée à la *Queen's University* de Dublin, et cela sans être tenus de suivre les leçons d'un enseignement sécularisé (1); mais en aucune façon on ne consentit à accorder des subsides pour l'enseignement catholique.

La lutte se livre donc dans les écoles et sur la question de l'instruction. Aujourd'hui on s'efforce d'amoindrir la puissance ecclésiastique en développant l'enseignement athée; mais si l'on y réussit, le gouvernement n'en deviendra pas, pour cela, l'arbitre de l'instruction comme le souhaiteraient chez nous les partisans de la centralisation, qui foulent aux pieds les droits et les coutumes, et la liberté des pères de famille.

Littérature. La littérature anglaise doit être cherchée surtout dans les discours parlementaires et dans les journaux politiques. Ses admirables revues sont rédigées par les premiers savants. Il ne meurt pas un personnage de distinction qu'on ne publie ses *Memoirs* et sa Correspondance. Il faut signaler en ce genre là Vie du prince Albert, dictée par la reine avec autant de prudence que de sentiment. Les romanciers anglais sont moins immoraux que les romanciers français; ils se rapprochent davantage, dans leurs descriptions, de la vie réelle (*Dickens, Bulwer, d'Israëli, Elliot*...) En ce qui concerne les voyages, les Anglais sont les maîtres et dans la manière de les faire et dans l'art de les raconter.

L'industrie s'opiniâtre à combler la séparation entre l'Angleterre et le continent, et à lancer ses locomotives à travers la Manche par un chemin suspendu sur les flots ou par un tunnel sous-marin. Il ne manque pas d'économistes qui voient en noir l'avenir de cet étonnant pays, parce que les marchés que l'Angleterre va s'ouvrant toujours en de nouvelles contrées, ne suffisent plus à l'activité exubérante de sa production, et que sur les marchés plus animés, comme sont ceux de l'Inde et de la Chine, elle rencontre la concurrence des Américains du Nord.

---

(1) C'est exactement le contraire de ce que le ministre Scialoja exigeait des séminaristes italiens.

CHAPITRE X.

TURQUIE ET RUSSIE.

Qui donc, en 1821, aurait deviné que, peu d'années après, toute l'Europe s'armerait pour sauvegarder l'intégrité de l'empire ottoman, et, alliée avec lui, verserait des torrents de sang, prodiguerait l'or dans cette folle guerre de Crimée ; et que les nations, accoutumées à changer d'opinion suivant que souffle l'inspiration des journaux, adopteraient les modes turques, vanteraient la régénération de la Turquie (1) ? Toujours donc on se laissera illusionner ou on voudra être illusionné ! Toujours on mordra avidement à l'appât préparé par les sots, les puissants, les histrions de la foule qui se prétendent les maîtres du peuple !

L'islamisme tira un instant l'Arabie de son éparpillement patriarcal, pour la jeter dans des guerres exterminatrices ; puis il la laissa retomber dans une barbarie plus grossière et plus stationnaire qu'auparavant. Là où paraissent les apôtres de l'Évangile, cessent l'effusion du sang et les luttes fratricides : l'organisation sociale, l'instruction, la hiérarchie caractérisent la religion du progrès. Tandis que la croix peuplait de cités les rives du Rhin et de l'Oder, le cimeterre du musulman ruinait les villes de l'Asie, et réduisait à un désert des pays très florissants. Le fanatisme des premiers apôtres de l'islamisme, joint à leur constitution nationale et favorisé par leur code sanguinaire, voit des éléments sociaux dans l'orgueil, le mépris, la haine réciproque, la vengeance.

<small>Doctrines antisociales de l'islamisme.</small>

(1) Parmi les panégyristes modernes de l'islamisme, signalons :
A. SPRENGER, *das Leben und die Lehre des Mohammed*.
EDGAR QUINET, qui, dans son livre *le Christianisme et la Révolution*, déclare le catholicisme impuissant à terminer la lutte entre l'Évangile et le Coran.
BARTHÉLEMY SAINT-HILAIRE, dans ses *Mémoires* adressés à l'Institut de France en 1865.
LOUIS COLLAS, *la Turquie en* 1864.
S.-A. MOOHLER, *la Mission ecclésiastique de Gorak*.
G. WEIL, *Mohammed der Prophet*.
W. MUIR, dans sa *Vie de Mahomet*, arrive à cette conclusion que le cimeterre de Mahomet et le Coran sont les plus funestes ennemis de la civilisation, de la liberté et de la foi que le monde ait vus jusqu'ici.

On répète sans cesse aujourd'hui que les religions sont mortes ; qu'on ne s'inquiète plus de leurs règles ; que désormais la religion doit se borner à être une relation intime entre Dieu et l'homme, sans culte, sans préceptes, sans mystère. Nous le nions, nous, que la démocratie a bien accoutumé à compter non seulement avec les savants, les riches, les puissants, mais encore avec la grande multitude ; et, pour démentir de telles assertions, il suffirait de considérer l'influence de l'islamisme sur les deux premiers éléments de la société civilisée : la propriété et la famille (1). Toute chose est à Dieu, et, par conséquent, à son représentant sur terre ; les individus ne sont que des usufruitiers ; donc ils dépendent absolument du padischah. Plus de sécurité, plus de garanties de l'avenir ; le portefaix d'hier peut être vizir demain ; le plus riche propriétaire pourra être réduit à aller mendier ; beau mérite pour ces progressistes qui confondent la liberté avec l'égalité. Là, de fait, il y a parfaite égalité quant aux droits de naissance, à la répartition des héritages, aux propriétés foncières, aux emplois : tous sont égaux en face d'un livre sacro-saint, d'où émanent le pouvoir législatif et le pouvoir judiciaire ; tous sont égaux, mais sous un maître absolu, arbitre de leur vie

---

(1) Parmi les nombreux passages du Coran auxquels nous avons déjà fait allusion, citons-en quelques-uns :

Devant Dieu il n'y a pas d'animal plus vil que ceux qui ne croient pas et restent infidèles (*le Butin*, v. 22, 57).

O croyants, ne prenez pas vos amis parmi les infidèles (*la Femme*, v. 143), ni parmi les juifs ou les chrétiens (*la Table*, v. 56).

Infidèle est celui qui dit : « Dieu est le Messie fils de Marie. »

Infidèle est celui qui dit : « Dieu est un tiers de la Trinité » (*la Table*, v. 76, 79).

O prophète, fais la guerre aux infidèles et aux hypocrites : sois sévère avec eux (*la Défense*, v. 9). Excite les croyants à combattre. Vingt de leurs guerriers robustes ont abattu deux cents infidèles ; cent en ont mis mille en fuite (60). Voici ce qui est proclamé de la part de Dieu et de son prophète : « Tuez les idolâtres partout où vous les trouverez, faites-les prisonniers, assiégez-les, dressez-leur des embuscades ; mais s'ils se convertissent et obéissent à la prière, laissez-les tranquilles. » (3, 5.)

Faites la guerre aux hommes de l'écriture, qui ne professent pas la vérité ; faites-leur la guerre jusqu'à ce qu'ils soient humiliés (*la Femme*, v. 29).

Toutes les fois que vous trouvez des infidèles, tuez-les, faites-en carnage (*Mahomet*, v. 4).

Ce n'est pas vous qui les tuez, c'est Dieu (*le Butin*, v. 17).

Combattez-les jusqu'à ce qu'il n'y ait plus d'autre culte que celui du Dieu unique (40).

et de tout ce qu'ils possèdent, et que ne retient même pas le respect de l'opinion publique. L'islamisme sanctionne l'infériorité de la femme, et, par conséquent, la polygamie : c'en est assez pour que la famille ne puisse subsister. Le sultan peut avoir un harem, il peut laisser périr les enfants du sexe féminin qui lui naissent; il peut, en arrivant au trône, égorger tous ses frères qui pourraient devenir des compétiteurs : il y est autorisé par le Livre saint, il n'en sera pas blâmé par le corps des ulémas et des dervis ; il n'excite point par là l'horreur chez le peuple, pas plus que ne l'excitent les têtes coupées et empalées qu'on étale sur les murs du sérail. Aujourd'hui encore, dans les plus belles contrées de l'Asie, dans les plus riants pays de l'Europe, se sont perpétuées ces coutumes antiques dont le Christ avait affranchi la société : la piraterie, les harems, le vol des enfants, les eunuques, l'empire sur les consciences, un monarque despote qui cherche avant tout sa propre conservation et est l'arbitre sans contrôle des biens, de l'honneur, de la vie de ses sujets. Aujourd'hui encore, les palais de Constantinople et d'Ispahan sont ornés de têtes et d'oreilles coupées : comme au temps de Darius, un satrape de Perse enfonce les hommes dans la terre, la tête en bas, et passe entre deux lignes de ces malheureux qui, en mourant, agitent convulsivement les jambes; il projette d'élever une grande tour, construite avec des squelettes. C'est un proverbe que le grand-seigneur peut commettre sept meurtres par jour; le grand-vizir, six ; et ainsi de suite en décroissant jusqu'au simple vizir, qui ne peut couper qu'une tête par jour sans jugement.

Entre les gouvernements musulmans, le pire est le gouvernement turc, peut-être à cause de l'ingérence des Européens, peut-être à cause de l'obligation où il est de maintenir son autorité sur un aussi grand nombre de sujets chrétiens (1); puisque, dans la Turquie d'Europe, sur 13 mil-

Les Turcs et les chrétiens.

(1) M. John Ninet, consul de Belgique à Alexandrie, dans un livre intitulé *le Christianisme en Orient*, attribue la corruption de la Turquie à l'administration supérieure et à l'organisation de ses principales branches; mais il rejette aussi une bonne part sur les rivalités politiques des puissances chrétiennes à Constantinople, en Égypte, dans le Liban; sur les abus des consulats dans les échelles du Levant; sur l'impossibilité d'obtenir justice, bien qu'il y ait quinze ou dix-huit légations consulaires qui peuvent ramener au tribunal du consul à peu près toutes les causes; sur les fraudes auxquelles donne lieu le recours aux pavillons étrangers, qui couvrent, moyennant rétribution, des gens justiciables des tribunaux

lions d'habitants, il y a 5 millions de chrétiens, tandis que, dans l'empire entier, sur 30 millions de sujets, il n'y a que 15 millions de musulmans (1). Mahmoud à Constantinople et Méhémet-Ali à Alexandrie pensent-ils réformer leur nation? Ils ne le peuvent qu'en violant tous les préceptes du Coran. Les turcophiles, et ils ne manquent point, applaudirent quand, après la mort d'Abd-ul-Meschid, trente et unième sultan de la dynastie d'Osman, Abd-ul-Aziz renvoya les femmes du harem; mais aussitôt il envoya chercher cent cinquante Géorgiennes, et recommença les prodigalités de son frère.

Abd-ul-Meschid, en 1854, décréta l'égalité des chrétiens et des musulmans devant les tribunaux (2); il abolit les marchés d'esclaves; par le *hatti scérif* de Gulhâné il donna une espèce

ottomans; sur la vénalité de vils chrétiens qui, sous le manteau de la religion, pratiquent la contrebande, empressés ensuite de faire intervenir les consuls et les vaisseaux de guerre, quand ils ne peuvent satisfaire leur cupidité insatiable; sur l'état précaire auquel l'Égypte est réduite, vraie *vache à lait* non seulement pour la Turquie, mais encore pour une foule de Grecs qui rampent devant le successeur de Mehemet-Ali, et le supplient pour en obtenir des commandes d'armes, de souliers, de rails pour chemins de fer, et qui, payés d'avance, manquent à leur parole ou fournissent de mauvaises marchandises. D'après cet auteur, la France se comporte très bien, dans le Levant, pour ce qui regarde la justice à rendre dans les conflits soulevés; mais, pour la politique, l'Angleterre seule la comprend; il exalte jusqu'aux nues lord Strafford qui, pendant tant d'années, à force d'esprit et de loyauté, a pu tenir en respect les diplomates du reste de l'Europe. L'auteur croit donc que le meilleur et l'unique moyen de régénérer la Turquie serait une réforme radicale dans l'organisation des consulats.

(1) L'Empire ottoman a en Europe une superficie de 303,542 kilomètres carrés, et 13 millions d'habitants; en Asie et en Afrique, il a une superficie de 9 millions de kilomètres carrés, et 18 millions d'habitants, sans compter les tribus nomades.

(2) On appelle *hatti scérif* une ordonnance du souverain, le plus souvent signée par lui-même; *fetva*, une décision religieuse ou judiciaire émanée du *mufti* ou ministre de la justice; *firman*, une décision politique et administrative émanée du Divan.

Voici le firman de février 1844; il établissait l'égalité des chrétiens et des musulmans devant la justice. « Poussé par un sentiment d'amour que Dieu m'inspire pour mes peuples, je songe constamment, dans une juste préoccupation, aux moyens d'assurer le repos et la prospérité de mon empire. C'est pour obtenir de si précieux résultats que j'ai promulgué le *Tanzimat*, et un si grand nombre de lois et de règlements qui s'y rapportent et qui produisent déjà les effets les plus salutaires.

« Comme il importe beaucoup, d'autre part, que la marche des tribunaux soit partout convenablement réglée, afin que mes sujets n'aient à subir ni

de constitution pleine de bonnes intentions; il y ratifiait les immunités et les privilèges dans l'ordre spirituel, accordés précédemment aux communautés chrétiennes et aux cultes non musulmans; il promettait d'abolir les contributions ecclésiastiques, en y substituant des impôts fixes, proportionnés au degré hiérarchique et à la dignité des différents membres du clergé; les églises anciennes seraient réparées; on en construirait de nouvelles. Les distinctions et les dénominations diverses de races étaient effacées; tous les sujets, sans

préjudice ni ennui, on a institué, d'abord à Constantinople, puis en d'autres villes, un tribunal de commerce et un tribunal de police.

« Cette création ayant produit de grands avantages, tant pour mes sujets que pour les étrangers, le projet de former de semblables tribunaux dans d'autres parties de mes États a été l'objet de sérieuses délibérations dans une commission spéciale, établie près de mon grand-conseil de justice; et le rapport de la commission a été examiné par le conseil privé de mes ministres.

« Considérant que les attributions de ces tribunaux consistent seulement à juger ceux de mes sujets qui se rendent coupables envers des étrangers, et les étrangers accusés de vol, d'homicide ou d'autres délits envers les sujets ottomans; que le véritable but qu'on s'est proposé en formant ces tribunaux est de mettre en évidence la culpabilité ou l'innocence des personnes soupçonnées ou prévenues, et de pouvoir punir, selon la justice et les lois, les individus accusés avec fondement, et d'enlever aux coupables les moyens de se soustraire à la sanction de la loi; les membres du conseil ont été d'avis qu'il serait opportun d'adopter les dispositions suivantes :

« Établir maintenant, dans certains points principaux de l'Empire, un conseil de vérification, chargé d'examiner les procès entamés entre sujets de la Sublime Porte, musulmans, chrétiens ou de toute autre catégorie, et entre les sujets de la Sublime Porte et les étrangers.

« On veillera à perfectionner peu à peu les règlements établis et à les appliquer convenablement.

« Les membres de ce conseil devront être des hommes capables et connus pour leurs sentiments de justice et pour leur intégrité; on les choisira parmi les membres du grand-conseil local et parmi les autres personnes avantageusement notées. On leur adjoindra un ou deux chanceliers, suivant les nécessités locales.

« Ces dispositions ayant été soumises à ma sanction impériale, j'ai ordonné qu'elles fussent exécutées; et, à cette fin, je vous envoie des susdits règlements une copie authentique et signée.

« Je demande qu'on mette le plus grand soin à ce que les affaires soient étudiées et réglées avec justice et impartialité, conformément aux dispositions du règlement adopté, à ce que les délits et les crimes commis soient prouvés jusqu'à l'évidence, et à ce qu'on ne tracasse point les innocents. Vous avez à veiller à ce qu'il ne se fasse rien de contraire aux principes établis...

« Sachez le donc... etc...

« Écrit dans les derniers jours de gemazi-ul-evvel 1270 (derniers jours de février 1854). »

exception, pouvaient aspirer à toutes les charges et aux écoles civiles ou militaires; les cultes étaient libres; les communautés religieuses avaient le droit de créer des écoles publiques. Des tribunaux mixtes jugeaient les questions commerciales, correctionnelles et criminelles entre les musulmans et les sujets chrétiens; le système pénitentiaire était réformé; on promettait d'organiser la police dans les villes et dans les campagnes; on décrétait l'égalité des impôts et des charges, aussi bien que des devoirs; on offrait aux étrangers le droit de posséder en leur propre nom; on voulait substituer au régime des fermages la perception directe des impôts; des fonds seraient spécialement affectés à des travaux d'utilité publique; le bilan de l'État serait déterminé et publié chaque année; on poussait à la création de banques et d'autres établissements de crédit, afin d'arriver à une réforme du système financier et monétaire; on favorisait les constructions de routes et de canaux, pour faciliter les communications et accroître la richesse du pays.

« En cherchant la prospérité de mes sujets, je ne ferai entre eux aucune distinction, et, malgré *les différences de religion et de race*, tous trouveront en moi la même justice, la même sollicitude et la même persévérance à assurer leur bonheur. Le développement progressif des richesses que Dieu a mises à la disposition de notre Empire; les vrais progrès du bien-être qui en résulteront pour tous, sous la protection de ma puissance impériale et de mon grand Empire, ont été l'objet de mes continuelles pensées. »

Ce sont là les phrases habituelles aux ministres d'Europe; et, au fond, cette constitution est une singerie des nôtres: elle affranchit le grand-seigneur de toute responsabilité, et oblige l'empire turc aux énormes dépenses des autres gouvernements, sans avoir leur prospérité et leur art d'établir les impôts et de les exiger. L'incapacité civile des chrétiens est abolie dès que les différents cultes et les diverses races sont ramenés à l'égalité dans un droit commun; mais les chrétiens ne sont pas représentés, ils n'ont pas de magistrats propres, ils ne sont point admis aux emplois ni à l'armée; et pendant que les Turcs portent leurs regards vers le sérail, les chrétiens s'adressent aux consulats, ne se confiant qu'à la protection des étrangers, et des Russes en particulier. Mais quand les consuls réclament, le sultan répond: « Je ne le ferai plus. »

Les chrétiens eux-mêmes ne sont pas bien d'accord : Maronites, Arméniens, Grecs schismatiques, Melchites, professent un culte et des dogmes divers. En 1860, la fureur musulmane sévit contre les chrétiens du Liban; les Druses, sortis des montagnes, égorgèrent des milliers de Maronites, des moines surtout, et la France dut accourir.

On vit bien quelques pachas favorables à l'introduction de la civilisation européenne, Reschid par exemple; mais il mourut subitement, ou fut tué. On envoie des jeunes gens étudier dans nos Universités; mais, de retour chez eux, ils reprennent le caractère musulman. En attendant, les chemins en Turquie sont impraticables; les nouvelles constructions entreprises sont l'occasion de gains honteux; à Constantinople, c'est une plèbe brutale qui mène tout; aucune idée morale ne dirige le gouvernement, la corruption parmi les employés est un système : il est fort difficile d'obtenir justice. Et cependant Palmerston a trouvé le courage de dire, en plein parlement, qu'aucun pays d'Europe n'a fait, depuis vingt années, autant de progrès que la Turquie.

On dit toutefois que les habitants des campagnes sont bons; en masse, les Turcs ont la foi sous des formes variées, ils ont la sérénité de l'âme avec la force de la résignation et le calme qui en résultent. Cette disposition religieuse se traduit à l'extérieur non seulement par l'exactitude à prier dans les mosquées, dans les maisons, et jusque dans les camps, où souvent on les trouve prosternés, mais aussi par le sentiment du respect et de la confiance dans la divinité, dont leur langage porte l'empreinte. Les Turcs vivent de peu et se contentent facilement, ils ne connaissent pas le luxe; mais, dans la disposition de leurs maisons, dans la forme du peu d'ustensiles qu'ils emploient, surtout dans leur manière de s'habiller et dans leur attitude, percent le sens artistique et une poésie naturelle qui a disparu de chez nous. Leur hospitalité, leur fidélité à leur parole, leur charité envers ceux qui souffrent, sont proverbiales : témoin les puits et les fontaines que des musulmans religieux font creuser pour la commodité des voyageurs; et, lorsqu'il n'est pas possible de faire mieux, ils placent des seaux d'eau fraîche sous l'ombrage, gratuitement et simplement par zèle.

La diplomatie regarde l'empire turc comme un grand malade. Nous avons été conduit à voir comment il a été une pierre d'achoppement pour la politique, et une cause de guerres européennes et de continuelles inquiétudes. Ces agitations ne peuvent cesser chez un peuple qui n'a ni la famille, ni la propriété. Bien plus, de la Mecque viennent constamment des excitations à la haine contre les chrétiens et à la guerre sainte. Le but de la paix de Paris avait été l'intégrité de l'empire turc, et le prétexte pour s'immiscer dans les affaires de la Porte est toujours la protection à donner aux chrétiens. Pourtant lorsque ce peuple sans civilisation, campé dans les plus belles contrées de l'Europe, excite l'indignation, on n'ose tuer la Turquie, ni la laisser mourir, à cause des difficultés de sa succession. Constantinople est la vraie clef du commerce entre l'Europe et l'Asie ; l'Angleterre ne permettrait pas qu'elle passât aux mains d'une puissance importante ; elle veille à ce que ni la France ni une autre nation ne l'emporte sur elle. L'Autriche, comme la Russie, convoite les bouches du Danube. L'Autriche pourrait ainsi, par ses acquisitions en Orient, compenser les pertes qu'elle a faites ; la Russie se croit destinée à « échanger le pôle glacé pour le beau ciel de Constantinople » ; elle reste comme un torrent toujours menaçant : que les digues disparaissent, et elle inonde la campagne et occupe ces Principautés Danubiennes regardées par tous les diplomates comme le théâtre de luttes décisives qui ne sont plus éloignées.

Pendant ce temps, les insurrections vont se continuant, et la politique turque consiste à opposer les révoltés les uns aux autres, mais dans ce système quelques pays ont trouvé leur affranchissement. La Serbie, qui est l'avant-garde de la liberté des Slaves, comme la Grèce est l'avant-garde des libertés helléniques, obtint des privilèges et l'indépendance ; la Roumanie, la Bosnie, l'Herzégovine, Novi-Bazar, la Roumélie orientale, réussirent en partie ; le Montenegro, qui avait résisté à l'Autriche et à Napoléon, bien que comptant à peine 100,000 hommes dans sa population, chassa les Turcs en 1855.

La Serbie. Un million de Serbes habitent le pays compris entre la Save et la Drina à l'occident, le Danube au nord, le Timok au levant, les monts Lepanti et Golia au sud ; c'est le reste du royaume nommé au moyen âge la Grande Zoupanie de Rassa, moins les habitants des pachaliks de Nyssa, de Leskovaty, de Vrania, de Novi-Bazar, de Pritchna et de Priszend, qui occupent un autre territoire aussi grand. En février 1805, une rixe avec des janissaires amena un soulèvement du pays : Georges Czerny se mit à la tête du mouvement, et sut se maintenir et délivrer toute la Serbie. Il songeait à entraîner les chrétiens de la Bosnie à se réunir aux Montenegrins pour chasser les Turcs, mais il échoua dans son entreprise, fournit à ses ennemis des prétextes pour l'accuser et pour mettre en avant, comme unique moyen de salut, l'idée de se soumettre à la Russie. En définitive, on fit la paix avec la Porte en stipulant l'autonomie de la Serbie (*traité de Bucharest*, 28 mai 1812); mais les Turcs n'en tinrent pas compte, et, par la force des armes, sous la conduite du féroce Celebi-Effendi, ils réduisirent le pays en servitude. Georges se retira en Hongrie (1813, octobre).

Quelques-uns continuèrent à se défendre, nommèrent Milosch Obrenovitsch, gardeur de pourceaux, qui, ne sachant ni lire ni écrire, devint pourtant le personnage principal de la Serbie. Contraint d'accepter les conventions des Turcs victorieux, il fut nommé chef de district (*obor-kneze*); il aida même les Turcs à réprimer les rebelles, puis il se mit à la tête du parti qui voulait l'unité monarchique, contre le parti feudataire qui préférait la fédération; il arriva à se faire nommer prince de la Serbie (9 novembre 1817). Il détruisit l'organisation féodale, extermina les bandes de brigands, puis chassa les Turcs de la Serbie, à l'exception de Belgrade et de six forteresses, et, appuyé par la Russie, se fit reconnaître par la Porte. Les Serbes ne prirent point part à la guerre de Grèce : depuis, dans le traité d'Akerman (14 octobre 1826), la Russie stipula pour les Serbes ce qui avait déjà été convenu dans le traité de Bucharest : agrandissement des frontières, droit de fixer eux-mêmes le tribut annuel, d'ériger des églises et des écoles, enfin défense aux Turcs de s'établir dans le pays. Milosch fut reconnu prince héréditaire (1827); le 2 février 1835, après un violent soulèvement, il accorda une Constitution dans le sens démocratique, mais elle fut refusée; ne pouvant plus gouverner, il abdiqua (13 juin 1839) en faveur de son fils, que les intrigues de l'aristocratie réussirent à déposséder, pour lui substituer Alexandre, fils de Georges Czerny, dévoué à la Russie. Le caprice du Sénat annulait la Skuptchina nationale, et diminuait l'autorité du prince, si bien que la Porte prétendit juger elle-même les criminels d'État (1858), mais le peuple déposa Alexandre et rappela Milosch, vieux et aveugle, opposé aux

Turcs et à l'aristocratie. Son fils Michel lui succéda ; il sut se concilier les aristocrates, il exigea que la Turquie observât les traités convenus et garantis par l'Europe : aussi la Porte assaillit le Montenegro avec une forte armée, favorisa les caprices des autorités musulmanes et fortifia Belgrade où éclata la révolte. Les Turcs se précipitèrent sur les chrétiens, bombardèrent la ville ; mais, comme il arrive toujours dans la guerre des rues, le peuple eut le dessus, et, après bien des vicissitudes, un congrès se réunit pour traiter d'un arrangement. Les Serbes demandaient qu'on exécutât fidèlement le hatti scérif de 1830, et en outre que la Turquie se retirât des forteresses de Belgrade, de Schabatz, de Lornitza, de Sokol, d'Oujitza, de Semendria qui seraient détruites ; la Serbie devait être ramenée aux mêmes conditions que la Moldavie et la Valachie. La Skuptchina est composée de 150 membres, l'État compte 1,340,000 habitants, Belgrade en a 27,000.

15-16 juin 1862.

La Bosnie. La Bosnie est un des pays les plus originaux ; la population y est mélangée de musulmans et de chrétiens, de *zingari* qui parlent l'indien, et de juifs qui parlent le grossier latin de l'Espagne et de l'Italie. Montagneuse comme la Suisse, dans les Alpes Dinariques elle a d'immenses forêts où habitent des ours et des loups ; le terrain est extrêmement fertile et riche en mines de différente nature et en gisements d'or. La population, d'une rudesse toute primitive, ignorante, hospitalière, belle, robuste, aimant le chant et les armes, partagée entre le Christ et Mahomet, ne comprend rien à nos idées et à nos coutumes. Un homme acquiert de la dignité quand il se fait brigand (*heiduc*), et que des hauteurs et des bois il défie le dey. Les musulmans sont fanatiquement attachés à leurs usages ; la civilisation ne les modère point, et ils ont toute la cruauté des descendants des anciens janissaires. Le système féodal persista en Bosnie jusqu'en 1852, et maintenant encore le *raïah* demeure asservi aux Turcs qui l'oppriment par les injustices, les cruautés, de durs travaux corporels, des exactions sur les grains, les légumes, le tabac, et sur les porcs qui sont la principale exportation du pays. De là, de fréquentes insurrections comme en 1839, en 1856, en 1858, en 1862, en 1876, et, quand les Turcs sont vainqueurs, les Bosniaques s'enfuient par centaines en Hongrie et en Croatie.

Il est bien naturel que les Slaves poussent l'Autriche à délivrer leurs frères de Bosnie ; mais la Hongrie s'y oppose, et tous voient combien de sang coûterait cet affranchissement. Tous les peuples slaves tendent à se réorganiser ; chaque tentative faite par eux est applaudie par l'Europe civilisée, qui voit peu à peu les populations indigènes, et les nations grecque et arménienne serrer la Turquie toujours de plus près.

L'île de Crète, avec une superficie de 3,828 lieues carrées, comptait un million d'habitants lorsqu'elle fut conquise par les Turcs en 1669 ; en 1700, Tournefort n'en trouvait plus que 100,000 à peine ; 200,000 chrétiens avaient péri sous le sabre des musulmans, ou fui pour échapper à leur joug, comme à peu près toutes les familles vénitiennes. En 1856, un recensement exact donna 280,000 habitants. Ainsi, en moins de deux cents ans, par le seul fait de la domination turque, une province de cet empire a diminué des sept dixièmes. Monuments, routes, canaux, tout tombe en ruine ; rien n'a été construit ni réparé ; il y eut un instant de liberté pendant l'insurrection hellénique, mais les armes du vice-roi d'Égypte et les protocoles de l'Europe replacèrent la Crète sous le joug pesant. On compte à peine 45,000 Turcs : ils habitent à peu près tous les villes de la Canée, Candie et Rettimo ; dans les villages, les Grecs dominent. Quand ils ont récolté leurs grains, vendu leur huile, ils se soulèvent, c'est-à-dire ils refusent de payer les impôts ; ils se rassemblent dans les montagnes, allument des feux de joie, dévorent des moutons, dansent la *souzza* et tirent à la cible. Le gouverneur expédie-t-il contre eux ses gendarmes, les Grecs les retiennent comme otages. Alors le gouverneur réclame de Constantinople des troupes et de l'argent : on lui envoie un ou deux régiments et on lui promet de l'argent ; mais il annonce alors que l'insurrection s'est étendue à l'île entière, et qu'il a besoin d'au moins 25,000 soldats. Une nouvelle frégate arrive de Constantinople, apportant un pacha ou un bey chargé de négocier ; on en vient aux conclusions pratiques ; les Grecs demandent l'abolition d'un ou de deux impôts, et le rappel du gouverneur ; on leur accorde ce qu'ils veulent ; la paix est faite, et les Grecs rentrent chez eux en disant : « A l'année prochaine ! » Un nouveau gouverneur est chargé de reprendre insensiblement aux Grecs ce qu'on ne leur a accordé que par force : nouveaux troubles, nouvelle insurrection, pour aboutir encore aux mêmes résultats.

L'île de Crète est riche en produits exquis : le principal

est l'huile, dont elle exporte pour dix millions par an, et dont on fabrique le savon pour tout le Levant. Ses jardins sont enchanteurs; on y voit encore les restes merveilleux de Gnosse et de Gortyne. Elle a gagné de l'importance depuis l'ouverture du canal de Suez. Dans un soulèvement, en 1858, elle obtint des Turcs les promesses ordinaires; mais, cela ne suffisant point, elle s'ameuta de nouveau en 1866; les puissances européennes s'en mêlèrent et cherchèrent à persuader au sultan de céder l'île à la Grèce. Le sultan refusa, mais il n'eut pas la force de la soumettre en trois ans; et cependant il voulait attaquer la Grèce, qui la soutenait. En même temps Belgrade se soulevait avec le prince Michel,

1875. et la Bosnie et l'Herzégovine furent bientôt en feu (1). Les maux et les plaintes grandirent à un tel point que, pour prévenir une guerre, les représentants des puissances européennes se rassemblèrent à Constantinople. Ces mêmes puissances avaient, en 1856, affirmé à la Turquie qu'elles ne voulaient point s'entremettre dans ses affaires intérieures; et maintenant, pour la première fois, elles se trouvaient toutes d'accord pour imposer à la Turquie des règlements intérieurs. Mais Bismark, Andrassy, Gortschakoff nourrissaient des projets différents : ils ne purent amener la Turquie à faire les concessions qu'ils croyaient nécessaires, et à recevoir sur son territoire quelques troupes européennes, jusqu'à ce que les mesures nouvelles fussent appliquées. Les *ulémas* résistèrent toujours aux concessions : Abd-ul-Aziz fut déposé par eux et mourut bientôt; son successeur Mahmoud (2) ne fit que passer sur le trône, et fut remplacé par Abd-ul-Hammid.

Guerre avec la Russie. Alors la Russie, qui depuis longtemps désirait se soustraire aux restrictions imposées par la paix de Paris en 1856, franchit le Pruth, en même temps qu'elle envahissait l'Arménie, en protestant qu'elle ne songeait à aucune conquête. La

---

(1) *Herze* en turc, *Herzogtum* en allemand, *Herzégovine* en slave est le nom d'un pays compris entre le Montenegro, la Dalmatie, la Bosnie, la Croatie, et comptant 300,000 habitants, avec les villes de Mostar et de Trebigne. Les musulmans sont les propriétaires du sol; les catholiques slaves sont à la tête de l'industrie. L'Herzégovine a appartenu autrefois à la Croatie et à la Bosnie, puis à l'Autriche qui, par la paix de Carlowitz, en 1699, la céda à la Turquie.

(2) D'après la Constitution, on prend pour Sultan l'aîné de la dynastie, à moins qu'il ne soit fou. Mahmoud fut déclaré fou. Abd-ul-Hammed fut donc nommé. Mais maintenant (1879) on déclare Mahmoud guéri; devra-t-il remonter sur le trône, ou faudra-t-il le tuer?

Turquie en appela en vain au traité de Paris, qui garantissait l'intégrité de ses États, et déploya une force à laquelle personne ne se serait attendu.

Après l'abolition des janissaires, en 1826, elle avait cherché à réformer son armée, malgré l'opposition de ceux qui repoussent tout changement ne venant pas du Coran. Par le hatti-houmayoum de 1856, le service militaire fut rendu obligatoire pour tous; mais ce ne fut qu'un prétexte pour exiger une capitation, puisqu'on pouvait s'exempter pour la somme de 1,100 à 1,800 livres; et c'est ce que font tous les chrétiens. De Moltke, devenu fameux plus tard, organisa l'armée sur le modèle de la landwehr prussienne : elle comptait, du moins d'après les cadres, 150,000 hommes dans l'armée active (*nizam*), et 180,000 dans la réserve (*redif*). Déjà, en 1853, à Silistrie et à Kars, puis en 1862, contre l'Herzégovine et le Montenegro, les Turcs avaient donné des preuves de leur valeur; alors plus d'une fois ils battirent les Russes, en particulier à Plewna.

Toute l'Europe s'en émut; l'Angleterre s'effrayait de voir la Russie devenir, par l'Arménie, sa voisine dans ses possessions des Indes; la flotte anglaise vint jeter l'ancre à Bezika. L'Autriche se chargea de contenir la Bulgarie, tandis que le Montenegro, la Serbie, la Roumanie abandonnaient leur protectrice. *Paix de San Stefano. 3 mars 1878.*

Les Russes, ayant dépassé les Balkans et Andrinople, marchèrent sur Constantinople, fermant de ce côté la vallée du Danube, comme en Asie ils fermaient celle de l'Euphrate. Les traités succèdent aux batailles : il y a des armistices, puis des conférences, et enfin, dans la paix de San Stefano, la Russie dicte des conditions toutes à son avantage, décomposant la Turquie d'Europe, réduite à un petit territoire et à quatre millions et demi d'habitants, pendant que les pays émancipés, surtout la Bulgarie, s'agrandissent. Mais toutes les puissances réclamèrent et s'armèrent, et le traité de San Stefano disparut comme celui de Zurich. La Prusse, qui s'était tenue à l'écart, intervint alors, et un congrès réuni à Berlin imposa la paix. *21 avril 1879.*

La Turquie recouvrait deux millions et demi de sujets, mais sous l'incommode tutelle des puissances : ce qui l'ouvrait à toutes les intrigues.

La Serbie s'augmentait de 400,000 habitants; le Montenegro, la Roumanie conservaient leur indépendance absolue.

La Roumanie, formée en 1861 de la Valachie et de la Moldavie réunies, et constituée en 1858 par le traité de Paris, s'accrut de 84,000 habitants et au lieu de 35,560 kilomètres carrés en eut 48,857, bien qu'elle perdît la Bessarabie qui passa à la Turquie : le terrain y est très fertile, le commerce actif; la compensation qu'elle obtint lui sembla peu de chose pour la peine qu'elle avait prise. Le belliqueux Montenegro gagna 116,000 habitants ; sa superficie, qui était de 4,366 kilomètres carrés, en eut 9,475 ; et, par Antivari, il débouche sur la mer. La civilisation est en proportion des éléments chrétiens qui se sont conservés dans ces contrées ; pendant que la Turquie les perd, la Bulgarie, la Serbie, l'Arménie, vivent de nouveau comme nations avec leur régime patriarcal.

La Bulgarie, la plus considérable des possessions turques, a une superficie de 80,000 kilomètres carrés, le long du Danube, de la mer Noire et des Balkans. Revenue à la religion catholique et à la vie municipale, en dépit de la Russie, elle était déjà de fait une province autonome ; mais on cherchait à l'empêcher de se séparer complètement de la Porte, parce que, au sud des Balkans, elle pouvait devenir un jour l'héritière de l'empire turc. L'Autriche et l'Angleterre voulurent qu'elle servît à séparer la Russie d'Andrinople. On lui donna pour roi constitutionnel Alexandre de Battenberg : elle a une population plus considérable que celle de la Serbie ; elle est fortifiée par les Balkans et le Danube, et défendue par les meilleures forteresses de la Turquie, Widdin, Varna, Plewna : elle a de bons débouchés sur la mer Noire et des villes importantes.

La Roumélie orientale, peuplée de 750,000 habitants, a un gouverneur chrétien : ses rapports de dépendance vis-à-vis de la Porte sont mal déterminés.

La Russie n'obtenait aucun agrandissement en Europe ; en Asie elle avait conquis un territoire étendu, qui fut restreint par le traité ; mais on lui laissa Batoum et Kars sur la mer Noire.

L'Autriche occupe la Bosnie, l'Herzégovine et Novi-Bazar, sans briser la souveraineté de la Porte, permettant que sur les minarets flotte l'étendard de la Turquie, et que dans les prières on nomme le Grand Seigneur : tous les cultes sont libres ; les impôts sont employés aux besoins du pays. Ayant pris pied dans ces contrées, après une sanglante résistance, l'Autriche cherchera à s'y fixer au moyen d'une administration patriarcale. C'est là le champ de ses futurs agrandissements, parce que la Bulgarie, la Roumélie orientale, la Bosnie, l'Herzégovine, Novi-Bazar voudront s'unir à elle, témoignant ainsi leur reconnaissance à la Russie qui leur a donné leur indépendance.

Des difficultés très compliquées se rencontrent dans l'application des conditions de cette paix : la Grèce ne se contente pas du territoire qu'elle y gagne, et réclame l'Épire et Janina. La Roumanie, tenue à donner le droit de cité à 400,000 juifs, voit comment ils prévaudraient sur sa population indigène. Des discussions s'élèvent au sujet de l'Arménie, de l'Asie Mineure, de la Roumélie, de Candie; l'Allemagne convoite Rhodes. Cependant, comme dans tous les congrès, les puissances unies devaient reconnaître des principes d'équité que chacune sacrifie ensuite à ses intérêts particuliers. Ainsi en est-il de la liberté de conscience et de celle des cultes, de la laïcité de l'État, de l'égalité des étrangers et des nationaux en ce qui touche au commerce.

En somme, la Turquie est allée de perte en perte par la reconstitution de nations chrétiennes : en Europe, elle fut réduite de 528,033 kilomètres carrés à 338,168; au lieu de 13 millions d'habitants, la population n'en compte plus que 9 millions, même en y comprenant encore celle de la Bosnie et de l'Herzégovine. En Asie, ses possessions lui sont assurées; mais les 3 millions de chrétiens y sont bien supérieurs aux musulmans.

Chypre est la *Chetim* des Phéniciens et des Juifs; les Grecs en avaient fait le séjour des divinités de l'Amour et y avaient élevé à Vénus les fameux temples de Paphos et d'Amathonte. Cette île avait été le dernier débris de l'empire latin dans le Levant. Lorsque le dernier des Lusignans épousa la Vénitienne Catherine Cornaro, la république de Venise, pour lui faire honneur, adopta Catherine et devint ainsi son héritière : elle garda l'île de 1489 à 1570, où la Porte la lui enleva. La Turquie ne cherchait qu'à exploiter le plus possible ces contrées riches par la fertilité du sol, par leurs mines, leurs forêts, leur commerce, sans se mettre en peine de bien administrer les seize districts et la capitale de l'île de Chypre, la ville de Nicosia.

<small>L'île de Chypre.</small>

Le pays comptait alors 2 millions d'habitants, aujourd'hui il y en a à peine 60,000, dont un tiers est turc, le reste est grec; ils sont répandus sur une superficie de 9,600 kilomètres carrés. L'Angleterre a obtenu l'administration *temporaire* de l'île, ce qui augmente toujours sa puissance dans la Méditerranée. Mais, pour utiliser ce sol (1) et cette mer, tout reste à faire : il faut s'occuper des règlements, des routes, des maisons, des eaux, des égouts. Lord Beaconsfield, à qui revient la gloire de cette acquisition faite sans effusion de sang, avec l'obligation de veiller aux améliorations des pays de l'Asie Mineure, disait à la Chambre haute : « Le gouvernement de la reine n'avait d'autre but politique que de maintenir la Turquie comme État indépendant ; c'était aussi le but de l'Europe, car tous étaient persuadés que personne ne pouvait se substituer à la Turquie comme puissance, quelque diminuée qu'elle fût. Il est facile de répéter que l'empire ottoman est à la veille de disparaître. Mais, dans la pratique, pas un homme d'État ne sait proposer une solution aux difficultés qui naîtraient de cette disparition ; si la Turquie venait à être démembrée, il en résulterait une guerre générale, longue et terrible (2). »

Ces interventions modifiaient entièrement le droit international. Jusqu'à la guerre de Crimée, la Turquie était regardée comme essentiellement mauvaise, comme une ennemie commune, qu'il fallait à tout le moins chasser de l'Europe ; et l'on se réjouissait lorsqu'on voyait les populations chrétiennes relever leur tête, éclairée d'un reflet de vie, à côté de la tête rasée du padischah, entouré d'eunuques, d'odalisques, de muets, d'*ulémas*. Depuis on a visé à lui donner le sentiment de sa propre responsabilité, à l'émanciper de la Russie, à la réconcilier avec ses sujets. Mais ces sujets eux-

---

(1) Chypre fut longtemps dévastée par les sauterelles ; en 1868-69, on en détruisit 60 millions et 8 millions de leurs œufs.

Le fouilles du comte Palma de Cesnola dans les ruines de Citio, de Paphos, d'Idalie, ont amené de très riches découvertes de statues, de joyaux, et de monuments des arts phénicien, syrien et grec.

(2) La situation actuelle de la Turquie est parfaitement exposée dans le livre de M. Mac-Cohen : *Our new Protectorat*.

Waddington, ministre de la république française, déclara les intentions de la France en harmonie avec celles des puissances. « Le congrès de Berlin a eu pour but, non pas de détruire l'empire turc, mais d'en retrancher, au prix des sacrifices nécessaires, les membres morts, pour rendre le corps entier plus fort et plus capable de résister aux chocs à venir. Nous avons dit à l'empire turc : Vous avez des provinces qui sont pour vous ce que sont pour un arbre les branches mortes ; défaites-vous-en sans hésiter ; il vous restera encore un tronc vigoureux, sain, magnifique, avec lequel on peut reconstruire un des plus beaux empires du monde. » (30 juillet 1879.)

mêmes empêchent les réformes qu'on a tort de tant vanter ; puis voici que ces puissances, qui avaient déclaré la Turquie indépendante, lui imposent des règlements, des constitutions et des frontières. Il est vrai que la Turquie a encore une bonne armée ; qu'elle sera moins tracassée par les rébellions des pays maintenant émancipés ; qu'elle a, à ses côtés, la Turquie d'Asie et, pour elle, la faveur de tous les musulmans. Mais un peuple usé par la polygamie et par l'esclavage périra par les armes, comme il a grandi par les armes ; et le monde, qui a applaudi aux croisades, aux Espagnols, aux Normands, qui chassèrent les musulmans de la Sicile, de l'Ibérie, de la Hongrie, se réjouira de ce triomphe de la civilisation, quoi qu'en disent les diplomates et les journalistes.

CHAPITRE XI.

LA GRÈCE.

Plus que tous les autres pays soustraits à la domination des Turcs, la Grèce a excité les sympathies de l'Europe et inspiré les poètes. Mais ces grandes espérances n'ont pas encore été réalisées, soit parce qu'il lui manque les provinces les plus importantes (l'Épire et la Thessalie), soit parce qu'elle n'a pas su se donner à l'intérieur une organisation stable, ni profiter des occasions.

Dans sa foi, dans son patriotisme, dans son désespoir, un peuple esclave peut trouver un courage héroïque, briser ses chaînes et s'en faire des armes pour chasser l'étranger ; mais, pour régler la liberté, pour en user avec sagesse, il faut du caractère ; il faut plus de patience que pour conquérir cette liberté. La diplomatie d'alors avait constitué en Grèce un gouvernement despotique, avec l'Allemand Othon pour roi ; il y avait une garnison de 4,000 Bavarois ; des Bavarois formaient le conseil de régence qui était le gouvernement de fait ; d'autres Bavarois vinrent chercher fortune et remplir des charges pour lesquelles on les payait plus qu'on ne payait d'ordinaire les Grecs eux-mêmes. Les discussions religieuses qui déshonorèrent les derniers moments de l'empire byzantin, reparurent et mirent la discorde dans la nation. Les emprunts et les impôts réguliers semblèrent insupportables à un peuple accoutumé à la violence et aux rapines des

Turcs ; les puissances qui s'étaient portées garantes, trouvèrent là un prétexte pour se mêler du gouvernement et susciter des partis.

Un tiers des habitants vit de trafics, mais de peu d'importance ; les capitaux sont rares ; on ne se crée pas de nouvelles ressources ; la mer, la grande fertilité du sol, l'extrême activité des habitants, en offriraient cependant les moyens. Athènes, choisie pour capitale à cause de ses souvenirs classiques, manque des conditions nécessaires pour devenir la principale place de commerce. Othon, roi imposé par des protocoles, roi sans activité, convenait mal à une nation ancienne par son histoire et moderne par ses exploits ; avec des ministres inféodés, avec la pesante protection de la Russie, et au milieu de soulèvements militaires, il tint toutefois pendant trente ans ; puis un beau jour, non pas sans l'intervention d'intrigues italiennes, il fut renvoyé dans son pays. Une assemblée nationale révisa la charte de 1844, et parmi les tumultes de l'intérieur, les brigues de l'extérieur, sous la pression des places publiques, elle alla à la recherche d'un autre roi, qui fut Georges de Schleswig-Holstein ; Georges, reconnaissant qu'il n'avait ni expérience ni habileté, se recommandait à Dieu, le protecteur des faibles.

Plus petite que son peuple, la Grèce a un continuel besoin du dehors. Son aristocratie commerciale habite à l'étranger ; à Constantinople, à Smyrne, à Alexandrie, à Odessa, à Trieste, comme à Marseille, à Paris, à Liverpool, à New-York, on trouve des Grecs ; à Londres est leur principale colonie ; les meilleures institutions à l'intérieur du pays sont dues à des Grecs domiciliés à l'étranger ; les Sina, les Varveki, les Bernardaki, les Arsaki, les Sturnari, les Tossitsa y ont créé des établissements d'instruction et de bienfaisance ; ils ont envoyé en Grèce des canons et des fusils ; à Athènes, on a fondé une université et une école pour les beaux-arts et l'archéologie ; le baron Sina, de Vienne, y a fait élever un observatoire ; Sakellarios a donné 5,395 volumes, qui ont formé le fonds d'une bibliothèque, à laquelle tous les savants d'Europe se sont fait un devoir de contribuer.

Les Grecs cultivent le sentiment, qu'ils ont naturellement, d'une mélodie délicate et originale (1). La langue acquit de

(1) *Souvenirs d'une mission musicale en Grèce et en Orient*, par L.-A. BOURGAULT-DUCONDRAY, 1878.

la régularité et de la souplesse par l'usage qu'on en fit au parlement : ainsi, en pratique, fut tranchée la querelle entre néologues et archéologues ; et si les frères Panaioti, chefs de l'école archaïque, firent un moment prévaloir les *logii* ou savants comme Polisoides, Karacincias, Pardikaris et beaucoup des chantres de la révolution : bientôt Calvi, Cristopoulos, Cornaros, Villaros, Sekellarios, Pikkolos, Salomos employèrent avec bonheur la langue vulgaire ; et ainsi Tipaldo, Caridis, le grand poète Valoritis (mort en 1879), en chantant les fortes entreprises et les doux sentiments, ouvrirent une ère nouvelle pour la langue grecque, tandis que peu d'années auparavant on parlait l'albanais, même à Athènes. Alexandre Souzzo, tantôt porté aux nues, tantôt bafoué par l'opinion populaire qu'il irritait par son ironie ou gâtait par l'enthousiasme, chanta la révolution, puis le soulèvement de l'Épire en 1854, puis la guerre de Crimée : c'est un écrivain original dans ses écrits comme dans sa conduite (mort en 1863).

C'était une anomalie que les îles Ioniennes restassent sous la domination de l'Angleterre, mais celle-ci ne faillit point aux promesses faites à la Grèce ; sans y être poussée par la guerre ou par les réclamations des autres puissances, le lord haut commissaire réunit un parlement, fit comprendre que la reine était disposée à renoncer au protectorat avec l'assentiment des puissances signataires du traité de 1815 : il demanda donc au parlement s'il désirait l'union avec le royaume de Grèce. La réponse ayant été affirmative, l'Angleterre fit remise du crédit de 90,289 livres sterling qu'elle avait pour la contribution militaire, et laissa les îles Ioniennes réunir au royaume hellénique 250,000 habitants, et un revenu de huit millions de francs à ajouter aux 23 millions qui forment maintenant la recette du royaume, en face d'une dette de 483 millions.

<small>Les îles Ionienne réunies à la Grèce</small>

<small>3 octobre 1863.</small>

Le royaume hellénique a ainsi 1,600,000 habitants, en grande partie albanais ; on compte à peine 29 habitants par kilomètre carré ; plus de la moitié du pays est en friche ou déboisée ; cependant l'agriculture récompense largement le travailleur. Les derniers changements de ce royaume n'ont pas contribué à le faire paraître grand et digne d'envie, si on le compare à ses antiques habitants ; les réformes intérieures, qui souvent se réduisent à adopter le costume des autres pays de l'Europe et à greffer la philosophie légère des encyclopédistes sur les systèmes de Bozzani et de Marc Zavella, ne semblent pas promettre mieux que les réformes de la Turquie. La Grèce s'agite toujours pour obtenir ses frontières naturelles ; elle les a réclamées encore à l'occasion du traité de Berlin. L'intelligence, l'activité commerciale, l'audace sur terre et sur mer, les souvenirs historiques, tout cela explique comment, parmi tant de contrariétés, la Grèce a pu cependant progresser ainsi, et justifie ses espérances. Mais il lui faut la paix ; elle doit se déshabituer des révolutions.

CHAPITRE XII.

L'ÉGYPTE. — L'AFRIQUE.

A la Turquie tient le sort de l'Égypte qui, même après être déchue de la grandeur qu'elle avait eue sous les Pharaons jusqu'à devenir une province ottomane, conserve cependant une extrême importance grâce à sa position, et sa dépendance diminue chaque jour.

Le pacha Mehemed-Ali, dans sa longue et heureuse domination (1805-1849), eut un moment l'idée de se mettre à la tête de la civilisation turque, de se soustraire à l'autorité du sultan, de faire cause commune avec les insurgés de la Grèce et de la Syrie, et de restaurer la prospérité, sinon la science de l'ancienne Égypte. Il ne fut pas secondé ; mais il peut se considérer comme le fondateur d'une dynastie, puisqu'il obtint que le pouvoir resterait dans sa famille. Mehemed-Saïd lui succéda, marcha sur ses brisées, visita l'Europe en 1862, et le sultan, contre l'ancienne étiquette, lui rendit sa visite ; il introduisit en Égypte des conseils, des ministères, des compagnies de navigation. Il eut pour successeur son neveu Ismaïl qui obtint le titre de khédive avec succession directe pour sa descendance. Il fut aussi autorisé à augmenter son armée, à contracter des emprunts, à conclure des traités de commerce ; il jouit d'une pleine autonomie dans l'administration du pays. Dévoué à la civilisation européenne, il fit creuser des canaux, créa des instituts, établit au Caire une imprimerie assez active ; il donna un corps d'armée à Napoléon III pour l'expédition du Mexique, et un autre au sultan pour la guerre dans l'Yémen, deux pays dont le climat est peu favorable aux Européens.

Un évènement capital fut le percement de l'isthme de Suez (1). Le canal, inauguré le 17 septembre 1869, réunit la mer Rouge à la Méditerranée. La traversée, qui est de 162 kilomètres, demande au moins 30 heures : cependant, en mai 1879, le grand navire de la marine britannique *l'Euphrate*, qui portait 1,600 soldats, l'accomplit en 14 heures 5 minutes. Comme ce canal abrège de 1,200 kilomètres la route entre l'Angleterre et les Indes, l'Égypte a acquis une grande importance, et c'est une question capitale de maintenir libre ce passage entre l'extrême Orient et l'extrême Occident. {Canal de Suez}

Le khédive, avide de gains, de faste, de plaisirs, de nouveauté, épuisait le pays sans en augmenter les ressources; la dette publique s'augmenta à tel point qu'il fallut vendre non seulement le canal, bien vite acheté par les Anglais, mais aussi des propriétés privées; les puissances obligèrent le khédive à avoir, au nombre de ses ministres, un Anglais et un Français qui surveilleraient l'administration. Les affaires continuant à aller à la dérive, on l'amena à abdiquer. A son successeur Mehemed-Tewsky le sultan retire les amples pouvoirs accordés à Ismaïl et qui le rendaient presque indépendant; il veut régler ses fantaisies. Il en résulte que les créanciers adressent leurs réclamations à la Porte, et que les puissances veulent contrôler les finances du pays, tout en désirant maintenir l'indépendance d'une contrée, qui a tant de contact avec l'Europe et qui implique la liberté de la Méditerranée. {Méhémed-Tewsky. 1879}

L'Égypte cependant est menacée par les Nègres d'Abyssinie.

On connaît les fables sur le Prêtre-Jean et sur les chrétiens de l'Abyssinie. On peut voir, d'après Lefébure, *Voyage en Abyssinie en* 1839-43, où en est le christianisme dans cette contrée. Oxoum est la ville principale; elle conserve quelque chose de son antique grandeur; elle est exempte de contributions, même en temps de guerre. C'est la résidence du clergé et le centre des écoles. Il y a une bibliothèque dont le conservateur prétend descendre de Salomon en droite ligne; mais nous ne connaissons pas les livres qu'elle renferme. Lefébure parle avec plus de détails d'une autre biblio- {Abyssinie.}

---

(1) On croyait généralement à une différence de niveau entre la Méditerranée et la mer Rouge; le Bolonais Giovanni Ghedini démontra que c'était une erreur; il était alors au service de Mehemed-Ali; rentré ensuite dans sa patrie, il travailla à la *correction* du Rhin inférieur, à l'assainissement de l'Agro Romano et des Marais Pontins (mort en 1872).

thèque dans le pays des Gallas, dans la cité sainte de Debra-Libanos. L'*armarium* contenait 5,000 volumes, tous traitant de sujets religieux, et quelques chroniques des rois. Comme on demandait s'il y avait quelques ouvrage de médecine, le prêtre se scandalisa : « Que sont, dit-il, les remèdes humains auprès des miracles de notre saint? » Ce saint, Teda Emanout, commença dès l'âge de deux ans à faire des miracles, et leur nombre est infini. Les infidèles le précipitèrent dans un abîme : alors il lui poussa des ailes, en sorte qu'il put voler jusque dans la plaine des Gallas qui l'accueillirent avec enthousiasme et se convertirent au christianisme.

Un chef de tribu, qui s'est transformé en empereur d'Abyssinie (1876) sous le nom de Jean Ier, se propose de s'affranchir des liens de l'islamisme, de se rapprocher des puissances de l'Europe, d'en introduire la civilisation dans son pays, la seule contrée chrétienne de toute l'Afrique : en attendant, il réunit les divers pays qui avaient formé l'Éthiopie jusqu'en 1625.

Nubie. Mehemed-Ali voulait conquérir la Nubie pour en tirer de l'or et des nègres; mais il ne dépassa pas le 10e degré de latitude Nord, et son fils Ismaïl fut pris et brûlé vif (1822). Il le vengea par le fer et le feu. Le village de Kiri, dans le *Fayoul,* fut appelé Mehemedopoli, comme une frontière entre la domination égyptienne et la langue arabe, et un rempart contre les nègres du Sud. Mehemed ordonna de traiter les nègres avec douceur et de les attirer; mais son successeur les irrita par sa cruauté et ses exactions, rendant ainsi toujours plus difficile la soumission du Soudan.

États Barbaresques. Les États Barbaresques cessèrent, depuis la conquête d'Alger, d'épouvanter les navigateurs et de retenir les chrétiens en captivité ou de les vendre. Le fier et superbe Muley Abd-el-Rhaman commanda, dans le Maroc, pendant vingt-sept ans (1832-59); il fut en relation avec les puissances européennes; il abolit l'esclavage, imité en cela par le bey de Tunis (1846). Mais le peuple fut irrité de la conquête d'Alger, et, pour venger l'outrage fait à l'islamisme, se souleva et attaqua le camp français (1844) : de là une guerre, pendant laquelle on bombarda Tanger, on prit Mogador; après la bataille d'Isly, Abd-el-Kader fut fait prisonnier : c'était le héros poétique de cette insurrection.

Sidi-Mohamed, qui succéda à Muley, fut peu obéi des pirates. Il organisa les tribunaux, accorda une Constitution, chercha à introduire des améliorations; en même temps il faisait de folles dépenses pour son luxe et contractait des dettes : le peuple se souleva. Des insultes à l'Espagne, qui possède la ville de Ceuta, amenèrent une guerre.

Un firman de 1871 déclarait le bey de Tunis vassal de la Sublime Porte, mais indépendant pour l'administration intérieure; en cas de guerre, il devait fournir des troupes auxiliaires. On compte dans le pays 50,000 Italiens.

Tunis.

L'Algérie, bornée d'abord au Tell, s'étendit ensuite jusqu'au pied de l'Atlas et au commencement du désert, et jusqu'à El-Goléah à 800 kilomètres des côtes; chaque jour encore elle s'agrandit. L'action civilisatrice, ou du moins organisatrice, de la France et du christianisme est continue, mais lente. Dans la population, mélangée d'Arabes, de Turcs, de Mores, de Kabyles, il y a deux millions et demi de musulmans et 900,000 Français; les indigènes riches avaient émigré de leur patrie conquise; les autres fournirent, dans les dernières guerres, des soldats excellents et même terribles; dans les écoles, ils montrent un fanatisme intolérant; dans les emplois qu'on leur confie, ils font preuve de vénalité et de rapacité; il est donc difficile d'amener la fusion. En 1863, on avait songé à faire de l'Algérie un royaume séparé; plus tard, la République y a aboli le gouvernement militaire, et accordé aux Algériens l'égalité dans les institutions sociales, pour lesquelles cependant ils ne semblent pas encore préparés. L'idée de la race et de la religion est toujours vivace en Algérie; quelques tribus sont, en ce moment, soulevées contre la République française; ce mouvement national et religieux se propage sur tout le rivage de la Méditerranée, excité ou favorisé par le khédive Ismaïl et les dévots de la Mecque, toujours fanatiques de la guerre sainte.

L'Algérie.

L'Afrique ne peut plus désormais nous cacher ses trois mille lieues de déserts de sable, ni conserver le voile de l'inconnu sur les royaumes de l'intérieur ou de l'extrémité méridionale. Barth (mort en 1864) a exploré le Soudan, région immense, bornée au nord par le Sahara, à l'ouest par la Sénégambie, à l'est par le Soudan égyptien, au sud par les monts Lomah qui la séparent de la Guinée. Il a visité la baie de Benin, étudié les diversités des races et des langues

Explorations en Afrique.

qu'on n'a pas encore classées, et tant d'États barbares et idolâtres qui se font la guerre entre eux; il a suivi les cours du Niger, parcouru les régions des Mandingos, et celles des Fellahs et des Touareks des monts Hoggars, peuples qui sont la terreur des voyageurs et des contrées voisines, et ont plus d'intelligence que les Arabes; il a campé dans des forêts de palmiers; il a visité Tombouctou, très ancienne métropole commerciale et religieuse, qui voyait jadis arriver du Maroc des caravanes comptant jusqu'à 16,000 chameaux : depuis qu'en 1800 cette ville fut enlevée au Maroc et annexée au Bambarra, elle est bien déchue; cependant elle a encore 30,000 habitants, de belles rues et un bon port sur le Niger : c'est l'entrepôt pour les marchandises venant de Tunis, de Tripoli, de Fez, du Maroc, et qui s'y échangent contre de l'or. Barth a vu aussi le roi Bangi, et le cap Lopez où se tient le plus grand marché d'esclaves; partout il a rencontré le despotisme brutal; des centaines d'hommes sont égorgés chaque jour, soit pour les sacrifices offerts aux dieux, soit par la passion des chefs.

Un voyage à l'équateur fut fait par David Livingstone, médecin, chirurgien, missionnaire : toute l'Europe s'intéressa à son expédition; et comme on ignorait ce qu'il était devenu, Stanley partit à sa recherche en faisant de nouvelles découvertes, en décrivant les étranges coutumes de ces races variées chez lesquelles la femme a la prééminence, comme chez tous les descendants de Cham. Burton a visité les grands lacs orientaux. Specke, Grant, Hayes, Murray, Vardon, Cameron, Burton, Mage, Say, Oswel, Overweg, Magyar, Soleillet, Nachtigal, Baker, le Bavarois Martius (mort en 1865), Schweinfurt, Vinwood Reade, Watencai (1), poursuivirent ces recherches en différents sens. Baker, le premier, vit le Nil mystérieux sortir du lac Nyanza (1864). Serpa Pinto mesura de hauts sommets sous l'équateur et étudia les cours d'eaux qui en descendent. Sur les traces de ces hommes se pressèrent de nombreux voyageurs et explorateurs : il y eut aussi des Italiens, et, parmi eux, Beltrami, Savorgnan Brazza, l'explorateur de l'Ogowè, Martini, Matteucci, et d'autres : ils

---

(1) Outre Mungo-Park (1795-96-97), Clapperton (1822), Lander (1727), Caillié (1828), il faut citer les relations de Barth (1849-55); Mage, *Voyage dans le Soudan occidental;* Jules Duval, *l'Algérie;* Duveyrier, *Exploration du Sahara; Touaregs du Nord,* 1864; Duponchet, *le Chemin de fer transsaharien.*

cherchent des centres de commerce, surtout dans le Scioâ.

Les légendes se sont évanouies; on croyait que le désert du Sahara, grand comme la moitié de l'Europe, était une immense plaine, avec de très rares oasis, un climat pestilentiel, sans aucune végétation, sans un seul animal apprivoisé. Le pays qu'on croyait stérile a étalé sous nos yeux les épices des Moluques, le coton des États-Unis, le café des Antilles; on sait maintenant qu'il peut donner toutes les productions des tropiques, outre l'ivoire, la noix de kol, le beurre végétal, la cire, le séné, le tamarin, le musc, l'encens, les plumes d'autruche, le miel, le crin végétal, une grande quantité d'or, et le sel dont manque le Soudan. Les oasis y sont innombrables et très fertiles, surtout celles de Touat avec leurs trois ou quatre cents villages et la ville de In-Salah, entrepôt des productions du pays qui s'y échangent contre des étoffes, de la quincaillerie, des armes, du riz, du fromage, des chaussures, etc.

Dans le Sénégal, où les Français possèdent Saint-Louis, le trafic consiste en gommes et en ivoire; il y a d'assez grandes villes. Ce qui se demande toujours comme préliminaires des traités, c'est de l'eau-de-vie et du rhum. Un traité fut conclu en 1857; mais Al-Hag-Omar excita la guerre sainte contre les infidèles. *Sénégal.*

A Madagascar, à l'entrée de la mer des Indes, les missionnaires réussirent, après de cruelles souffrances, à convertir la reine Ramavalona-Mandjoka. Aussitôt elle publia un code de lois inspiré du Décalogue, et permit l'accès de l'île à tous les étrangers. *Madagascar.*

La colonie du Cap est toujours très commode pour les Anglais, mais elle leur coûte des monceaux d'or et des flots de sang.

La civilisation naît des communications plus que d'autre chose; et la barbarie de l'Afrique provient, en grande partie, de la difficulté d'y pénétrer. La côte septentrionale, exposée aux vents du nord, offre très peu d'abris pour les vaisseaux. Alger, Maroc, Tripoli, n'ont pas de port; la rade de Tunis n'est pas sûre en hiver; les Syrtes ont une mauvaise réputation, la baie de Bamba ne fournit point d'eau potable, l'entrée d'Alexandrie n'est pas facile, la côte de la mer Rouge est hérissée d'écueils et malsaine, celle qui s'étend de Tanger au Sénégal est dangereuse, les côtes au nord de l'équateur sont un peu meilleures. A l'intérieur, les communications sont coupées par le désert. La civilisation musulmane a pu y péné- *Difficultés des communications.*

trer et diminuer l'isolement: de là, peut-être, et aussi par suite, d'autres immigrations, vient la variété qu'on remarque chez les races appelées du nom générique de Nègres : les unes sont noires, comme en Guinée et au Congo ; les autres sont brunes, comme les Cafres ; d'autres, jaunâtres comme les Gallas et les Hottentots ; toutes ont les mêmes traits caractéristiques ; les Abysins se rapprochent de la race européenne.

Cependant chez les peuples même les plus dégradés on retrouve l'homme, avec une intelligence sans aucun développement, mais susceptible d'éducation, de sentiment, de religion, de pudeur, capable de comprendre la propriété, pourvu que cessent les guerres qu'ils se font entre eux, et qu'ils n'aient plus peur des Égyptiens et des Européens, comme de bêtes fauves altérées de leur sang.

Dans ce but, tous les efforts se portent à faciliter les communications. Après avoir percé le canal de Suez, on médite de jeter la Méditerranée dans le désert du Sahara, qui autrefois fut une mer ; plus probablement, des chemins de fer sillonneront ce désert. A cette heure même, on travaille activement à en établir un qui, des côtes de la Méditerranée, et, ce qui serait plus utile, de l'Algérie, irait au Soudan, à la ville légendaire de Tombouctou et peut-être jusqu'au Sénégal. Les Français, maîtres du Sénégal et de l'Algérie, ont le plus grand intérêt au succès de cette entreprise : en juillet 1879, on a nommé une nombreuse commission pour étudier la possibilité de ce projet et les moyens de l'exécuter ; cette idée est accueillie par toutes les sociétés géographiques. L'Allemand Gérard Rohlfs préférerait diriger la voie ferrée de Tripoli au lac Tchad ; d'autres proposent divers tracés dont chacun a ses avantages particuliers.

CHAPITRE XIII.

LA CHINE.

La Chine, qu'on regarde comme le pays de l'immobilité, est travaillée par d'innombrables sociétés secrètes, surtout depuis la guerre de 1840 ; la *Triade,* qui a absorbé les autres, veut supplanter la dynastie tartare et restaurer la dynastie *Ming* nationale.

Hung-seu-tsuen, pauvre paysan des environs de Canton, pris d'ambition, avait étudié par lui-même, mais, ne réussissant point à passer ses examens, il tomba malade de dépit. Un missionnaire indigène lui ayant prêté une Bible en chinois, il se passionna pour ce livre, crut que le Père éternel lui avait parlé dans une vision, et commença à prêcher et à essayer des conversions. Pour faire pièce aux mandarins, il s'entoura de tout ce qu'il y avait de mécontents du gouvernement. Un de ses disciples fonda la secte Tae-ping, c'est-à-dire de la paix universelle. S'étant jetés dans les montagnes parmi les brigands, Hung-seu-tsuen et Hung-jui acquirent bientôt là une grande influence ; ils s'échauffaient à prêcher le peu qu'ils savaient sur le christianisme, la conscience, la fraternité, l'humanité, l'égalité ; toutefois ce n'était qu'un expédient pour soulever contre le vieux monde chinois une tourbe hétérogène et grossière. Dans ce bizarre mélange de théisme et de panthéisme, on reconnaissait Dieu le Père et Dieu le Fils ; quant à l'Esprit-Saint, c'est Hung-seu-tsuen lui-même. La fraternité est le fondement de cette religion : les lettrés sont les égaux des illettrés. Les sectateurs ne portent plus les cheveux en tresses en forme de queue comme les Tartares ; ils se les font couper à la mode européenne. Ils ont aboli le cérémonial rigoureux sur lequel s'établit tout le système chinois ; ils ne veulent plus de cette hiérarchie d'emplois et de métiers, qui constitue, en Chine, une organisation immobile à cause de la nature même de l'écriture, dont la connaissance a produit la classe des lettrés ; et de là vient que les autres classes sont esclaves, que la pensée est asservie, et que l'essor du génie et les audaces de la critique sont choses impossibles.

Les plus avancés des adeptes ont des visions, des songes, des extases, des communications avec les anges, des hallucinations prophétiques, des entretiens avec Dieu qui descend vers eux ou les élève à lui.

Il n'est pas besoin, d'ailleurs, de sortir de l'Europe pour savoir comment l'audace suffit souvent à donner la victoire. En s'avançant vers le nord, les *Tae-pings* gagnèrent les trois villes de Hang-yuang, Hang-kow, Hou-pi, comprenant, dans leur enceinte ou leurs faubourgs, quatre millions d'habitants. Le mandarin de cette province fut rappelé par la cour effrayée ; il fut décapité. Ce remède tout à fait chinois n'empêcha pas les Tae-pings de s'avancer toujours, jusqu'à prendre Nanking d'assaut, en égorgeant les 20,000 Tartares qui y résidaient.

Le succès amena des partisans à Hung-seu-tsuen, qui compila un code à la fois légal et religieux, intitulé : *le Livre de la volonté céleste et des manifestations de la puissance impériale;* et se déclara le frère cadet du Christ et le véritable empereur de la Chine. Dans ce livre, il raconte avec une simplicité biblique comment Dieu le Père, un jour d'avril, descendit vers lui; ensuite vint Dieu le Fils; tous deux lui confièrent des proclamations et des ordonnances destinées à pacifier et à régénérer le monde. Il mit en ordre ces documents; et maintenant il en fait part aux siens, « afin que personne dans notre armée, grand ou petit, homme ou femme, officier ou soldat, n'ignore la sainte volonté et les ordres de notre frère aîné du ciel, et que personne ne les transgresse volontairement, car là sont contenus les commandements les plus importants de notre Père qui est au ciel, et de notre frère aîné. »

Il composa aussi le livre intitulé *Organisation de l'armée Tae-ping*, et donna aux officiers de cette armée les titres de divers pays à conquérir; il imposa des habitudes très sévères; il interdisait les liqueurs et l'opium; et renversant les pagodes, les idoles et les antiques superstitions, il prêchait le retour de la suprême pureté et de la dernière félicité. Son étendard était la croix; ses dogmes étaient l'égalité des hommes, la communauté des biens, l'oubli des injures, la résignation, la charité fraternelle.

Hung-seu-tsuen, vanté par les adorateurs du succès, qui sont en Chine aussi nombreux qu'en Europe, se fortifia dans Nanking et déclara cette ville la capitale de son empire; de là il fit marcher une armée contre Pékin, et se mit en relations avec les Anglais, peuple barbare, c'est vrai, mais chéri du ciel parce qu'il possédait d'excellents canons, faisait trembler l'empire chinois, et adorait Christ, le frère aîné du nouvel empereur.

Ces insurgés sont grossiers, ils sont illettrés; mais, quelque violents et stupides qu'ils soient, en secouant le vieil édifice de la Chine, en parlant pour la première fois au nom de la nationalité, puis au nom de principes plus élevés et moins vagues, ils aident à renverser les barrières qui séparent de nous cette civilisation si riche, mais stationnaire : on dirait une momie entourée de bandelettes de soie; ils font justice de cette inextricable confusion fondée sur de pures conventions, et proclament au moins une vérité : c'est que tout cela est mensonge. Mensonges ces bulletins victorieux que les généraux, envoyés contre les Tae-pings, expédient à l'empereur; mensonge l'empereur lui-même, publiant ses décrets pour d'immenses régions où déjà commande un autre que lui; mensonges ces actes de soumission qui lui arrivent de chefs rebelles ou de grands pays tout entiers.

Les provinces qui produisent le thé et la soie tombèrent bientôt aux mains des Tae-pings, si bien que les Européens sentirent la nécessité de se mettre en communication avec eux. Les Anglais, qui les qualifiaient de bandes de brigands, de troupes d'aventuriers, les appelèrent une armée de braves lorsque le succès eut prononcé en faveur des rebelles. Bien plus, beaucoup de missionnaires leur sont favorables, dans la conviction qu'ils s'acheminent vers le christianisme.

Lorsque, à la fin de 1860, lord Elgin eut occupé une partie considérable du Céleste Empire, le chef des Tae-pings lui écrivit, lui demandant de conclure avec lui des traités, semblables à ceux qu'il avait faits avec l'empereur, et de l'aider à répandre la religion par laquelle il renverserait et les rationalistes de Confucius et les superstitieux adorateurs de Bouddha. A la fin, l'empereur Tung-sei, grâce à la valeur du général Tso et à l'aide d'officiers français, put réprimer les rebelles, reprendre Nanking, et envoyer au supplice Tienwang, leur nouveau chef. Cependant les Tae-pings continuent à infester le pays comme des brigands.

Au milieu des ces évènements, quelques insultes aux drapeaux européens, les persécutions contre les chrétiens, et une mauvaise foi continuelle dans les rapports avec ces *Chiens d'étrangers*, amenèrent 18,000 Anglais et 12,000 Français sur le fleuve Jaune. Lord Elgin et le général Grant, le baron Gros et le général Cousin-Montauban (depuis comte de Palikao), sachant que dans tous les pays despotiques il faut frapper au cœur, attaquèrent ensemble Pékin, et, malgré une défense vigoureuse, s'en emparèrent. Le feu fut mis au palais d'été; il y avait là une merveilleuse bibliothèque, dont le catalogue seul remplissait 120 volumes; 5,000 autres volumes comprenaient l'*Encyclopédie illustrée des œuvres chinoises, anciennes et modernes*. Tout fut livré aux flammes. Le traité de paix établissait qu'aux ports de Canton, d'Amoy, de Facio,

Les Anglais en Chine.

de Ning-po et de Shang-haï, ouverts aux Européens en 1843, on ajouterait neuf autres ports.

En 1875 monta sur le trône l'empereur Kuang-su : il commandait à 405 millions de sujets; il avait en outre 28 millions de tributaires, et, parmi eux, les Thibétains.

<small>Organisation du pouvoir en Chine.</small> L'empereur de la Chine semble concentrer entre ses mains toute l'autorité ; mais, comme il ne peut appliquer par lui-même à tous les détails de l'administration cette puissance illimitée, il en délègue l'exercice à des mandarins, nommés d'après des examens plus ou moins sérieux ; les mandarins sont partagés en neuf classes, l'empereur peut les révoquer à son gré. Ceux-ci, unis par des intérêts communs, forment un centre de résistance passive opposée aux volontés du souverain ; et l'empereur, qui ne sait rien que par leur intermédiaire, ignore le plus souvent leur désobéissance. La nation est muette, la presse n'existe pas; le tribunal des censeurs, composé cependant de fonctionnaires qui dépendent du palais, est plein de respect pour ses collègues. Chaque mandarin peut donc se permettre des fantaisies que son supérieur ne connaît pas ou ne s'avise point de blâmer ; avec le système le plus complet de règlements, à chaque pas l'indépendance de l'individu se heurte à une loi, à une ordonnance qui autorise l'ingérence du fonctionnaire. De la sorte, l'esprit d'initiative et de progrès se trouve étouffé : l'idée (et cette idée est une véritable religion) que les ancêtres ont atteint le comble de la perfection, détourne les Chinois du progrès.

Lorsqu'enfin le gouvernement, cédant à la force, traita avec les puissances étrangères, et, en admettant leurs représentants à Pékin, reconnut qu'il existait d'autres souverains indépendants, les fonctionnaires se proposèrent en grand nombre de résister et d'empêcher l'introduction de ces étrangers turbulents, capables de bouleverser leurs tranquilles habitudes d'omnipotence ; la foule elle-même, qui considère les autres peuples comme un assemblage de brigands et de pirates, vit de mauvais œil ces hôtes nouveaux, et laissa, loin des côtes, les mandarins inaugurer un système de concussions et d'intrigues qui, au mépris des traités, rendent encore inaccessible l'intérieur de l'empire.

La misère est une maladie générale en Chine. A Pékin, on compte plus de 70,000 mendiants organisés en corporations. Le jour, installés jusqu'au bas du palais impérial, ils obtiennent par leur insistante importunité, quelquefois par la menace, l'aumône des citoyens, surtout des négociants. Le soir, quelques centaines de ces mendiants se retirent dans une douzaine d'abris peu spacieux; ils y trouvent parfois à peine un lit de paille; dans certains endroits, ils ont un peu de riz et de charbon; les vieillards, ou ceux qui sont particulièrement favorisés, reçoivent une robe l'hiver, et un éventail l'été. Le trésor public mal administré ne peut rien faire de plus. La charité privée est peu généreuse, les riches sont peu nombreux; l'égoïsme et l'avarice sont des vices de la nation. En creusant les mines, maintenant à peu près complètement négligées, en multipliant les entreprises lucratives, en établissant une organisation qui augmenterait les revenus du trésor et des douanes, comme l'a déjà commencé le contrôle des étrangers, on pourrait remédier à ces maux. Plus directement encore, les médecins anglais, les sœurs françaises de la charité établies à Ning-po, à Tien-tsin, à Pékin, rendent de grands services.

Les savants chinois, avec une physique, une chimie, une médecine, une astronomie arriérées, admettent les erreurs les plus grossières, les fables les plus extravagantes. La faute en est à la difficulté de l'écriture; car il faut dépenser un temps énorme pour arriver à ne connaître qu'imparfaitement les centaines de caractères chinois qui représentent la pensée. Il y a bien quelque traité élémentaire d'arithmétique, mais le système très compliqué de la numération écrite ne se prête pas à des calculs, où entrent des nombres considérables. Tout progrès dans les sciences d'observation et dans les sciences exactes est peut-être interdit à la Chine, jusqu'à ce qu'on adopte une langue européenne, comme l'ont déjà fait quelques négociants sur les côtes, ou du moins jusqu'à ce qu'on applique l'écriture syllabique à traduire la langue chinoise. Les missionnaires ont adapté notre alphabet à la langue annamite, dont la construction est analogue à celle du chinois et du japonais. *L'instruction en Chine.*

L'écriture idéographique n'a pas nui aux œuvres de pure imagination : les romanciers chinois ont été très féconds; la poésie est riche et variée.

On peut dire que les Chinois n'ont pas de religion; la famille leur en tient lieu. Le père réunit souvent en conseil tous les membres de sa famille, il exerce une juridiction non seulement civile, mais criminelle; c'est un châtiment redouté que d'être exclu de ce conseil. La femme demeure *La religion.*

toujours dans une condition inférieure. Personne ne peut posséder plus de 2 hectares de terrain. L'État est modelé sur la famille, le chef de l'État est omnipotent; il y a le suffrage universel restreint aux pères de famille. Une armée de 300,000 soldats est organisée à la française.

Les Chinois émigrent par milliers pour aller chercher du travail, on en compte trois millions dans l'Inde au delà du Gange, un million et demi dans la Birmanie anglaise, autant dans le royaume de Siam, 100,000 à Singapour, 25,000 dans la Malaisie, 180,000 à Java, 80,000 à Bocara; ils sont portefaix, ouvriers, négociants, industriels. Telle est leur affluence dans les États-Unis, qu'ils enlèvent le travail aux ouvriers indigènes. A l'opposé des Japonais, ils conservent partout le vêtement et les habitudes de leur pays; ils se tiennent unis entre eux et séparés des étrangers; ils emportent avec eux leur cercueil pour se faire ramener dans leur patrie s'ils meurent (1).

Toutefois, envahie de tant de côtés et recevant chaque année dans ses ports 17,000 navires européens, la Chine se modifie : un collège a été établi à Pékin (1868) pour l'étude des langues et des sciences étrangères; des bateaux à vapeur font un service régulier entre Singapour, Pinzang, Batavia, Somarong, Surabaya. La civilisation touranienne devra succomber devant la civilisation aryenne; mais 370 millions d'Européens comprennent qu'ils doivent compter avec 535 millions de Chinois, qui nous enseigneront tant de choses, qui ouvriront tant de débouchés à nos produits, qui donneront une nouvelle impulsion à nos progrès, à l'époque, qui n'est plus éloignée, où cette race pleine d'activité, par laquelle tout travail est reçu comme un bienfait et exécuté avec intelligence, essaimera non seulement à travers les Antilles, à travers les îles de l'Océanie, à travers la Californie et la Nevada, mais dans toutes les côtes de l'Amérique. Ainsi l'Amérique, au lieu d'être la vraie muraille de la Chine comme l'appelait Voltaire, deviendra le champ où les peuples nouveaux fraterniseront avec ce peuple rajeuni.

Le Japon. Le Japon, avec ses 3,850 îles, était demeuré séparé du reste du monde, conservant des mœurs très différentes des nôtres. Les indigènes sont fort intelligents et tous y savent lire;

(1) Voyez *Annales de l'extrême Orient*. Mac-Carty a voyagé à travers toute la Chine.

l'imprimerie y est ancienne, on l'a employée même à raconter l'expédition de Crimée. Mais les États-Unis, devenus maîtres de l'Orégon et de la Californie, ne surent pas se limiter entre les deux Océans; ils tournèrent leurs regards vers l'archipel japonais qui en même temps était entamé d'un côté par la Russie, et de l'autre par l'Angleterre.

Pendant la guerre avec la Chine, le commandant Perry proposa une expédition pour punir des insultes faites au drapeau et aux missionnaires; il alla à Shang-haï et à Nangasaki, explora les baies et les côtes, essaya de nouer des relations; il fonda un établissement dans l'Indo-Chine, péninsule qui comprend deux grands États : le royaume de Siam, et l'empire d'Annam composé des royaumes de Tonkin, de Cochinchine et de Cambodge. Bientôt les Hollandais, les Russes, les Français et surtout lord Elgin qui continua là son expédition de Chine s'intéressèrent à cette campagne. Finalement on en vint à un traité, par lequel, le 8 avril 1868, les villes de Yeddo et d'Ozacca et les ports de Kioga et de Nagato s'ouvraient au commerce.

On sait comment jusqu'en 1158 l'empire spirituel au Japon, appartenait au mikado, et l'empire temporel au taïkoun. Ce dernier avait su maintenir en paix les daïmios, ou grands feudataires, entre qui est partagé le pays. Pour les traités conclus avec les États-Unis, le taïkoun avait consulté les daïmios; il ne le fit pas pour les négociations avec les Européens : les daïmios réclamèrent, s'insurgèrent vigoureusement; mais la supériorité des forces européennes mit fin à la guerre civile.

Le pays, sous cette double souveraineté, est, à proprement parler, une confédération aristocratique; le *livre rouge* tient registre de tous les nobles daïmios qui, par un zèle jaloux de leurs privilèges, se montrent le plus hostiles aux étrangers; c'est à eux qu'il faut attribuer les fréquents assassinats de soldats, de consuls, de négociants.

Quelques Japonais, venus à l'Exposition de Paris en 1867, s'y concertèrent pour faire une révolution dans leur patrie : ils déposèrent le taïkoun et ses daïmios; au milieu de meurtres et d'incendies, ils proclamèrent mikado un jeune enfant, lui faisant accepter même cette profanation, de recevoir les ambassadeurs étrangers. La féodalité des daïmios étant abolie, on réforma le code pénal, on diminua le nombre des crimes punis de la peine capitale.

<small>Révolution au Japon et persécution contre les chrétiens.</small>

Le peuple s'indigna, et se soulagea par la persécution contre les chrétiens qui s'étaient multipliés au Japon; des milliers d'entre eux furent tués, principalement des missionnaires et des sœurs de charité; on les accusait de voler des centaines de petits enfants, ce sont peut-être les enfants qu'on arrachait à un infanticide systématique ou au péril d'être abandonnés. Le sort des chrétiens fut encore pire lorsque la guerre civile éclata : le parti du prince de Satsouma présenta au gouvernement un mémoire contre l'introduction du christianisme dans le Japon; on y montrait que les préceptes en étaient faux, les pratiques ridicules, que ce n'était qu'un prétexte pour assujettir l'État. Ce mémoire ressemblait aux articles et aux brochures que les gouvernements européens font publier par leurs adeptes pour exciter les opinions intolérantes. De fait, à Kioto on discuta les moyens de se défaire des chrétiens; 130 furent appelés au palais du gouverneur de Nangasaki. Après y avoir stationné un jour entier, les parents et les amis qui les avaient accompagnés furent dispersés à coups de bâton : quelque temps après on vit ces chrétiens se diriger vers le fleuve et s'y embarquer, on n'en parla plus. On croit qu'ils furent noyés. On proclama alors un édit de mort contre tous les chrétiens indigènes; les exécutions se multiplièrent à Nangasaki, à Sanada et en d'autres lieux. C'était aller contre les conventions stipulées, aussi les puissances européennes réclamèrent par les armes.

Ce conflit fit beaucoup de mal aux Européens qui étaient allés à Yokohama avec de grosses sommes d'argent pour acheter de la graine de vers à soie; ils n'osèrent partir pour Niegato, où les propriétaires peuvent plus facilement faire arriver leur marchandise, car Aïzu, un des daïmios rebelles, occupait alors Niegato. En 1871, qui fut peut-être l'année la meilleure, il y eut sur la place de Yokohama 1,848,148 cartons de graines de vers à soie ; 650,000 environ furent expédiés en Italie, la moitié seulement en France.

Yesso, une des grandes îles qui composent le Japon, est le dernier asile des races autochthones, appelées Aïnos; ces peuples vivent de chasse et de pêche; ils habitent dans de misérables cabanes, ils ont une apparence sauvage, mais leurs mœurs sont douces.

L'occupation par les Japonais d'une partie des îles Liou-kiou pourrait amener une guerre avec la Chine. Les Japonais sont passionnés pour les jeux de hasard et pour l'instruction, ils sont indifférents à la richesse et à la vie; ils se mettent facilement au pli de la civilisation européenne, jusqu'au point de modifier leur caractère; nos négociants, surtout les trafiquants en graines de vers à soie, fraternisent avec le peuple; et nos cités sont maintenant fréquentées par les Japonais, comme nos magasins sont pourvus de leurs marchandises. Déjà à Yokohama et à Yeddo on voit des casernes à l'européenne, des soldats à la française, une marine à l'anglaise, des bâtiments cuirassés; on fait des travaux de desséchement, on construit des égouts, on établit des télégraphes, des chemins de fer, on s'éclaire au gaz.

En 1871, le ministre Svakura, en compagnie de trois membres du conseil suprême, visita l'Europe et l'Italie; et, après trois ans de voyage rentra dans sa patrie en passant par l'Amérique. On imprime maintenant à Tokio la relation de ce voyage, et il est curieux de voir comment nos usages et notre *barbarie* sont jugés par ces *barbares*.

Le monde a subi, dans ces trente dernières années, des transformations si rapides, qu'on assiste presque avec indifférence, ou du moins sans en comprendre l'importance, à des évènements destinés à influer extrêmement sur l'avenir, comme les métamorphoses de la Chine et du Japon.

La Cochinchine forme un royaume de 20 millions d'habitants; le sol est très fertile. On y trouve la grande ville de Saïgon. Les Français y possédaient, jusqu'au dernier siècle, la baie de Tourane; le christianisme y prospérait; mais les derniers empereurs, et surtout Tu-Duc, publièrent des lois cruelles contre les chrétiens qu'ils livrèrent en grand nombre à de barbares supplices. Pour le punir, une expédition française, appuyée par l'Espagne et par une insurrection des chrétiens, conquit rapidement le pays; et Tu-Duc fut obligé, par le traité de Saïgon, de céder à la France les trois provinces de Saïgon, de Bien-hoa et de My-tho, l'île de Pulu-Candor, avec un million et demi d'habitants; en 1867, trois autres provinces furent cédées. Vers 1873, le Tonquin se rendit indépendant: il était aidé par un Français qui fournissait des armes. La France introduisit la civilisation dans ce pays, avec le secours des missionnaires et des sœurs de charité; elle substitua notre alphabet européen aux caractères chinois: on fonda à Saïgon un collège de lettrés.

La Cochinchine.

L'amiral français Duprez conclut avec le roi d'Annam un traité fort avantageux : des colonies s'établirent qui préparèrent le terrain, d'ailleurs très fertile, à différentes cultures, outre celle du riz, qui est la principale.

La Corée. — La Corée, grande comme la moitié de la France et peuplée de 12,000 d'habitants, nous est encore fermée comme l'était naguère la Chine ; et l'exclusion des étrangers y est une religion. Les missionnaires y pénètrent, mais on les égorge.

Explorations en Asie. — Sans parler de Layard et de Botta, qui ont fait des recherches en Assyrie, l'Asie centrale a été explorée par le capitaine Mouravieff, un des plus hardis voyageurs, par Fellows (1799-1861), et par le Hongrois Hermann Vambery. Celui-ci, vêtu en derviche et distribuant à tout venant des bénédictions et des maximes, pénétra dans les contrées presque inconnues de Khiva, de Boukhara, de Samarcande, où les anciens n'étaient point parvenus, et, comme linguiste et naturaliste, les fit connaître à l'Europe et surtout à la Russie. Le capitaine Woodtorpe explora les montagnes de Mishmi au nord-est de l'Inde : le lieutenant Harmann suivit le fleuve Subansiri en cherchant à reconnaître si le Brahmapoutre et le Saupu, grands fleuves du Thibet, sont un même cours d'eau. D'autres voyages furent entrepris : par Gill, à la frontière orientale de la Perse ; par Anna Blount à Bagdad et dans le désert. Les Russes Prschewalsky et Pylzow commencèrent, en 1870, un voyage de Kiusta à Pékin, par la Sibérie, la Mongolie et le Thibet.

Les pacifiques bouddhistes occupent le Thibet. Boukhara, l'ancienne métropole des Samanides ; Balk, la patrie de Zoroastre ; Samarcande, autrefois résidence de Tamerlan, et entretiennent un commerce actif avec les peuples voisins.

Le plus récent recueil de documents sur l'Inde, publié par le célèbre orientaliste Monier Williams, professeur à Oxford (*Modern India*; Londres, 1879)[1], montre comment les Anglais s'efforcent d'abolir les coutumes cruelles de la crémation des veuves, des sacrifices humains offerts aux divinités, du meurtre des enfants, et l'usage de se précipiter pour se faire écraser sous les roues des chars qui portent les dieux, etc... : et cependant ces coutumes se maintiennent partout où elles peuvent. Ce panthéisme, à propos duquel quelques-uns de nos Européens vantent la supériorité du brahmanisme sur le christianisme parce qu'il ressemble au panthéisme scientifique de la philosophie moderne, est regardé par Monier comme la principale cause de ce retard dans la civilisation : [grâce à lui, en effet, on perd le sentiment de la personnalité, on ne cherche plus qu'à se confondre avec le Grand Tout, au moyen d'une contemplation extatique et, plus souvent, par la destruction du corps. De là, nul respect pour sa propre vie ou pour la vie d'autrui. La suprême constitution des castes rend obligatoires des mariages consanguins; ces mariages sont précoces parce qu'il importe avant tout de s'assurer une postérité pour gagner la vie céleste; les femmes vivent absolument séparées, en sorte que l'intérieur des demeures et la vie domestique restent des choses entièrement inconnues.

Si tous les pays doivent devenir les manufacteurs de leurs propres produits, que deviendra la vieille Europe en face de l'Inde, de l'Amérique, de la Chine?

L'immense espace compris entre la mer Caspienne et les frontières de la Chine, entre les steppes de la Sibérie méridionale et la Perse et l'Afghanistan, est convoité et étudié par les Russes et les Anglais. *Les Russes et les Anglais en Asie.*

Les Russes doivent toujours maintenir des garnisons sur leurs frontières pour se défendre contre des populations féroces, et surtout contre les Turcomans; pour plus de sûreté, ils s'annexent ces pays et s'avancent ainsi, d'un côté, vers la Chine, en occupant le fleuve Amour qui y coule en venant de la Tartarie; de l'autre, vers l'Inde qui n'a plus d'autre défense que les montagnes de l'Afghanistan et la redoutable forteresse de Hérat. Déjà, peu à peu, la Russie s'est établie dans les vallées du bas Syr-Daria (Iaxartes), dans les steppes des Kirghis, puis à Khiva, à Khokand, et jusque sur les frontières de l'Afghanistan qui, par sa position entre l'Inde et la Perse, est un champ de bataille pour tous les conquérants. Après 1868, elle eut des démêlés avec le khanat de Boukhara, et gagna, à l'embouchure du Djihoun (Oxus), Samarcande, une des cités saintes de l'islamisme, et qui, à l'époque de Tamerlan, était le foyer de la civilisation orientale. Déjà des bateaux à vapeur sillonnent le Syr-Daria. Il y a de nombreuses immigrations de Russes, qui apportent l'ordre, la tranquillité, qui établissent des forteresses et mettent Moscou en communication avec Orenbourg et Tashkent sur les frontières du Boukhara.

L'émir Yacub-Khan, aventurier des plus audacieux, se fiant aux Russes, qui avaient tant de motifs de le soutenir, se commit avec les Anglais ; mais, se voyant abandonné et dans la crainte de perdre son royaume, il accepta des conditions qui le rendaient vassal de l'Angleterre. Celle-ci, par la paix de 1879, acquit une frontière *scientifique* au nord-ouest.

Il lui est facile de s'y défendre, et, de là, elle surveille l'Afghanistan, et peut au besoin marcher sur Caboul et Candahar sans être obligée de s'ouvrir par la force les défilés des Kheybers, du Peiwar, du Kojak. En 1841, dans une terrible expédition, les Anglais avaient contraint Dos Mohammed, émir de Caboul, à recevoir une ambassade envoyée par eux, qui surveillerait l'Afghanistan. A peine celle-ci fut-elle installée, que, dans une redoutable insurrection, tous ses membres furent égorgés. L'armée anglaise, renforcée par de nouveaux secours, en tira une cruelle vengeance, par des incendies et des pillages, mais sans rien y gagner que la haine des Afghans.

De ce côté aussi, il en arriva autant. La limite *scientifique* ne fut pas plutôt fixée d'accord avec la Russie, qu'une mission est envoyée à Caboul sous la direction de Cavagnari, qui avait tant travaillé pour la paix ; elle est reçue avec magnificence, et, deux jours après, les soixante-dix personnes dont elle était composée sont mises à mort. De là, encore une fois, la malheureuse nécessité de se venger, peut-être de s'annexer l'Afghanistan, et d'opposer ainsi une barrière contre la Perse, l'avant-garde de la Russie, qui, sous prétexte de dompter les cruels Turcomans, s'avance de plus en plus vers l'Inde.

Les Anglais dans l'Inde. L'Inde, où 240 millions d'hommes obéissent à l'Angleterre, qui fait de ces contrées le centre et le but de sa politique pour ses immenses marchés, est souvent ravagée par des animaux féroces (1), par des fleuves dévastateurs, par le choléra, par de sanglantes insurrections. L'esclavage y persiste encore, ainsi que la séparation absolue des castes et l'abrutissement des basses classes, quoique les missionnaires cherchent à les admettre dans les églises, à la prière commune, à la table sainte.

Les immenses richesses de certains négociants de Londres

(1) En 1877, on détruisit 22,851 bêtes sauvages et 127,295 serpents : ces derniers avaient donné la mort à 16,777 personnes; les tigres, les lions et d'autres carnivores en avaient tué environ 3,000.

proviennent des mines, des épices, du coton de l'Inde. La fameuse compagnie des Indes avait été, en 1833, soumise au gouvernement, qui payait le 10 p. % du capital social, et devait entretenir là une grosse armée; mais comme cette armée devait se recruter parmi les indigènes, leurs superstitions en étaient atteintes. Prenant son appui sur ce motif, une vaste conspiration, qui éclata en 1857, s'empara même de Delhi : d'horribles scènes de carnage firent regarder comme perdu cet empire, dont Nana Sahib s'établit le chef. Mais la valeur et la constance rendirent la supériorité aux Anglais ; on sentit le besoin de concentrer le gouvernement : on le fit passer à la couronne, on supprima la compagnie des Indes, comme nous l'avons déjà dit, et la reine Victoria reçut le titre d'impératrice de l'Indostan. Tandis que cet empire prenait une extension de plus en plus grande, son système politique ne se développait pas autant, les princes ne s'y organisèrent point en confédération et ne surent pas combiner leurs intérêts avec ceux de la Grande-Bretagne (1).

En 1878, l'Inde donna un *déficit* de trois millions de livres sterling. Elle a besoin de routes pour faciliter l'exportation de ses produits. A Singapour, ville destinée à devenir le premier marché de l'Orient pourvu qu'un bon gouvernement l'y aide, outre la nombreuse et toujours croissante colonie de négociants anglo-saxons, le gros de la population est formé de Chinois qui y affluent constamment. En général, les produits de l'archipel Malais et des Philippines, exigeant de l'art et du travail, viennent des Chinois : sans les Chinois, ni les archipels, ni le royaume de Siam et la Cochinchine ne pourraient exporter autant de sucre, ils n'expédieraient pas 80,000 barils d'étain par an. A la paresse de la population indigène viennent donc remédier les deux races les plus entreprenantes et les plus industrieuses du monde. Lorsque, dans la Chine, se sera ouvert un vaste champ pour les entreprises européennes; lorsque le commerce avec Siam, qui déjà progresse rapidement, se sera complètement développé ; lorsque les denrées de Bornéo trouveront leurs principaux débouchés sur les marchés anglais; lorsque la péninsule malaise pourra

---

(1) La Couronne britannique possède 800,342 milles carrés de territoire et 191 millions d'habitants; dans ses possessions médiates, il y a 49 millions d'habitants sur une surface de 575,265 milles carrés.

En y comprenant les possessions françaises et les portugaises, l'Inde a une superficie de 1,475,870 milles carrés et 241 millions d'habitants.

fournir tous ses précieux produits ; lorsqu'on aura établi les 8,000 kilomètres de chemins de fer partagés en huit réseaux ; alors le commerce de l'Orient sera décuplé ; alors on verra l'extrême importance de Singapour.

Les indigènes apprécient suffisamment les avantages de la domination anglaise, et d'un système de gouvernement plus apte au progrès ; mais si la guerre s'agitait aux frontières, l'armée indigène pourrait se révolter, surtout depuis que les cipayes se sont aperçus que l'Angleterre n'est plus l'arbitre de l'Europe. L'Asiatique a toujours pris le parti du plus fort.

L'attention s'est portée avec une sagacité toujours plus grande sur la littérature indienne qui, depuis quarante siècles, conserve un caractère original ; du reste, dans ce pays, tout a un caractère particulier : les mœurs, les croyances, la pitié pour les hommes et pour les animaux, la philosophie spéculative et la philosophie pratique.

Dia Nand Sarawati a commencé, en 1875, à prêcher dans Bombay une réforme du brahmanisme ; il parcourt lui-même le pays pour propager sa doctrine, et il compte déjà, dit-on, deux millions d'adeptes sous le nom de Société aryenne (*Aria Samai*). Il est monothéiste ; pour lui, les autres dieux ne sont que de simples représentations des attributs divins. Il admet, comme autorités absolues, les quatre Védas et leurs rites ; il rejette les adorations, les prières, les sacrifices introduits par les bouddhistes ; son but est « de relever la condition temporelle et spirituelle du peuple, et de travailler au bien de l'humanité (1).

La Perse. La Perse, point de jonction de Semites, de Touraniens et d'Aryans, compte à peine 5 millions d'habitants, et 2 millions peut-être ont péri dans la famine de 1873. La plupart sont musulmans schyites, mais beaucoup suivent la doctrine des Babis, introduite en 1840 par Ali-Mohammed : elle enseigne la métempsycose, l'émancipation de la femme, qui peut même se séparer de son mari si elle en trouve un autre qui lui plaise ; elle prescrit l'abstinence du vin, du tabac, de l'opium. Le shah Nasser-Eddin (2) a visité l'Europe ; il tend

---

(1) Sur ce sujet de la religion des Indes, il faut signaler les études de Max Müller (*Origine et développement de la religion*, Paris, 1879). L'auteur y soutient que le fétichisme est né après le sentiment religieux.

(2) Le mot *shah*, qui équivaut aux mots *prince* ou *roi*, se trouve déjà sur l'obélisque de Louqsor, seize siècles av. J.-C., et dans des inscriptions

à établir des réformes et à entretenir des relations avec les Européens ; mais, comme toujours, le pays est disputé entre les Perses et les Turcomans (*Farsis*, *Turkis*) ; les Russes en ambitionnant quelque lambeau, aussi bien que les Anglais. Tout cela cependant changera quand un chemin de fer unira l'Europe à la Chine et aux Indes.

Dans l'Asie, la population est pour la plus grande partie composée d'indigènes ; il y a des musulmans, des sectateurs de Brahma, de Bouddha, des Schamanes ; mais il ne s'y trouve pas un État chrétien.

Les grands problèmes de la nature et de la société de la Polynésie et de l'Océanie s'étudient et vont en s'éclaircissant, grâce aux voyages de Warburton, de Ross, de Hassenlein, de Meissel, de Lewis, de Kramer, de Walder, et surtout de Forster. La colonie de Victoria qui, en 1836, avait 177 habitants, en comptait 177,341 en 1851, et 540,522 en 1865. On y avait dépensé, pour la construction de ports et de routes, 135 millions ; l'importation s'y élevait à 380 millions. Il y a des imprimeries. On pouvait voir à l'Exposition de Paris une pyramide à base carrée de 3^m50 de côté, et d'une hauteur de 19^m34 ; cette pyramide représente l'or retiré des mines de cette colonie jusqu'en 1862 ; le poids serait de 11,000 tonnes, la valeur de 35 milliards 750 millions de francs. La phthisie pulmonaire exerce de douloureux ravages dans ce pays.

En Océanie, les Français possèdent la Nouvelle-Calédonie avec 600,000 habitants.

On projette un chemin de fer à travers l'Australie, qui passait par les déserts de l'intérieur, où les abîmes alternent avec des chaînes de montagnes élevées ; de Melbourne et de Sydney, on arriverait à la côte nord-ouest par un parcours de 2,000 milles.

---

de Persépolis ; sa racine signifie force, grandeur, splendeur. *Nasser-eddin* veut dire *défenseur de la foi*.

CHAPITRE XIV.

LES ÉTATS-UNIS D'AMÉRIQUE.

Progrès et développement des États-Unis. Pendant que le colon du Sud se reposait dans la terre de l'or et de l'abondance, le colon du Nord, dans des contrées difficiles, sauvages, marécageuses, au milieu des nécessités et des souffrances, acquérait l'industrie, l'union, la constance, et, par suite, la liberté ; il ne connaît la difficulté que pour en triompher.

La petite république fondée en 1610 par les émigrés anglais sur un sol de 420,000 milles carrés de superficie, et qui, lorsque l'indépendance fut proclamée le 4 juillet 1776, ne comprenait que 13 États, tous d'origine britannique, fit en un siècle plus de conquêtes que n'en purent faire les czars depuis qu'ils règnent. Maintenant, avec la Louisiane acquise de la France en 1803 ; l'État d'Indiana, réuni en 1817 ; l'Illinois, en 1818 ; le Missouri et l'Alabama, en 1820 ; la Floride, achetée à l'Espagne en 1819 et constituée en État en 1845 ; le Texas, enlevé au Mexique en 1845, l'Iowa, le Wisconsin, et la Californie, le nombre des États s'est élevé à 39, sur une superficie de 5 millions de kilomètres carrés, avec 30 millions d'habitants, sans compter ceux des territoires (1). En quatre-vingts ans la population s'est décuplée ; celle de New-York est devenue trente fois plus grande ; plus de sept millions d'immigrants se sont fixés aux États-Unis (2), et l'on a offert 64 hectares des meilleures terres à quiconque voulait s'y établir, sans distinction de pays, de croyance, d'opinions. Les vaisseaux marchands, qui jaugeaient à peine 565,000 ton-

---

(1) Un État doit compter au moins 50,000 habitants d'origine européenne ; sinon, il garde le nom de *territoire,* et ne jouit pas des avantages de la Constitution.

(2) Ce n'est qu'en 1820 qu'on a commencé, aux États-Unis, à enregistrer les immigrants ; si d'abord il n'y en avait que 6,000 par an, on en compta 22,633 en 1831, et 60,482 l'année suivante. Ce nombre varia suivant les vicissitudes de l'Europe ; en 1850, il s'éleva à 37,000. Depuis 1870, l'émigration s'est augmentée ; en 1872, elle atteignit le chiffre de 449,433. La plus grande partie des nouveaux arrivés vient de l'Allemagne, de la Grande-Bretagne, de la Suède, de la France. Les Italiens préfèrent l'Amérique méridionale, où l'immigration est encore plus considérable.

nes en 1861, en jaugent maintenant 4 millions et demi ; les importations se sont élevées de 157 millions de francs à 1 milliard 811 millions ; les exportations ont passé de 104 millions à plus de 2 milliards 250 millions. Même, en 1878, on a exporté pour 770 millions de dollars : les seuls produits agricoles ont donné 403 millions ; le coton y entre pour 185 millions et le tabac pour 29 millions. Les terres, à l'occident des contrées qui bordent l'Atlantique, étaient encore incultes en 1792 ; aujourd'hui on y compte un million et demi de fermes dont chacune comprend en moyenne 200 acres et qui ont une valeur totale de plus de 3 milliards 7 millions de francs. Les manufactures, qui comptaient à peine il y a un siècle, produisent maintenant plus d'un milliard. La poste autrefois desservait 9,000 kilomètres ; aujourd'hui elle en dessert 250,000, dont 40,000 par des chemins de fer facilement établis sur des terres vierges où abondent les bois et le fer. L'Europe reçoit des États-Unis une immense quantité de produits alimentaires (1).

Le programme de Monroë, que l'Amérique appartient aux seuls Américains, s'est étendu aux deux continents ; et tandis qu'il y a cent ans, toute l'Amérique était en colonies, aujourd'hui elle est entièrement indépendante de l'Europe ; il faut excepter le Canada qui dépend des Anglais ; la Guyane, partagée entre les Anglais, les Français et les Hollandais ; et quelque reste de ces provinces espagnoles qui, jadis, avec une largeur de 72 degrés de latitude et sur une longueur égale à celle de l'Afrique, avaient une superficie double de celle des États-Unis, et plus grande même que celle de l'empire britannique dans les Indes.

Le développement a été merveilleux surtout dans les pays de l'Ouest, appelés Nouvelle Amérique. La Californie avait à peine 25,000 habitants en 1831 ; elle en a maintenant 600,000 de toute espèce. Quand on eut découvert, sur une étendue de 500 milles, le long de la Sierra Nevada, des gisements aurifères qui, de 1848 à 1875, ont donné 7 milliards 850 millions d'or ou d'argent, si bien que la proportion du numéraire en Europe fut modifiée ; alors, dis-je, des milliers d'émigrants se précipitèrent, poussés par l'avidité du gain. Ils changèrent d'avis devant la cherté des vivres, et s'adonnèrent à

La Californie.

---

(1) En 1877-78, les États-Unis ont expédié en Europe 53 millions d'hectolitres de grains et de farines ; 30 autres millions nous sont venus de la mer Noire.

l'agriculture : les profits furent si considérables que l'exportation des grains devint l'exportation la plus lucrative de San Francisco. Cette ville est la capitale du pays : elle a un grand nombre d'églises, une foule de journaux, 80,000 maisons ; de là part le grand chemin de fer qui, par un parcours de 3,616 kilomètres, réunit les deux Océans et fut achevé en dix ans malgré les préoccupations de la guerre civile : la première année, il a rendu 70 millions (1). Avant l'établissement de cette ligne, l'Orégon et la Californie restaient isolés, et l'on appelait le *grand désert* cet immense espace qui maintenant est peuplé et cultivé, et où s'élèvent comme par enchantement de merveilleuses cités ; entre autres, celle de Chicago vers laquelle les colons ne se sont dirigés qu'en 1833. Le nombre de ses habitants s'est bientôt élevé de 4,700 à 320,000 ; elle possède cinquante églises et l'Université la plus renommée de l'Ouest ; le commerce de blés qui s'y fait est incalculable (en 1870, on en a exporté 70 millions de sacs) ; il faut en dire autant du commerce de porc salé (2). Chicago

(1) Le dernier clou employé à la ligne du chemin de fer entre New-York et San Francisco était fait en or de la Californie ; il pesait dix-huit onces et valait 3,750 francs ; on l'enfonça avec un marteau d'argent du poids de cinq livres ; il porte ces mots gravés : « Dernier clou de la voie ferrée commencée le 18 janvier 1863, terminée en mai 1869. Que Dieu conserve l'union de notre pays ! Ce chemin de fer unit les deux grands Océans du monde. » Vingt mille Chinois travaillèrent à sa construction. Des mouvements, qui se sont produits dans les terrains des bords du Colorado, ont mis à découvert de belles ruines d'édifices, de canaux, d'un vaste château et des ustensiles de formes curieuses, restes d'une population très ancienne.

(2) La ville de Cincinnati est aussi renommée pour le commerce des salaisons. La maison Banner a des machines par lesquelles un porc, pesant cinq ou six cents livres, est tué, flambé, raclé, préparé, découpé, salé et mis en baril en vingt minutes ; ces machines fonctionnent dix heures par jour pendant quatre mois. En 1875 on a exporté pour six millions de livres sterling de viande de porc ; pour dix millions, en 1878. Tandis que le terrain livré à la production des blés est de trois millions d'acres en Angleterre, il est de trente millions aux États-Unis, en y comprenant l'addition de quatre millions d'acres, faite en 1875 ; mais le bénéfice est sensiblement moindre qu'en Angleterre. En un an, les blés donnent 73 millions de livres sterling ; le blé de Turquie, 96 ; les patates, 15 ; l'avoine, 24 ; le beurre et le fromage, 63 ; le lait, 30 ; le foin et la paille, 25.

En 1860, les États du Nord-Ouest ont envoyé en Angleterre 2,507,044 mesures de blé, 1,723,334 mesures de blé de Turquie, 3,704,865 mesures de farine, pour une valeur de 316 millions de livres. Ces produits ne valaient à Chicago que le tiers de ce prix. On a donc projeté un canal entre

a 10,000 mariniers sur le Michigan, et est tête de ligne pour 3,000 kilomètres de chemins de fer. Le 8 octobre 1870, la ville fut détruite par un incendie; elle fut bientôt rebâtie.

Plus de 20 millions d'hectares de terres domaniales sont affectés, dans les États-Unis, à l'établissement et à l'entretien de l'instruction élémentaire, rendue accessible à tout le monde (1). Les écoles, les académies, les Universités y sont très multipliées; les journaux, qui ne sont soumis ni à une taxe ni à une caution, sont plus nombreux que dans tout le reste du monde à la fois. Des négociants immensément riches mettent des millions de dollars au service des écoles, des musées. Qu'il suffise de mentionner Joseph Peabody, qui a donné la somme nécessaire pour l'expédition polaire à la recherche de Franklin, sept millions à Londres pour la construction de cités ouvrières, et 500,000 dollars pour l'Université Harvard. Smithson a établi l'institution qui expédie à toute l'Europe les publications importantes de l'Amérique et reçoit en échange les publications de l'Europe (2) : il règne dans cette Société plus d'activité que dans un ministère. Lennox (1879) a légué à la ville de New-York sa précieuse collection de livres, a donné quatre millions pour une bibliothèque construite en marbre, et lui a laissé un gros capital pour de nouvelles acquisitions. Les remarquables

Instruction, littérature et sciences.

---

le lac Huron et l'Ottawa : il coûterait quatre millions de livres sterling, et mettrait Chicago en communication directe avec Liverpool; les prix de transport seraient ainsi bien diminués.

(1) A New-York, les maîtres des classes élémentaires ont jusqu'à 7,000 francs de traitement; en beaucoup d'endroits, ils en ont 3,000. Dans le Massachusetts, toute bourgade de cinquante familles doit avoir une école. Le premier devoir des instituteurs, d'après la Constitution du Massachusetts, est d'inculquer à la jeunesse les principes de la piété et de la justice, l'amour de la patrie, la bienveillance, la chasteté, la modération, la tempérance; de lui donner une claire intelligence de ces vertus et des funestes conséquences des vices qui leur sont opposés.

La Constitution de l'Ohio déclare aussi que la religion, la moralité, la science sont les conditions essentielles d'un bon gouvernement; que, dès lors, l'Assemblée a le devoir de protéger les confessions religieuses dans le pacifique exercice de leurs fonctions.

(2) Jack Smithson, héritier des grandes richesses du duc de Northumberland dont il était le fils naturel, mourut à Gênes en 1824 et laissa sa fortune à son neveu, et, à son défaut, aux États-Unis. En 1861, ceux-ci en eurent une rente annuelle de 34,000 livres sterling, même après avoir construit un palais magnifique avec un parc. Entre autres applications qu'on fit de cet héritage, on l'employa à des publications, à des explorations, à des collections...

travaux d'Agassiz sur l'histoire naturelle n'auraient jamais pu être publiés par un simple particulier ; mais ils l'ont été par une société d'actionnaires, composée en grande partie de banquiers, de négociants, d'hommes d'État, et qui a souscrit pour 500,000 livres. A propos des travaux à faire pour percer l'isthme de Panama, les antiquaires, les géologues, les botanistes, les zoologues, les médecins, ceux qui s'occupent d'hydraulique, ont publié une quantité de volumes qui n'ont pas leurs pareils en Europe. Il faut dire la même chose des études et des travaux pour la gigantesque entreprise de régler le cours du Mississipi.

On a vendu, en une année, 40,000 exemplaires de la plus coûteuse édition de l'*Histoire du Mexique* par Prescott ; 16,000 exemplaires de la *Chimie animale* de Liebig. Si nous en croyons Carey, on débite annuellement 400,000 exemplaires des *Manuels de géographie* par Mitchell, des *Résumés d'histoire* par Abbot, et 330,000 du dictionnaire de Webster. La *Nouvelle Encyclopédie américaine annuelle*, dictionnaire populaire des connaissances générales, publiée sous la direction de Georges Ripley et de Charles A. Dana, éditée à New-York par Appleton, est le répertoire le plus complet et le plus exact des faits qui concernent non seulement l'Amérique, mais un très grand nombre de questions contemporaines.

C'est aux Américains qu'on doit la connaissance des courants atmosphériques et des courants marins (*Maury*), la merveilleuse machine à coudre (*Howe*), le meilleur système de télégraphie électro-magnétique (*Morson*).

Bien que les sciences positives soient principalement cultivées (*Morton, Pierce, Bowoïtsh, les deux Agassiz*), les belles-lettres ne manquent pas de fidèles. Au milieu des épreuves de la guerre de l'indépendance, de bons poètes parurent : on répétait partout les chansons et les ballades politiques de Philippe Freneau ; John Trumbell, dans un poème satirique intitulé *Mac Fingal* (1782) et composé à la façon d'*Hudibras*, flagellait les torys. La *Vision de Colomb*, par G. Barlow, qui a composé aussi des satires ; la *Conquête de Chanaan*, par Timothy Dwight ; l'*Yamoyden* de Sands et de Castburn ; la *Dernière Nuit de Pompéi* par Fairfield, doivent compter parmi les bonnes épopées, ainsi que le roman de Mme Seba Smith *l'Enfant innocent*, et le *Mogg Megone* où Greenlaaf Whittier célèbre un chef indien en 1677. Maria Brooks, par son *Zophiel*, s'est signalée dans l'épopée romantique ; dans la ballade, citons Dana et son *Buccaneer*. Dans la satire, outre le *Hasty Pudding* de Barlow, on trouve les œuvres de Fitz-Greene Halleck, de l'humoriste Olivier W. Holmes, et de James Russell Lowell. Dans le genre didactique, on remarque Dwight (*Greenfield Hill*, 1794), Allston, John Pierpont, Charles Sprague. En Europe même, on admira les œuvres lyriques de William Cullen Bryant, d'Allan Poë, de Longfellow poète plein d'imagination dont on vante l'idylle intitulée *Évangéline*. Personne ne se serait attendu à trouver, dans un pays si positif, autant de poètes qu'on en peut voir dans le Recueil publié à Philadelphie, de 1840 à 1854, par Griswald qui y a joint un grand nombre de renseignements biographiques. Le puritanisme fait la guerre au théâtre, où d'ordinaire on ne joue que des drames anglais; cependant John Howard, un acteur fameux, a composé *Junius Brutus* et d'autres drames faciles qu'on a applaudis.

Le roman est encore plus cultivé depuis que Brockden Brown a ouvert la voie de ce côté par son *Wieland* et son *Edgar Huntley;* toute l'Europe a lu Irving, Cooper, Sealsfield, Bird, qui ont dépeint la vie et le caractère des Américains; Haliburton esquisse avec charme le *cockney* d'au delà de l'Océan, le *Yankee;* Dana et Hoffmann ont préféré le genre fantastique, Melville et Starbuck Mayo ont entremêlé la fiction et l'histoire dans des cadres ethnographiques. Nathanael Hawthorne fait preuve de beaucoup d'humour (*House of the seven gables*, — *The scarlet letter*, — *Blithedale Romance*); Azel S. Roe peint très bien la vie américaine. L'*Allumeur de réverbères*, de miss Cummings, décrit la puissante influence de l'éducation. Je passe beaucoup d'autres auteurs sous silence.

Il est un genre de littérature particulier aux États-Unis, je veux dire les œuvres de polémique ou d'imagination écrites contre l'esclavage. Channing, Emerson, Longfellow, s'y sont distingués chacun à sa manière. Avec la *Case de l'oncle Tom*, Henriette Beecker Stowe a eu un immense succès; depuis, par son *Dred the minister's wooing*, elle a abordé les questions religieuses, à l'exemple d'Élisabeth Wetherell Warner; toutes deux ont été imitées par Hildreth et Gibstone, et par une femme poète qui garde l'anonyme (*Fanny Kemble?*) Celle-ci avait perdu un fils en Italie; pendant la guerre civile, elle en vit périr un autre, et bientôt leur père suivit ses deux enfants dans la tombe; elle publia les *Souvenirs d'un homme obscur*, la *Tragédie de la tromperie*, la *Tragédie de l'aventure*.

Poésie et prose concouraient à faire ressortir le mérite des nègres et les maux de l'esclavage.

La critique paraît d'habitude chez les peuples déjà en décadence ; nous citerons cependant, aux États-Unis, la Vie du Tasse et de Dante par Richard Wilde ; la *Littérature espagnole* de Ticknor, les *Lectures* sur Shakespeare par Hudson, les *Idées des poètes* de Tuckermann, les audacieux Essais d'Emerson. Les articles de ce dernier, ceux des deux Everett, de Channing, de Willis, de Brownson, ne le cèdent point aux articles des meilleures revues anglaises.

Wheaton, Georges Bankroft, Jared Sparks, prennent place avec Prescott parmi les illustres historiens ; il faut y ajouter Irving pour son histoire de la *Découverte de l'Amérique* et son *Histoire d'Espagne,* Allen avec l'histoire de la révolution américaine, Mershall avec la Vie de Washington, Hildreth pour l'*Histoire des États-Unis,* Motley pour celle de la Hollande, Harris avec ses recherches sur Christophe Colomb, Perkins Marsh avec son histoire de la civilisation générale.

Parmi les géographes du continent américain, nommons Clarke, Lewis, Flint, Gregg, Brackenridge, Schoolcraft, Fremont, Greenough, Barlett, Stanbury ; Charles Wilkes entreprit une expédition scientifique dans les régions antarctiques ; Jarves a décrit les îles Sandwich ; Stephens et Carey, l'Amérique centrale ; Herndon, l'intérieur de l'Afrique ; Lynck, la mer Morte ; Robinson, la Palestine ; Gallatin, Schoolcraft, Morton, Gliddon, se sont occupés d'études anthropologiques, spécialement sur les races indiennes. Magoon a imprimé en 1848 et en 1851 les orateurs de l'Amérique : parmi eux se signalent, dans l'éloquence parlementaire, J. Adams, Everett, Preston, Webster, Henry Clay ; dans l'éloquence ecclésiastique, Channing, qui est goûté même en Europe malgré la froideur qui résulte de ses croyances unitaires. Élias Burett prêche la paix perpétuelle ; Greeley a transporté dans ses discours les théories des socialistes français. — Dans les sciences politiques, on trouve au premier rang Tom Jefferson, Albert Gallatin, Henry Everett. — Carey est parmi les économistes classiques. — Le code de Liwingston pour la Louisiane a introduit le système pénitentiaire et aboli la peine de mort. — Dans la théologie, il y a eu les audacieux essais de Dwight (*System of Divinity*, 1853) dans le sens des idées calvinistes ; d'Eward, dans sa *Vie du Christ;* de Stuard, dans ses *Commentaires sur l'Ecclésiaste et sur l'épître aux Ro-*

mains; Robinson a ouvert le champ à ces discussions dans le *Christian Examiner*, pendant que dans l'*American Jurist* et le *Law Journal* de Hall on débat les questions de jurisprudence.

Les sciences naturelles sont vulgarisées par d'innombrables traités élémentaires; parmi tant de savants qui s'y appliquent, nommons le météorologue Maury, les géologues Dale, Owen et Maclure Eaton, les botanistes Bigelow, Nuttal, Asa Gray, l'ornithologue Wilson. Dans les mathématiques et l'astronomie se sont distingués Bowditch, Maury dont nous venons de parler, Walker et Olmsted; Ferguson a découvert des planètes; on continue les recherches à Cambridge où se trouve l'observatoire le plus remarquable pour ses découvertes et ses vérifications.

L'annexion de nouveaux États ne change point les lois, la juridiction, le culte, l'administration de chacun d'entre eux; elle ajoute seulement quelques membres au sénat et au parlement. Le gouvernement ne coûte pas cher : le président n'a que 25,000 dollars, le vice-président 5,000 ; aucun embarras des douanes n'entrave la libre circulation et l'exportation de marchandises; des forêts plusieurs fois séculaires donnent les bois pour la marine et pour les chemins de fer; les salaires sont élevés, le paupérisme est inconnu.

La constitution donne des garanties efficaces à l'autorité permanente du peuple, en équilibrant soigneusement les trois pouvoirs : bien qu'il y ait des chocs, cependant cette omnipotence des parlements, qu'un faux libéralisme a établie en Europe, reste toujours limitée. Le président a le droit de veto, ce qui vaut mieux que la dissolution de la Chambre. Ce n'est qu'après les cruels conflits de la guerre de sécession qu'on vit, pour la première fois, mettre en accusation le président Johnson, qui avait rejeté le ministère de la guerre : il fut renvoyé absous. Pour maintenir l'ordre et la sécurité dans cet immense pays, il suffit d'une armée fédérale, forte à peine comme la garnison d'une de nos villes.

Les rivalités entre les républicains fédéralistes, opposés à l'esclavage et aux conquêtes, et les radicaux démocrates, servent à entretenir la politique en haleine et à la bien équilibrer; les constitutionnels, qui jusqu'en 1860 avaient la majorité, respectent la tradition, favorisent le libre échange, évitent une excessive centralisation, et savent tempérer ce que la nature même du pays et des immigrations a mis de trop exubérant dans les forces morales et physiques.

Religion.

Dans le gouvernement, aussi bien que dans les familles, on rencontre le sentiment religieux : on demande des jeûnes ou des actions de grâces selon que les évènements sont malheureux ou favorables. Les fidèles de n'importe quelle religion peuvent élever des temples, des synagogues, des pagodes, des églises, sans que le gouvernement ait à s'en mêler. En conséquence, on voit les sectes se développer par centaines. Le catholicisme est en progrès ; il construit de nouvelles églises, il établit de nouveaux diocèses : tandis qu'en 1774 il y avait un seul prêtre, on compte aujourd'hui 45 évêques, 2,108 ecclésiastiques, 2,334 églises. Les ministres protestants parlent avec effroi de cette extension des couvents, des universités, des asiles, des hôpitaux, des orphelinats, des instituts, des maisons de refuge et de repentir, des écoles paroissiales et de celles de sourds-muets. On a achevé (1879) à New-York la cathédrale gothique de Saint-Patrice, tout en marbre comme le dôme de Milan ; elle a 101 mètres de longueur, 53 de largeur ; les tours ont 101 mètres de haut ; il y a 103 fenêtres avec des vitraux peints. Elle a coûté 23 millions : c'est la première église qui puisse rivaliser avec les magnifiques cathédrales de l'Amérique méridionale.

Les Mormons méritent une mention spéciale. Entre la vallée du Mississipi et l'Océan Pacifique, ils ont établi non seulement des dogmes d'une grossière conception, mais une réforme sociale, avec la communauté des biens et la polygamie, afin d'accroître le nombre des hommes prédestinés à posséder la terre. Malgré la tolérance religieuse des États-Unis, il a fallu les proscrire à cause de leurs désordres. De là, une guerre civile : Smith, leur chef, qui périt dans l'Illinois, fut vénéré comme un martyr ; ses partisans, établis dans l'Utah, résistèrent, mais ils furent soumis par une armée de volontaires. Aujourd'hui encore les États-Unis s'opposent à l'immigration des personnes affiliées à des sectes sociales ou politiques, qui seraient fondées sur la violation flagrante de quelqu'une des lois du pays.

Question de l'esclavage et guerre de sécession.

La question de l'esclavage troublait toute cette prospérité. Sur cette question, la constitution primitive avait gardé le silence : on fit cependant une concession imprudente, c'est-à-dire que, dans l'évaluation du chiffre de la population d'après lequel les États devaient nommer un représentant au Congrès, on fit entrer les esclaves pour les trois cinquièmes de leur nombre total. En conséquence, les États à esclaves avaient en définitive trente représentants de plus que n'en avaient les citoyens libres des États du Nord. Comment les règles de la souveraineté populaire pouvaient-elles s'accorder avec cette différence entre les possesseurs d'esclaves et les propriétaires de biens d'une autre nature? Puisque cinq nègres conféraient à un État une prérogative égale à celle que lui donnaient trois blancs, les propriétaires s'appliquèrent à augmenter le nombre des esclaves, et regardaient comme un attentat politique toute tentative faite pour discréditer un genre de propriété aussi avantageux.

Ainsi quelques États, où le travail servile passait pour dégrader le citoyen, avaient à eux seuls à peu près la moitié de la représentation politique du pays : en face d'eux, ils avaient d'autres États, avec une population deux fois plus grande, où presque tout individu a le droit de suffrage et jouit de l'égalité politique; où un travail honnête n'est point regardé comme déshonorant et ne ferme l'accès ni aux emplois ni aux dignités.

Les Nègres qui, en 1790, étaient au nombre de 700,000, avaient atteint en 1860 le chiffre de quatre millions et demi, répartis entre les dix-neuf États du Sud : on calcule que 40 millions d'hommes ont été transportés de l'Afrique. Il est inutile de décrire l'immoralité et la cruauté de l'esclavage, dans les pays où il est sanctionné par des lois comme n'en eurent point les païens eux-mêmes; il est interdit d'émanciper les esclaves, de les instruire, de légaliser leurs mariages; il est défendu même d'écrire en leur faveur, tellement on les croyait nécessaires à la culture du sucre, du riz et surtout du coton dont l'exportation s'est élevée, en 71 ans, de 70 balles à 4,600,000. De nouveaux États à esclaves s'ajoutèrent donc aux premiers pour arriver à avoir la majorité dans les Assemblées; on proposa même d'acheter l'île de Cuba, ou de s'en emparer; on favorisa des bandes de flibustiers qui tentèrent l'entreprise, et Walker se fit l'émule de Garibaldi; la traite des Nègres devint plus active; on employa la force pour empêcher la population du Kansas d'exclure l'esclavage de son territoire; il y avait même une littérature, une philosophie, une théologie, une physiologie, pour patronner l'esclavage. Les États du Sud veillaient avec un soin jaloux à ce que leur force politique ne diminuât pas par l'accroissement des États du Nord; ceux-ci, de leur côté, s'efforçaient d'empêcher qu'on n'étendît à de nouveaux États les privilèges constitutionnels ; aussi chaque fois qu'un pays à esclaves demandait à être admis dans l'Union, un État libre faisait la même demande pour un autre pays sans esclaves ; l'annexion du Kentucky fut compensée par celle du Vermont ; à l'annexion du Tennessee, on opposa celle de l'Ohio ; l'adjonction de la Louisiane, du Mississipi et de l'Alabama fut équilibrée par celle de l'Indiana, de l'Illinois, du Maine.

L'annexion du Texas amena la guerre avec le Mexique et l'acquisition de la Californie et du Nouveau Mexique. A cette occasion, on proposa de nouveau de réduire la représentation des esclaves aux limites assignées par la Constitution, et, comme il arrive lorsqu'on veut établir un gouvernement sur deux principes incompatibles, il en résulta une guerre civile.

Quand des populations diverses se sont réunies pour former un seul État, est-il permis à un de ces États ou à une nation de se séparer à son gré ?

C'est là un des problèmes qui naissent des théories sur la nationalité. La doctrine qui répondait affirmativement rencontra peu de partisans, surtout parmi les membres du cabinet qui visait à abolir l'esclavage. S'ils s'étaient appliqués à développer dans les États du Sud un système de représentation basé sur l'évaluation de la propriété foncière, peu à peu le travail servile aurait langui et disparu, grâce aux discussions publiques, aux combinaisons politiques, aux démonstrations économiques. Mais l'on ne sut point attendre.

Dans la peur de quelque loi contraire, l'élection des présidents des nouveaux États, et, bien plus encore, l'élection du président de l'Union devenait une affaire capitale. Celle de ce président fut vivement disputée en 1855 ; et Lincoln (1), qui était favorable à l'émancipation, l'ayant emporté, la Caroline se sépara, conduite par Jefferson Davy, et fut imitée par d'autres États ; Brown, qui prêchait l'affranchissement des esclaves, fut pendu ; et Summer, le plus grand orateur et le plus fervent abolitioniste, reçut un coup de canne plom-

(1) Les présidents ont été : 1789, Washington, réélu ; 1797, Adams ; 1801, Jefferson réélu ; 1809, Madison, réélu ; 1817, Monroe, réélu ; 1825, Quincy Adams ; 1829, Jackson, réélu ; 1837, Van Buren ; 1841, Harrison ; à sa mort, il est remplacé par le vice-président Tyler ; 1845, Polk ; 1849, Taylor ; à sa mort, il est remplacé par Fillmore ; 1853, Pierce ; 1857, Buchanan ; 1861, Lincoln.

bée, pendant qu'il parlait dans le Sénat de Washington (1).

La Caroline vit se joindre à elle le Mississipi, la Floride, l'Alabama, la Géorgie, la Louisiane, le Texas; et, plus tard, le Tennessee et l'Arkansas : Davis fut le président de la nouvelle confédération. Les fédéralistes et les confédérés, au nombre de huit millions dont les esclaves formaient la moitié, se partageaient la Virginie, le Kentucky, le Delaware qui furent le théâtre de la guerre de sécession, une des guerres les plus désastreuses qui aient ensanglanté le monde. Pendant quatre ans on combattit avec furie; les deux capitales Washington et Richmond étaient peu éloignées l'une de l'autre. Il y eut sous les armes jusqu'à 850,000 hommes; et sur mer 437 vaisseaux, jaugeant 840,000 tonnes et portant 8,026 canons. Le 11 avril 1861 commença l'attaque du fort Sumter; l'armée du Sud l'emporta par sa discipline et ses excellents généraux; mais les fédéraux avaient la supériorité sur mer. En mars 1862 se livra la première bataille entre des navires cuirassés, le *Monitor*, le *Merrimac*, la *Virginie*. On ne saurait redire toutes les dévastations causées dans les villes et les campagnes : la culture fut interrompue, on ne pensait à autre chose qu'à la guerre; il en résulta pour l'Europe une crise funeste, par le manque des matières premières et surtout du coton. Les *sécessionnistes* ne manquèrent pas d'écrivains s'efforçant de montrer l'hypocrisie qui se cachait sous ce mot d'*émancipation*. Ce mot a été, disaient-ils, une arme entre les mains du président : il voulait affranchir les esclaves de l'ennemi, mais non les siens. Quel est aujourd'hui le vrai dictateur du monde? L'opinion publique, c'est-à-dire le peuple souverain. Eh bien, le peuple témoigne une invincible répugnance pour la race de couleur, et jamais un blanc ne permettrait à un nègre de prendre place à ses côtés dans une assemblée délibérante, ou à la tribune d'où l'on proclame l'abolition de l'esclavage, ou sur les bancs de l'église

---

(1) Charles Sumner (1811-1874), légiste remarquable, eut souvent à traiter des questions très importantes en politique, comme furent l'annexion du Texas, les frontières du Canada, l'acquisition des territoires du Nebraska et du Kansas, qu'il chercha par des moyens légaux à préserver de l'esclavage. Ce fut précisément son livre sur *le Délit contre le Kansas* qui lui attira, de la part de Brooke, le traitement brutal dont nous avons parlé; il en demeura malade plusieurs années. Summer resta à la tête du parti républicain contraire à l'esclavage; il s'opposa à la réunion d'une des Antilles, ce qui lui fit perdre la faveur du peuple; mais il la retrouva avant sa mort, qui fut un deuil public.

où l'on prie le Dieu de tous les hommes. On frémit et on a ri lorsqu'il a été question de former des régiments de nègres. Affranchir les nègres, c'est bientôt dit; mais qu'en ferons-nous? Il est impossible de les transporter ailleurs, de les rendre à une patrie que, pour la plupart, ils ont oubliée, et où ils ont été pris et vendus par leurs compatriotes. Les chasserons-nous à l'intérieur du territoire? Ce serait donner un ennemi à des pays dont la fortune est précisément de n'avoir pas de voisins menaçants. Qu'on ne parle pas de les transformer en citoyens indépendants, avant que l'éducation les ait préparés, et qu'on ait assuré leur existence par quelque expédient économique. Le temps seul peut résoudre ce grand problème social comme le temps seul l'a posé. Du reste, ce n'est point la vraie ni l'unique cause de la conflagration actuelle. Entre le Nord qui consomme, trafique et est *protectionniste*, et le Sud qui s'adonne à la culture et favorise le libre échange, il n'a jamais régné une harmonie bien sincère. Outre la division des intérêts, il y a encore celle du climat, des mœurs, de la race même, car, au Nord, ce sont les Anglo-Saxons; au Sud, les Français et les Espagnols. La séparation n'a donc pas de quoi étonner: au contraire, on peut s'étonner d'avoir vu un siècle d'union.

A la fin les fédéraux eurent le dessus, mais Lincoln fut assassiné par la vengeance des vaincus. Le vice-président Johnson, qui lui succéda, avait la lourde charge de pacifier et de réparer les ruines. La dette qui, au commencement de la guerre, était de 64 millions de dollars (le dollar vaut 5 fr. 42 c.), montait en 1865 à 2 milliards 757 millions de dollars. Les impôts durent s'élever jusqu'au 1,000 pour 100; mais l'augmentation de la richesse et de la production, qui reçut par la paix une immense impulsion, permit à la dette fédérale de s'amortir de 5 ou 600 millions de dollars par an, sans toucher aux impôts et aux services publics des différents États : la caisse d'épargne de New-York reçut, à elle seule, 644 millions. Aujourd'hui la dette totale est de 2 milliards 180 millions de dollars, l'armée régulière compte à peine 50,000 hommes, avec 125 vaisseaux de guerre et 1,295 canons.

L'Angleterre fut accusée d'avoir favorisé les sécessionistes en couvrant de son pavillon leurs bâtiments de commerce, et en recevant leurs corsaires dans ses ports. De là, des réclamations, surtout à propos de l'*Alabama* qui, sorti des ports anglais, causa de grands dommages aux fédéraux; on exigeait une compensation et l'on menaçait d'une guerre : mais la guerre fut évitée, grâce à un congrès de cinq arbitres, qui se réunit à Genève, et condamna l'Angleterre à payer une indemnité de 15 millions et demi de dollars.

Beaucoup, en voyant la sécession, annonçaient la ruine de ces institutions; la fin de la république de Washington; un avenir de coups d'État, de *pronunciamientos* militaires, de dictature, ou, au moins, de centralisation. Et cependant l'Union s'est sauvée par elle-même, sans trouver nécessaire de suspendre un seul jour l'exercice des libertés publiques; et les généraux, vainqueurs dans ces guerres de factions jusque-là sans exemple, ne songèrent point à violer la Constitution de leur patrie. Cette loyauté et ses magnifiques victoires valurent l'honneur de la première magistrature de son pays à Grant, qui avait triomphé de Lee, et qui, modeste dans sa victoire, se renfermait dans les devoirs d'un simple citoyen. Tandis qu'il aurait pu, comme on le fait en Europe, s'emparer du pouvoir souverain par la force et la surprise, il le reçut du vote de ses concitoyens, avec la grande mission de rendre le calme au pays, de réconcilier les deux partis, de couronner par une politique franche l'œuvre qu'il avait commencée par l'épée et conduite par de merveilleuses combinaisons.
<small>Conséquences de la guerre.</small>

La Constitution de 1867 dut accroître les attributions du gouvernement central à la façon de l'Europe. L'émancipation des esclaves, qu'on avait voulue immédiate comme un expédient de guerre, au lieu de l'effectuer par degrés, désorganisa la fortune des cultivateurs; elle portait aux affaires et introduisait dans les Chambres des hommes entièrement inexpérimentés; ils avaient grandi dans l'esclavage et voulaient la vengeance, ce qui produisit l'anarchie et la tyrannie. Des hommes prudents redoutaient de là de grands maux : toutefois la supériorité du nombre reste encore aux Yankees qui, pour ces raisons, favorisent l'immigration des blancs.

L'activité dans ce pays est étonnante. A l'âge de 14 ou de 15 ans, le jeune homme est lancé dans le monde : quelquefois il est très pauvre, ou possède à peine la faible dot qu'on donne aux filles; mais à travers les risques, les obstacles, les tentatives, des spéculations étendues comme l'univers, on voit se créer des fortunes dont notre vieux monde n'a même point l'idée. Si quelque utopiste voit là une preuve que *vouloir c'est pouvoir*, le moraliste blâme cette impulsion donnée au peuple seulement du côté du gain matériel, malgré la réponse, si souvent faite, que c'est toujours un bien de diminuer la misère dans le monde. Certes il en peut résulter une grande dépravation, et, même dans les pays les meilleurs, l'âpreté du gain et l'avidité à improviser une fortune sans distinction de moyens occasionnent une corruption qui fait d'immenses progrès dans les administrations publiques (1).

La condition des États-Unis a subi bien des changements depuis que la guerre de sécession a obligé à introduire de colossales manufactures, inconnues auparavant, même dans les pays agricoles du Sud, pour arriver à manufacturer les produits du sol. De là de lourds tarifs, l'altération des salaires, l'affluence du peuple dans les grandes villes (2), la nécessité d'une charité légale, le travail des femmes et des enfants dans les ateliers, l'abandon qu'on fait des campagnes aux

---

(1) Varraro Pojero, qui, dans sa *Course*, se trouva présent aux élections de 1878, en décrit les manœuvres et la vénalité : « Le résultat intéresse non seulement au point de vue politique, mais encore au point de vue pécuniaire, car on fait des paris comme pour un cheval de course. Dans l'Indiana seulement, par le succès du parti démocratique, les républicains ont perdu en paris cinq millions, et il en est résulté une faillite. Plus on dépense, plus on est puissant; cependant celui-là est plus puissant encore qui sait mieux intriguer. »

Ces défauts trouvent toutefois un remède dans l'indépendance du pouvoir judiciaire; et un magistrat haut placé disait : « La vraie liberté, c'est le règne du droit. » Déjà Pellegrino Rossi avait écrit : « La liberté politique a surtout besoin de la justice. »

(2) La population est arrivée :

Pour New-York à	1,500,000 hab.
— Philadelphie.	811,000
— Saint-Louis..................	500,000
— Baltimore..................	300,000
— Boston,..................	342,000
— San Francisco..................	250,000

Les principales histoires des États-Unis sont des livres de statistique et d'économie; par exemple :

Edward YOUNGH, chef du service statistique à Washington : *Labour in Europa and America* (Washington; 1876. M. W. G).

SUMMER, *History of protection of U. S.* (New-York, 1877).

Francis WALKER, *The Wages Question* (New-York, 1876).

CUNNINGHAM, *Condition of social well being in Europa and America* (Londres, 1878).

STUDNITZ, *Nordamericanische Arbeiterverhaltnisse* (Leipzig, 1879).

C.-L. BRUCE, *The dangerous classes of New-York city* (New-York, 1872).

SEAMAN, *Commentaries in the constitution and laws, peoples and history of the Unites States*, 1863.

immigrants. Et comme ceux-ci sont en grande partie catholiques, et que leurs mariages sont féconds, à la différence de ceux des protestants, il en résulte une transformation dont nous ne pouvons mesurer les conséquences. Tout en admirant leur activité, il faut blâmer l'abus qu'ils font des liqueurs alcooliques; ce n'est pas seulement dans la classe inculte et pauvre que cet abus ruine la fortune et l'intelligence. Dans les élections, un des titres dont on tient le plus de compte est la tempérance : les habitués des débits de liqueurs ont leurs partisans, mais ils ont contre eux les sociétés de tempérance et les communautés des Rappistes et les Quakers.

La dette liquidée était, en 1865, de 2,787,639,571 dollars, donnant un intérêt de 150,977,697 dollars. La conversion du 6 au 4 pour 100, le 20 juillet 1879, réduisit la dette fédérale à 1,726,912,800 dollars, c'est-à-dire à environ 9 milliards et demi de francs, avec un intérêt annuel de 83,722,542 dollars. Une année très heureuse pour le grain et le coton (1), tandis que les autres pays en manquaient, et les demandes faites pendant la guerre d'Orient ont pu faire rentrer environ 1 milliard de dollars de la dette nationale, possédé par les étrangers. Pour remédier au gaspillage qui, surtout dans dans les dépenses locales, se fait en faveur du suffrage universel, la cité de New-York a établi, à côté du syndic et du conseil communal, un conseil spécial de finances, nommé par les seuls contribuables et qui peut contrôler toute l'administration financière.

L'État de l'Orégon s'étend à raison d'un demi-degré de latitude par an. Les États-Unis ont environ 150 millions d'acres de terrains incultes qu'ils mettent à la disposition des immigrants. La Californie produit plus de mercure que tout le reste du monde.

Puisse la Confédération américaine montrer au monde comment une grande république sait se sauver elle-même sans sacrifier aucun des grands privilèges populaires qui en ont été jusqu'aujourd'hui la gloire et l'orgueil; et en appuyant le pouvoir central sur la confiance d'un peuple intelligent et modéré, de manière que l'opposition se transforme en une émulation active, sans qu'on soit obligé de

---

(1) En 1877-78, les exportations ont été de 723 millions de dollars, dont 600 millions pour les produits agricoles et naturels.

recourir au malheureux remède d'un pouvoir dictatorial! Puisse la science politique grandir dans l'étude de cette prospérité et de ces périls, et attester au monde, perdu dans le doute, que l'homme est capable de se gouverner lui-même, que les gouvernements doivent s'organiser dans l'unique vue du bien des gouvernés, que le meilleur gouvernement est celui qui non content de n'y pas mettre d'obstacle, facilite à chacun l'exercice de sa propre activité !

CHAPITRE XV.

AMÉRIQUE MÉRIDIONALE.

Le Brésil. L'Amérique méridionale ne s'est pas encore remise de la révolution de 1810 qui l'a séparée de la mère-patrie. C'est au Brésil que les traditions se sont le mieux maintenues. C'est une contrée merveilleuse, à l'orient, se développant sur 7,920 kilomètres de côtes : sa superficie est de 8 ou 9 millions de kilomètres carrés, c'est-à-dire la quinzième partie de la superficie du globe; on y trouve des fleuves gigantesques comme le Parana, le San-Francisco, l'Amazone au cours majestueux, le Rio de Janeiro aux rives enchanteresses. Les règnes végétal, minéral, animal y sont inépuisablement riches. Le Brésil produit la moitié des cafés qui se consomment dans le monde entier; l'or s'y rencontre dans toutes les provinces, ainsi que de magnifiques diamants. Après s'être détaché du Portugal, il en a conservé la forme du gouvernement impérial héréditaire et la charte du 25 mars 1824, avec un sénat de 55 membres nommés à vie, 122 représentants nommés pour cinq ans; les élections se font à deux degrés dans les assemblées de paroisse, et par le suffrage universel ramené à certaines conditions d'âge et de cens. Les dix à douze millions d'habitants sont presque tous catholiques, sous un métropolitain et douze évêques; les biens-fonds des ordres religieux doivent être convertis en rentes (1870). L'instruction y est développée, les bibliothèques sont riches, surtout celle de l'institut d'histoire ethnographique (1).

(1) Sur le Brésil on a publié une excellente statistique, à l'occasion de l'Exposition de Philadelphie. On publia aussi, à ce moment, la *République Argentine*, en allemand et en espagnol.

Comme les trois millions et demi d'esclaves sont, au Brésil, propriété privée, on ne peut les affranchir qu'en indemnisant leurs maîtres. Chaque esclave vaut 4,000 livres, un seul propriétaire en a parfois plusieurs centaines, quelquefois des milliers : avec le travail des nègres un hectare de terrain consacré à la culture du café peut rapporter mille livres par an. C'est donc une idée philanthropique, mais qui ne peut se réaliser, que de vouloir une émancipation soudaine. En vertu de la loi du 28 septembre 1871, l'esclavage est aboli, en ce sens que personne ne naît esclave; beaucoup d'institutions ont été établies pour protéger les nègres affranchis et ceux qui sont en bas âge.

Depuis la fin de la guerre désastreuse contre Lopez, dictateur du Paraguay, l'empereur don Pèdre II, le plus ancien et le plus cultivé des souverains, s'applique à seconder le progrès et la liberté de son pays ; il parcourt le monde pour s'instruire et acquérir de l'expérience ; il cherche à mettre les rivalités d'accord. Voyant les besoins du Brésil, il a abandonné un quart de sa liste civile, qui n'était déjà que de 2,250,000 livres.

Le Brésil a eu un poète, Diaz, et un compositeur de musique, Gomez. Dernièrement on a découvert dans le pays une inscription de laquelle on conclurait que les Phéniciens sont venus en cette contrée, cinq siècles avant Jésus-Christ.

Le capucin Francesco-Maria Lorenzoni, de Vicence, élève en ce moment la grande et belle église de l'hôpital de la *Pegna,* à Pernambouc : il en a déjà construit une trentaine d'autres.

Le Chili est baigné par l'Océan Pacifique et s'étend sur une longueur de 2,000 lieues entre la Bolivie et les Cordillères des Andes qui le séparent de la république Argentine. Le président Pérez (1861) a rendu au Chili d'immenses services. Malgré la guerre avec l'Espagne, guerre qui a occasionné le cruel bombardement de Valparaiso (1866), ce pays, dont la Constitution renferme beaucoup d'éléments conservateurs (1), cherche à soumettre les sauvages Araucans, et a exploré la Patagonie et les déserts par les voyages de Musters, comme le voyageur Raimondi a exploré les régions du fleuve des Amazones.

---

(1) Sur les centavas (pièces de cinq centimes) on lit : « *L'économie est une richesse.* »

La république de l'Équateur se glorifie de Juan Florès, son fondateur (1800-1861).

La Bolivie. La Bolivie, située entre le Pérou, la république Argentine, le Brésil, le Paraguay, le Chili, tira son nom, en 1825, de son grand libérateur (Bolivar). Loza a dit, de lui : L'indépendance américaine fut son épopée; la liberté, la muse qui l'a chanté. Son sarcophage sera l'immortalité; son élégie incessante le regret de la postérité. Dans la Bolivie on parle, outre l'espagnol, le quichua le majo, l'aymara, idiomes indigènes de la classe des langues à agglutination dont les verbes ont une conjugaison spéciale, par laquelle l'action faite par le sujet se transporte à l'objet, variant selon le nom des personnes. Ballivian, Belzu, Cordova, Frias se sont succédé dans la présidence. L'organisation judiciaire et la procédure criminelle sont l'œuvre de Linarès.

José Maria Calvimontes, Mariano Ramallo, Bustamente qui a chanté Bolivar, Daniel Calvo, José-Manuel Loza, Nestor Galindo, Benjamino Blanco, Dalenco se sont distingués dans la poésie; quelques-uns d'entre eux ont été en même temps de remarquables prosateurs : le grand patriote, l'habile diplomate Casimir Olaneta a acquis une grande réputation. Manuel-José Cortez, dans l'*Essayo sobre la historia de Bolivia*, est riche en renseignements sur la littérature, sur les mœurs, sur la civilisation de la Bolivie.

Le Venezuela. Le Venezuela a passé, en 1863, du régime unitaire au régime fédéral, avec un président et deux Chambres : chacun des États qui le composent conserve un gouvernement distinct, mais les luttes continuent entre unitaires et fédéraux. Le président actuel, Guzman Blanco, s'est élevé par la force, en s'emparant de Caracas (27 avril 1870). Maintenant l'administration de toutes les finances est affermée à un banquier français.

République Argentine. La république Argentine est un pays de pâturages et où abondent les chevaux, si bien que les auteurs classiques l'ont comparée à l'Arcadie, mais elle n'en est que moins propre à notre civilisation. Elle ne compte guère plus d'un million d'habitants, disséminés sur une superficie de 1,900,000 kilomètres carrés; elle est traversée par les Andes et par de très grands fleuves : on y trouve les magnifiques cités de

Cordova, Parana, Buenos-Ayres. Lorsqu'en 1852 on secoua la tyrannie de Rosas, qui durait depuis vingt ans, l'anarchie succéda. Urquiza, le libérateur, fut bientôt chassé à son tour, mais il revint après la bataille de Cepeda dans la guerre contre l'État de Buenos-Ayres qui s'était détaché de la confédération. Celle-ci fut rétablie avec un président nommé pour sept ans ; on admit l'égalité des races et des religions. Outre la terrible sécheresse de 1864, il y eut une guerre avec le Paraguay. La république Argentine élève toujours des droits sur la Patagonie. Parmi les nombreux émigrés qui gagnent cette contrée, il y a une grande quantité d'Italiens.

Nicaragua, Costa-Rica, la Nouvelle-Grenade, San-Salvador, Honduras, sont des pays qui s'étendent sous le ciel le plus beau ; la température s'y maintient toute l'année entre 16 et 18 degrés ; cependant les neiges éternelles couvrent le Chimboraço et le Cotopaxi ; la production des matières premières, des métaux, du sucre (1), est extrêmement riche ; il y a d'innombrables troupeaux dans les plaines de Bogota, du Venezuela, de Buenos-Ayres. Mais ces contrées sont infestées par des insectes très incommodes, par des multitudes de fourmis, de serpents ; ajoutez une foule de plantes vénéneuses, des bourbiers, des volcans ; les tremblements de terre ont, en 1868, coûté la vie à 3,000 personnes dans le Pérou. Le voisinage des Indios, naturels du pays, méchants, intrigants, querelleurs, ivrognes, fournit un funeste appui à toutes les insurrections. Les institutions municipales se sont conservées partout ; la population qui, en 1810, était de 17 millions, dépasse maintenant 36 millions.

Le Pérou, deux fois plus grand que l'Italie, est compris entre le Brésil, l'Équateur, la Bolivie, avec un million et demi d'habitants. En 1867, il a reçu une nouvelle Constitution, sans admettre la liberté des cultes. Il a eu de longues guerres

Le Pérou

(1) On évalue la consommation annuelle du sucre, dans les pays civilisés, à 3 kilogrammes par personne. Mais, en 1845, Frédéric Scheer a calculé que l'Europe, les États-Unis, le Canada, en avaient consommé 845 millions de kilogrammes. La consommation est, pour la Grande-Bretagne, de 8 k. 46 par personne ; de 8 kilog. pour les États-Unis ; de 5 k. 41 pour la Hollande, de 3 k. 61 pour la France, de 1 k. 20 pour l'Autriche, de 3 kilog. pour le reste de l'Allemagne, de 0 k. 77 pour la Russie. Si l'on enlevait les droits de douane, la consommation serait peut-être dix fois plus considérable.

avec l'Espagne, dont l'amiral Pinzon occupa les îles Cincha ; c'est de celles-ci qu'on tire le guano. A la chute de Rosas, le Rio de la Plata fut ouvert à toutes les nations, et les pavillons étrangers jouirent des mêmes droits que le pavillon national. Tout a prospéré : l'industrie, la culture, les embellissements, la salubrité du pays, la fertilité du sol ; l'exportation des cuirs, de la laine, du suif, du crin, de la viande salée, et le rendement des mines ont amené de l'argent. Les mines du Chili, du Pérou et du Mexique ont donné pour 37 millions de métaux précieux (1).

Aujourd'hui, sur la côte occidentale, à l'occasion des limites du désert d'Atacama qui avaient été fixées par le traité du 10 août 1866, et à propos de l'importante exportation des nitrates, le Pérou et la Bolivie ont déclaré la guerre au Chili : chacun de ces États compte environ deux millions d'habitants ; le Pérou et le Chili ont des forces navales, tandis que la Bolivie ne touche à la mer que sur une longueur de quelques kilomètres. On continue à dévaster les établissements ennemis ; l'exportation du guano et du salpêtre diminue (2).

On espéra remédier aux désordres de ces républiques au moyen d'un congrès ; mais on n'a pu prévenir les révoltes. Et cependant les traditions, l'identité des intérêts, la communauté des aspirations, le besoin de se défendre, bien

---

(1) La précieuse écorce qui nous vient du Pérou n'a pas été recueillie avec assez d'économie : aussi le quina et le quinine ont fort augmenté de prix, jusqu'à ce que l'Afrique et l'Asie puissent nous en fournir.

(2) Les dépôts de guano ont été découverts il n'y a pas longtemps. En 1848, on en vendait, en Europe, 5,000 tonnes ; en 1872, on en vendit plus de 600,000. Les dépôts des îles Cincha semblent épuisés ; mais on en a trouvé d'autres, très étendus, sur le continent. L'exportation du nitrate de soude dépasse 200,000 tonnes par an.

Dans cette guerre, la troisième où ont combattu des cuirassés, on a vu comment ces vaisseaux, pour lesquels on dépense 14 ou 15 millions, peuvent être anéantis par des bâtiments de bois qui l'emportent en vitesse. Deux cuirassés péruviens, en face d'Iquique, ont eu de la peine à tenir contre une corvette de bois de 400 tonnes et de 140 chevaux et armée de canons de 68. Bien plus, le *Luft Gelil,* cuirassé turc de 2,500 tonneaux, avec une machine de 700 chevaux, un blindage épais de 15 centimètres sur les flancs, et de 22 sur les deux tours, avec des canons d'une grosseur extraordinaire, et 200 hommes d'équipage, à l'ancre devant Braïlow, sauta en l'air par l'effet d'un projectile qui, par la cheminée, pénétra dans la chaudière. Peu après, le *Safi,* canonnière cuirassée à deux hélices, fut coulé par deux torpilles.

plus, la nécessité de vivre, rendent chaque jour plus désirable la réalisation de la grande idée du libérateur Bolivar : l'union de toute l'Amérique latine. Pour y parvenir, on proposerait de donner à tous le droit d'*indigénat,* on fixerait les limites territoriales comme en 1810 ; on établirait l'union douanière, l'identité dans les mesures, les poids, les monnaies, la poste, le commerce, les passeports ; un tribunal supérieur réglerait les questions qui s'élèveraient ; il y aurait la liberté de conscience ; on déterminerait un contingent de troupes à fournir pour la défense ; personne ne pourrait céder à un étranger une portion du territoire, ni accepter un protectorat étranger ; on ferait une active propagande contre l'esclavage.

Une telle union serait bien nécessaire pour s'opposer à la convoitise des États-Unis. Ceux-ci envient à ces États la possession de l'isthme de Panama qui, sur une longueur de 1,600 kilomètres et une largeur de 70 à 530, sépare l'Atlantique de l'Océan Pacifique. Cet isthme une fois percé, les États-Unis supplanteraient l'Angleterre dans son influence en Asie, où ils rivalisent déjà avec elle pour les tissus et pour les productions agricoles (1) ; mais ils voudraient être les seuls capitalistes et les seuls exécuteurs de ce canal interocéanique, car, suivant

(1) Ce canal était aussi une des idées de Napoléon III, et, dans ce but, s'était formée une Société dont faisaient partie les principaux bonapartistes, avec la perspective de gains considérables. Après Sedan, ils ne purent continuer les versements de fonds, puisque leur fortune consistait surtout dans les largesses de l'empereur. Il semble pourtant que c'est d'eux qu'est né le projet d'une nouvelle association au capital de 400 millions où, disait-on, les anciennes actions de 500 francs seraient rachetées 25,000 francs. Létitia Bonaparte a eu un fils, qui est sir Wyse, et deux filles : l'une est la veuve du ministre italien Rattazzi ; l'autre est la femme du général Türr : ce dernier et sir Wyse furent à la tête du congrès qui se tint en 1879, sous la direction de Lesseps, parent de l'ex-impératrice, et avec la faveur de la Société géographique de Paris. La ligne proposée par sir Wyse et qui fut adoptée par les 735 membres convoqués, partant du port de Colon dans le golfe du Limon sur l'Atlantique pour aboutir à la rade de Panama sur l'Océan Pacifique, par un parcours de 72 kilomètres à niveau constant et découvert, exigeant un déblaiement de 50 millions de mètres cubes de terre, demanderait six ans de travail et une dépense de 1 milliard 200 millions ; on y emploierait 15,000 nègres du Brésil ; de Lesseps n'accepterait la direction des travaux pour aucune autre ligne, bien moins encore pour celle de Nicaragua qui a la préférence des États-Unis. Les capitaux ne paraissent cependant pas affluer, et les Américains du Nord sont opposés à une entreprise européenne.

Il en est qui préféreraient voir établir un chemin de fer sur lequel on transporterait les bâtiments entiers pour les faire passer d'un Océan à l'autre.

la doctrine de Monroe, les Européens ne doivent point se mêler des affaires de l'Amérique; ils craignent aussi que les puissances étrangères ne s'arrogent le droit d'établir des règlements, comme elles l'ont fait pour le canal de Suez.

Nous avons déjà parlé du Mexique; il n'a pas encore suffisamment retrouvé son assiette pour pouvoir tirer parti de ses merveilleuses ressources.

Le Mexique. Le Mexique a eu ses chantres de la révolution; lorsque celle-ci fut calmée, on vit fleurir la poésie, comme le témoigne la *Lyre mexicaine*, publiée récemment par Dios Peza, un de ses écrivains les plus heureux, avec Campoamor, Manuel Florès, Carpio, Sierro, Tellez, Peon Contereras, Cosmas, Riva Palacio, Rosas Morenos. Nous en passons bien d'autres pour mentionner Altamirano, promoteur des belles-lettres et fondateur de l'académie dramatique, à laquelle on donna le nom de Gorostiza, l'émule des célèbres Balbuana, Juan Ruiz de Alarcon, Juana Inez de la Cruz. Les derniers évènements ont été racontés par le général Corona (*la Historia del ejercito de Occidente*), par José Vigil, par Hijar (1), et la belle langue castillane ne perd pas sous la plume de ces frères transatlantiques.

Si Zorilla a pleuré affectueusement dans ses chants la triste fin de l'empereur Maximilien, il y a eu des poètes pour flageller pendant sa vie et insulter après sa mort cet étranger, qui pourtant descendait de Charles-Quint. Au moment d'être fusillé, Maximilien s'écriait : « Mexicains, mes pareils sont envoyés par Dieu pour faire le bonheur des peuples ou pour être leurs victimes. Appelé par une partie d'entre vous, je suis venu pour faire le bonheur du pays, et non par ambition. Je suis venu plein des meilleures intentions pour ma patrie d'adoption et pour mes amis dévoués. Puisse mon sang être le dernier sang versé pour la patrie! Vive le Mexique! Vive l'indépendance ! »

Les balles lui brisèrent la poitrine, et son dernier vœu

---

(1) Don José-Maria Andrade, littérateur et bibliophile, avait réuni une précieuse collection de livres et de papiers relatifs au Mexique. L'empereur Maximilien acheta cette collection et donna à Andrade des facilités pour la compléter par les papiers des archives, journaux, etc.; elle devait commencer à former la Bibliothèque impériale. Après la tragédie de Queretaro, la collection put être envoyée en Europe où elle fut mise en vente. On a le *Catalogue de la riche bibliothèque de José-Maria Andrade*.

n'est pas encore satisfait. En ce moment même (juin 1879) les luttes se raniment entre Téran, gouverneur de Vera-Cruz, et son prédécesseur, Lerdo de Tejada; et le massacre, dans leur prison, d'un grand nombre de détenus répand l'horreur.

Le Nouveau-Mexique conserve les mœurs espagnoles : c'est un pays de pâturages; on trouve des propriétaires qui ont jusqu'à cent mille moutons. Le *peuple* des Taes est fort bizarre : il se compose de deux immenses édifices de pierre, avec cinq étages, qui vont en se rétrécissant; les escaliers sont à l'extérieur; les chambres sont très nombreuses, et on y pénètre par un trou de la voûte qui sert aussi de fenêtre : chaque édifice peut contenir quatre cents personnes ; on dit qu'à l'intérieur, inaccessible aux étrangers, brûle le feu de Montezuma, et qu'on y pratique les rits des Aztèques. Les femmes travaillent des poteries à la main, comme aux temps préhistoriques. On se préoccupe peu du gouvernement, pourvu qu'il n'augmente pas les impôts. Pendant la guerre de sécession, les habitants du pays sont restés fidèles à l'Union. Jadis on tirait du Nouveau-Mexique de l'argent et les plus belles turquoises.

<small>Le Nouveau-Mexique.</small>

L'île de Saint-Domingue, autrefois partagée entre l'Espagne et la France, fut en 1795 entièrement cédée par cette dernière à l'Espagne. On y vit s'élever les empereurs Dessalines et Christophe ; en 1821, le président Boyer arracha l'île à l'Espagne ; en 1861, avec Santa Anna, elle se soumit de nouveau, mais bientôt elle s'en sépara dans une guerre sanglante. Cependant Haïti, c'est-à-dire la partie occidentale de l'île, avec un demi-million d'habitants, nègres ou mulâtres de langue française, fit sécession en 1844, et, après avoir chassé l'empereur Faustin Soulouque, s'obstina à rester en république. Salnave chercha à mettre un peu d'ordre ; mais bientôt une rébellion l'envoya au supplice. En ce moment même (juillet 1879), la révolte est déchaînée. Cette île a toujours été convoitée à cause de sa prodigieuse fertilité et de son admirable situation.

<small>Ile Saint-Domingue.</small>

L'île de Cuba, la reine des Antilles, la plus belle des colonies espagnoles, a 2 millions d'habitants et un port excellent à la Havane. Elle donne un tiers de la production totale du sucre dans le monde. Elle est continuellement troublée par

<small>Cuba.</small>

des insurrections et par l'ambition des États-Unis. Le maréchal Serrano, envoyé là comme gouverneur, chercha à y établir l'ordre, comme il l'avait rétabli dans la république Dominicaine lors de sa soumission à l'Espagne. En 1868, à l'occasion d'une des révolutions habituelles en Espagne, les habitants de Cuba se soulevèrent ; en vain on leur fit de larges concessions : quand on eut aboli l'esclavage, les nègres affranchis s'unirent aux insurgés, et les flibustiers, venus à leur aide, reçurent les secours des États-Unis : il en est résulté une cruelle guerre de trois ans (1). Martinez Campos avait fini par l'emporter ; mais la question de l'esclavage trouble encore le pays en ce moment.

Ne nous aventurons point trop à parler de pays qui ne nous sont pas mieux connus que ne l'étaient les Germains au temps de Tacite. Une très bonne précaution qu'ont les Américains de race latine, à la différence des Italiens, est de se faire représenter en Europe par des littérateurs : ceux-ci nous font alors connaître leur pays : nous devons le même service pour la littérature du Venezuela, à Peza, à Caycedo ainsi qu'à José Maria Roja (2).

Ce même Torres Caycedo, dans les congrès de l'Association de littérature internationale, en 1879, déplorait qu'on étudiât si peu les pays méridionaux ; les États-Unis, avouait-il, prospèrent par des améliorations dignes d'envie, et les républiques du Sud où l'intelligence est si limpide, l'imagination si vive, où les qualités naturelles sont si éclatantes, au milieu de précieuses richesses, manquent souvent des moyens de les utiliser ; les plus sérieuses entreprises sont paralysées par l'absence de direction ferme et le manque d'unité dans les projets et dans l'action.

Littérature. Déjà, avant l'indépendance, avaient fleuri Navarrete, Castellanos, Piedrhaita, Sanchez de Togle ; mais, si l'on en excepte les auteurs dramatiques Alarcon et Gorostiza, les autres sont des écrivains qui ont plutôt des réminiscences que ces éclairs de génie à espérer sous l'influence d'une nature enchanteresse. Que d'originalité ils pourraient puiser dans leur pays, dans ses races diverses, dans leurs progrès !

---

(1) Aujourd'hui c'est une question très discutée entre Saint-Domingue et la Havane, de savoir laquelle des deux possède les vrais ossements de Christophe Colomb.

(2) L'Amérique du Nord fut représentée par Emmerson, Lowell, Holmer, Bryant, Mottley (1814-77) à Vienne et à Londres.

Pendant la guerre de l'indépendance, il y eut plus de soldats et d'orateurs que d'écrivains; mais Joachim de Olmedo, l'ami de Bolivar, chanta l'héroïque bataille de Zanin. Bientôt parurent d'autres auteurs, qui imitèrent d'abord les Espagnols, les Français et les Anglais, pour devenir ensuite originaux et nationaux. Andres Bello a doté le Chili d'un code civil très apprécié, d'une Université, et de différents établissements d'instruction publique. Guttierez, Caro Lozano, Marmod, Arboledo qui fut soldat et économiste, sont de vrais poètes, soigneux même de la forme. Baralty Diaz a donné l'histoire du Venezuela; Ruestreppo, celle de la Colombie; Alaman et Clavigère, celle du Mexique; Llorente et Paz Soldan, celle du Pérou; Barros Arana, Lasturria, Ammunatequi, Santa Maria, Vicuna, Machena, celle du Chili; Adamus Olpe, celle de l'Uruguay; Fumes, Dumingue, Mitra, Martinez de Mouny, celle de la république Argentine. Et je passe sous silence d'autres bons historiens peu connus même en Espagne, bien que ce soit une vraie fortune pour la littérature des deux Amériques d'avoir un vaste débouché dans la Grande-Bretagne et l'Ibérie. Il ne manque pas de femmes auteurs. Les journaux ont les mérites et les défauts des journaux européens.

Le comte Charles d'Ussel, après avoir étudié sur les lieux l'Amérique du Sud, en publie maintenant une description où il comprend les pays civilisés, les Pampas, les Patagons, les steppes désolées des hauts plateaux des Andes : il met en regard les souvenirs de l'antiquité et les institutions modernes. Sur l'instruction publique dans l'Amérique méridionale, M. Hippeau a publié récemment un recueil avec des renseignements sur l'état politique, économique, commercial, militaire de la république Argentine.

CHAPITRE XVI.

ÉTAT ACTUEL. — PUISSANCES DU NORD.

A. La Russie.

La Russie est un empire à moitié oriental : il renferme 200 millions d'habitants, parmi lesquels 54 millions de Grecs schismatiques, 10 millions de musulmans, 3 millions de juifs talmudistes disséminés un peu partout; 7 millions de Polonais, 2 millions d'Allemands, 2 millions de Finnois et de

Agrandissements de la Russie.

Samoïèdes, 2 millions de Géorgiens et d'Arméniens. La population s'augmente de 100,000 âmes par an.

Le pays est une immense plaine de 21 millions de kilomètres carrés, coupée de fleuves, de canaux, de routes, et qui se déroule sans interruption, en sorte que la Russie n'a ni colonies ni émigrations. A elle seule, la Russie européenne est plus vaste que le reste de l'Europe, et ses limites vont toujours en s'étendant, soit vers le pôle, soit vers le sud. Elle a cédé aux États-Unis, pour 37 millions de francs, les contrées de la mer Glaciale avec une population fixe de 11,000 habitants, outre 50,000 nomades. En 1877, elle achevait de s'emparer du fleuve Amour, qui, venant de la Tartarie, lui ouvre la mer de la Chine, et maintenant elle s'approche de plus en plus de l'Inde, par l'acquisition de la Tartarie et des arides plaines de Khiva.

Elle convoite la possession de l'isthme qui sépare la mer Noire de la mer Caspienne, et les fameuses portes du Caucase par lesquelles ont passé toutes les émigrations venant d'Asie en Europe. Déjà Alexandre Ier y avait ouvert une route très admirée; on pense maintenant à un canal qui unirait les deux mers; la grande difficulté est de pacifier ces régions. Lagareff fut envoyé par Catherine II pour soumettre la Circassie; mais, après le sacrifice d'un million d'hommes, on pouvait dire que la Russie ne possédait là que les forteresses établies par elle. L'empereur Nicolas Ier s'obstina : Chamyl résista pendant vingt-quatre ans, jusqu'à ce qu'il fut pris en 1839; et dès ce moment on put se vanter d'avoir soumis le pays. Seulement pour le maintenir, il faut des efforts constants et de continuelles rigueurs. Une violente insurrection y fut comprimée en 1864 : 200,000 familles furent chassées des montagnes de la Mingrélie : les unes se réfugièrent chez les Turcs dans la province d'Andrinople, les autres dans les hôpitaux de Smyrne et de Constantinople; d'autres périrent de faim et de souffrances.

La Russie, fleuve sans jetées et sans digues, — pour ne pas parler du Caucase et de la Sibérie (1), — s'est donné, en moins de vingt ans, un empire grand comme l'Autriche, la Hollande et la Belgique réunies : conquêtes qui rappellent celles d'Alexandre le Grand ou de Gengis-Khan. L'unification de

---

(1) A l'approche du troisième centenaire de l'occupation de la Sibérie comme partie de la Russie, la Société géographique de Pétersbourg prépare une description générale de ce pays.

toutes les races slaves serait une opération aussi violente que celle que tenterait la France pour réunir toutes les races latines; mais son agrandissement gigantesque fait à la Russie une nécessité de posséder au nord les Belt pour atteindre à la Baltique, et au sud le Bosphore pour passer de la mer Noire dans la Méditerranée. Par les routes qu'elle ouvre, par les immigrations qu'elle favorise, par l'ordre qu'elle introduit, par ses explorations scientifiques, elle se rapproche toujours davantage de la Perse et de la Chine. Lorsqu'elle aura, par un chemin de fer, uni Moscou et Orenbourg, et cette dernière ville avec Tashkant sur les frontières du Bokhara, elle se sera assuré la domination de l'Asie, dont les plateaux du centre la séparent de l'empire anglo-indien.

Les agrandissements de la Russie en Asie sont surveillés par l'Angleterre, qui toujours l'empêchera de conquérir Constantinople. Aujourd'hui même, après s'être tant avancée aux dépens de la Turquie en Arménie et en Europe, la Russie retire ses troupes et garantit ce qui reste de l'empire turc, qu'elle avait essayé de décomposer par le traité de San Stefano (1878).

L'armée russe qui, en temps de paix, est de 544,000 hommes, en compte 1,370,000 en temps de guerre, avec 60,000 chevaux, outre le génie, l'artillerie, la réserve, les troupes irrégulières des Cosaques, et 223 vaisseaux avec 548 canons sur la Baltique et la mer Noire. La durée du service diminue en proportion du degré d'instruction, et les étudiants des Universités ne servent que six mois. Dans les Universités et dans l'armée, on ne parle qu'une seule langue : c'est un puissant moyen de fusion (1).

Organisation politique et religieuse. La monarchie, en Russie, n'est pas féodale, mais patriarcale; le czar a vraiment tout pouvoir, comme le père dans la famille, et tous vénèrent le czar. Cependant ce despotisme est limité par la noblesse et l'administration : il faut déplorer, chez cette dernière, la cupidité et la corruption dans les affaires et la justice. On trouve encore distribués en castes distinctes les nobles, les bourgeois, les marchands, les prêtres, les serfs, les soldats, les employés; chacune de ces castes se subdivise en fractions : il y a, par exemple, le clergé noir et le clergé blanc, les serfs de la couronne et ceux des particuliers; chacune a ses droits et ses devoirs déterminés :

(1) On a permis à la Pologne de se servir de sa propre langue.

il ne reste pour les serfs que le devoir d'obéir et le droit de ne pas mourir de faim.

L'Église est administrée par un synode composé de six membres nommés par le czar : chaque diocèse a un consistoire; tout y est réglé très sévèrement, mais tout dépend du czar. Cette Église est fort intolérante; le Code pénal de Nicolas Ier, en 1846, se fit inquisiteur par peur du libéralisme, de même que maintenant, par peur du papisme, on condamne jusqu'à vingt coups de fouet quiconque, en enseignant le catéchisme catholique, fait des prosélytes ou des apostats. Les princes de la maison régnante épousent généralement des Allemandes; mais celles-ci doivent professer la religion grecque orthodoxe, et les protestants ne trouvent à cela aucune difficulté.

La Pologne russe.
L'empereur Nicolas a continué pendant trente ans à combattre la révolution dans une lutte éclatante; mais il se découragea et mourut pendant la guerre de Crimée. Son principal but fut d'absorber la Pologne dans l'empire, après l'insurrection de 1830 : et, par la violence, il obtint que sur les 5 millions de catholiques beaucoup renonçassent à leur religion. Même sous le rapport politique, la persécution contre les Polonais devint cruelle; de là, de nombreuses réclamations, sinon de la diplomatie, du moins des Parlements européens, et surtout des Chambres de la France, où s'était retirée une colonie d'illustres émigrés, comme les Czartoriski, les Galitzin, les Gagarin, les Lelevel : de ce centre on excitait les Polonais demeurés dans la patrie.

Ceux-ci, en 1861, commencèrent un mouvement pacifique, au moyen de la Société agricole de Varsovie et de la Ligue polonaise de Posen : on envoya des adresses au czar; on agissait par des démonstrations religieuses, contre lesquelles on ne pouvait employer les armes. Pour calmer le pays, le gouvernement envoya le frère de l'empereur, Constantin, prince populaire, qui essaya de se concilier les chefs de parti ; mais on mettait toujours en avant la demande de l'indépendance nationale, bien que les ethnographes aient démontré que les Polonais forment la minorité de la population du pays (1) : les concessions accordées par le czar étaient refusées.

(1) D'après Eckert, dans les provinces polonaises fondues avec l'empire, le peuple est lithuanien et ruthène; les nobles et les propriétaires sont polonais; c'est donc moins de deux millions sur un ensemble de dix millions et demi. Dans le royaume de Pologne, sur trois millions d'ha-

Lorsque les jeunes gens les plus notables, qui avaient été soumis à la conscription, furent emmenés, Varsovie se souleva ; la *nation en deuil* s'enflamma aux cris de *Jésus-Maria*; elle eut le tort d'exercer des représailles cruelles. La Pologne, comme toujours, excita de vives sympathies ; mais d'un autre côté on voyait avec peine le czar ainsi troublé dans sa grande et périlleuse entreprise de l'émancipation des serfs, et on constatait l'impossibilité de détacher la Pologne sans s'affaiblir contre la Turquie et l'Autriche. Cependant au nom de la patrie, de la nationalité, de la religion, les Polonais résistèrent dans leurs frontières historiques, jusqu'à ce que de nouveau la force régulière eût le dessus. Les papes ont toujours travaillé à la défense de la Pologne, surtout dans l'intérêt du catholicisme.

Après la guerre de Crimée qui lui enleva la primauté de la force, la Russie, disait-on, se recueillait. Alexandre II, de fait, pendant vingt ans transforma l'empire légalement, sans secousses, bien que contrarié par la Pologne qui était toujours en révolte ou sur le point de se soulever, et par les sectes insensées ou abominables des Skopzi, des Khlisti, des Pèlerins et d'autres fanatiques. L'égalité de tous devant la loi fut décrétée ; en 1857 commença l'émancipation des serfs, qui devait être achevée en 1869 ; on en comptait 11,858,557 du sexe masculin, 11 millions et demi du sexe féminin : un petit nombre seulement était attaché aux terres qu'on rachetait. Comme il arrive dans les changements fondamentaux, des désordres naquirent de là : beaucoup de propriétaires se trouvaient appauvris, car leur richesse s'estimait d'après le nombre de leurs serfs ; l'industrie se transforma. *Émancipation des serfs.*

Pour répartir les biens entre les serfs émancipés et leur maître, on constituait dans chaque canton des commissions de paix très nombreuses, dont les membres n'étaient pas toujours capables et honnêtes ; parfois ils étaient sans fortune ni instruction, mais on vantait leur libéralisme. La répartition terminée, on avait désormais devant soi cette foule sans emploi, factieuse, à grandes prétentions, qui met sa capacité au service de l'opposition, inévitable partout où s'introduit quelque nouveauté. Il fallait donc donner à ces gens les emplois, autrefois réservés à la petite noblesse : et celle-ci se

bitants, à peine 500,000 sont-ils citoyens nationaux ; le reste est cultivateur et ruthène ; cela réduit les Polonais à 1,600,000 sur un total de plus de 15 millions.

trouva ainsi privée de ses serfs, sans subsides de la part du gouvernement, et sans grades dans l'armée puisqu'on ne les accordait plus qu'au mérite. Ils souffrent ainsi tous les dommages de l'émancipation, tandis que les grands seigneurs demeurent loin de leurs terres (1).

Outre qu'il est toujours difficile de déraciner les anciens abus, l'amélioration faite en faveur du plus grand nombre devenait une perte pour certains individus les plus vains, les plus ambitieux : de là, des mécontentements. Le principal groupe des mécontents se recrutait parmi les étudiants qui se préparaient à des emplois, à des fonctions, à des dignités qu'on ne pouvait donner à tous. Cette turbulente opposition arriva au paroxysme.

Le nihilisme. Le *nihil*, ce grand néant auquel on dit qu'aboutissent les idées, les sentiments, les vertus et la scélératesse de l'homme, devint le symbole de quelques Russes, qui ne reconnaissaient plus d'autre devoir que la volonté du czar et que la vieille organisation hiérarchique du pays, sauf de légères réformes. Quand ils virent cette transformation radicale venir du despotisme du czar, ils se déclarèrent mécontents d'avoir obtenu plus qu'ils ne désiraient ; et, exagérant leur théorie du néant, ils l'étendirent à la religion, aux lois, à la société. « Tout va mal, disaient-ils ; la mort seule peut mettre fin aux souffrances. Si la terre est une vallée de larmes, celui-là agit bien qui s'en éloigne ou en chasse les autres. »

La doctrine qu'il faut renverser tout ce qui existe, pour le seul fait de son existence, parut si absurde qu'on jugea superflu de la réprimer ; mais, à la suite de ceux qui parlent en l'air, se fonda une secte de penseurs : ils donnèrent à la doctrine nihiliste un programme moins déraisonnable et plus dangereux. Une loi est bonne, d'après eux, quand elle règle les individus d'après ce qui se voit et se touche ; la morale est une affaire d'éducation, puisque l'assassinat, qu'en Europe on regarde comme un crime, est un acte de bravoure chez les Indiens ; toute religion est inutile par cela même

(1) Joseph de Maistre avait prédit le nihilisme dans ses *Lettres de Saint-Pétersbourg,* en voyant, dans ce pays, une si grande contradiction entre tant de civilisation et tant de barbarie, tant de jeunesse et tant de décrépitude. La faute, selon lui, en est à une instruction et à une civilisation trop hâtées, auxquelles on n'était pas préparé. Le mal vient aussi de ce qu'on a humilié l'Église sous une servitude abjecte ; le haut clergé ne se soucie pas du peuple, et celui-ci est abandonné à des prêtres ignorants.

qu'elle se rapporte à un être infini ; détruisons ; celui qui viendra après nous, établira quelque ordre meilleur.

Et on en vint aux faits : excitations et catéchismes propagèrent cette théorie ; l'assassin et l'incendiaire n'agissaient point par haine ou vengeance, mais dans le but d'arracher du milieu des hommes le respect superstitieux pour l'ordre de choses établi. Les idées fantastiques, dont s'enveloppait une telle doctrine, lui firent plus de partisans que n'en avait le matérialisme pur : là se rallièrent tous les mécontentements : on prêcha les théories de Marx, de Bakouine, de Nitchiaeff, de Schopenhauer (1).

Les étudiants surtout, séduits par les journaux, les gens sans emploi dont nous avons parlé, la petite noblesse appauvrie, les écrivailleurs, professent le nihilisme : de là, ces attentats répétés contre le czar ; ces assassinats décrétés, annoncés, exécutés avec un merveilleux secret ; ces incendies qui se multiplient d'une façon effrayante (il y en eut 2,833 en juillet 1879) et qui sont arrivés jusqu'au Kremlin. On parle d'un fonds de 60,000 roubles déposé dans une Banque de Londres pour soutenir la presse nihiliste. Celle-ci n'est pas peu considérable : dans beaucoup de romans, les faits et les caractères sont empruntés à des partisans de cette doctrine.

Cependant chez le peuple, dans la campagne, parmi les 20 millions de serfs émancipés, on conserve le culte du czar d'abord, puis de Dieu : c'est là, avec l'armée, ce qui sauvera l'empire du despotisme des nihilistes, des intrigues de la noblesse mécontente et du désespoir du paupérisme.

On parle encore de liberté constitutionnelle ; mais il est trop difficile de gouverner autrement que par l'absolutisme un empire qui s'étend de l'Océan Glacial à l'Arménie, du Niémen à la Tartarie. Les formes parlementaires, chéries dans le reste de l'Europe, s'adaptent mal à la Russie ; et certainement ce ne serait pas un moyen d'avancer la question sociale.

La Russie ne demeure pas en arrière pour les études. La critique historique, qui cherche les sources et les examine, à

<small>Littérature et sciences.</small>

---

(1) Hartmann, bien qu'il soit peut-être le moins désolant des disciples de Schopenhauer et reconnaisse que dans la vie il y a quelque bien, voit cependant les maux et les douleurs l'emporter de beaucoup et offre des remèdes pour racheter l'univers de cet esclavage de la vie, puisque l'acte d'exister est lui-même un malheur. Voyez *Metaphysik des Unbekannten*, vol. II, chap. VIII, XIII et XIV, et *passim*.

l'exemple des Allemands, y fut introduite par le Westphalien Frédéric Müller (1705); il a étudié les peuples de la Russie et de la Sibérie, leurs relations avec la Chine et la Perse; il a prouvé qu'ils viennent non des Scandinaves, mais des Rossolans ou Goths de la Prusse, et il a fait d'Ivan III le vrai fondateur de la grandeur de l'empire.

Schlotzer (1738-1809) a exagéré l'influence des Allemands sur les indigènes slaves; il a bien étudié la *Chronique de Nestor*, il fait de Rourik un Scandinave et des Varègues les conquérants du pays (1).

Karamsine marcha sur les brisées des Allemands (1765-1827) quant aux sentiments moraux et mystiques, et, bien qu'il fût un adepte de la morale universelle de Rousseau, l'invasion de Napoléon le transforma en un patriote résolu et en un partisan de l'absolutisme et de la foi. Il exerça une grande influence dans le pays; beaucoup le suivirent ou le réfutèrent. On corrigea le défaut de trop se tenir dans les généralités; le scepticisme allemand avec ses éternelles négations fut adopté par Katchenowsky (1775-1842), Potievoy, Ewers (1781-1830), Soloview, Kaveline. D'autres se formèrent aux idées de Niebuhr, de Thierry, de Guizot, ne comprenant pas combien l'évolution russe est différente de celle du reste de l'Europe; car le christianisme n'y entre que pour la moindre part (2); la conquête n'y est pour rien : tout s'y fait par la lente assimilation des tribus finnoises et par la colonisation. D'autres mieux avisés ont pris garde au peuple, aux éléments constitutifs de la nation, aux tribus, aux communes; ils ont vu que Pierre Ier eut tort de se tourner vers les étrangers plutôt que de construire sur des fondements nationaux et slaves.

Tchapoff a fait avancer l'étude des éléments ethnographiques, de la mythologie nationale, de la colonisation, en se servant des sciences naturelles; malgré ses erreurs, il reste le chef de l'école anthropologique et ethnographique, qu'a favorisée la publication de certains textes. Nevolin († 1855) a donné une histoire de la législation russe. Il n'y a pas de branche

---

(1) JURIEN DE LA GRAVIÈRE, dans son livre *les Marins du quinzième et du seizième siècle*, appelle *découverte de la Russie* le voyage que firent, en 1553, Sébastien Cabot et Richard Chancelor, et pendant lequel ils furent présentés au terrible Ivan IV : de fait, on peut dire que la Russie avait été jusque-là un pays inconnu à l'Europe.

(2) Voyez l'archimandrite MACARIJ, *Istoria christianteav Roscij*.

de connaissances dans laquelle les Russes ne se signalent, avec l'aide du gouvernement et de l'Académie.

Toutefois la Russie n'est pas à la tête de la littérature slave : Moscou et Pétersbourg ont une autre tendance que Prague et Varsovie, de même que, chez les races latines, Paris diffère de Lisbonne et de Florence : partout, il est vrai, on trouve un air de famille et un fonds d'imagination et de poésie; mais les littératures russe, polonaise et bohême sont formées; la littérature croate et les autres littératures slaves naissent à peine (1).

B. L'Autriche.

La théorie de la nationalité (2) ne pouvait être que funeste pour l'Autriche, empire formé de royaumes divers avec leurs institutions originales, et divisé entre quatre races principales; outre les Juifs, il y a les Grecs, les Albanais, les Arméniens et 80,000 Zingari, qui diffèrent par la langue, la religion, la culture intellectuelle. Schwarzenberg capable, tout en se trompant, de créer quelque chose de moderne, voulait l'unité absolue; Schäffle voulait une unité fédéraliste et aristocratique; les quatre docteurs demandaient l'unité par la centralisation. Après le vaniteux Buol et le centralisateur révolutionnaire Bach, Schmerling rêvait l'unité avec des parlements à l'exemple de la France révolutionnaire et de la Prusse absolutiste, sans faire des concessions forcées à la révolution ni adopter de prime abord des plans mal digérés et que ne comprenaient pas leurs auteurs eux-mêmes. Rechberg, saisissant mieux le caractère du pays, vit que les insti-

<small>Réformes en Autriche.</small>

---

(1) Le 2 octobre 1879, on a célébré à Cracovie le jubilé littéraire de Joseph-Ignace Kraszewski, auteur très fécond de romans, de nouvelles, de poésies, d'histoires (parmi lesquelles la principale est son histoire des *Trois Démembrements de la Pologne*) et d'une grammaire historique et comparée des langues slaves. Pendant le concile du Vatican, dans son journal *la Semaine*, il publiait une correspondance de Rome, hostile aux décisions du concile et aussi fameuse que la correspondance de la *Gazette Universelle d'Augsbourg*. Il frappait sur les cléricaux, croyant qu'ils sacrifieraient l'indépendance polonaise pourvu que le czar se fît catholique. Outre une série de romans historiques, dans son dernier livre : *la Belle-Mère*, il décrit les aventures des derniers sectateurs de Fauste et de Lélius Socin, en Pologne. Un catalogue énumère 275 ouvrages de Kraszewski, sans compter ses articles et ses correspondances dans les journaux.

Voyez COURRIÈRE, *Histoire de la littérature russe. Histoire de la littérature contemporaine chez les Slaves.*

(2) Voy. *Additions*, p. 369.

tutions anglaises lui convenaient bien plus que les institutions françaises, et qu'il ne fallait cependant pas accorder tout à la fois, mais arriver peu à peu par les discussions du parlement central et des diètes particulières. De tels procédés ne sont possibles qu'en des temps tranquilles; et tandis que Rechberg croyait l'armée d'Italie invincible, et renvoyait à publier la constitution après la victoire sur les Franco-Sardes, les évènements tournèrent tout autrement.

De Beust substitua les idées fédéralistes aux idées centralisatrices de Schmerling et de Schwarzenberg, et, en réduisant l'empire à une monarchie dualiste, reconstitua l'Autriche alors qu'elle était sur le bord d'un abîme financier et politique. La monarchie austro-hongroise est soumise à un même souverain par une union réelle et personnelle : la Leitha sépare les pays allemands des pays hongrois.

Mais, comme dans ces contrées vivent aussi des peuples divers, la Hongrie voit revivre chez elle les tribus des Magyars, des Croates, des Valaques, des Serbes, des Transylvaniens, des Slovaques, et toutes réclament l'indépendance nationale. Dans l'empire lui-même, sur 1,000 habitants, on compte 254 Allemands, 186 Tchèques, Moraves et Slovaques; 83 Croates et Serbes, 82 Moldo-valaques, 68 Polonais, 34 Slovènes, 32 Israëlites, 16 Italiens et Frioulens, 6 individus de races moins importantes. Sur 100 habitants, 77 sont catholiques; les autres sont grecs-orientaux, ou appartiennent aux sectes évangéliques unitaires; il y a 1,100,000 juifs.

Les Tchèques demandent à conserver leur nationalité; ils ont un gouvernement à part, une diète, un corps pour l'élection au parlement; mais ils veulent encore que l'administration de la justice et les écoles soient à l'abri de toute prédominance des Allemands sur les Bohêmes.

Dans les Confins Militaires, un million d'habitants d'un fort beau type, et redoutables, vivaient comme enrégimentés sous quelques chefs, entre les rives de l'Adriatique et les Karpathes; ils cultivaient la terre et étaient obligés au service. Depuis la bataille de Mohacz (1526), sur une bande de terrain le long du Danube, de l'Una, de la Save, 12,000 sentinelles veillaient jour et nuit contre les Turcs et la peste. Cette organisation fut transformée; l'administration fut confiée à l'autorité civile, les capitaines de compagnie furent mis à la tête de l'administration civile; le colonel devint gouverneur. Les Slaves du sud, intelligents, doux, affectueux, d'une beauté pleine d'énergie et de distinction, — et ce ne sont pas les idées que nous attachons ordinairement au nom de Croates, — ont, depuis 1869, un gouvernement propre : ils sont indépendants des Magyars ; et, grâce à l'université d'Agram, ils se dispensent d'aller dans les universités allemandes.

L'empire d'Autriche, outre les partis habituels des conservateurs et des progressistes, est donc divisé en centralisateurs et fédéraux. Vingt ans se sont dépensés à ces conflits, et, pendant ce temps, l'Autriche perdit la Lombardie, permit la décomposition de la vieille Italie où elle avait des intérêts et des parentés ; elle se laissa arracher la Vénétie au moment même où elle était disposée à l'abandonner ; elle ne sut point profiter de la guerre de Crimée, elle vit la prépondérance passer à la Prusse, et pourtant elle se fit sa complice dans le démembrement du Danemark.

En 1863, François-Joseph convoqua à Francfort un conseil des princes allemands, afin de délibérer sur une fédération à laquelle on donnerait la force réclamée par les temps actuels. Mais la Prusse proposa l'unité, et en définitive fit exclure de la confédération impériale l'Autriche, qui en avait été la tête pendant trois cents ans.

François-Joseph acquit de la maturité, grâce à de bien douloureuses épreuves (1) ; outre qu'il perdit la Lombardo-Vénétie, il vit la Lorraine, berceau de sa dynastie, tomber aux mains de la Prusse ; il n'aspirait pas à de nouvelles possessions, et se rappelait que le caractère de sa race est de demeurer la conservatrice des traditions germaniques et la protectrice des petits États.

Les entraves que Joseph II avait mises à l'Église, et que François Ier avait encore resserrées, furent rejetées par le Concordat. Mais, contrarié par sa bureaucratie, François-

L'Autriche.

---

(1) Napoléon III chercha, par l'intermédiaire de Bourqueney, son ambassadeur à Vienne, à persuader François-Joseph de s'unir à lui et à l'Angleterre contre la Russie ; mais celui-ci tint ferme et ne voulut pas devenir l'ennemi du czar qui l'avait aidé contre la Hongrie. Napoléon lui écrivit en lui demandant de s'employer à obtenir, pour son cousin Jérôme, la main de sa parente, la fille du duc de Bavière. François-Joseph comprenait bien que son refus deviendrait un prétexte d'inimitié, mais il répondit qu'en Bavière on ne faisait que des mariages d'inclination, que ce n'était pas le cas de sa parente. Les Napoléon y virent un affront : « Eh quoi ! nous sommes donc des aventuriers, puisqu'on ne veut pas s'allier avec nous ! » Ils se tournèrent vers le roi de Piémont : les conséquences furent graves.

Joseph dut abroger ce Concordat et en venir à des lois confessionnelles. Cependant le prince Jérôme Bonaparte dénonçait l'Autriche comme le dernier boulevard du catholicisme; on aurait pu ajouter, et de l'union des diverses nationalités. L'Autriche compte 21,750,000 habitants dans l'empire; 5,500,000 dans le royaume; son armée est de 257,000 hommes et de 48,000 chevaux sur pied de paix, et de plus d'un million d'hommes en cas de guerre; elle a 59 vaisseaux avec 324 canons. Andrassy, d'une ancienne famille magyare, pendu en effigie en 1848, puis de *Honved* devenu ministre, espéra entraîner la Hongrie dans une action commune et amener les Slaves à se soumettre aux Allemands qui sont inférieurs par le nombre; mais les diverses races de l'empire ne se résignent point à se voir exclues de la Constitution dualiste, et se serrent autour de l'empereur; les Bohêmes, d'après les conseils de Prazac, interviendront au Reichstag, mais y apporteront d'énergiques prétentions.

Ce sont là des temps bien différents de ceux où Metternich (1773-1859) gouvernait facilement. Toutefois l'armée, malgré la diversité des races, demeure fidèle à l'empereur. Vienne est renouvelée sous le rapport des constructions comme sous le rapport de la civilisation. La prédominance des juifs (prédominance regrettée, mais inévitable) donne de l'animation à son commerce et fait d'elle la capitale la plus riche en numéraire. Trieste maintient son empire sur l'Adriatique.

Si, avec le nouveau ministère, l'Autriche, passant du culte de la fatalité à la prévoyance, apaisait les luttes de parti et les rivalités nationales du parlement, diminuait l'énorme dette consolidée de 2 milliards 737 millions et la dette flottante qui s'élève à 2 milliards 790 millions; débarrassée de l'Italie et de l'Allemagne, elle pourrait tirer parti de ses riches produits. Nous avons déjà indiqué quels pays elle peut perdre au midi, quels autres elle peut acquérir à l'orient, en dépit de la reconnaissance que Bulgares et autres ont pour la Russie, auteur de leur indépendance. Lorsque des lignes de chemin de fer uniront Vienne et Pesth avec Salonique, Constantinople, Bucharest et la Roumanie, le territoire compris entre ces lignes et l'Adriatique sera le domaine à exploiter par l'Autriche au point de vue économique, et le Danube retrouvera l'importance qu'avait l'Ister des anciens.

Depuis 1774, en Autriche, la loi déclarait obligatoire l'instruction populaire, mais cette loi n'était pas observée, comme il arrive pour les lois absurdes; et maintenant, à l'exemple d'autres pays, on veut enlever aux pères de famille le droit d'éducation pour le transférer à l'État. Les bonnes études y sont florissantes, quoique avec moins d'apparat qu'en Prusse. Aüersperg (Grünn), mort en 1876, à l'âge de 70 ans, a été fort regretté.

C. Empire d'Allemagne.

Nous avons parlé déjà de la prospérité de la Prusse et indiqué le côté moins brillant de sa situation; nous avons montré comment la formation de la grande patrie allemande avait communiqué l'impulsion à tous les éléments de la vie sociale. Guillaume Ier avait dit : « Je ne souffrirai jamais qu'une feuille de papier s'interpose entre le Seigneur Dieu et moi, ou qu'un paragraphe me gouverne comme une Providence. » Mais, en 1848, il dut accorder la Constitution. Guillaume II s'était montré tolérant, si bien que Pie IX put rétablir en Prusse la hiérarchie catholique. Guillaume IV, libéral mais conservateur, favorisa la féodalité; il dut toutefois se conformer à ce que demandaient les temps. Nous avons indiqué aussi la formation de la Confédération des États allemands sous le roi de Prusse, proclamé empereur et maître de toutes les forces de l'empire (1).

Le tableau de l'armée allemande pour 1879-1880 donne :

Simples soldats	401,659
Officiers	17,220
Médecins	1,627
Payeurs	746
Vétérinaires	621
Armuriers	619
Selliers	93
Chevaux	79,893

Bien que les trois empereurs, dit-on, soient d'accord en politique pour se préserver de la révolution, la Prusse et

---

(1) La Confédération germanique du Nord renferme 21 États, d'une superficie de 7,395 milles carrés, avec 32 millions d'habitants; elle comprend toute l'Allemagne du Nord, excepté le Luxembourg qui est neutralisé. Par l'annexion du Hanovre, de la Hesse Électorale, du duché de Nassau, de Francfort, du Sleswig-Holstein, la Prusse s'est agrandie de 6,300 milles carrés avec 27 millions d'habitants. L'Alsace et la Lorraine lui ont ajouté 263 milles carrés et un million et demi d'habitants.

D. Scandinavie.

Le Danemark. Le Danemark, qui garde un bon souvenir de Frédéric VII, roi populaire, nous a donné une ample occasion de parler de lui à propos du Sleswig-Holstein. Ces principautés, situées au nord de l'Elbe et au sud du Jutland, sont comprises entre le Danemark et l'Allemagne; et leur nationalité ne peut s'accorder avec un ancien privilège qui fixe à l'Eider la limite de l'Allemagne. Le duc d'Augustenburg élevait des prétentions, et un traité de 1852 adjugea la couronne du Danemark, qui était libre, à Christian de Glücksburg, de la même famille. Mais, d'un côté, on craignait que la Russie, alliée à cette maison, n'arrivât un jour à dominer dans le Holstein, et à entrer ainsi dans la Confédération germanique; d'un autre côté, la Prusse convoitait dans ces duchés d'admirables stations maritimes. Sous le prétexte donc de la nationalité, elle occupa le pays, et l'Autriche fut sa complice mal avisée. Celle-ci dut se retirer, et le Sleswig et le Holstein restèrent à l'empire allemand.

Démembré ainsi par cet abus évident de la force, malgré une résistance courageuse et patriotique, le Danemark eut une compensation dans la liberté que le roi lui accorda par la Constitution du 28 juillet 1866.

Le Danemark a deux millions d'habitants, luthériens pour la plupart; il a cédé aux États-Unis ses possessions dans les Antilles. Le Lauenburg lui a été rétrocédé en échange de la Poméranie suédoise.

Cette année même (1879), on a célébré à Copenhague le quatrième anniversaire séculaire de la fondation de l'Université; la cérémonie a commencé par des processions et des prières adressées au Dieu des sciences.

L'histoire de la littérature danoise par Peterson, et celle du théâtre danois par Overkson peuvent donner une idée de la culture intellectuelle de ce pays : Andersen, Thoresen, Hertz... sont lus à l'étranger. L'Académie a achevé le dictionnaire de la langue (1). Les Danois ont exploré l'intérieur du Groënland.

---

(1) Raaslofl, autrefois ministre d'État, a publié cette année un article sur « le caractère national des Danois et les rapports du Danemark avec l'Allemagne ». Il y loue ses compatriotes pour leur droiture, leur

La Suède, avec une population qui appartient entièrement au culte luthérien évangélique, a gardé des lois rigoureuses contre le peu de catholiques qu'on y trouve ; en 1858, il y eut des procès contre de nouveaux convertis, et cela dans ce pays dont le plus grand roi, Gustave-Adolphe, avait combattu pour la liberté de conscience. La Suède est le seul royaume qui ait gardé sur le trône un général de Napoléon, Bernadotte (1818-1844), à qui l'on doit le canal de Gothie, unissant la mer du Nord à la Baltique.

Charles XV adopta cette devise : « Le pays sera établi sur la loi. » Il avait une liste civile de 2 millions pour la Suède, et de 800,000 francs pour la Norvège. Son frère, Oscar II, lui succéda bientôt (1844-59). En 1866, la Constitution fut modifiée ; aux quatre états formés par les nobles, le clergé, les bourgeois et les paysans, on substitua un parlement (*Riksdage*) avec deux chambres égales ; les lois religieuses doivent être soumises à l'approbation du synode (*Kirchemöte*) composé de trente membres du clergé et de trente laïques. Les démocrates (*Landmann parti*) firent de l'agitation contre cette institution et contre l'Église évangélique. Le roi Oscar penchait pour la tolérance, mais il n'y réussit pas ; les dissidents furent exilés et leurs biens confisqués.

La population est fort disséminée : on compte en Suède 11 habitants par kilomètre carré ; il y en a 6 en Norvège, 4 en Russie ; tandis qu'on en trouve 113 en Hollande, 183 en Belgique. La colonie de Saint-Barthélemy, aux Antilles, a 2,500 habitants.

La Suède a beaucoup d'écoles et d'instituteurs ; son commerce et son industrie sont en pleine activité ; elle a envoyé des missions en Laponie et des expéditions au pôle arctique, car elle est maintenant le point le plus avancé dans cette direction, comme l'Islande l'était au temps de Zénon. Il faut mentionner un négociant, Sobirenkoff, qui a fourni les sommes nécessaires pour le voyage entrepris par la *Vega* autour du monde, en commençant par le pôle. Avec Nordenskiold elle doubla le cap Kolinskin, et, par le détroit de Behring, passa dans la mer Pacifique ; ce problème n'avait pas été résolu jusqu'alors.

impartialité, leurs sentiments d'humanité en général ; mais il convient de leur indolence, de leur irrésolution, de leur insouciance. Sans parler du parti national libéral, les paysans et le peuple sont mal disposés pour les Allemands.

On vante beaucoup Barjesson (mort en 1866) pour son poème de *la Création,* et sa tragédie d'*Eric XIV.* Dans la théologie, Keilan s'est fait un nom illustre. Beaucoup d'auteurs ont écrit l'histoire de la littérature suédoise. A. Fryxell voudrait adopter pour elle une classification basée non point sur les données esthétiques, mais sur l'influence que la littérature exerce sur le peuple, en développant ou en affaiblissant en lui l'amour de la vérité et de la vertu, le sérieux du caractère et la force morale; C.-R. Nyblam et Malmström estiment que la littérature, morale ou non, est le miroir d'une civilisation et des opinions courantes; suivant eux, tout auteur est de son époque et il est d'autant plus lu qu'il en exprime davantage les idées et les sentiments. Aujourd'hui la tendance en littérature est vers l'Angleterre, et, en philosophie (*Böstrom,* mort en 1866), vers l'Allemagne.

Le congrès d'archéologie et d'anthropologie tenu à Stockholm en 1874 mérite d'être mentionné ici pour ses études sur l'ambre, sorte de résine fossile qu'on croit particulière à la Baltique, et qu'on rencontre dans les dépôts préhistoriques du Bolonais : ce qui est une preuve de communications très anciennes.

A cause des glaces de la Baltique, la Russie est obligée de faire passer ses marchandises pour l'Occident en grande partie par la Suède. Mais, en Suède même, les fleuves ne sont pas toujours libres; on songe donc à ouvrir un canal entre Nynas, près de Stockholm, et Hong, sur la frontière de la Finlande.

La Norvège. La Norvège, depuis la nouvelle Constitution de 1865, a réformé le pacte d'union avec la Suède : cette union dure depuis soixante ans, elle est facilitée maintenant par le chemin de fer qui relie Stockholm à Christiania. Dans la Norvège, devenue protestante sous Frédéric Ier et Christian III, aucun emploi n'est confié à qui ne professe point la religion luthérienne. Cette règle a été toutefois abolie le 12 mars 1878, excepté pour le roi, les ministres et les juges. Des missions catholiques s'établissent dans le pays.

Les richesses de la Norvège sont le gibier, les fers et les forêts : chaque année, l'exportation est de 24 millions de stères pour les bois en planches, de 4 millions pour les vergues, d'un million et demi pour les poutres, de 10 millions pour les douves. On exporte aussi 75,000 quintaux de goudron.

D'après la statistique de la littérature norvégienne par F. Baetzmann, et la bibliographie de Thorvald-Boeck, en sept ans, c'est-à-dire de 1866 à 1872, on a publié 2,294 ouvrages, dont 543 pour l'histoire, 467 pour la théologie, 258 pour les beaux-arts et la littérature, 145 pour les sciences naturelles; 672 ont été imprimés à Christiania, qui a maintenant sept journaux quotidiens. Le 26 mai 1763 parut le premier numéro du *Christianin Intellizentssedler* : ce journal vit encore. En 1871, un journal a été fondé par la Société d'histoire de la Norvège. Mais beaucoup d'écrivains, et en particulier les deux illustres poètes Biörnstjerne-Biörnson, qui s'occupe de politique et de polémique, et Henri Ibsen, font imprimer leurs œuvres à Copenhague chez le grand éditeur Hegel. Le docteur Broch, à l'occasion de l'Exposition universelle de Paris en 1867, et avec plus de détails encore pour l'Exposition de 1878, a donné en français un excellent rapport, sous le titre *le Royaume de Norvège et le peuple norvégien;* il y traite toutes les questions d'histoire, d'ethnographie, de statistique et de morale. La censure a été abolie en Norvège au moment de la séparation du Danemark; dans le Danemark même, elle persista jusqu'en 1848. L'instruction primaire est aux mains du clergé.

Il n'est plus question de l'union des trois royaumes qu'au point de vue monétaire; mais il y a un parti qui demeure fidèle à cette union.

CHAPITRE XVII.

BELGIQUE. — HOLLANDE.

La révolution de novembre 1830, conduite surtout par les catholiques (*de Gerlache, de Mérode, de Theux, Deschamps, Ducpétiaux*, etc.), a séparé la Belgique de la Hollande pour lui donner la liberté de religion. La Belgique a depuis lors une prospérité et une stabilité bien étonnantes au milieu de tant de bouleversements; et malgré les crises commerciales de 1849, l'horrible famine qui a sévi principalement dans la Flandre, pays manufacturier, et les terribles inondations de 1872, elle a conservé la monarchie, l'indépendance et la foi. On n'en a pas moins rejeté la cause des malheurs sur le clergé, qui,

La Belgique.

disait-on, aspirait à la théocratie : on abaissa le cens électoral ; les campagnes, où l'influence reste aux propriétaires, aux cultivateurs, au clergé, furent dominées par les villes où se rassemblent les désœuvrés et les intrigants. Cependant une bande d'émeutiers, venue de France en 1848 pour implanter la république, fut repoussée ; et le peuple se serra davantage autour du roi.

Léopold de Cobourg régna de 1831 à 1863 sans ambitionner des agrandissements ; souvent il fut appelé comme arbitre entre des princes ennemis ; on lui reprochait un défaut bien rare aujourd'hui, l'économie. En 1861, il se réconcilia avec la maison d'Orange et la navigation de l'Escaut fut déclarée libre. Quand grondèrent les révolutions, il offrit à son peuple de se retirer, si on jugeait la chose utile ; on le pria de rester et il continua de régner sans manquer à aucune de ses promesses.

La classe éclairée et la haute bourgeoisie se montrent libérales, plutôt qu'autoritaires et démagogiques comme en France ; l'armée a la juste mesure ; les finances, si bien réglées qu'on a pu abolir l'octroi ; l'agriculture est en progrès et les manufactures prospèrent ; on a la liberté de la presse, la liberté de l'enseignement, la liberté des cultes, la liberté des associations. Les catholiques, en s'appuyant sur elles, conservèrent et développèrent les franchises qu'ils avaient conquises pour tout le pays ; ils multiplièrent les écoles et établirent à Louvain une Université catholique. Mais ces libertés parurent une faute au parti qui s'appelle libéral (*Frère Orban, Devaux, Nothomb, Rogier, Verhaegen*) ; il abaissa le cens pour faire prévaloir sur les propriétaires des campagnes la foule des cités ; il déclama contre la fondation de monastères, d'hôpitaux, de refuges, de séminaires ; puis, arrivé au ministère, il établit à Bruxelles une Université athée, expropria les corporations religieuses, attaqua surtout l'enseignement libre, et en vint à ce point de croire accorder beaucoup en ne faisant pas disparaître des écoles primaires les emblèmes religieux, et en permettant la prière avant les classes. Cette lutte a troublé le pays, mais sans ébranler la Constitution. Plus d'une fois on a comploté d'annexer la Belgique tantôt à l'Allemagne, tantôt à la France ; mais la Belgique est demeurée, pour démontrer l'utilité des petits États.

Une autre démonstration, c'est sa merveilleuse prospérité. La population qui, à l'époque de la révolution, était loin d'atteindre quatre millions, s'est augmentée de 38 %. La proportion est beaucoup plus grande qu'en France, dont la Belgique a gardé le code civil avec les règlements relatifs à la succession et à la transmission de la propriété. Tandis qu'en 1846 l'hectare de terrain se vendait 2,416 francs et en rapportait 68, il s'afferme maintenant 103 francs et se vend 3,946 francs; le total des importations et des exportations a passé de 775 millions à 7 milliards 56 millions; le commerce spécial, au lieu de 345 millions, donne 2 milliards 512 millions (1).

Des cinq millions et demi de citoyens belges, 498 sur mille parlent le flamand; 423, le français; les autres parlent ces deux langues avec un mélange d'allemand. On compte à peine 1,500 protestants; il y a 3,000 juifs. La dette s'élève à 1 milliard 358 millions, dont le service nécessite 50 millions.

L'année prochaine (1880), la Belgique célébrera le cinquantième anniversaire de son indépendance; certains partisans, qui font consister tout le mérite dans l'abstention, ont émis l'avis que les catholiques ne prissent point part à ces fêtes, parce qu'on les a traités injustement. Le roi fit à ce propos ces recommandations : « Pour cette date mémorable, qu'on oublie les divisions : renouvelons-nous dans cet esprit viril et sage qui a fondé la nationalité belge; que les partis se rapprochent; faisons des efforts de générosité, de modération, de prévoyance. C'est l'intérêt, c'est l'avenir de notre chère et noble Belgique qui demande cela à tous par la bouche de son roi. »

La Hollande a élargi sa Constitution en 1848, aboli les privilèges de la noblesse reconnus par la Constitution de 1815, établi une seconde chambre de députés élus pour quinze ans parmi les censitaires; les membres de la première chambre sont nommés pour neuf ans par les États provinciaux et choisis parmi les principaux contribuables; la liste civile est fixée à un million de florins, La Hollande conserve son activité commerciale, et mieux que d'autres États a résolu le problème de la colonisation, surtout depuis la perte de la Belgique : elle compte dans ses colonies 18 millions d'habitants et parmi eux 22,000 Européens. La Hollande a trouvé dans la guerre faite aux Indes contre le

La Hollande.

---

(1) *Annuaire statistique de la Belgique* de l'année 1878.

royaume d'Atschin une occasion de réunir ce pays à ses possessions, mais elle a cédé à l'Angleterre celles qu'elle avait sur la côte de Guinée. Elle a des colonies agricoles où elle relègue les vagabonds : toutefois le développement de l'industrie fait qu'en Hollande les gens sans profession et les condamnés sont peu nombreux. A l'intérieur, le pays est tant soit peu agité par les disputes entre catholiques et jansénistes. Au XVIe siècle, il y avait eu dans les Pays-Bas une première scission entre les provinces du sud et celles du nord, laquelle empêcha seule l'Europe centrale de devenir tout entière protestante. De nos jours, la Hollande a donné à Pie IX un grand nombre de zouaves, et, à l'heure présente, elle soutient les missions d'Afrique. Toutefois, en 1872, la majorité protestante et gouvernementale a décidé la suppression de l'ambassade près du Saint-Siège.

Mentionnons le ministre Tharbecke (mort en 1872) qui, pendant vingt-cinq ans, a, on peut l'affirmer, gouverné le pays : il était libéral et tolérant même pour les catholiques.

Par le Limbourg et par le Luxembourg, la Hollande entrait dans la Confédération germanique ; mais elle en est demeurée exclue par la dernière organisation.

Le prince héréditaire étant mort en 1879 et son frère cadet étant valétudinaire, le roi, paraît-il, désignera pour son successeur le prince héréditaire de Nassau, son parent éloigné, et fils de ce duc de Nassau qui, pour avoir suivi l'Autriche en 1866, fut dépossédé de ses États par la Prusse, et même dépouillé de ses biens privés.

On peut assimiler au dessèchement du lac Fucin et du lac de Harlem le dessèchement du Zuyderzee : avec une dépense de 240 millions on gagna ainsi pour la culture un terrain de 200,000 hectares. On a ouvert en 1870 un nouveau canal entre Amsterdam et la mer.

La langue hollandaise est cultivée dans le pays ; mais, pas plus que la langue scandinave, elle ne tend à se répandre.

L'histoire de la Hollande, écrite par l'Américain Motley, est critiquée par Green van Prinsterer, qui publie les archives de la maison de Nassau.

CHAPITRE XVIII.

LA SUISSE.

La paix religieuse qui depuis deux siècles régnait heureusement dans les montagnes helvétiques, fut troublée par la guerre du Sunderbund, et les cantons catholiques d'Uri, de Schwitz, d'Unterwald, de Lucerne, du Valais, de Zug, de Fribourg, après leur défaite, durent subir la loi des vainqueurs. Ce mouvement fut le prélude de tous ceux qui ont bouleversé l'Europe ; et à tout moment il s'est renouvelé par des mesures oppressives ou par de véritables persécutions. Alors s'établit la Constitution unitaire avec Berne pour capitale.

12 septembre 1848.

La Suisse, où il y a un million de catholiques et un million et demi de protestants, est divisée, comme tout autre pays, entre deux partis. Le parti conservateur s'attache aux traditions de fédéralisme avec l'autonomie de chaque canton, selon les différences d'origine, de langue, de coutumes, de culte, de topographie ; l'unitarisme au contraire, auquel l'Europe va sacrifiant les libertés traditionnelles, est le rêve de l'autre parti qui attise les haines et les préjugés de religion, et veut soumettre les croyances elles-mêmes à des principes théoriques et remplacer l'arbalète de Guillaume Tell par la carabine de Garibaldi.

A Genève, berceau et métropole du calvinisme, le catholicisme s'était introduit et se développait par les soins de l'actif évêque, Mgr Mermillod ; ce prélat fut chassé, au mépris de la Constitution ; le culte catholique fut entravé ; car l'absolue séparation de l'Église et de l'État ne signifie bien souvent, on le voit, qu'une suppression des subventions. La séparation enlèverait ici du moins l'appui officiel compris à la façon calviniste. Le gouvernement central se laissa aller à de violentes déclamations contre la cour romaine, contre l'infaillibilité du pape, contre ce qu'il appelait l'hypocrisie et les mensonges des catholiques ; et cela précisément au moment où il ordonnait un jeûne dans toute la Fédération, parce que « l'égoïsme, le culte du dieu Mammon, l'amour des jouissances des sens menacent la prospérité publique » ; pendant ce jeûne, on devait fermer les boutiques, les cafés, les lieux de réunion ; on devait faire des prêches et lire la Bible.

L'ingérence du gouvernement s'étendit même aux églises protestantes. Déjà par la réforme de la Constitution, en 1865, on avait touché à la liberté religieuse et par là soulevé une vive opposition. Puis, en 1874, on déclara vouloir transformer l'église du canton de Berne en église démocratique, entièrement soumise au vote des citoyens, puisque tous étaient appelés à élire leur pasteur et ses vicaires, à les réélire tous les six ans, et avaient le droit de veto relativement aux décisions doctrinales du conseil catholique et du synode protestant. Tout cela est sanctionné par un plébiscite. L'opposition la plus considérable vint de l'église protestante de Neufchâtel : ce canton, alors qu'il relevait encore de la Prusse, s'était donné une organisation particulière. Soixante pasteurs bernois, qui réclamèrent, furent destitués ainsi que dix évêques, comme ayant failli à leur devoir de salariés du gouvernement et violé le serment prêté.

Le 29 mai 1874, l'Assemblée fédérale proclama une nouvelle charte établissant un conseil qui, outre ses attributions législatives, conclut les traités, déclare la guerre ou fait la paix, sanctionne les constitutions des divers cantons ; les résolutions adoptées par lui doivent être soumises à un plébiscite, lorsque la demande en est faite par 30,000 citoyens. Tout Suisse est électeur à vingt ans ; tout électeur laïque peut être élu député ; il y a au conseil national un député par 20,000 âmes ; au conseil des États, deux députés par canton ; l'Assemblée fédérale élit sept membres ; ils forment le tribunal fédéral qui juge des délits politiques et des litiges entre cantons.

Les cantons et la confédération peuvent pourvoir au maintien de l'ordre, fût-ce en agissant contre les confessions religieuses. Personne n'est obligé à supporter des charges pour le culte d'une religion qui n'est pas la sienne. Malgré de vives résistances, non seulement on a porté atteinte au droit de propriété en spoliant les communautés religieuses, mais on leur a défendu de recevoir des novices. Le souverain pontife protesta, mais le nonce apostolique reçut son congé. On a cru que c'était faire beaucoup que d'accorder aux catholiques la nomination de leurs curés.

Toutefois les questions politiques cèdent le pas à la question sociale qui est bien accueillie en Suisse, où elle trouve des apôtres et des ouvriers.

Le chemin de fer du Saint-Gothard facilitera les communications avec l'Italie et l'Allemagne. Mais quelques-uns craignent que ces deux puissances, sous prétexte de nationalité, ne désagrègent la confédération suisse toujours si sympathique et si hospitalière, et qui souvent même a donné l'exemple à l'Europe.

CHAPITRE XIX.

LA PÉNINSULE IBÉRIQUE.

A. L'Espagne.

Ce pays, remarquable par sa beauté et sa fécondité, a autrefois aspiré à la domination universelle; de nos jours, il a fait crouler la fortune de Napoléon, et donné l'exemple de la Constitution la plus libérale, en conservant le respect pour la religion et pour le chef de l'État; mais il a trop souvent changé de gouvernements, de souverains, de partis : trop souvent une soldatesque mutinée l'a dominé.

Les populations y diffèrent par l'origine, le langage, les institutions; on les a groupées entre elles par des Constitutions à la façon moderne, auxquelles les Catalans surtout et les Basques s'opposent dans leur opiniâtreté à conserver les franchises et les croyances de leurs ancêtres. De 1833 à 1840, l'Espagne fut agitée par des guerres dynastiques pour le droit de succession : don Carlos, qui tenait pour la loi salique, fut vaincu par Isabelle et les libéraux; ceux-ci bientôt se divisèrent en conservateurs, avec Narvaez, et en progressistes, avec Espartero.

Le ministère Narvaez dura dix ans : il assura la couronne d'Isabelle même au milieu des tempêtes de 1848, et rétablit le concordat avec le pape, ce qui fit crier qu'on voulait ramener l'absolutisme. Espartero, au contraire, inclinait vers la démocratie, et maintes fois il apaisa les discordes par l'épée. 1843-53.

Entre les deux se forma le parti de l'union libérale qui demande la réconciliation avec Rome, la décentralisation, l'amnistie complète pour les délits politiques et la prépondérance de l'élément civil sur l'élément militaire.

Mais O'Donnell, à la tête de quelques soldats, fait un *pronunciamiento :* le peuple de Madrid se défend pendant trois jours avec des barricades, en criant : « Moralité et justice ! »

Espartero, entré au ministère au milieu de grandes fêtes, réprime le soulèvement, s'efforce de réveiller le sentiment de l'ordre ; mais bientôt Narvaez, puis O'Donnell lui succèdent ; l'état de siège est levé ; et un fils étant né à Isabelle, don Carlos voit ses espérances ajournées.

Pendant ce temps, la guerre déclarée au Maroc pour réprimer les pirates est menée avec fureur jusqu'à la paix du 26 mai 1860. L'île de Saint-Domingue, qui était revenue à l'Espagne, se révolte ; il faut lutter sans cesse pour conserver Cuba, qui est le dernier reste de l'immense empire espagnol en Amérique, le centre du commerce entre celle-ci et l'Europe, et qui commande la route de la Louisiane, de la Floride, de l'Alabama, du Texas, du Mississipi. L'abolition de l'esclavage fut décrétée à Cuba et à Fernando-Po ; et l'on ramena en Afrique les nègres qui ne voulurent pas rester en ces pays comme libres travailleurs. Mais les créoles réclament l'égalité des droits civils ; ne l'obtenant point, ils se soulèvent.

L'Espagne vit tomber les Bourbons d'Italie sans leur tendre la main, bien qu'elle eût des droits de succession éventuelle ; elle ne se remua un peu qu'en faveur du pape ; puis elle en vint à une rupture avec le royaume d'Italie, qui redemandait les archives napolitaines mises à l'abri en Espagne.

Ces agitations chroniques, la part que le pays dut prendre aux vicissitudes du Mexique, la conquête de Saint-Domingue qui dura si peu et coûta 12,000 hommes et 90 millions de francs, ruinèrent les finances et provoquèrent des troubles déplorables avec de fréquents changements dans les ministères. A celui d'O'Donnell, qu'on s'étonna de voir durer trois ans, succède celui de Miraflorès, libéral de promesses qu'il ne tient pas, comme c'est l'habitude ; ensuite viennent Avazola et Mon et quatre ministres en deux ans. Narvaez rentre au ministère et il rappelle Christine qui avait été chassée. Un article publié par le très éloquent Castelar soulève les étudiants et le peuple à leur suite ; O'Donnell revient au ministère, et promet une entière liberté pour la presse et pour les élections, la vente des biens ecclésiastiques, et un accommodement avec l'Italie. Le clergé réclame, les journalistes dénoncent la sœur Patrocinio et le confesseur Claret comme poussant la reine à la tyrannie, et les font chasser.

Ce n'est point assez pour les *exaltés* qui font un *pronunciamiento* avec Prim, demandant l'Assemblée constituante et

Espartero; mais la vigueur avec laquelle Narvaez les réprime fait craindre le retour du despotisme : les villes sont en lutte contre les villes, les provinces contre les provinces : les Assemblées rendent leurs décrets sous la pression des places publiques ; on voit la dictature saisie successivement par Castelar, Zorilla, Martinez Campos qui, l'île de Cuba une fois reprise, renverse Canovas et s'empare du ministère. Ces hommes peuvent, avec une seule parole, un seul regard, entraîner la foule à l'héroïsme ou au crime, et cependant ils se font les esclaves de la foule ; ils donnent occasion à des menaces, à des incendies, à des actions et des résultats qu'on n'attendait point. Serrano nommé dictateur, est reconnu par les puissances, mais il n'est pas assez fort. Pendant ce temps, les finances sont gaspillées, les révolutions militaires se compliquent d'aspirations socialistes ; on crie : « Guerre à la propriété, mort aux riches ! » les incendies commencent ; à l'extérieur, les choses vont mal au Mexique, au Pérou, au Chili.

Les souverains d'Espagne étaient les derniers Bourbons : ils avaient donc contre eux Napoléon et l'Angleterre qui fournirent prétexte à ces révolutions de caserne. Ces violentes agitations contraignent Isabelle à sortir du pays avec les siens ; alors les communautés religieuses sont proscrites. On songe à réunir l'Espagne au Portugal, mais le roi de Portugal avait en horreur cette usurpation, patronnée par Olozaga et les autres imitateurs de l'Italie. Au milieu de ces vicissitudes, dans lesquelles magistrats et ministres se succèdent au pouvoir et dans l'exil, les bandes des carlistes s'augmentent. Prim, qui s'était signalé contre le Maroc et le Mexique (1), mendie auprès des cours d'Italie et d'Allemagne l'aumône d'un monarque ; et la candidature d'un Hohenzollern sert de motif à la guerre entre la Prusse et la France. *(Septembre 1868.)*

Amédée, duc d'Aoste, devenu roi malgré les protestations d'Isabelle en faveur de son fils, don Alphonse, et celles de don Carlos, duc de Madrid, dut subir pendant son règne très court huit ministères avec Serrano, Zorilla, Malcampo, Sagasta, pendant que les carlistes organisaient un soulèvement général aux cris de : « Chassons l'étranger ; vive Dieu, vive la patrie, vive le roi ! » et don Carlos, salué roi, jurait ces *fueros* qui ont été la défense des libertés effectives et qu'on *(2 janvier 1871.)*

---

(1) Un magnifique tableau de Regnault représente le général Prim devant Madrid, le 8 octobre 1868.

regarde maintenant comme un obstacle aux libertés conventionnelles. Il fallait donc combattre et les légitimistes et les républicains, et en même temps envoyer une expédition contre Cuba révoltée; aussi Amédée, échappé à l'attentat dirigé sur lui en pleine ville de Madrid, regarda comme une bonne fortune de pouvoir sortir sain et sauf de l'Espagne. Aussitôt on proclame la république unitaire à Madrid, la république fédéraliste à Barcelone, la république communiste à Malaga. Pi y Margall voulait la république unitaire; Castelar, démocrate et opportuniste, dont l'éloquence transporte ses auditeurs qui pourtant le laissent toujours battu, disait que la pire des républiques vaut mieux que la meilleure monarchie et favorisait le fédéralisme plus en harmonie, semble-t-il, avec les origines de l'Espagne; mais triste république que celle qui doit s'établir et se maintenir par les baïonnettes!

Pendant ces péripéties, Charles VII se fortifie dans les provinces basques qui, dédaigneuses de ces révolutions de palais, méprisent une liberté qu'on accorde par décret, pour s'attacher à l'indépendance municipale et provinciale; Charles VII est pour ce motif accusé d'intolérance religieuse et de despotisme; il s'avance victorieux avec les étonnants bataillons navarrais, mais un *pronunciamiento* militaire, à Sagonte, porte sur le trône Alphonse XII en faveur de qui sa mère Isabelle avait renoncé à ses droits; on revenait ainsi à cette dynastie pour le renvoi de laquelle tant de sang avait été versé. Alphonse, comme d'habitude, est fêté: son avènement est regardé comme un gage de paix après tant de convulsions; le nouveau roi est reconnu par les puissances; mais au milieu des ovations populaires un assassin attente à sa vie.

Suivant la charte du 30 juin 1876, la religion catholique est la religion de l'État : les autres cultes sont tolérés; le pouvoir législatif réside dans le roi et les Cortès composées d'un sénat et de députés.

Le sénat, selon la Constitution de 1855 due principalement à Olozaga, est électif; quelques-uns de ses membres sont dignitaires de l'État ou élus à vie; les autres sont élus par les corporations qui jouissent des droits civils et par les plus riches propriétaires. Les députés sont nommés pour six ans par les districts; et si l'un d'eux reçoit de l'État une pension, une charge, une décoration, il doit déposer son mandat. Chaque province a sa députation.

Sous le ministère conciliateur de Canovas del Castillo, les élections se font par le suffrage universel, tempéré par quelques égards accordés à la minorité et à des mérites exceptionnels. Les mariages religieux sont reconnus par la loi.

L'Espagne a 17 millions d'habitants, une dette de 10 milliards, 230,000 soldats en Europe, 70,000 dans les colonies : c'est elle qui possède le territoire le plus étendu; mais la nationalité la plus répandue est la nationalité anglaise. L'Espagne a de la peine à conserver les Philippines (6 millions d'hab.), Porto-Rico (625,000 hab.), Cuba (1,400,000 hab.) et la Guinée (35,000 hab.). Elle cherche à s'affranchir des Anglais en donnant en échange de Gibraltar les forteresses qu'elle conserve en Afrique.

La patrie de Berraguete, d'Arfé, d'Alphonse Cano ne manque point de sculpteurs; pour la peinture, la dernière Exposition universelle de Paris a fait regretter la mort prématurée de Fortuny (1820-74), mais on a pu y constater des œuvres originales et une étude sérieuse de la vérité (*Arico, Madrazo, Pradilla*). Avec de si beaux modèles dans l'architecture, la décoration, le théâtre, l'Espagne ne pourra que s'élever dès qu'elle aura recouvré la tranquillité. Ce pays de vertu et de foi, ce pays des œuvres de charité, de la dignité personnelle combinée avec une douce et poétique existence et avec une imagination qui a donné naissance au proverbe : faire des châteaux en Espagne; ce pays où l'on répète les chants patriotiques de Quintana, de Gallego, de Cienfuegos, d'Arriaca; la patrie de Donoso Cortès, de Ramon de la Sagra, de Toreno, d'Emilio Castelar, du poète tragique Balaguer, et des romanciers Caballero, Perez, Galdos, Marta del Pilar, Trueba, ne pourra que se relever pour de magnifiques destinées; mais plus encore que le retour des temps où le Grand Capitaine lui offrait de nouveaux royaumes, et le Grand Amiral un nouveau monde, nous lui souhaitons la discipline dans les partis, l'union dans les sentiments, la noblesse dans les desseins, et la fermeté pour se tenir également loin et du mépris du passé et de l'ivresse des espérances.

B. Le Portugal.

De son antique grandeur, dans ces temps où les jeunes cadets de sa noblesse allaient fonder des colonies sur les rivages des deux Océans, il reste encore au Portugal les

Açores et Madère dans l'Atlantique ; la Sénégambie, le Mozambique, et Angola, en Afrique ; en Asie, il a Goa, et en outre Macao où, avant les derniers traités, le Portugal était la seule nation qui eût le droit de trafiquer avec la Chine : il y était connu sous le titre de Taï-saï-jon.

<small>Constitution de 1838.</small> Le Portugal, avec une population de 4 millions d'habitants (1), sur une superficie de 90,000 kilomètres carrés, fut longtemps agité par les questions de dynastie. Don Pedro, devenu empereur du Brésil, laissa en Portugal sa fille Maria da Gloria qui fut reine à la mort de Jean VI et régna jusqu'en 1853 en lutte avec don Miguel : celui-ci prétendait à la succession et était à la tête du parti absolutiste qui s'appelait parti de la Foi (2). Aux termes de la Constitution de 1838, établissant deux Chambres et le droit de *veto* royal, dona Maria fut assistée par des ministres qui se succédèrent sans cesse : le principal d'entre eux fut Costa Cabral, renversé en 1846, et remplacé par Saldanha. — Pedro V succéda à dona Maria, et mourut en février 1861, âgé seulement de vingt-quatre ans. — Don Louis Ier jura de maintenir la religion et la Constitution ; mais quoiqu'il fût libéral, quoiqu'il eût reconnu le royaume d'Italie et épousé Maria Pia de Savoie ; quoiqu'il eût, malgré un concordat conclu en 1857 avec le Saint-Siège, supprimé les couvents et confisqué les biens ecclésiastiques, le parti opposé à don Miguel le combattit, lui aussi : le parti de la Régénération renversait les ministères les uns après les autres. Pendant ce temps, la dette publique s'augmentait.

Le duc de Saldanha, qui avait dû céder son portefeuille au duc de Terceira, fit un *pronunciamiento* en mars 1870 et revint au pouvoir. Mais la tranquillité n'est pas rétablie ; la misère va en empirant. On songea parfois à unir l'Espagne au Portugal, mais quand on en fit la proposition à Pedro V, il répondit : « Ils croient flatter mon ambition et pensent que je les favoriserai : ils se trompent. Outre les raisons de convenance, de politique, d'honneur qui doivent me retenir, il y a des considérations que je dois me rappeler, moi, si

<small>(1) Le dernier recensement donne 4,745,024 habitants, dont 2,314,523 du sexe masculin ; dans ce nombre sont comprises les îles Açores et Madère. Lisbonne compte 203,681 habitants ; Oporto en a 108,346.

(2) Après avoir séjourné auprès des différentes cours et avoir été tracassé par la presse libérale, don Miguel mourut en novembre 1866 : on lui fit de magnifiques funérailles.</small>

d'autres les oublient. Ils ne refléchissent pas que, si la maison de Bragance montait sur le trône de la Péninsule, le Portugal ne serait plus qu'une province espagnole, et que notre nationalité serait absorbée. Or moi, qui suis le premier des Portugais, le premier citoyen d'un pays qui occupe une place honorable dans l'histoire de l'humanité, je serais un mandataire infidèle si je favorisais de tels projets. Ces gens-là sont même pour nous de grands ennemis, car ils empêchent beaucoup d'actes utiles qu'on pourrait faire pour le bien commun des deux peuples, par exemple le développement des moyens de communications internationales, le progrès dans les intérêts matériels du pays, l'unité des poids, des mesures, des monnaies, l'association douanière, etc. (1). »

L'ingérence de l'Angleterre continue en Portugal, où les commerçants anglais ont des avantages plus grands que les nationaux eux-mêmes, spécialement pour les vins de Porto. — Solidement établie sur le rocher de Gibraltar, l'Angleterre convoite les possessions portugaises de Goa et de Macao.

La patrie de Camoens et de João de Barros n'a jamais perdu son amour des belles-lettres ; et le peuple portugais a toujours le goût de la poésie. Si, dans le dernier siècle, la poésie s'est abaissée à des fadaises trop parnassiennes, elle s'est relevée, après la guerre, sous l'impulsion de Francesco Manuel de Nascimento, et, avec plus de goût encore, sous l'influence d'Almo da Garot et de Castilho, suivis d'un bon nombre de poètes lyriques et dramatiques, et de romanciers. — J. B. Gomez († 1812) par sa seule pièce « *La nouvelle Inès de Castro* » a pris place parmi les plus remarquables tragiques. D'autres auteurs ont travaillé pour le théâtre, par exemple Vasconcellos, Reis Quinta, Biester, Pimentel ; et peut-être le premier de tous est-il Almeida Garrett († 1854).

Bulhao Palo s'est fait un nom parmi les poètes, ainsi que T.-A. Gonzaga, João de Lemos, Anton Pereira de Cunha, et le ministre Ribeiro. Comme autrefois le roi Denis, et comme Philippe de Lancastre, le roi Pedro IV était poète ; il a com-

---

(1) Quand Bonaparte envahit l'Italie, il proposa à Ferdinand, duc de Parme, de céder son État, pour recevoir la Toscane en échange. Ferdinand répondit : « Je me trouve dans l'obligation de refuser de la manière la plus solennelle. De graves raisons, ma façon de penser et surtout ma conscience ne me permettent pas de céder les petits États que je possède, ni d'abandonner ces peuples que j'aime et au gouvernement desquels Dieu m'a destiné. » Lettre du 27 février 1801 à l'empereur d'Allemagne. — Ce n'est qu'à la mort de Ferdinand que le duché de Parme fut réuni à la France.

posé des vers destinés à être mis en musique, et on lui doit l'hymne de la Constitution. — Dominique Buontempo a fondé à Lisbonne l'Académie philharmonique ; et le compositeur Marcos Portugal est connu de toute l'Europe.

Alexandre Herculano († 1878), à la fois érudit et littérateur, rivalisa avec les Bénédictins par ses *Portugalica monumenta historica;* il ne plut pas au clergé; il a traité de l'inquisition en Portugal et du concordat du 21 février 1857; et dans la *Harpe du croyant* il a mis en vers l'éternelle lutte du doute et de la foi.

Les sciences, les lettres, les arts ont eu d'illustres représentants dans José Ribeira, Antoine de Almeida († 1839), Gaëtan de Amaral, Antoine de Carmo, Velho de Barbosa, Costa de Macedo qui a soulevé bien des discussions pour ses opinions, Alexandre Lobo, de Carvalho, Manoel Coelho da Rocha. Pour la géographie, le vicomte de Santarem († 1856), Brito Capello, Robert Irens, Serba Pinto, Otto Schutt, comptent parmi les explorateurs de l'Afrique.

CHAPITRE XX.

L'ITALIE.

Souvent, malgré l'insuffisance des chefs, le peuple s'en tire à son honneur, et la Providence tourne au bien des efforts insensés et des faits déplorables; c'est ainsi que l'Italie nous offre réunies la religion catholique, l'unité nationale et la monarchie démocratique.

Le royaume italien comprend 296,305 kilomètres carrés sur les 336,100 de la superficie totale (1) de la péninsule; le

(1) Le royaume d'Italie a 27 millions d'habitants, c'est-à-dire, suivant le recensement de 1871 :

Piémont	2,899,564	Abruzzes	1,282,982
Ligurie	843,812	Campanie	2,754,592
Lombardie	3,460,824	Pouille	1,420,892
Vénétie	2,642,807	Basilicate	510,543
Émilie	2,113,828	Calabre	1,206,302
Ombrie	549,601	Sicile	2,583,099
Marches	915,419	Sardaigne	636,660
Toscane	2,142,523	Latium	836,704

Il y a 13,472,213 habitants du sexe masculin; 13,828,892 du sexe fémi-

reste est divisé entre la France (*Corse, Nice*), la Suisse (*canton du Tessin*), l'Angleterre (*Malte*), la république de San-Marino ; le Trentin, les alpes Juliennes et le littoral illyrien appartenant à l'empire d'Autriche, avec le titre qu'on leur donne d'*Italia irredenta*, sont des semences d'agitation, de conspirations, d'espérances à chaque mouvement politique (1).

« La réalisation complète des aspirations nationales » n'a pas apporté la tranquillité qu'on en attendait comme premier résultat ; et l'extension du royaume n'a pas développé les productions, la prospérité et le contentement. On a appliqué à toute la péninsule le Statut que le petit Piémont avait calqué sur la Charte de la France au moment même où celle-ci la répudiait. Mais ce ne sont pas tant les statuts et des lois qui font le bonheur, c'est-à-dire le repos des peuples, que la manière de les appliquer et de les observer, et de placer la justice entre celui qui commande et celui qui obéit. Le Statut lui-même fut violé dans ses points fondamentaux, avec la circonstance aggravante d'une hypocrisie qui ne voulait pas avouer cette violation ; et on vit s'y implanter l'autocratie bureaucratique, celle des avocats, celle d'un

Le nouveau royaume d'Italie.

---

nin ; 3,700,103 enfants au-dessous de six ans ; 9,324,484 hab. de 6 à 24 ans ; 11,735,467 de 24 à 60 ans ; et 2,081,100 de 60 ans et au-dessus.

Quant à l'état civil, il y a 15,490,537 célibataires ; 9,537,694 personnes mariées ; 1,772,874 veufs ou veuves.

Sous le rapport de la profession, il y a 8,565,517 personnes vouées à l'agriculture ; 86,272 s'appliquent à la sylviculture ; 48,568 vivent de la chasse et de la pêche ; 38,178 travaillent aux mines ; 3,287,188 sont adonnées à l'industrie ; 199,901 au commerce ; 261,052 à l'industrie des transports ; 765,099 vivent du revenu de leurs biens ; 473,874 sont serviteurs, domestiques, etc… 1,500,000 sont dans l'armée et la marine de guerre ; 136,929 dans l'administration publique ; 148,883 font partie du clergé ; 25,986 de l'ordre judiciaire ; 54,400 suivent les professions sanitaires ; 52,577 sont dans l'instruction ; 41,151 s'adonnent aux beaux-arts ; 14,145 à la littérature et aux sciences ; 22,692 aux professions nomades ; 650,141 sont attachées à des emplois non fixes ; 11,773,208 sont à la charge d'autrui sans professions déterminées.

Sous le rapport de la religion, il y a 58,651 chrétiens dissidents ; 35,396 israélites ; 44,567 d'autres religions ou sans religion ; le reste est catholique.

(1) Le colonel Heymerlé, dans un article des *Annales militaires autrichiennes* de l'année 1879, intitulé *Res italicæ*, a soulevé beaucoup de passions et de bruit sur la question de l'*Italia irredenta*. Le général Mezzacapo lui a répondu, en disant qu'il avait été mal informé par les journaux : « Il n'y a pas de mensonge qui ne soit sciemment émis et répandu par eux, quand il peut servir la cause qu'ils ont adoptée et qu'ils soutiennent. Et même les journaux, qui s'appliquent à éviter le mensonge, tombent pans la plus déplorable légèreté, et de bonne foi donnent crédit à de fausses nouvelles. Quel misérable spectacle offre notre presse ! »

homme, c'est-à-dire d'un nom. La liberté est un dieu ; mais elle dépend d'un Dieu supérieur, parce qu'elle suppose un but honnête et des moyens raisonnables.

Quelques hommes honnêtes avaient conservé le culte de cette liberté au milieu des orages de la politique, de la persécution des forts et de l'ostracisme appliqué à des frères ; ces hommes n'ont pas tardé à sonner la fanfare derrière l'armée victorieuse ; et aujourd'hui ils s'accommodent mal de l'absorbante centralisation administrative, qu'on confond, bien à tort, avec l'unité nationale ; au lieu d'un juste partage entre l'État qui gouverne et la Commune qui administre, les antiques libertés communales sont sacrifiées ; on ne retrouve plus les traditions que dans l'ordre ecclésiastique où des paroisses plus ou moins étendues sont reliées en vicariats comme les vicariats sont reliés par les évêchés ; on foule aux pieds ces coutumes qui sont un droit, et qui, au milieu des nouvelles exigences juridiques, résultant des rapports nouveaux, donnent dans les États un complément et un correctif au droit écrit, qui plie tout aux lois, aux règlements, à l'État ; l'État a la prétention de créer ou de détruire les entités morales, et de faire du gouvernement l'exécuteur tout-puissant des volontés d'un parlement. Que pour refaire l'Italie on ait adopté les procédés de Machiavel, qui le nie? Quelques-uns même s'en vantent (1) ; mais la conséquence fut que l'étranger, qui aimait l'Italie sans la connaître, la connaît aujourd'hui et ne l'aime pas (2) ; il ne s'inquiète pas de savoir si elle est, mais ce qu'elle est, tandis que nous, nous voudrions qu'elle inspirât non seulement la sympathie, mais le respect, se sentant appelée à avoir conscience d'elle-même et de ses destinées.

Les députés sont choisis par une petite partie des citoyens(3) ;

(1) Une des premières, parmi nos trop nombreuses fêtes, fut celle qu'on célébra à Florence en l'honneur de Machiavel, et à l'occasion de laquelle on avait offert une prime pour une édition et un *examen* de ses ouvrages.

(2) Mezzacapo, dont nous avons déjà parlé, écrit : « Nous ne sommes pas considérés à l'étranger comme nous avons le droit de l'être. La sympathie ne va guère au-delà de l'admiration qu'on éprouve pour nos monuments artistiques ; quand on touche aux questions politiques, on parle de *finesse italienne*, d'*habileté diplomatique*, de *bon sens politique;* mais, quant à une véritable importance politique, on nous la refuse. De là, la difficulté de développer notre industrie et notre commerce à l'extérieur. »

(3) Sur 13,500,000 habitants du sexe masculin, 6,615,896 ont plus de vingt ans, plus de 3 millions savent lire, et moins de 3 millions savent

ceux-ci n'ont pas conscience de ce qu'ils font, mais se mettent à la remorque des brouillons et des journalistes qui, en réalité, sont les électeurs, et choisissent les candidats sous l'inspiration de vues personnelles, et non pour leur capacité et leur vertu. De là une Chambre bavarde, ignorante des principes et des doctrines, que domine le souci des intérêts particuliers et, plus encore, celui de la réélection ; une Chambre où Cléophonte accuse Phocion, où un ancien courtisan insulte au caractère, à la vertu, aux croyances universelles. Beaucoup se résignent à l'abstention, attendant des circonstances meilleures où la candidature offerte par une portion du peuple ne mette pas en butte ou aux honteuses manœuvres du ministère et de ses organes, ou aux outrages écœurants des journalistes qui, comme les démons de Milton, acceptent dans leur pandémonium ceux seulement qui se rapetissent à leur taille.

Le sénat, qui n'émane pas du peuple, est montré au doigt, et pour les hommes qui y siègent et pour ceux qui en sont exclus. En une seule matinée de 1872, il a discuté et approuvé dix-sept lois.

Non contents de leurs attributions ordinaires, les ministres veulent avoir à leur disposition les télégraphes, les postes, les chemins de fer, les banques, la loterie, les douanes, et non seulement l'instruction publique, mais encore l'instruction privée et l'instruction ecclésiastique.

Les ministres, révolutionnaires quant au but, bien qu'ils se couvrent de la légalité dans l'emploi des moyens, athées dans le gouvernement lors même qu'ils sont honnêtes dans leurs actes, se culbutent les uns les autres par ambition, à l'aide de coalitions, non pour le bien public ; glorifiés aujourd'hui, conspués demain (1), ils compromettent l'honneur et

à la fois lire et écrire. En 1876, il y avait 605,007 électeurs inscrits, c'est-à-dire 18 % de la population ; il n'y avait que 368,750 votants, c'est-à-dire 1,35 %. Les élus ont réuni 0,94 % des voix. Parmi les électeurs, 100,000 au moins reçoivent un salaire du gouvernement. En Autriche, les électeurs représentent 6 % de la population ; en Angleterre, 8 % ; en Allemagne, 10 % ; en France, 26 %.

(1) Voici la liste des ministères depuis la publication du Statut :

Sous le roi Charles-Albert :

16 mars 1848,	ministère Balbo.
17 juillet 1848,	— Casati.
16 août 1848,	— Alfieri-Perrone.
16 décembre 1848,	— Gioberti-Chiodo.

l'orgueil du pays, malgré des promenades triomphales ; ils laissent étouffer l'activité publique, le sentiment du bien et du mal, et ne font rien pour attirer l'amour au gouvernement et à la dynastie. Il faut avoir pitié de ces hommes ; roulant dans la révolution, condamnés à la faiblesse, livrés aux orgies d'une camaraderie factieuse et qui poursuivait certains buts sans compter avec le temps, ils ont dû tout faire dans le sens de la réaction et des représailles. Pendant ce temps on vote d'énormes budgets pour se donner des airs de grande nation (1) ; des impôts non seulement énormes, mais contraires à toute prévoyance, et des vexations fiscales arrêtent la marche de la production en empêchant la formation des capitaux, et

Sous le roi Victor-Emmanuel II :

27 mars 1849,	ministère de Launay-Azeglio.
2 novembre 1852,	— Cavour.
16 juillet 1859,	— Lamarmora.
20 janvier 1860,	— Cavour.

Sous le royaume d'Italie :

12 juin 1861,	ministère Ricasoli.
5 mars 1862,	— Rattazzi.
8 décembre 1862,	— Farini.
23 mars 1863,	— Minghetti.
28 septembre 1864,	— Lamarmora.
31 décembre 1865,	— Lamarmora.
10 juin 1866,	— Ricasoli.
10 avril 1867,	— Rattazzi.
27 octobre 1867,	— Menabrea.
5 janvier 1868,	— Menabrea.
13 mai 1868,	— Menabrea.
14 décembre 1869,	— Lanza.
10 juillet 1873,	— Minghetti.
27 mars 1876,	— Depretis.

Sous le roi Humbert :

27 décembre 1877,	ministère Depretis (ministère remanié).
23 mars 1878,	— Cairoli.
25 octobre 1878,	— Cairoli (remaniement).
20 décembre 1878,	— Depretis.
3 juillet 1879,	— Cairoli.
1er novembre 1879,	— Cairoli-Depretis.

(1) Jusqu'à la guerre de 1866 on dépensa 7 milliards, sur lesquels 2 milliards 700 millions dépassaient le revenu et constituaient le déficit qu'on couvrit par une émission de rentes, par des ventes de biens et des emprunts. Cavour en fit pour 720 millions, Minghetti pour un milliard ; Sella, pour 725 millions ; puis, en 1866, Scialoja introduisit le cours forcé du papier, qui n'a pas cessé depuis.

desséchaient dans sa source toute industrie rémunératrice : avec un milliard d'impôts directs et indirects, le budget annuel se soldait encore par de nouvelles dettes et nationales et communales, ce qui conduit au communisme le plus périlleux : celui qui dépouille l'individu pour tout donner à l'État.

Les communes se rendirent ridicules par leur garde nationale, leurs démonstrations politiques, la prohibition des processions, l'exclusion du catéchisme des écoles, et, à la veille même de la faillite, par la proscription des moines qui donnent l'enseignement gratuit, par celle des religieuses hospitalières; pendant ce temps, on décrétait des monuments à la fois à Napoléon et aux victimes de Mentana; on tirait le canon pour l'anniversaire de la prise de Rome et pour le sang de saint Janvier.

A peine Venise avait-elle été acquise, que le royaume faillit perdre la Sicile. Cette île, tout en se glorifiant d'avoir donné le premier élan à la révolution, regrette son indépendance, et supporte avec chagrin un ordre de choses où tout se concentre dans la capitale. Elle se voit frustrée de bien des privilèges dont elle jouissait; elle s'aperçoit qu'on lui impose des entraves pour la fabrication de l'alcool, la culture du tabac, la récolte du sel. La petite industrie est épuisée par des impôts écrasants et par la concurrence illimitée. La Sicile voit tomber sur elle une pluie de gouverneurs et de préfets, dont chacun désapprouve l'œuvre de son prédécesseur; non seulement l'autorité du clergé, mais l'autorité en général est discréditée; d'épouvantables rigueurs sont exercées contre ceux qui se dérobent à la conscription, jusqu'alors inconnue. Au lieu d'établir cet ordre à l'aide duquel la félicité nouvelle aurait effacé les traces des anciennes souffrances, on dut commencer des enquêtes contre des conspirateurs et envoyer des soldats. On prétendit qu'il se commettait un millier d'assassinats par an; on vivait dans la crainte de voir descendre des montagnes des bandes armées qui mettraient les cités à sac et les bouleverseraient.

Lorsque éclata la guerre avec l'Autriche, Palerme se souleva, sans que l'autorité eût rien soupçonné; il fallut beaucoup de sang pour la soumettre; mais, loin de se la concilier, on la laissa plus irritée que jamais.

On ne manqua pas cette occasion de frapper le clergé comme auteur de la révolte, de supprimer les corporations

La Sicile. Loi des suspects.

religieuses qui subsistaient là depuis dix siècles, sans avoir subi aucune atteinte de la part des Normands, des Souabes, des Espagnols ou des Bourbons ; et de leur enlever leur immense patrimoine qui était la ressource des pauvres (1), sans, pour cela, réussir à multiplier les petits propriétaires, et au contraire en augmentant la richesse des grands.

Cette chasse haineuse avait semé la désaffection dans le reste de l'Italie, grâce à la loi des suspects plus injurieuse encore qu'effrayante ; elle constituait dans chaque pays des comités de vigilance, plus acharnés encore en Vénétie qu'ailleurs, par cela même que ce pays renaissait à la liberté. Des citoyens honorables, des curés, des évêques remplirent les prisons et les lieux de déportation ; aussi fut-on obligé d'accorder une amnistie pour des délits d'un tout autre genre.

Mazzini. — Pendant ce temps, la franc-maçonnerie et les démolisseurs travaillaient activement ; et même on alla jusqu'à dire au parlement : « Le temps est passé où le mot de République épouvantait ; nous devons maintenant discuter ce mot, le peser, l'examiner à la lumière de la réalité et de l'histoire, et décider s'il est un spectre de mort ou un flambeau de vie. »

Mazzini exhortait à séparer « les destinées publiques des destinées de la monarchie ». Les sociétés se multipliaient sous la dépendance d'un comité insurrectionnel résidant à Londres : on y excitait à se débarrasser de la monarchie « puisqu'elle ne veut point, ne peut, ne sait donner à l'Italie ni l'unité, ni l'indépendance, ni la liberté » ; à se constituer en un corps armé, fraternellement uni à tous les peuples libres, pour préparer le triomphe de l'unité républicaine de l'Italie rendue à ses limites naturelles, de façon à proclamer le plus tôt possible la république au Capitole.

L'éclat de la parole de Mazzini et la chaleur de ses senti-

---

(1) Nous avons indiqué, précédemment, les suppressions faites. Trente-trois mille institutions de bienfaisance ont une dotation s'élevant à 1 milliard 229 millions. Pour les hôpitaux, les hospices de fous, les hospices de la maternité, il y a 722 millions ; pour les conservatoires, les retraites, les asiles pour les enfants, les aveugles, les sourds, les sourds-muets ; pour les maisons de correction, les prisonniers sortis de prison, les dépôts de mendicité, les orphelinats, il y a 321 millions ; les greniers d'abondance, les aumônes en denrées ou en numéraire, les monts-de-piété, les caisses agricoles, ont 38 millions et demi ; 233 millions sont affectés à des dots, à des gages à donner aux nourrices, à l'achat de remèdes pour les malades ; il faut ajouter les 161 millions des 8,721 congrégations religieuses ou mixtes. Jusqu'à présent, ce patrimoine est intact ; mais il est menacé.

ments expliquent l'enthousiasme qu'il excita chez la jeunesse cultivée dès qu'il se montra. Il n'est pas évident qu'il faille mettre sur son compte les assassinats qu'on lui impute. Ayant lui-même des tendances bonnes et élevées, il employa d'indignes agents ; bien souvent un chef de parti ne fait qu'obéir à ceux à qui il semble commander. Nouvel Hamlet, ses idées ne s'accordaient pas avec les faits ; il se plaignait de tout et de tous ; opposé à l'omnipotence de l'État, à la politique des expédients machiavéliques, aux théories théocratiques qui reculent jusqu'au moyen âge, au manque de dignité dans les projets, d'accord dans les opinions, il s'écriait : « Dans ces temps d'un scepticisme insensé et immoral, toute foi exige mon respect. » Mais sa formule « *Dieu et le peuple* » est trop vague et trop indéfinie. De quel Dieu s'agit-il ? de quel peuple ? S'agit-il d'une religion autre que les religions décrépites ; mais de laquelle ? Détruire les croyances des ancêtres, n'est-ce pas une idée anti-populaire ? Mazzini voulait l'action, et, pour lui, l'action se réduisait à l'insurrection ; il pensait arriver à la démocratie par le moyen de la démagogie ; il chercha à profiter des soulèvements qu'il n'avait pas faits lui-même à Milan, à Palerme, à Rome ; il eut la prétention d'inspirer la politique de l'Europe entière ; bien qu'il n'ait jamais intrigué avec les monarchistes, il transigea avec le pouvoir royal, en offrant, comme représentant de la nation, l'Italie à Charles-Albert, à Pie IX, et en dernier lieu à Bismark (novembre 1867), à la condition qu'ils favoriseraient ses idées (1).

Les hommes pratiques comprenaient que l'unité, l'idole de Mazzini, se conciliait mal avec la république ; ils pensèrent donc à la fédération, qui est une association d'États, comme l'État est une association de communes, la commune une association de familles ; sous ce régime, la liberté ne serait masquée ni par la pourpre des trônes, ni par une centralisation envahissante, ni par une uniformité artificielle. Ainsi peu à peu se détachaient de Mazzini ceux qui voyaient la transformation de l'Italie se développer dans un autre sens. Les monarchistes ayant triomphé, Mazzini s'appliqua à enlever la direction du mouvement aux mains « de Cavour et à sa séquelle qui

---

(1) Le plus sincère et le plus complet éloge de Mazzini peut se lire dans la *Réforme civile* de Pietro Ellero (Bologne, 1879). L'auteur appelle *système vertueux* le système de Mazzini, et nomme ses disciples *les dernières gloires légitimes de la génération qui s'en va.*

usurpaient et démembraient le droit italien », et il exhortait « la nation à sauver la nation ».

De là des tentatives dans lesquelles il s'obstina jusqu'au bout ; de là, des conspirations contre la vie de Napoléon. Au milieu de 1869, les cabinets européens s'avertirent réciproquement qu'il se préparait une révolution universelle, particulièrement dans les pays d'origine latine. Mazzini, triste de voir s'arrêter à une royauté unique cette unité qu'il avait rêvée pour le peuple, voulait, avant de fermer les yeux, contempler l'Italie républicaine : dans ce but, il avait rassemblé les révolutionnaires de France, d'Espagne, de Portugal, de Bohême, de Moravie, des Principautés Danubiennes, il disait que « ce frémissement momentané se transformerait, vingt-quatre heures après, dans le hourra d'une épouvantable insurrection » ; des garibaldiens s'étaient réunis en grand nombre, sous prétexte de travailler aux chemins de fer et au percement des scaphites ; il y eut des émeutes à Catanzaro et à Grosseto, mais les gendarmes intervinrent à temps.

Bientôt après Mazzini mourut à Pise, avant d'avoir subi la décadence sénile de l'intelligence. Le culte qu'on avait pour lui grandit à sa mort, résultat ordinaire ; on lui décerna des apothéoses comme on n'en décerne pas aux rois. Son buste fut placé au Capitole entre ceux de Michel-Ange et de Christophe Colomb ; la Chambre, « reconnaissant en Mazzini l'excellent écrivain et le grand patriote qui a fait tant d'honneur à l'Italie et en a si ardemment poursuivi l'unité et l'indépendance, exprimait ses sentiments de vive douleur, allégés seulement par la pensée qu'avant sa mort il avait eu le bonheur de voir achevée l'œuvre nationale à laquelle il avait consacré toute sa vie, de rendre le dernier soupir sur la terre italienne ». Le culte de Mazzini ne finira point même lorsque ses adeptes auront disparu ; l'histoire dira que le premier il a prêché, et avec persévérance, l'unité de l'Italie, sans jamais en désespérer ni se laisser dégoûter par tant de désillusions, elle n'oubliera point que respectant les croyances fondamentales de la société il s'indigna contre ces étourneaux et ces fanfarons qui affectent de ne croire à rien, de ne rien espérer.

Il reste encore Garibaldi ; mais il fait une guerre de plume, et il n'y brille que par des éclats de colère. L'État a richement secouru la pauvreté à laquelle il semblait réduit, sans qu'il y ait de sa faute ; le nom de Garibaldi demeure le nom le plus connu et le plus influent. On cite de lui des actions généreuses et même vertueuses.

Tout cela nous rendrait pensif sur l'avenir de la patrie. Certains hommes, qui ne savent pas reconnaître les avantages obtenus et jettent les hauts cris à la moindre épreuve, l'appellent une Babel improvisée où personne ne sait ni ce qu'il veut ni ce qu'il ne veut pas. Les libéraux, au vrai sens du mot, sont contents de l'Italie et mécontents des Italiens; ils aimeraient à y reconnaître une école de régénération, si l'unité était réalisée non par l'uniformité des règlements civils et militaires (1), mais par la fusion des esprits, par une opinion avisée et persévérante, par la vigueur des corps administratifs, par la puissante efficacité du sacrifice, par l'union intime des intérêts économiques et des intérêts moraux, par l'accord du génie qui crée et du goût qui conserve, de la science et de la conscience, de la foi et de l'action.

<small>Motifs de crainte. — Désordres.</small>

Le paroxysme de la lutte est traversé, et les éblouissements de l'enthousiasme sont passés. Puisse-t-on ne pas se laisser égarer par la peur ou par le fracas de réputations artificielles que crée une presse vénale et tapageuse en empiétant sur l'opinion publique. Puisse-t-on ne plus voir trois cents individus s'arroger le droit de la représenter, en brisant des verres, en battant des mains! Le bon sens de la nation devrait s'accoutumer à distinguer les progrès réels et nécessaires et à avouer les erreurs politiques qui les ont accompagnés; au lieu de se renvoyer les accusations et les justifications, et de continuer, maintenant que la révolution donne ses fruits, à crier comme on criait la veille, on devrait prendre les faits, les examiner et en scruter le sens.

Le peuple se tenant à l'écart de la vie publique, à laquelle il avait dû une immense prospérité pendant le moyen âge; le peuple, dans une longue servitude, c'est-à-dire pendant tout le temps où il ne contribua en rien à faire les lois et à les appliquer, se laissa aller au *dolce far niente*; il abandonna le soin de ses intérêts et de ses progrès aux gouvernements et à l'aristocratie; il s'habitua aux intrigues, aux conspirations; il s'accoutuma à faire consister la magnanimité à haïr les gouvernants, l'habileté à se soustraire aux

---

(1) En 1874, l'ex-ministre Minghetti disait au parlement : « Combien de douleurs l'Italie se serait épargnées, si elle se fût contentée de l'unité politique, diplomatique, militaire, en respectant les traditions spéciales aux diverses contrées ! »

charges publiques, le patriotisme à résister à l'autorité.

C'est de là que viennent beaucoup de nos maux actuels; mais en rejeter toute la faute sur les gouvernements antérieurs est le fait d'un lâche qui se dispense de juger dans la vérité la conduite tenue en 1859 et depuis. On accuse le destin, telle ou telle personne, les prêtres, le dernier accident arrivé ; on réclame le remède le plus prompt et le plus radical, l'absolutisme, quand l'anarchie triomphe ; l'anarchie, quand l'absolutisme domine.

En vérité, il y a apoplexie au centre et paralysie aux extrémités; la fiscalité et l'empirisme remplacent la science. On oublie que les lois ne peuvent être faites pour tous sans distinction, comme on fait des uniformes pour les soldats; que l'égalité civile ne peut s'obtenir au milieu de toutes ces différences sociales; qu'on ne produit pas l'union en épuisant la richesse du pays, en violentant les consciences, en multipliant les codes et les ordonnances; que, dans les guerres civiles, la seule gloire est la gloire de finir ces guerres, et qu'après toute révolution l'homme vraiment providentiel est celui qui la calme, en transformant les habitudes et les attitudes de combat en habitudes et en attitudes de paix et de vie sociale. Au malheureux usage qu'on fait des libertés abandonnées aux mains d'intrigants, de brouillons, de sycophantes, nous l'espérons, la liberté elle-même apportera un remède, et, en dépit des spéculateurs de révolutions, l'Italie conservera sa nationalité, comme elle l'a conservée pendant trois siècles.

Au milieu des contradictions douloureuses qui tourmentent notre génération, il faut avoir le courage de ne pas se montrer satisfait dans l'abjection, de ne pas se contenter de l'organisation du mal, de ne pas étouffer les accusations sous des cris de « *vive l'Italie!* » Il faut sonder les plaies, bien que les folliculaires dénigrent cette *finesse* d'intelligence en prêchant le soupçon et l'ostracisme, voient une rébellion dans le bon sens qui réagit contre l'incapacité des gouvernants, vilipendent et dénoncent des voix écoutées par le peuple, parce qu'elles ne sacrifient pas la logique à l'opinion du jour.

De là les gens avisés sont mécontents, et il se forme des sociétés secrètes dans un pays où la publicité peut être entière, mais ne doit être tolérée que jusqu'au moment où elle devient criminelle.

Les bons Italiens gémissent en voyant l'émigration s'augmenter dans des proportions désolantes, et, ce qui est pire encore, se multiplier les suicides, les cas de folie, les crimes individuels ou collectifs (1). Ces crimes demeurent impunis ou leur répression n'est obtenue que par l'appât de récompenses abominables (2). On se borne à refréner la liberté du mal au lieu d'encourager l'activité du bien; les brigands armés de leur propre misère sont forts de la peur qu'ils inspirent au citoyen tranquille et de la protection que le riche achète d'eux à prix d'argent; des scélérats audacieux, par la violence ouverte ou par des lettres d'escroc, se rendent redoutables jusque dans les cités; la *Camorra* (3), et,

---

(1) On prévoit pour 1880 le maintien en prison de 37,000 condamnés ; et pourtant la liberté provisoire pendant la durée du procès est établie.

(2) Le ministre Lanza, interpellé sur la mort d'un brigand, le 14 janvier 1873, répondit : « Le gouvernement avait promis 5,000 livres à quiconque l'amènerait ou mort ou vif. Ces primes ne sont pas une nouveauté : toujours, depuis 1860, on a employé ce moyen pour faire tomber aux mains de la justice ces fameux chefs de bande. On a, en effet, obtenu ainsi de très bons résultats. »

En 1784, on décréta 25,000 livres de récompense à l'occasion de cinq brigands de Palerme.

Il fut plus étrange encore de voir publier, en mars 1877, une liste des brigands cachés dans leurs retraites; on les énumérait province par province, et on promettait une récompense de 100 à 5,000 livres à quiconque les livrerait de n'importe quelle manière.

(3) La *Camorra* est une ligue formée entre des hommes du peuple qui, par les menaces ou la violence, extorquent des taxes aux riches; ils se soutiennent entre eux pour effrayer les personnes tranquilles et pour se soustraire à la justice. La Camorra est divisée en haute, basse, infime Camorra : chacune a ses dignitaires. Dans la première on trouve des cavaliers et des dames qui travaillent dans les brelans, font de l'espionnage, tendent la main aux voleurs, procurent des emplois et des prêts remboursables à la mort d'un père, falsifient les billets, les passeports, les certificats : la moitié de leurs gains est versée à la caisse commune. La basse Camorra est divisée en trois sections : l'une s'occupe de falsifier les monnaies ; l'autre s'emploie aux contrebandes de terre; la troisième, aux contrebandes sur mer. La Camorra infime a cinq sections : la première spécule sur les mariages, les contrats de ferme, les ventes à l'encan où elle exige *un droit de salle*. La seconde pratique les jeux de hasard. La troisième a pour spécialités les loteries, la vente des numéros, l'explication des songes, la combinaison d'apparitions. La quatrième a les loteries particulières et l'usure. La cinquième s'occupe des vols de toute espèce. Les associés ont entre eux une organisation ; ils ont des chefs qui les dirigent ou profitent des méfaits des individus; ils se reconnaissent non par des symboles secrets, comme les francs-maçons, mais par l'uniformité de leur but qui est de piller le faible et le citoyen honnête. Ils pénètrent partout, dans la capitale comme dans le plus petit village, à la cour comme dans les collèges de chanoines, à l'armée comme dans les hospices des pauvres.

ce qui est plus caractéristique encore, la *Maffia,* conspiration universelle, s'étend du palais à la prison, de l'homme en haillons à la femme en toilette, pour se railler de l'autorité, se protéger par le stylet ou le silence, s'appuyer sur le droit du poing fermé. Et cependant de soi-disant hommes d'État et de prétendus politiques tirent avantage du malheur public : les dignités se vendent pour un plat de lentilles ; la faveur et la flatterie accordées par les gazettes éclipsent le vrai mérite ; des maîtres menteurs, élevés par l'État et à son image, foulent aux pieds non seulement les croyances traditionnelles, mais la traditionnelle urbanité. Avec le sens moral disparaît le sens commun : on l'a bien vu, surtout à l'occasion du choléra. L'épidémie s'était déclarée, en 1867, dans les régions méridionales ; pendant la première quinzaine seulement il y eut 17,713 personnes atteintes et 9,813 moururent ; pendant les six premiers mois du fléau, il y eut dans les 49 provinces 63,375 cas de choléra : 32,074 furent mortels, et parmi les morts on compta des personnes distinguées comme le ministre Natoli, le cardinal Altieri, un frère du roi de Naples, et dix-huit médecins. Autant fut admirable la charité des ecclésiastiques et même des soldats pour assister et soulager ces douleurs, autant fut déplorable l'aveuglement de la plèbe qui accusait les médecins, les préfets, le gouvernement ; tandis qu'une certaine classe instruite tracassait ces religieux qui avaient généreusement exposé leur vie, et en arrivait à demander au parlement qu'on chassât des infirmeries ces sœurs de la charité, prodiges d'amour et de bienfaisance, que les protestants eux-mêmes envient à nos armées. D'autres fléaux naturels s'ajoutèrent à ce malheur : il y eut des éruptions de volcans, des tremblements de terre, des inondations ; les produits agricoles et la soie firent défaut ; il y eut de nombreuses faillites : et ces maux trop réels s'ajoutaient aux autres maux.

Conservateurs et novateurs prirent une attitude hostile aux croyances du plus grand nombre, quelques-uns même attaquèrent la religion : aussi l'heureuse émancipation du pays n'est-elle pas couronnée par l'ordre et la paix. En recevant le résultat du plébiscite, Victor-Emmanuel avait dit : « Comme roi et comme catholique, en proclamant l'unité de l'Italie, je demeure ferme dans ma résolution d'assurer la liberté de l'Église et l'indépendance du souverain pontife ; avec cette déclaration solennelle, j'accepte le plébiscite de Rome et je le présente aux Italiens. Ils sauront entourer de leur respect le siège de cet empire spirituel qui a planté ses pacifiques étendards là même où n'avaient pas pénétré les aigles romaines (1). » Au lieu de cela, on vit se multiplier les écoles et les églises dissidentes ; on entrava la liberté de 24 millions de citoyens pour ne pas gêner quelques centaines d'hôtes ou de parasites qui savent bien qu'ils viennent dans un pays où le premier article du Statut considère la religion catholique comme la religion dominante. Maintenant que les Anglais tolèrent le catholicisme comme le brahmanisme, il répugne autant à la civilisation qu'à la conscience d'entendre chaque jour des insultes lâches et ignobles contre la foi universelle et les symboles et les rits du peuple. Il est vrai qu'on est libre de répondre de la même façon ; mais les hommes sages demandent avec Léon XIII « qu'on donne à l'Église romaine ce qui est à l'Église ; qu'on reconnaisse les droits des catholiques qui forment, de beaucoup, la grande majorité de la nation ; et alors tous unis nous travaillerons ensemble à promouvoir le bien de l'Italie, notre commune patrie ; mais, disons-le, il n'y a pas d'autre réaction que celle que les journalistes se fatiguent à inventer. »

C'est un grand bonheur pour l'Italie d'avoir une armée où la discipline est bien gardée. L'armée, en temps de paix, compte 202,000 soldats, outre 650,000 hommes en congé illimité : en y ajoutant la milice mobile et l'armée territoriale, le chiffre atteint 1,212,000 hommes. Du mois d'octobre 1877 au mois d'octobre 1878, 68 soldats se sont suicidés, 31 sont morts du service, 1,914 ont succombé à des maladies di-

<small>Armée. Marine. Instruction</small>

---

(1) J'ai sous les yeux une relation contemporaine de l'invasion de Rome par les Français en 1798 ; elle contient le récit de bien d'autres dévastations et violences. Il faut y remarquer ce passage : « Les patriotes déclaraient que par démocratie ils n'entendaient rien autre chose que la faculté de donner libre carrière à leurs convoitises. A ce renversement de toutes les idées on doit l'irruption des principes tendant à détruire jusqu'à l'ombre de tout culte et de toute morale politique. La religion catholique fut outragée jusque dans son berceau ; on déifia l'athéisme ; quelques malheureux ecclésiastiques en firent profession ; des athées voulurent faire office de prêtres, prétendant ériger leur système en une secte plus intolérante que toutes celles qu'on eût jamais connues dans le monde. L'adulation effrontée des jacobins alla jusqu'à faire frapper une médaille avec ces mots : « *Berthier restitutor urbis, Gallia salus generis humani.* » = (*Le huitième sac de Rome.*)

verses. La flotte compte 18 vaisseaux cuirassés représentant une force de 5,888 chevaux avec 132 canons; il y a en outre 20 navires pour les croisières et les stations, de la force de 11,409 chevaux avec 132 canons; 10 avisos de la force de 12,847 chevaux avec 31 canons; 19 transports pour la remorque et servant de citernes flottantes, de la force de 3,926 chevaux avec 44 canons; l'Italie a les cuirassés les plus grands qu'on connaisse : c'est là une force capable de la rassurer contre ceux qui voudraient porter atteinte à son indépendance (1). Mais qui pense à y attenter? Placée géographiquement en dehors de la grande route des nations, l'Italie n'aurait pas besoin de se mêler aux crises européennes et n'en serait pas menacée; et sa neutralité, bien mieux que ces monstrueux armements et que les torpilles et autres engins, protégerait ses côtes si étendues. Du reste, ses côtes restent ouvertes aux flottes étrangères, comme s'ouvrent aux armées françaises la *rivière* de Gênes et les Alpes Maritimes et Cottiennes, aux armées autrichiennes les Alpes Rhétiques et Juliennes, si jamais quelque puissance pensait à demander compte des conventions violées relativement à la possession de Rome et aux traitements infligés au chef de tous les catholiques. Qui veut la paix favorise la paix, tandis que le sang veut du sang.

L'indépendance politique de l'Italie est encore exposée à la servilité avec laquelle on accepte les ordres et les conseils étrangers (2). Puisse-t-on du moins assurer son indépendance commerciale et intellectuelle!

L'instruction primaire est donnée dans 38,255 établis-

---

(1) Le *Duilio* et le *Dandolo* (coûtant chacun 17 millions) furent les premiers vaisseaux cuirassés, de grande dimension, destinés à la défense de nos ports.

L'*Italia*, qui a 20 mètres de plus, c'est-à-dire qui en a 120, se construit en ce moment à Castellamare; ce sera le plus grand cuirassé du monde : tout entier en fer, avec une cuirasse de $0^m,55$, et de la force de 17,000 chevaux, pouvant entraîner cette masse à raison de 17 milles à l'heure; le déplacement d'eau est de 14,000 tonnes; ce navire coûtera 21 millions.

Le *Lepanto* coûtera davantage; mais il est encore sur le chantier.

Si d'un côté ces énormes dépenses pour quatre vaisseaux seulement épouvantent les financiers, de l'autre, les militaires réfléchissent déjà aux innovations introduites dans les cuirasses et les canons, et qui peuvent enlever la sécurité qu'on espérait des cuirassés pour l'offensive et la défensive.

(2) Dans la séance du 27 novembre 1872, le ministre déclarait que

sements publics, et dans 9,155 établissements privés, à 1,900,000 enfants, ce qui donne un élève par 13 individus ; sans compter ceux qui fréquentent les écoles du soir et du dimanche, et qui peuplent les salles d'asile : ces écoles et ces asiles, au nombre de 1,287, ont 147,978 élèves. Il faut y joindre 91 écoles supérieures et normales et 44 conférences pour former des maîtres.

L'instruction secondaire se donne dans 105 écoles normales et supérieures ; dans 241 lycées du gouvernement ou collèges privés ; dans 286 séminaires ecclésiastiques ; dans 323 écoles professionnelles officielles ou non ; dans 71 instituts professionnels du gouvernement, dans 30 instituts pour la marine marchande et écoles navales. 21 Universités et 18 écoles donnent l'instruction supérieure ; il faut y joindre 15 académies des beaux-arts et 5 instituts ou conservatoires de musique. Dans les 32 bibliothèques publiques officielles, le nombre des lecteurs a été, en une seule année, de 818,443 ; le nombre des volumes distribués a atteint le chiffre de 1,198,921.

Mais quoique l'Italie possède 5,834 kilomètres de côtes et 36 ports sur la mer Tyrrhénienne, parmi lesquels ceux de la Spezzia et de la Maddalena sont les plus vastes et les plus sûrs du monde ; quoiqu'elle possède les magnifiques rades de Messine, de Syracuse, d'Augusta, de Brindisi, d'Ancône, de Tarente et tant de chantiers sur la mer Supérieure et l'estuaire vénitien, elle manque de marine, et pour les constructions navales elle recourt aux étrangers qui, en cas de guerre, pourraient lui opposer un refus. On avait toujours pensé que le percement de l'isthme de Suez tournerait tout au profit de l'Italie qui lui fait face ; mais ce percement s'est fait au temps de ses révolutions (1854-59) ; aussi n'y a-t-elle pas même une station, et on voit à peine passer quelque navire d'une société privée de Gênes, là où passent des centaines de navires anglais. C'est ainsi que le merveilleux passage de Fréjus, qui est une œuvre italienne, a profité avant tout aux Français.

Améliorations désirables.

Les plus riches cours d'eau ne servent qu'à mouvoir des moulins ; des plaines immenses restent incultes ou en ma-

« l'Italie nouvelle et l'Allemagne ont le même ennemi, le pape et l'Église catholique. » *Atti uffiz.*, 3629.

Le jour de la fête de l'empereur d'Allemagne, en 1877, le roi d'Italie le félicita « en son nom et au nom de toute l'Italie », protestant qu'il lui était uni « par les liens de la plus sincère et de la plus affectueuse amitié ».

rais : c'est la véritable Italie *irredenta* (1). Un hectare de terrain rend à peine 11 hectolitres de grain, tandis qu'il en rend 15 en France, 20 en Belgique, 26 en Saxe, 32 en Angleterre; d'où il résulte que nous payons par an 36 millions pour les grains importés. Sur les trois milliards représentant la production totale de nos campagnes, les trois cinquièmes sont employés à la semence et à la culture; le reste représente la rente qui serait de 15 pour 100 de la valeur des terres; mais, en

---

(1) C'est un lieu commun de déclamer contre le désert qui entoure Rome. Or voici les chiffres en hectares :

	Terres incultes.	Marais.
Le Latium	35,000	24,000
Pays de Naples	1,277,000	676,600
Lombardie	922,000	11,000
Sardaigne	258,000	16,880
Anciennes provinces	251,000	12,600
Émilie et Marches	251,000	128,000
Vénétie	133,000	128,000
Toscane et Ombrie	86,700	128,000
Sicile	68,000	

La Sila est une forêt de 95,000 hectares dans la province de Cozenza et de Catanzaro, sur une pente assez rapide, inhabitée, mais dans l'été pleine de bergers et de cultivateurs qui la quittent au moment de l'hivernage. La plus grande partie sert aux pâturages; une partie moindre a été défrichée : les pins et les hêtres dominent.

La Sila Abbatiale, lorsque les cisterciens qui la possédaient furent chassés en 1802, fut réunie à la Sila Regia. Les habitants de Cozenza et de 40 communes des environs ont le droit d'y semer, d'y faire paître, d'y faire des coupes, en payant une certaine prestation.

Depuis un temps immémorial la propriété dépendait seulement du domaine royal; et il était défendu d'en occuper une partie à l'exclusion d'autres preneurs. Quelques parties furent usurpées vers l'an 1600; les occupants obtinrent plus tard de les conserver en payant trois années de revenus (1687); et alors s'introduisirent les *défenses* avec les prestations du *pâturage affermé*, de la *jouissance voluptuaire*, du *glandage* (*della fida, giocatico o granatteria*), qui constituèrent des propriétés privées, établies avec le fisc et non avec les communes usufruitières. Ce genre de propriétés se prêta à des occupations nouvelles et à des conflits avec les usuriers. Le gouvernement des Bourbons voulut y porter remède en établissant, en 1838, une juridiction contentieuse spéciale qui en fit recouvrer au fisc plusieurs parties et en soumit d'autres à des règles. Le fisc en retirait 100,000 livres par an, quand Garibaldi, le 31 août 1861, décréta que les pauvres de Cozenza y exerceraient gratuitement le droit de pâturage et d'ensemencement. Le nouveau royaume s'étant constitué, on chercha en vain à rétablir les prestations; il en résulta un déluge d'ordonnances, de procès, de sentences, qui s'est compliqué du brigandage dont ces contrées sont le repaire.

déduisant les dépenses, cette rente se réduit à 6 pour 100. Chaque hectare rend en moyenne 79 livres et paye 11 l. 10 c. d'impôts; en France, chaque hectare produit 95 livres et paye 6 l. 29 c. d'impôts. La soie était notre principale richesse; 55 millions de kilos de cocons rendaient de 200 à 280 millions de francs, avant l'invasion de la maladie et la concurrence de l'Orient. On pourrait tirer un grand produit du chanvre de l'Émilie et de la résine des forêts, du pétrole de l'Émilie et de la Sicile, du plomb de la Sardaigne, du fer de l'île d'Elbe, des soufrières de la Sicile et de la Romagne; mais on n'a que trop besoin encore des produits et de l'industrie des étrangers : on envoie le vin doux, le chanvre, la soie, la bourre, les peaux de chevreau, le liège en France, d'où ils nous reviennent façonnés.

En 1869, Émile de Girardin avertissait le ministère du péril : « La population italienne a besoin de pain (1). » Il aurait dû ajouter aussi « et de travail »; car l'industrie languit, tandis que l'argent s'accumule dans les caisses publiques; et les nouveaux besoins sont hors de proportion avec les moyens de les satisfaire. Les cris d'un ventre affamé nous font craindre que le développement national n'aboutisse à une explosion et à l'entrée en scène du *quatrième état* qui tend non à s'unir, mais à se substituer à ce tiers état qu'on qualifie de tyrannie bourgeoise. En 1871, la questure de Naples saisit la trace de l'Internationale se rattachant au centre de Londres et créée par ces grands novateurs qu'on appelle Garibaldi, Mazzini, Max, Lasalle, Bakounine (mort en 1876); à Turin, une fédération ouvrière recueillait de nombreuses adhésions; à Rome, une société dite d'Alfieri avait pour programme de rejeter toute croyance; en 1872, Ricciotti, fils de Garibaldi, fondait dans la même ville la Société des *Liberi Cafoni* et réunissait dans le théâtre Argentina 300 personnes pour organiser la démocratie pure. On vit se renouveler très souvent les grèves des différents métiers ou bien les attentats communistes, principalement à Turin, à Pavie, à Milan; on découvrit des bombes; des mots d'ordre étaient donnés pour prendre le prince comme otage et recommencer le sabbat de Sicile.

En 1877, on commença à Rome la publication d'un journal,

---

(1) Un vieux proverbe disait : « Viva Francia! viva Lamagna, purchè se magna. »

il Dovere, franchement républicain, sur les traces de Mazzini : « profondément persuadé que l'avenir du pays ne peut sortir des pures contemplations et des transactions machiavéliques, mais bien de la ferme et constante affirmation des grands principes républicains, ce qui est l'affirmation non seulement des plus importantes réformes sociales, mais de l'unique voie qu'il faut suivre pour les atteindre. »

Les cris de colère et de rancune devinrent des titres quand, en mars 1876, les portefeuilles furent enlevés aux continuateurs de Cavour et donnés à l'opposition. Des 508 collèges électoraux, 410 (prodigieuse majorité !) attestèrent le mécontentement public en nommant des députés dans le sens du courant nouveau ; et une conspiration de sympathie et de bonne volonté gagna la nation. On vit alors se renouveler ce qui était arrivé plusieurs fois déjà : les anciens favoris succombèrent, les favoris nouveaux héritèrent de l'office de persécuteurs et le poussèrent jusqu'à l'insulte ; on exagéra l'ignorance, la déloyauté, la prépotence, la malhonnêteté administrative des gouvernements précédents ; les uns étaient arrogants, les autres courtisans, les autres de rusés gloutons ; il y en avait d'une stupidité étonnante, d'un cynisme impudent ; dans une société d'assurance mutuelle entre des personnages inévitables ils avaient (disait-on) composé une oligarchie qui amena l'épuisement des finances, et écrasa le peuple sous des impôts qui frappaient jusqu'au pain des pauvres. On ne vit d'augmentation que dans les produits de la loterie et du tabac. On laissait le pays sans forteresse, sans marine, sans crédit, sans sympathie au dehors. En désapprouvant l'apothéose du succès, on promit une restauration. Mais on ne tarda pas à reconnaître que les nouveaux venus, eux aussi, avec leur insuffisance, faisaient excuser celle de leurs prédécesseurs et manquaient eux-mêmes à leurs promesses, disons plutôt à nos incorrigibles illusions.

Améliorations obtenues. Celui-là n'a jamais lu l'histoire qui, dans un pays où une révolution si radicale s'est faite en si peu de temps et avec si peu de sacrifices, ne sait que ricaner avec le scepticisme à la mode, parce qu'il ne voit pas ce pays prospérer comme les nations arrivées à l'âge adulte. Il n'y a d'inévitable que ce qui est déjà arrivé ; et la conquête et l'apprentissage de la liberté, le sauvetage d'un peuple tiré d'un universel cataclysme, non seulement politique, mais religieux et social, ne peuvent se faire sans peine. Il faut renoncer à l'apathie du présent et à la défiance de l'avenir : il faut un système économique qui favorise la vie du plus grand nombre; il faut tirer profit de toutes les ressources du pays, de toutes les capacités; il faut les développer toutes; il faut augmenter et non gaspiller le patrimoine social; il faut un parlement sérieux qui sache recomposer avec sagesse l'Italie, lancée dans les aventures, et qui, sans chercher pour les siens des élévations présomptueuses et usurpatrices, s'attache de la tête et du cœur à la justice; il faut un gouvernement qui, à tout prix, veuille la loyauté dans les relations extérieures, la moralité à l'intérieur, l'ordre partout; il faut l'oubli, la concorde. Nous avons besoin d'économiser notre sang, nos capitaux, nos haines; il faut que l'accord entre la tradition qui est une force, et le progrès qui est une condition de la vie morale, réunisse les progressistes et les conservateurs, comme la science réunit la chaleur, la lumière, l'électricité, le magnétisme; il ne faut pas séparer le principe économique de ce principe de la moralité d'où viennent l'énergie du travail, la puissance de l'épargne, la force des familles.

En réalité, la production s'accroît dans la péninsule; les huiles de Toscane, de Bari, de la Ligurie sont recherchées, ainsi que les fruits secs, les oranges, les limons, les citrons; nous exportons 260,000 hectolitres de vin, et, avec plus de soins, nous pourrions épargner les 110,000 hectolitres que nous recevons de l'étranger. En cinq ans, de 1870 à 1875, l'importation s'est élevée à 1 milliard 66 millions par an, et l'exportation à 912 millions. Notre industrie, avec l'aide d'inventions merveilleuses, produit davantage et dépense moins. Partout nous voyons les villes s'embellir, les édifices s'achever, les routes entretenues; les théâtres, les lieux de réunion et de récréation se multiplient.

Même au point de vue moral, il y a une amélioration. On cesse de jouir de la liberté, comme les écoliers qui s'émancipent lorsque le maître, trahissant son devoir et les parents de ses élèves, les laisse sauter, crier, jouer. Le sentiment de l'égalité et de la dignité a grandi, ainsi que l'esprit d'observation et d'analyse; l'homme du peuple est appelé à participer à des jouissances et à des délassements, qui étaient autrefois le privilège des riches; on peut maintenant n'être pas frappé d'ostracisme quoiqu'on soit illustre et qu'on ait bien mérité de la patrie; on peut être l'historien de ses contemporains, et pourtant vivre (1). Avec l'activité politique, de quelque façon qu'elle se soit exercée, avec l'expérience de tant de méprises au milieu desquelles on a transformé l'organisation sociale, les coutumes, les esprits, on a acquis la connaissance des principes universels ; la souffrance même pousse à la perfection. Et si le gouvernement ne s'inquiète pas de se faire aimer, l'Italie, pour prendre courage, lève les yeux vers son souverain, attaché à la loi, libre de toute ambition et désireux du bien.

<small>Idéal de l'Italie.</small> Répudiant ses carnavals et se réveillant maîtresse d'elle-même, avec cette énergie et cette générosité qui restent des révolutions, l'Italie voudra remédier à l'optimisme inconsidéré et aux injustices de la révolution ; guérir les misères véritables avant de rêver des transformations imprudentes ; désavouer les partis qui ne sont que des factions ; sacrifier à l'amour de la paix, non pas la conscience, mais la tactique des disputes ; faire prévaloir la justice sur les calculs, le bon sens sur l'enthousiasme, la dignité sur l'adulation qui se traduit par des statues, des tombes, des noms donnés aux rues, des hymnes, des écoles, des festins ; elle voudra amener chacun à se réformer soi-même avant de prétendre réformer le gouvernement ; et croire que le premier des devoirs est de vivre comme il faut.

Les journaux voient encore parmi nous des Raphaëls, des Galilées, des Cujas et des Horaces ; et je m'en réjouis, bien que je ne les connaisse pas. Mais, quoique les entraves imposées à la pensée aient disparu, les lettres et les arts se ressentent de l'anémie universelle : on est trop porté à l'imitation, à la rhétorique, à un poli superficiel sous lequel il n'y a rien, à une critique alexandrine à laquelle manque le goût, cette lumière du cœur, et qui dénigre quiconque marche à côté d'elle sans accepter toutes ses idées : ce n'est plus un tribunal, c'est une boutique. Nous nous inspirons des Français, lorsque nous ne nous traînons pas sur les traces des Allemands ; de la sorte nous ne réussissons pas à être originaux, et nous ne méritons pas d'être connus au delà des Alpes. Les Italiens

---

(1) L'histoire du parlement a été confiée par le roi à Angelo Brofferio ; celle de la monarchie a été entreprise par Cibrario, puis par Nicomède Bianchi qui a ajouté un grand nombre de particularités domestiques à des points de vue sérieux ; beaucoup ont fait entrer dans cette histoire des épisodes ou des personnages de ces derniers temps ; quelques-uns ont écrit sans adulation et même sans rhétorique.

ont une triple gloire : la gloire poétique, la gloire artistique, la gloire musicale ; et nous ne devons pas la laisser perdre. La sensibilité et l'imagination dominent dans le caractère italien, avec des passions vives et une spontanéité facile. Qui parlerait aujourd'hui de la primauté de l'Italie, comme en parlait le dictateur Gioberti? Mais cette langue, que de son temps quelques-uns écrivaient déjà avec une sorte d'indépendance anticipée, a acquis une grande variété d'harmonie, de prosodie, de phrases ; et si elle conserve encore une forme pédantesque, en marquant la différence entre la langue écrite et la langue parlée, on trouve qu'elle s'est améliorée par les discussions publiques. Ce sont les hautes spéculations de l'esprit qui témoignent des progrès d'une nation : une nation paraît grande lorsqu'elle s'ouvre par de grandes et fortes études, la vraie source des nobles sentiments, lorsque sa littérature persévère dans les saines traditions du foyer domestique et dans le culte sincère et efficace de la doctrine.

Avec son génie profond et doux, avec un esprit prompt et un sens juste, avec la conscience de ses richesses commerciales, territoriales, esthétiques, l'Italie pourra arriver à une indépendance réelle, à la grandeur, et surtout au bonheur de la nation ; elle pourra devenir médiatrice, pour la vie religieuse, scientifique et politique, entre les peuples du Nord et ceux du Midi. Les souffrances sont des leçons. Les bons citoyens, en croyant et en se conformant dans la pratique aux principes du droit éternel, peuvent se résigner aux incohérences d'un droit nouveau sans pour cela les approuver ; ils ne profèrent ni menaces, ni clameurs ; mais ils ont foi en la liberté et s'écrient : « Puisse Dieu te bénir, Italie indépendante ! Que tes vignobles et tes campagnes ne cessent de produire le raisin et le blé pour les saints mystères ; que sur tes autels, enrichis de tes marbres et embellis par tes arts, brillent toujours des lampes où brûle l'huile de tes oliviers ; que jamais, dans tes basiliques, ne se taisent tes louanges au Dieu qui t'a faite si belle ! »

CHAPITRE XXI.

LES SCIENCES ET LES ARTS.

<small>Les sciences.</small> La première moitié de ce siècle sera certainement une des époques les plus remarquables par le mouvement intellectuel ; les sciences physiques et naturelles ont immensément grandi ; les sciences sociales se sont entièrement renouvelées ; quelques-unes, en apparence secondaires et accessoires, ont fixé l'attention et se sont particulièrement développées : toutes ont prétendu remonter aux origines.

<small>Physique et astronomie.</small> Ce mouvement s'est continué et s'est augmenté, s'enrichissant d'une foule de faits nouveaux et d'admirables découvertes. L'espace s'est agrandi à mesure qu'on a sondé plus avant les abîmes des cieux ; à l'aide du télescope de six pieds de Ross, on a décomposé les étoiles doubles et même la nébuleuse d'Orion ; avec le spectroscope, la constitution physique du Soleil et des astres a été soumise à l'analyse par Bunsen, Kirchhof, Secchi qui a étudié la composition de 3,000 étoiles et confirmé la théorie de l'unité de la matière cosmique ; on a trouvé de nouveaux métaux, le cæsium, le rubidium, le thallium, l'indium ; on a découvert d'autres satellites d'Uranus, de Mars, de Saturne avec un nouvel anneau, et la grande planète de Neptune (1846), sans parler des planètes intra-mercurielles et des astéroïdes dont la série va toujours en grandissant : on a déterminé jusqu'aux lois des comètes et des étoiles filantes (*Schiaparelli, Babinet, Littrow*) ; on a inventé l'astronomie physique (*Donati, Zöllner, Huggins, Janssen, Rayet, Tarchini...*) ; Le Verrier a donné le code définitif et complet des calculs astronomiques, les tables du mouvement apparent du Soleil, la théorie des planètes internes et des planètes externes, et, après avoir écrit la dernière page de son œuvre, il disait avec le vieillard Siméon : « *Nunc dimittis servum tuum, Domine,* » et mourait. Aujourd'hui on compte 20,374,304 étoiles visibles ; quelques-unes d'entre elles mettent 24,192 ans à nous envoyer leur lumière.

L'éclipse de 1860, visible en Espagne, fut la première où l'on étudia la physique solaire ; elle fut suivie de celle de 1868 dans les Indes, et de celles de 1870 et de 1871. Le passage de Vénus sur le Soleil, en décembre 1874, aida à préciser les parallaxes et la forme des planètes et de la Terre. La photographie, une des plus admirables inventions de ce siècle, quoiqu'elle soit d'un usage commun, ne se borne pas à servir nos affections et à venir en aide à l'art du dessin, on l'emploie dans les industries et les sciences ; on s'en sert pour fixer les phénomènes instantanés du ciel, comme la hauteur et la forme des ondes marines.

La météorologie travaille, sinon à régler, du moins à prévoir les changements atmosphériques et même à donner les lois des tempêtes (*Maury, Dove, Paddington*) parfois déduites des perturbations solaires. L'analyse ne s'arrête plus aux trois dimensions ; pour elle, la science suprême est celle des quantités de temps, d'espace et de force. L'arithmétique, par des méthodes graphiques, représente de difficiles problèmes numériques, et trouve des applications jusque dans les faits sociaux (*Arithmétique politique, arithmographie*). La physique et la chimie se sont accordées dans la plus belle conception de notre siècle, l'unité et la conversion des forces. D'après cette théorie, tout phénomène du monde matériel consiste dans le mouvement ; il n'y a plus que des transmissions et des transformations du mouvement que nous désignons par les noms de lumière, de chaleur, d'électricité, de magnétisme.

Cela suppose l'existence réelle de particules qui changent entre elles de position ; pour les connaître, l'observation a besoin d'abord de l'idée préalable de l'être. Mais quelle immense subdivision du travail est nécessaire pour étudier l'immensité du firmament et la chanson populaire ou les contes des enfants, les hiéroglyphes et les oscillations de l'axe de la terre, les lignes de Fraunhofer et les foraminifères ! Dans toutes ces études, nous avons le secours d'instruments de plus en plus délicats : le chronographe, le clepsipsomètre, les éclinomètres, l'hélice calculatrice, le météorographe, le siphonographe, le baromètre anéroïde.

Nous n'en finirions point s'il fallait énumérer les inventions nouvelles et leurs applications. Brewster (1781-1858) a trouvé la polarisation de la lumière ; Faraday, qu'on appelle le grand *électricien*, la lumière électrique ; Regnault, la chaleur spécifique et son équivalent mécanique ; d'autres faits furent découverts par Becquerel, Payen, Avogadro, Poggendorf, Rühmkorff. Gerhard mit en avant la théorie des

Inventions et applications.

types; Würtz la combattit par l'atomicité. La chimie a acquis l'ozone, l'acide phénique, la santonine, la stéarine, la nitroglycérine, le coton fulminant, l'aluminium, la dynamite; elle a pénétré le secret des combinaisons moléculaires, espérant arriver à découvrir l'essence de la force à laquelle obéissent les éléments simples. Perrens a découvert le moyen de distiller l'eau de mer; Liebig, le chloral, et le pain et le bouillon économiques. On a tiré du goudron des essences délicates et les brillantes couleurs anilines.

L'électricité a eu des applications inattendues. Il faut remarquer, entre autres, les télégraphes de Caselli et de d'Arlincourt qui donnent jusqu'à seize mots par seconde; ceux de Cowper qui impriment et reproduisent des dessins à la distance de 600 à 800 kilomètres. On l'a appliquée aussi à l'agriculture et à la zootomie; on a essayé de s'en servir pour mouvoir les navires et de l'employer comme force; aujourd'hui on tâche de la subdiviser si bien qu'elle porte dans chaque maison lumière, chaleur et force.

Les fournaises continues d'Hoffmann et de Siemens et le baromètre de ce dernier datent de notre temps, aussi bien que les ciments hydrauliques, le verre irisé et le verre trempé. L'usage du fer s'est bien étendu : on l'emploie pour construire des palais, des voûtes très larges, des ponts : pour établir les piles de ces ponts, on utilise l'air comprimé qui a été aussi une source de mouvement. Bessemer a pu, au moyen d'un courant d'air, ôter le carbone de la fonte, et la ramener ainsi à l'acier. Dans les hauts fourneaux on utilise l'air chaud, et où l'on n'obtenait autrefois que de 3 à 5,000 kilogrammes de fer par jour, on en obtient aujourd'hui 50,000. On songe à employer la vapeur pour chauffer des villes entières (*Holly*).

König a inventé le stéthoscope; Edison, le téléphone, la plume électrique et beaucoup d'autres instruments de ce genre; Lenoir, le moteur à gaz; Secchi, le météorographe; Coste a vulgarisé la pisciculture. Aux vaisseaux on a appliqué l'hélice et les cuirasses d'acier; l'optique a acquis le stéréoscope et le téléstéoroscope; le phonographe, le téléphone de Bell et Grower, le microphone de Hughes et le sonomètre sont venus aider la voix; le peuple peut user de mille inventions très utiles. Ericsson (1805-1869) a fait des découvertes moins meurtrières que ses terribles *monitors*. Pendant qu'une habile tricoteuse en chaussettes fait 80 points à la minute, le métier à tisser circulaire en fait 480,000 ; pendant qu'une couturière en fait de 25 à 30, la machine à coudre de Howe (1846) en fait 800. Ainsi les forces libres de la nature viennent alléger le pénible travail de l'homme. Pour arriver, par le travail manuel, au résultat que l'Angleterre obtient avec ses métiers qui tournent jusqu'à 1,000 fuseaux d'un coup, il faudrait 91 millions d'hommes. La typographie, il n'y a pas longtemps encore, paraissait faire beaucoup en imprimant 6,000 feuilles à l'heure, aujourd'hui on tire en une heure 150,000 exemplaires d'un journal. On utilise pour l'agriculture les phosphates, le guano, les coprolithes, les chlorures. De merveilleuses applications ont été faites à la marine, à l'imprimerie, à l'agriculture, aux prisons ; car un autre caractère de notre époque est la propagation des connaissances et la vulgarisation des inventions, qui passent bien vite du cabinet du savant à la boutique de l'artisan. Ainsi l'industrie, cessant d'être empirique pour devenir rationnelle, sert à contrôler la valeur des théories.

Le diagnostic médical est arrivé à une exactitude merveilleuse ; les plus délicates opérations de chirurgie sont maintenant d'un succès certain (*Gunther*, 1866 ; *Parchappe*, *Nélaton*, *Virchow*, *Puccinotti*...). Dans les recherches physiologiques, on reconnaît, à l'aide du microscope, la composition interne des tissus, les cellules vivantes, les principes élémentaires de l'organisation cérébrale, et la composition du tout par le moyen des parties. On chercha dans les microbes la cause des maladies virulentes. Benjamin Richardson a calmé les douleurs par les anesthésiques ; on a simplifié la pharmacopée, bien que la mode soit un jour pour les affaiblissants, un autre jour pour les reconstituants : aujourd'hui le camphre, la pepsine, l'arsenic ; demain, l'ioduré, le goudron, les salicilates. On s'est livré à de nouvelles études à l'occasion des maladies du cerveau qui se sont fort multipliées, de la scrofule, du typhus, de l'empoisonnement par le tabac, et de l'affaiblissement général à propos duquel on a proscrit les saignées.

Parmi les naturalistes, on a vu Buckland, Bertoloni († 1869), Murchison, Sedgwick, Denotaris ; Lyell a substitué à l'idée des révolutions géologiques celle des évolutions ; Agassiz affirme que les glaciers des Alpes se sont étendus jusque dans les plaines de la haute Italie.

En Angleterre, où les doctrines de Bacon ont toujours été

cultivées, Stuart Mill a donné son système de logique par induction et par déduction (1843), et Whewell l'histoire et la philosophie des sciences inductives et le *Novum Organum renovatum* qui a la prétention d'être le code définitif des sciences naturelles.

La civilisation a voulu déployer les preuves de ses progrès dans les expositions universelles de Paris (1855, 1867, 1878), de Londres (1852, 1861), de Vienne (1873), de Philadelphie (1877) : solennités pacifiques qui sont un hommage rendu à l'industrie, et une marque de la solidarité des peuples, puisqu'on y voit apparaître jusqu'aux Japonais, aux habitants de l'Océanie, aux Bédouins, aux Samoïèdes. Chacune de ces expositions sembla si magnifique qu'elle faisait perdre l'envie d'en organiser une autre, et cependant elle était toujours dépassée par la suivante dans cette harmonie où chaque nation contribue au progrès universel.

L'homme, enorgueilli de ses découvertes si nombreuses et si importantes (1) par lesquelles il a soumis la nature, veut provoquer dans la science une opposition agressive contre la foi ; il va jusqu'à dire que la seule divinité de l'avenir sera

---

(1) Giacomo Leopardi, en affirmant que « plus l'on fait de découvertes dans les choses naturelles, plus s'accroît dans notre imagination le néant de l'univers », a dit d'une manière bizarre ce qu'Arthur Schopenhauer a voulu démontrer dans son livre *Die Welt als Wille und Vorstellung*. Leopardi était plus sceptique que Foscolo et que Gioja parce qu'il n'avait travaillé à rien. Mais, tout en professant le désespoir dans ses vers et en face du public, il écrivait en particulier à son frère : « J'ai besoin d'amour, d'amour, d'amour, de feu, d'enthousiasme, de vie ; le monde me semble fait pour moi ; j'ai trouvé le diable plus laid qu'on ne le représente. » (25 novembre 1822.)

Hartmann qui, plus que Schopenhauer, a compris l'importance des idées et des pensées, examine les différentes périodes de l'illusion par laquelle les hommes cherchent à ne pas croire que l'existence soit un mal : « D'abord on s'applique à chercher la félicité dans ce monde tel qu'il est ; mais les sources variées des plaisirs produisent plus de douleurs que de jouissances ; le travail est un mal auquel on se résigne pour éviter un mal plus grand ; la moralité et la grandeur d'âme ne donnent pas le bonheur.

« Plus tard, vient une seconde période pendant laquelle la conscience s'assure du malheur de la vie ; mais on espère dans un bonheur posthume ; cette illusion se dissipe, parce qu'on reconnaît que ce bonheur est une chimère.

« Dans la troisième période, l'humanité croit atteindre le bonheur grâce au progrès ; nouvelle illusion, qui s'évanouit lorsqu'on reconnaît que les souffrances augmentent, au lieu de diminuer, avec le progrès de la civilisation, et que les pauvres et les ignorants sont dans une condition meilleure que celle des riches et des savants. »

cette science. Mais, avec l'attention, on distinguera ce qui appartient à l'analyse appliquée aux corps et à leur activité réciproque, de ce qui est dû aux facultés que nous possédons de reconnaître les analogies, de les comparer entre elles, et de procéder ainsi par induction.

En appliquant ces connaissances aux sciences morales, on a renouvelé la conception scientifique de l'homme, de son passé, de ses actions individuelles et collectives, de ses relations avec la société et avec le monde matériel : on a mieux déterminé la différence des races dans leurs caractères physiques comme dans leurs facultés; on a précisé le mécanisme de l'intelligence, non plus par des abstractions métaphysiques, mais d'après ses manifestations concrètes, et surtout d'après la parole par laquelle la pensée s'affirme, *s'extériorise,* se transmet et sans laquelle il n'y a peut-être pas d'idées et il n'y a certainement pas de progrès.

On a étudié la vie non seulement par l'anatomie et la vivisection, mais aussi par la psychologie expérimentale (*Fechner, Donders, Helmholtz, Spencer, Weber*) : on pousse l'observation physio-psychologique jusque dans les plus profonds replis du mécanisme animal, en suivant le processus secret et partant inconscient par lequel la matière brute arrive, de la connaissance, aux actes de la pensée consciente. On a analysé principalement les organes qui jettent un pont entre le *moi* pensant et le monde extérieur, surtout les deux lobes du cerveau asymétriques; on a mesuré la rapidité des sensations et la durée des actes cérébraux. Unie à la métaphysique, la physiologie a analysé l'intelligence dans son siège, dans ses manifestations, dans ses perturbations. La psychologie interne ou subjective réfléchit sur les phénomènes dont le *moi* a conscience, en pénétrant dans le fond de la nature humaine pour en connaître les propriétés les plus essentielles. La psychologie externe ou objective étudie les différents états de l'âme dans leur aspect extérieur, et non dans la conscience; la manifestation sensible des passions, le langage, les évènements historiques, certains états psychologiques, comme l'hallucination, la folie; l'instinct, la comparaison de l'homme avec les brutes.

La psychologie physiologique observe les phénomènes physiques dans leurs relations avec les phénomènes physiologiques qui y correspondent, le mouvement, la pensée : elle peut ainsi les déterminer, en mesurer la durée.

Si chacune de ces branches de la psychologie se croit la seule légitime, la psychologie physiologique est plus arrogante encore : elle s'attache aux seules conditions organiques sans l'analyse intime des phénomènes. Les Allemands la préfèrent, comme les Français préfèrent la psychologie interne, et les Anglais la psychologie externe, sans qu'on puisse encore lier entre eux les résultats de l'expérience et ceux de l'analyse. En attendant, on a expliqué les éléments constitutifs de la sensation qu'auparavant on regardait comme un fait simple : on a trouvé la durée des phénomènes physiques, l'explication physiologique de la conscience (*Wundt*). Combien ceux qui, il y a quelques années, se distinguèrent dans la psychologie : Cousin, Maine de Biran, Jouffroy, Adolphe Garnier, seraient étonnés et déconcertés en écoutant nos auteurs vivants, par exemple Fechner, Helmholtz, Herbert Spencer, Bain, Stuart Mill, Wundt; en voyant des méthodes, des objets d'étude, des résultats si différents; en entendant dire que les phénomènes psychiques non seulement sont soumis à la loi du temps, mais encore peuvent se ramener aux formules du calcul, comme tous les phénomènes du mouvement; si bien que l'école allemande mesure un acte de la pensée comme un courant électrique ou une onde lumineuse, et en vient à énoncer avec Fechner cette formule : « La sensation croît plus lentement que l'excitation : elle est à peu près comme le logarithme de l'excitation. »

Le Russe Hertzen a été plus loin; il a ramené l'activité mentale aux variations du système nerveux; ainsi l'identité de l'être humain se réduirait à l'unité purement collective des phénomènes psychiques; ainsi on détruirait ce concept de la personnalité, dont nous sommes tous persuadés tant que les sophismes de l'école ne viennent point nous troubler.

Les physiologistes, aidés par les plus délicates observations, tendent à démontrer que toutes les substances sont formées d'atomes de la même nature, agrégés entre eux par un mouvement de translation et de rotation (*Büchner*), et se servent des dernières recherches sur la structure des éléments microscopiques et des organes, pour proclamer la *lutte pour l'existence* (*struggle for life*) au moyen de laquelle la cellule se développe jusqu'à l'organisme complet, avec le seul concept de la force mécanique des choses existantes. Les lois de la nature sont fatales. On n'a pas épargné aux animaux de douloureuses expériences, afin de chercher, non pas la condition instrumentale d'une fonction, mais le secret même et la cause de la vie : on a réduit l'homme à n'être rien qu'une brute perfectionnée, commençant et finissant comme la brute.

L'orgueil, la moins philosophique des passions, dit : « Comment telle chose peut-elle être, puisque je ne la comprends pas ? » Par suite, on accepte seulement ce qui se voit et se touche, de sorte qu'il n'y a d'autres sciences que la physique et la chimie. Dans des livres populaires on enseigne que les peuples sont agités ou tranquilles, forts ou énervés, courageux ou lâches, intelligents ou stupides selon qu'ils se nourrissent de viande ou de pommes de terre ; que la main, la langue, le cœur sont les organes de la pensée qui ne pourrait se produire sans le boire et le manger ; que le phosphore est la puissance qui crée ce que l'homme a de plus noble, la pensée, la volonté ; que les actions de l'homme sont l'expression d'un état de son cerveau, un produit d'agents externes qui agissent fatalement (1). La pensée est un mouvement, dit Moleschott. Mais comment peut-on ramener à la mécanique les faits de la conscience : l'intelligence, le sentiment, la volonté, l'attention que vous me prêtez, le soin que je mets à combiner ces raisonnements, l'approbation ou la désapprobation que vous me donnez ? Est-ce le mouvement qui se comprend lui-même ?

Matière et esprit.

Malgré tout le prix d'une vérité, quelque petite qu'elle soit ; malgré la valeur de la science, lors même qu'elle semble peu importante, pouvons-nous renoncer à l'observation intime et directe qui se fait de la conscience ? pouvons-nous réduire la raison à être un attribut de l'animalité ; ramener à des sciences physiques celles qui, sous le nom de sciences morales, ennoblissent l'homme et élèvent la société ? Comment ne pas reconnaître, sous le scalpel de l'anatomie, quelque propriété différente de la matière, une dynamique vitale ? Le sage re-

---

(1) « Désormais, c'est par d'autres routes que nous conquérons la vérité : l'âme est distillée dans des alambics ; et nous savons ce qu'il faut de phosphore pour produire un Dante. »

>Dietro ad un nuovo labaro
>Noi conquistiamo il ver;
>E distillata ne' lambicchi l'anima,
>Ecco sappiam quanto ci vuol di fosforo
>Per fare un Alighier.
>
>GNOLI.

marque l'action de l'homme sur les choses qui l'entourent; il en calcule les perceptions, les volitions; il les distingue de l'instinct (*Flourens, Milne Edwards, Payne, Virchow, Farnet, Carus, Claude Bernard*); il reconnaît cette cause première de toute activité secondaire, qui est le passage du contingent au nécessaire, du relatif à l'absolu, du fini à l'infini, en resserrant le champ des fatalités mystérieuses.

L'attention une fois portée sur la cellule primordiale, on a cherché comment se fait le passage de l'homogénéité à l'hétérogénéité, de l'unité à la variété; comment des monères, des vibrions, on arrive à l'embryon ; quand à la période d'évolution de la matière succède la période statique; quand l'intégration remplace la différentiation. Mais les idées du juste, du vrai, mais les principes de l'ordre moral ne peuvent être donnés par les sens; et les déduire de la tradition, des habitudes, ce n'est que reculer la question.

La philosophie. Là où la pensée s'arrête devant ces concepts, commence le règne de la philosophie. Les préjugés de la métaphysique et du transcendantalisme mis de côté, Bacon, Newton, Galilée reconnurent, dans l'observation et dans l'induction qui conduit des faits aux idées générales, la seule voie légitime de nos connaissances, en supposant que l'univers est dans la réalité ce qu'il apparaît à nos sens; car on ne démontre pas l'évidence. Mais Kant et ses imitateurs, habiles à couper un cheveu en quatre, prétendirent démontrer que l'observation conduit à l'absurde, puisqu'elle admet la réalité objective de l'univers, tandis que la matière n'a d'existence que dans notre conscience.

De là deux écoles : l'une est fondée sur l'ordre naturel des faits d'où dérivent des principes ontologiques vers lesquels se tournent tous les esprits non malades, et des lois indépendantes des spéculations humaines; l'autre, n'observant qu'elle-même et ses propres concepts, aboutit à des idées contestées qui se perdent dans les nuages et restent stériles. Dans ces recherches, on perd le sentiment de l'idéal, on méprise la parole de Dieu, on méprise aussi la parole de l'homme et le sens commun.

La philosophie en Allemagne avait été surtout métaphysique pendant la première moitié de ce siècle; mais maintenant elle se plie au réalisme et à l'empirisme, comme en France et en Angleterre, et d'éminents naturalistes (*Du Bois Reymond, Helmholtz*) se sont occupés de philosophie, et comme

Oken, Schelling, Hegel, s'étaient occupés d'histoire naturelle, sans avoir de grands secours du côté de l'expérience et des connaissances positives. La révolution, ennemie acharnée de la méditation, tend uniquement au bien politique et économique : aussi on oublie Platon, Leibniz, saint Thomas, pour aller aux hégéliens, en proclamant le positivisme, en ne mettant entre la cellule primitive et l'être pensant et libre autre chose qu'une force, agissant par les siècles qui n'ont pas commencé et ne finiront point. « Plus de philosophie, plus de métaphysique, plus de ces subtilités; ceux qui acceptent autre chose que la matière et la force sont des ignorants et des hypocrites. » Ainsi on nie jusqu'au principe de causalité, qui est évident en logique, comme le théorème d'identité est évident en mathématiques; on affirme l'incessante mobilité des choses; à l'ancienne raison, qui avait pour premier axiome qu'une même chose ne peut pas, en même temps, être et ne pas être, on a substitué la raison nouvelle qui enseigne l'identité de l'affirmation et de la négation. Feuerbach vient logiquement de Hegel, quoique le panthéisme ne soit plus aujourd'hui l'idéalisme hégélien, mais un grossier réalisme. Hegel suppose une essence unique qui se développe dans la nature et dans l'humanité, et arrive, par le moyen de l'esprit, à la conscience d'elle-même; donc il n'y a point d'intelligence ni de volonté infinies, antérieures au monde; donc point de cause libre pour créer ce monde, point de Providence pour le diriger. Même dans l'essence infinie on refuse la connaissance parfaite et adéquate d'elle-même. De ces négations il résulte qu'il n'y a aucune vérité indépendante de l'idéal qui se développe dans l'humanité; qu'il n'y a rien à espérer ni à craindre; qu'il n'y a d'autre loi que la volonté de l'homme, d'autre religion que la liberté, d'autre Dieu que l'intelligence humaine. C'est l'*humanisme*.

Maximilien Stirner est allé plus loin : il a fait de l'humanité une abstraction; ce qui existe, c'est l'homme individu; par là, Stirner crée l'individualisme, nie la société, substitue l'égoïsme à la philanthropie, proclame la souveraineté individuelle. Si l'homme existe pour lui-même, il ne dépend donc que de lui-même.

Ce problème capital : « Existe-t-il quelque chose ? » est déclaré par un de ces philosophes « la merveille la plus grande, l'absurdité la plus insensée, une énigme qui rendrait Dieu fou et désespéré s'il existait un Dieu ayant conscience de lui-même (1) ». Rejetant cette idée, qui précède, de notre part, tout acte résultant de l'intelligence et de la volonté, sans autres limites que leur propre fantaisie ils nient (comme autrefois les Averrhoïstes) l'existence de la matière; mais l'univers est compénétré par certaines âmes, qui sont des composés de forces. Par là ils prétendent éviter le dualisme de la matière et de la force; ils échangent la force pour

(1) HARTMANN, *Philosophie de l'inconscient*, ch. XV. Gioberti et Rosmini sont d'accord pour combattre le sensisme et le subjectivisme; ils admettent la nécessité d'une première notion essentielle et innée, en établissant la distinction entre la vie spontanée et la vie réflexe. Mais ils se séparent quand il s'agit de déterminer ce premier élément qui constitue la vie spontanée. Selon Rosmini, c'est l'être idéal, abstrait, indéterminé, le possible seulement; selon Gioberti, la première donnée psychologique est identique au premier élément ontologique : le premier objet de notre connaissance est l'être réel, concret, infini; c'est Dieu. D'après Rosmini, la connaissance primitive est innée; la première synthèse, que l'esprit doit décomposer et recomposer au moyen de la réflexion, a deux termes : l'un subjectif, l'autre objectif; la faculté pensante et l'être pensé. D'après Gioberti, la synthèse primitive est purement objective et se compose de trois termes : Dieu, sujet; la créature, attribut; la création, union entre les deux; de là, l'intellect, dans son premier acte, perçoit directement et immédiatement l'acte créateur. D'après Rosmini, la perception de l'existence réelle des choses créées est un jugement qui établit une équation entre l'idée de l'être possible et la perception sensible. Pour Gioberti, nous percevons les réalités créées dans l'acte même de la création. D'après Rosmini, le surnaturel est Dieu connu dans la réalité de sa nature; pour Gioberti, c'est le supra-intelligible. Le passage de l'ordre naturel à l'ordre surnaturel est, d'après Rosmini, le passage de l'être idéal à l'être réel, au moyen d'un sentiment produit dans l'âme et qui est la *grâce*. Selon Gioberti, c'est le passage de l'être intelligible à l'être supra-sensible, au moyen de l'acte de foi, qui est l'acte d'une faculté naturelle. Ils s'accusaient réciproquement de panthéisme. Voir par simple intuition en Dieu les réalités créées, c'est confondre Dieu avec la créature, disait Rosmini. Prétendre que l'idéal seul est intelligible, c'est identifier la pensée et son terme, disait Gioberti; et il ajoutait : « Pour moi, je ne suis point panthéiste, puisque j'admets la création comme un fait primitif et incontestable. » — « Et moi, répliquait Rosmini, comment pourrais-je être panthéiste, puisque j'admets un abîme infranchissable entre l'idéal infini et la réalité créée ? »

Dans les travaux des trois philosophes italiens, Rosmini, Gioberti, Ventura, et de l'école que chacun d'eux a formée, nous trouvons de quoi rivaliser avec les philosophes de l'Université de Louvain, avec l'Américain Brownson, avec les abbés Maret, Gratry et les autres Français, qui ont élevé la philosophie catholique, même comme science, à tout le moins au niveau de la philosophie rationaliste.

Peut-être doit-on reprocher à Gioberti et à Rosmini d'avoir tenté de démontrer ce qu'il est impossible de démontrer, c'est-à-dire l'existence de l'être, au lieu de chercher la loi par laquelle l'être existant est absolu ou possible, ou abstrait, ou contingent.

Dieu, ce qui, dans l'application, revient à remplacer la force par le droit; ils identifient l'activité physique et les propriétés vitales : ils établissent le *déterminisme* rigoureux des causes immédiates de la vie. Or, pour déterminer, il faut observer; et eux, au contraire, acceptent des faits qu'ils n'ont jamais vus : par exemple, le renouvellement intérieur, continu et total, au moyen de l'absorption musculaire et de l'excrétion du résidu, pendant qu'un courant vital traverse l'organisme en renouvelant la substance, tout en conservant la forme des parties.

L'école d'Auguste Comte, vulgarisée par Littré, nie tout ce qui n'est pas expérience et observation (1); en substituant Ba- Matérialisme.

(1) Nommons ici Kuner, Fischer, Samuel Butler, Huxley, Wagner, Cotta, Unger, Feder, Powell, Häckel, Schaafhausen, Rolle, Hooker, Ruge, Vogt..... Büchner est le *rhapsode* le plus répandu de cette doctrine.

Voyez le *Matérialisme contemporain, examen du système du D. Büchner*, par Paul JANET, membre de l'Institut (Paris, 1864), dans la *Bibliothèque de philosophie contemporaine*. L'auteur termine sa préface par ces mots : « Quelle faiblesse et quelle ignorance de limiter l'être réel des choses à ces fugitives apparences que nos sens en saisissent, de faire de notre imagination la mesure de toutes choses, et d'adorer non pas même l'atome, qui avait au moins quelque apparence de solidité, mais un je ne sais quoi, qui n'a plus de nom dans aucune langue, et que l'on pourrait appeler la *poussière infinie!* »

Les matérialistes (*Fechner, Lotze, Häckel, Durhing*) veulent voir la vie partout. Si les pierres, l'air, l'eau n'ont pas une conscience spéciale d'eux-mêmes, ce sont cependant là des parties de la vie spirituelle de l'univers, qui est plus élevée même que la vie des hommes. Ce n'est encore toutefois que l'organe d'un système plus parfait, le système planétaire; et de ce système on s'élève à un autre, et ainsi de suite jusqu'à Dieu qui renferme tout. Ainsi on s'efforce de faire revivre le matérialisme, en supprimant la nécessité d'un ordre moral, et par conséquent d'un législateur personnel.

On a même cherché à combiner le matérialisme avec la critique de Kant (le nouveau Kantisme), comme ont fait déjà Herbart et Schopenhauer, Weisse. On réduit le rôle de la science à connaître les phénomènes de l'action mécanique des atomes, sans les expliquer; puisqu'on ne sait rien de ces atomes, sinon que c'est une idée nécessaire (*Lange*), nous ne pouvons comprendre comment leurs mouvements produisent la conscience et les perceptions.

Même en regardant toute religion, populaire ou scientifique, comme une invention en contradiction avec la science, un idéal indépendant des sciences exactes est cependant nécessaire pour le progrès de l'humanité.

Mais une religion, qu'on déclare n'être qu'une pure illusion, peut-elle jamais amener à un bien réel, à la vérité?

Hartmann ne se rattache pas à Kant, mais plutôt à Schopenhauer, lorsqu'il cherche l'origine des choses, de la raison, de la pensée, dans une force inconsciente, bien qu'elle ne soit pas absolument irrationnelle, puisque la réalité ne peut résulter que d'une volonté.

con à Spinoza et à Hegel, elle arrive encore par le positivisme au concept panthéistique qui exclut Dieu du gouvernement du monde. L'agnosticisme veut que tout ce qui est contenu dans notre esprit ne soit qu'une simple impression, à laquelle rien de réel ne corresponde. En somme, l'histoire et les sciences sont dominées par une philosophie sceptique qui ne détermine point les pensées, ne fixe pas l'intelligence, paralyse la volonté, cherche une morale indépendante, une religion qui consiste à n'avoir aucune religion ; elle regarde le ciel, mais un ciel sans Dieu.

A la philosophie de l'histoire, qui s'appuie sur les idées métaphysiques, comme les révolutions périodiques et le progrès continu, on a substitué la sociologie, science des phénomènes, qui prétend expliquer la vie du genre humain comme on explique tout composé organique, c'est-à-dire par les conditions universelles de la vie et en formulant les causes prochaines et les lois des faits sociaux.

Ainsi aux sciences morales, au développement de l'esprit humain, on applique le système des sciences naturelles, non plus avec des idées métaphysiques et dogmatiques, mais par l'expérience, sans subordonner à l'idée le phénomène qui est l'effet des transformations des forces d'un corps à un autre corps. La science explique de la sorte le phénomène, ou plutôt elle le rapporte aux propriétés ou à l'activité générale des corps dont il est le produit. Tout s'enchaîne dans l'univers, et la société qui se rapproche le plus de la société humaine est l'association animale ; mais les animaux n'ont pas la vie civile, laquelle se manifeste par la morale, le droit, la religion, l'esthétique, la science. La science de cette vie constitue la sociologie qui voit là une évolution toute spéciale, examine non seulement les actions physiologiques, mais les instincts, les actes réflexes, la raison, la volonté, en somme la *société*, société capable d'avoir une histoire, une morale, un droit, société qui possède des traditions, un culte, un état, et qui se propose un idéal dont elle a la connaissance.

Celui qui s'attache à une science unique, s'y absorbe. Le physiologiste réduit tout à des vibrations rythmiques du cerveau ; la pensée est une sécrétion comme l'urine en est une. Le géomètre prétend à une démonstration mathématique ; le théologien trouve le miracle partout ; le politique voit partout l'utilité ; le dialecticien veut atteindre à la vérité sans le secours de la foi ; le matérialiste s'arrête à l'objet sans faire attention au sujet, c'est-à-dire aux affections; pour lui, le corps est la seule fin chimique, physique, physiologique. Häckel chercha au fond des mers la génération spontanée dans les *monères*, combinaisons de carbone privées d'organisme, et qui pourtant se nourrissent, se meuvent, se reproduisent; mais Wirchow, un rationaliste, affirme que tous les faits connus déposent contre la génération spontanée et l'évolution; il se moque du *bathylius* découvert par Huxley dans la *série des ancêtres de l'homme*.

Avec la philologie comparée, Weber, Max Müller, Renan, ont imaginé une histoire du monde en opposition avec les monuments; ils ont transformé les faits en idées dont les faits ne seraient plus que le développement logique; les religions ne seraient elles-mêmes qu'un produit de ce développement. Humboldt décrit le cosmos entier sans prononcer le nom de Dieu, n'y rencontrant que la matière informe, des lois aveugles et des forces que la matière possède en elle-même et par elle-même; la vie naît là où les combinaisons moléculaires se prêtent à sa naissance. Plus la raison s'adore elle-même, plus elle est en décadence. Les meilleurs esprits s'indignent de l'abus qu'on fait des sciences naturelles contre les formes élevées de l'intelligence, et demandent qu'on fasse converger pour sa défense les preuves déduites des études spéciales. L'individu peut s'endormir dans le doute; mais celui-là ne le peut, qui enseigne dans les livres ou dans une chaire.

Et qu'on ne dise point que les spéculations philosophiques sont hors de propos à une époque dont le caractère est l'indifférentisme. Il est bon au moins de remplacer par le doute les axiomes empiriques, et ces spéculations ont beau paraître abstraites, elles exercent sur la vie sociale une action, lente peut-être et cachée, mais efficace. De cette négation de l'individualité du sujet pensant vient l'alanguissement universel de la liberté morale, l'affaiblissement de la responsabilité, et par là notre temps trouve des excuses à toutes les erreurs et à tous les crimes. Le matérialisme se glisse jusque dans la science qui touche de plus près aux douleurs de l'humanité; il y apporte le trouble en y introduisant des conséquences tirées des théories de l'évolution et du panthéisme; avec la morale indépendante, il place l'homme seul en face de l'homme; le devoir est mis de côté; la notion de la liberté morale est déclarée une chimère; l'hérédité et l'instinct font l'homme criminel et l'homme héroïque, la courtisane et la martyre. Puis, passant des idées aux actes, changeant le fait en principe, on dit que l'unique progrès de la société est dans le progrès de la science ; que la dignité et le droit de l'individu doivent se sacrifier aux exigences de l'espèce, à l'amélioration de la race ou à l'agrandissement d'un règne; on ferme les bibles et on prétend consoler, par les livres et les arts, les âmes souffrantes ; on veut rassasier les classes déshéritées par l'abondance des programmes ; on ne voit que l'intelligence et non le sentiment, la tête et non le cœur ; on aspire à renouveler l'homme et la société par des maximes et des lois, à régénérer la conscience des individus en l'arrachant à la tradition, si bien que la conscience même soit l'unique foi, la seule morale de l'avenir. Au droit ancien, éternel, fondé sur la raison, sur la justice, sur les traités, on en substitue un nouveau qui met le temps, l'espace, la matière à la place de l'éternel, de l'infini, de l'esprit. Ce droit a eu des adeptes et des prôneurs, mais il n'a pas encore une théorie, ni d'autre sanction que celle des faits accomplis, en vertu de laquelle ce qui a réussi est bien.

Que si la science, en étudiant exclusivement les phénomènes, prétend avoir réduit la matière à la force, tandis qu'elle n'a fait que considérer un élément de la matière ; d'un autre côté, quand elle veut enlever toute distinction non seulement dans la matière, mais aussi entre la forme organique et la forme inorganique, elle en vient avec Hegel à déclarer qu'il ne saurait y avoir de fautes morales, à soutenir que l'homme commet un crime comme un émétique produit le vomissement. Non, il n'en va pas ainsi; que la conscience soit soumise aux lois du mécanisme organique, elle ne disparaît pas pour cela sous l'aveugle actualité des faits mécaniques, comme si elle n'était autre chose que la scène où les énergies physiques viennent jouer un rôle ; et quand même le cerveau ne serait qu'un physharmonica, encore faut-il une main et le souffle pour y produire le son, et le varier selon l'habileté de celui qui en joue.

Nous, avec la meilleure des philosophies, le bon sens, appelons-en à la croyance ineffaçable de l'homme dans sa liberté morale ; notre âme, libre dans ses déterminations, peut choisir entre le bien et le mal, embrasser la vérité ou l'erreur, résister à l'ordre divin ou s'y associer, et, où cesse la puissance de l'homme, reconnaître la puissance de l'infini.

Les vérités existent, encore que l'homme ne les comprenne point.

La philosophie, qui est la religion raisonnée, et la religion, qui est la conscience de la vérité, ont la même origine et le même but : le sens du divin et le bien moral.

Le préjugé que le mérite d'un homme consiste à savoir lire et écrire, a conduit à rendre l'école obligatoire comme le cours du papier-monnaie. On s'est occupé de l'abécédaire et de la gymnastique, plutôt que de l'âme du peuple ; on a voulu mettre dans les mains du gouvernement le monopole de l'instruction, qui est devenue une puissance (*Kulturkampf*), au point qu'on en fait une antithèse des croyances des aïeux.

La littérature, qui est l'étude du vrai dans ses manifesta- La littérature. tions scientifiques et religieuses, une source inépuisable de plaisirs pour l'intelligence, une consolation quand nous sommes brisés ou désillusionnés par les luttes sociales (1) ; la littérature qui met dans l'homme le sentiment de sa propre dignité et la conscience de sa divine origine, ne peut vivre où la délicatesse est absente ; et on ne peut espérer trouver celle-ci là où il est de mode de ne croire à rien, où il n'y a d'autres décalogues que fabriquer et vendre, gagner et jouir, tout subir, serait-ce en frémissant et en blasphémant, abdiquer l'indépendance de la pensée, trafiquer de son propre avilissement. On ne discute plus sur les classiques et les romantiques, comme il arrive lorsqu'une cause est gagnée ; mais que, par fureur de nouveauté, on ne fasse pas litière des traditions ; qu'on ne fasse pas abstraction de la vérité et de la dignité. Au lieu des grands modèles de la pensée et du style, nous trouvons une affectation à entasser des idées folles, qui manquent de proportion et d'ordre, qui bravent le respect dû aux lecteurs et au public. Les ténèbres de notre servitude s'éclairaient lorsque paraissaient l'*Histoire d'Italie* (2),

---

(1) Guizot écrivait en parlant de Lamartine : « Je ne parle pas des revers de sa politique, ni des épreuves de sa vie privée ; de nos jours, qui n'est pas tombé ? qui n'a pas subi les coups du sort, les angoisses de l'âme, les détresses de la fortune ? Le travail, le mécompte, le sacrifice, la souffrance ont eu de tout temps et auront toujours leur part dans les destinées humaines, dans les grandes encore plus que dans les humbles. Ce qui m'étonne et m'attriste, c'est que M. de Lamartine s'en étonne et s'en irrite... Comment un spectateur qui voit de si haut les évènements est-il si ému des accidents qui le touchent ? » (*Mémoires*, IV, p. 289.)

(2) A entendre certains personnages qui se plaisent à multiplier les rénovations, les résurrections, le nom d'Italie n'aurait été inventé qu'en 1859.

les *Hymnes sacrés*, les *Fiancés*, les *Lombards croisés*, le *Primato d'Italia*, l'*Origine des idées*, *Mes Prisons*, et d'autres livres qui réveillaient le sentiment et faisaient méditer. En général, il y eut avant 1848 des noms que la postérité répétera, quoique maintenant on les méprise ou qu'on les oublie. Aujourd'hui ce qui manque, c'est une tendance, un caractère commun, une conscience publique bien déterminée. Pendant que le nombre des écrivains croît démesurément, il est plus rare d'en rencontrer à qui l'on reconnaisse des talents; et comme on trouve des liseurs et non des lecteurs, une critique sans goût solide qui devient une boutique et non un tribunal, on sautille à son caprice; on met au monde avant terme des fragments décousus, sans liaison avec le passé et sans influence sur l'avenir, où l'on est dispensé de mûrir, de peser, de contrôler les idées, et de les tempérer par les considérations élevées nécessaires lorsqu'on veut traiter quelque sujet social ou religieux. On ne scrute pas les causes, on ne passe pas d'une analyse minutieuse à une puissante synthèse. En se dépouillant de la délicatesse des Grecs, de la majesté des Romains; en se déshabituant de la sérénité de l'art, du noble souci de la pensée, du goût des choses relevées, on a substitué une littérature toute de personnalité à cette littérature toute d'idées qui s'accorde avec le passé, raisonne avec le présent, songe à l'avenir, et ose avoir une opinion différente de celle de la place publique. Ainsi le champ reste livré à la médiocrité, au trafic, aux disputes d'amour-propre, aux manœuvres de partis. Les académies ont été jadis les arènes de la littérature, maintenant celle-ci se rejette sur les querelles du barreau, les discours électoraux, les parlements; et là, non moins que dans les académies, la rhétorique remplace l'analyse, le mot se substitue à l'idée, l'assertion effrontée tient lieu d'un argument solide. L'éloquence et l'histoire ont souvent été les instruments de la politique; toujours elles ont été influencées par elle. Il n'est pas vrai qu'il n'y ait plus

---

Nous avons une bibliothèque composée d'histoires, d'annales, de descriptions de l'Italie. Déjà, à la fin du siècle dernier, Agostino Carli donnait une *Statistique de l'Italie;* il fut imité, au commencement de ce siècle, par Serristori (1835); Gio. Valle a sa *Carta generale d'Italia* (1806). Nous ne disons rien de Muratori, de Tiraboschi, des *Révolutions d'Italie* par Denina, de la *Résurrection de l'Italie* par Bettinelli, etc. Les dix doigts des mains ne suffiraient pas à compter les histoires de l'Italie qui ont paru dans notre siècle, avant 1848; et quelques-unes sont pleines de pensées patriotiques.

rien de nouveau, que toutes les idées aient été épuisées. Le temps a enseveli dans l'oubli une foule de nobles pensées et de nobles travaux ; et l'esprit humain est ainsi fait qu'il peut fort bien répéter les pensées et les actions d'un autre temps, pourvu que le passé s'accommode au présent et qu'on trouve alors cette opportunité que les circonstances n'ont pas présentée d'autres fois, ou que la sagacité de l'auteur n'a pas su rencontrer.

Au milieu de sensations corruptrices et d'imaginations débordées, on a vu paraître des écrits obscènes, des épigrammes sanglantes, des personnalités injurieuses, des scandales, des indiscrétions, avec l'intention avouée de faire le mal, sans respect ni pudeur, en bafouant la noblesse, le génie, la croix même, en calomniant le passé, corrompant le présent et compromettant l'avenir.

Une polémique bouffonne, investigatrice, soupçonneuse et calomniatrice, arme meurtrière entre les mains d'enfants, a amené l'absolutisme, l'excès, le scandale, pour se faire lire parmi l'étourdissante cohue des opinions formulées dans une parole, personnifiées dans un homme, propagées dans une société qu'obsèdent des sentiments vulgaires et des passions serviles, et qui montre toujours du respect pour qui sait la tromper.

Les gazettes sont devenues l'unique élément intellectuel, l'unique inspiration d'un temps qui ne sait ou ne veut pas penser et décider par lui-même (1), et où une plume de pie et de perroquet tient lieu d'une plume d'aigle ou de cygne. De nouveaux Lazares, qui disputent les miettes aux chiens, sont condamnés à rassasier chaque jour une curiosité dépravée ; ils rivalisent entre eux d'espionnage, d'invention, de honteuses représailles ; ils sont abjects dans leurs éloges, abjects dans leurs diffamations ; ils se glissent dans toutes les familles, même à la campagne ; ils usurpent le privilège de créer des hiérarchies arbitraires de mérites, et de substituer à la conscience nationale des velléités artificiellement provoquées, dans le but de tromper le prochain et de présenter les faits sous un aspect contraire à la vérité.

En recherchant ainsi et en gagnant un empire illimité

(1) On compte dans le monde 12,000 journaux ; il y en a 500 pour l'Asie, l'Afrique et l'Océanie ; les États-Unis en ont 4,000, ce qui fait un journal pour 7,000 habitants ; en Belgique, il y a un journal pour 1,700 habitants ; et en Angleterre, un pour 2,000.

sur l'homme, appelé par antithèse *animal raisonnable*, le journal perdit sa dignité et se réduisit à n'être que l'interprète d'un individu ou des habitués d'un café; et les meneurs du peuple le ruinèrent par la multiplicité et par les contradictions qui en résultèrent. Combien ont de mérite ceux qui peuvent se vanter de n'avoir jamais raillé une belle action, jamais découragé une vertu!

La sérénité des esprits ayant disparu, on recherche l'horrible, l'extraordinaire : ce n'est plus de la psychologie, c'est de la pathologie; on ne veut plus exciter l'intérêt par l'honnêteté, par la générosité; ce qui est simple et délicat paraît insipide à côté de l'exagération et des poses athlétiques; on préfère Casti à Parini, la Vénus de cire au Moïse de Michel-Ange, la mandragore à la jonquille, le cloaque au ruisseau. Des romans, qui chaque jour poussent comme des champignons, représentent le monde comme un hôpital, une prison ou un lupanar; avec des détails frivoles, des passions qui ne sont rien moins que naturelles, des caractères exceptionnels, des doctrines niaises, des plans d'une médiocrité universelle, des calomnies, de la lubricité, des scandales, secondant l'incurable penchant qui nous attire en bas, ils s'attachent à flatter les instincts d'une société échevelée et l'insolence des parvenus; à appliquer des excitants aux ramollis de la sensualité, à insulter la femme dans sa dignité, dans ses attributions, dans son bonheur, pour l'émanciper, disent-ils, de l'obsession de la foi et de la pudeur, pour rendre le monde libéral jusqu'au communisme (1). Si quelqu'un, indigné de ce qu'on laisse ces égouts sans désinfectants, s'en plaint publiquement, l'éditeur répond : « Cela se vend. »

Ce n'est pas le moyen d'avoir des hommes qui sachent régénérer la patrie quand elle succombe, la pleurer et l'aimer encore quand elle est tombée. Il semble aussi fatal que ces outrages à la foi et à la morale ne puissent aller sans blesser et la langue et l'art. La contemplation du beau nous élève à la connaissance du vrai et à la pratique du bien, et c'est

---

(1) Il faut faire une exception pour beaucoup de romanciers anglais, outre Bulwer, Disraeli, Dickens († 1870), Elliot, Rhôda Broughton; même remarque pour Auerbach, pour les romans fantastiques de Verne et ceux d'Erckmann et Chatrian; ces derniers écrivains sont juifs, aussi bien que Léopold Kombert (*Histoire du village*), Daniel Stauben (*Scènes de la vie juive en Alsace*), et d'autres cités par Stauben dans son *Essai sur la littérature juive* et dans l'*Univers israélite*.

détourner le beau de sa fin et de son essence que d'en faire un instrument de corruption, que de ne pas chercher par les belles-lettres à gagner des âmes à l'humanité.

Nous séparant de ceux qui ne voient l'esthétique du côté matériel, du côté de l'utile ou de l'agréable, nous voulons en elle la tendance au vrai, au beau, au bien ; nous voulons qu'elle rende le peuple sérieux, sincère, laborieux. La poésie avait été le charme de la vie, un moyen d'élever les sentiments, une école de morale et de courtoisie. Aujourd'hui elle a honte d'avoir à célébrer des princes et des Trimalcions ; mais la mode la déprave dans les nudités du réalisme. Le beau, quoique distinct du vrai, est, comme lui, un fait divin : on doit l'accepter, sans même qu'on connaisse comment il se produit. Le vrai seul est beau, mais tout vrai n'est pas beau, et il faut le spiritualiser ; ne pas espérer le rencontrer dans des lieux communs, dans une obscénité morbide, dans la trivialité de situations et de langage.

Celui qui ne cherche que le vrai fait de l'imitation ; celui qui ne cherche que le beau fait des caricatures ou de la fantaisie. Une imitation trop vraie de la nature ne donnerait point la perfection de l'art ; et on n'arrive au beau qu'en étudiant les proportions et l'harmonie du vrai. Le style devient *manière* lorsqu'on copie l'art plutôt que la nature, et alors s'introduit ce qui est faux dans la personnalité.

Et puisque la France continue à donner le ton, — surtout parce qu'en France on s'applique autant à exalter tous les auteurs, qu'on met de soin en Italie à les rabaisser ou à les cacher, — il faut signaler ici le patriarche dans ce genre de littérature, parce qu'il est immortel et qu'il a survécu à tous ses disciples. Tout entier dans les antithèses et les éclatantes énumérations de parties, matérialisant l'immatériel et spiritualisant la matière, cherchant l'effet au détriment de la vérité, voulant, non pas la vérité, non pas la morale, ni l'art, mais la vigueur, il est amené par la nécessité de ses antithèses à rechercher toujours l'extraordinaire : entre mille noms de tours qui s'offrent à lui, il prend celui de *Qui qu'en grogne;* entre mille héroïnes, il prend une Borgia ; entre mille révolutionnaires, un Gavroche ; entre mille êtres difformes, un personnage dont la face est cicatrisée de manière qu'il semble rire toujours ; parmi tant de mots héroïques, il choisit celui de Cambronne ; parmi tant de lois coercitives, il s'attache à celle qui condamne aux galères un malheureux à qui la faim fait voler un morceau de pain (1).

Sur les traces de V. Hugo a marché Guerrazzi. Il y a chez lui une grande disproportion entre l'imagination et le jugement, de la déclamation et non de l'éloquence, des images et non des pensées ; lui aussi, avec des accusations incessantes contre la société, il dépeint l'homme comme naturellement mauvais, furieux, en colère, désespéré, en révolte contre la dignité de l'âme humaine, riant sardoniquement de l'hypocrisie et de la bassesse des héros modernes.

Et maintenant même un autre peintre habile des mœurs populaires, exposant les nudités du corps et de l'âme, nous donne le dégoût non pas des vices qu'il décrit, mais de la peinture qu'il en fait ; en montrant qu'il ignore qu'il n'y a ni méchanceté ni vertu, ni possibilité de se repentir et de se corriger dans le cloaque où il voit tombées ces classes déshéritées.

A leur suite, d'autres écrivains se plaisent à outrager la pudeur et la foi ; à témoigner de la sympathie non au peuple, mais à la partie du peuple corrompue par les villes et par les ateliers ; à blasphémer Dieu en célébrant Satan, celui qui n'a jamais aimé ; à détourner du confessionnal et du cloître pour pousser à la taverne et au lupanar.

---

(1) Le 15 janvier 1850, Victor Hugo s'écriait dans l'Assemblée nationale : « L'enseignement religieux est aujourd'hui plus nécessaire que jamais. Plus l'homme va grandissant, plus il doit croire. Il y a un malheur, presque l'unique mal dans notre époque ; c'est la tendance à tout placer dans cette vie. En donnant à l'homme pour fin et pour but la vie terrestre, matérielle, on aggrave tous les maux par la négation qui est le plus grand des maux, on ajoute à l'accablement du malheureux le poids intolérable du néant et de la souffrance ; on fait du désespoir une loi divine. De là les profondes convulsions sociales. Je désire améliorer l'état matériel de ceux qui souffrent ; mais la première amélioration est de leur donner des espérances. Quant à moi, je crois profondément à ce monde meilleur ; c'est la suprême certitude de ma raison, comme c'est la suprême joie de mon âme. Je veux donc sincèrement, je dirai plus : *je veux ardemment l'enseignement religieux.* »

Ernest Renan, que personne ne soupçonne de cléricalisme, racontant sa première éducation dans les séminaires et faisant leur éloge, dit : « J'ai eu le bonheur de connaître la vertu ; je sais ce que c'est que la foi ; de ce temps passé j'ai gardé une précieuse expérience, je sens que ma vie est toujours gouvernée par une foi que je n'ai plus. La foi a cela de particulier, qu'elle agit même après avoir disparu. La grâce survit dans l'habitude du vif sentiment qu'on en a. » (*Souvenirs d'enfance.*)

Le rapporteur d'un de nos congrès pédagogiques disait : « Enseigner à lire, à écrire, à compter, voilà toute la tâche de l'école élémentaire ; n'importe qui peut remplir cet office, pour peu qu'il soit instruit, et il n'y a pas à s'inquiéter de la religion qu'il professe. »

Le théâtre tient encore un rang principal parmi les arts ; et les journaux, lorsqu'ils parlent d'art et d'artistes, entendent les comiques, les chanteurs et le corps du ballet. L'art dramatique n'a pas produit en proportion de l'engouement général, du profit qu'il rapporte et qui est considérable, de tant de troupes qui se sont formées, des applaudissements accordés aux acteurs ; mais il a progressé en se proposant de représenter le vrai. Cependant il expose encore souvent des caricatures d'une société imaginaire, des passions et des évènements qui ne sont pas dans l'ordre ordinaire ; il est moins licencieux dans son langage que dans les sentiments qu'il exprime et les situations qu'il représente. Le théâtre.

Les Français ont la palme dans le genre dramatique. Alexandre Dumas fils a ouvert la voie ; ses analyses sont fines, mais ses thèses risquées et fausses ; il gâte souvent le naturel de ses dialogues par la recherche de l'esprit et des pensées alambiquées. Après lui sont venus Émile Augier, Feuillet, Sardou : ce dernier est fertile dans l'invention de vastes intrigues, qui sont toujours vives et où les détails sont prodigués. Quelques-uns ont ramené la comédie à n'être qu'une démonstration de thèses sociales ; d'autres, à la suite du grand coryphée, avec les obscénités d'une histoire falsifiée qui de chaque personnage fait un document, avec des sentiments éloignés de la vérité et poussés à l'extrême, ont entrepris la réhabilitation de Messaline, de Cléopâtre. Quelques-uns en petit nombre ont essayé de maintenir la comédie dans son rôle de représentation morale, avec des situations raisonnables et des exemples de vertus communes, qu'on méprise trop. Quelques Vénitiens et quelques Piémontais ont élevé la comédie en dialecte national (*Bersezio, Gallina*) ; pourquoi la comédie en dialecte lombard ne sait-elle pas présenter sur la scène une société honnête et des larmes vertueuses ?

La musique a continué son règne. Outre le théâtre, elle a les sociétés chorales et les orphéons ; au lieu de calmer les passions, elle les a excitées par les hymnes et les fanfares ; heureux encore quand elle a aidé l'héroïsme et les causes justes, et non pas poussé à l'insulte et au carnage ! L'éclat donné à l'opéra en dehors de l'Italie, et les énormes dépenses faites dans ce but, ont enlevé à la Péninsule le premier rang qu'elle tenait en ce genre. Après Beethoven et Bach, et les *lieder* de Mendelssohn, Meyerbeer (1791-1864) a allié l'harmonie et la mélodie ; Schumann, Litolff, Chopin († 1849), Listz se sont La musique.

distingués dans la musique à programme ; Thalberg († 1871) s'est fait remarquer par ses fantaisies.

Wagner a introduit un nouveau système, tout d'harmonie ; devenu célèbre par son *Lohengrin* et son *Tannhäuser*, il veut faire de la musique un art indépendant de la scène, des *mezzo termine*, des coutumes, des entraves de toutes sortes, en instituant le drame-symphonie, déclamation musicale qui s'écarte du récitatif comme de l'*aria*, et en substituant au beau sensible le sublime intelligible. Il est tout naturel que ce genre soit dédaigné par les Français, qui préfèrent le dramatique (*Auber, Gounod*), et par les Italiens chez qui Verdi, Ricci, Ponchielli, Pacini, Donizetti, Mazzucato conservent l'avantage. La musique sacrée s'obstine à étouffer la parole sous des torrents d'harmonie.

Beaux-arts. Pour les beaux-arts, l'architecture qui en offre la plus remarquable réunion, a dû forcément se renouveler par l'usage de matériaux jusqu'alors peu employés, comme le fer et le verre, et pour servir aux nouveaux besoins des chemins de fer, des stations, des magasins, des bâtiments pour les expositions.

Mais, dans les cités renouvelées, l'architecte cède le pas à l'ingénieur, le crayon cède au compas ; peu ont su réunir le beau et l'utile. L'Allemand Semper († 1879), l'Anglais Barry († 1860), le Français Viollet-le-Duc († 1879), les Italiens Poletti († 1869), Sambertolo († 1869), appartiennent à l'école du passé. Comme il arrive aux époques de transition, on essaye et on mélange tous les styles.

La sculpture a encore de beaux noms à offrir : l'Anglais Gibson († 1866), le Français David d'Angers. Chez les Italiens, après Bartolini qui a cherché la représentation du vrai, on a admiré le *Spartacus* de Vela, l'*Abel* de Dupré, le *Jenner* de Monteverde, le *Socrate* de Magni ; cependant la mode recherche les groupes d'enfants, les masques, les nudités provocantes, aidée en cela par les inventions modernes et par la facilité avec laquelle on élève des mausolées et des monuments : on les prodigue à Cavour comme à Ciceruacchio, à Manzon comme à Rovani, aux rois comme à ceux qui tuent les rois. Dans une telle abondance, on ne trouve pas de pensées originales.

Dans la peinture, on abandonne la rhétorique et le genre académicien, l'objectivité de convention, les poses de l'école ; on veut, de la perfection plastique des anciens et du purisme spiritualiste du xive siècle, passer à la représentation du vrai. Mais les modèles du vrai n'ont jamais manqué, surtout dans les tableaux sacrés où il fallait représenter des hommes réels et des scènes domestiques : pour la peinture profane, il suffira de nommer le *Bonaparte visitant les pestiférés à Jaffa*, où le procédé classique a cependant peint les haillons et ennobli la souffrance. Toutefois il ne faudrait pas reproduire la nature sans la pensée et le sentiment de l'artiste, comme le fait la photographie : l'attentive observation du vrai devrait être dirigée par l'esprit critique de notre époque.

On a pu s'y conformer principalement dans le paysage, les fleurs, les terres cuites de Naples, et dans les sujets de la vie journalière et ordinaire. Comme il n'y a plus de grandes commissions pour les églises et les palais, et qu'il a fallu se proportionner à la petitesse des appartements, les belles occasions s'offrent rarement de représenter des sujets en grand, avec des idées bien méditées, la fidélité des costumes, le sérieux des scènes, la majesté dans la conduite du dessin, l'émotion des sentiments dans des actions noblement humaines.

Cependant l'Exposition de Paris a offert des modèles de ce genre, en Autriche, en Espagne, en France surtout. Parmi eux, David, Gros, Delacroix, Duval, Muller, Géricault, Ingres qui disait : « Le dessin, c'est la probité de l'art », ont de dignes successeurs dans Laurens, Becker, Silvestre, Boulanger, Delaunay, Fleury, Roll, Glaize ; ce sont des artistes d'un talent puissant dans les scènes de l'histoire ancienne ou de l'histoire contemporaine ou dans des sujets nouveaux, la plupart patriotiques, toujours sérieux, quelquefois tragiques. On admire les toiles fort étudiées de Meissonier. Bien des peintres ont passé du genre philosophique de Delaroche, d'Ary Scheffer, de Flandrin à l'idolâtrie de la forme, aux coquetteries féminines, et alors, pour se détacher des Italiens, sur lesquels cependant ils se sont formés, ils se sont jetés dans l'*ampoulé*, dans la représentation d'évènements horribles, ou de vérités rebutantes. Peu sont personnels et partant originaux, comme Luminais, Regnault, Bouguereau dont le caractère est la force, ou comme le gracieux Corot (1). L'Anglais

(1) L'*Appel des dernières victimes de la Terreur*, de Muller; l'*Entrée de Henri IV*, de Gérard; les *Adieux de Roméo et de Juliette*, les *Deux Foscari*, de Delacroix († 1863); le *Serment du jeu de paume* et le *Boissy d'Anglas*; la *Retraite de Russie*, de Meissonier; la *Marie-Antoinette*, les *Girondins*,

Ruskin s'est pris d'amour pour le xive siècle, et pour la recherche d'autre chose que le délicat. En Allemagne aussi on fait des tableaux sérieusement médités, comme le *Luther* de Kaulbach, et le *Charles-Quint* de Mackart.

En général, cependant, la peinture ne prend pas un caractère d'originalité : si elle a été paisible et rigide au xiiie siècle, correcte et spiritualiste au xive avec un air de paix et d'amour, dégagée et délicate au xve siècle, bizarre et incorrecte au xvie, imitatrice, puis classique au siècle dernier et au commencement du nôtre, maintenant elle est éclectique comme on l'est dans tous les genres ; et même en Italie les beaux noms de Bertini, de De Nittis, de Pasini, de Pagliano, de Zona, d'Induno et de quelques autres ne font pas une exception au goût du jour. Hayez a répandu le goût du dramatique. Dans les grands sujets, on sent encore le genre académique ; il faut excepter les *Iconoclastes* de Morelli, et *le Duc d'Athènes* d'Ussi. Mariani et le regretté Fracassini ont rivalisé avec les meilleurs peintres de fresques. Dans les expositions, on trouve en quantité des paysages, des portraits, des scènes épigrammatiques, plutôt que des sujets médités pendant des années entières. Dans les tableaux de religion, on sent le manque de foi : les saints sont trop humains.

La photographie a enlevé à la peinture bien des portraits, mais elle a aidé la mode si répandue des illustrations. Avec la lithographie et la gravure sur bois on a illustré une foule de livres : citons entre autres le *Dante* et la *Bible* de Gustave Doré, le *Tour du Monde* de Charton, la *Troisième Invasion* de Véron avec les dessins d'Auguste Lançon ; nous pourrions ajouter que toutes les histoires et tous les romans ont été illustrés. Le crayon si vif de Cham († 1879) ne sera jamais oublié.

Bien des auteurs ont écrit l'histoire des arts, souvent en rectifiant, à l'aide de documents nouveaux, les assertions de leurs devanciers. Ainsi ont fait pour Vasari les Milanais Crowe et Cavalcaselle, auteurs d'une histoire de la peinture

---

la *Charlotte Corday*, de Delaroche († 1856) ; l'*Interdit* et le *Pape Formose*, de Laurens ; *les Barbares à la vue de Rome*, de Luminais ; *une Exécution à l'Alhambra*, de Regnault (tué à la bataille de Buzenval). Certains chefs-d'œuvre se sont élevés à des prix fabuleux, en particulier dans les ventes aux enchères de Paris et de Londres ; il faut en dire autant des éditions rares et des reliures. C'est une mode comme une autre, et quelques banquiers n'hésitent pas à dépenser là des milliers de livres sterling. L'opuscule de Brunet, la *Bibliomanie en* 1878, est curieux à consulter.

italienne, comme Luebke; Müntz a décrit les monuments de Rome. D'après la biographie détaillée de Passavant, Grimm, Forster, Springer ont écrit en Allemagne sur Raphaël, et, dans sa patrie, une société s'est fondée sous le nom du grand artiste. Des idées nouvelles se sont introduites dans la critique : elles n'ont quelquefois d'autre mérite que leur extravagance. Après Rio et Quatremère, il faut nommer, en France, Viardot, Laborde, Coindet, Gruyer, Siret, Clément, Véron. L'esthétique allemande donne dans un idéal qui n'aide point l'art.

L'art, en général, a contracté le vice de notre siècle : il s'est vulgarisé. Les progrès actuels ont fourni des facilités d'exécution, des procédés qui permettent de produire plus vite et avec plus d'abondance, et de se rendre populaire ; mais il n'y a pas là un seul principe de créations originales ni un véritable progrès. Puis il y a un art qui fortifie, élève, purifie la nature humaine, et il y a un autre art qui l'abaisse, la dégrade, la corrompt : ce dernier a ses disciples, lui aussi.

CHAPITRE XXII.

LES SCIENCES HISTORIQUES.

De toutes ces différentes manières, sans respecter toujours la puissance des idées justes, on a fait la critique des faits organiques des nations et de l'humanité. Aussi, parmi les sciences morales, celle qui a le plus changé est peut-être l'histoire, qui est la statistique du passé, comme la statistique est l'histoire du présent, pour les faits qui peuvent se ramener à des nombres. Quelques-uns se sont appliqués à dépouiller cette masse immense de documents que le passé nous a transmis, et qu'on cesse de cacher avec jalousie (1) : il faut signaler Pertz († 1877), Yaffé, Ranke, Stahl, Bethmann, Waltz, Bohmer († 1873), pour l'Allemagne ; Giesebrecht († 1873), pour les pays de la Baltique; Fiker et Siebel, pour l'Autriche ; Horwath, pour la Hongrie ; Gachard,

---

(1) Airy, astronome à Greenwich, voyant la masse chaque jour croissante des documents publiés par les observatoires, s'effrayait à la pensée de ce qu'un astronome aura de documents à consulter pour être bien renseigné sur ce qu'il doit traiter.

pour la Belgique ; Hercolano, pour le Portugal ; Theiner, pour les affaires ecclésiastiques (1) ; un grand nombre de sociétés d'histoire, pour l'Italie. Tous ces écrivains sont moins connus que n'importe quel romancier.

Archéologie. Toutes les sciences alliées à l'histoire lui sont venues en aide. Grâce à Lyons, à Émile Botta, au comte de Syracuse, à Schlieman, à Cesnola, à Hermuzd-Rassam, on a exploré les ruines de Ninive, de Khorsabad, de Troie, de Sybaris, de Chypre ; on a découvert les trésors de Priam et d'Atrée, les joyaux d'Hélène, et, — ce qu'on ne connaissait guère mieux, — les catacombes de Rome, les tombeaux d'Étrurie, les nécropoles de Bologne, les ruines d'Acerra, de Sélinonte, et, maintenant même, le lit du Tibre. Des inscriptions murales ont servi à renouveler la chronologie et l'histoire, grâce aux études de Rawlinson, de Talbot, de Sayle, de Smith, d'Oppert, de Lenormant, de Layard, de Schrader, de Delitsch ; on a reconnu que les inscriptions cunéiformes de Bathoun et de Persépolis concordaient avec les croyances bibliques, ou ne contredisaient point le récit mosaïque, bien qu'on ne puisse prétendre à un accord absolu (2).

Un très grand papyrus en caractères hiéroglyphiques et démotiques, retrouvé en 1866, a confirmé l'interprétation qu'on avait faite de la langue mystérieuse de l'Égypte. La célèbre statue de Tshafra, qu'on croyait la plus ancienne du monde, a été supplantée par la figure de bois trouvée à Sakkarah et qui n'a rien de conventionnel : des tables de bronze, des épigraphes, des tablettes de cire ont éclairci le droit

---

(1) L'ouvrage historique et diplomatique où il y a le plus d'érudition sur la domination papale est celui du P. Augustin Theiner, *Codex diplomaticus dominii temporalis S. Sedis*. Rome, 1851, 3 gros volumes avec deux préfaces françaises. On y trouve résumés les 465 documents qu'il a recueillis depuis 756 jusqu'à l'an 1793. Il montre que les papes ont été de vrais souverains peut-être déjà sous les empereurs grecs, certainement depuis la donation carolingienne ; et que leur domaine est le patrimoine inviolable et inaliénable de l'Église universelle dont ils ne sont qu'administrateurs suprêmes ; ainsi, ils étaient souverains comme tout autre roi, sans aucun lien féodal.

Depuis l'an 1870, le P. Theiner changea d'opinion, ou au moins d'expressions.

(2) La Société anglaise d'archéologie biblique publie les *Records of the Past*, qui sont la traduction des monuments égyptiens et assyriens. Voyez aussi Henry Brugsch, *Histoire de l'Égypte sous les Pharaons* (il y traite des monuments) ; l'abbé Vigouroux, *la Bible et les découvertes modernes en Palestine, en Égypte, en Assyrie*. Paris, 1879.

romain et renouvelé le droit grec. Quels progrès l'archéologie ne doit-elle pas à Campanari, à Mommsen (1), à Bunsen, à Gherard († 1867), à de Rossi, à Kirschoff, à Corsen, à Fabretti ! La mythologie a été éclairée par la philologie comparée et même par la psychologie : la généalogie des dieux se lie souvent à celle de la fable ; on a identifié les divinités grecques avec celles des autres peuples aryens ; elles représentaient des phénomènes ou des forces de la nature, et, dans cette personnification, leur première signification avait disparu. Ainsi on passait d'un dieu à un autre ; d'un mythe on passait à un autre mythe, en suivant leurs entrelacements et leurs développements, on étudiait leur action sur les peuples, et cela, cinquante siècles plus tard : on détruisit ainsi des préjugés enracinés et des exagérations systématiques : on établit de grandes divisions ethnographiques ; on reconnut comment les divers peuples concevaient diversement les grands problèmes religieux, comment à chaque nuance des peuples correspondait une nuance religieuse, qui doit se chercher moins dans les symboles que dans les étymologies.

Böckh († 1867) définit la philologie : une méthode historique pour reproduire la vie sociale et politique d'un peuple dans une période de temps déterminée ; il la divise en philologie herméneutique et en philologie critique. Mais, dans son sens le plus restreint d'étude comparée des langues, on a démontré depuis qu'on doit aux jésuites la connaissance du chinois comme du sanscrit, et que les éléments substantiels du langage datent de temps immémorial. Bopp († 1867) a étendu

La philologie.

---

(1) Théodore Mommsen, outre son antipathie pour le catholicisme, affecte un grand dédain pour l'Italie à laquelle l'archéologie doit tant de reconnaissance : « La nation italienne, dit-il, n'a pas pu autrefois et ne peut pas maintenant être comptée parmi les nations recommandables par leur valeur politique... La mollesse des Italiens les rend incapables de sentiments vigoureux. Pour la rhétorique et la comédie, aucun peuple n'a égalé les Italiens ; mais pour ce qui regarde les raisons internes de l'art, ils n'ont jamais dépassé une certaine médiocrité ; à aucune époque leur littérature n'a pu montrer un poème épique ou dramatique qui fût parfait. Les œuvres même les plus vantées chez les Italiens, comme la *Divine Comédie* de Dante, les histoires de Salluste, de Machiavel, de Fanta et de Colletta, témoignent plutôt d'un exercice de rhétorique que d'un travail solide. Quoi de plus ? Dans la musique même, les Italiens ont bien montré un talent facile et spontané, mais jamais une véritable originalité... Ils élèvent jusqu'aux nues, non de vrais savants dans l'art musical, mais certains artisans de musique entièrement dépourvus de cet enthousiasme divin capable de toucher les cœurs. » *Histoire romaine*, liv. I, chap. II.

l'étude des grammaires comparées; J. Grimm († 1863) a fait avancer la grammaire et le dictionnaire de l'ancien allemand; Haase († 1867), Munck († 1867), Arnold († 1869). Windischmann l'ont suivi. L'étude des dialectes est plus récente : Ascoli, de Goritz, s'est signalé en ce genre et a contribué à rétablir l'ancienne langue irlandaise. De la sorte, on ne voit pas seulement dans la parole une fonction organique avec des développements déterminés, mais on veut en chercher les origines, les suivre à travers les siècles et les migrations et conclure de la permanence de la racine du mot et de l'idée représentée à la parenté des peuples, avant toute donnée traditionnelle.

Thibault, Savigny ont dégagé la politique et le droit de l'abstraction et de l'idéalisme pour les ramener à la réalité; Schal et Jering en ont donné de nouvelles théories.

La géographie.

La facilité des voyages a beaucoup contribué à l'avancement de l'histoire; en permettant de visiter les antiquités des pays déchus et les curiosités des pays nouveaux. Le voyageur ne peut plus débiter des fables, comme du temps où il était seul pour en témoigner; car dès demain il peut être démenti parce que maintenant on observe sans être empêché par les obscurités de l'éloignement et des systèmes.

La géographie n'est plus une science secondaire : elle s'est agrandie, elle s'est étendue en se rattachant à la statistique, à la linguistique, à l'ethnographie, à la psychologie, et en embrassant dans son cadre la vie sauvage; elle fait connaître les rapports de l'homme avec la nature, l'organisation progressive de la société dans la succession des temps et la variété des lieux, les richesses créées par le travail qui s'exerce sur les productions naturelles. Le grand ouvrage de Santarem (1849) sur *les Progrès de la géographie à l'aide des monuments* a été suivi par des travaux de Perthes, de Berghaus, de Schnider, de Schwitzer, de Laborde, de Petermann; un très grand nombre de sociétés se sont occupées de géographie et elles ont tenu un mémorable congrès; on a étudié les climats, les terrains sédimentaires qui sont la partie la plus considérable du globe; la température, la profondeur, le pouvoir géologique des océans; dans leurs abîmes, on a découvert une flore et une faune particulières; on a déterminé les courants de la mer comme ceux de l'air (1), il reste prouvé par là que le monde

(1) D'après les plus récents calculs, la terre aurait 1 milliard 391 mil-

entier change : fleuves, continents, montagnes. On a fixé la mesure précise de la surface terrestre, et corrigeant Bessel, l'aplatissement les réduit à 152,888.

Outre les voyageurs dont nous avons déjà parlé, Anderson, Elton, Baines, Mohr, Ross, Halle ont cherché aux extrémités polaires le passage par lequel se réunissent les deux océans et que Nordenskiold vient de traverser avec la *Véga* en allant au Japon (1); on a essayé même les aérostats pour arriver au pôle. Ceux qui explorent des pays plus voisins et aussi peu connus n'ont pas moins de mérite : par exemple, Fawschaw Tozer pour les montagnes de la Turquie (*Highlands of Turkey*), de Hahn pour l'Albanie, Boré pour la Turquie d'Europe, et les collaborateurs d'Édouard Charton pour le *Tour du Monde*.

C'est un préjugé bien bas de ne pas reconnaître l'héroïsme que déploient les missionnaires, dignes d'admiration, fussent-ils jésuites, et des prodiges d'intrépidité et d'abnégation qui n'offrent pas moins d'intérêt que les romans les plus alléchants, dans les actions de ces héros, avant-garde de la civilisation! Ils s'avancent par amour pour des peuples qu'ils ne connaissent point, chez lesquels ils ne trouvent que des souffrances, des insultes et souvent le martyre ; mais ils gagnent des âmes à leur Christ (2).

lions d'habitants : l'Europe en aurait 300,350,000 ; l'Asie et la Malaisie, 798 millions ; l'Afrique, 20,300,000 ; l'Amérique, 84,500,000 ; l'Océanie, 4,500,000.

(1) ÉLISÉE RECLUS, *Nouvelle Géographie*. L'insuffisance des connaissances topographiques a coûté cher dans la guerre franco-italienne de 1859 et dans la guerre franco-prussienne de 1870. Les explorations aux pôles sont spécialement exposées dans le travail de CHARLES HERTZ, *la Conquête du globe, Géographie contemporaine, les Pôles*. Petermann avait toujours recommandé la voie du Spitzberg, de la Nouvelle-Zemble, et c'est par là que Nordenskiold est arrivé à tourner le pôle.

Les Anglais ont préféré le nord-ouest ; et par la baie de Baffin et le détroit de Davis, Ross est arrivé, en 1818, à 77°; Ingelfield, en 1859, à 79°; Hayes, en 1855, à 81° 17', puis, en 1860, à 81° 35' ; en 1871, Hall a atteint 82° 26' ; en 1876, Nares est arrivé à 83° 20' 26", il n'était plus qu'à 150 lieues du pôle qui est à 90°.

L'Autriche, en 1872, envoya le *Teghetoff* qui voyagea entre 80° et 88°; on le crut longtemps perdu ; mais l'équipage le ramena après d'extrêmes souffrances et des actes d'héroïsme racontés dans une étonnante odyssée.

Le Français Lambert pensa y arriver, non plus par l'Atlantique, mais par l'Océan Pacifique et par le détroit de Behring ; mais il périt dans la guerre de 1870 ; c'est ce chemin que veut maintenant essayer Bennett, rédacteur du *New-York Herald*, qui avait envoyé, aux frais de ce journal, Stanley à la recherche de Livingstone à l'équateur.

(2) La Société fondée pour la Propagation de la foi se soutient par des

La statistique. La statistique marche de conserve avec l'histoire et la géographie ; chez nous on ne l'emploie qu'à des applications pratiques, mais, en d'autres pays, elle s'élève à la dignité d'une science à part. Schubart (*Statistique de l'Europe de* 1835 *à* 1848) la met au nombre des sciences fondamentales, avec des droits égaux à ceux de la géographie et de la politique ; et, se séparant de Malthus, il se sert d'elle pour exposer les conditions effectives de l'État sans remonter aux causes ni descendre aux conséquences ; sa méthode est devenue la méthode type. La statistique de l'Europe (1865) par Hausner a beaucoup de valeur. Mais sa véritable direction scientifique et sa vraie étendue a été donnée à la statistique par Güssmilch, et, d'une manière plus populaire, par Quételet ; celui-ci a employé les mathématiques pour exprimer au moyen de chiffres et de lignes les faits matériels et les faits moraux (1) ; il a recours aussi à la méthode d'observation comme dans les sciences naturelles, s'aidant des grands progrès de ces sciences, et tirant des faits leur conséquence philosophique, c'est-à-dire leurs lois. Il s'occupe principalement de l'homme ; il croit les phénomènes de la vie humaine subordonnés à des causes extérieures, sans nier cependant le libre arbitre ; il fait aussi de la statistique un élément important de l'anthropologie. Il part de la loi de causalité générale suivant laquelle les phénomènes se succèdent dans le monde, et tout conséquent doit avoir un antécédent déterminé ; il prend cette loi pour base du mécanisme de la nature comme de la marche de l'humanité, il cherche le constant dans le variable, le régulier dans le fortuit, par la théorie des moyennes et la loi des grands nombres, introduite par Bernoulli, et développée par Poisson, qui a calculé la pro-

---

contributions d'un sou par semaine, et elle arrive à recueillir des millions. Ainsi l'Œuvre de la Sainte-Enfance, avec un sou par semaine donné par des enfants, rachète les petits Chinois exposés par leurs parents.

(1) Voyez Quételet, *Lettres sur la théorie des probabilités appliquée aux sciences morales et politiques.*

L. Bodio, *Sulla statistica nei rapporti coll' economia pubblica e colle altre scienze affini.*

Raccioppi, *Dei limiti della statistica;* Naples, 1857.

Morpurgo, *la Statistica et la scienza sociale;* Florence, 1872.

Waffhaus, *Allgemeine Bewölkerungsstatistik;* Leipzig, 1859-71.

Mayr, *la Statistica et la vita sociale;* Turin, 1879.

Adolphe Wagner, *De l'idée, des limites, des moyens d'exécution de la statistique;* Berlin, 1867.

babilité jusque dans les jugements criminels ou civils (1). On a voulu par là éliminer tout évènement fortuit non seulement dans les faits matériels, mais encore dans les faits sociaux, jusqu'à nier le libre arbitre, comme si dans les actes humains il n'y avait rien qu'un inévitable retour périodique : on dépoétisait l'humanité par les chiffres, comme par les combinaisons d'atomes et par une fatalité fantastique (2).

(1) Associer les mathématiques à la statistique n'est pas chose nouvelle en Italie. Le météorologue TOALDO, de Padoue, a donné des *Tables de vitalité*; PROSPER BALBO, des *Essais d'arithmétique politique; proportions de la mortalité dans les diverses régions*; CARLO CONTI, *Réflexions sur l'application du calcul au mouvement des populations*; GREGORIO FONTANA, *Des hasards et des calculs de probabilité, appliqués à la vie et à la valeur des témoignages*.

Même avant les dernières révolutions, des travaux scientifiques avaient été publiés à Milan, en Toscane, dans les Deux-Siciles. En 1853, il s'était tenu un congrès de statistique, que d'autres ont bientôt suivi. M. Lampertico, voulant montrer la faiblesse de ces études en Italie, disait qu'on ne pouvait pas même connaître exactement la population de ce pays (*Annales de statistique*, 1879, p. 168); mais lui-même, page 175, mentionnait « les discussions faites en France et en Angleterre sur le total de leurs habitants, et tant de procédés indirects auxquels, dans le passé, il fallait recourir pour dénombrer la population. »

Parmi les travaux de statistique faits à l'occasion des congrès scientifiques, il a oublié le nôtre qui a pour titre *Milan et son territoire*. C'est là cependant le tableau le plus complet et le plus exact de la situation de la Lombardie à la veille des derniers changements. Les renseignements étaient officiels; et ce n'est qu'après leur publication que le vice-roi s'avisa de s'en repentir.

(2) Cela va avec les révolutions cabalistiques de l'histoire qu'expose Joseph Ferrari. Il n'y croyait pas lui-même; bien plus, par son scepticisme universel, il ne pouvait avoir de certitude sur rien.

« Toute la série des expériences qui se rapportent au libre arbitre, à l'élection, à la délibération, à la détermination propre, à la faculté d'agir si on le veut, a été inventée pour nourrir en nous le sentiment d'une importance et d'une dignité artificielles; on a voulu élever aux nobles fonctions de juge, d'arbitre, de souverain, l'ordre bien inférieur des motifs et des actions. » BAIN, *Mental and moral science;* Londres, 1868.

BUKLE, *History of civilisation in England* (Londres, 1861), veut faire disparaître la liberté et la responsabilité humaines, en faisant naître nécessairement des faits la vertu et le crime.

Autant en disent Block et Wagner, et Stuart Mill : ce dernier cependant, avec quelques réserves.

ŒTTINGEN DROBISCH, *Die moralische statistik und die menschliche Willensfreiheit* (Leipzig, 1867), soutient que la liberté est forcément déterminée par les motifs : des milliers de faits recueillis ne suffisent point pour le nier, quand il y en a des millions qui n'ont pas été constatés.

L'école de Florence enseigne que « la volonté est l'expression nécessaire d'un état du cerveau produit par des influences extérieures; il n'y a pas

312   LES TRENTE DERNIÈRES ANNÉES.

Mais Gœthe lui-même déclarait : « On dit que les chiffres gouvernent le monde; ils prouvent certainement que le monde est gouverné. »

Ainsi la géographie, la chronologie, la statistique, puissants instruments de conjecture, donnent à l'histoire le moyen de déterminer non seulement les origines, la manière, l'époque, mais encore la quantité.

L'histoire. Grâce à cette facilité de recherches et à la liberté de tout dire; grâce aux voyages, aux découvertes, aux sociétés établies, aux matériaux des archives, ouvertes à la curiosité et à l'indiscrétion; grâce aux recueils nationaux, non seulement on a eu de nouvelles lumières sur des évènements déjà connus et des informations plus particulières et plus sûres, mais on a vu apparaître des arts, des langues, des notions qu'on ignorait ou qu'on avait oubliés. La biographie a cessé d'être un puéril récit des actes de l'individu; elle a laissé aux nécrologies ou à la flatterie servile les éloges que le temps n'a pas contrôlés, où l'on prend pour une étoile au firmament le grain de poussière tombé sur la lentille du télescope (1). Chaque pays voulant avoir son histoire non seulement politique, mais juridique, littéraire, morale, on s'est placé à des points de vue nouveaux, on a sondé les faits, on a révisé les jugements, reconstruit le passé; on a abordé tous les problèmes compliqués que l'histoire doit résoudre lorsqu'elle veut être critique et non dogmatique. Mais par là s'est introduite la manie de 'réviser les traditions, de renverser les éloges et les blâmes (2) distribués auparavant; on

---

de libre arbitre; il n'y a pas de fait d'une volonté indépendante des influences qui, à chaque moment, déterminent l'homme, et imposent même aux plus puissants des limites qu'ils ne peuvent franchir. » MOLESCHOTT, *Circulation de la vie.*

Voyez : HENRY FERRI, *la Théorie de l'imputabilité et la négation du libre arbitre* (Florence, 1878); ARISTIDE GABELLI, *l'Homme et les sciences sociales* (Florence, 1871); et LOMBROSO, *l'Homme coupable.*

(1) Les Nièces de Mazarin; Saint-Cyran; Mirabeau; Marie-Antoinette; Parini; Beccaria; Monti; Giordano Bruno; Campanella; Galilée...

(2) La Ligue lombarde; la Conquête de Constantinople par les Latins; les Catacombes; Gerson; Panfilo Castaldi; Fernand Colomb; Dino Compagni; Ciullo d'Alcamo; la famille Cenci; Ricordano Malaspini; Alberico Gentile; Ignace de Loyola; le vicomte de Luynes; Philippe II; la comtesse d'Eboli; Robespierre; Marat...; la Fondation des colonies américaines; les Volontaires de la révolution... Signalons surtout la *Revue des questions historiques.* Aujourd'hui Cuba et Saint-Domingue se disputent les ossements de Christophe Colomb.

a ainsi secondé trop souvent la manie de détrôner les grands, ou caressé un patriotisme indiscret, flatté des morts pour glorifier une dynastie, enfin avili la vertu commune et même l'héroïsme pour canoniser l'injustice triomphante. Combien y a-t-il d'historiens qui, dans la multiplicité des évènements, ne se bornant pas à décrire les luttes de roi à roi, d'armée à armée, ou les nationalités reconstituées, fassent figurer le véritable acteur, je veux dire l'homme tel qu'il est aujourd'hui réellement dans le monde des corps, affecté et impressionné par les choses sensibles, avec le jeu des passions et les combats de l'âme; combien en est-il qui voient les grandes idées qui s'enchaînent et se complètent à travers des désastres partiels?

Au milieu de tant de secousses déchirantes, au milieu des ruines successives de choses qu'on proclamait immortelles, dans les situations que nous avons traversées, il faut à l'historien du caractère plus que du talent, pour conserver un amour inaltérable de la vérité, de la vérité entière, de la vérité seule. Il faut qu'il ait la patience de rechercher cette vérité dans ses sources, avec un jugement loyal au milieu des convulsions des passions politiques et religieuses; qu'il ait le courage, là où elle est plus haïe et plus combattue, de la déclarer avec un langage sincère, malgré les séductions des préjugés, sans craindre la calomnie des savants ou l'impopularité de la foule; il faut qu'il renonce à défendre une cause par des affirmations et des négations téméraires ou par des subterfuges. Comme l'homme libre ne peut être flatteur, ainsi l'historien ne peut être sceptique; il ne peut rester incertain entre des louanges superficielles et un blâme timide, mais il doit peindre avec sentiment les personnes qu'il aime, avec impartialité celles qu'il n'aime pas; il doit vouloir ne pas donner seulement un aliment à la curiosité, mais faire une œuvre de moralisation; sans en appeler aux passions, il doit citer amis et ennemis comme témoins, buriner les mérites et les torts en des pages, par lesquelles il puisse espérer obtenir l'intérêt de la postérité. Les contemporains refusent cet intérêt à l'auteur qui, recommandable par son talent et son caractère, dans la gravité sereine qu'inspire un long commerce avec les hommes, stigmatise sans peur tout ce qui est blâmable.

Trop ordinairement l'histoire moderne se fabrique sous l'inspiration de haines récentes ou des madrigaux, avec un enthousiasme plus fantastique que persuasif. On y supporte mal les gémissements de ceux qui souffrent; on y flatte le despotisme démocratique, qui a remplacé le despotisme monarchique; les princes et plus encore la foule sont divinisés en vers, par des monuments, sur des monnaies, en même temps qu'avilis par les sycophantes qu'ils payent. Bien plus, l'histoire est rendue presque impossible par les racontages qui, chaque jour, se font sur les places publiques, par le télégraphe, les correspondances, sans examen, sans confrontation, sans respect pour le bon sens, sans qu'on pèse ou la probabilité des faits ou les motifs de l'action, sans qu'on ait honte d'être obligé de se dédire le lendemain, sans avoir même la garantie d'un nom. Avec des réflexions qui se ressentent des passions politiques et philosophiques du moment, on fait de la science une auxiliaire des partis. Et il y a des gens qui, avec ces matériaux qu'ils ont parcouru le cigare à la bouche, fabriquent des diatribes qu'ils intitulent histoires, martyrologes, révélations.

Ceux qui ont été acteurs dans ces évènements ou qui les ont vus de près pourraient avoir l'autorité de témoins oculaires; mais comment être impartial quand on en a joui ou profité et quand saignent encore les blessures faites par l'envie et l'injustice? comment sur les mensonges et les légendes de trente ans faire prévaloir la vérité, toute la vérité, et la vérité seule?

La diplomatie, dès qu'elle eut vu ses secrets publiés dans des *livres jaunes, livres verts, rouges* ou *bleus*, ne s'est plus aventurée à dire toute la vérité, n'étant pas sûre que, dans la bascule des ministres, on ne les révélera point sans les modifications qui généralement ne les modèrent pas seulement, mais les transforment.

Tout cela rend plus graves les devoirs de l'histoire. Faire de la philosophie d'une science une science à part et établir une distinction entre l'histoire et la philosophie de l'histoire elle-même (1), c'est aller à des hypothèses risquées et à des conclusions fausses (*Bückle, Lewes, J. S. Mill*). Fichte et Schelling voient dans les époques historiques le triomphe d'une faculté subjective, identique à son objet comme l'idée est identique aux phénomènes et la conscience idéale à l'acte

(1) R. Flinth, *The Philosophy of history in Europa*; Londres, 1874. — Stahl, dans sa *Philosophie du droit* (ii, 630), a de bonnes idées sur l'école historique.

pratique. Hegel a considéré l'histoire comme une *extrinsécation* de la raison suprême qui gouverne le monde, en sacrifiant la liberté aux nécessités du procédé dialectique duquel relèvent tous les phénomènes de l'ordre physique et de l'ordre moral. Lorsqu'on a voulu appliquer au monde moral les doctrines de l'évolution, introduites dans le monde physique, Herbert Spencer a trouvé dans la vie de l'homme et de la société l'application des principes qui gouvernent la biologie des êtres matériels; Bückle voit la marche des nations dans les conditions de leur climat et de leur sol.

Les orthodoxes, sur les traces d'Orose, de saint Augustin, de saint Thomas, ont reconnu le Créateur qui nous a destinés à la vie *domestique* par l'amour instinctif; à la vie *sociale*, par l'amour de nos semblables, par la nécessité de nous aider réciproquement et par le langage; à *l'égalité* des droits, par la communauté d'origine; à *l'inégalité* hiérarchique, par une répartition inégale des facultés; au travail, par l'instinct de l'activité et la nécessité d'obliger la terre à nous nourrir; au progrès continu, par le désir de nous perfectionner et l'aptitude à y parvenir. Ils voient l'humanité progresser sous la conduite de la Providence, en cultivant la liberté humaine par les principes de l'ordre et de la justice [*Bossuet*, *Vico*, *de Bonald*, *Buchez*, *Schlegel*, *Balmès* (1)].

La loi du progrès regarde non pas telle ou telle société humaine, mais la société humaine : là, il n'y a pas de décadence, résultat d'une composition et d'une décomposition : il y a évolution continue.

Darwin reconnaît que le procédé par sélection a eu une très grande efficacité dans les commencements de la société humaine, d'autant plus qu'alors se formaient les diverses races; mais, dit-il, cette efficacité est allée en diminuant à mesure que l'homme a cessé d'être l'esclave de la nature et d'être condamné à la *lutte pour l'existence*, alors la raison l'a emporté sur les instincts.

Mais comment, dans le principe, ce procédé a-t-il pu agir de manière à transformer la brute en homme ?

Entre les associations animales et les sociétés humaines, il y a une différence non seulement de plus ou de moins, mais

---

(1) Vico écarte de l'histoire le *fatum inexorabile*, les interventions particulières de la divinité, les influences astrologiques, la fortune aveugle; il fait unique auteur de l'histoire l'homme sous la Providence. C'est là son originalité.

une différence dans l'organisation intime : les premières ne sont point capables de se développer, tandis que dans les secondes on reconnaît l'influence graduelle et continue que les générations exercent les unes sur les autres. L'étude de ces influences constitue l'histoire, qui, par l'examen de ces diverses couches sociales superposées l'une à l'autre, cherche quelles dispositions matérielles, intellectuelles, morales dans l'humanité, favorisent son progrès, et quelles autres la poussent à la décadence.

Dans l'histoire, tout se tient : le présent suppose le passé dont il est une évolution, et indique un avenir dont il est le présage. Dans l'histoire on trouve les pensées des nations, la réalité humaine dans ses relations avec les diverses déterminations de la nature ; elle représente ce qui, de différentes manières, se développe et se complète, selon le bon plaisir divin ; ses données expliquent les mystères de la conscience et amènent à discuter les plus scabreuses questions humanitaires et à résoudre les plus importants problèmes philosophiques et sociaux, dans la lutte entre les forces aveugles de la nature et les éléments contradictoires de l'humanité, et dans les systèmes si variés des trois formes de la société : l'Église, l'État, la cité. Mais nous voudrions qu'on lui conservât le caractère d'une humanité libre, où l'homme est capable d'affirmer avec conscience et réflexion et de vouloir librement ; nous voudrions qu'elle embrassât le sujet et l'objet, ce qui pense et ce qui est pensé

Géogénie. Celui qui voudrait aujourd'hui faire une histoire universelle ne pourrait plus commencer par les sept jours (1) de a

---

(1) Lorsque parut notre *Histoire Universelle*, elle fut vivement attaquée comme entachée d'hérésie, parce qu'elle élargissait le sens des sept jours et l'étendait à sept périodes cosmiques ; ainsi, jadis, les *académiciens* s'excommuniaient pour la réhabilitation du moyen âge. Ceux qui ont vu quelqu'une des traductions qui en ont été faites savent pourquoi nous insistons sur l'âge préhistorique. Voyez : Ernest Haeckel, *Histoire de la création des êtres organisés d'après les lois naturelles*, Paris, 1874 ; Bagehot, *Physics und Politics of the principles of the natural solution and inheritances to pratical society*, Londres, 1872 ; Ch. Martin, *Valeur et Concordance des preuves sur lesquelles repose la théorie de l'évolution en histoire naturelle*, Paris, 1876 ; H. Spencer, *Principes de biologie*, Paris, 1871. Théodore Waitz, *Ueber die Einheit der Menschengeschlechtes und den Naturzustand des Menschen*, Leipzig, 1877 : c'est une volumineuse anthropologie des peuples à l'état de nature. Voyez aussi Ghiringhello, dans les Actes de l'Académie de Turin ; Lioy, dans les Actes de l'Institut de Venise, 1876, p. 291 ; Caverni, *De l'antiquité de l'homme d'après la science mo-*

création : la paléontologie, l'archéologie préhistorique, la nouvelle théorie géogénique exigent qu'il porte ses regards au delà des limites du temps et des traditions, pour s'attacher à l'arbre généalogique de la nature.

Comment la matière la plus subtile, la matière lumineuse, s'est-elle combinée pour former une nébuleuse, et de cette nébuleuse, des milliers de soleils et les planètes qui circulent autour d'eux? Cela reste un mystère devant lequel la science est confondue et la foi s'incline. Point de vue plus merveilleux encore : comment cette nébuleuse contenait-elle la *puissance* de toutes choses, même de l'homme avec ses facultés intellectuelles et morales? comment, sans un plan préconçu, ces atomes auraient-ils, par leur action réciproque qui ne laissait subsister que les plus utiles d'entre eux, produit l'ordre admirable que nous voyons?

Il y a des mots que la science n'explique pas, et qui cependant s'imposent. Tel est ce mot de *création* qui unit le fini à l'infini, qui trouve à l'origine un Être qui ne peut point ne pas être, qui est indépendant du cosmos phénoménal, et qui d'abord a *pensé*, puis *voulu* (1). Par cette volonté seule, la matière a pu sortir du néant, puis de son inertie, et l'argile s'animer. C'est un mystère impénétrable, mais si l'on supprime une cause surnaturelle nécessaire, une cause ordonnatrice finale, aussitôt disparaît tout droit, puisque le droit dérive d'une notion morale préexistante et supérieure ; et la force reste la maîtresse et la règle des actions humaines.

Une de ces planètes qui, dans l'immense durée des siècles, d'aériformes sont devenues solides, c'est notre Terre. Elle fut d'abord de feu, puis de glace, et au milieu de ces changements, elle ensevelit dans son sein des masses énormes, des amas immenses de cailloux, de grandes couches de coquillages et de reptiles, rois détrônés du vieux globe, des forêts carbonisées, des restes d'une flore et d'une faune différentes

---

derne, dans la Revue nationale, 1879 ; ALFRED RUSSEL-WALLACE, *The geographical distribution of animals with a study of the relations of living and extinct faunas as elucidating the past changes of the earth's surface.* Londres, 1876 ; SANDYS, *In principio.*

(1) Πρῶτον γὰρ ἐννοήθη προβαλεῖν, εἶτα ἐθέλησε. SAINT IRÉNÉE, I, 12, 1. — « Philosophes et théologiens se sont bien fatigués pour écarter le miracle, mais inutilement, puisqu'ils n'ont pas su le rendre inutile ni indiquer quelle chose pourrait le remplacer là où il paraissait indispensable. » STRAUSS, *Croyances vieilles et nouvelles.*

des nôtres, dont l'arrangement atteste depuis combien de centaines de siècles existent l'organisme et la vie.

La doctrine de l'évolution cosmique, déjà énoncée par Aristote, puis clairement formulée par Leibniz, fut organisée en science par Geoffroy Saint-Hilaire; celui-ci mit en évidence l'unité qui préside à la constitution des animaux : il reste prouvé qu'à travers la série des êtres on reconnaît un plan primitif, une idée suprême qui les rassemble en règnes, en classes, en ordres, en familles, en espèces, comme en autant de cadres méthodiques. Ce qui fait accepter Darwin (*Origine de l'espèce*, 1859), c'est le besoin que la science empirique éprouve de recueillir des analogies; mais, par ces analogies elles-mêmes, on ne peut qu'arriver à la région où règne un Créateur unique, et ceux qui ont suivi Darwin (*Huxley, Wallace, Agassiz*) expliquent l'inconnu par l'inconnu ; ils se renferment entre les limites de l'expérience qui ne peut donner l'idée de l'être nécessaire.

Un plan, une volonté unique dirigent les êtres dans leurs évolutions merveilleuses, mais réglées, les élevant du degré le plus bas de l'animalité par des transitions insensibles; toutefois chaque couche fondamentale a une limite qui fait qu'une forme nouvelle ne peut se réduire à une autre. L'ordre des vertébrés, où se manifeste de plus l'unité de plan, ne pourrait se rattacher à aucun autre, en dépit des efforts tentés pour y arriver. Entre le plus parfait des vertébrés et l'homme il reste une distance infranchissable, qui fait de l'homme un être différent, un règne distinct, grâce à la pensée, à la faculté d'abstraire, au langage (1).

(1) QUATREFAGES démontre que l'homme est distinct des autres animaux par des phénomènes caractéristiques soumis aux lois de Kepler sur le mouvement, par des phénomènes de l'ordre physico-chimique, vital, animal, raisonnable. Il refuse aux polygénistes une connaissance complète des sciences naturelles ; il distingue absolument la variabilité des races et la transformation de l'espèce ; et, en comparant le règne végétal et le règne animal, il déduit l'unité spécifique du règne qu'il nomme le règne humain. Les innombrables variations, qu'ont subies des plantes et des animaux transportés dans d'autres régions, lui expliquent les différences qu'on rencontre chez les hommes pour la couleur, les cheveux, la conformation du talon, l'angle facial, la taille qui varie d'un mètre (chez les Boschimans) à $1^m,93$ (chez les habitants des îles de Tonga). Il confirme ces preuves par l'hybridisme, déjà difficile dans les animaux, et qui est impossible dans l'homme, tandis que le métisage y est commun. Ensuite à l'aide des lois générales, communes à tous les êtres organisés, il réfute les théories fondées sur quelque accident et sur la morphologie, en dehors de la physiologie.

La géologie, la plus récente des sciences, hésite encore sur l'âge des stratifications de notre sphéroïde et sur l'origine des terrains diluviens; de la théorie des cataclysmes de Cuvier et d'Élie de Beaumont, elle passe à la théorie de l'évolution de Darwin et de Spencer par des causes toujours agissantes; du système d'un centre anthropologique, elle est venue à la doctrine d'un perfectionnement universel; mais toujours on est d'accord sur une progression hiérarchique des êtres inférieurs aux êtres supérieurs, et toute la série des organismes aboutit à l'homme.

De ces stratifications des terrains, avec la faune et la flore qu'elles renferment, des observateurs, pleins de sagesse et sans préjugés, ont cru pouvoir déduire l'âge, le climat de la Terre, les espèces qui habitaient les diverses régions, espèces qui différaient des nôtres et dont quelques-unes ont disparu.

Un âge est venu, — qui sait après combien d'autres âges? où notre hémisphère était en partie couvert de glaces; avec leur fonte a commencé l'époque quaternaire. Peut-être seulement alors l'homme parut; mais en vain a-t-on étudié les débris de squelettes trouvés dans des cavernes ou dans des terrains d'une antiquité qu'on ne saurait apprécier (1), on n'a pu arriver à la certitude que la science demande.

On voudrait voir des indices de l'état sauvage de l'homme primitif dans les villages lacustres, bâtis sur pilotis au milieu de marais et de lacs, et où l'on retrouve des restes de sa nourriture avec des instruments grossiers fabriqués par lui, tels que flèches, couteaux, marteaux de silex, à l'aide desquels parfois il taillait, sur des os qu'il avait rongés, des figures d'animaux d'une époque très ancienne. On remarque surtout

---

(1) Un fait étrange, c'est que beaucoup de crânes préhistoriques sont trépanés, certainement avec des couteaux ou des scies de silex, et non avec des trépans, puisque la coupure est elliptique. Quelques-uns ont subi cette opération après la mort; d'autres, pendant que le sujet était vivant et même jeune encore, comme le prouve la reconstitution des débris. Souvent dans le crâne on trouve un morceau d'os de forme ronde, enlevé à un autre crâne. Ce fait, reconnu seulement après 1874 dans les déblaiements d'une colline près de Paris, ne saurait s'expliquer qu'en supposant des initiations et des superstitions par rapport à l'âme et à une vie future. Nicolucci avait fait en Italie une précieuse collection de crânes que notre gouvernement n'a pu acheter et qui a été transportée en Amérique; il en avait trouvé quelques-uns polis sur la partie externe, et précisément à la suture lambdoïde gauche (occipito-pariétale). Mystère! mais on peut du moins conclure qu'à cette époque les hommes étaient moins grossiers qu'on ne le pense généralement.

320 LES TRENTE DERNIÈRES ANNÉES.

les coquillages pétrifiés du Brésil, les *paradero* de la Patagonie, les *tepe* de la Perse, les débris de cuisine (*Kiokkenmödings*) du Danemark, et, pour un genre analogue, les *terramares*, amas de terre argileuse entre les Apennins, l'Adriatique et le Pô, dans lesquelles on trouve en abondance des débris d'animaux et des vestiges de l'industrie des époques les plus reculées.

D'après ces données, on a voulu distinguer un âge de pierre brute (*archeolitica*), où on ne savait employer que le silex. Puis est venu l'âge de la pierre polie (*neolitica*), où on trouve avec les marteaux, les couteaux, les flèches, quelques ornementations, des vases d'argile cuits au soleil, des cordes faites de l'écorce des arbres, des meules grossières, des murailles en pierres sèches et jusqu'à des canots pour la navigation et la pêche. Tout cela révèle des hommes qui chassaient, pêchaient, faisaient la guerre.

Plus tard, ils employèrent le cuivre qu'ils durcirent en le mélangeant d'étain. De cet âge, qu'on nomme l'âge de *bronze*, il nous reste des épingles, des amulettes, des vases, des ornements de femme et des armes. Ce n'est que 2,000 ans environ avant notre ère qu'on emploie, pour des statuettes, pour la monnaie et les chars, le fer, maintenant si commun et devenu désormais un instrument essentiel de la civilisation. Par le passage de l'âge de bronze à l'âge de fer, nous arrivons déjà aux Étrusques, 300 ans avant la fondation de Rome, c'est-à-dire à 30 siècles de nous. Pour la Scandinavie, la première période de l'âge de pierre se place 3,000 ans avant J.-C. (1).

L'homme préhistorique. —Unité de l'espèce humaine.

Que signifie donc l'expression *homme préhistorique?* Cela veut-il dire : homme plus ancien que tous les souvenirs? Mais que savions-nous de l'Australie avant Cook, ou de l'Amérique avant Christophe Colomb, et même de l'Italie avant Homère? L'Amérique était sauvage lorsque l'Italie triomphait dans l'âge d'or des beaux-arts. La grossièreté n'est pas une preuve d'antiquité. Que si ces restes prouvent, pour l'espèce humaine, une antiquité plus grande qu'on ne

(1) Voyez Worsäe, dans le *Nordish Tidskrift für vetenskap, Konst och Industrie,* dans le premier numéro de 1878. Dans l'Académie de Hongrie, on a fait une *Archæologiai Közlemènyeks,* sur les débris préhistoriques, mais principalement pour l'âge des Celtes. La question des origines y a été traitée par l'archevêque de Kolocza, Mgr Haynald, maintenant cardinal, à l'anniversaire du botaniste Philippe Parlatore (séance du 16 juin 1878).

supposait naguère, ils ne suffisent point pour démontrer que l'homme vivait partout en brute et en anthropophage, puisqu'aujourd'hui encore des peuples entiers dans la Polynésie et la Nouvelle-Calédonie ne sont pas dans une condition meilleure. Aux îles de la Terre de Feu et au détroit de Magellan, on rencontre des tribus entièrement nues, malgré l'extrême rigueur du climat, ou couvertes tout au plus d'une peau de loup marin, si facile à disposer en vêtements. Chez ces sauvages, on trouve une misère et un abrutissement qu'on ne peut imaginer; ils ont l'air stupide, ils sont maigres avec des muscles vigoureux, leur seul langage est une suite de nasalités très accentuées; ils savent fabriquer des instruments de pêche, de chasse, de guerre; leurs tanières peuvent à peine s'appeler des cabanes; dans des pirogues, faites avec l'écorce des arbres ou avec des troncs creusés, ils s'exposent aux tempêtes de cet archipel; ils ne vivent que des mollusques qu'ils ramassent sur les plages; et l'occupation des femmes est de maintenir dans ces embarcations un feu bien nécessaire par ces grands froids (1).

Ces crânes si petits, ces épées minuscules, comment les conçoit-on avec les mastodontes qui alors parcouraient nos régions? Les armes de silex se trouvent à fleur de terre, ou bien ensevelies avec des armes de bronze, des vases faits au tour, des émaux, des monnaies, des joyaux; on a retrouvé des flèches de silex dans un hypogée de Thèbes de l'époque des Lagides; on en a tiré d'autres de tombes où elles étaient mêlées à des métaux travaillés. On avait l'habitude de déposer avec les cadavres des objets qui se rattachaient à de très anciennes traditions. Bien des choses paraissent anciennes parce qu'elles ont été oubliées; d'autres se sont conservées dans les pratiques religieuses : ainsi les juifs se servent de couteaux de pierre pour la circoncision, et l'Église exige qu'on se serve d'huile et de cire, bien que, dans l'usage domestique, la stéarine et le pétrole les aient remplacées. Si une de nos villes demeurait ensevelie, on y trouverait un jour des palais à côté de chaumières, des porcelaines et des poteries, des machines à vapeur et de grossières charrues, des broderies et des haillons, des cuillères d'argent et d'autres d'étain ou de bois, des gourdes et des outres pour le vin et des bou-

---

(1) *Le Détroit de Magellan,* études par le capitaine Mayne-Reid, 1866-69. *Bulletin consulaire,* août 1876.

teilles, des pipes dégoûtantes et des eaux de senteur, des cuisines économiques et la polenta. Les poutres du pont Sublicius, le premier que les Romains jetèrent sur le Tibre, n'étaient fixées qu'avec des chevilles de bois (1). Les deux dernières classes de citoyens, d'après la division faite par Servius Tullius, n'avaient pas d'épées, mais des javelots (2), et quand on vit le premier bouclier de métal, on le crut tombé du ciel (*ancilia*); dans les rites religieux primitifs, on rejetait les vases de bronze pour n'employer que ceux d'argile; ils étaient faits à la main et mal cuits à feu découvert. Tite Live cite, parmi les rites féciaux, la victime abattue par le prêtre *cum saxo siliceo*, et il remarque que, jusqu'au temps de Servius Tullius, les armes étaient *omnia ex ære* (3). Et cependant nous trouvons le fer déjà dans les pyramides d'Égypte.

L'Italie présente un merveilleux rapprochement des temps préhistoriques et des temps nouveaux. Dans les habitations lacustres bâties sur pilotis, on a découvert des vases et des ustensiles de cuivre et de bronze, des verres, des inscriptions: l'*æs rude* a été trouvé à Pérouse et à Genzano; dans les stations de Bodio, sur le lac de Varèse, on a rencontré avec des fragments de pierres et d'airain cent pièces de monnaie des derniers temps de la république romaine. Dans la grotte de Tibère entre Imola et Faenza, des têts de vases primitifs étaient mêlés à des figurines de bronze. Dans les *terramares* de l'Émilie, on reconnaît des rapports avec les tourbières du Danemark et les habitations lacustres de la Suisse, et cependant là déjà on rencontre et le chêne commun et les ouvrages de bronze, qui se retrouvent dans la nécropole de Villanova et dans celle de Marsabotto, où se montre la riche civilisation étrusque. Les géologues romains ont établi une échelle chronologique pour les couches amassées aux *Acque Apollinari*, où sont déposées l'une sur l'autre les offrandes votives que les dévots jetaient dans ces sources salutaires : il y a d'abord le silex, puis l'*æs rude*, puis l'*æs grave*, puis divers *ex voto* du culte païen.

---

(1) Denys d'Halicarnasse, III, 45, v. 24. — Pline, XXXVI, 100.
(2) Rubino, *Beitrage zur Vorgeschichte Italiens.* — Helwig B.,-*Zur altitalischen Kultur und Kunstgeschichte;* Leipzig. 1878.
(3) Lucrèce, dans ses vers, disait à son tour :

> Arma antiqua manus, ungues, dentesque fuerunt,
> Et lapides et item sylvarum fragmina rami;
> Posterius ferri vis est ærisque reperta;
> Sed prius æris erat quam ferri cognitus usus.

Lorsque Mariette fit exécuter des fouilles à Abydos, les ouvriers employèrent des instruments de pierre. Aujourd'hui encore, au Japon, on se sert de flèches de silex, comme sont les lances d'un grand nombre de Bédouins. Donc, probablement, à la même époque vivaient parallèlement des peuples qui n'étaient point rabaissés jusqu'à l'état sauvage, et qui, dans leurs migrations, introduisaient les arts, les mœurs, les habitations, la famille, les cérémonies religieuses, en un mot, la société civile qui allait se perfectionnant peu à peu, parce que chez l'homme le progrès peut se transmettre : il n'en est pas ainsi de la brute.

N'est-il pas prouvé que les pasteurs de la Mésopotamie et les docteurs de la Chine savaient plus d'astronomie que les sages d'Éphèse et d'Athènes? Les nations sauvages des Cyclopes et des Polyphèmes vivaient en Italie, quand déjà la Grèce chantait l'*Odyssée,* et leur éducation fut bientôt faite, dès que les thesmophories leur apportèrent des régions plus avancées le mariage fixe, les lois et les rits religieux.

Ces œuvres indiquent donc plutôt une marche de l'esprit humain qu'un âge du monde ou un passage de l'animalité à la civilisation : quelque grossières qu'elles soient, elles attestent la supériorité de l'homme sur les animaux, puisqu'il sait se préparer des instruments, travailler pour une fin, c'est-à-dire raisonner. Puis le don de la parole non seulement l'élève au-dessus de tous, mais aussi le distingue de tous ; dès lors on peut reconnaître que l'homme descend d'une seule souche, malgré les altérations subies dans les différentes espèces caucasiennes, noire, jaune, brune. Le langage est un trésor de sagesse qui surpasse toute réflexion ; il ne doit point son origine à la réflexion ni à la conscience, parce que dans le premier usage de la parole on trouve une telle richesse de conceptions métaphysiques et de force logique, qu'on ne peut arriver à l'expliquer ; d'autant plus qu'après être parvenue à une certaine perfection, et aux époques où il y a plus de réflexion que de spontanéité, toute langue semble entrer en décadence sous le rapport de la richesse, des formes et de la délicatesse de l'organisme, bien que la civilisation aille en progressant. Si riche et si complexe, le langage ne peut être l'œuvre d'un seul individu ; avec une telle unité, il ne peut être l'œuvre d'un grand nombre. Les différences essentielles des divers groupes de langues n'empêchent pas une certaine uniformité dans leur évolution générale : il y a comme

Les hypothèses.

un instinct commun à l'humanité, qui gouverne le développement des divers langages selon les mêmes lois.

La science la plus récente et la plus indépendante des physiologistes comme des philologues confirme l'unité d'origine pour les races humaines et pour le langage, et, lors même qu'on refuserait à Moïse l'autorité de l'inspiration, on ne peut lui refuser d'être un observateur admirable et impartial.

L'unité du langage indique l'unité de nature et l'unité de pensée, c'est-à-dire de la faculté de connaître l'être. Et cependant nous trouvons des croyances diverses. N'est-ce pas une preuve de la dispersion du genre humain, autre fait biblique, comme la variété qui apparut dans les langues lorsque la vérité traditionnelle fut remplacée par l'erreur?

Mais celui ou ceux qui ont inventé le langage, c'est-à-dire qui ont vu que par la parole on pouvait exprimer les idées, après qu'ils eurent compris que nous avons des idées, ceux-là devaient être des génies transcendants. Or comment concilier cela avec la brutalité des âges préhistoriques? comment expliquer que les langues sont d'autant plus synthétiques qu'elles sont plus anciennes, et que chez les barbares eux-mêmes elles ont des délicatesses désapprises par la civilisation qui grandit?

L'homme studieux ne doit pas ignorer les recherches et les conjectures de ces grands *chercheurs* qui, avec une persévérance mêlée de tristesse, vont à la poursuite de l'infini qu'ils ne peuvent atteindre. Mais il s'abstient d'établir un édifice sur des systèmes en désaccord et même en contradiction entre eux; et quant à l'éternité de la matière, à la génération spontanée, à la chaîne embryonologique de Lamarck, à la transformation des espèces de Darwin, à la lutte pour l'existence, à la sélection, il ne consent pas à les accepter derrière un inconnu qui prétend expliquer l'inconnu, comme sur des hypothèses qui se dérobent à l'expérience et que peuvent renverser demain des faits ou des raisonnements nouveaux. Ainsi on soutenait hier avec Renan que le monothéisme est un instinct de la race sémitique; aujourd'hui, avec Soury, on prouverait que les Hébreux étaient polythéistes. Récemment les plus grands physiciens raisonnaient sur les corps impondérables. A l'invariabilité des corps célestes, admise il y a un siècle, on a substitué la belle théorie de Laplace qui trouve, dans ces corps, des transitions progressives et des âges divers, dont témoignent les analyses spectrales. Quiconque se fie aux systèmes est souvent contraint de changer demain ce qu'il a écrit hier. Ainsi la ligne que parcourt le Soleil en se rapprochant de la constellation d'Hercule, semble une ligne droite, parce que nous calculons seulement une faible partie de son immense ellipse. Or comment s'assurer des temps où manquait l'être qui seul a le concept et la mesure du temps?

L'histoire ne peut s'attacher à un homme de fantaisie, mais à l'homme réel. Sa matière propre et véritable est l'évolution spirituelle de l'humanité, dans laquelle les volontés individuelles, bien que dirigées à des fins particulières, concourent au progrès de la société entière. Ce progrès est continu, mais il faut bien le distinguer du bonheur des individus. Dans ce progrès il y a une cause qui diffère des desseins des individus; c'est une volonté universelle, que les individus ne connaissent pas et qui identifie l'âme des particuliers avec l'âme cosmique. Les anciens ont appelé cette volonté le Destin, et c'était la prédestination absolue du lien causal; les chrétiens l'ont nommée la Providence, c'est-à-dire la sage coordination de tous les moyens à une fin; les modernes ont trouvé le nom de Rationalisme empirique, suivant lequel l'histoire résulte de l'activité des individus qui agissent inconsciemment d'après des lois psychologiques, mais sans Dieu, et en niant tout ce qui est un objet de croyance et d'amour. Lorsqu'à des faits incompréhensibles on substitue des imaginations incompréhensibles, mystère pour mystère, il vaudra toujours mieux s'en tenir à l'idée qui s'harmonise davantage avec les autres vérités et est plus d'accord avec la grandeur dans la conduite.

Quand même les physiologistes ne démontreraient pas les différences organiques qui caractérisent l'homme, l'homme possède le feu, qu'il lui ait été donné par le *premætha* (morceaux de bois frottés l'un contre l'autre) ou par le Prométhée qui l'a ravi au ciel. L'homme a des facultés intellectuelles, indéfiniment perfectibles : il a le langage qui rend possible d'une génération à l'autre la transmission des connaissances acquises; il a des idées supra-sensibles qui sont nécessaires à la vie morale et religieuse : il sait discerner le droit, le devoir; le mérite, le démérite; il a le sentiment de la responsabilité, la croyance à des êtres invisibles et à une vie au delà de la tombe. L'instinct ne trompe pas les animaux : si ce sont là des instincts, pourquoi le sentiment et l'espérance de l'avenir tromperaient-ils l'homme? *Excellence de l'homme.*

On peut vanter l'intelligence des animaux sans descendre pour cela à l'inconscience dans l'homme, sans accepter une humiliante généalogie, contredite par les espèces fossiles aussi bien que par les espèces vivantes, par les faits paléontologiques aussi bien que par la faune actuelle, en s'appuyant sur la seule morphologie (1). Le judaïsme et le christianisme ont horreur de cette fraternité avec les brutes ; ils distinguent entre la sensibilité et l'intelligence ; ils reconnaissent en Dieu l'éternité, dans Adam le temps, dans l'homme le moment éthique, c'est-à-dire l'origine et la nature ; le moment juridique, c'est-à-dire la liberté et par conséquent la responsabilité de ses propres actes ; le moment politique, c'est-à-dire l'usage que l'homme fait de ses droits et ses inclinations sociales.

La Genèse. Qu'on ne s'effraye pas cependant des vérités qui semblent compromettre nos convictions religieuses. Les démonstrations de la matière ne nient pas l'existence de l'esprit, de la conscience ; ce sont des vérités d'ordres différents, qui pourtant s'harmonisent entre elles. Ceux-là pèchent contre la raisonnement qui, de toute découverte, se font une arme contre la foi ; de même ce serait une erreur de s'occuper à apporter, comme une preuve des assertions bibliques, des découvertes qui peuvent se retourner en objections contre la Bible (2). Tout ce que renferme la Bible est vrai, mais, quoi

---

(1)   Dieu t'a fait homme, et moi je te fais singe. (V. Hugo.)

« L'homme, comme être physique et comme être intelligent, est l'œuvre de la nature ; c'est pourquoi non seulement son être, mais encore ses actions, ses pensées, sa volonté, ses sentiments sont fatalement soumis aux lois régulatrices de l'univers. » (Büchner, *Force et matière*, chap. xx.) D'après Darwin, le droit n'est que l'accord des instincts individuels avec l'instinct social ; c'est l'harmonie passagère d'un besoin qui m'est personnel avec les exigences de l'espèce à laquelle j'appartiens pour le moment.

(2) A la suite de Cuvier, nous avions affirmé que l'homme fossile n'existe pas.

« La seule chose qu'on doit chercher dans les faits, c'est la vérité ; celui qui a peur de les examiner donne lieu de supposer qu'il n'est pas certain de ses principes... Une connaissance plus élevée de la vérité fait voir l'accord entre des vérités subordonnées, qui, au premier aspect, peuvent sembler opposées... L'esprit humain se cantonne volontiers dans une question mal posée. »

« Dans toutes les questions traitées avec dédain, il y a plus d'avantages à attaquer qu'à défendre. Rien ne sert autant à faire rire les hommes d'une chose que de leur rappeler que, pour d'autres hommes, cette chose est sérieuse et importante ; car, pour quelques-uns, un signe évident de leur supériorité est de se rire de ce qui occupe et domine l'esprit d'autres hommes... Celui qui cherche sincèrement la vérité, loin de se laisser effrayer par le ridicule, doit soumettre à un libre examen le ridicule lui-même. » Manzoni.

qu'en disent les Protestants, la Bible ne contient pas toutes les vérités, et l'inspiration divine de ses auteurs se borne aux points de dogme et de morale. Dans cette conviction, au lieu de précipiter les inductions, ayons le courage d'attendre sans nous effrayer ni nous irriter. Des découvertes dans l'histoire naturelle ou des arguments philosophiques semblent contredire la Bible? Il faut non seulement vérifier ces assertions, mais aussi voir si le texte biblique a été bien compris, le séparer des légendes populaires avec lesquelles on le confond et par lesquelles on le défigure souvent. L'Église a la mission d'interpréter ce qui concerne la foi, la morale, le salut des âmes, en imposant sa croyance comme le résultat de l'accord des Pères et des siècles; mais l'histoire, la géographie, l'archéologie peuvent pousser leurs recherches au delà de l'interprétation commune d'un texte. Pourquoi se priver des nouveaux secours de la science?

Depuis que la science a démontré que l'univers, les corps, et même notre constitution morale et intellectuelle sont coordonnés à un principe bien plus mécanique qu'on ne le supposait, les orthodoxes eux-mêmes ont changé de langage avec les progrès intellectuels. D'abord on acceptait la Genèse au sens strict; puis on y reconnut le récit d'un père qui parle à ses enfants en employant le langage du temps, mais qui les a dotés de facultés qui se développent et les rendent capables de révélations plus précises. Des personnes sages autant qu'intelligentes assurent que la Bible ne fixe pas le temps de la création de l'homme, mais qu'elle la raconte comme un fait concernant tout le genre humain. Pour les faits postérieurs, elle les entend du peuple élu : par exemple, quand elle dit que le déluge fut universel, que tous les peuples construisirent la tour de Babel. La foi nous donne une création; l'histoire, un premier homme; tous nous venons d'Adam; peut-être nous ne venons pas tous de Noé (1).

(1) *Multa in Scripturis sanctis dicuntur juxta opinionem illius temporis, quo gesta referuntur, et non juxta quod rei veritas continebat.* S. HIERON. in Jerem., XXVII, 10-11; MATTH., XIV, 8. Saint Thomas regarde souvent comme un principe indiscutable que *secundum opinionem populi loquitur Scriptura.* De là Dante a dit, *Purg.*, IV :

>Per quanto la Scrittura condiscende
>A nostra facultate, e piedi e mani
>A Dio attribuisce ed altro intende.

Aujourd'hui encore les astronomes disent que le soleil se lève, qu'un astre se couche, etc. Les PP. Jésuites traitent souvent ce sujet dans leur

On place le berceau du genre humain dans le grand plateau de l'Asie, borné au sud-est et au sud-ouest par l'Himalaya, à l'ouest par le Bolor, au nord-ouest par l'Ala-Tau, au nord par les monts Altaï, à l'est par le Khing-Gan, au sud par le Felinan et le Kuen-loun. Là seulement on rencontre les trois types des races humaines, les trois formes fondamentales du langage, la forme *monosyllabique* du chinois et du siamois, la forme *agglutinante* du malais et du japonais, la forme *flexive* des langues iraniennes (1). De là nous sont venus les animaux domestiques et les grains; de là sont sorties les diverses races qui, sous l'influence de l'hérédité, du croisement, du climat, sont devenues distinctes par des caractères extérieurs, anatomiques, physiologiques, pathologiques.

Et l'histoire universelle, en montrant que l'homme se perfectionne, demeurera la plus solide protestation contre l'athéisme, qui affirme gratuitement l'éternité nécessaire de la matière, et contre les doctrines des atomes, mises en avant par l'école allemande à laquelle quelques Italiens et quelques Français font écho. Nous ne voulons pas faire ici un traité de théologie, mais il nous semble qu'il n'y a ni histoire ni civilisation possibles, si l'on ne reconnaît pas l'unité du genre humain, d'où découlent la fraternité universelle, le droit, la justice. Enlevez-la, il ne restera que l'arbitraire du plus fort. Niez la permanence de l'espèce humaine, et on ne cherchera plus que les moyens les plus opportuns d'améliorer les types et les races; les lois économiques et morales disparaissent; l'esprit de charité est condamné, cet esprit qui est la plus belle gloire de notre temps et qui, à la maxime « Chacun pour soi », oppose le précepte : « Aime ton prochain comme toi-même. » Si notre espèce n'est fixée qu'acciden-

---

précieuse revue *Études religieuses;* voyez surtout les numéros d'octobre 1865 et d'avril 1868 ; et la *Revue des questions historiques,* où il faut lire, de l'abbé F. Vigouroux, *la Cosmogonie biblique d'après les Pères de l'Église;* et de Ch. de la Vallée-Poussin, *la Certitude en géologie.*

(1) Max Müller se pose cette question : Peut-on admettre une origine commune pour toutes les langues humaines? Et il répond sans hésiter : « Nous le pouvons... Il est téméraire d'attribuer au langage des principes divers et indépendants, avant de présenter un seul argument qui établisse la nécessité de ces différences : l'impossibilité de l'origine commune du langage n'a jamais été démontrée. » *Science du langage* (Paris, 1864), p. 354. Et, à la page 366, l'auteur confesse l'origine unique de l'espèce humaine, et il ajoute : « Si une telle croyance avait eu besoin d'une confirmation, elle l'aurait trouvée dans le travail de Darwin, *De l'Origine des espèces.* »

tellement, par une évolution, où elle est arrivée en partant de la brute, et d'où elle s'élèvera par la lutte de la vie, je ne suis pas plus lié avec mes semblables qu'avec le singe ou le crapaud; je ne secourrai pas les nécessiteux; je me garderai de venir en aide aux estropiés ; aux mendiants qui engendreraient d'autres misérables, et feraient surgir demain d'autres malheureux; il faudra perfectionner, non point les petites gens, mais les classes élevées. Ce n'est pas avec des doctrines semblables que l'histoire pourra aider à la réorganisation à laquelle la société aspire avec inquiétude, au milieu de ces incessants bouleversements économiques, industriels, politiques et religieux.

Devant les progrès de la science faut-il rejeter ce livre sur lequel, depuis tant de siècles, se fondent les croyances des peuples les plus cultivés? Laissant de côté son autorité divine, faut-il nous justifier d'avoir accepté ce livre comme le principal document historique? Voici comment procède son récit. L'histoire biblique.

Puisque rien ne se fait de rien, il nous présente un Dieu personnel créateur, qui, avec un plan et un but, crée l'univers. Ses jours sont des milliers de siècles; mais l'ordre dans lequel ils sont exposés ne contredit pas les données de la science. Au premier jour, il y a le chaos; puis, comme dans les systèmes modernes, vient la lumière qui revêt ensuite le soleil et les étoiles; peu à peu se forment les animaux, sortant des éléments de la création primitive, jusqu'à ce qu'enfin l'homme soit créé avec sa compagne : c'est le tronc unique de l'arbre dont les rameaux doivent couvrir la terre.

Dieu conduit les animaux devant l'homme, et celui-ci leur donne à chacun son vrai nom. L'homme exerce ainsi sa raison et son langage, qui sont ses deux grands caractères distinctifs. En pensant, il reconnaît le créateur; en contemplant la créature, il s'aperçoit qu'il existe quelque chose hors de lui.

L'homme était intelligent et libre : il devait donc agir, non par instinct, mais par la connaissance et la volonté. Il était libre, mais soumis à l'ordre; il devait vouloir ce que Dieu veut. Et Dieu, comme une épreuve, lui impose une seule défense. L'homme la viole; et alors son intelligence demeure obscurcie, sa raison affaiblie, sa volonté déconcertée.

A ce moment commence un travail qui doit être une restauration; à la sueur de son front, l'homme soumettra la nature, en se perfectionnant lui-même et les choses qui l'entourent, et en espérant un réparateur qui lui est promis.

Quelques traditions primitives, comme celles d'un grand déluge, d'une arche qui sauve les restes du genre humain et des animaux en les portant sur des montagnes élevées, sont conservées aussi dans des documents très anciens que notre temps met en lumière.

Parmi ces patriarches, on a la foi à un Dieu créateur et conservateur ; on a la loi naturelle et la croyance au châtiment d'une désobéissance ; il y a des cérémonies réglées, des offrandes expiatoires, des holocaustes, la sanctification du sabbat. Cette foi, toute de confiance et d'obéissance vis-à-vis de Dieu et de sa révélation primitive et quotidienne, vient au secours de la raison, comme la mémoire vient en aide à l'intelligence ; c'est le libre assentiment de l'intelligence à la parole révélée ; c'est la foi à des miracles qui cessent de répugner dès qu'on a admis le premier miracle.

Mais l'idée de création s'obscurcit. L'homme, par sa seule raison, est incapable de s'élever à la conception d'un être premier, absolu, nécessaire ; en contemplant les phénomènes, en admirant la magnificence des cieux, il s'attache aux causes secondes ; en dépit de la tradition, le sentiment universel de la divinité devient une erreur universelle en se résolvant dans le naturalisme, ou dans le dualisme pour expliquer le bien et le mal, dans la doctrine de l'émanation, dans l'anthropomorphisme, dans le panthéisme ; on se représente Dieu semblable à l'homme ou au monde. On donne une âme aux êtres matériels ; on personnifie Dieu dans la créature, on divinise les astres. Cependant il y a toujours une divinité supérieure, jusque dans le polythéisme le moins conforme à la raison, comme l'est celui d'Ovide.

Ce n'était donc plus assez, pour l'intelligence humaine, que la connaissance du bien, et la vérité reconnue en Dieu, en elle-même et dans le monde ; il fallait qu'une autorité suprême lui imposât, d'une manière sensible, des actes de vertu : c'est le Décalogue.

Voilà une autre genèse historique ; et on ne voit pas pourquoi elle serait exclue par les railleurs de ces vastes entassements d'hypothèses, à l'aide desquelles la science se fatigue à chercher les origines non seulement du monde, mais aussi de la pensée, de la connaissance, du *moi* et du *non moi*.

La pensée orientale, qui ne connaît pas les limites du temps et de l'espace, est arrivée au panthéisme, c'est-à-dire à l'unité de substance avec la diversité des formes; là, tout est Dieu, excepté Dieu.

Pour la sagesse grecque, l'évolution naturelle est symbolisée par le mariage, par la semence, par l'œuf; mais on ne remonte pas au premier être; il en résulte de la confusion ou des absurdités. Des esprits plus vigoureux imaginèrent des forces inhérentes à la matière, l'eau, le feu, les nombres; mais comment chaque élément a-t-il pu prendre la place et l'office qui lui convenaient? Les diverses écoles s'appliquèrent à cette recherche, et aboutirent à un démiurge qui organisa la matière, le chaos, sans chercher d'où il venait. On n'arriva pas à concevoir la durée et l'espace : on ne connaissait pas l'éternité et l'immensité.

Mais tous se figuraient un âge d'or, après lequel l'homme alla en déclinant (*mox daturos progeniem vitiosiorem*); tous cependant, à l'exception peut-être du seul Pline, rehaussaient la nature de l'homme : c'est le contraire de la philosophie actuelle qui fait venir l'homme du singe, et veut assimiler ses qualités à celles de la brute.

Ainsi nous arrivons déjà aux temps historiques, à une chronologie où nous n'avons plus besoin de la foi. Mais, en suivant ce livre, nous rencontrons, et souvent nous résolvons les plus graves problèmes. Comment naît l'idée de justice? Comment l'homme a-t-il pu, de l'égoïsme qui, dit-on, lui est naturel, passer à l'altruisme, dont on a inventé le nom, mais sans savoir en donner la raison? S'il n'y a que des lois biologiques, il n'y a plus de droit constant, fixe, indépendant des coutumes, supérieur à ces coutumes, distinct d'elles et capable de les juger.

L'individu dans quelques races privilégiées est devenu l'homme civilisé. Ce fut un accident : cela pouvait ne pas arriver, et l'homme pouvait rester toujours parmi les animaux sans parole, ou bien une autre espèce que la sienne aurait pu s'élever à cette hauteur. Mais quelle moralité absolue peut-il donc y avoir pour une espèce ainsi soumise à de tels changements? Il ne resterait donc plus qu'un seul principe, l'utilité de l'espèce; vaincre, voilà le droit; le devoir, c'est la nécessité de vivre selon l'espèce. La société a traduit en lois de la morale ces nécessités organiques de l'espèce. Mais qui nous oblige à ces lois?

Si l'on admet la continuité non interrompue des forces et

des phénomènes depuis la première cristallisation minérale jusqu'à l'héroïsme humain, continuité réglée par une nécessité mécanique et dynamique, il n'y a plus de justice qui règle le fait social et s'impose à l'homme; il n'y a plus d'objet ni de sujet d'un droit quelconque; il n'y a plus d'histoire, si l'histoire de l'humanité n'est qu'une branche de la physique, si l'homme est simplement un phénomène naturel, où l'atome n'a pas plus de droits et de devoirs que la molécule minérale qui se cristallise dans de certaines conditions; l'ordre moral se confond avec l'ordre physique d'où il dérive.

Il semble que des hommes sérieux devraient arriver à une conviction, d'autant plus que ce sont là des erreurs d'esprits d'ailleurs sains; et cependant les controverses deviennent plus vives parce que des deux côtés l'imagination transforme l'argumentation de l'adversaire, supplée aux défauts de celle-ci, et au mérite de la nôtre. La discussion gagne à mettre de côté l'esprit de contention, d'âpreté, d'exagération; à réunir les esprits pour découvrir l'erreur, trouver la vérité et arriver à se tromper de moins en moins dans les causes finales. Il y a une continuité, oui, mais pour les lois et non pour les substances : c'est-à-dire que la distinction des êtres et des différents ordres de phénomènes persévère dans le progrès uniforme de la loi.

Nous avons recueilli ici ces éléments de toute histoire sociale, non pas tant pour notre justification, que comme une exposition des travaux modernes. Mais si la démangeaison de tout innover poussait notre génération à renier les mérites de ceux qui nous ont précédés, ceux-ci se lèveraient de leur tombe, en nous criant : « *Ingrats!* »

CHAPITRE XXIII.

LA POLITIQUE ET LA MORALE.

Prédominance de l'État.
Dans l'étude de l'homme, l'histoire ne sépare point l'éthique, la politique, le droit.

Le siècle dernier avait travaillé à égaler la puissance laïque à la puissance ecclésiastique qui avait eu la prépondérance au moyen âge. Il avait, pour cela, sécularisé les institutions, diminué l'action sociale du christianisme dans l'éducation, dans les œuvres de bienfaisance; on avait réussi à prendre le dessus grâce à des édits et à des restrictions. Aux gouvernants, qui absorbaient l'autorité à leur profit, les philosophes fournissaient l'appui de raisonnements pour soustraire cette autorité au clergé et la concentrer dans l'État. De même qu'un accord entre des personnes constitue la première société nécessaire qui est la famille, ainsi plusieurs familles réunies forment la commune, plusieurs communes forment l'État, sans que l'une annihile l'autre. L'État devrait être l'explication et la tutelle des droits, des devoirs, des actes humains, la garantie de l'exercice de l'activité libre, dans le but direct de faire prévaloir la justice, en se renfermant toujours dans les limites des rapports temporels, laissant à l'Église ce qui est divin et éternel, pendant que la famille embrasserait et ce qui est de l'ordre naturel et ce qui est de l'ordre surnaturel. Au lieu d'harmoniser la liberté des membres avec l'unité de l'État, on transforma l'État en un être suprême, vivant par lui-même, arbitre des individus, de la famille, de l'Église.

La grande Révolution favorisa cette tendance. Par l'abus de principes abstraits, elle substitua à la liberté l'égalité, qui ne demandait pas une éducation politique préalable, faisait naître la jalousie de l'autorité, donnait une idée purement matérielle de la propriété, méprisant les droits personnels, réduisant l'individu à n'être qu'un chiffre, sans liens moraux avec ses semblables, et sans autres liens que ceux qu'on décrétait. Jamais les gouvernants ne furent aussi absolus que lorsque, sous prétexte d'égalité, ils eurent aboli les franchises de la famille, des communes, de l'Église, des provinces, des jurandes d'arts et de métiers.

Cependant l'État n'est point la société entière, il la représente seulement sous le côté de l'organisation juridique. Son germe est l'individu humain; l'idée de l'État remonte à l'élément inné de la sociabilité individuelle, si bien qu'entre le citoyen et l'État il n'y a d'autre différence que celle qui se trouve entre le tout et la partie; et il n'en résulte nullement une divergence dans les principes, quoique cette différence puisse être compatible avec la diversité des deux personnes juridiques. La société n'absorbe pas tout l'homme. L'homme vit dans la société; dans elle, il accomplit sa carrière ici-bas; mais, hors d'elle, il conserve une personnalité, une volonté, une conscience, pour lesquelles il y a des récompenses, des châtiments, des destinées, autres que celles de la société.

Le Père Ventura a bien vu qu'en *déchristianisant* la société, les systèmes modernes aboutissaient, dans l'ordre philosophique, au rationalisme; dans l'ordre moral, au sensualisme; dans l'ordre domestique, à l'individualisme; dans l'ordre économique, au communisme; dans l'ordre religieux, au césarisme; dans l'ordre politique, au despotisme (1).

La Révolution. Alors on trouva nécessaire de réprimer les princes, et on imagina les Constitutions. Elles étaient empruntées aux Anglais, mais l'Angleterre tenait ses Constitutions de l'histoire et conservait ses anciennes immunités; on voulut les transplanter dans des pays où elles ne trouvaient d'autre base que des décrets.

A un gouvernement établi pour protéger chaque individu dans l'association de tous, et garantissant à chacun le droit de faire le bien comme il le veut et comme il le peut, pourvu qu'il ne nuise pas à son prochain; à un tel gouvernement on substitua, avec des droits différents, quelquefois en opposition avec ceux des particuliers, l'État fondé sur la déclaration faite en France des droits de l'homme et de la société. On ne faisait ainsi que transformer l'omnipotence des princes dans l'omnipotence des ministres et des parlements.

Telle fut la situation de la première moitié de ce siècle, et l'histoire s'occupa bien moins des rois que des ministres; ceux-ci étaient toujours les vrais gouvernants, et peu importait que le trône fût occupé par un enfant, une femme ou un fou.

Les résultats de la révolution de 1848 ne furent guère meilleurs : le mécontentement continuait, les espérances étaient insatiables. A peine un changement se faisait-il, qu'on sentait le besoin d'un autre changement, et qu'on le préparait ou dans les cabinets ou par des intelligences secrètes. Journalistes et avocats prévalurent et avec eux des théories improvisées dans des discours lyriques; on disait tout le mal possible de n'importe quel gouvernement, il semblait qu'il fût doux de mépriser comme ignorants et immoraux ceux à qui on était bien forcé d'obéir; on inventait de continuelles transformations, toute innovation s'appelait un progrès, toute opposition prenait le nom de libéralisme; on oubliait que chaque pays a le gouvernement qu'il mérite, et qu'un peuple est libre par ses coutumes, et non en vertu de lois modelées d'après une opinion faussée par les passions et l'ignorance.

(1) *Le Pouvoir politique.*

Ainsi, en France, — ce pays est comme la clinique de toutes les maladies sociales, — nous avons vu échouer tous les systèmes : le glorieux absolutisme de Napoléon Ier, aussi bien que le respect de la Constitution pendant la Restauration ; le despotisme de la Convention, comme les saccades du Consulat ; le système des conquêtes sans bornes, comme celui de la paix à tout prix ; la république socialiste, comme l'empire humanitaire. Non : la Charte, le parlement, les élections, les journaux ne servent de rien pour la liberté ; il faut, pour elle, que chacun puisse se mouvoir librement, en tout lieu, en tout temps, dans son cercle d'action et de justice.

Comme tout autre culte, le culte de la liberté a ses hypocrites, et ceux-ci disent au peuple qu'il est le souverain, pour le tromper comme on trompe les souverains ; ils lui disent qu'il est l'égal des nobles, des riches, des savants, de Dieu ; et le peuple perd le sentiment de cette subordination qui l'empêche de s'avilir parce qu'elle lui fixe jusqu'à quel point il doit se soumettre. La souveraineté du peuple est un dogme, mais aussi abstrait que le pacte social ; et jusqu'à présent on n'a pu déterminer les moyens d'exercer cette souveraineté ou même de l'exprimer. Celui qui la traduit par une supériorité absolue, dispensée de raison et de justice, plaît à ceux qui tout à l'heure se prosternaient devant les rois absolus ; ceux-là lui portent préjudice qui, mesurant la liberté d'après la quantité des journaux et la prolixité des débats, font prévaloir la place publique sur le conseil, la loge sur la tribune, les conventicules sur les assemblées, un groupe de braillards sur la représentation légale, l'insolence d'un gazetier sur la responsabilité d'un député ou d'un magistrat.

Ce n'est pas la liberté qui règne, c'est la force, lorsque les améliorations sont imposées à main armée, ou lorsque la décision est remise au plus grand nombre, en sorte que la minorité des citoyens honnêtes et des penseurs succombe sous l'intrigue, la vénalité, l'illusion. La tyrannie est toujours la même, qu'elle vienne du saint-office ou de la police, ou bien encore de ces eunuques, rois de l'opinion, qui se font proscripteurs quand ceux qui règnent par les baïonnettes cessent de proscrire, et qui, lorsque les liens du gouvernement se relâchent, stérilisent la pensée par une tapageuse intolérance, en attaquant l'homme dans la forteresse de son honneur et de sa conscience, en violentant la volonté publique par des clubs, des duels, des corps francs ; en exposant à de sournoises insinuations ou à des diatribes effrontées quiconque a le courage d'agir raisonnablement et avec constance, non seulement en face des prisons des ennemis, mais encore en face de l'injustice de ses frères.

Voilà trente ans que la révolution, réprimée pour un moment par les baïonnettes et les cours martiales, s'est déchaînée ; la raison du nombre, c'est-à-dire du plus fort, l'a emporté ; les finances ont été épuisées pour le maintien d'armées de plus en plus nombreuses, et cependant partout on voit des troubles et des insurrections, et ces extravagances qui, en temps de révolution, deviennent épidémiques. Les gouvernants ont été chassés une première fois, une seconde fois ; d'autres ont été tués (1) ; les principautés et les répu-

---

(1) 1848, juin : attentat contre le prince de Prusse (l'empereur Guillaume d'aujourd'hui) à Minden.

1849, meurtre de Pellegrino Rossi et de plusieurs ministres.

1852, attentat contre la reine d'Angleterre ; machine infernale découverte à Marseille à l'occasion du voyage de Napoléon III.

1853, l'empereur d'Autriche est blessé par le Hongrois Libeny.

1854, le duc de Parme est tué.

1855, Pianori tire sur Napoléon ; autre conjuration en 1857 ; puis, en 1858, conspiration d'Orsini.

1856, attentat contre la reine Isabelle d'Espagne ; Agesilas Milano attaque Ferdinand II, roi de Naples.

1862, l'étudiant Becker, à Bade, tire deux coups de feu sur le roi de Prusse sans l'atteindre ; attentat de l'étudiant Brucios contre le roi de Grèce.

1865, assassinat de Lincoln, président des États-Unis ; en 1867, assassinat de Lopez, président à Montevideo ; en 1867, assassinat du prince Michel de Serbie ; en 1872, assassinat du président de la république du Pérou ; en 1873, assassinat du président de la Bolivie ; en 1875, assassinat du président de la république de l'Équateur ; en 1877, attentat contre le président du Paraguay.

1866, attentat contre le czar à Pétersbourg ; et en 1867, à Paris ; puis en 1879.

1871, attentat contre le roi Amédée d'Espagne.

1878, mai, attentat de Hœdel ; et, en juin, attentat de Nobiling contre l'empereur d'Allemagne ; le 25 octobre, Moncasi attente à la vie du roi d'Espagne ; le 17 novembre, Passanante, à celle du roi Humbert, à Naples ; en décembre, lettre menaçante adressée à la reine d'Angleterre. Le 1er décembre, attentat contre l'empereur d'Allemagne. — Le 30, attentat contre le roi d'Espagne ; c'est le septième attentat de l'année.

1879, divers attentats ; en septembre, attentat contre le sultan.

1880, 17 février, on mine le palais impérial à Pétersbourg.

Il vaut la peine de remarquer que le défenseur d'office de Passanante chercha des excuses, pour un crime qu'il ne pouvait ni ne voulait nier, dans les attaques quotidiennes des journaux contre l'autorité et contre ceux qui la représentent. Du mépris et de la haine qu'on insinue sans

bliques ont été dépouillées ; il y a eu des carnages sans exemple ; l'anarchie et le despotisme ont alterné, et tout cela est causé ou provoqué, ou justifié ou du moins excusé par une presse qui méconnaît la justice et la moralité, qui enlève toute autorité au pouvoir juridique en blâmant jusqu'aux actes destinés à défendre la société.

Les premiers qui invoquèrent le suffrage universel furent les légitimistes de France, dans la confiance qu'il aurait rappelé les Bourbons exilés. Napoléon III s'en servit habilement ; ensuite on y eut recours non seulement pour donner une organisation aux peuples en révolution, mais encore pour bouleverser les peuples qui étaient en paix, et substituer un maître à un autre ; à Nice même et à la Savoie, contrées si tranquilles, on demanda si elles voulaient rester italiennes ou devenir françaises. Le suffrage universel consacrait les actes de Napoléon III quelques mois avant de le maudire. Ailleurs il jette le pays à l'arbitraire d'un ambitieux, sous l'hallucination de la peur, de la joie, de la colère, de la passion du moment, ou avec le goût vulgaire du changement, tandis que les meneurs de peuples se servent de ce même suffrage pour se grandir, pour absorber les petits États et réduire l'Europe à trois ou quatre États gigantesques, grâce à la domination de la puissance matérielle et à l'argent qui suffit à acheter des canons et des vaisseaux cuirassés. Qui peut assurer que le plébiscite n'annexera pas la Belgique à la France, la Hollande et la Suisse à l'Allemagne, la Serbie à la Russie, la Sicile à l'Angletere, ou qu'il ne détachera pas l'Irlande de la Grande-Bretagne, la Hongrie de l'Autriche, le canton du Tessin et Genève de la Suisse ?

Déjà l'État se chargeait d'une partie de plus en plus grande des opérations propres aux familles et à la commune, cette famille plus étendue ; il se chargeait d'élever les enfants, de distribuer les emplois. Cette immixtion alla en grandissant ; les relations internationales et la centralisation s'accrurent par les chemins de fer, qui créent une aristocratie nouvelle,

---

cesse, on a passé aux actes qui en sont l'expression. C'est dans ce sens qu'on imputait aux jésuites les attentats de Clément et de Ravaillac.

On attribue au personnage le plus renommé de l'Italie une lettre où il dit : « L'assassinat politique est le seul secret pour mener au port la révolution. Ce sont des amis du peuple, ceux que les rois appellent des assassins. Agésilas Milano, Orsini, Piétri, Pianori, ont passé pour assassins : aujourd'hui on les vénère comme des martyrs. »

avec des bénéfices immenses réalisés tout à coup. L'Europe a 160,000 kilomètres de voies ferrées en activité; l'Asie en a 16,000; l'Afrique, 3,000; l'Océanie, 4,500; l'Amérique, 150,000; là un chemin de fer réunit les deux Océans, en attendant le moment de faire communiquer leurs eaux par le percement de l'isthme de Panama; en même temps des bateaux à vapeur sillonnent le fleuve Jaune, le Gange, le Mississipi.

Travaux publics. Après 1877, on essaya d'envoyer de grands vaisseaux directement de Londres à Melbourne et à Sidney, sans transbordement de passagers. Dans ce but, on construisit à Glasgow l'*Orient*, qui rivalise de grandeur avec le *Great Eastern* et avec la *City of Berlin*. Avec une charge de 9,500 tonneaux, l'*Orient* passe par Saint-Vincent et par le Cap, en traversant le canal de Suez; il a quatre mâts, trois ponts de fer, 113 compartiments, 8 embarcations; il peut contenir 120 passagers de première classe, 130 de deuxième classe, et 300 de troisième classe.

La merveilleuse facilité des transports accrut les relations de la vie : la pensée vola sur les ailes du télégraphe ou passa avec ses fils sous l'Océan; les hommes furent rapprochés; on put remédier aux disettes, obvier à bien des désastres; cependant on n'a pu encore prévenir les inondations, ni l'invasion des épidémies, ni l'irrégularité des saisons. Les progrès de la mécanique ont permis d'exécuter d'étonnants travaux, de dompter la nature pour la soumettre à l'homme, en faisant de notre époque l'époque des projets gigantesques.

On veut sillonner de chemins de fer l'Afrique et l'Océanie; ouvrir un canal entre la mer Caspienne et la mer d'Azof. En Angleterre, sous l'influence de Henry Stanley qui a traversé l'Afrique à la recherche de Livingstone, il se forme une société, au capital de 60 millions, pour un chemin de fer qui, partant du fleuve Zambèze, arriverait à la côte de Zanzibar par un parcours de 400 milles, auxquels il faut ajouter de longs trajets sur les lacs. On étudie le moyen de joindre le réseau trigonométrique de l'Espagne avec le continent africain : outre qu'on pourrait ainsi rectifier les cartes des deux continents, cette étude servirait encore à déterminer le plus grand arc méridien qui, des îles Shetland au nord de l'Écosse, aboutirait au Sahara. Le dessèchement du Zuiderzée peut se comparer à celui du lac Fucin.

Pour tous ces travaux, il fallait renoncer au souci de l'économie qui avait été le soin principal des anciens gouvernements; on appela désormais prospère l'État ou la commune qui dépensait davantage, c'est-à-dire qui pressurait le plus ses sujets; on loua le ministre qui, par de nouveaux impôts, effroi du peuple et cause de corruption pour les mœurs (1), arrivait à balancer les recettes et les dépenses, sans parler des institutions de crédit mobilier, agricole, national, des emprunts, des loteries. Par là, on excitait l'avidité du gain qui envahit la société depuis les basses classes jusqu'aux millionnaires improvisés. Des affaires de banque occasionnèrent des guerres, comme celle du Mexique, et des iniquités sociales; la spéculation devint une étude pour la jeunesse; la Bourse devint son gymnase; le bulletin de la rente fut la partie des journaux qu'on médita le plus. La spéculation a produit le despotisme de l'argent; elle peut, il est vrai, empêcher quelquefois les conflits et obvier aux révolutions.

Désordres.

Une fois qu'on a mis de côté l'instruction religieuse et qu'on salarie l'instruction impie, le défaut de connaissances réelles rend possible l'œuvre de la Réforme qui fut de détruire tout caractère théocratique, en soumettant l'homme immédiatement à sa propre conscience. Le vulgaire trouve son compte à entendre enseigner que l'homme est l'unique Dieu, que le nombre est la seule puissance, que les instincts seuls font loi, et qu'on doit se proposer pour unique but de jouir le plus qu'il est possible. De là un orgueil démesuré, la haine de quiconque sait davantage ou est plus puissant. On fait consister le progrès à abaisser ce qui est en haut et non à élever ce qui est en bas; on s'envie réciproquement les jouissances et l'or qui peut les acheter; on s'étourdit, on jouit dans la paresse et la volupté jusqu'à ce que le corps se dissolve dans les éléments chimiques qui le composent, le phosphore et l'alumine.

Tant d'heureux avantages introduits et répandus; la facilité de communication pour la pensée, pour les marchandises, pour les personnes même, au moyen des journaux et des télégraphes (2); la présomption de la science, née de la mul-

(1) « L'impot rectifie ou pervertit les mœurs, excite au travail ou en détourne, électrise ou paralyse l'industrie. » MONTYON.

L'impôt sur la rente et la taxe sur les consommations habituent au mensonge.

(2) Les premiers télégraphes furent inventés par Morse, en 1832, en Amérique, et à Gœttingue, en 1833, par Gans. En 1878, il existait 800,000 kilom. de lignes, et 1,850,000 kilom. de fils, dont 63,000 en câbles

tiplication des écoles; le spectacle du luxe déployé par les particuliers et par le gouvernement; la camaraderie des casernes, des hospices, des sociétés coopératives; l'agglomération malsaine et immorale dans les grandes villes (1); l'absorption des petits États par les grands (2) : tout cela a fait non seulement abandonner, mais mépriser les habitudes traditionnelles, le caractère spécial de chaque peuple, le droit historique; on a taxé nos pères d'ignorance, de grossièreté, de servilité. De là encore, personne n'est satisfait de sa condition; on aspire toujours à un mieux indéfini; les besoins sont plus grands, on exagère ces besoins eux-mêmes : de là le paupérisme qui n'est plus seulement une crise accidentelle; de là des grèves organisées.

Contre la domination de la *plutocratie* s'élève menaçante la voix des prolétaires qui, avec des appétits aiguisés par les journaux et par le spectacle du luxe et des jouissances, sentent peser sur eux les nécessités, les impôts, le service militaire. D'une voix terrible ils réclament une part meilleure dans la répartition sociale, des salaires plus élevés, une représentation plus efficace; et après avoir remédié à la destruction des corporations par les associations de métiers ou les sociétés de secours mutuels, ils se dressent redoutables et refusent tout d'un coup leurs services à toute une province ou à des États entiers, en prétendant que le gain doit être par-

---

sous-marins. En Italie, le grand-duc de Toscane avait introduit le télégraphe dès 1845; et aujourd'hui, dans toute la Péninsule, il y a 25,000 kil. de lignes, et 83,000 kilom. de fils.

(1) Dans les grandes villes d'Europe, l'accroissement de la population a été en 100 ans :

Pour Londres de	1,500,000	c'est-à-dire de	98 %
— Berlin	550,000	—	— 220 %
— Paris	1,060,000	—	— 119 %
— Vienne	330,000	—	— 106 %
— Naples	242,000	—	— 67 %
— Moscou	140.000	—	— 50 %
— Pétersbourg	187,000	—	— 39 %
— Dublin	62.000	—	— 20 %

Chacune des 75,374 maisons de Paris contient en moyenne 26 habitants; à Philadelphie, la moyenne est de 5 seulement, pour 130.000 maisons; cependant en certains quartiers les ouvriers s'accumulent dans les habitations; à New-York, on en trouve jusqu'à 21 par maison; à Boston, jusqu'à 7 par chambre.

(2) Avant la guerre d'Italie, il y avait en Europe 56 États: il n'y en a plus que 18.

tagé avec l'ouvrier, puisque son travail ajoute à la valeur de la matière première.

A l'aide de la science, déclarée l'unique Dieu des temps nouveaux, on a abordé le problème des origines, les secrets de l'univers et des causes finales. On nie tout ordre surnaturel, toute autorité religieuse et domestique; on remplace par la boutique et la banque la cour et l'Église; on regarde la civilisation comme un progrès inconscient et fatal de l'humanité. Dès lors il faut bien nier le pouvoir politique en lui substituant aussi la raison et la volonté de l'individu, au moment même où l'on refuse à l'individu toute valeur autre que celle qu'il tire de l'État. L'évolution indéfinie devient la loi universelle; on veut obtenir d'un seul coup, avec de terribles sacrifices, les avantages qu'on pourrait recevoir du temps et du progrès. Au milieu d'une société où les appétits et les instincts sont sensuels, sans autre idéal que le succès et la jouissance, sans autres lois que les doctrines positives et les intérêts matériels, chancelante à cause du vide des croyances, accordant aux autres aussi peu de respect qu'elle en mérite elle-même, enivrée de déclamations et de sophismes; dans une telle société, dis-je, lorsque, sous l'aiguillon du besoin de croire, chacun ne croit qu'en lui-même, parce que tout le reste fait défaut; lorsque les esprits, affaiblis par le monopole administratif, ne savent agir que sous l'impulsion du gouvernement; lorsque les gueux audacieux non seulement envient, mais encore menacent le capital de richesse et de moralité qui s'est accumulé; lorsque l'aspiration au bonheur suprême est étouffée dans l'*organisation des cinq sens;* lorsque toute tradition est rejetée par le caprice personnel ou bouleversée dans le vertige des innovations; lorsqu'on fait reposer sur la science seule le salut et l'espérance, et que cette science s'applique à populariser l'irréligion; lorsque la philosophie déclare la guerre au sens commun, que les lois minent la propriété, que la littérature attaque la famille; quand le doute et la moquerie renversent les fondements de la civilisation et de la religion, et que ce désastre du bon sens est regardé comme le triomphe de la liberté sur l'absolutisme, de la réalité sur l'idéal, du progrès sur la réaction : alors est-il possible d'arrêter la pensée sur la pente du précipice? Mais, d'un autre côté, peut-on dormir quand la maison voisine est en feu?

Pendant la première moitié de ce siècle, la politique intérieure aspirait à conquérir et à consolider un système

Doctrines immorales.

constitutionnel; aujourd'hui elle tourne à la république. Bien des expériences en ont déjà été faites, bien d'autres se préparent; les souverains eux-mêmes contribuent à diminuer leur prestige par une politique terre à terre, et en éludant les grandes questions au lieu de les aborder; ils ne sont pas des tyrans, mais ils n'ont pas le courage de résister à de petits tyrans; ils ont peur des méchants et n'ont pas confiance dans les honnêtes gens.

Le socialisme. La Révolution, non satisfaite d'avoir, avec le césarisme, un trône, une armée, une organisation, prétend à l'omnipotence avec l'Internationale, qui nous menace de la liquidation sociale, c'est-à-dire d'une réorganisation de la société, où il y aura l'égalité des fortunes, des lois faites par le consentement de tous ceux qui doivent y obéir; aucune dignité ne sera héréditaire; les droits matériels des familles et de la propriété individuelle y seront sacrifiés; il n'y aura pas de sanction suprême. Le *quatrième état* hurle contre la *tyrannie bourgeoise,* et veut non seulement égaler, mais dépasser la classe moyenne, la seule qui aujourd'hui ait une histoire, comme la noblesse en avait une hier.

En Italie, on publia, en avril 1870, le programme de l'*Association républicaine de la Lombardie;* on y voit la cause de tous nos maux dans la précipitation du pays à vouloir des plébiscites et à accepter le Statut qui est pour l'Italie « une camisole de force ». Il faut donc refaire les bases de l'État, élire une Assemblée constituante au moyen du suffrage universel, et y discuter ce qui convient le mieux à l'Italie : la monarchie constitutionnelle ou la république, la république unitaire ou la république fédérative. Une fois d'accord sur ce point, on discuterait les pouvoirs de l'État, la loi électorale, la loi sur la presse.

Une chanson a ces mots pour refrain : « Paix, paix aux cabanes du pauvre! Guerre, guerre aux palais, aux églises! Plus de salut pour l'odieux bourgeois qui insulte à la faim et aux haillons! »

L'*Alliance universelle républicaine,* découverte en 1879, est composée de tous les citoyens qui, reconnaissant *dans la monarchie la seule et véritable cause des malheurs des peuples,* professent une foi ferme et sincère au principe républicain et à la formation des États-Unis d'Europe. On devra inviter le prosélyte à déclarer s'il accepte le programme et le règlement, avant de lui faire prêter le serment que voici : « Pose la main droite sur les faisceaux romains, et, affranchi de tout préjugé des religions révélées, auxquelles nous ne croyons pas, guidé uniquement par la raison, le devoir, l'honneur, en face de l'humanité et de nos frères républicains, répète avec moi ces paroles :

« Je jure sur mon honneur d'observer scrupuleusement le règlement, le programme, et tout ce que prescrit la formule du serment. »

L'Alliance est divisée en sections mobiles et en sections contribuables, avec un comité général, secret et invisible. Quiconque se rendra coupable de révélation ou d'un acte susceptible de compromettre l'existence de l'association, sera effacé des rôles et puni *publiquement* (?) de la marque des traîtres. Les moyens d'action sont les clubs, les meetings, les journaux, puis les grèves, les insurrections, les assassinats des chefs.

C'est par les assassinats et les incendies (1) qu'en Russie se répand le nihilisme, pour lequel les aspirations des révolutionnaires précédents ne sont que des plaisanteries hors de mode : Garibaldi et Pyat sont des arriérés ; les sanglants incendies de la Commune de 1871 à Paris ne sont qu'un pâle rayon de ce que fera l'avenir ; la Commune n'a fait qu'un pas dans la révolution sociale, sans oser aller plus loin ; elle n'a fusillé les otages *que par douzaine*, tandis qu'il faut nécessairement une guerre qui ne respecte rien, avec le vol, l'incendie, l'assassinat, le brigandage ; une guerre qui doit renverser toute l'organisation de la société bourgeoise et ensevelir dans ses ruines le vieux monde ; alors viendra la confiscation de tous les biens, l'abolition de toute propriété privée, de la famille, de la liberté même qui n'est qu'une idée vide de sens. Ce programme, il faut le réaliser par les armes contre tous les bourreaux, les négociants, les propriétaires ; par la terreur, contre tous ceux qui sont d'une opinion différente (2).

(1) En septembre 1879, on eut, en Russie, 3,443 incendies a déplorer, la perte fut de 8,458,844 roubles. (*Messager officiel de Petersbourg*.)

(2) Pierre Leroux, fameux socialiste, formulait ainsi les raisons mises en avant par les ouvriers :

« Puisqu'il n'y a plus rien sur la terre que des choses matérielles, des biens matériels, de l'or et du fumier, donnez-moi donc ma part de cet or et de ce fumier », a le droit de vous dire tout homme qui respire.

« — Ta part est faite », lui répond le spectre de la société que nous avons aujourd'hui.

En somme, dans ce *siècle* de trente ans, la face du monde a tellement changé que, si nous nous reportions aux années de notre jeunesse, nous aurions de la peine à croire qu'il s'agit du même pays, de la même époque. Ce besoin de la

« — Je la trouve mal faite », lui répond l'homme à son tour.

« — Mais tu t'en contentais bien autrefois », dit le spectre.

« — Autrefois, répond l'homme, il y avait un Dieu dans le ciel, un paradis à gagner, un enfer à craindre. Il y avait aussi sur la terre une société, j'avais ma part dans cette société; car, si j'étais sujet, j'avais au moins le droit du sujet, le droit d'obéir sans être avili. Mon maître ne me commandait pas sans droit au nom de son égoïsme; son pouvoir remontait à Dieu, qui permettait l'inégalité sur terre. Nous avions la même morale, la même religion; au nom de cette morale et de cette religion, servir était mon lot, commander était le sien. Mais servir c'était obéir à Dieu, et payer de mon dévouement mon protecteur sur la terre. Mais, si j'étais inférieur dans la société laïque, j'étais l'égal de tous dans la société spirituelle, qu'on appelait l'Église..... Et cette Église encore n'était que le vestibule et l'image de la véritable Église, de l'Église céleste, vers laquelle se portaient mes regards et mes espérances... Je supportais pour mériter, je souffrais pour jouir de l'éternel bonheur... j'avais la prière, j'avais les sacrements, j'avais le saint sacrifice, j'avais le repentir et le pardon de mon Dieu. J'ai perdu tout cela, je n'ai plus de paradis à espérer; il n'y a plus d'Église. Vous m'avez appris que le Christ était un imposteur; je ne sais pas s'il existe un Dieu, mais je sais que ceux qui font la loi n'y croient guère, et font la loi comme s'ils n'y croyaient pas. Donc je veux ma part de la terre. Vous avez tout réduit à de l'or et à du fumier, je veux ma part de cet or et de ce fumier.

« Pourquoi parler d'obéissance ? Pourquoi parler de maîtres, de supérieurs ? Ces mots-là n'ont plus de sens. Vous avez proclamé l'égalité de tous les hommes; donc je n'ai plus de maîtres parmi les hommes. Mais vous n'avez pas réalisé l'égalité proclamée; donc je n'ai pas même ce souverain abstrait que vous appelez, tantôt par un mensonge, la nation ou le peuple, et tantôt, par une autre fiction, la loi. Donc, puisqu'il n'y a plus ni rois, ni nobles, ni prêtres, et que pourtant l'égalité ne règne pas, je suis à moi-même mon roi et mon prêtre, seul et isolé que je suis de tous les hommes mes semblables, égal à chacun de ces hommes, et égal à la société tout entière, laquelle n'est pas une société, mais un amas d'égoïsmes, comme je suis moi-même un égoïsme... »

Et comme s'il eût assisté d'avance à la Commune de Paris, il ajoutait :

« On entend un horrible bruit de combattants qui se heurtent et se déchirent. Un spectre pâle, tremblant, se présente et dit : « Rentrez dans l'ordre; je suis la Société. » Une multitude de voix s'écrient aussitôt : « Vous nous dites que vous êtes la Société; faites-nous donc justice; nous souffrons, et en voici qui jouissent; donnez-nous autant, ou dites-nous pourquoi nous souffrons. » Le spectre se tait, immobile, et la tête penchée vers la terre. Alors ces hommes, voyant que ce n'est qu'un fantôme impuissant, s'écrient, en reprenant leurs armes : « À bas tout ce qui nous opprime ! Pourquoi les inférieurs ne renverseraient-ils pas leurs supérieurs ? Pourquoi les pauvres ne se mettraient-ils pas à la place des riches ? Pourquoi des inférieurs ? Pourquoi des pauvres ? »

vérité, qui est la vie des âmes, s'efface par la distraction des affaires, par la multiplicité des sophismes; il n'y a plus de persévérance ni dans le vrai ni dans le faux. On croit qu'il suffit de tendre ses voiles à l'illusion, de répandre habilement une opinion, d'attribuer à cette opinion tous les avantages, de rejeter sur l'opinion contraire tous les maux, même ceux qui sont inévitables; on approuvera tout, on blâmera tout d'après la mode, sans aucun plan, sans fermeté de résolution, sans aucune dignité. De là, le manque de caractère qui est le signe fatal de la génération actuelle.

Et cependant, nous, opiniâtres missionnaires du progrès, sachons le voir avec évidence dans le champ de la pensée et de l'action. L'instruction est plus répandue, l'agriculture mieux soignée, l'industrie grandit, les grains circulent librement; les vexations sont abolies, ainsi que les corvées et les peines infamantes : on a un plus grand souci du bien-être individuel; les travaux publics sont multipliés, l'aisance est plus générale, on fonde des sociétés ouvrières et de secours mutuels, on bâtit des habitations pour les pauvres. Nous nous trouvons aujourd'hui hommes plus qu'il y a cent ans. Le peuple des campagnes est plus empressé au travail : il comprend qu'il a une pensée, un but, une âme, et veut qu'on respecte la pauvreté honnête. La femme connaît sa dignité, en dépit de ceux qui voudraient la condamner aux tristes devoirs des hommes, dont l'affranchissent les soins de la maison, l'éducation des enfants, le devoir de les consoler, de les aimer.

Les progrès et les améliorations.

Les grands esprits sont rares, mais l'extrême ignorance est rare aussi; il y a un certain niveau de médiocrité, qui profite au plus grand nombre. S'il y a des études faites sans préparation, un journalisme sans respect pour lui-même et pour le public; si des idées débattues dans les carrefours, sur les places, dans les cabarets ou les salons élégants, embrouillent les intelligences ou les rendent frivoles, il ne manque pas cependant de penseurs qui sauvent les précieuses espérances du genre humain, et montrent qu'il n'y a pas d'antithèse entre la liberté et la religion. Si une littérature qui spécule sur l'utilitarisme, qui se fait entremetteuse de corruption, déraisonne dans le trivial et dans le médiocre, une autre littérature généreuse, bienveillante, élevée, désintéressée, se fait l'apôtre du bien, du vrai, du beau. Après tant de ruines, on devrait voir sourire l'ère de la reconstruction; quelques-uns croient qu'elle est déjà commencée.

On ose reconnaître comme fausses les trois bases de la Déclaration de 89 : la bonté originelle de l'homme, l'égalité naturelle, la souveraineté du nombre. On voit que l'individu émancipé à l'improviste manque des capacités physiques, intellectuelles et morales qui sont nécessaires non seulement pour l'accomplissement de ses devoirs, mais aussi pour qu'il puisse utiliser ce qu'il a gagné, sans se nuire à lui-même et sans nuire aux autres. On voit que les grandes périodes historiques, qui font jaillir l'étincelle des innovations fécondes et des progrès décisifs, sont dues non à la science, mais à la morale, au sentiment.

Récemment on lisait dans la *Gazette de Pétersbourg* : « La politique du fer et du sang doit cesser, et les États ne seront plus mis dans la nécessité de prodiguer toutes leurs ressources pour entretenir d'innombrables armées. » La Suisse rétablit la peine de mort, annonce une ère de réparation, et tolère chez elle jusqu'aux moines éternels comme ses neiges. Dans quelques pays, les cléricaux sortis de l'oppression du silence et de ce que l'évêque d'Orléans flétrissait comme « une pacifique résignation à l'impuissance », sans oser encore confier la direction du mouvement aux évêques plutôt qu'à une cohue d'écrivailleurs, ont osé pourtant non seulement demander, mais exiger la liberté de l'enseignement, des œuvres de charité, du culte.

Au lieu de mépriser tout le passé, on en étudie le caractère; on rétablit quelques-unes de ses institutions en les modifiant, par exemple les sociétés ouvrières, bien que souvent ce soit au détriment des entrepreneurs (1). On s'ennuie du bavardage parlementaire, tout en conservant le goût de l'éloquence mise au service de la morale. On songe aux moyens d'empêcher la presse d'être la seule puissance sans limites. En voyant que là où le peuple est roi, la populace est reine, on craint plus les dangers que court l'ordre que ceux que peut courir la liberté, cette liberté égoïste dont le nom est *despotisme*.

Après avoir célébré l'affranchissement absolu du commerce,

---

(1) Pietro Ellero qui, dans la *Riforma civile*, examine les moyens non de renverser la société établie, mais de l'améliorer, demande (n° 59) : « qu'on cherche, autant qu'il est possible et convenable, à revenir aux us et coutumes autrefois en vigueur dans le pays », et (chap. CXIV) il insiste pour que nous en revenions à nos coutumes nationales.

on en revient aux systèmes protectionnistes pour l'industrie; à Smith on oppose Colbert, aux théories générales les convenances de chaque pays. Le Canada, avec des droits protectionnistes, se garantit de l'invasion des manufactures des États-Unis; et ceux-ci croient, par une énorme augmentation des tarifs, remédier à une production démesurée. On cherche moins à donner par les chemins de fer un débouché à ces produits artificiels, qu'à multiplier la production naturelle par l'irrigation et par l'agriculture intensive. On impose des limites à l'usure; au droit, considéré comme l'unique règle, on ajoute le devoir; c'est un moyen de corriger l'arrogance de l'individualisme qu'on voulait donner pour la seule loi de l'humanité.

L'opinion, qui de progressiste était devenue révolutionnaire et avait entrepris avec impudence et présomption la lutte contre l'autorité religieuse, voulait l'école sans Dieu, le mariage sans bénédiction, l'enterrement sans croix, les singes pour ancêtres de l'homme; l'opinion semble maintenant ou fatiguée de la violence ou dégoûtée de l'inefficacité de cette violence; elle s'aperçoit que la menace vient de ceux qui ont le pouvoir en main, et non de ceux qui enseignent, secourent les malheureux et prient, demandant qu'on cesse de troubler les consciences et de renverser le droit, qu'il soit permis de conformer ses actes à la loi de Dieu et aux préceptes de l'Église; et que, si on veut leur enlever leurs hospices, leurs refuges, leurs orphelinats, on les laisse du moins en fonder de nouveaux.

Les philosophes qui, pour avoir l'orgueil d'être chefs d'école, déclaraient fausse toute spéculation qui contredit les résultats des recherches empiriques, quittent les nuageuses négations allemandes et l'éclectisme français pour revenir à l'argumentation scolastique. Le monde n'est plus pour eux, comme pour Hegel, une dialectique exacte et rigoureuse de l'idée absolue; ou, comme pour Schopenhauer, le présent funeste d'une volonté aveugle et stupide; ou, comme pour Hartmann, l'excellence de l'idée, gâtée par la volonté; de la philosophie amère et égoïste du désabusement ils se réfugient dans les consolantes traditions du genre humain; ils voient, dans l'ordre de l'univers, celui qui est intimement et constamment présent à chacune de ses créatures sans être une même chose avec elles, un Dieu qui a conscience de lui-même et de son œuvre. Si naguère on ne cherchait à connaître Dieu que pour le braver, on comprend aujourd'hui que le meilleur frein est la religion, parce que celui qui insulte Dieu, menacera facilement l'autorité. La vérité, dégagée des nuages dont la voilaient les sciences aussi bien que l'ignorance, aboutit au catholicisme, c'est-à-dire à ce qui est le caractère universel du christianisme. Dans l'Université de Cambridge, cette année même, par 88 voix contre 60, on a déclaré que la suppression des corporations religieuses, faite par Henri VIII, a été un cruel malheur pour l'Angleterre, et que les circonstances actuelles exigent impérieusement des institutions analogues à ces corporations. L'Amérique du Nord rivalise avec celle du Sud pour la construction des églises. A Pétersbourg, on fonde un séminaire catholique (1); le czar amnistie les prêtres polonais exilés en Sibérie, il respecte les évêques de la Galicie; on parle même d'un accord avec Rome pour sauvegarder les catholiques. L'Autriche envoie des missionnaires en Bosnie. En Prusse, Bismarck répudie le *Kulturkampf*, renonce à Falk, et, avec lui, à la persécution contre les catholiques inoffensifs; il traite avec le pape sans avoir besoin de venir à Canossa lui baiser la mule; il restreint les libertés parlementaires, se fait protectionniste pour favoriser l'industrie nationale, et rétablit des barrières pour la sortie des marchandises. En Italie même, un ministre parle de l'enseignement libre et des corporations libres qui, représentant au moyen âge les divers intérêts sociaux, rendirent d'immenses services et protégèrent les peuples contre l'omnipotence de l'État (2).

(1) Napoléon III lui-même déclarait : « Je veux gagner à la religion, à la morale, à l'aisance cette portion si nombreuse de la population qui, dans un pays de foi et de croyances, connaît à peine les préceptes du Christ; qui, du sol le plus fertile du monde, peut à peine tirer les produits de première nécessité. »

(2) « C'est pour moi une conviction ancienne et profonde que la regrettable omnipotence de l'État et son ingérence toujours croissante dans presque toutes les affaires de la vie civile, effet de cette sotte science politique qui voit des ennemis de l'État dans toute institution autonome, dans tout être collectif social, créé par l'histoire ou par la volonté actuelle des citoyens; nous ne pouvons trouver de remède efficace que dans *la libre reconstitution, sous forme d'êtres moraux, de tous les intérêts sociaux eux-mêmes;* en sorte qu'à chaque spécialité d'intérêts réponde une association spéciale pour les protéger et les promouvoir dans la sphère qui leur convient légitimement, pour manifester leurs besoins là où il est nécessaire que le pouvoir suprême intervienne pour déclarer et défendre leurs droits. » — Le ministre Perez.

Tout cela est-il un retour de l'esprit de Gœthe à l'esprit de Thomas a Kempis, ou n'est-ce pas plutôt un revirement de la mode, ou bien le contre-coup ordinaire des idées exagérées qui valent à celui qui s'aperçoit le premier de cette exagération, le nom de rétrograde? Est-ce peut-être que le *laïcisme*, après avoir par ses discours, par la persécution, par la calomnie, par le sarcasme, enlevé toute efficacité au *cléricalisme;* après avoir, par le rationalisme et les préoccupations du lucre et de l'ambition, émoussé la conscience chrétienne et dans la théorie et dans la pratique, s'adoucit en voyant son triomphe assuré, et veille tout au plus à conserver ce triomphe en empêchant que ces enseignements atteignent la génération naissante? On le saura demain. Pour aujourd'hui, nous laissons encore le monde dans l'inquiétude et dans l'incertitude, puisqu'aucun peuple n'a ces vues de l'avenir que donne la sagesse ou la prudence, ni alliances sûres et fermes, ni principes déterminés, ni droit des gens fixe et respecté; ressemblant à ces insensés dont parle le Dante « qui vont et ne savent où ils vont (1) ».

L'alliance des trois empereurs détourne chacun d'eux des entreprises téméraires ou contre ses voisins ou contre la liberté; mais la Prusse n'a pas accompli tout son programme de l'unité allemande, l'Autriche lutte contre les nationalités qu'elle a dans son sein, et, pendant qu'elle s'étend en Orient, elle peut empêcher le panslavisme en s'accordant avec la France à qui elle n'inspire pas de crainte (2). État actuel.

La péninsule scandinave, la Belgique, la Suisse, les Principautés Danubiennes témoignent de l'importance des petits États qui s'entremettent entre les grands États et les tiennent en équilibre.

La nationalité soulève de nombreux problèmes en Danemark, en Allemagne, en Pologne; et, même pour l'Italie, dont les limites semblent si nettement indiquées, on se demande si elle doit s'étendre jusqu'au Var, jusqu'au Brenner, aux Alpes Carniques et Juliennes. L'incertitude est plus grande du côté des Principautés Danubiennes et en Grèce, où la moitié de la population est composée de ces Albanais qui, les premiers, ont secoué l'esclavage et fourni des héros

---

(1) *Paradiso*, XIII, 126.
(2) Le bilan de l'Autriche, pour 1879, donne 412 millions de florins pour les dépenses et 400 pour les recettes. Le déficit devra se couvrir par l'établissement de nouveaux impôts ou par l'augmentation des anciens.

et des capitaines à la guerre d'émancipation. Mais à l'égoïsme exclusif d'aujourd'hui on substituera la solidarité universelle.

La France, qu'on pourrait nommer le grand sympathique de l'Europe, appelle trop souvent pour pilote la tempête ; et le monde court à sa suite, et sa république, menacée par la démocratie impériale et par la démagogie des villes, inspire de la défiance, tandis qu'elle pourrait être une espérance si elle n'était pas dénaturée par les sectes et les passions (1). Découverte sur une étendue de 50 lieues entre les Ardennes et la trouée de Belfort, elle a perdu dans l'Alsace un pays qui lui donnait de braves soldats et des officiers habiles ; la même chose est arrivée à l'Italie par la perte de la Savoie, qui la laisse elle-même découverte de ce côté (2).

L'Angleterre, depuis que la politique hésitante de Palmerston a laissé se former de grands États menaçants, depuis que l'acquisition de l'Afghanistan la met en contact avec la Russie ; l'Angleterre cessera d'imposer par la violence aux autres peuples un bonheur qu'elle ne possède pas elle-même (3) ; elle remplira le monde de ses manufactures comme de ses exemples, empêchera la domination de la force brutale. Chez elle, tous sont libres et pourtant tous obéissent ; sans attendre l'initiative du gouvernement, on dépense des millions pour la construction de ponts, de routes, pour l'agriculture ; en même temps, dans la légitime prétention de se suffire à eux-mêmes, les Anglais sondent toutes les mers et tous les fleuves, introduisent l'irrigation dans leurs colonies,

---

(1) D'après le programme de Louis Blanc, dans le discours fait à Marseille le 20 septembre 1879, la république devra se réformer, supprimer le budget des cultes et le Concordat, le monopole de l'enseignement clérical ; nommer une seule Chambre ; pas de président, ce n'est qu'un roi déguisé ; pas d'armée, mais des milices nationales ; plus d'inamovibilité pour la magistrature, les juges seront choisis par le peuple, les jurés tirés au sort ; le prolétariat sera graduellement aboli ; les ouvriers cesseront d'être salariés pour devenir associés.

(2) La France a acquis récemment les Nouvelles-Hébrides, groupe de 50 petites îles avec 70,000 habitants.

(3) Gladstone, dans un article publié par le *Nineteenth Century* en 1879, entre autres accusations qu'il lance contre le gouvernement anglais, dit : « Dans toutes les questions soulevées dans les Conseils des puissances européennes, il s'est posé en champion, non de la liberté, mais de l'oppression. On peut dire avec vérité que, pour traiter dans ces discussions des destinées humaines, il eût mieux valu, dans l'intérêt de la justice et de la liberté, que la nation anglaise n'eût jamais existé. » Qu'on se rappelle les diatribes de Gladstone contre les souverains de Naples et de Rome.

et affectent une somme de 13 millions de livres sterling aux travaux d'une route entre Calcutta et les défilés de Kibor.

La question d'Orient reste toujours une question capitale, qui ne pourra être résolue que par la chute de l'empire turc en Europe; et cette chute soulèvera une foule d'autres questions.

En Europe, comme en dehors de l'Europe, partout sont en lutte les conservateurs et les progressistes : on dirait « un malade qui ne peut trouver une position commode sur son lit de douleur »; le plus souvent ils se combattent à propos de la question de l'Église et de l'État (1).

L'Église et l'État

Ils ont bien tort, ces croyants qui prennent ombrage des découvertes, des raisonnements, de la diffusion de l'instruction. Eux-mêmes doivent répandre l'instruction, de telle sorte que les enfants apprennent la religion en même temps que l'alphabet et sachent que la force et l'astuce ne sont pas tout; que ceux qui voudraient attacher des torpilles aux flancs du vaisseau de l'Église sachent qu'ils trouveront de vigoureux adversaires; que ceux qui prétendent détourner cette Église de sa mission civilisatrice ne voient pas la maison du Père céleste transformée en une maison d'affaires, en une tribune où l'on porte des discussions sans convenance et des mépris qui révoltent les hommes modérés et charitables, et que le souverain pontife a blâmés; qu'eux-mêmes consentent à être des citoyens, non moins que des croyants, rendent des consciences à l'Église et des ouvriers à l'État, et marchent dans la sainteté et la justice, fermes dans la foi qui s'établit sur le témoignage, mais se consolide par le raisonnement (2); qu'ils travaillent à ramener à la prudence des

(1) Louis-Philippe, sceptique et philanthrope comme les hommes de son temps, et sans avoir l'esprit large et délicat que demandent les questions religieuses, disait à ses ministres au moment des hostilités contre les jésuites : « Il ne faut pas mettre le doigt dans les affaires de l'Église; on l'y laisserait. » Il ajoutait : « Laissons à tous la liberté; un petit règlement de police suffira. » Il craignait seulement que les jeunes gens ne sortissent légitimistes des collèges ecclésiastiques; et il s'inquiétait de ce qu'ils chantaient le *Deposuit potentes de sede*.

(2) Le 27 août 1878, Léon XIII adressa au cardinal Nina, son secrétaire d'État, une longue lettre (*Æterni Patris*) dont nous extrayons les passages suivants :

« Notre dessein est de porter largement l'action bienfaisante de l'Église et de la papauté au milieu de toute la société actuelle. On a créé au chef de l'Église une situation très difficile en Italie et à Rome, depuis qu'il a été dépouillé du pouvoir temporel que la Providence lui avait accordé,

justes ceux qui doutent encore, et à préparer au Seigneur un peuple parfait (1).

Dans aucun pays l'Église catholique n'exclut les autres confessions religieuses ; au contraire, presque partout, là même où elle réunit la majorité et paye davantage, là même où la loi la déclare religion dominante, elle se trouve, par une basse imitation des pays protestants, ou bien persécutée, ou bien entravée dans l'exercice de ses devoirs, dans les droits de la conscience, dans ses œuvres de bienfaisance, dans l'instruction, dans son apostolat ; on attaque ses droits hiératiques, le célibat volontaire (2), la bénédiction nuptiale, cette charité

pendant tant de siècles, pour protéger la liberté du pouvoir spirituel. Chez les peuples, qui voient les droits les plus anciens et les plus sacrés impunément violés dans la personne même du Vicaire du Christ, l'idée du devoir et de la justice est profondément ébranlée, le respect des lois est affaibli et l'on en vient à ruiner les bases elles-mêmes de la société civile. Les catholiques des différents États ne pourront plus être tranquilles, tant que leur pontife suprême, le docteur de leur foi, le modérateur de leur conscience, n'aura pas une vraie liberté, une réelle indépendance. Tandis que notre pouvoir spirituel, à cause de son origine divine et de sa destinée surnaturelle pour exercer sa bienfaisante influence en faveur de la société humaine, doit nécessairement jouir de la plus entière liberté, il reste, dans les conditions actuelles, tellement entravé que le gouvernement de l'Église universelle nous devient très difficile.

« Non seulement nous avons à déplorer la suppression des ordres religieux, qui prive le pontife d'un secours puissant dans les congrégations où se traitent les affaires les plus graves de l'Église ; non seulement nous avons à déplorer qu'on enlève au culte divin ses ministres, en obligeant tout le monde indistinctement au service militaire ; qu'on nous arrache à nous et au clergé les institutions de charité et de bienfaisance établies à Rome ou par les souverains pontifes, ou par les nations catholiques qui les ont placées sous la garde de l'Église ; non seulement nous sommes réduit à voir de nos yeux les progrès de l'hérésie dans cette ville de Rome, centre de la religion catholique, où des églises et des écoles hétérodoxes s'élèvent impunément et en grand nombre, et à apercevoir la corruption qui en résulte, surtout dans une si grande partie de la jeunesse à laquelle on donne une instruction sans foi ; mais, comme si tout cela n'était rien, on essaye de rendre inutiles les actes même de notre juridiction spirituelle… »

(1) Saint Luc, i.
(2) « Des hommes se réunissent et habitent en commun ; en vertu de quel droit ? — En vertu du droit d'association. — Ils s'enferment chez eux ; en vertu de quel droit ? — En vertu du droit qu'a tout homme d'ouvrir et de fermer sa porte. — Ils ne sortent pas ; en vertu de quel droit ? — En vertu du droit d'aller et de venir, qui implique le droit de rester chez soi. — Là, chez eux, que font-ils ? Ils parlent bas ; ils baissent les yeux ; ils travaillent. Ils renoncent au monde, aux sensualités, aux plaisirs, aux vanités, aux orgueils, aux intérêts. Ils sont vêtus de grosse laine ou de grosse toile. Pas un d'eux ne possède en propriété quoi que ce soit. En entrant là

qui est la partie la plus belle de la civilisation, et dans laquelle les meilleurs se complaisent bien plus que dans les apparitions, les miracles, les solennités, les pèlerinages. Si on ne sait de quoi les accuser, on assure qu'ils sont hostiles au gouvernement, bien qu'ils s'en déclarent les amis jusqu'à l'autel et qu'ils réclament la paix plus que la lutte, des secours plutôt que des entraves dans le champ de la justice.

Mais les hérésies qui troublent l'Église, tombent vite, comme le messianisme de Wronski, de Miczkiewicz, de Quinet; comme le nouveau-catholicisme de Runge et le vieux-catholicisme de Munich, et l'unitarisme de Channing; la propagande protestante n'offre pas de sérieux dangers, bien que ses mille sectes se trouvent d'accord entre elles, avec les incrédules, avec l'autorité civile et avec les autorités littéraires pour faire la guerre au catholicisme, parce que toujours le catholicisme affirme avec plus de décision son Dieu, sa morale, ses devoirs et sa mission d'affirmer ces choses. L'orthodoxie russe, plus violente, veut confondre l'Église avec l'État.

On croyait que la souveraineté populaire réparerait les ruines des guerres du commencement de ce siècle, puisque, disait-on, les peuples ne consentiraient plus à ces désastres homicides. Au contraire, la manie de la guerre est plus grande que jamais, et les noms les plus populaires furent Jellachich, Radetzky, Garibaldi, Kossuth, Urban, et jusqu'aux Chinois Tsao-Tsung-Tang et Li-Hung-Tshiang. Tandis qu'on affecte la

La guerre.

---

celui qui était riche se fait pauvre. Ce qu'il a, il le donne à tous. Celui qui était ce qu'on appelle noble gentilhomme, ou seigneur, est l'égal de celui qui était paysan. La cellule est identique pour tous. Tous subissent la même tonsure, portent le même froc, mangent le même pain noir, dorment sur la même paille, meurent sur la même cendre. Ils ont le même sac sur le dos, la même corde autour des reins. Si le parti pris est d'aller pieds nus, tous vont pieds nus. Il peut y avoir là un prince; ce prince est la même ombre que les autres; plus de titre. Les noms de famille ont disparu. Ils ne portent que des prénoms. Tous sont courbés sous l'égalité des noms de baptême. Ils ont dissous la famille charnelle et constitué dans leur communauté la famille spirituelle, n'ont d'autres parents que tous les hommes; ils secourent les pauvres; ils soignent les malades. Ils élisent ceux auxquels ils obéissent. Ils se disent l'un l'autre : « Mon frère. » Ils prient qui? Dieu.

« Les esprits irréfléchis, rapides, disent : A quoi bon ces figures immobiles du côté du mystère? A quoi servent-elles? Qu'est-ce qu'elles font? — Il n'y a pas d'œuvre plus sublime peut-être que celle que font ces âmes. Il n'y a peut-être pas de travail plus utile. Ils font bien, ceux qui prient toujours pour ceux qui ne prient jamais. » (Victor Hugo.)

philanthropie et l'amour de la paix, les armées s'accroissent sans mesure, jusqu'à devenir le soin principal et la plus grande dépense des gouvernements; s'il ne suffit pas de six millions de soldats, on revient à l'âge barbare en obligeant tout citoyen au service militaire (1). — Les progrès des sciences et

(1) On a calculé que les guerres de 1792 à 1815 ont coûté aux divers États 76 milliards 225 millions de francs, et plus de deux millions d'hommes. Il faut y ajouter : 1° la valeur des vaisseaux marchands, perdus avec leur cargaison; et, pour l'Angleterre seule, c'est un million et demi de livres sterling, et 644,000 personnes plus ou moins atteintes; 2° l'augmentation de la taxe pour les pauvres qui, en Angleterre, était de 30,000 livres sterling en 1792, et de 197,250 en 1815; en l'année 1815, on compta en Europe 200,000 veuves et un million d'orphelins; 3° la perte des valeurs de banque ou de commerce, perte incalculable; 4° la somme des pensions civiles, navales et militaires; après 1815, les dépenses militaires en Angleterre était de 12 milliards; 5° les taxes imposées de 1815 à 1837 pour payer les intérêts des dettes faites pendant la guerre; on peut les évaluer en pensant qu'en 1837 la dette, en Angleterre, s'élevait encore à 714,400,000 livres sterling; 6° l'augmentation du crédit pour la guerre. En 1845, la recette totale était de 58,500,217 livres sterling; la dépense, de 55,103.647, dont 13,961,245 étaient pour la marine, l'armée, l'artillerie. — *Journal de la société chrétienne en Angleterre;* septembre 1838.
Dans le budget préventif de la France pour 1842, sur 1,276,338,076 francs, on en affectait 325,802,975 à la guerre; sans compter la part afférente au département de la marine dont la dépense s'élevait à 125,607,614 francs. De 1830 à 1847, l'armée coûta 6 milliards 55 millions et demi. Pour la Prusse, en 1841, l'armée coûta 23,721,000 thalers, sur une dépense totale de 55,867,000; pour l'Espagne, 256,506,440 réaux, sur une dépense totale de 687,905,129; pour la Belgique, 29,471,000 francs, sur un total de 105,566,962.
Depuis 1848, tout s'est accru démesurément. Voici le calcul des dépenses annuelles pour la guerre :

	Soldats.	Dépenses.	Chaque citoyen y contribue pour
Russie	447,378	636,500,000 fr.	7,22 fr.
France	446,121	553,000,000	14,95
Allemagne	418,821	409,770,000	9,75
Grande-Bretagne	228,624	401,500,000	11,75
Autriche	269,577	329,255,000	8,80
Italie	217,949	191,316,000	7,15
Espagne	91,400	122,292,000	7,30
Turquie	150,000	116,000,000	2,46
Belgique	46,383	41,000,000	7,60
Suisse	120,077	13,000,000	4,80

On ne calcule pas ici les réserves, les troupes territoriales, les troupes irrégulières; ni les intérêts des dettes antérieures.
Les États-Unis d'Amérique, dans la guerre de sécession en 1862, armèrent, dans les seuls pays fédérés, 437 vaisseaux de 840,086 tonnes, avec 8,026 canons. On calcule que dans l'espace de cent ans, par les

de la mécanique furent dirigés à perfectionner ces armes avec lesquelles Napoléon Ier avait épouvanté l'Europe ; on inventa le coton fulminant, la dynamite, les fusils à aiguille, les canons d'Armstrong, de Keiner, de Wahrendorff, de Krupp qui pèsent jusqu'à 100 tonnes, ont 10 mètres de long, lancent des boulets d'une tonne avec 250 kilogrammes de poudre et une vitesse initiale de 500 mètres par seconde, avec une portée pratique de 17 kilomètres.

L'Amérique du Nord pouvait nous enseigner des choses bien plus utiles ; nous l'avons prise pour modèle lorsque, dans la guerre de sécession, elle introduisit les *monitors*, géants de fer qui heurtent et coulent les vaisseaux ennemis, lorsqu'elle prouva l'importance des chemins de fer pour lesquels on institua un corps de 15,000 hommes qui suivaient l'armée, détruisaient, construisaient ou réparaient les lignes pour maintenir les communications, apporter des vivres, des munitions, transporter les malades. La France avait déjà employé ces moyens nouveaux dans la guerre d'Italie, mais la Prusse en tira un plus grand parti : dans sa lutte avec l'Autriche, à chaque corps d'armée elle attacha une section d'ouvriers pour les chemins de fer; c'est ainsi qu'elle put, en 1870, en établissant de nouvelles lignes, transporter, du 24 juillet au 5 août, 384,000 hommes et tout leur matériel de guerre sur les frontières de la France. Les autres puissances suivirent l'exemple donné, et les vaisseaux cuirassés, les torpilles de toutes sortes donnèrent la victoire à qui les employa le premier. On rivalise pour trouver des engins plus meurtriers, on lance des boulets énormes qui traversent les épaisses cuirasses des vaisseaux.

En conséquence, il fallut changer la manière de conduire l'infanterie à l'attaque, en diminuant la profondeur et le nombre des lignes, et supprimer les temps d'arrêt (1). Aucun peuple ne cherche sa sûreté ailleurs que dans le nombre de ses soldats. Pour avoir des soldats, on rompt l'équilibre des finan-

---

guerres des pays civilisés, ont péri 20 millions de personnes. Cet immense désastre est vanté comme un progrès, et chaque jour on crie aux États : « Armez-vous. »

(1) L'arme, qui se charge par la culasse, n'exige plus la multiplicité des mouvements et la perte de temps que demandait l'ancien fusil; le conscrit même peureux ou distrait peut s'en servir et tirer ; le tir est trois fois plus exact, avec une portée sept fois plus longue, et une rapidité huit fois plus grande.

ces; on oblige le citoyen à partager son avoir avec le gouvernement, comme dans le socialisme; on créa des emprunts, des loteries, des banques; ce n'était pas assez qu'en peu d'années le numéraire se fût accru de trois milliards : il fallut le cours forcé du papier-monnaie.

En quelques pays, les militaires purent à leur gré renverser les gouvernements, les forcer à des actes injustes; quelque soldat d'aventure bouleversa les nations, secondé en cela par les masses qui prennent toujours parti pour l'insurrection et se plaisent au spectacle des changements, bien qu'elles paient fort cher la confiance qu'elles donnent aux déclamations et aux promesses des démagogues. Il y eut la guerre bourgeoise, la guerre des barricades, la guerre des rues où le lâche, protégé derrière les croisées et les toits, peut tirer et tuer; il peut fuir d'un abri à un autre abri, sans être atteint; tandis que les bataillons les meilleurs voient leur courage devenir inutile; l'ennemi ne paraît pas; eux-mêmes sont exposés au feu de tous côtés, et ils n'aperçoivent pas l'agresseur qui échappe à leurs coups. Le maréchal de Moltke a dit qu'une guerre, même victorieuse, est toujours un malheur national.

On prête à Bismark ces paroles : « J'ai rendu bien des hommes malheureux. Sans moi, trois grandes guerres n'auraient pas eu lieu; 80,000 Allemands ne seraient point tombés morts sur le champ de bataille : des pères, des mères, des frères, des sœurs, des veuves, des fiancées, ne seraient pas dans le deuil. De tout cela j'ai fait mon compte avec Dieu. » Et maintenant on dit que Bismark, avec les ministres des grands États, traite du désarmement, salut de l'économie pour l'Europe.

Et vraiment, aujourd'hui que l'armée n'est pas une machine mue par la volonté d'un roi, mais la nation tout entière sous les armes, il semble que de l'armée doivent relever les motifs de la guerre, comme c'est elle qui en fournit les moyens et en a la conduite. Mais tant de peines prises pour assurer la paix sont une nouvelle contradiction de la doctrine prêchée maintenant plus que jamais; je veux parler de la doctrine de la lutte pour l'existence, lutte augmentée par la civilisation avec l'accroissement des désirs, des forces, des souffrances, de l'activité des choses et des idées.

Le droit public.

Pourtant tous les congrès des souverains ont proclamé ou sanctionné des théorèmes favorables à l'humanité; les savants ont continué à en prêcher de semblables; on a réuni des congrès de la paix, une association pour réformer le droit des gens; un Institut de droit international qui s'occupe du butin fait sur mer, des hôpitaux militaires, du code de la guerre, et en même temps de l'esclavage, de la monnaie, des passeports, des transports sur les voies ferrées.

La Russie, dans une réunion de diplomates à Bruxelles en 1874, proposait une espèce de code international où, pour ne point parler de quelques charges imposées aux vaincus, on trouve des mesures bienveillantes; on y distingue dans les guerres ceux qui combattent de ceux qui ne combattent pas; on proscrit les moyens inhumains et inutiles; pour les sièges et les bombardements, on impose des règles pleines de loyauté et de miséricorde; pour les prisonniers de guerre, on réclame des traitements où l'on tient compte de l'honneur du soldat et de son infortune. Tentatives fort louables, quoiqu'elles soient reconnues inefficaces pour s'interposer entre l'orgueil des vainqueurs et le dépit des vaincus. Combien encore l'humanité devra-t-elle souffrir du divorce de la morale et de la politique! Pendant que le droit privé a suivi le développement lent et progressif de la vie humaine, et s'accommode mieux aux principes vrais, éternels, immuables du droit naturel, le droit public s'est attardé à fonder de robustes agrégations politiques d'après un principe multiforme et trompeur, comme l'est le principe de l'intérêt de l'État, tiré de la convenance politique, et ayant la force pour *criterium*, et cet autre principe, que la bonté de la fin justifie l'iniquité des moyens.

Dans la lutte actuelle entre l'autorité par le droit divin et le gouvernement par la volonté des peuples, le droit public va en se transformant, et il se perfectionne; on a mieux établi les rapports internationaux, les plus criantes iniquités ont disparu, de grandes réparations ont été faites. L'Espagne brise le despotisme de Napoléon; l'Allemagne donne le signal de l'émancipation des peuples; la France recouvre la liberté enlevée par la Révolution; l'Angleterre émancipe les catholiques et soustrait l'Irlande à la tyrannie de l'Église légale; la Grèce secoue le joug musulman; l'Italie aspire à l'indépendance; les Barbaresques sont contraints de respecter le pavillon européen; la traite des Nègres est abolie (1);

(1) Le congrès de Vienne, en 1815, avait déjà aboli la traite des Nègres; mais comme leur esclavage persistait dans les colonies, on était toujours tenté de les y transporter d'Afrique par une contrebande audacieuse et fort lucrative. L'Angleterre, en 1847, et la France, en 1848, déclarèrent l'esclavage aboli; la Hollande fit la même chose en 1859 pour les colonies

l'esclavage dans les colonies a disparu pour beaucoup de pays et enfin dans les États-Unis. La tolérance des cultes et des croyances est assurée, la sécurité de l'individu est mieux protégée, le bien-être mieux réparti; on prévient un grand nombre de maladies (1), les quarantaines, les disettes; on pourvoit aux intempéries des saisons par des assurances, on ouvre à l'obole du pauvre les caisses d'épargne; l'emprisonnement pour dette disparaît; la douceur des mœurs, l'égoïsme lui-même, ont tempéré les passions, comme le scepticisme a mitigé la fureur des partis; la publicité oblige chacun à vivre en quelque sorte sous les yeux de tous. La petite industrie, qui s'augmente et se transforme par la diffusion des connaissances physiques et naturelles et par la protection des gouvernements, accroît dans des proportions inattendues les moyens de subsistance; grâce à la liberté, la multiplication des richesses est plus rapide, leur distribution plus juste, leur emploi plus agréable.

Bien que l'éthique chancelle sur la base de l'*utilitarisme*, établie par Bentham et appuyée par Stuart Mill et Austin, elle retire de grands avantages des doctrines des économistes, qui ont montré comment le bien de chacun dépend du bien de tous; que le travail est la destinée du genre humain et la source de tous les biens ici-bas; qu'il n'y a d'utile que le bien. Les socialistes eux-mêmes reconnaissent que la seule réorganisation possible du travail est cette réorganisation libre, variée, multiple, successive, qui chaque jour s'accomplit par le jeu des intérêts mieux compris qu'autrefois, et moins négligés. On reconnaît que les besoins ont vraiment grandi : c'est un phénomène moral soumis au phénomène économique; on voit que l'excès dans la production, au moyen des machines, est peut-être la principale cause de la crise actuelle du commerce (2).

des Indes-Orientales, et, en 1862, pour celles d'Amérique. Nous avons indiqué les actes et les tentatives des autres pays, et les effets déplorables qui en résultèrent pour l'Amérique du Nord. Puisque les Nègres émancipés refusent de travailler, il faut, pour utiliser les colonies, recourir à d'autres bras; les *coolies* de l'Inde et de la Chine, travailleurs libres, ont remplacé les Nègres en partie. L'État de Liberia, fondé en 1821 sur la côte occidentale de l'Afrique pour y établir les Nègres affranchis des États-Unis, s'est proclamé république indépendante en 1847.

(1) Les Français propagent, en Cochinchine, l'usage du vaccin, et recourent même pour cela à la force, quand il le faut.

(2) A la fin de 1875, dans les États-Unis, sur 713 hauts-fourneaux,

L'économie politique, qui avait appris des classiques à *L'économie.*
ne calculer que les valeurs, les prix, la demande et l'offre, le
coût de la production, le principe de population, la loi des
salaires, les intérêts, les profits, les revenus, a de plus en
plus éclairci les questions de population, de crédit, de capital (*Mac Culloc, Quételet, Jevons, Walras, Mels*) : elle a cherché à fonder ses doctrines sur des données certaines ; et cependant ces doctrines sont souvent contradictoires, puisque
la loi de Carey († 1879) et les harmonies de Bastiat s'opposent
à la théorie de la rente de Ricardo : Roscher veut tout déduire de l'histoire, et de lui viennent les socialistes doctrinaires, qui, effrayés des excès de l'individualisme, appellent
l'intervention du gouvernement pour améliorer la production
et la répartition des richesses : on arrive ainsi à une science
complexe qu'on nomme Sociologie.

Mais un état de choses raisonnable, sage, économe du bien
privé, ennemi du clinquant ; où l'on ne voit pas le nombre
représenter la force, mais la justice représenter les droits
et les intérêts ; où on étudie non pas le sommet, mais la base
de la pyramide sociale ; un tel état de choses ne se crée point
par de mesquines ambitions, par de honteuses jalousies, par
de hideuses camaraderies, par les calculs des harpies financières, par les bacchanales des tribuns, par les importunités des libelles, qui cajolent la plèbe ou les grands qui sont
aussi la plèbe. On n'y arrive pas en appelant progrès du
siècle l'absurdité dans la science, l'imbécillité dans l'administration, l'obscénité dans l'art, la licence dans la conduite.
Il ne faut pas pour cela de la connivence ou de la claque ;
il faut des efforts, parce que tout enfantement est labo-

420 étaient éteints. Si tous avaient travaillé, ils auraient produit par an
5,500,000 tonnes de fonte, pendant que 2,800,000 suffisaient à la consommation nationale. La maison Madge, Sawyer et Cie, une des principales
de la Nouvelle-Angleterre, déclarait en 1877 qu'on ne pouvait améliorer
l'industrie des laines tant que ne cesserait pas l'excès dans la production,
ajoutant que ce serait un grand avantage si la moitié des manufactures
étaient brûlées ou fermées. William Burke a démontré que 90 ouvriers,
dans une des meilleures manufactures, travaillant seize heures de moins
par semaine, produisaient plus d'étoffes du même poids et de la même
qualité que 231 ouvriers n'en produisaient en 1838 dans la même fabrique.
Il y a cinquante ans, dans le Massachusetts, un bon cordonnier, en travaillant
15 heures par jour, pouvait faire, au maximum, 200 paires de bottes par an ;
en 1875, 48,090 cordonniers, en travaillant seulement 10 heures par jour,
en ont produit 59,762,866 paires, c'est-à-dire 1,243 paires par ouvrier.

rieux; il faut du caractère, la vénération pour la justice, le respect de la liberté et de la conscience.

Il ne suffit pas d'avancer des dogmes abstraits, des formules *a priori;* de faire croire à des révélations, à des panacées, à l'omnipotence de maximes absolues, à des phrases d'autant mieux acceptées qu'elles sont moins précises, et qui n'indiquent pas ce qu'il faut faire, comment il faut diriger l'activité de l'individu et de l'ensemble, entre les témérités de l'inexpérience et les intrigues de l'égoïsme. On nous dira : « Aimez la patrie, modérez vos désirs, soyez honnêtes. » Quel besoin de conseiller l'amour et la volonté du bien, quand l'intelligence manque pour reconnaître ce bien? Dresser les facultés est aussi utile dans l'ordre moral que dans l'ordre des intérêts matériels; et c'est en développant les qualités viriles d'un peuple qu'on fonde l'avenir des nations. Les nations sont des êtres organisés, variables comme les individus; la physiologie, la psychologie, leur histoire, voilà les seules choses qui fournissent un fondement assuré et garantissent contre des expériences téméraires et des programmes enivrants.

Ils se trompent pourtant, ou bien ils veulent tromper, ceux qui croient que l'instruction suffit pour améliorer les nations. Ce fut l'erreur des anciens sophistes, d'égaler la doctrine au pouvoir et à la moralité. L'être intellectuel doit s'appuyer sur l'être moral, et celui-ci sur l'être religieux; l'homme soumet la nature, mais il doit se soumettre à la loi et à l'ordre; qui sait régler sa propre vie d'après la notion du devoir, sera aussi le meilleur agent de production.

Nous sommes dans un temps d'expériences, d'observations, de comparaisons; les opinions demandent à être dirigées par des digues plutôt qu'elles ne veulent être arrêtées par des barrières. Dans l'ébranlement de toute stabilité, le grand problème, n'est pas l'unité ou la fédération, la monarchie ou la république, la tyrannie des princes ou celle de la plèbe; ce n'est pas même l'indépendance ou la servitude; le grand problème c'est de savoir si l'homme et la société doivent être gouvernés par le droit ou par la force, par l'autorité ou par l'anarchie, par le calcul humain ou par la providence divine; si la règle des actes, le *criterium* des résolutions doivent être les principes de 89, les débats parlementaires, le terrorisme des journaux, l'émancipation de tout pouvoir constitué, ou bien l'éternel décalogue, les vérités traditionnelles interprétées par qui a la certitude de ne pas se tromper.

Ceux qui appliquent sérieusement leur esprit à bien faire, cherchent à faire prévaloir non pas ce vulgaire de la science, du patriciat ou de la place publique qui prend ses inspirations dans les journaux, les intrigues et les intérêts; mais le véritable peuple qui pense, qui possède, qui travaille, et, par conséquent, a besoin d'une liberté réglée et d'une paix honorable; ils répètent qu'il faut une éducation, non pour éveiller de grossières espérances de richesse, d'emplois politiques, de positions sociales, mais pour donner aux hommes le caractère, la dignité, la fermeté; qu'il faut s'occuper bien moins de l'alphabet et de la gymnastique que de l'âme du peuple; qu'il faut l'instruire de ses devoirs, et réveiller en lui le sens commun.

Pour prévenir le communisme, il faut relever ceux qui sont à genoux, et non pas renverser ceux qui se tiennent debout; il faut faire en sorte que la vie ne soit pas une lutte d'intérêts, mais une rivalité de bons offices; que le prolétaire gagne à la sueur de son front, et non avec les larmes de ses yeux; il faut ne pas laisser tout à l'arbitraire de la force et de la témérité; il faut sauver les faibles et les simples de la gueule des forts et des adroits, rapprocher les grandes fortunes des petites, montrer l'efficacité réparatrice du travail, en travaillant même dans la richesse; il faut ne pas se faire un scrupule de heurter les sceptiques par nos convictions, ou le méchant par nos sentiments d'honneur; il faut préférer l'honneur aux honneurs; il faut baptiser la démocratie et la marier à la liberté, et mettre cette liberté partout, en y habituant la vie commune, en restreignant les attributions du gouvernement en sorte qu'il représente non la multitude, mais les droits de la multitude; il faut vouloir que, si le gouvernement tolère l'erreur, il professe et protège la vérité; il faut sauver les croyances des humbles du positivisme des superbes à qui une part moins large de la vérité est faite, il faut réduire les bilans monstrueux, décimer l'armée des employés et des militaires qui gaspille le dixième des produits et perd la fleur de la jeunesse dans une oisiveté corruptrice. Il faut dépeupler les prisons, discréditer la fureur des conquêtes, prévenir les guerres en réveillant les notions du droit, l'idée de patrie, de libre conscience; en rappelant que le genre humain ne vit pas pour se gouverner, mais pour le bien-être; que « la véritable fin de la politique est de rendre la vie commode et les peuples contents »" (*Bossuet*); et que, suivant la parole d'un grand, la monarchie peut vivre sans la religion, parce que les gendarmes et les prisons y suppléent; mais la démocratie ne le peut pas.

Les yeux fixés sur les trois faces de l'être, le beau, le bien et le vrai, aujourd'hui comme à l'heure où nous avons commencé notre œuvre, il y a cinquante ans, concluons en exhortant ceux qui nous lisent à opposer le courage de tous les instants à l'invasion du matérialisme et au culte de la force dans la lutte qui se poursuit entre la vérité et l'erreur, l'ordre et le désordre, entre l'Ange et Satan. Il faut se servir des lettres humaines pour gagner les âmes aux mœurs humaines, et avoir le droit de dire : « J'ai fait quelque bien. »

ADDITIONS

I. — Page 42, en note :

A la bataille de Schäksburg, le 31 juillet 1849, fut tué Pétöfi, le poète lyrique le plus fécond et le plus fameux de la Hongrie, et qui, avec le romancier Jokaï, a tant contribué à renouveler la langue hongroise.

II. — Page 51, en note :

Il vaut la peine de signaler cette lettre de M. Thiers :

« Paris, 21 mars 1848.

« Mon cher Madier,

« Voici mon avis sur des questions fort importantes du moment présent. Vous connaissez l'entêtement ordinaire de mes opinions politiques, socialistes et économiques ; vous savez mon peu de goût pour la députation ; vous êtes donc bien convaincu que je ne ferai pas le sacrifice d'une seule de mes façons de penser à la multitude électorale ; mais je suis quelquefois dépité en voyant les sottes opinions que me prêtent plusieurs de vos amis à l'égard du clergé. Il me semble qu'après avoir lu ce que j'ai écrit sur le concordat, ils devraient être un peu plus éclaircis sur mes sentiments vrais.

« En tout cela, la révolution de février aurait beaucoup changé à ce sujet, et ne permettrait pas un doute, si on en avait un seul. J'ai toujours cru qu'il fallait une religion positive, un culte, un clergé, et qu'en ce genre, ce qu'il y avait de plus ancien était ce qu'il y avait de plus respectable.

« Aujourd'hui que toutes les idées sont perverties et qu'on va nous donner dans chaque village un instituteur qui sera un phalanstérien, je regarde le curé comme un indispensable rectificateur des idées du peuple. Il lui enseignera, du moins, au nom du Christ, que la douleur est nécessaire dans tous les états, qu'elle est la condition de la vie, et que, quand les pauvres ont la fièvre, ce ne sont pas les riches qui la leur envoient.

« Sans salaire, il n'y a pas de clergé. Beaucoup de catholiques se trompent à cet égard, et s'imaginent qu'en renonçant au salaire ils ne seront affranchis que de la peine de toucher leur argent, mais voilà tout. Leur joug sera de fer pour eux comme pour nous, et ils mourront de besoin dans leur servitude aggravée.

« Qu'on soit bien convaincu que, dans les neuf dixièmes de la France, on laisserait mourir de faim les prêtres. En Vendée, peut-être, on les nourrirait ; de grands propriétaires pourraient former une caisse où il y aurait quelques millions (ce dont je doute), mais Dieu sait ce qu'on ferait de ces millions.

« Je ne cesse, mon cher Madier, de vous le dire depuis deux mois, avec ce système nous ferions rétrograder la France à l'Irlande.

« Quant à la liberté d'enseignement, je suis changé, non par une révolution dans mes convictions, mais par une révolution dans l'état social.

« Lorsque l'Université représentait la bonne et sage bourgeoisie française, enseignait nos enfants suivant les méthodes de Rollin, donnait la préférence aux saines et vieilles études classiques sur les études physiques et toutes matérielles des prôneurs de l'enseignement professionnel, oh! alors je lui voulais sacrifier la liberté de l'enseignement. Aujourd'hui je n'en suis plus là. Et pourquoi? Parce que rien n'est où il était. L'Université, tombée aux mains des phalanstériens, prétend enseigner à nos enfants un peu de mathématiques, de physique, de sciences naturelles, et beaucoup de démagogie ; aussi je ne vois de salut (s'il y en a) que dans la liberté de l'enseignement.

« Je ne dis pas qu'elle doive être absolue et sans aucune garantie pour l'autorité publique; car enfin, s'il y avait un enseignement Carnot, et au delà un enseignement Blanqui, je voudrais bien pouvoir au moins empêcher le dernier. Mais en tout cas je répète que l'enseignement du clergé, que je n'aimais point par beaucoup de raisons, me semble maintenant meilleur que celui qui nous est préparé.

« Telle est ma façon de penser sur tout cela.

« Je suis tout ce que j'étais, mais je ne porte mes haines et ma chaleur de résistance que là où est aujourd'hui l'ennemi. C'est la démagogie, et je ne lui livrerai pas le dernier débris de l'ordre social, c'est-à-dire l'établissement catholique. »

III. — Page 52, en note; après les mots : Il reçut l'hospitalité en Italie comme d'autres membres de sa famille :

La famille Bonaparte fut alliée, en Italie, à un grand nombre de personnages importants : citons les Pepoli, les Campello, les Rasponi, les Gabrielli, le colonel Armandi, le médecin Pantaleone, l'auteur et professeur Alberi, etc...

IV. — Page 63, note 1 :

De là, Cavour écrivait à Luigi Cibrario, chargé des affaires étrangères : « Il y a neuf jours que j'ai quitté Turin, et j'ai déjà écrit trois fois, j'ai expédié des dépêches sans fin, etc... J'espère que vous serez satisfait de ma correspondance. Je crois qu'il est bon, pour dégager votre responsabilité et la mienne, de consigner dans mes dépêches tous les faits intéressants que je puis constater. J'ai écrit au roi en lui rapportant la conversation que j'ai eue hier soir avec l'empereur. Pour lui montrer la nécessité du secret, je l'ai prié de n'en pas dire un mot au Conseil. Vous pourrez cependant lui en parler en particulier. Renvoyez-moi au plus tôt Armillau avec les documents que je vous ai demandés à vous et à Rattazzi. Lundi, nous entrons en scène; si la chose n'est pas agréable, elle sera curieuse. En attendant, les dîners officiels ont commencé ; et les estomacs sont soumis à une dure épreuve, si ce n'est pas encore le tour des intelligences. Je vous avertis que j'ai engagé dans les liens de la diplomatie la belle comtesse de....., l'invitant à *coqueter* et à séduire, s'il en était besoin, l'empereur. Je lui ai promis, en cas de succès, que je demanderais pour son père la place de secrétaire à Pétersbourg. Elle a commencé discrètement son rôle au concert des Tuileries hier. — Votre très affectionné, CAVOUR. » (ODORICI, *le Comte Luigi Cibrario et son temps*; Florence, Civelli, p. 116.)

V. — Page 68, ligne 4, en note :

Les journaux de 1862 ont rapporté que Victor-Emmanuel avait dit à

Nicotera (alors républicain, et, depuis, devenu ministre) : « Tous les jours on fait de nouveaux pas dans la question romaine (dans la question de la pantoufle, suivant son expression); nous avancerions bien mieux si nous étions d'accord; et je puis vous le dire à vous, parce que je vous sais républicain : laissez-moi faire l'Italie, et, lorsqu'elle sera faite, si le gouvernement italien veut la république, je me retirerai avec ma famille. J'ai de quoi vivre; avec un chien et un fusil je passerai mes jours agréablement. »

VI. — Page 77, remplacez la note par celle-ci :

Cavour écrivait de Baden au général Alphonse Lamarmora :

« Baden, 24 juillet 1858.

« Mon cher ami,

« J'ai cru de mon devoir de faire, sans retard, connaître au roi le résultat de ma conférence avec l'empereur; j'ai donc rédigé une très longue relation (quarante pages environ), que j'expédie à Turin par un attaché à la légation du roi à Berne. Je désirerais beaucoup que le roi te fît lire cette relation où je crois avoir rapporté tout ce que l'empereur m'a dit d'important en une conversation qui a duré près de huit heures. Je n'ai pas le temps de tout te répéter ici. Je te dirai cependant qu'en somme il a été décidé : 1º que l'État de Massa et Carrare servirait de cause ou de prétexte à la guerre; 2º que le but de la guerre serait de chasser les Autrichiens de l'Italie, d'établir le royaume de la haute Italie composé de toute la vallée du Pô, des Légations et des Marches; 3º que la Savoie serait cédée à la France. Quant au comté de Nice, c'est un point en suspens. 4º L'empereur se croit sûr du concours de la Russie et de la neutralité de l'Angleterre et de la Prusse.

« Néanmoins l'empereur ne se fait pas illusion sur les ressources militaires de l'Autriche, sur sa ténacité, sur la nécessité de l'abattre pour en obtenir la cession de l'Italie. Il m'a dit que la paix ne se conclurait qu'à Vienne; que, pour atteindre au but, il fallait une armée de 300,000 hommes; que lui-même était prêt à en fournir 200,000, mais qu'il demandait 100,000 Italiens. L'empereur est entré dans beaucoup de détails relativement à la guerre; il m'a chargé de te les communiquer, ce que je ferai de vive voix. Il m'a paru avoir étudié la question bien mieux que ses généraux, et avoir sur ce sujet des idées justes. Il m'a parlé ensuite du commandement des troupes, de la manière de se conduire vis-à-vis du pape, du système d'administration à établir dans les pays occupés, des finances, bref de toutes les choses essentielles à notre grand projet. Sur tout nous avons été d'accord.

« Le seul point, qui n'a pas été défini, c'est le mariage de la princesse Clotilde. Le roi m'avait autorisé à y consentir pour le cas seulement où l'empereur aurait fait de ce mariage une condition *sine quâ non* de l'alliance. L'empereur n'ayant pas insisté à ce point, j'ai cru bien faire de ne pas prendre la chose sur moi. Mais je suis demeuré convaincu qu'il attache à ce mariage une extrême importance, et que de là dépend, sinon l'alliance, du moins l'issue de toute l'affaire. Ce serait une erreur, et une très grosse erreur, que de s'unir à l'empereur et de lui faire, en même temps, une offense qu'il n'oublierait jamais; et ce serait pour lui un immense danger d'avoir à ses côtés et dans ses conseils un ennemi implacable (le prince Jérôme), d'autant plus à redouter qu'il a du sang corse dans les veines.

« J'ai écrit avec chaleur au roi, le suppliant de ne pas compromettre, par des scrupules de vieille aristocratie, la plus belle entreprise des temps modernes. Je t'en prie, s'il t'en parle, joins ta voix à la mienne. Qu'on ne tente pas, alors, l'entreprise où l'on joue la couronne de notre roi et le sort de nos peuples ; mais, si on la tente, pour l'amour du ciel, qu'on ne néglige rien de tout ce qui peut assurer le succès de la lutte ! J'ai quitté Plombières l'esprit plus serein. Si le roi consent au mariage, j'ai la confiance, je dirais presque la certitude, qu'avant deux ans tu entreras dans Vienne à la tête de nos troupes victorieuses. »

VII. — Page 78, ligne 22, en note :

Le discours d'ouverture de la Chambre, en janvier 1859, fut envoyé à Napoléon pour qu'il le revit ; il y ajouta de sa main les phrases les plus significatives, et ces paroles qui sont devenues historiques :

« Tout en respectant les traités, nous ne pouvons pas rester insensibles aux cris de douleur qui viennent jusqu'à nous de tant de points de l'Italie. Confiant dans notre union et notre bon droit, comme dans le jugement impartial des peuples, sachons attendre avec calme et fermeté les décrets de la Providence. »

VIII. — Page 79, ajoutez à la note (2) :

Le maréchal Canrobert s'attribua le mérite d'avoir sauvé Turin de l'occupation autrichienne en transportant les points de défense de la Dora aux forteresses de Casal et d'Alexandrie. Les Piémontais soutiennent de leur côté que ce plan stratégique avait déjà été arrêté avant l'avis de Canrobert, qui ne fit que se rallier à eux.

IX. — Page 91, ligne 9, en note :

On regarde comme le chef-d'œuvre de Cavour l'alliance formée pour l'expédition de Crimée. Mais la gloire de Cavour, sur ce point, est bien diminuée par les documents publiés par Luigi Chiala (*l'Alliance de Crimée*, Rome, 1879). L'auteur attribue le mérite de cette alliance principalement au général Dabormida que Cavour supplanta comme il avait supplanté d'Azeglio.

X. — Page 101, ligne 4, en note :

A propos de l'invasion des Marches et de l'Ombrie et de celle du royaume des Deux-Siciles, il déclarait ne pouvoir que « *solennellement et sincèrement condamner* de tels faits et de tels principes, et manifesta qu'il les désapprouvait formellement. »

Le prince Gortschakoff, en rappelant de Turin le représentant de la Russie, écrivait : « Au milieu de la paix la plus profonde, sans avoir reçu aucune provocation, sans faire même une déclaration de guerre, le gouvernement sarde a donné à ses troupes l'ordre de franchir les frontières des États romains, il a pactisé ouvertement avec la révolution par la présence des troupes piémontaises, et par celle des hauts fonctionnaires qui ont été mis à la tête de l'insurrection, sans cesser d'être au service du roi

Victor-Emmanuel. Ensuite il a mis le comble à cette violation du droit des gens en annonçant, à la face de toute l'Europe, son intention d'accepter l'annexion, au royaume de Piémont, des territoires appartenant à des souverains encore présents dans leurs États, et qui y défendent leur autorité contre les attaques de la révolution.

« Par ces actes, le gouvernement sarde ne nous permet plus de le considérer comme étranger au mouvement qui a troublé la péninsule. Il assume la responsabilité entière de ce mouvement et se met en une contradiction flagrante avec le droit des gens. »

XI. — Page 118, ajoutez à la note (1) :

Sous le nom du Prince impérial on fonda une œuvre d'adoption et aussi une caisse, afin de fournir aux paysans et aux ouvriers l'argent nécessaire pour se procurer des instruments de travail ou la matière première; on n'exigeait d'autre garantie que la probité de celui qui demandait : on payait un très faible intérêt, et le remboursement pouvait se faire par portions très petites.

XII. — Page 121, ligne 2, ajoutez en note :

En 1879, les impôts directs rendirent 142 millions de plus qu'on n'avait prévu, et 75 millions et demi de plus que l'année précédente.

XIII. — Page 125, ligne 15, lisez :

On en compte sept millions, dont cinq en Europe, à savoir : en Russie, 2,621,000; en Autriche, 1,735,000; en Allemagne, 512,000; en France, 49,000; en Angleterre, 50,000; en Italie, 35,000, etc... Il y en a 200,000 en Asie; 80,000 en Afrique; 1,500,000 en Amérique (d'après la 63ᵉ relation de la Société pour la propagation du christianisme parmi les juifs).

XIV. — Page 131, ajoutez à la note (1) :

Dans l'opinion contraire, Heilprin expose les théories de l'école de Tubingue (*Historical poetry of the ancient Hebrews*).

XV. — Page 135, à la fin du premier alinéa, ligne 5, ajoutez :

« On peut tuer quelqu'un, mais non prétendre qu'il se tue lui-même. »

XVI. — Page 148, rétablissez ainsi la note :

Thiers a toujours défendu la souveraineté du pape. Pie IX, en reconnaissance, lui envoya un magnifique cadeau, en même temps qu'il écrivait à l'évêque d'Orléans : « Chaque jour nous désirons et nous demandons à Dieu, avec plus d'ardeur, que sa divine lumière éclaire un si grand homme et fasse briller à ses yeux les éternels principes de la vérité, dont il ne voit encore les conclusions que dans le crépuscule de la lumière naturelle. Nous nous confions en vous pour nous acquitter d'un devoir que nous aurions envers lui. Ensemble espérons que Celui qui ne laisse aucune bonne action sans récompense, satisfait de tant de fermeté à défendre les droits de la justice et à éventer les ruses de l'ennemi, daignera le dédommager amplement par une abondante effusion de la grâce de l'Esprit-Saint. »

XVII. — Page 152, ajoutez à la note :

Rattazzi disait à la Chambre, le 16 mars 1872 : « Si j'avais promis de ne pas aller à Rome autrement que par des moyens moraux, le jour où j'aurais dû enfoncer à coups de canon les portes de Rome, j'aurais renoncé au pouvoir. »

Longtemps avant, Machiavelli disait : « Si j'avais été un Romain du VIIIe siècle et enfermé dans Rome par Astolphe, je n'aurais cependant pas voulu obéir aux exigences odieuses du roi lombard qui ordonnait de lui ouvrir la porte Salaria et de lui remettre entre les mains le Pontife mort ou vif; non, je n'aurais point obéi, pas même s'il eût dû en résulter le plus grand bien pour l'Italie. »

XVIII. — Page 183, ajoutez à la note :

Le canal de Suez a 162 kilomètres de longueur, 100 mètres de largeur et 9 de profondeur. Il fut creusé d'avril 1859 à décembre 1869, en dix ans, tandis que les Pharaons y avaient employé cent ans.

En 1870, il est passé 489 vaisseaux : tonnage, 436,609; — valeur en francs, 5,084,393.

En 1878, il est passé 1,593 vaisseaux : tonnage, 2,269,278; — valeur en francs, 31,000,000.

Des navires italiens, de 1870 à 1878, l'ont traversé 445 fois, soit à l'aller, soit au retour; et on enregistre pour eux :

En 1870, 6,795 tonnes pour une valeur de 66,000 fr. ;

En 1878, 58,457 tonnes pour une valeur de 6,85,000 fr. *Bulletin Consulaire.*

La malle des Indes porte toutes les dépêches des Indes, de l'Australie, des possessions hollandaises et de l'extrême Orient; elle a chaque semaine 1,400 kilogr. de lettres, 11,750 kilogr. d'imprimés. Elle arrive directement de Londres à Suez par le pas de Calais, le mont Cenis et Brindisi; une partie est embarquée, huit jours avant, à Southampton et passe ensuite par le détroit de Gibraltar. Désormais tout passera par la seule route de France, de Paris à Modane.

XIX. — Page 185, ligne 32, ajoutez :

On appelle Magreb les vastes régions au-dessous du Maroc, de l'Algérie et de Tripoli; Soudan, la partie qui vient ensuite vers l'intérieur; Nigritie, le pays méridional, habité par les Nègres. Mais ce sont là des dénominations de convention, et les limites sont très indéterminées.

On n'est pas fixé sur le chiffre de la population de l'Afrique. Les statistiques les plus récentes lui donnent 130 millions de Nègres; 20 millions d'Ametis; 13 millions de Bautory (Muller les porte à 50 millions); 8 millions de Foulahs; un million et demi de Nubiens; 50,000 Hottentots.

XX. — Page 188, ligne 30, mettez en note :

Voyez : Duponchet, *le Chemin de fer transsaharien :*

La première proposition d'un chemin de fer transsaharien a été faite, dit-on, par Léon Paladini au gouvernement italien, en 1866. La voie partirait du golfe de Cabès, entre Tunis et Tripoli, et, par un parcours de 2,800 kilomètres, arriverait au Soudan. L'auteur du projet parlait aussi de fertiliser 10 millions de kilomètres carrés, au moyen de 10,000 puits artésiens qui déverseraient 11 millions de litres d'eau sur ce désert, où l'on planterait 200 millions de palmiers : 3 millions d'habitants pourraient y vivre.

XXI. — Page 203, ligne 32, ajoutez :

En 1840, l'Angleterre cessa de considérer la Nouvelle-Hollande comme la demeure de ses déportés; et tandis que la colonie de Victoria avait alors à peine 236 habitants, la seule ville de Melbourne, qui en est la capitale, en compte aujourd'hui 300,000. Outre les mines d'or découvertes en 1851 et dont on a tiré, en 1874, pour une valeur de 160 millions, le pays est riche en productions de toutes sortes; aussi ses ports sont-ils très fréquentés; la correspondance par le télégraphe sous-marin est très active. L'exposition, qui s'y prépare pour 1880, fera mieux connaître cette contrée et permettra de se servir de ses ressources; il faut dire la même chose des îles madréporiques qui sont auprès; on n'en comptait que 26 il y a quelques années, elles sont aujourd'hui au nombre de 150.

XXII. — Page 217, ligne 23, rétablissez ainsi l'alinéa :

La Constitution de 1867 dut accroître les attributions du gouvernement central; à la façon de l'Europe, le système unitaire prévalut sur le fédéralisme; on centralisa les pouvoirs; on sacrifia les traditions locales à l'omnipotence de l'État qui amoindrit les libertés individuelles; au lieu d'un gouvernement libre et représentatif, on pencha vers un gouvernement omnipotent qui absorbe toute manifestation de la vie nationale au nom de la souveraineté du peuple, tandis que Washington voulait un gouvernement où aucun des pouvoirs ne pût être considéré comme l'unique représentant des intérêts du peuple.

L'émancipation des esclaves, etc.....

XXIII. Page 218, à la fin de la note (2) ajoutez :

Claude Jannet, *les États-Unis contemporains*.

XXIV. — Page 220, à la note (1), ajoutez :

Une précieuse relation de M. Wiener sur le Pérou et la Bolivie vient de paraître à Paris.

XXV. — Page 237, ligne 12, après les mots : La théorie de la nationalité, mettez en note :

Ludwig Gumplowitz, *Das Recht der Nationalitäten und Sprachen in Oesterreich-Ungarn*. Innsbruck, 1879.

Paul Hunfalvy, *Ethnographie von Ungarn*.

XXVI. — Page 242, ligne 4, rétablissez ainsi le commencement de l'alinéa :

La péninsule scandinave a une superficie de 760,000 kilom. carrés; elle ne le cède donc qu'à la Russie pour l'étendue; mais elle ne compte que 4 millions et demi d'habitants.

Le Danemark, etc.

XXVII. — Page 267, ajoutez à la note :

Dans une grande réunion tenue à Naples en janvier 1880, l'ancien ministre Sella disait : « Nous avons dû briser les habitudes de toute l'Italie ; nous avons dû léser tous les intérêts ; nous avons commis bien des fautes, et nous les déplorons. »

XXVIII. — P. 267, à la seconde ligne, en note au bas de la page :

« Un journaliste qui signait du pseudonyme Giovanni Ginó Firenzone, avait publié deux brochures intitulées : *Garibaldi l'ingrat, — Garibaldi homme politique*. Il en annonçait une troisième, sous ce titre : *Vie anecdotique de Garibaldi et de sa famille*... Ce journaliste est tombé sous les coups d'un assassin à Livourne, le 19 avril de la présente année 1880. » (Note envoyée directement aux éditeurs par M. Cantù.)

ERRATA.

Page 98, ligne 16, *au lieu de :* son archiduché, l'Autriche inférieure, *lisez :* son archiduché de l'Autriche inférieure.

Page 99, ligne 37, *au lieu de :* la mer Noire, *lisez :* la mer du Nord.

Page 135, 1re ligne de la note, *au lieu de :* la loi du 7 juillet 1867, *lisez :* la loi du 9 juillet 1866.

Page 140, note, ligne 2, *au lieu de* : le maréchal *Randon*, *lisez :* le maréchal *Niel*.

Page 229, ligne 4 avant la fin, *au lieu de :* 200 millions, *lisez :* 100 millions.

Page 218, dernière ligne de la note, au lieu de *Unites States,* lisez : *United States.*

VIE

DE L'ARCHIDUC MAXIMILIEN D'AUTRICHE.

> Te dalla tea progenie
> Degli oppressor disceso...
> Te collocò la provvida
> Ventura in frà gli oppressi,
> Muori compianto.
> (Manzoni.)

Ferdinand Maximilien d'Autriche naquit à Schœnbrunn le 6 juillet 1832 ; il était le second fils de l'archiduc Charles et avec ses deux frères il reçut tout à fait une éducation de famille. Ils habitaient dans le palais royal, chacun une chambre, où se trouvaient un lit, une table de nuit, une armoire, une garde-robe, un petit bureau, un nécessaire de la plus grande simplicité ; auprès d'eux couchait le gouverneur. On leur donna les meilleurs maîtres, et parmi eux Raucher, alors directeur de l'École des langues orientales, depuis archevêque de Vienne et cardinal († 1875). A la fin de chaque année ils passaient un examen, auquel assistaient tous les membres de la famille impériale. L'amitié de l'un de ces maîtres m'a procuré l'avantage d'y assister une fois, et j'entendis les petits archiducs réciter, entre autres choses, la *Pentecôte*, de Manzoni, et mon *Exilé*. J'ai aussi vu une lettre de Maximilien à ce maître, lettre toute confidentielle où il témoignait son déplaisir d'avoir eu pour sujet de composition l'obligation d'observer la rigueur du droit à tout prix : cette matière lui semblait périlleuse pour un jeune homme qui était sur les marches d'un trône.

Maximilien s'appliquait à l'étude de toutes les langues de l'Empire, mais il préférait la littérature allemande dans laquelle il appréciait et le génie de Gœthe et le patriotisme de Grillparzer, le plus grand poète de l'Autriche, a qui (en 1859) il dédia, pour son ode à l'armée autrichienne, un rameau d'or avec une pièce de vers intitulée : *Paroles de douce sympathie*.

Les trois frères étaient alors éloignés du trône, puisque l'empereur Ferdinand était jeune; s'il mourait sans enfant, il devait avoir pour successeur l'archiduc Charles dont l'épouse, l'archiduchesse Sophie, passait pour une femme d'une ambition égale à sa capacité. Il fallut la révolution de 1848 pour amener l'abdication de Ferdinand et la renonciation de Charles, ce qui fit arriver au trône le jeune François-Joseph.

Maximilien tressaillit à la secousse de 1848; il y voyait « e progrès irrésistible de la vie des peuples, que l'homme fort ne doit pas arrêter, mais qu'il doit diriger, tandis que l'homme vulgaire cède au courant ». Mais les liens patriarcaux entre le peuple et la maison impériale étaient brisés; il fallut recourir à la force pour soumettre non seulement la Lombardie et la Hongrie, mais l'Autriche elle-même. Quand, après la prise de Bude, le bourgmestre de Vienne alla au-devant de l'empereur et lui adressa des paroles de soumission, celui-ci répondit : « Il faudra beaucoup de temps pour que j'oublie 1848. »

Maximilien avait combattu avec son frère en Hongrie; il termina son éducation par des voyages. En septembre 1850, il débuta par la Grèce, où il fut fêté par une dynastie près de sa chute : il écrivit ses observations et ses impressions qui furent publiées plus tard en six volumes. Ce travail révèle moins un artiste qu'un observateur original, un jeune homme sympathique, ouvert aux sentiments humains et généreux, et qui, aux croyances religieuses que lui avait inspirées sa mère, joignait des élans chevaleresques. Il s'exalte à la vue des magnifiques ruines de la Grèce, de même qu'il se passionne pour les cimetières où tous les rangs sont égalisés, « pour les cloîtres paisibles, pour les rites du sacrifice qui unit et résume toute prière ».

Il fit, en 1851, un nouveau voyage comme officier de marine à bord de la *Novare;* en Italie, il ne se rappelle point qu'il est de la race conquérante et dominante; à Naples, il prend en dégoût la cour, il se mêle au peuple bruyant et peu respectueux envers un descendant des Habsbourg; en Toscane, plein des idées de Winckelmann, il admire l'art, et dans l'art l'histoire de ses grands-ducs. Il vit aussi l'Afrique et l'effort qu'on faisait pour y greffer la civilisation française.

En Espagne, il blâma la raideur de la maison royale qui excluait toute fraîcheur, toute amabilité de commerce ordinaire de la vie et qui tendant à donner une impression de grandeur, arrivait à produire, par le faste, moins d'admiration que d'ennui. Se rappelant l'agitation brutale qui règne aux pieds du Vésuve, il la compare au sérieux, à la grâce, à la noblesse qui ne caractérise pas moins le peuple que les grands dans la péninsule ibérique.

Cependant l'ambition perce dans le voyageur : sur les grands degrés du palais de Caserte, il s'arrêta à une pensée qui lui était déjà venue sur celui des Géants à Venise : « Quelle joie, à certains moments trop solennels pour être fréquents, d'abaisser de cette hauteur ses regards sur une multitude qui se presse à vos pieds, et de se sentir le premier dans cette masse, comme est le soleil parmi les astres ! »

Ils vinrent les jours où il savoura cette joie. A quel prix ! A Madère, il fêta le vingt et unième anniversaire de sa naissance, et quand il y revint avec sa femme en décembre 1859, il pensait combien il avait savouré de jouissance durant ces sept ans, combien il avait espéré, souffert, acquis d'expérience et perdu d'illusions. Il cherchait encore sur l'Océan la paix que l'Europe bouleversée n'avait pu lui donner. Naguère il s'éveillait à la vie et s'élançait dans l'avenir ; les heures futures se balançaient devant lui pleines de promesses ; maintenant il ressentait la fatigue d'un temps bien court, mais pourtant déjà si amer.

Dans son voyage de 1856, il se rencontra pour la première fois avec l'empereur Napoléon III, qui avec sa perspicacité taciturne et calculatrice reconnut le caractère ouvert, chevaleresque du jeune homme. Dans une lettre qui fut publiée, il l'appelait un des princes les plus distingués de l'époque ; il songeait dès lors à l'exploiter.

Maximilien, qui s'était vu plus près du trône quand Libeni attenta aux jours de François-Joseph, fut mis à la tête de la marine après qu'on eut établi à Trieste un gouvernement central maritime (1854).

La marine est une carrière qui exige des connaissances nombreuses et variées ; il les possédait et cherchait à les propager parmi les officiers ; il introduisit une nouvelle méthode d'instruction, un uniforme mieux conçu ; il créa le musée maritime, l'institut hydrographique ; il sollicita la construction de nouveaux bâtiments de guerre ; enrichit le port de Pola d'un arsenal, d'un aqueduc, de passages; introduisit un excellent esprit dans la flotte, dont jusque-là on ne faisait aucun cas. Bientôt cette flotte se fit connaître par le voyage scientifique de la *Novare* autour du monde, par la campagne de la *Caroline* dans l'Amérique méridionale et dans l'ouest de l'Afrique, par la visite que fit le *Radetzky* dans les côtes de l'Europe et plus tard elle se signala à Helgoland et à Lissa.

Maximilien passait pour être affable, libéral, et doué d'une vivacité qui s'échappait quelquefois en traits trop acérés. Médiocre de stature, dénué de prestance, depuis qu'une chute de cheval qui avait failli lui coûter la vie, l'avait défiguré, sa lèvre autrichienne pendante lui donnait quelquefois un air hébété, que démentaient bien vite son œil vif et bleu, son rire facile et la promptitude de ses réparties. Il prenait soin de sa barbe et de ses cheveux blonds qu'il séparait en deux parties égales au sommet de la tête. Il portait habituellement l'uniforme d'officier de marine; il recherchait l'éclat, ayant pour maxime que l'avarice dans un prince est un crime : « Les peuples savent que l'argent qu'il possède provient du travail de la multitude; les princes sont comme des machines pour le faire circuler. » Il se plaignait « que l'énergie manquât actuellement dans les bonnes comme dans les mauvaises qualités; on flotte dans l'indifférence ». Il aimait les divertissements, les récits, les causeries, la chasse et, au-dessus de tout, le jardinage. Si l'instruction chez lui n'avait pas eu son complet perfectionnement, il y suppléait par ses lectures et son bon sens; l'éducation maternelle lui avait infusé des vertus solides et la bienfaisance.

Je ne dirai pas qu'il avait des sentiments religieux, c'est chose trop commune, mais il n'en rougissait pas, ce qui est rare « dans un temps où la religion brûle sans échauffer » : c'était son expression. Il savait que la souffrance ramène à Dieu et que l'arrogance des esprits forts attend l'heure de la mort pour s'incliner devant lui. A propos de son voyage en Égypte et en Palestine, il écrivait en 1855 : « Je ne pouvais m'arracher du Saint-Sépulcre; la force que j'y puisais m'attirait continuellement vers lui. A Rome, je trouve l'esprit, à à Jérusalem le cœur de la religion qui ne respire que l'amour. »

De Rome il envoya un rosaire bénit par le pape, pour qu'on le suspendît sur le berceau de la fille de l'empereur qui venait de naître. Il admirait la coutume qu'avait le gouverneur de Gibraltar de commencer le repas par une prière faite à haute voix; il ne pouvait souffrir l'insipide galanterie française qui dégénère parfois en grossièreté; il jugeait sévèrement ce peuple chevaleresque qui a fait périr Marie-Antoinette; mais il ajoutait que la société humaine doit reposer sur la tolérance réciproque et le pardon.

Dans un de ses voyages, un marin de son bord étant malade près d'expirer, il souffrait de le voir sortir de la vie comme un chien, faute d'un prêtre; l'équipage se tenait groupé autour du lit du moribond, mais nul ne récitait des prières, le respect humain retenait tout le monde. Maximilien détacha un crucifix pendu au chevet de son lit dans sa cabine, le posa sur la poitrine de l'homme, et, s'agenouillant à ses côtés, un livre de dévotion à la main, il commença la prière; tous y répondirent aussitôt, jusqu'aux officiers peu habitués pourtant à la pensée de la mort, et c'est au milieu de ce pieux concert que l'infortuné expira.

La venue de l'empereur à Milan en 1856 fut un moment décisif pour l'avenir du royaume Lombardo-Vénitien et, par suite, pour l'avenir de toute l'Italie. Il s'agissait de soustraire le pays au gouvernement militaire et de lui donner une organisation nouvelle à supposer que les vainqueurs de la Révolution saisissent le moment où l'échec de celle-ci inclinait la partie saine de la population vers des idées d'ordre. Mais sur ce point les esprits étaient partagés. Reviendrait-on à l'ancien système qui tendait à considérer le Lombard-Vénitien comme une province dépendant entièrement de Vienne, ainsi qu'on le faisait du temps de François Ier? Voudrait-on le séparer du centre et lui accorder l'indépendance administrative comme au temps de Marie-Thérèse? ou en former un royaume qu'une union personnelle aurait seulement rattaché à l'Empire?

Les Lombardo-Vénitiens se tenaient, comme toujours à l'écart du gouvernement qui, pour cette raison, ne pouvait obtenir des informations et des conseils qu'en s'adressant à des employés serviles ou à des réactionnaires vindicatifs et ambitieux ou en consultant des journaux étrangers que rédigeaient des émigrés avec l'exagération et le manque de sagesse qui leur sont habituels.

Ils n'appartenaient à aucune de ces catégories, ceux qui firent présenter à l'empereur d'Autriche un mémoire où on lui exposait les avantages à espérer de l'attribution à son frère Maximilien de plus amples pouvoirs. On demandait qu'il pût, avec l'assistance des assemblées consultatives, trancher sur place toute question étrangère à la politique; il y aurait eu une contribution à payer à l'empire, des employés de pays, une cour particulière; l'union personnelle aurait été conservée, et l'administration séparée.

On revenait ainsi à l'ordre de choses qui avait précédé les bouleversements joséphistes et les cinquante années de système centralisateur de François Ier, à l'époque où l'on respectait l'autonomie et où l'on ne gardait à Vienne que le haut domaine; du reste, les impôts devaient être fixés et répartis par le pays; en fait des soldats, on n'aurait fourni que des volontaires; le sénat, indépendamment de ses attributions de cour suprême, devait enregistrer tous les actes souverains, lesquels ne seraient devenus exécutoires que lorsqu'ils auraient été reconnus conformes à l'intérêt et aux coutumes du pays; il ne serait guère resté aux gouverneurs que la représentation, même quand cette fonction aurait été confiée à un archiduc.

Maintenant que la révolution avait secoué la torpeur du peuple, qu'on avait introduit le gaz, la télégraphie électrique ainsi que de nouveaux systèmes d'enseignement, pourquoi ne pas vouloir appliquer ces changements avec l'intervention de la nation? pourquoi ne pas rendre au pays une part légitime dans le règlement de sa propre destinée? On allait encore plus loin, on insinuait le projet d'une confédération pour tous les États d'Italie, avec le pontife pour président d'honneur; la Lombardo-Vénétie serait entrée comme État autonome dans la confédération italienne, laquelle aurait été déclarée neutre comme la Suisse et la Belgique, ce qui aurait dispensé de la nécessité d'une armée active; pour le maintien de la paix intérieure, on en aurait formé une petite à laquelle chaque État aurait contribué au prorata de sa population. On couperait court ainsi aux aspirations du Piémont à l'hégémonie; il serait forcé ou de s'abstenir, ce qui l'isolerait, ou de s'associer en abandonnant les idées de conquête; le Lombard-Vénitien, mieux administré que les autres pays, doué de plus d'activité et de vie, regagnerait aisément cette prépondérance qu'il avait eue pendant le moyen âge et qui lui était revenue dans le royaume d'Italie, au commencement du siècle.

Pour présenter ce programme mûrement médité, on choisit le comte Joseph Archinto, gentilhomme milanais, pur des idées révolutionnaires et anti-autrichiennes, au point d'avoir été chargé par la cour d'aller officiellement demander une épouse pour l'archiduc Maximilien. Mais il semble en vérité que l'Autriche ne doive jamais faire preuve d'une politique grande, de résolutions hardies, larges, imposantes : embarrassée qu'elle est par mille considérations, par mille réflexions étroites, elle s'arrête toujours à mi-chemin, recule, s'éclipse. Ce serait à lui attribuer une incapacité radicale à faire le bien.

L'épouse destinée à Maximilien était Charlotte, née le 7 juin 1840, fille de Léopold de Cobourg que la révolution de 1831 avait fait roi des Belges, le plus remarquable peut-être des princes de notre temps, car il a su concilier le respect des libertés de la constitution la plus démocratique de l'Europe avec l'énergie nécessaire pour gouverner un peuple nouveau, menacé par les embûches de puissants voisins, et qui différait d'avec son souverain en fait de langue de religion et de culture. Louise, sa mère, fille du roi des Français, était morte de bonne heure, de sorte que Charlotte grandit seule au milieu de ses livres; elle apprit résolument l'allemand, l'anglais, l'italien, l'espagnol, sans parler de sa langue naturelle le français et du flamand; elle retenait tout ce qu'elle lisait, aimait l'étude à la fureur, recueillant l'essence des choses plus que leur forme. Belle de sa personne, pleine d'entrain dans la conversation, elle avait dans le caractère une fermeté qu'on ne s'attend pas à trouver dans une enfant née sur les marches d'un trône; unissant l'abandon à la prudence, au-dessus du soupçon, l'âme fixée au juste et au bien, toutes ces qualités lui présageaient une haute destinée. Son père s'en flattait dans sa prédilection pour elle. Sa prudente ambition le porta à accueillir et à recommander sérieusement le mémoire des Lombards comme utile à l'Autriche et favorable à sa bien-aimée Charlotte.

Après avoir épousé l'archiduc le 27 juillet 1857, Charlotte vint en Italie, entendant murmurer à ses oreilles le mot funeste des sorcières à Macbeth : *Tu règneras*.

Une telle espérance parut d'abord légitime, car les ministres qui séjournèrent à Milan lors de la visite de l'empereur, discutèrent gravement le projet dont on vient de parler; ils examinèrent les pouvoirs que Marie-Thérèse avait attribués à son fils Ferdinand quand elle l'institua gouverneur de la Lombardie; ils interrogèrent quelques personnes au courant de l'histoire et de la politique ; à la fin, Schmerling, Bach, de Bruck firent prévaloir le système de l'unité, en remplaçant seulement l'unité aristocratique par l'unité, bureaucratique, parce qu'ils jugeaient celle-ci nécessaire à la régénération de l'empire : la devise adoptée, *Viribus unitis,* leur sembla repousser toute distinction entre les provinces si hétérogènes de l'empire. Avec la disposition qu'ont d'ordinaire les libéraux à croire toute chose faisable, les ministres supposèrent qu'il serait aussi facile de détruire les habitudes, le désir d'indépendance, les légitimes conquêtes du temps et de la paix, qu'il l'avait été de dompter les insurgés ; les victoires récentes leur donnaient une confiance démesurée, non dans la sagesse politique et la justice, mais dans l'armée, prompte à réprimer les velléités piémontaises. On se modela sur les gouvernements constitutionnels à la française et l'on voulut conserver l'intégrité de la puissance directrice au ministère, qui demeurait responsable seulement devant l'empereur.

Ici commencent les contrariétés, et les infortunes qui remplirent la courte carrière de Maximilien. Il pensait déjà ce qu'il devait dire au moment de son supplice : « Les hommes de ma condition sont destinés à rendre les peuples heureux ou à mourir martyrs. » C'est à peine si on lui donna le titre de vice-roi : il eut une chancellerie avec deux conseillers seulement, dont l'un était allemand. Cependant plein d'une confiance juvénile, aiguillonné par les aspirations hardies de son enthousiaste épouse, Maximilien prit le gouvernement de la Lombardo-Vénétie, dans l'espoir de gagner par des promesses ceux que la force n'avait pu réduire. Il disait : « Les peuples ne sont pas ingrats ; amour ou dédain, ils rendent tout avec usure. »

Le comte Andrea Cittadella Vigodarzere était le personnage le plus marquant en Vénétie par la richesse, le talent, l'intégrité, l'indépendance de caractère. Maximilien désirait le placer auprès de sa femme en qualité de grand majordome. Celui-ci refusa par souci de sa liberté et pour garder cette dignité personnelle qui lui assurait la première situation dans son pays. Maximilien se rendit en personne auprès de lui et il arracha son consentement. Il rechercha d'autres personnes de cœur et de sens, qui pouvaient dire comme Guizot : « En venant à la cour, j'y apporte la vérité ; si cela ne vous plaît pas, je m'en vais. »

Un Italien, qui avait été son maître à Vienne et qu'il reconnaissait avoir été le premier à lui faire aimer l'Italie, lui avait fait entendre que, du temps du vice-roi Eugène Beauharnais, la cour était pleine d'éclat, et que toutes les familles sollicitaient l'honneur d'y être admises ; tandis que le vice-roi Rénier, ne pensant qu'à épargner de l'argent pour acheter des terres, était tombé dans la déconsidération.

C'est en vain que d'autres cherchèrent à lui persuader que la médiocrité est l'idéal de notre siècle, que la grande fortune et le luxe qu'elle entraîne s'accordent mal avec les aspirations modernes, que le faste blesse ceux qui souffrent et irrite ceux qui s'attachent à l'imiter. L'archiduc déploya un luxe royal, espérant par là attirer les riches et éblouir le vulgaire : il traitait magnifiquement, bien qu'il se contentât pour lui-même de peu de mets que lui apprêtait une vieille gouvernante. Il embellit les résidences de la cour ; il dota le palais de Milan d'un jardin et d'une somptueuse chambre à coucher où, quelques années plus tard, devait dormir le destructeur de la grandeur autrichienne.

Il était toujours en mouvement, donnait des audiences en marchant et volontiers dans le jardin. Ayant appris que Pie IX voyageait dans ses États, il courut recevoir sa bénédiction à Pesaro (29 avril 1859). Le poète Manzoni étant tombé gravement malade, il allait chaque jour savoir de ses nouvelles. Il disait : « Placé à la tête de la Lombardo-Vénétie, je dois me souvenir que du sang italien coule dans mes veines, et prendre en main la cause d'une nation que mon illustre bisaïeul (Léopold II) aimait tant, et dont il a si bien mérité. »
Il favorisait les arts avec un goût intelligent, ce qui parfois déplut aux artistes gâtés par l'adulation des journalistes ; il écoutait, il examinait, il visitait ; mais, jeune et dépourvu d'expérience, il n'apportait pas assez de discernement dans le choix des personnes ; il était entouré (inconvénient inévitable dans les cours) de gens plus attentifs à lui plaire qu'à l'éclairer. Les suggestions du premier secrétaire venu suffisaient pour faire écarter les meilleurs conseils ; des charlatans habiles qui lui apportaient leur prose ou leur personne lui faisaient adopter des partis peu nobles et des prévisions frivoles, ou répandre des faveurs mal placées. D'autres lettrés lui offraient leurs services et demandaient sa faveur ; il acceptait des dédicaces, payait des travaux et des articles à sa louange, heureux peut-être de les montrer

à sa femme dont la seule présence lui rappelait sa nullité.

Du Piémont voisin, il venait continuellement des bouffées d'un air hostile : Il y avait là un grand nombre d'hommes qui, en dépit de l'amnistie la plus large y séjournaient en affectant l'attitude d'émigrés, et faisaient leur office habituel d'indisposer le pays, même de le pousser à la révolte; ils dénonçaient quiconque semblait se rallier, ils insinuaient que d'autres allaient plier ; on faisait ronfler le mot retentissant d'Italie, en opposition non seulement avec la domination étrangère, mais avec tous les autres souverains de l'Italie que l'on affirmait être vassaux de l'Autriche. Les organes de la petite presse, fléau qui ne faisait que de naître, ne cessaient de plaisanter sur l'archiduc, sur sa flottille, sur le rôle de « petit Pluton qu'il prétendait jouer tandis que le vrai Pluton lui donnait sur les doigts et lui imposait silence ».

Le jeune prince pensa qu'il pourrait utiliser cette arme de la presse périodique, mieux qu'en faisant passer des articles dans les feuilles étrangères : un seigneur, aussi riche que distingué, qui lui était dévoué, crut faire merveille en fondant une *Gazette italienne*. Mais il avait si malheureusement choisi son personnel, que dès le premier numéro le journal tomba. Et pourtant le rédacteur s'était assuré le concours des plus beaux esprits de France et d'Italie. Les journalistes piémontais firent des gorges chaudes de cette entreprise avortée.

Maximilien eut encore plus à souffrir de la jalousie présumée de la cour autrichienne ou plutôt du ministère, au point que le pays ne tarda pas à s'apercevoir que son autorité était nulle. La multitude, qui a coutume de croire qu'il suffit de vouloir le bien pour le faire, se laissait aller de plus en plus à la désaffection, maintenant que la liberté de la presse dans ce pays, et plus encore au dehors, faisait écho à ses besoins, à ses désirs, et même à ses utopies en rendant encore plus amères l'absence de certains biens, la persistance de certains maux.

Bien que l'empereur, par son *motu proprio* du 28 février 1859, eût enjoint à l'archiduc « de reconnaître les besoins du pays en tout ce qui concernait son développement intellectuel et matériel, et de prendre en temps opportun et résolument l'initiative des mesures à réaliser et des institutions à créer pour y pourvoir », le lieutenant civil de Milan et celui de Venise suivaient plutôt l'impulsion du ministère que celle du prince, et se plaisaient à le faire sentir; encore plus le commandant militaire. Le prince, ayant été supplié d'exempter de la taxe habituelle une loterie de bienfaisance, fit savoir, en y consentant, que la permission lui était venue de Vienne! Un émigré demandait à venir visiter son père mourant; en annonçant l'autorisation, la *Gazette* indiqua que l'archiduc s'était adressé à Vienne pour l'obtenir. Un certain Vacani, officier de Napoléon, devenu autrichien, était arrivé en s'insinuant au poste de vice-président de l'Institut lombard; tout le monde tremblait qu'il ne parvînt à la présidence. L'archiduc assura que, lui vivant, il n'y arriverait jamais, et le lendemain Vacini était nommé.

Il restait à Maximilien le domaine des actes de bonté personnelle : il serait long de raconter ce dont personne n'a parlé, les traits de bienfaisance, de bon sens, de courtoisie, de générosité, grâce auxquels il cherchait à porter plus dignement le titre de prince et triompher, mieux que par l'éclat des promesses, des répugnances des Lombardo-Vénitiens à l'égard de l'étranger. Toute misère qu'on lui révélait était secourue. Le 6 février 1858, il descend à la porte de l'Institut des aveugles, visite tout, s'informe de tout, assiste aux expériences : l'aveugle César Luvoni compose et met en musique quelques strophes, les aveugles les chantent et l'impriment pour consacrer la mémoire de cette heureuse visite. Le 13, il paraît à l'improviste à Lecco, fait venir le commissaire, le curé, le premier magistrat, visite avec eux cette manufacture alors en grande vogue : il parcourt ensuite le pays du Territorio; entre dans les habitations, distribue des secours, examine les actes du commissariat, les archives, les instituts de bienfaisance, laisse trois cents livres pour l'hôpital de Lecco, deux cents pour l'asile des vieillards d'Acquate, paroisse de don Abbondio (1), l'argent nécessaire pour acheter un orgue, trois mille livres pour être distribuées par le commissaire aux plus indigents; promet d'obtenir la libre importation des soies, et repart pour Milan (dit la relation) au milieu des acclamations enthousiastes d'une foule innombrable, bien qu'on eût essayé d'empêcher toute démonstration.

Les souffrances de la Valteline étaient plus grandes; là, le vin et la soie ayant manqué, les propriétaires se trouvaient réduits à la condition des plus misérables de leurs tenan-

---

(1) Le curé des *Fiancés* de Manzoni.

ciers ; beaucoup n'avaient pas de quoi chauffer leurs *étuves* et recherchaient la chaleur des étables. Quel devait être le sort des prolétaires? Maximilien voulut voir de ses propres yeux cette misère : il pénétra dans des hameaux, dont les cabanes n'auraient pas été convenables, disait-on, pour les animaux. Nous avons un dossier considérable de pièces sur cette terre malheureuse, car il avait voulu se procurer les plus minutieuses informations. Il demande des subsides, quand ses propres ressources sont insuffisantes.

De son côté, la princesse Charlotte visitait les établissements publics, surtout les écoles primaires : à Noël, elle réunit à la cour une foule de bambins autour de l'arbre du Christ ; au carnaval, elle prit part aux réjouissances qui avaient été interrompues pendant bien des années.

Quoique résigné à la soumission, quoique manquant de vigueur pour résister à des volontés plus fermes, Maximilien dut sentir les inconvénients d'une autorité impuissante, à mesure qu'il entendait prononcer plus haut autour de lui les mots de progrès et de nationalité. Il courut donc à Vienne pour faire consolider, étendre, mieux définir ses attributions. A son retour, il publia une circulaire en mauvais italien qui se terminait ainsi : « Le temps de la réflexion est passé, maintenant commence l'action. »

Illusion ! il ne put déployer cette action que pour des actes d'importance secondaire et montrer ses aspirations ; après un exorde aussi fastueux, les attributions dont il se vantait parurent des plus limitées. Toutefois ceux qui pensent que sous toute espèce de gouvernement il faut chercher les améliorations possibles et féconder tous les germes, se plaisaient à voir dans celui-ci les éléments d'un système consultatif, qui pourrait mener plus loin. En fait, Maximilien chargeait Gori d'un projet pour les finances, Lanfranc d'une nouvelle procédure judiciaire, Stefano Jacini d'une enquête sur les souffrances de la Valteline, Sampietro de la révision du système communal, Pasatti de la régularisation du cours du Ledro et du desséchement des vallées véronaises, Valentino Posini d'un plan pour la péréquation de l'impôt entre les deux parties du royaume : toutes personnes convaincues que la recherche du bien-être du pays n'était pas trahison envers la patrie et que celle-ci n'existait pas seulement au delà du Tessin.

En même temps il s'occupait de rectifier les ports de Venise et de Côme, d'abolir les servitudes féodales et de vaine pâture, d'améliorer la condition des médecins appointés; il pensait à construire les édifices proposés pour Milan, il voulait agrandir la place du Dôme, établir un jardin public et une vaste douane. La restauration de la basilique ambroisienne, pour laquelle l'empereur avait assigné des fonds, était confiée par lui à Frédéric Schmidt, architecte de la cathédrale de Cologne. Il fit dresser un tableau des monuments artistiques et historiques qui méritaient d'être conservés par le gouvernement (19 décembre 1857); Pierre Selvatico et César Foucard furent chargés de ce soin pour la Vénétie. Le premier rapport fut présenté le 9 mars 1858 et publié en février 1859 : il comprenait la description de la basilique de Saint-Marc et du dôme de Murano : le palais ducal, le magasin des Turcs, la chapelle de l'Arena de Padoue devaient suivre. Il méditait surtout une réforme de l'instruction publique, et pour cet objet il répartit entre plusieurs personnes et entre plusieurs corps scientifiques la mission d'exposer les principes à suivre pour organiser l'instruction primaire, l'enseignement des universités et l'enseignement des beaux-arts : il leur demande des avis et des projets, s'adressant principalement au marquis Selvatico et à César Cantù, afin « d'imprimer à l'exercice des beaux-arts et aux études qui s'y réfèrent une direction qui aidât à faire revivre les anciennes gloires de l'Italie ».

Selvatico avait blessé les artistes vénitiens, parce que, dans son ouvrage « sur l'enseignement libre des arts de dessin substitué aux académies, » il proclamait que le travail individuel avait formé nos grands maîtres; et en cela il était secondé par Robert d'Azeglio, bien que ce dernier, alors à Turin, songeât à instituer l'Académie Albertine.

Quant à Cantù, chargé d'un plan d'éducation littéraire, scientifique et artistique, il se réjouissait d'une occasion offerte si rarement à un Italien de répondre à une demande de réforme pour le bien de son pays; il aspirait à y donner une importance plus grande que celle d'un simple changement dans la méthode de lire ou d'écrire; il mettait en pratique les idées de liberté qu'il a toujours défendues; par dessus tout, il cherchait à soustraire cette éducation à l'ingérence du conseil scolaire de Vienne, de façon que, sur ce terrain du moins, l'indépendance fût acquise. Dans ce but, on mettait à la tête de l'enseignement le littérateur le plus distingué du pays, qui aurait pour le conseiller l'Institut des sciences, lettres et arts, réformé et devenu en quelque sorte national et libéral avec sagesse : les universités subiraient des modifications conformes au progrès moderne ; il y aurait à Milan une école polytechnique, à Venise une école navale : l'Académie des beaux-arts ne viserait plus à fomenter la médiocrité, mais à soutenir le génie : les écoles élémentaires emploieraient les méthodes les plus expéditives, recevraient une nouvelle vie de l'organisation communale que l'on élaborait et une impulsion heureuse des écoles normales : les écoles professionnelles fonctionneraient parallèlement aux écoles classiques. L'enseignement devenu libre, on donnerait une souveraine importance aux examens de rigueur, qui seraient passés, suivant une méthode plus rationnelle, devant des personnes capables et indépendantes. Les réunions des instituts et des universités, faites chaque année dans des villes différentes, devaient ressusciter les congrès scientifiques et devenir d'une utilité pratique en mettant en lumière les talents de professeur, que le gouvernement enverrait ensuite où il serait nécessaire.

L'archiduc se montrait très favorable à ces innovations ainsi qu'à l'émancipation de l'enseignement privé et de l'enseignement ecclésiastique ; il aurait aussi volontiers supprimé la séparation entre la Lombardie et la Vénétie, pour établir une union fraternelle et puissante.

Ces préliminaires posés, il songeait à réunir une assemblée nombreuse de savants, d'artistes, d'évêques pour en discuter l'exécution définitive, et où l'on se garderait bien d'imiter les Prussiens, les Français, les Belges, sous prétexte d'éclectisme : le jour était fixé, les appartements même étaient désignés dans le palais de Monza : on trouva plus tard les noms écrits sur les portes des chambres et ces inscriptions devinrent des griefs accusateurs.

Maximilien aimait peu le militarisme et il déplorait que l'Autriche, après 1848, eût été obligée de s'appuyer sur la force des armes. Il ne regardait donc pas d'un bon œil le général Giulay, qui avait remplacé Radetzky dans le commandement de l'armée de Lombardie. Mais celui-ci jouissait d'un grand crédit parmi la noblesse de cour à Vienne et il se montra hostile à Maximilien, jusqu'à insinuer que le prince trempait dans les complots des conspirateurs italiens et songeait à se rendre indépendant. Il souffla en haut lieu la jalousie et la malveillance, pendant que la bureaucratie viennoise tournait en dérision les fantaisies juvéniles de l'archiduc.

Sur ces entrefaites, le docteur Jean-Baptiste Bolza, autrefois précepteur de Maximilien, vint à Milan, et avertit Cantù, qui lui exposait les préliminaires de cet accord, que le ministre Thun lui avait dit : « Rien ne se fera. » Et, en effet, rien ne put se faire.

A cela vint s'ajouter un triste évènement : Maximilien avait invité à Monza son frère Charles-Louis avec sa jeune épouse Marguerite de Saxe ; celle-ci, prise du typhus, mourait en peu de jours, et le 20 septembre on lui rendait les honneurs funèbres avant de la transporter à Vienne (1). Les préparatifs furent interrompus et la cour se dispersa.

Tandis qu'on secondait si mal à Vienne la bonne volonté et la très loyale fidélité de Maximilien, les Lombards émigrés en Piémont s'irritaient de son attitude et s'en effrayaient à la pensée que les bons procédés du prince pouvaient réconcilier le peuple avec la servitude et rendre plus difficile la préparation à l'hégémonie sarde. Leur terreur s'accrut, lorsque quelques seigneurs lombards qui étaient en relation avec le ministre piémontais, adressèrent à Cavour une lettre où ils l'informaient que la conduite de Maximilien lui gagnait de plus en plus les esprits, si bien qu'ils se résignaient à la domination étrangère et qu'on ne pouvait plus se fier au succès d'une insurrection.

Nicomède Bianchi, qui rapporte ce fait, ajoute que Cavour renvoya cette information à La Farina, chef officiel de toutes ces trames, et qui, avec le *gazzettino,* s'était fait dictateur de l'opinion conspiratrice.

M. Henry d'Ideville, dans le *Journal d'un diplomate,* assure avoir entendu Cavour dire au baron de Talleyrand : « Savez-vous quel était en Lombardie notre ennemi le plus terrible, celui que nous craignions le plus et dont nous comptions tous les jours les progrès ? L'archiduc Maximilien, jeune, actif, entreprenant, qui se donnait tout entier à la tâche difficile de gagner les Milanais et qui allait réussir. Déjà sa persévérance, sa manière d'agir, son esprit juste et libéral, nous

(1) L'archiduc Charles épousa depuis Marie-Thérèse de l'Immaculée-Conception, sœur du roi de Naples. Il eut d'elle, en 1863, un fils, François-Ferdinand, qui fut appelé, en 1875, à hériter des biens immenses de François V, autrefois duc de Modène, à la condition d'apprendre l'italien et de prendre le titre de duc d'Este-Autriche.

avaient ôté beaucoup de partisans; jamais les provinces lombardes n'avaient été si prospères, si bien administrées. Grâce à Dieu, le bon gouvernement de Vienne intervint, et, selon son habitude, saisit au vol l'occasion de faire une sottise, un acte impolitique, le plus funeste à l'Autriche, le plus avantageux au Piémont. Les très sages réformes de l'archiduc avaient porté ombrage au vieux parti de la *Gazette* de Vérone et l'empereur François-Joseph rappela son frère. Je respirai à cette nouvelle; la Lombardie ne pouvait plus nous échapper (1). »

Poussé par Cavour, La Farina, qui menait alors le branle, trouva nécessaire de répandre plus activement que jamais les insinuations, les soupçons, les fausses nouvelles. Il commença par annoncer à titre d'*on-dit* une pétition à l'empereur d'Autriche pour lui demander de faire roi de la Lombardo-Vénétie son frère Maximilien. Les journaux le répétèrent, chacun y ajoutant une broderie : la pétition courait, elle était signée par un grand nombre de notables; on disait qui la publiait et la propageait.

En pareil cas, il faut personnifier l'idée qu'on avance par un nom dont on fasse un type. Et comme Aristophane prenait pour type des sophistes Socrate, leur plus grand adversaire, de même on chercha le nom d'un champion de l'ordre moral, libéral ancien qui ne frayait pas avec les nouveaux, qui, placé entre la jalousie des riches et la sympathie des petits, avait appris à ne compter que sur lui-même, qui s'était toujours montré passionné pour l'indépendance, et d'une franchise telle qu'on ne pouvait lui supposer des intentions basses (2).

(1) La grande crainte fut toujours que les ennemis ne devinssent plus doux. Brofferio publia une lettre en 1847 où Maurice Farina lui disait : « L'unique concession que nous craignions des Autrichiens est celle du sel, » et Louis Torelli ajoute : « Le bruit courait en Lombardie que le gouvernement voulait abaisser le prix du sel; j'en fus terrifié... » (*Souvenir des cinq journées.*)

(2) M. Nicomède Bianchi a imprimé dans la *Rivista contemporanea* d'avril 1863, p. 9, que « un précieux document de la main du comte de Cavour mentionne la venue à Turin de quelques Lombards pour lui persuader que leur pays se tiendrait pour satisfait d'avoir pour roi ou vice-roi l'archiduc Maximilien; » et il ajoute « que les noms des solliciteurs étaient honorables. » Il nous semble qu'on ne peut passer légèrement sur un fait d'autant plus important que des personnes honorables s'y mêlaient; elles demandaient ce que, nous Lombards, nous avons toujours soutenu n'avoir jamais été proposé. Il est étrange que cette ouverture ait été faite au

Y avait-il quelque chose de vrai dans de tels propos? En vérité, la conscience exige que celui qui accuse prouve ; mais ici l'accusé demande en vain la preuve, le document, un jury d'honneur. Trop chère est aux braillards l'occasion de faire expier à quelqu'un sa popularité et sa dignité.

Du reste, de toutes les solutions de la question italienne, celle-là n'était pas la plus absurde pour qui n'avait pas deux cent mille baïonnettes à tourner contre les Allemands. Ne parlons pas des larges conditions que Hümelhauer avait apportées au gouvernement provisoire de Milan quand branlait le plus la fortune autrichienne ; mais lorsque celle-ci fut raffermie, lorsque la Lombardie fut réoccupée et les Piémontais repoussés, en septembre 1848, le ministre Wessemberg avait proposé pour bases à la médiation anglo-française de constituer le Lombard-Vénitien en royaume séparé, sous la suzeraineté de l'Autriche, mais avec un statut particulier, une assemblée élue par le suffrage universel, et une armée nationale. Ces conditions plaisaient surtout à Bastide, ministre de la république française, parce que les peuples auraient ainsi acquis les qualités politiques dont ils manquaient et dont une aussi longue servitude leur avait fait perdre même l'idée (1).

Déjà la Confédération germanique qui se modifiait sous la présidence de l'archiduc Jean, s'était montrée favorable à une constitution autonome pour la Lombardo-Vénétie, et à une fédération nationale italienne.

Mais tout était alors à l'idée unitaire et il ne fallait rien moins que la crédulité révolutionnaire pour supposer qu'un archiduc allait se proclamer le soldat de l'indépendance italienne. Un prince qui avait l'esprit de soumission jusqu'à dire : « Je regarde comme le plus beau privilège de ma position d'être toujours le premier à attester ma fidélité de sujet, mon amour et mon admiration pour Sa Majesté, » ce prince, disons-nous, aurait été le moins propre à jouer le rôle de Wallenstein. Nous n'irons pas jusqu'à dire que personne n'ait vu avec faveur les projets de conciliation présentés par le comte Archinto, mais suggérer l'idée d'un royaume détaché eût été un crime de lèse-majesté qui aurait conduit, suivant la loi, son auteur à la prison.

comte de Cavour, et nous demandons en vain des éclaircissements sur un fait à l'appui duquel on mit en avant un nom honorable pour mieux combattre l'archiduc. Ce nom était celui de Cantù.

(1) Dépêche de Bastide à Beaumont, 11 octobre 1848.

En réalité, personne ne vit cette pétition; Baretta, président du tribunal, à qui l'on demandait s'il l'avait signée, répondit que si quelqu'un la lui avait apportée, il l'aurait immédiatement dénoncé à la justice; et pourtant des gens qui ne mentent pas à toute occasion eurent toutefois le courage d'inventer cette histoire. Cette pétition ne parut pas au moment où tous vantaient les mérites ou lançaient les accusations, et pourtant elle servit de thème à de brutales attaques. Avoir cherché, cela fût-il vrai, un moyen de rendre indépendant le Lombard-Vénétien devint le prétexte de violentes invectives au dehors, d'insultes menaçantes au dedans. L'imposture était grossière, mais n'importe; la calomnie ne durât-elle qu'un jour, ce jour suffit aux intentions de ceux qui l'ont inventée. L'artifice réussit à merveille; il en résulta que haïr le prince s'appela patriotisme, contre-carrer ses vues devoir de citoyen; qu'il se trouva isolé de ceux qui lui auraient dit la vérité et au pouvoir d'intrigants qui abusaient de son inexpérience ou bien à la merci de secrétaires ou de majordomes ignorants qui le flattaient et lui faisaient faire des fautes.

Il devait en être amèrement affligé, d'autant que, sur ces entrefaites, le mariage d'une fille du roi de Sardaigne avec le prince Napoléon s'étant accompli, le Piémont, soutenu par la France, se montra plus hardi et plus menaçant que jamais; il fallut nécessairement que l'Autriche armât, c'est-à-dire fît prévaloir encore l'élément militaire auquel l'archiduc avait voulu soustraire le royaume au prix de tant d'efforts.

Maximilien renonça donc à ses pouvoirs et à toutes ses charges, excepté à celle de commandant de la marine. Il abandonna presque en fuyard la Lombardie, qui, retombée aux mains des généraux, fut bientôt conquise et cédée comme on le sait.

Le roi Léopold, toujours désireux de mettre une couronne sur la tête de sa fille Charlotte, insista, tandis qu'on négociait les accords de Zurich, pour que la Vénétie fût érigée au profit de Maximilien en royaume séparé et faisant partie de la Confédération italienne. Il s'efforça, du moins, de le faire nommer gouverneur de la Vénétie; mais les restrictions mises à l'amnistie et les brigues des créatures de M. de Metternich firent échouer ce projet.

L'Autriche s'appliquait à réparer ses grands revers en augmentant ses forces maritimes, et l'archiduc Maximilien, qui avait déjà travaillé à les améliorer, s'y adonna avec passion, comprenant bien que là était le seul moyen de défendre Venise et de conserver la suprématie dans l'Adriatique. Un contrefort abrupt du Carso, revêtu d'oliviers, venant mourir dans l'Adriatique au-dessous de l'admirable voie ferrée de Nebrezina et d'où l'on domine l'immense étendue de la mer, la plaine du Frioul, et Trieste, la ville prospère, fut le lieu choisi par une imagination poétique et une ambition mal dissimulée. Maximilien y éleva le château de Miramar, de forme carrée, pareil aux grands édifices dont le moyen âge a doté Venise, avec une variété infinie de terrasses, de tourelles, et de balcons fouettés par le vent. Au moyen de terres rapportées, il se fit planter un jardin féerique à la fois monumental et rustique, où les eaux de la Reka amenées à grands frais arrosent les fleurs élégantes de l'Italie et tous les arbres du midi; de larges escaliers mènent du chalet de la Méditation jusqu'à la darse.

Dans le palais, tout est peint et doré, tout resplendit d'armures, de trophées, de boucliers, de bois de cerf, de statues, de tableaux, d'albums précieux; on y voit les objets rares recueillis par le prince dans ses voyages, ou donnés par les Lombards-Vénitiens, dont quelques-uns venaient encore le voir, mais en secret, comme un malfaiteur. Là sont rangés les chefs-d'œuvre des littératures allemande, anglaise, française, italienne, les portraits de grands personnages ou d'amis, des peintures modernes; voici le grand siège orné d'incrustations vénitiennes qui servit à Radetzky pendant ses dernières années; voici un bureau élégant sur lequel Marie-Antoinette avait écrit et dont se servait alors une princesse destinée à des infortunes non moins grandes. Plus somptueuse était la pièce qui devait s'appeler plus tard la *salle du trône*.

L'archiduc voulait que tout indiquât la demeure d'un amiral. Entre les bras d'une croix noire alternaient une grenade et une ancre, armoiries adoptées pour ce château. Les tentures étaient bleues comme la mer; son cabinet de travail figurait une cabine et la fenêtre un sabord d'où sortait la bouche d'un canon, le tout imité de la *Novare*, sur laquelle il avait fait ses voyages. Il passa là d'heureux moments. Il embellissait le séjour qu'il partageait avec sa chère compagne: il méditait sur les nouvelles cultures qu'il pourrait introduire en Dalmatie. Pensant aux ingratitudes et aux injustices soulevées par la révolution, il n'aurait pas dû trop pleurer ses illusions perdues; pourtant, dans le *Poisson d'or*, il se plaignait de vivre sous un ciel riant, abandonné des siens. Dans son voyage de 1859, à l'Europe, plongée dans un état de confusion et de folie, gâtée par l'excès de la civilisation, il opposait l'Amérique, objet de ses rêves, berceau de l'avenir; il se vantait d'être le premier de sa race qui eût touché les tropiques, et avait le sentiment de n'être pas au bout de ses voyages. Quel enthousiasme de poète et de savant il éprouve devant cette nature grandiose, les splendeurs du Brésil, devant le silence de la forêt vierge, devant cette végétation! Il en a fait le sujet d'un livre, et leur a consacré un musée qu'il mit en ordre dès son retour à Trieste. Mais avec quel accent son âme trahit l'amertume des illusions perdues, le mépris de la calomnie et enfin sa colère contre certains grands personnages, en même temps qu'il condamne la liberté hypocrite de quelques États de l'Amérique du Sud, l'oppression des esclaves à peine dissimulée, enfin les formes théâtrales du culte!

Dans ces loisirs agités, il ne négligeait pas les affaires du pays qui pendant un moment avait été le sien, et, voyant l'obstination du ministère Buol, il s'écriait : « Si les Italiens voient tous leurs vœux comblés, ils le devront aux ministres de mon frère. »

Ainsi donc ni les voyages, ni l'étude, ni sa chère compagne n'adoucissaient pour lui l'amertume de se voir mis à l'écart, lorsque la patrie avait tant besoin d'hommes.

Et voici qu'à Miramar apparurent les sorcières de Macbeth recommençant à lui murmurer : « *Tu serus roi.* »

La princesse Charlotte, qui a écrit elle-même *Un hiver à Madère* (1859-60), livre illustré de ses propres dessins, et les *Souvenirs de voyage à bord de la Fantaisie* (1861), avait reçu une éducation royale, et avait pris des manières de grandeur dont la reprenait son sage père quand elle s'y abandonnait avec ses caméristes et ses dames d'honneur. Le mariage avec un archiduc d'Autriche n'aurait pas satisfait son ambition, si on n'avait fait briller à ses yeux une vice-royauté en Italie, où elle pourrait agir comme autrefois Marguerite d'Autriche dans les Pays-Bas. A Venise, elle se donnait volontiers des airs de reine, et nous nous souvenons du jour où, célébrant dans le Dôme de Milan la naissance d'un héritier du trône, elle nous apparut dans toute la splendeur de sa beauté et de sa parure, portant sur ses cheveux un diadème qui pouvait se changer en couronne. Maintenant cette fille et nièce de roi se résignait mal à se trouver au second rang dans cette cour de Vienne, en face de parentes à qui elle ne le cédait ni par la beauté, ni par l'esprit, ni par la richesse. Elle aspirait donc à une position plus haute et soufflait ses ambitions à son mari. Napoléon III, qui avait trompé jadis les espérances des deux époux, venait maintenant à eux comme le démon montrant les royaumes de la terre et disant : « Ils seront à vous si, tombant à mes pieds, vous m'adorez. »

Le Mexique est un des pays les plus merveilleux pour l'économiste, le naturaliste, le philosophe, le politique. Une plaine immense inclinée vers les deux océans que sépare l'isthme de Tchuantepec, destiné à céder devant notre audace moderne, s'élève comme une pyramide du 18e au 40e degré de latitude, et atteint 2,274 mètres d'altitude. Ce sont des terrasses qui se succèdent graduellement, et conviennent aux cultures les plus variées; dans la *terre chaude* mûrit le cacao, l'indigo, le cactus qui porte la cochenille, le café, le sucre introduit par Cortez, tandis que dans la région tempérée les moissons peuvent être fauchées deux fois; l'épi de froment porte jusqu'à vingt-quatre grains et celui de maïs jusqu'à huit cents. Les oranges réussissent partout à travers un labyrinthe de riantes collines hautes à peine de cinquante à cent mètres. Les mines de toute sorte sont abondantes et la quantité des métaux précieux est telle, qu'à la Monnaie de la capitale seulement on a frappé depuis la déclaration d'indépendance jusqu'à nos jours, pour 77 millions d'écus d'or, 239 d'argent, 53 de cuivre.

Après la conquête de Fernand Cortez, si riche d'aventures dramatiques et héroïques, le Mexique fut soumis au gouvernement d'un vice-roi et à un système colonial qui sacrifiait ses intérêts à ceux de la mère-patrie. La race indigène est encore la plus nombreuse; les Espagnols ne l'opprimèrent pas, mais ne firent rien pour son développement. Sur sept millions d'habitants, six environ sont indigènes et d'un caractère bon, honnête, respectueux, ferme : on peut espérer pour eux un grand avenir, mais ils sont réduits à une condition peu supérieure à l'esclavage; les autres sont espagnols, de sang noble, fiers, et fuient les affaires publiques. Ceux qu'on appelle proprement Mexicains sont mêlés de sang espagnol et de sang indigène.

Quand l'Espagne fut envahie par Napoléon Iᵉʳ, les prêtres et les moines se mirent à la tête d'une révolution avec la bannière blanche et bleue des vieux rois aztèques, portant au centre la Madone de Guadalupe ; le Mexique, s'étant déclaré indépendant, s'organisa en république. Cette forme de gouvernement a réussi aux États-Unis, parce que les institutions représentatives étaient entrées dans les habitudes de la nation. Au Mexique au contraire, le gouvernement avait toujours tout fait. Cependant le sentiment républicain se répandait ; mais si pour les bons il se greffait sur les belles actions faites pour l'indépendance et sur les noms de Morellos, Hidalgos, Guerreros, Zaragozas qui s'étaient signalés alors, pour d'autres il signifiait le pouvoir sans contrôle des généraux qui surgissaient et tombaient sans cesse dans les deux cents insurrections militaires qu'on vit de 1821 à 1863, présidents et congrès se succédant tour à tour. Le manque de communication, maintenu avec intention pour se mieux protéger contre les étrangers, empêchait l'autorité de se faire respecter au loin ; et toute révolte était assurée de triompher, pourvu qu'elle éclatât à quelque distance de la capitale. Au milieu de ces alternatives continuelles d'une liberté effrénée et d'une dictature tyrannique se renversant l'une l'autre, ni un Washington, ni un Bolivar n'apparut, mais seulement des présidents de peu de tête et de peu de cœur, ineptes et rapaces, tandis que prévalait, comme toujours, une tourbe grossière et immorale de fourbes, de vaniteux, de téméraires sans fermeté, qui rendaient impossible toute organisation solide du pays ; cependant ceux qui usurpaient surtout le droit à la tyrannie et au crime, en face de l'étranger, déployaient l'honorable bannière de l'indépendance, comme avaient fait les Lombards-Vénitiens.

Une fois on essaya de donner quelque stabilité au gouvernement par l'établissement d'une souveraineté héréditaire, qui pût à la fois concilier et dominer les factions. Iturbide, élu empereur (1822), fut bientôt expulsé, et, ayant voulu rentrer, il fut pris et fusillé ; on revint à la république, république bien faible en face des puissances européennes qui, avec des menaces diplomatiques soutenues de frégates et de canons, lui imposaient des traités humiliants ; bien faible en face des États-Unis qui aspiraient à annexer ce grand pays, et qui en fait réussirent à en détacher le Texas, le Nouveau-Mexique, l'Orégon, la Nouvelle-Californie. c'est-à-dire cent dix mille lieues carrées. Quelques hommes de mérite étaient arrivés au pouvoir, par exemple les historiens Alaman et Bustamente, mais ils furent bientôt renversés, comme Herrera qui avait osé dire que la monarchie seule pourrait sauver le Mexique.

La dictature de fer de Santa-Anna parut suspendre les maux du pays. A la bataille de Tampico (1829), il anéantit la puissance des Espagnols et en chassa quarante mille qui, comme pour nous les Autrichiens, personnifiaient tous les maux du pays, mais dont le parti garda toujours quelque prestige. Cependant le Texas, travaillé par les États-Unis, se révoltait et se constituait en république indépendante, bientôt annexée aux États-Unis; puis l'Indien Alvarez (1856) à la tête de la race indigène, renversait Santa-Anna, répandait partout le désordre et la ruine, et se retirait avec un riche butin à Guevara, au milieu de ceux de sa nation. La constitution radicale de 1857 amena au pouvoir le président Comonfort et avec lui la démagogie, qui mécontenta les négociants, le clergé et l'armée; ces trois forces, en s'unissant, vinrent à bout de renverser le dictateur et de lui substituer le général Zuloaga avec un gouvernement conservateur.

Mais Zuloaga fut vite renversé (23 décembre 1858) par Michel Miramon, officier de vingt-six ans, originaire du Béarn, qui en deux ans devint maître de la capitale, fut reconnu par les puissances, inspira confiance en rétablissant l'ordre et contracta avec le banquier Jecker, naturalisé français, un emprunt pour lequel il reçut 3 millions et signa pour 15 millions peut-être de créances.

Mais Benito Juarez, né en 1809 dans l'État d'Oaxaca, indien de race et sans fortune, s'étant fait un nom comme avocat, devint gouverneur de son pays natal, puis en 1856 son représentant au congrès, ensuite président de la cour suprême de justice; devenu chef du parti constitutionnel, il avait protesté contre Zuloaga (1857) et constitué un gouvernement à la Vera-Cruz, rallumant ainsi la guerre civile qui continuait encore. Quand Zuloaga fut supplanté par Miramon, Juarez, favori des plus audacieux et des pasteurs protestants, ayant la mer et les douanes de l'État, sut, en promettant le territoire de Sonora, se faire reconnaître par les États-Unis, qui peu de temps auparavant avaient reconnu Miramon, et continua à gouverner le pays. En repoussant Miramon qui assiégeait la

Vera-Cruz, il assura le triomphe du parti fédéral; il entra à Mexico le 11 janvier 1861, destitua toute l'ancienne administration et congédia les représentants des puissances étrangères qui s'étaient montrées favorables à Miramon; réélu président, il fut reconnu par l'Angleterre et par la France (1861). Il introduisit un peu d'ordre et fit renaître une certaine prospérité, bien que contrarié par une foule de mécontents et d'ambitieux; il hâta entre la Vera-Cruz et Mexico la construction difficile d'un chemin de fer qui passait par Salassa et Puebla. Au nom de la liberté des cultes, il fermait les églises et les couvents, il imposait le mariage civil, il abolissait les corporations religieuses; il sécularisait les biens ecclésiastiques dont les produits capitalisés dans une banque populaire servaient à secourir les propriétaires et les rentiers. Il vendit jusqu'à une fameuse lampe d'argent, si grande que trois hommes y entraient pour la nettoyer. Le pays s'appauvrit tellement qu'il suspendit le payement de ses rentes, en compromettant les intérêts des étrangers que déjà lésaient les privilèges accordés au commerce de l'Amérique du Nord.

Louis-Philippe, roi des Français, pour venger le meurtre d'un consul, avait dû envoyer contre le Mexique une flotte qui démantela le fort de Saint-Jean d'Ulloa, bombarda la Vera-Cruz, et de plus imposa une forte contribution de guerre. Le gouvernement souscrivit au traité; mais, le péril éloigné, il s'en moqua. Une bande ayant pillé l'établissement monétaire de Guanaxuato où il y avait 600,000 piastres appartenant à des Anglais, l'Angleterre demanda satisfaction. Les autres nations pouvaient aussi se plaindre qu'on eût maltraité leurs consuls, chassé leurs ambassadeurs, pillé des convois, violé des conventions, volé des propriétés.

Les journaux porteront en grande partie la responsabilité des fautes et des erreurs de notre temps; ils se sont faits encore non seulement les complices, mais les boute-feux de passions par leurs mensonges et leurs doléances. Cette fois ils exagéraient la dépravation et l'avilissement du Mexique; « l'élasticité des lois n'y garantissait plus la sûreté des biens ni des personnes, la mauvaise foi était effrontée, l'immoralité universelle sous la tyrannie d'un petit nombre de chefs; le peuple n'avait qu'un désir, c'était d'en être délivré : » voilà ce que répétaient un grand nombre de réfugiés et de mécontents parmi lesquels se montrait au premier rang Guttierez d'Estrada qui depuis 1840 avait proposé à l'Angleterre et à la

France, comme étant la seule chance de salut pour le Mexique, l'établissement de la monarchie. Elle consoliderait les rapports avec l'ancienne métropole et aussi avec tout l'ancien et le nouveau monde ; elle sauverait les capitaux européens engagés dans les mines du Mexique ; elle opposerait un obstacle aux bouleversements continuels et aux questions de droit international que provoquaient les changements incessants de gouvernement. En 1847, il publiait une brochure dans ce sens ; puis, en 1854, il obtenait que le président Santa-Anna déclarât que cette forme de gouvernement était la seule qui convînt au Mexique, et le chargeât de convertir à cette idée les cabinets de l'Europe. Il était secondé par Leonardo Marquez, agent de Miramon, qui, accusé par Juarez d'actes de cruauté, préparait sourdement sa vengeance, et aussi par le parti clérical, comme on désignait le parti des modérés, qui avait à sa tête l'archevêque Lavastida, alors réfugié à Rome et qui à la devise *Indépendance et liberté* opposait celle-ci : *Dieu et l'ordre*.

Le ministre Doblado combattit ces intrigues par une ordonnance d'après laquelle quiconque répandrait verbalement ou par écrit la nouvelle d'une intervention étrangère serait renvoyé du pays s'il n'était pas Mexicain ; s'il était indigène, condamné au service militaire ; si l'avis était imprimé, l'auteur serait immédiatement fusillé. Doblado se vantait d'avoir envoyé au supplice quinze cents personnes dans la seule province de Guanaxuato.

Les Espagnols, les Anglais, les Français avaient mis des capitaux dans les emprunts que le Mexique avait dû contracter ; et comme le payement des intérêts était suspendu, ils réclamaient une indemnité par l'intermédiaire de leurs gouvernements. L'Angleterre, l'Espagne, la France convinrent entre elles (30 novembre 1861) de contraindre, au besoin par la force, le Mexique à payer sa dette. Une intervention pacifique et civilisatrice de l'Europe et des Anglo-Américains aurait pu être utile, tandis qu'une intrusion armée offensait le sentiment national et provoquait une résistance patriotique. Le gouvernement de Washington, de son côté, voulait par son intervention d'abord prévenir celle de l'Europe, puis saisir une si belle occasion de se rendre maître de tout le Mexique. Effrayées de cette perspective, les nations européennes se réunirent pour une action commune, et les trois flottes alliées traversèrent l'Atlantique. La flotte espagnole, commandée par Prim, devança les autres et prit Saint-Jean d'Ulloa. Juarez arma tout le peuple, lança en avant les guérillas, obtint un gros emprunt des États-Unis, et déclara traîtres ceux qui resteraient dans les pays envahis par l'étranger. L'Espagne, bien qu'elle pût revendiquer son antique possession d'une contrée à laquelle elle n'avait jamais renoncé et où elle comptait des partisans, ne se sentait pas prête à un tel sacrifice d'hommes et d'argent : son général descendit à traiter avec Juarez et, se contentant d'une promesse d'indemnité, se retira. Les Anglais en firent autant.

Napoléon III, qui avait rencontré en France beaucoup d'opposition à cette entreprise, trouva lâche de reculer ; il réclama donc une indemnité pour les 15 millions que la maison Jecker avait prêtés à Miramon, et continua seul la guerre. Les résultats de sa politique en Italie lui avaient créé le besoin de se relever par quelque entreprise ; et alors que l'Europe lui offrait tant d'autres occasions, il voulut se jeter dans cette aventure extraordinaire, se proposant de fonder un empire sur un terrain profondément remué par cinquante années de commotions, sans égards pour les mœurs et la foi de ce peuple. Ici, comme dans toutes ses entreprises, les rêves humanitaires qu'il avait caressés en prison et exposés dans les *Idées napoléoniennes,* jouèrent un grand rôle : il cédait à l'espérance de guérir un pays grand comme la moitié de l'Europe et peuplé de 7 millions d'habitants à peine, qui depuis un demi-siècle était le jouet de quelques ambitieux appuyés par 10,000 aventuriers assassins et voleurs ; au désir de restaurer l'agriculture, l'industrie et le commerce, en ouvrant un marché riche et nouveau pour la France ; à la pensée de contenir l'ambition des Américains du Nord qui entretenaient à dessein la décadence du Mexique, en opposant la race latine dans le Nouveau Monde à la race anglo-saxonne.

Celle-ci était alors éprouvée par une guerre dont l'émancipation des esclaves était le prétexte : guerre des plus gigantesques et des plus féroces que signalent les annales de la sauvagerie humaine. Cette crise garantissait du moins que les États-Unis ne pourraient empêcher une expédition au Mexique. Mais si Napoléon, au lieu d'intriguer bassement et de s'obstiner à réclamer les subsides de l'Angleterre qui s'obstinait à les lui refuser, avait franchement reconnu les États du Sud qui prétendaient se séparer de ceux du Nord, il aurait ainsi brisé la formidable puissance des Anglo-Américains, et cette menaçante Confédération réduite à un accommodement honorable qui sauvait tant de vies et de fortunes, se serait peut-être partagée en deux. Quelle source nouvelle d'influence pour celui qui serait intervenu comme arbitre en jetant son épée dans la balance! Je ne dis pas que la chose eût été bonne; elle eût été profitable : c'était le seul moyen de réussir.

Au lieu d'agir ainsi, il envoya une armée avec laquelle les généraux Forey et Bazaine (1863) remportèrent de faciles victoires, prirent Puebla et Mexico, mais durent ordonner le désarmement général et établir un gouvernement provisoire. Forey ne connaissait pas le pays, et, selon les instructions reçues de France, il convoqua une assemblée de deux cent quinze notables qui décréta d'établir l'empire et de mettre à sa tête celui que désignerait Napoléon. Une monarchie qui servirait de modèle aux États méridionaux, aussi bien qu'à ceux du Nord, ne déplaisait pas à l'Espagne, qui, faisant valoir son ancienne domination, pouvait y placer quelque cadet de la maison de Bourbon, par exemple le prétendant don Juan, toutefois avec le libre vote des Mexicains. Mais Napoléon répugnait à cet agrandissement des Bourbons, au prestige que l'Espagne y acquerrait et à l'alliance qu'elle contracterait naturellement avec une nouvelle puissance catholique au delà de l'Océan, pour s'assurer la possession de Cuba et des Antilles. Napoléon aurait été bien tenté d'y placer son cousin Jérôme-Napoléon, ambitieux inquiet, mais il prévoyait de l'opposition. Il aurait pu choisir un des nombreux princes que, grâce à lui, le roi de Piémont avait dépossédés; il jeta, par malheur, les yeux sur l'archiduc Maximilien; il voulut ainsi soit se réconcilier avec l'Autriche, soit remplir une promesse faite en d'autres temps.

Cette offre fut transmise par le roi des Belges, et Maximilien fut transporté de joie en voyant un si vaste champ s'ouvrir à son activité. Aborder ces pays espagnols qui l'avaient tant séduit dans sa première jeunesse, parler la langue de Ferdinand et d'Isabelle ses aïeux, succéder à ce Charles-Quint dont le souvenir l'avait accompagné et enorgueilli dans tout son voyage d'Espagne, prendre la devise de ce prince : *Plus ultrà*, combien tout cela devait exciter son imagination et sa généreuse passion de vaincre les obstacles! Il voulait courir à Paris pour accepter immédiatement et sans condition; mais, averti, il calcula les difficultés comme les périls, et la négociation traîna en longueur. Le docteur José Teran vint exprès lui exposer tous les dangers de l'entreprise : les Mexicains ne pouvaient souffrir la monarchie; comment un peuple qui avait tant fait pour conquérir son indépendance, supporterait-il la domination d'un étranger et mentirait-il ainsi à son histoire et à sa dignité? Les États-Unis s'opposeraient obstinément à ce que des étrangers s'ingérassent dans les affaires de l'Amérique, dont la fameuse déclaration de Monroë les avait exclus pour toujours, et à plus forte raison à ce qu'un empire s'établît à côté de leur république.

Parmi les amis de l'archiduc, plus d'un ne manquait pas de l'éclairer sur les périls des promesses et des offres de la révolution : « Vous ne serez que l'instrument de la France : la France se trouve isolée depuis que par les guerres de Crimée et d'Italie elle a mis sens dessus dessous toute l'Europe, en soulevant les convoitises et la révolution. Toutes les nations sont devenues jalouses de ce gouvernement qui met sa main partout, au moment même où il prétend arrêter chez lui cette même révolution en comprimant toutes les forces indépendantes. La France même n'avait pas pour cette entreprise l'enthousiasme qu'elle avait eu pour la libération de la Lombardie ou le rétablissement du pape, elle ne comprenait pas ces subtilités académiques sur la suprématie des races latines aux dépens des races germaines non plus que slaves, ou la nécessité de troubler ce carnaval de l'anarchie. Le commerce n'y voyait que l'intérêt de quelques banquiers dont les spéculations devaient profiter à quelques grands personnages (1).

Sans parler des États-Unis, en Europe même, beaucoup de gens regrettaient qu'un empire, forme vieillie, se substituât à la république, forme de l'avenir. Et il ne s'agissait pas ici, comme en Italie, d'envoyer deux cent mille hommes sur sa propre frontière pour chasser l'étranger d'un pays qui l'abhorrait, mais bien d'expédier à trois mille lieues une petite armée pour soumettre un vaste pays, où d'immenses déserts

---

(1) Dans les papiers de la famille impériale publiés après le désastre de Sedan, il était beaucoup question de l'affaire Jecker. Celui-ci écrivait au chef du cabinet de l'empereur, le 8 décembre 1869 : « J'avais pour associé dans cette réclamation le duc de Morny, qui, moyennant trente pour cent des profits, s'était engagé à faire admettre et à faire payer la dette par le gouvernement mexicain. »

séparent des populations que cinquante années de guerres et d'aventures ont rendues avides de butin et de combats, disposées à mourir sans regrets comme à fuir sans vergogne ; pays déchiré par une vingtaine de chefs, ambitieux de s'entre-détruire les uns les autres, qui peuvent toujours trouver de nouveaux soldats parmi les sept millions d'habitants et de l'argent chez une infinité de millionnaires.

A cela s'ajoutaient des présages d'insuccès et de mort ; les vers suivants couraient à Trieste :

> Maximilien, défie-toi !
> Reviens au château de Miramar ;
> Ce trône facile de Montezuma
> Est une coupe française remplie d'écume.
> Celui qui oublie le *Timeo Danaos*
> Sous le manteau royal trouve la corde.

Maximilien fut plusieurs fois sur le point de refuser. « Il faudra donc (écrivait-il dans ses mémoires) me séparer de ma chère patrie, du pays de mes premières joies, de la terre où j'ai passé les jours riants de mon enfance, où j'ai senti les émotions de mon premier amour, et la quitter pour d'incertaines visées d'ambition. Dois-je fermer l'oreille aux chants des sirènes ? Malheur à qui se fie à leurs fatales promesses ! Vous voulez entremêler au tissu de ma vie les fils d'or et les pierres précieuses, mais pouvez-vous me donner aussi la paix de l'âme ? » Il écrivait à un ami : « Quant à moi, on me dirait que tout est manqué, je m'enfermerais dans ma chambre pour sauter de joie. Mais Charlotte... » De fait, elle était tout enthousiasme pour Napoléon, et gardait son portrait dans son cabinet de travail. On sait que l'impératrice Eugénie l'avait reçue d'une façon bien différente des manières cérémonieuses de ses augustes parents de Vienne : manières naturelles, du reste, avec une étrangère. Maximilien se laissa séduire aussi par deux prestiges, que Napoléon faisait très habilement miroiter à ses yeux : le premier, la diffusion de la civilisation et son triomphe sur la barbarie du passé ; le second, le suffrage universel comme expression de la volonté d'un peuple. Maximilien, conformément à ce programme, voulut que la volonté nationale fût interrogée, et après qu'elle l'eut été avec les artifices habituels, des députés vinrent à Miramar lui apporter le vœu des Mexicains exprimé par 213 sur les 315 notables appelés comme représentants du pays.

La commission avait déclaré que, si le Mexique était sorti sain et sauf de tant d'épreuves, c'était grâce au catholicisme. Les évêques avaient protesté contre les actes de Juarez et de Bazaine, envahisseurs des possessions ecclésiastiques ; les juges avaient refusé de prononcer dans les causes ecclésiastiques ; tous sentaient que le désordre était moins politique que social et que c'était en soutenant des principes opposés qu'on y porterait remède. L'archevêque de Mexico, qui avait passé quelques jours à Miramar avant d'aller à Rome en 1863, écrivait à un ami : « Je pars en emportant la douce confiance que les jours d'épreuve sont finis pour notre patrie. Il suffit de connaître l'archiduc pour être sûr de sa prédestination providentielle. Tout éloge est au-dessous de la vérité. Les mots nous manqueront pour remercier la divine Providence s'il arrive que les destinées du Mexique soient confiées à Maximilien. »

Guttierez d'Estrada, qui avait apporté les décisions nationales, assurait qu'il ne fallait pas d'armée : il suffirait d'une promenade militaire ; la vue seule d'un drapeau européen provoquerait une révolution monarchique.

Miramon, le général Dalmouse, d'autres émigrés affirmaient la même chose. Il fallait de l'argent, mais les richesses de la Sonora en assuraient le remboursement au centuple ; et la France garantissait un emprunt de 200 millions.

Bref, le 10 avril 1864, à Miramar, fut signé le traité définitif, par lequel Maximilien acceptait la couronne qui lui était offerte. On devait tenir compte des intérêts du gouvernement français, qui avait soutenu la guerre à lui seul dans l'intérêt, légitime mais particulier, de ceux qui avaient perdu leurs capitaux dans ce pays. On mettait donc à la charge du nouveau gouvernement 270 millions comme dépense de guerre ; les troupes françaises qui devaient rester dans le pays, seraient payées à raison de mille francs par an et par homme. On donnerait à la France 54 millions comme acompte ; en outre, 12 millions pour les créanciers français, puis 25 millions par an. Pour remplir de telles conditions, l'empereur faisait un traité avec la maison anglaise Gling-Mill et Cie qui créait un capital de huit millions de livres sterling à dix pour cent. L'emprunt eut peu de souscripteurs en Angleterre, un peu plus en France ; mais cela ne suffit pas et d'autres emprunts furent conclus sous des formes diverses.

Maximilien devait aussi régler ses propres affaires avec sa famille, afin de conjurer le danger (le Portugal en avait déjà traversé un de ce genre) de voir l'empire d'Autriche dépendre du Mexique. Une ancienne pragmatique voulait qu'en pareil cas on renonçât à toute succession éventuelle, et François-Joseph l'exigea avec une fermeté dont Maximilien fut offensé. Comme les demandes des ouvriers lombards pour suivre Maximilien en Amérique lui arrivaient en foule, François-Joseph s'écria : « S'il s'en va, qu'il emporte avec lui tous ses Italiens! » Seul, le bon empereur Ferdinand, qui en d'autres temps avait payé les dettes de son neveu, lui donna deux millions de la main à la main. Ses amis, et surtout le roi des Belges et l'archiduc son père, auraient voulu que la renonciation fût sans valeur dans le cas où il reviendrait du Mexique, mais François-Joseph n'y voulut jamais consentir. Charlotte aussi dut renoncer à la dotation de vingt mille florins qui lui était assignée comme archiduchesse.

Lorsque François-Joseph, avec les ministres Rechberg et Schmerling, vint à Miramar pour signer le pacte de famille (9 avril 1864), par lequel Maximilien renonçait pour lui et ses successeurs aux droits d'archiduc d'Autriche, il arriva à l'heure dite par le chemin de fer, n'accepta pas même un verre d'eau, accomplit les formalités légales avec le cérémonial le plus froid, fit le salut militaire et partit. Seulement, au moment où le train allait s'ébranler, la voix du sang fut la plus forte, et de son wagon, avec l'accent familier de leurs premières années, il cria à son frère : « *Max, komm' her;* » ils se jetèrent dans les bras l'un de l'autre en pleurant. Ce fut le dernier baiser.

Que Maximilien, comme on le raconte, ait cherché à se faire accompagner par quelques Italiens, je l'ignore. En ce qui regarde Cantù, je suis certain que non. Quand Galeazzo et Herminie Manna vinrent le trouver, il leur fit fête comme aux premiers Italiens qu'il voyait chez lui. Ils y revinrent avec d'autres au moment de son départ et il promit de venir les revoir, dans quatre ans, en Europe, lorsque tout serait remis dans l'ordre au Mexique. Une députation des habitants de Trieste lui apporta une adresse d'adieu signée de dix mille noms. Le podestat lui exprima les regrets unanimes de tous, et quand il alla du château à la mer, la foule se pressa pour le voir, le saluer, lui jeter des fleurs, embrasser ses mains, tandis que lui, attendri jusqu'aux larmes, envoyait des saluts et des baisers.

Parti de Trieste le 17 avril, le nouvel empereur voulut s'agenouiller devant le pontife pour recevoir sa bénédiction, et lui promettre d'arranger loyalement les conflits qui s'étaient élevés au Mexique, comme en tout pays révolutionnaire, entre l'Église et l'État.

Ils voulurent aussi aller visiter leur aïeule, Marie-Amélie, veuve de Louis-Philippe, qui, alors octogénaire et sanctifiée par tant de douleurs, vivait et priait dans l'exil de Claremont en Angleterre. Avec la prévoyance que donne la tendresse, elle s'inquiétait et se tourmentait beaucoup de cette détermination et répétait : « Ils seront assassinés ; » et, en les bénissant, elle ne leur cacha pas ses funestes pressentiments. Charlotte, pour l'en distraire, fit briller devant elle ses magnifiques espérances, tandis que l'archiduc se livrait à son émotion, et le biographe de la reine rapporte que, « lorsqu'ils s'agenouillèrent pour recevoir la bénédiction de la vénérable aïeule, ce fut lui qui versa le plus de larmes (1). »

En France courait ce mot (2) : « La guerre d'Italie a coûté trois ducats (ducats ou duchés), mais celle du Mexique pourrait bien coûter un Napoléon ; » aussi, lorsque ce dernier le congédia, lui serra-t-il la main avec une chaude reconnaissance, en s'écriant : « Je vous remercie vraiment. » Mais, à Paris, Maximilien s'était laissé recommander quelques-uns des instruments de la police et de la presse dont se servait Napoléon.

De retour sur la *Novara* qui, escortée de la *Thémis*, vaisseau français, emportait les jeunes époux au pays enchanté, des espérances plus grandes encore que celles dont ils s'étaient bercés sur le chemin de la Lombardie, devaient scintiller à leurs yeux : de plus grands désenchantements les attendaient aussi. Après quarante-quatre jours de navigation, que ces princes employèrent à préparer leur nouvelle vie, elle avec une conviction joyeuse, lui avec d'amers pressentiments, ils abordèrent à la Vera-Cruz, le 29 mai, sans y trouver grand accueil ; le 16 juin, ils faisaient leur entrée à Mexico qui, au milieu d'une vallée pittoresque, telle qu'une perle sertie dans une bague arabe, pareille aux villes que la Chine ingénieuse sculpte sur l'ivoire d'un éventail, blanche, brillante, fraîche,

---

(1) Auguste Trognon, *Vie de Marie-Amélie*; Paris, 1872.
(2) Ce mot est la traduction d'une pasquinade, qui avait couru à Rome, d'un jeu de mots italien : *La guerra d'Italia costò tre ducati. La guerra di Mexico potrebbe costar un Napoleone.*

gracieuse, aérée, s'étend, dans son opulence indolente, comme un sultan qui s'amuse dans ses jardins tandis que la mer se brise à ses pieds.

« Mexico est la ville des chants mélodieux, un jardin plein de fleurs et de fruits au milieu de la guerre et de ses périls, de la peste et de ses horreurs. Elle se berce dans ses hamacs séculaires, elle célèbre ses amours sur le bord du tombeau, dans une cantilène qui du commencement à la fin répète sur tous les tons : Chantons aujourd'hui, demain nous mourrons.

« Ses diverses races mêlées, quoique ennemies aujourd'hui, façonnées au désordre capricieux de la politique, dansaient dans les salons, dans les boutiques, dans les champs, sur les places publiques, prêtes à tout, entre les coups de fusil et les baisers, les déclarations d'amour et les menaces, ou folâtrent au milieu des chansons et des gémissements, ou meurent avec autant d'indifférence pour les suites d'une bataille que pour celles d'un festin. »

Ainsi parle le poète espagnol Zorilla (1), qui chanta les joies et les malheurs des deux époux impériaux. En fait, à Mexico, tout rappelle les Espagnols : les édifices ont été élevés par leurs mains; chaque gouverneur y a laissé une trace glorieuse ou bienfaisante et la population s'était accrue sinon dans la gloire, du moins dans le repos et les jouissances jusqu'au temps de l'insurrection, après laquelle il n'y eut plus de repos.

Les acclamations avec lesquelles on accueille tout prince nouveau ne pouvaient effacer de tristes impressions, ni dissimuler que la monarchie n'était pas très désirée puisqu'il avait fallu une armée pour soumettre les villes, et un désarmement général pour les conserver, et que les Français, tout en continuant à vaincre et à pacifier, indisposaient les Mexicains par des actes autoritaires.

Maximilien ne connaissait pas le pays; mais, ne doutant pas que Napoléon le soutiendrait toujours, il avait confiance qu'un empire régulier succéderait à l'anarchie, la justice et la paix à l'hypocrisie, aux rapines, aux violences. Il oubliait que, non seulement les partisans, mais encore les ennemis de Juarez haïraient un gouvernement opposé, comme un obstacle, à leurs ambitions et à leur avidité. L'impératrice,

---

(1) *Le Drame de l'âme : ce que fut le Mexique et Maximilien,* poème en deux parties, avec des notes en prose et les commentaires d'un fou.

belle, enjouée, prodiguait les institutions pieuses et charitables, l'empereur déployait son affable activité, tous deux doués du don de plaire, se persuadaient que ce charme pouvait suffire en politique ; il croyaient que la bonté, les caresses, le pardon valent mieux qu'une sévérité ferme : hélas ! ils ne gagnaient que ceux qui les approchaient, et leurs naïves espérances s'évanouirent bientôt devant la triste réalité.

Maximilien organisait le nouveau gouvernement, rappelait les émigrés, promulguait la constitution, instituait les tribunaux publics et des maisons de retraite pour les invalides, ornait les palais et les parcs, finissait le chemin de fer de la Vera-Cruz à la capitale et en poussait un autre dans l'intérieur. Les nègres, dont la liberté avait été proclamée tout à coup après la révolution, mais sans être jamais effectuée, la recevaient réellement de lui par l'acte du 5 septembre 1865, au moment où Lincoln la décrétait aux États-Unis. Il cherchait à réveiller la littérature ; il relevait les écoles classiques de Saint-Jean de Latran et les écoles d'art de San Carlo ; il favorisait la nouvelle école d'agriculture ; entre autres savants qu'il accueillit, il voulut avoir dans son cabinet particulier Mathew Maury, de l'État de Virginie, auteur de la *Géographie physique* de la mer, qui, en déterminant les courants marins et atmosphériques, avait abrégé les voyages maritimes et sauvé un nombre incalculable de vies ; il avait pris parti pour les sécessionnistes du Sud, et il était considéré comme rebelle aux États-Unis ; Maximilien le fit commissaire de l'émigration. Nous connaissons une lettre où il offrait à un historien, comme sujet encore neuf, l'histoire de la conquête du Mexique, prise au point de vue de la race indigène, fière et généreuse, qui était victime de la barbarie européenne. Par vanité, il fondait jusqu'à cinq ordres de chevalerie, parmi lesquels celui de *Saint-Charles* pour les femmes, avec la devise *Humilitas;* et, se souvenant de l'Italie, il envoya son ordre féminin à diverses dames de Venise, celui de la *Guadalupa* à Cantù et à Manzoni, puis à des artistes et à d'autres personnages, comme un salut au pays qui n'avait pas voulu l'aimer, mais qui ne pouvait le haïr.

Surtout il sentait la nécessité d'avoir une armée, mais il n'y réussissait guère, n'osant pas instituer la conscription dans un pays où elle était inusitée, et n'étant pas secondé par les Français qui voulaient continuer d'être nécessaires. Impatient d'agir, il improvisait des expédients souvent inopportuns. Il se sentait autant d'antipathie pour Bazaine qu'il en avait senti pour Giulay, mais le pays n'obéissait et ne payait que là où atteignait l'armée française.

En fait, il avait l'apparence d'un souverain, il n'en avait pas la réalité ; l'éclat qui entoure le trône a perdu son prestige en notre temps démocratique. Un soldat de génie aurait pu seul éblouir une race énervée et prompte à s'exalter, habituée à des alternatives de victoire et de fuite, dépourvue de mœurs politiques, de moralité privée et d'honnêteté publique.

On jugera Maximilien diversement, selon qu'on le considérera à un point de vue sentimental ou pratique, comme homme de cœur ou comme homme d'affaires, d'après les intentions ou d'après les effets. Dire qu'il n'était pas très ferme dans ses projets, ne signifie pas qu'il variât au gré des favoris, mais bien qu'il manquait de cette vigueur dans les projets et dans les actes qui fixe le point à atteindre et s'y dirige en droite ligne, quels que soient les obstacles, en puisant dans le mépris de l'humanité et la confiance en soi l'habitude de ne pas hésiter sur le choix des moyens. Il avait une ambition toute spéculative, c'est-à-dire qu'il admettait les rêves, les désenchantements, les utopies, qu'il balançait entre cent routes à choisir, entre cent aspects de la même chose : lorsqu'il avait pris une résolution avec sa tête, son cœur lui opposait des raisons puériles aux yeux de la diplomatie qui n'a pas de cœur. Il eut des intentions élevées, mais il n'eut pas la résolution, l'habileté, la promptitude, qui accompagnent le génie politique. Noble, fier, persuadé de la bonté humaine et de son efficacité, idéologue plutôt qu'homme pratique, chevaleresque et même romanesque, connaissant peu les hommes, comment pouvait-il se diriger au milieu des ruses et des trahisons ? Il espéra que Miramon, Lavastida, Vidauzzi et Almonte et Meggia et Marquez et Riva Palacio et Ortega, qui l'approchaient, seraient de nobles exceptions.

Tandis que son caractère propre et ses études le poussaient vers les libéraux, ceux-ci le combattaient ou le trahissaient : il fut donc contraint de les abandonner et de se joindre aux conservateurs, ses alliés naturels, ses créatures, les seuls qui dans ces extrémités pussent lui offrir de l'argent, des hommes, une réelle moralité. Mais ce parti énervé, mal uni, en se joignant au pouvoir, empirait une situation déjà insoutenable et se décourageait en voyant disparaître la protection de la France qu'il avait crue éternelle. Maximilien ne pouvait asseoir son empire que sur les intérêts de tous, bien qu'il crût pouvoir s'appuyer de préférence sur le parti espagnol ; mais celui-ci, blessé de le voir favoriser aussi les autres, et exclusif comme tous les partis, se fâcha, et, en se retirant, il laissa passer la révolution.

Tandis que les amis du prince autrichien s'éloignaient, les partisans de Juarez se ralliaient ; celui-ci, quoique vaincu, avait continué à résister, et, s'étant retiré en pays fidèle, parlait toujours comme le maître légitime du Mexique. Malhabile en affaires et en politique, il ne possédait non plus ni courage ni belle prestance. Aussi, comme pour d'autres chefs de bande, est-il difficile d'expliquer la fascination qu'il exerçait sur les multitudes ; mais il parlait d'indépendance nationale, d'intervention injuste, de liberté américaine, qualifiant les étrangers de traîtres, d'usurpateurs, d'envahisseurs, et « d'imbécile, celui qui avait accepté la triste mission de se faire l'instrument de la servitude d'un peuple libre, » et il se savait appuyé par les États-Unis.

Ses partisans, exaspérés par leurs défaites, enhardis par leurs espérances et renforcés par tous les mécontentements que provoque un gouvernement nouveau, occupaient déjà Hermonsillo, Matamoros, Monterey, Tampico, enfin toutes les villes.

Maximilien avait surtout besoin d'argent, tant pour ses propres entreprises que pour payer l'armée française, et il n'osait pas en tirer d'un pays épuisé. Restaient les biens ecclésiastiques, mais à cause d'eux toutes les questions politiques, financières, militaires allaient se compliquer de la question religieuse. Ici se dévoile une des plus grandes disgrâces de Maximilien, laquelle fait penser à l'Italie. Comme toutes les révolutions, celle-ci convoita les biens ecclésiastiques qu'on évaluait à 500 millions. Comonfort, ayant tenté vainement quelque accommodement avec le clergé et l'archevêque Della Gazza, avait aboli la mainmorte et permis au clergé de vendre ses propriétés moyennant un droit de six pour cent payable au gouvernement. Juarez, survenant avec de nouveaux besoins, se rendit maître de tous ces biens en les achetant avec des bons du trésor, qui étaient complètement dépréciés parce que l'intérêt n'en était jamais payé. Cependant le clergé opposa des protestations et des excommunications, beaucoup de gens s'enrichirent avec ces biens et devinrent de solides appuis de la révolution. Par compensation, Juarez laissa l'Église entièrement libre, mais en la mettant sur le même pied que les autres religions.

Le général Forey, dès le premier débarquement, garantit les achats de biens ecclésiastiques; Bazaine en fit autant. Maximilien dut accepter ces conditions, et comme la cour suprême niait la valeur de ces transactions, il cassa ses décisions. Alors l'archevêque Lavastida sortit de la régence (1864) et des luttes commencèrent, auxquelles on ne pouvait remédier que par un concordat. Toute tentative de conciliation ayant échoué, l'empereur en appela à Rome, mais il ne put rien obtenir sinon la promesse qu'on lui enverrait promptement un nonce muni de pouvoirs assez étendus pour concilier les droits de l'Église avec les nécessités de la situation.

Après quelques délais, monsignor Meglia partit; il fut reçu avec solennité; on se porta à sa rencontre, on lui offrit collations et dîners; c'étaient les amusements de l'empereur. Mais quand on en vint à traiter, il se trouva que les instructions du nonce étaient limitées : on ne reconnaissait pas les ventes accomplies, on voulait rétablir les églises, les couvents, les biens, la juridiction ecclésiastique, les ordres religieux; on demandait une entière liberté pour l'Église. L'empereur, de son côté, voulait que les acquisitions de biens ecclésiasques fussent sanctionnées, que l'administration des sacrements fût gratuite, que les ecclésiastiques fussent égaux devant la loi aux autres citoyens.

Des prétentions si contraires aigrirent les esprits et Maximilien décréta que les bulles romaines n'auraient cours qu'avec l'*exequatur* impérial. Le nonce protesta contre ce décret comme imposant une servitude à l'Église.

Ramirez, ministre des grâces et de la justice, appuyait par des raisons, par des exemples, au nom de l'autorité, « le droit ou pour mieux dire l'obligation imposée à tout gouvernement, monarchie ou république, d'examiner les bulles ou rescrits pontificaux, non pour décider de l'orthodoxie de tel ou tel point de dogme ou de discipline, de l'opportunité de préceptes purement ecclésiastiques, mais, à supposer qu'ils fussent irréprochables, pour s'assurer qu'ils ne dépassaient pas les limites de la puissance pontificale, avant de leur accorder la sanction du pouvoir temporel qui les rend obligatoires. Toutefois ce n'est pas cela que demande le souverain, ce n'est pas là l'objet de l'*exequatur* impérial; l'intention du décret est de veiller à ce que le rescrit pontifical ne contienne rien qui trouble l'ordre public, les intérêts matériels étrangers au culte, comme le sont les intérêts civils. Ce n'est alors que la simple identification d'un fait, une pratique absolument nécessaire, pour sauvegarder son droit; le gouvernement étant l'unique et suprême juge, à titre de défenseur naturel de ses prérogatives et des intérêts civils de ses sujets, l'empereur n'exige rien de ce qui ne lui appartient pas et peut répéter avec une conscience tranquille les paroles que Constantin fit entendre, à la grande édification du concile de Nicée : *Vos quidem in his quæ intra Ecclesiam sunt, episcopi estis; ego vero, in his quæ extra geruntur episcopus a Deo sum constitutus.* »

Et comme le nonce alléguait l'exemple du concordat autrichien de 1855 par lequel l'*exequatur* était aboli, le ministre ajoutait : « Si l'empereur du Mexique ne doit pas blâmer la conduite des autres souverains, leur manière d'agir ne peut l'engager aucunement, je m'abstiens donc d'examiner l'exemple de l'empereur d'Autriche qui a renoncé au *placet* royal. Ce fait en lui-même est une reconnaissance implicite du droit auquel il renonçait, et il est à désirer que nous ne voyions pas se réaliser les craintes et les prophéties que j'ai entendu répéter à Rome en 1856, au sujet de cet acte, par lequel on a cru exalter, raviver la dignité, l'autorité du souverain pontife. Ceux qui, par un zèle outré, poussent la tiare hors de ses limites et la dépouillent de son caractère, oublient les sévères leçons de l'histoire, perdent les bénéfices d'une prudence plus puissante que toute la présomption imaginable. Ils agrandissent en apparence, ils affaiblissent en réalité la suprématie du saint-siège, et, loin de faire respecter sa véritable autorité, ils la rendent odieuse. »

Le nonce alors demanda son congé, et l'empereur, « voulant donner à Sa Sainteté un témoignage évident de son estime, de son affection et de son vif désir de conserver avec le saint-siège des rapports de bonne amitié, et de résoudre les graves difficultés qui l'entouraient de toutes parts, se décidait à envoyer son ministre lui-même à Rome pour mieux renseigner le pontife sur les choses et les périls qui menaçaient l'autel et le trône. La crise terrible que le pays a traversée et les germes affreux de démoralisation et de désordre qui y ont été semés pendant cette période malheureuse, sont autant d'éléments de discorde qui demandent une grande prudence et des concessions assez libérales pour le contenir, attendu que la seule puissance de l'autorité, si longtemps méconnue et sans prestige, ne ferait qu'accroître leur force. »

Le ministre alla en effet à Rome, mais il ne put rien conclure ; le pontife ne croyait pas à la durée de cet empire : il soutenait que Maximilien aurait dû s'appuyer uniquement sur le clergé et gouverner par lui seul ; que ses demandes ne devaient pas lui être accordées, parce qu'elles allaient contre ses propres intérêts.

L'empereur écrivait alors à un de ses confidents (janvier 1865) : «... J'ignore si vous savez que le saint-père, lorsqu'il est de bonne humeur, dit de lui-même qu'il est un *jettatore*. Il est certain que, depuis l'arrivée de son envoyé, nous n'avons eu que des traverses, et nous nous attendons à en subir encore d'autres non moins pénibles. L'énergie et la persévérance ne nous manquent pas, mais je me demande à moi-même, au cas où les difficultés de tout genre continueraient à surgir, comment nous pourrons en sortir. Il n'est pas facile de dominer le clergé ; tous les vieux abus se donnent la main pour éluder les dispositions de l'empereur à son égard. Il se déploie là, je ne dirai pas du fanatisme, mais une ténacité sourde et active, de sorte que je n'espère pas que les membres actuels du clergé changent jamais de conduite et d'idées. Que faire d'eux? C'est le difficile. Quand Napoléon obtint du pape la démission des évêques émigrés, ils vivaient à l'étranger, et, comme c'étaient de saintes gens, ils se résignèrent. Ceux d'ici abandonneraient de bon gré leur siège, mais non leurs revenus, que compense mal un traitement de l'État ; leur idéal est de vivre en Europe avec le produit de leur mense épiscopale, tandis que nous luttons ici pour rétablir la position de l'Église.

« On fera une révision des biens vendus. C'est là une autre pomme de discorde, puisque, en reconnaissant les lois de *réforme*, nous avons blessé les conservateurs ; cette fois nous aurons aussi contre nous les libéraux et les possesseurs de ces biens. Comme il faut n'avoir qu'un poids et qu'une mesure pour tout le monde, ceux qui ont fait des opérations illicites devront restituer leurs gains, et je crains que cette œuvre de réparation et de justice ne soulève autant de passions que la perte de ses biens en a soulevé dans le clergé.

« Si nous soutenons victorieusement cet assaut, l'avenir de l'empire mexicain s'annonce bien ; autrement je ne saurais qu'en augurer. Tout cela n'aurait qu'une importance secondaire, sans ce fait capital que l'armée diminue et avec elle la force matérielle du gouvernement. Pour civiliser ce pays, il faut en être entièrement maître, et, pour avoir sa pleine liberté d'action, il faut pouvoir tous les jours réaliser sa force en gros bataillons; c'est un argument au-dessus de toute discussion. Il nous faut des troupes. Les Autrichiens et les Belges sont excellents pour les temps calmes, pour la tempête il n'y a que les pantalons rouges; nous traverserons difficilement les premières crises si le pays n'est pas plus complètement occupé. Les forces sont trop disséminées et il me semble qu'au lieu de les rappeler, il eût été nécessaire de les augmenter. Je crains fort que le maréchal n'ait à se repentir de n'avoir pas écrit au mois d'octobre ce que nous lui avions demandé; il a craint de mécontenter en France, et pour esquiver un petit déplaisir il en a préparé un très grand. »

Voilà donc Maximilien, venu comme un gage de conciliation entre l'État et l'Église, entre l'Europe et l'Amérique, le voilà pris entre les exigences françaises et les résistances d'un clergé qui croyait faire beaucoup en gardant la neutralité : terrible force d'inertie qui ne peut être vaincue parce qu'elle ne combat pas.

Les révolutionnaires avaient employé toute leur influence à diminuer celle de la France. Bien que les illusions et les espérances prennent facilement racine dans de jeunes esprits, cependant la situation apparaissait aux souverains dans sa réalité et leurs lettres de 1865 attestent qu'ils la tenaient déjà pour irréparable. Le trésor était vide, la confiance perdue; les vols et les assassinats se multipliaient; l'armée française ne tenait dans sa sujétion que le territoire qu'elle occupait; les gens du pays, orgueilleux ou ingrats, méprisaient ou détestaient les deux époux impériaux.

Les États-Unis ne dissimulaient pas leur penchant pour Juarez. Rien ne prouvait, disaient-ils, que le peuple mexicain eût accepté l'empire, car ses votes n'avaient pas été libres en présence des troupes françaises; ils demandaient presque impérieusement à la France de fixer la date du rembarquement de ses soldats, tandis que les généraux Campbell et Scherman, reconnaissant Juarez pour président légitime, se réunissaient à lui, si bien qu'il reprit l'offensive. De plus, la lutte meurtrière du sud contre le nord ayant cessé, les soldats congédiés accoururent en foule sous l'étendard que Juarez avait relevé. La guerre civile se ralluma donc, et ce fut alors que Maximilien signa un décret (3 octobre 1865) qui condamnait à être fusillés dans les vingt-quatre heures tous ceux qui seraient pris les armes à la main. La loi fut appliquée, entre autres, aux généraux Arteaga et Salazar par Marquez, et la pitié qu'excita leur sort et leurs lettres d'adieu à leur famille firent plus de tort à la cause impériale qu'une défaite.

Maximilien n'avait plus qu'à invoquer Napoléon. Mais la France, après avoir porté ses drapeaux plus avant dans les provinces de l'intérieur, après avoir dépensé 500 millions pour asseoir le nouvel empire, exigeait le remboursement de la dette Jecker quand les finances étaient ruinées. De plus, Maximilien ne pouvant exécuter les conventions faites à Miramar, elle déclarait que ses troupes allaient partir si on ne lui abandonnait les douanes de Tampico et de la Vera-Cruz, dernières ressources de l'empire. On prétend qu'un ministre français laissa échapper cette parole : « Nous avons mis celui-ci sur le trône du Mexique; pourquoi n'en pourrions-nous pas mettre un autre? »

Le message du président des États-Unis insinuait aussi que la France avait promis de retirer ses troupes du Mexique entre 1866 et 1867 ou de rester neutre, et puisque les États-Unis « déclaraient vouloir user de toute leur influence pour y installer et y maintenir un gouvernement républicain, » la France pourrait traiter de ses intérêts avec l'ancienne république mexicaine. On voulut, par l'entremise du général Castelnau, engager Maximilien à abdiquer, en lui montrant qu'on ne pouvait plus le soutenir, et en gagnant ses conseillers à prix d'argent. Maximilien se sentit atteint dans son honneur; il lui sembla que les Français voulaient justifier l'infidélité dont leur départ serait la preuve; et ainsi, au moment où l'accord était le plus nécessaire, éclataient les soupçons et la mésintelligence. Pouvait-il laisser au Mexique la haine et le mépris de son nom, et venir en Europe chercher le ridicule pour prix de ses généreux efforts? Pouvait-il reparaître comme un nouveau prince déchu, qui aurait abandonné ses partisans? pouvait-il laisser la France, à laquelle il en voulait beaucoup, libre de traiter avec ceux qu'elle avait toujours considérés comme des brigands? « Il ne sera jamais vrai, disait-il, qu'on puisse me reprocher d'être venu et reparti avec les bagages de l'armée française. Je ne souffrirai pas que des bandits se vantent d'avoir fait fuir un prince européen. Vaincre ou mourir! »

Son propre intérêt, le besoin de se prémunir contre les complications menaçantes de l'Europe, conseillaient à Napoléon de retirer l'armée d'invasion, et, le 13 décembre 1866, il ordonnait à la légion étrangère de se rapatrier immédiatement : il laissait libre le corps austro-belge et les Français qui avaient pris service au Mexique d'en faire autant. Cependant l'article 3 du traité de Miramar disait : « La légion étrangère, forte de huit mille hommes, restera au Mexique six ans après le départ des autres forces françaises, au service et à la solde du gouvernement mexicain. »

Il n'y avait plus qu'à rendre la retraite moins désastreuse pour Maximilien, moins dangereuse pour les Européens, moins triste pour l'armée contrainte de se retirer devant un ennemi toujours vaincu, et qui maintenant la suivait en dévastant tout, en punissant ceux qui s'étaient montrés favorables à la France.

François Bazaine, qui de simple soldat s'était élevé de grade en grade à celui de général, qui avait pris part à la campagne de Crimée et à celle d'Italie sans mériter aucun reproche, avait remplacé le général Forey lorsque celui-ci fut rappelé en France (octobre 1863). Après beaucoup de combats, Bazaine ramena l'armée à Mexico (12 juillet 1864) et voulut en finir avec les rebelles en déployant une sévérité impitoyable qui irrita sans retour les Mexicains. Il disputait à l'empereur le droit de faire grâce ; il incendia près de Puebla une bourgade de quatre mille habitants, qualifiée de nid de brigands à la tribune du Corps législatif français. Il empêchait Maximilien de former une armée nationale, ce qui découragea les officiers qui espéraient y trouver une situation et de l'avancement ; ils se jetèrent alors dans le parti de Juarez.

Faut-il croire l'anecdote que voici : on raconte que, Bazaine ayant épousé une jeune Mexicaine fort riche, Maximilien lui envoya pour cadeau de noce l'acte de donation du magnifique palais de *Buena Vista*. Bazaine voulut faire de la dignité en refusant, mais il permit à sa femme d'accepter ; puis, sous prétexte qu'il était peu convenable que le général français fût logé gratuitement dans le palais d'un autre, il s'arrangea pour que la municipalité de Mexico payât à Mme Bazaine un loyer de soixante mille francs (1).

(1) Depuis lors Bazaine est devenu célèbre par la reddition de Metz, pour laquelle il fut condamné à la prison, d'où il s'évada. Il trouva des accusateurs et des défenseurs aussi, et Lachaud, son avocat, affirma dans sa

Certaines gens croient qu'il ambitionnait la couronne impériale pour lui-même, comme autrefois Junot celle de Portugal; et que, lorsqu'il eût perdu cette espérance, il cessa de combattre Juarez. Enfin il abandonna le Mexique le 5 février 1867, et si nous ne pouvons pas croire que l'armée fran-

défense qu'il n'avait rapporté du Mexique que trois cent mille francs; ce qui, vu les gros traitements de l'époque impériale, n'eût pas été exorbitant. — « Il a trahi Maximilien et causé sa mort » : seconde accusation, et celle-ci très accréditée, que démentent pourtant les lettres suivantes écrites par les victimes de sa prétendue trahison :

« Alcazar de Capultepec, 20 octobre 1866.

« Mon cher Maréchal,

« J'ai été profondément ému des paroles de consolation et de sympathie que vous m'avez envoyées dernièrement en votre nom et au nom de la Maréchale. Je m'empresse de vous exprimer ma plus vive et ma plus profonde gratitude... je m'en fie absolument à votre tact pour le maintien de la tranquillité dans la capitale et sur les points qui maintenant dépendent de votre commandement. Dans ces circonstances douloureuses et difficiles, je compte plus que jamais sur la loyauté et l'amitié que vous m'avez toujours montrées.

« Je vous renouvelle à vous et à la Maréchale ma vive reconnaissance pour les tendres sentiments qui ont fait tant de bien à mon pauvre cœur.

« Recevez, mon cher Maréchal, l'assurance de toute ma sincère amitié.

« Maximilien. »

Léopold de Belgique lui avait écrit :

« Monsieur le Maréchal,

« Mes très chers enfants, l'empereur Maximilien et l'impératrice Charlotte, me parlent toujours dans les termes les plus chaleureux des éminents services que vous rendez à l'empire mexicain, et des preuves constantes de bon vouloir que vous leur donnez. Je prie Votre Excellence de me permettre de m'unir à eux dans l'expression de leurs sentiments, et d'accueillir le témoignage de ma haute estime et de l'affection que je vous porte

« Léopold. »

« Palais national, 14 février 1865.

« Mon cher Maréchal,

« Ne pouvant vous envoyer une couronne de lauriers parce que vous l'avez cueillie vous-même dernièrement, je suis heureuse que l'arrivée de la grand'croix de son ordre de Léopold que mon père m'a chargée de vous remettre, coïncide avec votre beau succès, et qu'il me soit possible de vous offrir un léger témoignage des sentiments que je partage, non seulement par obéissance filiale, mais aussi à cause de l'estime que j'ai pour vous. Je ne vous renouvelle pas mes félicitations, que l'empereur vous aura exprimées telles qu'elles ont jailli de notre cœur. Nous n'avons pas été surpris, puisque nous n'attendions pas moins de vous; mais c'est un brillant et heureux événement. Maintenant j'espère que nous vous

çaise ait vendu ses armes, ses chevaux et ses munitions aux républicains, il est vrai de dire que, lors de la mise en vente, il n'y eut, pour oser les acheter, que les Juaristes dont la terreur suivait pas à pas la retraite de l'armée française.

Les Mexicains s'épouvantaient du départ des Français qui les laissaient à la merci de bandes avides et féroces, dont le passage était signalé par les violences depuis longtemps traditionnelles. Cependant Napoléon, dans le discours du trône de 1866, assurait « que l'empire du Mexique, fondé sur la volonté de cette nation, prospérait, victorieux, affermi et déjà en état de se suffire à lui-même. »

L'armée française, en se retirant, réclama les nombreux volontaires qui s'étaient engagés au service de Maximilien avec la permission du maréchal, en déclarant que, s'ils restaient au Mexique, ils perdraient leur qualité de Français ; leur départ désorganisa l'armée, qui ne dépassait pas vingt mille hommes. Laissant Marquez commander et défendre Mexico, Maximilien n'était plus qu'un chef de parti comme tant d'autres, et ayant perdu l'espoir de régénérer l'empire par les lois, par l'administration, par la modération, par l'équité, il ne lui restait que les armes, le plus triste des appuis. Il

verrons revenir en bonne santé, et, en attendant je vous renouvelle avec plaisir l'assurance de la sincère considération et de l'estime avec laquelle je suis

« Votre très affectionnée
« Charlotte. »

Lachaud ajoutait deux autres lettres bien plus significatives que les précédentes ; ce n'était plus l'impératrice qui les écrivait de son palais, c'était la pauvre veuve de Lacken qui les adressait à la maréchale ; elle y parle de la mémoire de « son empereur adoré, » elle envoie le plus cordial salut au maréchal, elle demande des nouvelles de « son filleul, » le premier-né du mariage de Bazaine, s'il grandit bien, s'il est vif et dispos, et lui envoie « une médaille à l'effigie de la très sainte Vierge, bénite par le pape, pour qu'il la porte toujours à son cou. »

Un officier qui a fait la campagne du Mexique rapporte un mot qui a une singulière importance après l'évasion de Bazaine. Il insistait pour que Maximilien partît, mais celui-ci était inébranlable.

« Vous pouvez avoir des revers, disait Bazaine.
— Je m'en relèverai, répondait Maximilien.
— Vous pouvez être fait prisonnier.
— Je briserai ma chaîne, s'écriait chevaleresquement le monarque.
— Oh ! pour cela, non, dit le maréchal. Dans ce pays-ci, quand on est pris, on ne peut pas s'enfuir. En France, on trouve des gens qui manquent à leur devoir pour vous sauver ; au Mexique, vous n'en trouverez que pour vous vendre. »

s'appliqua de toute son activité à organiser son armée, vendit pour y suffire jusqu'à son argenterie et, sortant de sa capitale avec cinq mille hommes et cinq mille piastres, il dit dans une proclamation :

« Notre action étant une fois libre de toute influence, de toute pression étrangère, nous voulons maintenir l'honneur de notre glorieux étendard tricolore. » Mais cela ne suffisait pas contre les insurgés grossis de tous les soldats que la pacification des États-Unis congédiait, et de ceux qui, sous le nom de la liberté et de l'indépendance, aspiraient au pillage et au pouvoir. Partout alors les indépendants relevèrent la tête; le brigandage s'accrut, les conspirations triplèrent. Maximilien accusa la France, le pape, son frère, dans des lettres qui témoignent d'un amer découragement. Charlotte, après avoir tenté de gagner des partisans par un voyage dangereux dans des pays peu bienveillants, résolut de venir en Europe et de solliciter elle-même Napoléon de les tirer du mauvais pas où il les avait engagés.

Elle partit le 15 juillet 1866. La traversée fatigua beaucoup la jeune souveraine qui, logée à la poupe du navire pour être plus seule, ne pouvait reposer à cause des oscillations de l'hélice. A mesure que le but de son voyage se rapprochait, son exaltation augmentait. Quand elle arriva à Paris, son visage portait l'empreinte de ses cruelles préoccupations, accrues par une fatigue excessive; ses yeux étincelaient de fièvre. Au *Grand-Hôtel*, elle ne put jamais dormir (1). La famille impériale était alors à Saint-Cloud; Charlotte demanda tout de suite une entrevue à l'empereur, et, bien qu'il alléguât une indisposition qui l'empêchait de la recevoir, elle y alla et insista si vivement que Napoléon ne put la renvoyer. L'entretien fut long et violent; on récrimina beaucoup des deux parts. Voyant crouler les espérances dont elle s'était flattée depuis son départ de Capultepec jusqu'à Saint-Cloud, sentant le sceptre lui échapper des mains, elle s'emporta et reconnut trop tard qu'une fille des d'Orléans avait eu tort d'accepter un trône des mains d'un Bonaparte. Désespérée, elle courut à Rome pour demander au pape qu'il sacrifiât les biens de l'Église au salut de l'empereur, et là aussi elle ne put rien obtenir; ce fut dans le palais du pape qu'éclatèrent

(1) La princesse de la Cisterna, quand elle sut que son mari Amédée de Savoie avait renoncé au trône d'Espagne, s'écria : « Enfin je pourrai dormir! »

les premiers signes de folie, et l'Europe n'eut plus à offrir à la belle et brillante Charlotte qu'une triste et respectueuse sympathie, frappée qu'elle était de la pire des maladies. Tant de désastres subis suffisent à expliquer l'égarement de sa raison, sans croire à un poison qu'on lui aurait fait boire à Mexico ; pourtant cela fut dit et peut-être le crut-elle, puisque son idée fixe était de se croire continuellement entourée d'empoisonneurs.

Maximilien, voyant sa cause ruinée et désolé à la nouvelle de la maladie de sa femme, revint après quelque temps d'absence à son palais de Mexico. Il le trouva pillé, plus complètement que ne l'avait été celui de Monza par les insurgés d'Italie, et en outre il découvrit une conspiration de ses plus intimes serviteurs pour l'empoisonner.

Il avait perdu sa santé, perdu ses illusions, perdu son autorité, perdu la généreuse compagne de ses pensées ; il ne recevait que refus de l'Europe et malédictions des libéraux ; il était décrié par les banquiers du pays, comme jadis par les journalistes en Lombardie, et balançait entre une fuite secrète ou une abdication publique. Il se retira à Orizaba, pour y réfléchir plus tranquillement et pour ne pas se rencontrer avec le général Castelnau avant d'avoir bien fixé ses idées.

Le *Diario* du 1er décembre 1866 annonçait qu'il avait réuni le conseil d'État et les ministres. « Sa *raison* était convaincue qu'il devait déposer le pouvoir, mais ses conseillers lui avaient persuadé que son *devoir* l'obligeait à le garder. » D'après leurs avis et suivant en cela ses idées favorites, il résolut de réunir une sorte de Convention où tous les partis rassemblés décideraient du sort définitif de la nation. Si les votes lui étaient contraires, il pourrait alors rentrer dignement en Europe pour attendre les évènements et de nouvelles destinées, soit dans la Vénétie, soit même en Autriche.

Parfois une idée lui traversait la tête : c'est que Juarez, tout en se trompant, voulait le bien du pays et l'apaisement des dissensions ; qui sait s'il ne viendrait pas à un congrès d'où la volonté de la nation ferait sortir un pouvoir respectable? Qui sait si tous ceux qui voulaient le bien de la nation ne se réuniraient pas à lui?

Autre illusion! Qui avait jamais pensé au bien de la nation? à lui faire un sacrifice? Les conservateurs et les libéraux s'acharnaient à se combattre les uns les autres, même à l'aide des Français ou des Américains. Les révolutionnaires voulaient se débarrasser des Français; Miramon et Marquez, chefs militaires des conservateurs, ne défendaient l'empire que pour leur propre avantage, et pour en devenir les héritiers.

Déployant une activité inutile, Maximilien se porta sur Queretaro, menacé par les républicains, et vécut et combattit en soldat; mais il était toujours poursuivi par cette complication des choses que nous appelons fatalité, quand nous ne pouvons pénétrer les mystères de vilenie, d'astuce et de lâcheté qu'elles renferment. La guerre se faisait sans pitié comme entre brigands. Marquez, après une victoire, fit fusiller les médecins qui avaient soigné les ennemis, et chassa les malades d'un hôpital pour y loger ses soldats. Après la journée de San Jacinto, Escobedo sépara d'entre les prisonniers cent quatre officiers européens, dont quatre-vingt-quatorze français, et les fit fusiller, alléguant qu'ils n'étaient que des brigands puisque la circulaire du maréchal Bazaine déclarait déchus de leur qualité de Français ceux qui resteraient dans l'armée impériale.

A ce moment, un certain Fromont fit parler de lui; né de famille européenne, il s'était enrichi par le trafic des nègres, puis s'était fait chef de bande, et, au temps de l'expédition, avait offert son corps de volontaires; ensuite, s'étant mis d'accord avec Juarez, il devint un des principaux fournisseurs de l'armée mexicaine. Il inventa les balles de cuivre qui rendaient mortelle la plus petite blessure, et à cette occasion Bazaine fit offrir à Juarez de lui céder gratuitement des munitions pourvu qu'il renonçât à ces projectiles. De plus, Fromont inventa les balles enchaînées, c'est-à-dire deux balles attachées l'une à l'autre par une chaîne de quelques mètres et dont on chargeait deux canons voisins et parallèles; l'électricité mettait le feu au même moment et la décharge formait comme une barre de fer aussi violente que meurtrière.

Le général Lopez avait la réputation de s'être vendu aux Américains dans la guerre contre les États-Unis; mais l'empereur ne voulut pas se défier d'un brave qui avait mérité la croix de la Légion d'honneur, et le conserva dans son état-major sans toutefois lui donner un commandement, ce qui le mécontentait et lui laissait le moyen pour se venger. En réalité, il s'entendit avec Escobedo; et l'empereur ayant tout disposé pour faire une sortie de Queretaro le 14 mai, Lopez fit répandre le bruit qu'elle était contremandée ; on dessella les chevaux, les soldats allèrent se coucher, les artilleurs dégarnirent leurs pièces ; alors il introduisit les ennemis dans le couvent de la Cruz, qui était le poste le plus fort et le plus important de la défense ; et, sans qu'il fût tiré un seul coup de feu, si ce n'est pour assassiner, la ville tomba au pouvoir des Juaristes et l'empereur aux mains d'implacables ennemis (1).

Quelles vanteries ne coururent pas alors dans les journaux juaristes ! « Cet homme (disaient-ils) faisait couler des fleuves d'or du Mexique à Paris ; il étouffait sous le roulement de ses carrosses dorés le bruit des chaînes de ses prisonniers. Quelle nation étonnante que la nôtre ! Elle a vaincu l'Europe par la diplomatie et par les armes : elle a détruit quatre armées en quatre mois, un empire en cent jours. Nos jeunes gens, généreux, incorruptibles, se battent comme des lions et meurent comme des héros. Nous avons arraché à ces invincibles zouaves leurs médailles de Solférino et de Magenta.

« Le Mexique est le tombeau des étrangers, nous ne les tolérons qu'à titre de marchands ! Nous couvrirons de honte la France et les autres monarchies ! »

Avec Maximilien avaient été pris le général en chef Megia, et un peu après Miramon. Celui-ci, jadis vaincu à San Miquelito le 22 décembre 1860, s'était d'abord réfugié en Europe, d'où il avait gagné la Havane, conspirant avec son père Mirando contre Juarez. Revenu au Mexique en juillet 1862, il avait été élu chef suprême des troupes mexicaines qui se joignaient à l'armée française, mais Bazaine voulut les réunir aussi sous son commandement. Après le départ des Français, il reprit les armes, s'empara de Zacatecas ; mais, défait par Escobedo, près de San Jacinto, il se retira à Queretaro en se joignant à Megia et à l'empereur.

Enfermé dans une étroite cellule du couvent des Capucines (2) près de ses deux généraux, Maximilien ne pouvait

---

(1) On a dit que Lopez avait livré Maximilien pour trois mille onces d'or. Cela fut nié, mais dernièrement la *Revista universal* de Mexico a publié deux documents déclarés authentiques par deux officiers supérieurs, d'où il résulte que le couvent de *la Cruz* avait été livré par celui qui y commandait (Lopez) avec les deux bataillons sous ses ordres, l'artillerie et les munitions.

(2) Le docteur Basch raconte : Le premier que je rencontrai en arrivant

s'attendre qu'à une condamnation. Pourtant il recourut à Juarez, le supposant généreux parce qu'il était victorieux, pour obtenir de lui le temps de mettre ordre à ses affaires particulières et lui demander un entretien : il eut pour toute réponse que Queretaro était trop loin de San Luis de Potosi.

Le 13 juin se réunit un conseil de guerre composé de six capitaines sous la présidence d'un lieutenant-colonel, « choisis (comme disait en souriant Maximilien) parce que leurs uniformes étaient les moins sales, » et le tribunal se tint dans le théâtre d'Iturbide. Tels étaient les juges qui s'arrogeaient le droit de juger un descendant des rois pour lesquels Cortez avait conquis le Mexique, un descendant des caciques aztèques, et un ancien président de la république. Maximilien refusa de se présenter dans ce théâtre, persuadé qu'on se proposait de le rendre ridicule et de l'humilier. Comme on avait ourdi quelque projet d'évasion, le gouvernement ordonna à tous les représentants étrangers d'abandonner la ville dans les vingt-quatre heures, sous peine de la vie. Dans la persuasion que les prisonniers ne seraient pas fusillés, ils se retirèrent aux environs de Queretaro.

au couvent des Capucines fut le prince de Salm. « Où est l'empereur ? » lui dis-je, et il me répondit : « Dans une tombe. » Voyant mon effroi, il ajouta : « Tranquillisez-vous, il vit ; mais on l'a mis dans une véritable tombe. » Il ouvrit la porte et une odeur de terre humide me saisit à la gorge. Dans un angle du vaste caveau où l'on avait coutume de déposer les morts, était dressé un petit lit près duquel, sur un guéridon, brûlait une chandelle ; le prince était couché et lisait l'*Histoire des Italiens* de César Cantù. « Ils n'ont pas eu le temps de me préparer une chambre (dit-il en souriant), et en attendant ils me font dormir avec les morts. »

L'auteur des *Derniers Mois de l'empire mexicain* écrivait : « Le 22 mai, on transporta l'empereur au couvent des Capucines dans le caveau des morts, au milieu des cercueils. Il y passa la nuit à lire l'*Histoire* de C. Cantu. » (Ch. d'Héricault, dans le *Correspondant*, 1868, 25 août, p. 637.)

On peut consulter aussi : Alberto Hans, *Queretaro*.

Dr Basch, *Geschichte der letzen Zehn Monate des Kaiserreiche*.

Lucas Alma, *Historia de Mesico, desde los primieros movimientos, quel prepararon su independence en el ano del 1808, harta la epoca presente*; Mexique, 1852, 5 vol.

La Corte di Roma e l'imperatore Massimiliano; Padova, 1866.

Eine Reise nach Mexico in 1864, von Grafinn Paula Kollonitz; Vienne, 1866.

L'archiduc avait laissé tous ses papiers au prince de Salm-Salm qui lui resta attaché jusqu'à sa mort, et lui avait confié le soin d'écrire son histoire ; mais ni l'empereur d'Autriche, ni la cour de Rome ne voulurent lui donner les documents nécessaires. Nous avons de lui : *Queretaro, Blätter ous meinem Tagebuch in Mexico*; Stuttgard, 1868.

Maximilien avait demandé vainement d'être jugé par un congrès national. Les avocats Pasquez, Ortega, Mariano, Riva Palacio, Raphael, Martinez de la Torre, qui publièrent depuis l'*Histoire du procès de l'archiduc Maximilien d'Autriche,* libéraux honnêtes et désireux d'épargner à leur pays le mépris des nations civilisées, dirent pour sa défense tout ce qu'il était possible de dire. Dans un entretien avec Juarez, convaincus qu'il voulait la mort du prince pour ôter aux puissances européennes toute velléité de se mêler des affaires du Mexique, ils plaidèrent la grâce plutôt que la défense. A l'accusation que Maximilien était un flibustier qui ne différait pas de Garibaldi, qu'avant de quitter l'Europe il connaissait la loi qui punit de mort quiconque attente à la république du Mexique, qu'il avait en dernier lieu cherché à prolonger la guerre civile en instituant une régence, ils répondaient qu'il avait accepté la couronne que lui offrait un vote de la nation, après avoir pris l'avis d'éminents jurisconsultes anglais; que, venu sans escorte, accueilli par des applaudissements, on ne pouvait l'appeler un instrument de la France, à qui il avait refusé de livrer la Sonora; qu'il avait appelé dans ses conseils les meilleurs amis de l'indépendance. Quand les Français eurent quitté le pays, il avait écrit à Juarez pour lui proposer une amnistie entière; mais, puisque celui-ci l'avait refusée, que lui restait-il à faire, sinon de se battre? Ils produisent l'acte d'abdication qu'il avait remis à Lacunza pour le publier afin d'épargner une inutile effusion de sang; mais ce dernier avait hésité, attendant de nouveaux ordres. Quant au décret sanguinaire du 3 octobre 1865, qu'on lui reprochait si durement, il était fait contre les auteurs du sauvage décret de janvier 1862, d'après lequel tout prisonnier de guerre devait être fusillé; et cependant il s'y était opposé, bien que les Français l'exigeassent pour intimider leurs adversaires qui égorgeaient les prisonniers; il ne l'avait signé que lorsqu'on lui eut assuré que Juarez avait quitté le pays, et, depuis, il avait accueilli tous les recours en grâce.

Le fait est que Inglezias, Escobedo, Lerdo et d'autres chefs puissants voulaient sa mort; ils la faisaient demander par les troupes et par les journaux : « Sa condamnation frappera toute l'Europe de respect, et si jamais un autre arlequin veut venir essayer ici son apprentissage de roi, il tremblera en apprenant comment nous traitons les aventuriers. » Ainsi parlait le *Progresso de Queretaro* du 19 juin.

Un autre journal rappelait « qu'il était le frère de l'empereur d'Autriche, le cousin de la reine d'Angleterre, du roi d'Italie, de la reine d'Espagne, du roi de Suède, l'allié de l'empereur des Français; cette ombre accusatrice se lèvera contre Louis-Napoléon comme celle de Banco devant Macbeth.

«... Le nom de l'archiduc sonnera comme une cloche funèbre dans la Chambre des députés contre les ministres du despote français. »

Et il fut condamné. Il devait expier la faute d'avoir cru à la révolution.

Il était à présumer que les puissances d'Europe qui l'avaient toutes reconnu, que les nombreux parents qu'il avait sur le trône, la France surtout, ne l'abandonneraient pas à ce tribunal sauvage. Ils s'intéressèrent à lui, en effet, mais ils crurent qu'il valait mieux confier aux États-Unis le soin de le protéger, comme étant la seule qui pût alors le faire avec promptitude et efficacité (1).

(1) Le chevalier Curtopassi, chargé des affaires italiennes à Mexico, écrivait de Cacubaya, le 5 juin 1867, à son gouvernement :

« Monsieur le ministre, après une forte opposition de la part des autorités de Mexico, on m'a permis de sortir de la ville. Il m'a été impossible de trouver à Cacubaya une voiture qui me transportât à Queretaro avant le lendemain matin. On m'avait fait espérer que j'arriverais à temps pour assister au conseil de guerre. On dit généralement que l'empereur sera condamné, mais je ne désespère pas encore. La réception que m'a faite Porfirio Diaz a été excellente. Plusieurs lettres de Sa Majesté, envoyées en ville, qui enjoignaient aux corps étrangers de déposer les armes, ont été interceptées par les généraux Marquez, Tabera, et Horan, qui sont résolus à se défendre, bien qu'ils sachent le triste évènement. On a ainsi détruit les documents qui pouvaient faire connaître la vérité, et l'on répand des bruits absurdes. Le général Diaz m'a dit qu'il voulait encore attendre pour attaquer la ville, voulant épargner une effusion de sang inévitable et les horreurs d'un pillage. Trente mille libéraux, animés du plus grand enthousiasme, assiègent la capitale. »

« Mexico, 27 juin 1867.

« Monsieur le Ministre,

« Arrivé le 7 à Queretaro, je fus immédiatement appelé près de l'empereur, qui m'exprima sa reconnaissance de ce que je m'étais ainsi transporté près de lui.

« Les représentants de la Prusse, de l'Autriche, de la Belgique, et l'ancien consul de France à Mazatlan, étaient arrivés à Queretaro trente-six heures avant moi...

« Je trouvai l'empereur au lit depuis plusieurs jours, enfermé dans le couvent des Capucines avec les généraux Miramon et Megia. Sa Majesté souffrait du foie, et avait des vomissements continuels. La chambre occupée par l'empereur était petite, sombre, et deux sentinelles en gardaient

Mais les États-Unis désiraient sa mort, comme celle de l'homme qui avait arrêté leur conquête, comme un exemple pour tout Européen qui voudrait se mêler des affaires de

l'entrée. Ses meubles consistaient en un misérable lit, une petite table et deux sièges. Une veste, une paire de pantalons et deux chemises composaient toute sa garde-robe, le reste avait été pillé lors de l'entrée des libéraux (15 mai). Sa Majesté me raconta de sa propre bouche comment les choses s'étaient passées.

« Le colonel Lopez, son favori, avait vendu la position de la Cruz pour sept mille piastres. L'empereur qui se trouvait dans le couvent du même nom, averti par le bruit, put sauter à cheval et se diriger avec cinq personnes de sa suite vers le *cerro* de la *Campana,* où il fut rejoint par quatre-vingts officiers de tout grade; on l'engagea à sortir de la ville et à se jeter dans la montagne, d'où il aurait pu facilement gagner la mer; mais, voyant que beaucoup de généraux n'étaient pas avec lui et ne voulant pas abandonner la garnison à la vengeance et à la fureur de l'ennemi, il préféra rendre son épée à Escobedo. L'avocat fiscal procéda immédiatement à l'interrogatoire et lui annonça qu'il allait être mis en jugement. Dès ce moment, l'empereur envoya plusieurs fois à Mexico demander des avocats pour le défendre.

« Sa Majesté nous a assuré qu'il n'avait reçu de Marquez, après son départ de Queretaro, ni lettre, ni argent, et que, au lieu de lui avoir donné de pleins pouvoirs, il l'avait seulement chargé de retirer de la capitale et de Puebla les soldats et les munitions de guerre, avec l'ordre de le rejoindre ensuite à Queretaro. L'empereur nous a remis une protestation contre les actes de Marquez qui prétendait agir en son nom. Mes collègues d'Autriche et de Belgique furent priés par l'empereur de rédiger l'acte de ses dernières volontés; et moi, de réfuter les trois chefs d'accusation dressés contre lui. Je dus aussi adresser une copie de ce travail à S. M. le roi, à l'empereur d'Autriche et au roi des Belges...

« Deux des avocats mandés par l'empereur à Queretaro, espérant qu'ils pourraient essayer une pression sur le gouvernement républicain en faveur du prisonnier, coururent à San Luis; mais leurs efforts, comme aussi ceux du ministre de Prusse auprès de Juarez furent inutiles. Les imprudences de quelques personnes qui espéraient sauver l'empereur, et le soupçon d'un prétendu complot furent cause qu'on nous renvoya tous de Queretaro (13 juin), en deux heures, avec la menace, si nous y rentrions, d'être fusillés. Ainsi nous n'assistâmes qu'au procès de Miramon et de Megia (30 juin) et au commencement de celui de l'empereur (15 juin).

« La sentence de mort fut prononcée pour tous les trois le même jour; cependant les avocats obtinrent un sursis jusqu'au 19. L'illustre prisonnier fut fusillé avec les deux généraux à six heures du matin. Sa Majesté garda toujours dans sa prison une sérénité d'esprit et un calme parfaits, elle affronta la mort avec un sang-froid et un courage admirables.

« Le 24, les corps étrangers s'étant résolus à déposer leurs armes, la capitale s'est rendue au général Diaz; cet acte, concerté par l'entremise du représentant autrichien, a valu la vie sauve aux soldats, et la promesse de rentrer librement en Europe. Il n'y a pas eu le moindre désordre à l'entrée des libéraux. Marquez, Horan et les autres officiers compromis sont cachés. On attend l'arrivée du président pour juger les nombreux

l'Amérique; c'est pourquoi ils se bornèrent à envoyer une lettre d'un ton très doux où ils plaidaient l'humanité, et ils ne se préoccupèrent plus de savoir si elle était accueillie. Soixante femmes présentèrent une supplique pour obtenir qu'on fît grâce de la vie à Maximilien, et Juarez n'était pas éloigné de la lui accorder; mais Escobedo surtout, ancien muletier, puis avocat et général, non moins féroce que Marquez, menaçait de se révolter avec ses soldats si on l'épargnait; alors Juarez « laissa la justice suivre son cours ».

Maximilien trouva dans le prince Félix Salm-Salm et dans la princesse, femme au cœur viril (1), les consolations de l'amitié; le prince, après avoir combattu pour le Nord dans la guerre de la sécession, avait offert son épée à l'empereur. Maximilien était exténué par la fièvre et par la dysenterie; on le laissa vivre encore trois jours, soit pour qu'il réglât ses affaires, soit par un raffinement d'atrocité. Le baron Magnus, ambassadeur de Prusse, écrivait au ministre Sebastiano Lerdo da Tegada : « Arrivé aujourd'hui à Queretaro, je sais que les prisonniers, condamnés le 14 juin, souffrirent une vraie mort morale; ils s'étaient préparés à mourir ce jour-là et ils attendaient depuis une heure entière qu'on vînt les chercher pour les conduire au lieu fatal, lorsqu'arriva par le télégraphe l'ordre de suspendre l'exécution. Les usages de notre temps sont trop humains pour permettre qu'après avoir enduré cette horrible agonie, ils soient mis à mort une seconde fois. Au nom de l'humanité et de l'honneur, je vous conjure

---

prisonniers. La presse se prononce en général très violemment contre l'Europe. Les actes officiels assimilent aux Mexicains les sujets des puissances qui ont reconnu l'empire. Tous les traîtres, dit-on, devront être dénoncés.

« La Vera Cruz tient encore; les provinces du Pacifique semblent s'être déclarées pour Ortega. Le ministre de Prusse est à San Luis pour obtenir la restitution des dépouilles du prince. »

(1) La princesse de Salm-Salm imprima, depuis, *Zehn jahre aus meinem Leben* (Dix années de ma vie), de 1862 à 1872 (Stuttgard, 1874, 3 vol.), c'est-à-dire tout le temps où elle fut la femme de ce prince. Dans le premier volume, elle raconte son séjour en Amérique au temps de la guerre de la sécession; dans le second, ses aventures au Mexique : c'est la partie qui nous intéresse; dans le troisième, la guerre de la Prusse avec l'Autriche; puis avec la France, lorsque à l'ère glorieuse de ce pays succéda l'ère germanique. Les particularités sur lesquelles elle insiste avec une minutie féminine peuvent plaire, comme aussi peut déplaire la hardiesse de quelques-uns de ses jugements sur les hommes et sur les choses. Elle est très sévère pour Bazaine.

de sauver leur vie. Le roi de Prusse, mon souverain, et toutes les têtes couronnées de l'Europe, unies par les liens du sang au prince prisonnier; son frère, l'empereur d'Autriche, la reine de la Grande-Bretagne, sa cousine, ses alliés, le roi des Belges et la reine d'Espagne, le roi d'Italie et le roi de Suède ses parents, donneront à S. Exc. don Benito Juarez toutes les garanties possibles, qu'aucun des prisonniers ne mettra jamais dorénavant le pied sur le sol mexicain. »

Maximilien écrivit encore à Juarez : « Prêt à recevoir le coup fatal pour avoir voulu essayer de nouvelles institutions destinées à finir la guerre civile qui depuis tant d'années déchire ce malheureux pays, je perdrais volontiers la vie si mon sacrifice pouvait contribuer à la paix et à la prospérité de ma nouvelle patrie. Intimement convaincu qu'on ne peut fonder rien de stable sur un terrain imprégné de sang et incessamment bouleversé, je viens vous conjurer, de la façon la plus solennelle, et avec la sincérité propre aux moments suprêmes dans lesquels je me trouve, de faire que mon sang soit le dernier versé; j'espère qu'avec cette persévérance que, même aux jours de ma prospérité, je me plus à reconnaître et à louer en vous, vous vous consacrerez à la plus noble des tâches, celle de réconcilier les esprits et de fonder d'une manière durable la paix de ce malheureux pays. »

Il disposa de son avoir particulier, toujours selon des idées chevaleresques, et en homme préoccupé de la postérité, idée singulière en un temps où tous sont comme fixés à la glèbe de la tâche quotidienne. Il légua beaucoup de souvenirs, et comme si, à ce dernier moment, ses aventures en Lombardie lui revenaient à l'esprit, il laissa au docteur Jellek, médecin en chef de la marine, l'*Histoire des Italiens* de César Cantù. Il faisait dire à sa mère : « J'ai fait mon devoir de soldat, et je meurs en bon chrétien. » Ses dernières paroles furent : « Pauvre Charlotte ! » Il ouvrit la montre dont la boîte renfermait son portrait, le baisa et, la donnant à son confesseur : « Remettez-la-lui, et, si elle vous comprend, dites-lui que la dernière image qui se soit présentée à mes yeux, c'est la sienne (1). » Puis il s'écria : « Mexicains, mes

---

(1) La lettre qu'il lui avait écrite et qui fut ouverte, disait : « Si Dieu permet qu'un jour guérie tu lises ces lignes, tu comprendras avec quelle obstination le sort m'a persécuté. En partant, tu as emporté en Europe ma fortune et mon âme. Tant de coups ont si bien brisé le faisceau de mes

pareils sont appelés par la Providence à faire la félicité des peuples ou à être leur victime. Appelé par vous, je suis venu pour le bien du pays, et non par ambition; je suis venu pour faire le bonheur de ma patrie adoptive, celui de mes fidèles amis. Que mon sang soit le dernier versé! Vive le Mexique! vive l'indépendance! » Et il se présenta courageusement devant le peloton d'exécution dont il reçut le feu, avec Miramon et Megia, le 19 juin 1867, date qui sera marquée par la dignité de sa mort, et la brutalité de ces libéraux condamnés au rôle de bourreaux. Sur le lieu du supplice on planta une croix.

Frédéric Stall, qui, bien qu'Américain, s'était fait son défenseur, a qualifié le procès de comédie et sa mort d'injustifiable assassinat. Le poète Zorrilla imagine qu'en Castille, où il se trouvait alors, Maximilien lui apparaissait en songe, et s'écrie : « Toute la terre m'abandonne, Dieu, les juges, ceux qui m'ont entraîné à l'abîme. Mon âme leur pardonne. Dieu me suffit. En paix avec moi-même, j'ai pour moi l'histoire. L'antique christianisme me fait cortège, et j'ai pour témoins de ma mort lamentable la foi et la gloire des vieux temps. La France a repassé la mer; Rome m'a démenti; mais l'une et l'autre, aussi bien que moi, perdent cet empire. Je laisse l'Église trahie; avec moi meurent les traditions européennes; le Mexique n'a pas tué seulement ma vie; mais sous les balles républicaines la vie de l'Europe en Amérique a succombé, et son autorité est finie. Victime expiatoire des Hapsbourgs, l'avenir me justifiera.., Si Charlotte retrouve la mémoire, elle reconnaîtra ta voix. Dis-lui que je meurs en chrétien, en empereur, en gentilhomme. »

Les prétendus organes de la prétendue opinion publique annoncèrent que le Mexique exprimait son allégresse au son des cloches, de la musique et des feux d'artifices : « De ce mamelon sortira un cri suprême, qui résonnera dans le globe entier d'heure en heure, de siècle en siècle, de trône en trône, de peuple en peuple : Vive la république! le jour de gloire est arrivé. »

Alors, comme toujours, les cris et les carillons d'un petit

---

espérances, que la mort me semble une délivrance. Je tomberai comme un soldat, comme un roi vaincu, mais non déshonoré. Si tes souffrances sont trop grandes et si Dieu t'appelle à me rejoindre promptement, je bénirai sa main qui s'est appesantie sur nous. Adieu, adieu! Ton pauvre Max. »
(Voyez l'*Espérance* de Queretaro, 20 juin 1867.)

nombre représentaient le silence du grand nombre. Le courage comme l'humanité fut le partage de quelques femmes qui osèrent aller tremper leurs mouchoirs dans le sang des victimes pour en faire des reliques.

Mexico, défendu jusqu'alors par Marquez, se rendit; l'armée fut dissoute; quelques-uns des Autrichiens et des Français qui étaient restés, désertèrent; une centaine de Français au plus s'embarquèrent pour l'Europe.

La nouvelle de ce régicide ajouté à ceux de Charles Ier, de Louis XVI, d'Iturbide, bien qu'arrivé dans un temps blasé sur les catastrophes royales et déshabitué d'indignation généreuse pour l'injustice comme de compassion pour les vaincus, excita en Europe une stupeur et un frémissement général. Je me trouvais à Paris où se pressait une foule venue de tous les points du monde pour voir sa splendide exposition universelle, quand au milieu des fêtes de la distribution des prix arriva la fatale nouvelle. La cour prit le deuil; et à un dîner ministériel auquel j'assistai, tout le monde était en noir. Quand nous annonçâmes l'horrible nouvelle et la folie de l'impératrice à Montalembert, épuisé déjà par la maladie à laquelle il devait succomber, il s'écria : « C'est un drame à la façon de Shakespeare. » Et Berryer dit avec vérité que ce fut une vraie désolation pendant le peu de moments que le scepticisme énervé, la volonté de rire et de s'amuser y laissèrent penser. Je voyais alors un des plus ardents ennemis de Maximilien, et, aux éloges que je faisais de lui, il ne me répondait qu'un mot : « Tout cela est vrai, mais c'était un étranger. »

Je me rappelai la Lombardie.

Dans le suaire sanglant de Queretaro étaient enveloppées les obligations mexicaines; le Corps législatif eut à s'en occuper et les voix les plus éloquentes s'apitoyèrent sur la victime pour la jeter à la face de celui qui l'avait sacrifiée, qui d'un air affectueux l'avait conduit au champ du supplice.

En réalité, la France avait réussi à faire précisément le contraire de ce qu'elle s'était proposé. Elle voulait se faire payer ses dettes, et elles furent doublées; elle voulait relever son prestige en Amérique, et elle acheva de le ruiner; elle voulait venger ses nationaux et ses soldats, et elle les vit égorger, sans obtenir un mot d'excuse; elle voulait remettre son commerce au premier rang, et il y était anéanti; elle voulait régénérer le Mexique, et elle le laissa dans le pire désordre, en proie à la guerre civile, au brigandage, à une forfanterie accrue par la victoire, et exposé à la convoitise des États-Unis, qui, s'ils réussissent à le dominer, y détruiront tous les éléments indigènes et latins.

En Italie, quand arriva la nouvelle que Lincoln avait été assassiné, la Chambre suspendit sa séance; et son drapeau fut pendant quelques jours voilé d'un crêpe. Pour Maximilien, rien, bien que l'Italie et l'Autriche fussent alors en paix; je crois que la cour porta le deuil pendant quinze jours. Il se trouva des gens pour étouffer jusqu'à la pitié, en disant : « Maximilien a fait des lois de sang contre les brigands, il les a subies à son tour, » comme si un prince loyal et généreux, condamné par de farouches métis, pouvait être assimilé aux bandes dévastatrices contre lesquelles ce décret avait été porté. Pourtant les regrets sincères ne lui manquèrent pas jusque parmi ceux qui l'avaient combattu; les Italiens, qu'il avait inutilement aimés, prièrent pour lui : « Les hommes de cœur, en saluant sa mémoire (écrit Tommaseo), ne mettaient en péril ni la gloire, ni la morale, ni la liberté, qu'on peut défendre contre les embûches des vivants, en laissant les morts là où ils reposent » (1).

Et pourtant il est remarquable que ceux, qui depuis lors ont triomphé et ont pardonné aux fauteurs de tous les principes dépossédés, aux destructeurs de la paix et de la discipline, aux lâches, aux corrompus, ont toujours regardé avec défiance les amis vrais ou supposés de l'archiduc, et les ont condamnés à ne plus travailler au bien de la patrie.

Le cadavre de Maximilien, que les meurtriers s'étaient engagés d'avance à livrer, dut être racheté, à force de prières et d'argent, à cette oligarchie sans pitié et sans honneur. Le navire même qui l'avait amené de Miramar au Mexique le

(1) Tommaseo avait écrit : « Maximilien était venu en Italie chercher un peu d'indulgence pour sa cause, un peu d'estime et d'affection pour lui-même, car il ne s'en sentait pas indigne, et il avait l'intention de montrer à tous qu'il les méritait. L'homme veut être estimé de ceux qu'il estime lui-même; Maximilien estimait sincèrement les Italiens et il en donna des témoignages peut-être plus affectueux que ceux dont certains fils de l'Italie ont gratifié leurs frères. »

Ailleurs il a écrit : « Maximilien en Italie et au Mexique a gravi deux fois un échafaud plus barbare que celui de Louis XVI; sa résignation fut égale, son courage viril plus grand; il ne fut jamais ni un satellite ici, ni un aventurier là-bas; et il a su porter avec dignité un poids plus lourd que le manteau impérial, le poids de ses malheurs. »

remporta, sous le commandement de ce Tegethoff qui, avec la flotte créée par Maximilien, venait de remporter une victoire sur la flotte italienne. Trieste le pleura, et l'honora d'un monument grandiose (1), et prit part aux tristes solennités qui eurent lieu pour le déposer au milieu des siens, aux Capucins de Vienne.

Aujourd'hui un petit sanctuaire conserve à Miramar les souvenirs personnels du prince, ses armes, ses vêtements, son sceptre malheureux.

Maximilien et Charlotte s'étaient constitués, par un acte réciproque, légataires universels du dernier survivant. Charlotte devint donc l'héritière de son époux, et comme elle n'était plus en état de faire un testament, l'héritage était destiné à revenir tout entier à la maison royale de Belgique. Mais un arrangement a été conclu sur ce sujet avec l'Autriche qui s'est chargée de payer les dettes du cher défunt.

Sa femme, atteinte du délire de la persécution, n'était plus alors en état de connaître cette tragédie. En 1867, le jour de naissance de Maximilien (6 juillet), elle, qui l'attendait à Miramar, voulut que le château fût illuminé et pa-

(1) Il a été inauguré le 3 avril 1875. Sur un piédestal en granit s'élève la statue de l'empereur en costume d'amiral, le regard et la main tournés vers Miramar; elle a été modelée par Schilling de Dresde, fondue à Vienne sous la direction de Röhlich et Pönninge. Le monument a 9^m,20 de haut. Quatre demi-figures placées aux quatre angles du piédestal symbolisent les points cardinaux : l'orient est représenté par une vieille avec un croissant et une étoile ; l'occident, par une jeune fille avec l'étoile du matin sur le front et un trident à la main ; le sud, par un Égyptien des temps pharaoniques portant une feuille de palmier ; le nord, par un homme coiffé d'un casque tenant un crampon et un câble d'ancre. Par devant est sculpté, en haut relief, le vaisseau autrichien voguant sur les flots, à droite la marine de guerre, à gauche la marine marchande, derrière la ville de Trieste avec Miramar; dans des médaillons placés plus bas sont figurés la science, la poésie, les beaux-arts, l'industrie. Les inscriptions des quatre faces disent : « A Maximilien d'Autriche, empereur du Mexique, 1875. — Chef de l'armée navale, elle lui doit sa gloire ; — la marine marchande lui doit ses progrès. — Avec un cœur généreux, il a secouru les pauvres; — par la création de Miramar, il a embelli Trieste, sa patrie d'adoption. »

Au pied de la statue est gravé ce passage de son testament : « A la marine autrichienne que j'ai tant aimée, à tous les amis que je laisse sur les bords de l'Adriatique, j'envoie mon suprême adieu, — 16 juin 1867.

« MAXIMILIEN. »

L'empereur François-Joseph assistait à l'inauguration, et le chevalier de Porrenta prononça un discours.

voisé; et les Triestins venaient d'apprendre sa triste mort lorsqu'ils virent briller cette fête.

La reine des Belges, quand elle alla trouver Charlotte à Miramar, put lui faire comprendre que ses frères désiraient la voir, et que, comme ils ne pouvaient pas venir, elle leur ferait plaisir d'aller à Bruxelles. « Non, répondit-elle avec assurance, j'attends Max; il a fini ses affaires et donné son abdication; tel jour il est parti de Mexico, tel autre de la Vera-Cruz; la traversée lui prendra quinze jours; le voyage de Liverpool ici, trois autres; donc il arrivera dans six jours. » Et ce jour-là elle allait au port, regardait avec la longue-vue et finissait par dire : « Je l'attendrai pendant soixante ans. »

Elle demeura dans ces alternatives d'affreuses ténèbres et d'intervalles lucides, témoignage lamentable de la condition malheureuse à laquelle peuvent être réduites la grandeur, la richesse, la beauté, l'intelligence. Assez en possession d'elle-même pour sentir son malheur, elle a distribué une photographie de son bien-aimé, représenté en simple marin, avec ce verset en espagnol : « Le bon pasteur donne sa vie pour ses brebis. » Un esprit moins résigné y aurait écrit : *Exoriare aliquis nostris ex ossibus ultor*.

Et la vengeance n'a pas manqué, puisque le Mexique est rentré dans les convulsions dont on avait espéré le guérir. Juarez eut à sa discrétion Mexico et la Vera-Cruz; il refusa de rendre le cadavre à l'Autriche, à moins d'une demande officielle, qui équivalait à une reconnaissance officielle comme il voulait en obtenir de toutes les autres nations. Réélu président de la République mexicaine dans le congrès de 1867, il proposa d'importantes réformes : il essaya de mettre un peu d'ordre dans les affaires et de se concilier les esprits en décrétant la liberté de l'Église; il renonçait ainsi à toute ingérence dans la nomination des évêques qui furent dès lors nommés par Rome à tous les sièges vacants. Il réprima des tentatives de désordre réitérées, et quand Ortega se désista de ses prétentions, il accorda une amnistie plénière et put se féliciter de la prospérité intérieure et de ses bonnes relations au dehors (1869). Mais la paix ne sourit pas longtemps, la guerre et l'anarchie recommencent avec plus de fureur. Autour de Marquez se réunissent les partisans de Maximilien ou plutôt de l'idée monarchique, et d'autres aussi, quoique bien différents, mais qui veulent abattre le dictateur comme illégalement élu, et s'asseoir à sa place. Ortega est proclamé aujourd'hui, demain un autre; Juarez meurt tout à coup le 18 juillet 1872 (1); l'avidité et les passions se déchaînent et rendent malheureux et pauvre un des pays les plus généreusement doués par la nature, et qui, nous aimons à le croire, est réservé pour un heureux avenir auquel certainement la noble Espagne arrivera.

(1) Alors régnait en Espagne, pour un moment, Amédée de Savoie, cousin de Maximilien; et il écrivait au président intérimaire du Mexique, en réponse à la notification de la mort de Juarez :

« Mon grand et bon ami,

« Je sens avec les plus profonds regrets la triste nouvelle dont vous m'avez fait part, de la mort du citoyen Benito Juarez, président du Mexique. Je comprends parfaitement que le peuple mexicain soit plongé dans la douleur par cette perte immense, et je vous jure que vous rendez pleine justice au peuple espagnol et à moi-même en supposant que nous nous associons à sa douleur. Les Espagnols regardent toujours avec le plus grand intérêt tout ce qui touche un pays auquel ils sont unis par tant de liens de bonne amitié. Croyez donc à la sincérité de ces sentiments et soyez persuadé que je serai heureux d'être constamment votre grand et bon ami.

« AMÉDÉE. »

FIN DU VINGTIÈME VOLUME.

TABLE DES MATIÈRES

CONTENUES DANS LE VINGTIÈME VOLUME.

                                            Pages.

Avant-propos des éditeurs.   i
Essai biographique et littéraire.   v
Préface de l'auteur.   1

LES TRENTE DERNIÈRES ANNÉES

Chapitre Ier. — Agitations. — Réformes. — Révolutions   5
    La question des nationalités. . . . .   ib.
    Les néo-guelfes en Italie . . . .   ib.
    Élection de Pie IX, 16 juin 1846.   6
    Charles-Albert, surnommé l'Épée de l'Italie, 30 octobre 1847. . .   7
    Réformes en Toscane, 24 juillet 1848.   8
    Memorandum de Metternich, août 1847 . . . .   ib.
    Essai d'une ligne douanière en Italie, 3 novembre 1847.   9
    Constitutions à Naples, à Turin, à Lucques, janvier à février 1847.   ib.
    Chute de Louis-Philippe, 24 février 1848.   10
    Proclamation de la république à Paris, id.   11
    Lamartine et sa déclaration à l'Europe, 2 mars 1848.   12
    Contre-coup de la révolution de France en Autriche.   13
    La Hongrie et Kossuth.   15
    Insurrection à Vienne. . . . .   ib.
        Id.   à Milan, 18 mars. . . . .   ib.
    Charles-Albert tire l'épée.   16
    Venise et Manin.   17
    Attitude de Pie IX.   18
    La révolution à Rome, 1er mai 1848.   19
    Soulèvement particulariste en Sicile, 9 et 18 janvier 1849. . . .   ib.
    Révolte étouffée à Naples.   20
    Défaite de Charles-Albert et des croisés en Lombardie. . . . . .   ib.
    Assassinat de Rossi et retraite de Pie IX, 15 mars et 15 décembre
      1848.   21
    La Constituante républicaine à Rome, 9 février 1849   22
    Novare et la fin de Charles-Albert, 22 août 1849 . . . .   ib.
    Soumission de la Sicile, avril 1849.   23
    Rentrée du grand-duc à Florence, 14 avril 1849. . . . .   ib.
    Expédition française et prise de Rome. . . . .   ib.

TABLE DES MATIÈRES

	Pages.
Chapitre II. — La nationalité. — Allemands et Slaves.	24
Caractère de la révolution de 1848.	ib.
État de l'Allemagne.	26
Id. de la Prusse.	27
Id. de l'Autriche.	29
Massacre de Gallicie, 13 avril 1846.	30
Les Tchèques de Bohême.	31
Le mouvement révolutionnaire sur le Rhin et en Bavière, février 1848 à mai 1850.	ib.
Tentatives des radicaux.	35
Assemblée des Bohêmes au Wenzelsbad, 12 mars 1848.	ib.
Révolte à Prague, juin 1848.	36
La Hongrie politique, sociale et ethnographique.	ib.
Les Illyriens et Jellachich, 1846.	40
Révolution de Vienne, 26 mai à décembre 1848.	41
Résistance et défaite des Hongrois.	42
Les Russes en Transylvanie, août 1848 à janvier 1849.	43
Situation nouvelle des souverains et des peuples.	45
Chapitre III. — France. — Napoléon III.	48
Etat de la France, 1848-1849.	ib.
La république de 1848.	49
La démagogie et les journées de juin.	50
Élection de Louis Bonaparte à la présidence, 10 décembre 1848.	51
Agonie de la République.	52
Coup d'État du 2 décembre 1851.	55
Proclamation de l'Empire.	ib.
Portrait de Napoléon III.	56
Chapitre IV. — Guerre de Crimée.	58
La question des lieux-saints et Menzikoff.	ib.
Alliance de la France et de l'Angleterre (1853).	60
Bataille de l'Alma et siège de Sébastopol.	61
Chapitre V. — Paix de Paris. — Guerre d'Italie. — Unité italienne.	62
Conditions de la paix.	ib.
Le Piémont et Cavour au congrès de Paris.	ib.
La question italienne introduite.	64
Avènement de l'empereur François-Joseph, et réformes en Autriche.	65
Ministère centraliste de Schwarzenberg.	66
Le roi Victor-Emmanuel Ier.	67
Le statut piémontais et les politiques.	68
Cavour et Ratazzi.	70
Menées secrètes en Italie.	72
L'archiduc Maximilien, vice-roi de la Lombardo-Vénétie.	75
Attentats sur les souverains. — Assassinat du duc de Parme.	76
Les bombes Orsini, 14 janvier 1858.	ib.
Entrevue de Plombières.	77

CONTENUES DANS LE VINGTIÈME VOLUME.

	Pages.
La brochure *Napoléon III et l'Italie*	77
La guerre avec l'Autriche (avril 1859)	78
Palestro (1er juin). — Solférino (23 juin)	79
Traités de Villafranca et de Zurich	80
Ferdinand, roi de Naples (22 avril 1859)	82
François II, de Naples	83
Garibaldi et les Mille (5 mai 1859)	84
Victor-Emmanuel entre en campagne, 22 septembre 1860	86
Prise de Gaëte et ses suites (13 février 1861)	*ib.*
La question romaine	87
La brochure *le Pape et le Congrès* et Castelfidardo (18 septembre 1860)	88
Mort de Cavour (12 juin 1861)	90
Le roi d'Italie reconnu par les puissances	91
Garibaldi et Mazzini	92
Florence capitale et convention du 2 septembre 1864	93

CHAPITRE VI. — Expédition du Mexique. — Autriche et Prusse . . 94
Anarchie au Mexique 95
La tragédie de l'archiduc Maximilien, empereur, 19 juin 1865. . . 96
La guerre du Sleswig (août 1865) . . . . *ib.*
La Prusse détruit l'ancienne confédération germanique. 98
Couronnement de Frédéric-Guillaume de Prusse, octobre 1861. . . 100
Commencements de Bismarck, 5 septembre 1862. 101
Guerre entre l'Autriche et la Prusse. 102
Bataille de Sadowa, 2 juillet 1866. 104
Batailles de Custozza, 24 juin ; — de Lizza, 20 juillet. 105
Paix de Prague, 23 août 1866. . . . . *ib.*

CHAPITRE VII. — France et Prusse. — Le communisme. 106
Napoléon III à l'apogée de sa fortune. . . . . *ib.*
Doctrines socialistes. 109
Plébiscite du 8 mai 1870. 112
Guerre avec la Prusse. 113
La République proclamée. 114
Siège de Paris 115
Assemblée de Bordeaux. *ib.*
La Commune, mars à mai 1871. 116
Thiers président de la République. 118
Il est remplacé par Mac-Mahon, mai 1873. 119
La France se relève de ses ruines. 120
La Prusse après la guerre. 121
L'empire d'Allemagne. 122

CHAPITRE VIII. — Affaires religieuses. — Chute du pouvoir temporel. 125
Doctrines religieuses. . . . . *ib.*
Décadence religieuse. 126
Les Israélites 127
L'Église et l'État. 129

HIST. UNIV. — T. XX.

	Pages.
Attaques à la religion	131
Pie IX et l'Italie	132
Le parti catholique	136
Solennités catholiques	139
Colères et menaces, septembre à novembre 1867	140
L'Immaculée Conception, le Syllabus	141
Concile du Vatican, l'infaillibilité	143
Rome envahie	145
Prise de Rome en 1870, 20 septembre	146
La loi des garanties	147
Effets de la spoliation du pouvoir temporel	148
Léon XIII succède à Pie IX, février 1878	150

CHAPITRE IX. — Grande-Bretagne. 152
    Sa politique. . . . . ib.
    L'Irlande et les Féniaus. 156
    L'émancipation. 157
    L'Église légale. 159
    L'instruction 160
    Littérature anglaise 162

CHAPITRE X. — Turquie et Russie. 163
    Doctrines anti-sociales de l'islamisme. . . . . ib.
    Les Turcs et les chrétiens. 165
    La Serbie. 170
    La Bosnie. 172
    La Crète 173
    Guerre avec la Russie. 174
    Paix de San-Stefano, 3 mars 1878. 175
    L'île de Chypre et l'Angleterre. 177

CHAPITRE XI. — La Grèce. 179
    Le roi Othon. 180
    Georges de Schleswig-Holstein, octobre 1862 . . . . . . ib.
    La langue grecque. . . . . ib.
    Les îles Ioniennes réunies à la Grèce, 30 octobre 1863. . 181

CHAPITRE XII. — L'Égypte. — L'Afrique. 182
    Le khédive Ismaïl, 1863. ib.
    Canal de Suez. 183
    Le khédive Méhémed-Tewsky, 1879 . . . . ib.
    Abyssinie. . . . . ib.
    Nubie. 184
    États Barbaresques. . . . . ib.
    Tunis. — L'Algérie 185
    Explorations en Afrique. ib.
    Sénégal, Madagascar. 187
    Difficultés des communications. . . . . ib.

CHAPITRE XIII. — La Chine et l'extrême Orient. 188
    Les Tae-pings. 189

CONTENUES DANS LE VINGTIÈME VOLUME. 435

Pages.
Les Anglais en Chine 191
Organisation du pouvoir en Chine. 192
L'instruction, la religion. 193
Le Japon, sa révolution, persécution des chrétiens. 194
La Cochinchine et la Corée. 197
Explorations en Asie 198
Les Russes et les Anglais en Asie. 199
Les Anglais dans l'Inde. 200
La Perse. 202

CHAPITRE XIV. — Les États-Unis d'Amérique. 204
  Progrès des États-Unis. . . . . ib.
  La Californie 205
  Question de religion. 212
  Esclavage et guerre de sécession. . . . . ib.
  Conséquences de la guerre. 217

CHAPITRE XV. — Amérique méridionale. 220
  Le Brésil . . . . ib.
  Le Chili. 221
  La Bolivie. 222
  Le Vénézuela. . . . . ib.
  République Argentine. ib.
  Le Pérou. 223
  Le Mexique. 226
  Le Nouveau-Mexique. 227
  Ile Saint-Domingue . . . . ib.
  Cuba. . . . . ib.
  Littérature. 228

CHAPITRE XVI. — Des puissances du Nord. 229
  A. La Russie. — Ses agrandissements . . . . ib.
    Organisation politique et religieuse. 231
    La Pologne russe. 232
    Émancipation des serfs. 233
    Le nihilisme 234
    Littérature et sciences 235
  B. L'Autriche. — Réformes. 237
    Travaux publics. . . . . ib.
    L'Autriche et Andrassy. 239
  C. Empire d'Allemagne 241
  D. Scandinavie. — Le Danemark 242
    La Suède. 243
    La Norvège 244

CHAPITRE XVII. — Belgique. — Hollande. 245
  La Belgique. . . . . ib.
  La Hollande. 247

CHAPITRE XVIII. — La Suisse. 249
  Constitution unitaire, 12 septembre 1848. . . . . ib.

TABLE DES MATIÈRES

	Pages.
CHAPITRE XIX. — La Péninsule Ibérique	251
A. L'Espagne	ib.
B. Le Portugal depuis la constitution de 1838	255
CHAPITRE XX. — L'Italie	258
Le nouveau royaume d'Italie	259
La Sicile et la loi des suspects	263
Mazzini	264
Motifs de crainte.—Désordres	267
Armée, marine, instruction	271
Améliorations désirables	273
Le communisme	275
Améliorations obtenues	276
Idéal de l'Italie	278
CHAPITRE XXI. — Les sciences et les arts	280
Physique et astronomie	ib.
Inventions et applications	281
Physiologie	285
Matière et esprit	287
La philosophie	288
Matérialisme	291
La littérature	295
Le théâtre	301
La musique	ib.
Beaux-arts	302
CHAPITRE XXII. — Les sciences historiques	305
Archéologie	306
La philologie	307
La géographie	308
La statistique	310
L'histoire proprement dite	314
La géogénie	316
L'homme préhistorique. — Unité de l'espèce humaine	320
Les hypothèses	323
Excellence de l'homme	325
La Genèse	326
L'histoire biblique	329
CHAPITRE XXIII. — La politique et la morale	333
Prédominance de l'État	ib.
La Révolution	334
Travaux politiques	338
Désordres	339
Doctrines immorales	341
Le socialisme	342
Les progrès et les améliorations	345
État actuel	349

CONTENUES DANS LE VINGTIÈME VOLUME.

Pages.
L'Église et l'État. 351
La guerre. 352
Le droit public. 356
L'économie. 359

ADDITIONS. 363

VIE DE L'ARCHIDUC MAXIMILIEN D'AUTRICHE. 371

FIN DE LA TABLE DU VINGTIÈME VOLUME.

Paris. — Typographie de Firmin-Didot et Cⁱᵉ, 56, rue Jacob. — 9064.

www.ingramcontent.com/pod-product-compliance
Lightning Source LLC
Chambersburg PA
CBHW051401230426
43669CB00011B/1722